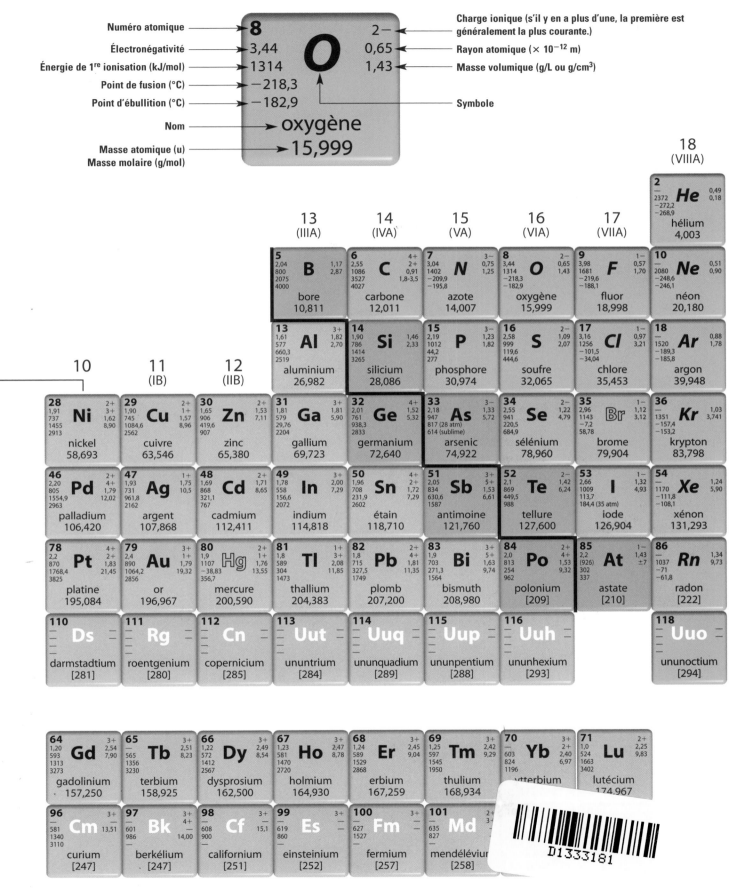

Numéro atomique → 8

Charge ionique (s'il y en a plus d'une, la première est généralement la plus courante.) → 2−

Électronégativité → 3,44

O

0,65 ← **Rayon atomique** (× 10^{-12} m)

Énergie de 1re ionisation (kJ/mol) → 1314

1,43 ← **Masse volumique (g/L ou g/cm³)**

Point de fusion (°C) → −218,3

Point d'ébullition (°C) → −182,9

← **Symbole**

Nom → oxygène

Masse atomique (u) → 15,999
Masse molaire (g/mol)

Notes : Le nom des éléments et leurs masses atomiques proviennent de la mise à jour de l'Union internationale de chimie pure et appliquée (UICPA) de 2010.
Les nombres entre crochets indiquent le nombre de masse de l'isotope dont la durée de vie est la plus longue.

QUANTUM
CHIMIE

2ᵉ cycle du secondaire • 3ᵉ année

Manuel de l'élève

Ivan Couture
Marie-Ève Lacombe-Harvey
Geneviève Levasseur-Thériault

CHENELIÈRE
ÉDUCATION

Quantum – Chimie
2e cycle du secondaire, 3e année

Manuel de l'élève

Ivan Couture, Marie-Ève Lacombe-Harvey, Geneviève Levasseur-Thériault

© 2010 Chenelière Éducation inc.

Édition : Marie-Eve Robitaille, Isabel Rusin
Coordination : Geneviève Blanchette, Dominique Lapointe, Christiane Gauthier
Révision linguistique : Ginette Gratton, Nicole Blanchette
Correction d'épreuves : Renée Bédard, Caroline Bouffard
Conception graphique et infographie : Dessine-moi un mouton
Conception de la couverture : Josée Brunelle
Illustrations : Michel Rouleau
Recherche iconographique : Marie-Chantal Laforge
Impression : Imprimeries Transcontinental

Remerciements

Pour leur précieux travail de consultation, l'Éditeur tient à remercier : Abderrahmane Amane, École internationale St-Edmond, C.S. Marie-Victorin ; Ève Bélisle, Collège Ahuntsic ; Bouthaïna Bouzid, École Père-Marquette, C.S. de Montréal ; Claudie Chartré, Collège Jean de la Mennais ; Somali Keuk, École secondaire des Pionniers, C.S. du Chemin-du-Roy ; Christian Lamotte, École secondaire Daniel-Johnson, C.S. de la Pointe-de-l'Île ; Mona Langlois, École Jacques-Rousseau, C.S. Marie-Victorin ; Danielle Lanneluc-Sanson, École secondaire De Mortagne, C.S. des Patriotes ; Nathalie Lefebvre, École Félix-Leclerc, C.S. des Affluents ; Mourad Meziane, École secondaire Mont-Royal, C.S. Marguerite-Bourgeoys ; Mireille Paris, École secondaire Mont-Bleu, C.S. des Portages-de-l'Outaouais ; Gilles Roy, Collège Jean de la Mennais ; Anne-Marie Talbot-Fournier, Collège de Montréal ; Marie-Hélène Tougas, École secondaire La Magdeleine, C.S. des Grandes-Seigneuries ; Rénald Veilleux, École secondaire Joseph-François Perrault, C.S. de Montréal ; Mary Zarif, École secondaire Saint-Luc, C.S. de Montréal.

Pour leur précieuse expertise et la révision scientifique, l'Éditeur tient à remercier : Jeffrey Keillor, Ph. D., professeur titulaire, Université de Montréal (tous les chapitres) ; Pierre Baillargeon, Ph. D., enseignant, Cégep de Sherbrooke (chapitres 2, 11 et 12) ; Hugo Bélisle, enseignant, École de technologie supérieure de Montréal (chapitre 2) ; Mohammed Mecif, chimiste (chapitre 1) ; Dana F. Simon, postdoctorante, Université de Montréal (chapitre 1).

Pour leur précieuse participation à la rédaction, l'Éditeur tient à remercier : Patrick Germain, enseignant, Cégep de Sherbrooke (complément Oxydoréduction p. 349 à 369) ; Serge Rodrigue, enseignant, Cégep de Sorel-Tracy (exercices) ; Évelyne Beaubien (rubriques p. 142 et 143 et index), Mourad Meziane, enseignant, École secondaire Mont-Royal, C.S. Marguerite-Bourgeoys (rubrique p. 164), Agence Science-Presse (rubriques p. 43, 49, 114, 165, 224, 229, 268, 269, 300 et 366), Guy Lapointe, chargé de cours, UQAM.

L'Éditeur tient également à remercier le Collège Mont-Sacré-Cœur pour avoir aimablement accepté de libérer monsieur Ivan Couture de ses tâches d'enseignement pendant la rédaction de cet ouvrage.

Ce matériel didactique a été subventionné par le Ministère de l'Éducation, du Loisir et du Sport du Québec.

CHENELIÈRE ÉDUCATION

7001, boul. Saint-Laurent
Montréal (Québec) Canada H2S 3E3
Téléphone : 514 273-1066
Télécopieur : 450 461-3834 / 1 888 460-3834
info@cheneliere.ca

ISBN 978-2-7652-1437-3

Dépôt légal : 2e trimestre 2010
Bibliothèque et Archives nationales du Québec
Bibliothèque et Archives Canada

Imprimé au Canada

2 3 4 5 ITIB 14 13 12 11

Nous reconnaissons l'aide financière du gouvernement du Canada par l'entremise du Programme d'aide au développement de l'industrie de l'édition (PADIÉ) pour nos activités d'édition.

Gouvernement du Québec – Programme de crédit d'impôt pour l'édition de livres – Gestion SODEC.

Membre du CERC

Membre de
l'Association nationale
des éditeurs de livres

CERC
Canadian Educational
Resources Council

ASSOCIATION
NATIONALE
DES ÉDITEURS
DE LIVRES

TABLE DES MATIÈRES

Liste des laboratoires et des démonstrations VIII

Organisation du manuel IX

RAPPELS 2

1. L'organisation de la matière 4
   1.1 Les atomes et les molécules 4
   1.2 Les formules chimiques et les ions 4

2. Les représentations des atomes 5
   2.1 Le modèle atomique de Rutherford-Bohr 5
   2.2 Le modèle atomique simplifié et le neutron .. 5
   2.3 La notation de Lewis 7

3. La classification périodique 8
   3.1 Le tableau périodique 8
   3.2 Les familles du tableau périodique 9
   3.3 Les périodes du tableau périodique 10

4. Les règles de nomenclature et d'écriture 11
   4.1 Nommer un composé à partir de
       sa formule chimique 11
   4.2 Écrire la formule chimique des composés ... 12

5. Le dénombrement de la matière 13
   5.1 La notion de mole 13
   5.2 La masse molaire 14

6. Les transformations physiques 15
   6.1 Les changements de phase 15
   6.2 La dissolution et la solubilité 15
   6.3 La concentration et la dilution 16
   6.4 Les électrolytes et la dissociation
       électrolytique 19
   6.5 La mesure d'une transformation physique
       à l'aide de l'échelle pH 20

7. Les transformations chimiques 21
   7.1 La loi de la conservation de la masse 21
   7.2 Le balancement d'équations chimiques 22
   7.3 La stœchiométrie 23

8. Quelques types de réactions chimiques 25
   8.1 La neutralisation acidobasique 25
   8.2 La synthèse, la décomposition
       et la précipitation 25

8.3 Les réactions endothermiques
    et exothermiques 26
8.4 L'oxydation et la combustion 27
8.5 La photosynthèse et la respiration......... 27

9. La nature de la liaison chimique 28
   9.1 La liaison ionique 28
   9.2 La liaison covalente 29

10. Les formes d'énergie 30
    10.1 L'énergie cinétique 30
    10.2 L'énergie potentielle 30
    10.3 La loi de la conservation de l'énergie 32
    10.4 La relation entre l'énergie thermique,
         la capacité thermique massique, la masse
         et la variation de température 32

11. Les fluides 33
    11.1 Les fluides compressibles et
         incompressibles 33
    11.2 La pression 33

MODULE 1

LES GAZ

OUVERTURE 34

ORGANIGRAMME 36

**CHAPITRE 1 LES PROPRIÉTÉS CHIMIQUES
DES GAZ** 37

1.1 L'utilisation quotidienne des gaz 38
    1.1.1 Les gaz et les phénomènes naturels 38
    1.1.2 Les gaz et les applications
          technologiques 41

Applications – Les gaz comprimés 43

1.2 La réactivité chimique des gaz 44

1.2.1 Les causes de la réactivité chimique
des gaz 45

1.2.2 Les gaz combustibles 46

1.2.3 Les gaz comburants 48

La petite histoire de… – L'anesthésie 49

Synthèse – Chapitre 1 50

Pour faire le point – Chapitre 1 51

**CHAPITRE 2 LES PROPRIÉTÉS PHYSIQUES
DES GAZ** 53

2.1 La théorie cinétique des gaz 54

2.1.1 Le comportement particulaire des
différentes phases de la matière ▮1 . . . 54

2.1.2 L'énergie cinétique des particules des gaz
et la température 58

2.1.3 Les hypothèses de la théorie cinétique
des gaz 61

Pour faire le point – Section 2.1 62

2.2 Le comportement des gaz 63

2.2.1 La compressibilité ▮2 63

2.2.2 L'expansion ▮3 63

2.2.3 La diffusion et l'effusion ▮4 64

Pour faire le point – Section 2.2 68

2.3 La pression des gaz 69

2.3.1 La pression atmosphérique 70

2.3.2 La mesure de la pression des gaz 71

Pour faire le point – Section 2.3 74

2.4 Les lois simples des gaz 75

2.4.1 La relation entre la pression et le volume
▮5 et 6 76

2.4.2 La relation entre le volume et
la température absolue ▮7 80

2.4.3 La relation entre la pression et
la température ▮8 85

2.4.4 La relation entre le volume et la quantité
de gaz exprimée en nombre de moles
▮9 et 10 88

2.4.5 Le volume molaire gazeux 92

2.4.6 La relation entre la pression et
la quantité de gaz exprimée en nombre
de moles 94

Pour faire le point – Section 2.4 97

2.5 La loi des gaz parfaits 100

2.5.1 La masse molaire d'un gaz ▮11 103

Pour faire le point – Section 2.5 104

2.6 La loi générale des gaz 105

Pour faire le point – Section 2.6 107

2.7 La stœchiométrie des gaz 108

Pour faire le point – Section 2.7 110

2.8 La loi de Dalton 111

Pour faire le point – Section 2.8 113

Applications – Le moteur à essence et le moteur
diesel 114

La petite histoire de… – Les ballons dirigeables 115

Synthèse – Chapitre 2 116

Pour faire le point – Chapitre 2 119

MODULE 2 L'ASPECT ÉNERGÉTIQUE DES TRANSFORMATIONS

OUVERTURE 124

ORGANIGRAMME 126

CHAPITRE 3 LES TRANSFERTS D'ÉNERGIE 127

3.1 La distinction entre chaleur et température 128

Pour faire le point – Section 3.1 130

3.2 La loi de la conservation de l'énergie 131

    3.2.1 Les types de systèmes 131

    3.2.2 La calorimétrie et le calorimètre 132

    Pour faire le point – Section 3.2 133

3.3. La relation entre l'énergie thermique, la capacité thermique massique, la masse et la variation de température **12** 134

    Pour faire le point – Section 3.3 137

3.4 Le calcul de l'énergie transférée **13** 138

    Pour faire le point – Section 3.4 141

Applications – La pompe géothermique 142

La petite histoire de… – La calorimétrie 143

Synthèse – Chapitre 3 144

Pour faire le point – Chapitre 3 145

CHAPITRE 4 LA VARIATION D'ENTHALPIE 147

4.1 L'enthalpie et la variation d'enthalpie 148

    4.1.1 La variation d'enthalpie molaire standard . . . 149

4.2 Les transformations endothermiques et exothermiques **14** 150

    4.2.1 Les transformations physiques endothermiques et exothermiques 150

    4.2.2 Les réactions chimiques endothermiques et exothermiques 152

    4.2.3 Le diagramme d'enthalpie des réactions endothermiques et exothermiques 153

    Pour faire le point – Sections 4.1 et 4.2 155

4.3 Le bilan énergétique 156

    4.3.1 Dresser un bilan énergétique 156

    Pour faire le point – Section 4.3 160

4.4 Le calcul de la variation d'enthalpie par la stœchiométrie 161

    Pour faire le point – Section 4.4 162

Applications – Les matériaux à changement de phase . . 164

La petite histoire de… – L'utilisation de l'énergie chimique 165

Synthèse – Chapitre 4 166

Pour faire le point – Chapitre 4 168

CHAPITRE 5 LA REPRÉSENTATION GRAPHIQUE DE LA VARIATION D'ENTHALPIE 171

5.1 Le complexe activé, l'énergie d'activation et le diagramme énergétique **15** 172

    5.1.1 Le complexe activé 172

    5.1.2 L'énergie d'activation 173

    5.1.3 Le diagramme énergétique 174

5.2 L'observation du déroulement d'une transformation à l'aide d'un diagramme énergétique 176

    5.2.1 La hauteur de la barrière d'énergie d'activation et la réaction spontanée 176

    5.2.2 Les réactions directe et inverse 178

Synthèse – Chapitre 5 182

Pour faire le point – Chapitre 5 183

CHAPITRE 6 LA CHALEUR MOLAIRE DE RÉACTION 185

6.1 La chaleur molaire de dissolution **16** 186

6.2 La chaleur molaire de neutralisation **17** 192

La petite histoire de… – La gomme à mâcher 194

Synthèse – Chapitre 6 195

Pour faire le point – Chapitre 6 195

CHAPITRE 7 LA LOI DE HESS 197

7.1 Le mécanisme réactionnel **18** 198

    7.1.1 La représentation graphique d'un mécanisme réactionnel 200

7.2 L'additivité des enthalpies **19 et 20** 201

    7.2.1 La présentation de la loi de Hess 202

    7.2.2 L'application de la loi de Hess 203

Synthèse – Chapitre 7 207

Pour faire le point – Chapitre 7 208

MODULE 3 — LA VITESSE DE RÉACTION

OUVERTURE 210

ORGANIGRAMME 212

CHAPITRE 8 LA MESURE DE LA VITESSE DE RÉACTION 213

8.1 L'expression de la vitesse de réaction 214

8.2 La vitesse de réaction en fonction des coefficients stœchiométriques de l'équation chimique balancée . 216

   8.2.1 La vitesse générale de réaction 217

   Pour faire le point – Section 8.2 219

8.3 Les façons de mesurer la vitesse de réaction 21 220

   8.3.1 La mesure de la vitesse en fonction de la phase du réactif ou du produit et de la facilité de la méthode de mesure . 220

   8.3.2 La mesure de la vitesse en fonction du traitement qui doit être appliqué aux résultats 221

Applications – La galvanisation 224

   Pour faire le point – Section 8.3 225

8.4 La vitesse moyenne et la vitesse instantanée d'une réaction 22 226

   Pour faire le point – Section 8.4 228

La petite histoire de… – La conservation 229

Synthèse – Chapitre 8 230

Pour faire le point – Chapitre 8 231

CHAPITRE 9 LA THÉORIE DES COLLISIONS 235

9.1 Les types de collisions 236

   9.1.1 L'orientation des réactifs 237

   9.1.2 L'énergie d'activation 237

9.2 Le mécanisme réactionnel expliqué par la théorie des collisions 239

   9.2.1 Une réaction simple sous l'angle de la théorie des collisions 239

   9.2.2 Une réaction complexe sous l'angle de la théorie des collisions 240

Synthèse – Chapitre 9 242

Pour faire le point – Chapitre 9 243

CHAPITRE 10 LES FACTEURS QUI INFLUENCENT LA VITESSE DE RÉACTION 245

10.1 La nature des réactifs 23 246

   10.1.1 La phase des réactifs 247

   10.1.2 Le nombre et la force des liaisons à briser dans les réactifs 248

   Pour faire le point – Section 10.1 250

10.2 La surface de contact du réactif 24 251

10.3 La concentration des réactifs et la loi des vitesses de réaction 25 253

   10.3.1 La concentration des réactifs 253

   10.3.2 La loi des vitesses de réaction 254

   Pour faire le point – Section 10.3 258

10.4 La température du milieu réactionnel 26 260

10.5 Les catalyseurs 27 262

   10.5.1 Le fonctionnement d'un catalyseur 262

   10.5.2 Les catalyseurs homogènes 264

   10.5.3 Les catalyseurs hétérogènes 266

   Pour faire le point – Sections 10.4 et 10.5 267

Applications – Qu'est-ce que l'hydrogénation ? 268

La petite histoire de… – La catalyse 269

Synthèse – Chapitre 10 270

Pour faire le point – Chapitre 10 272

MODULE 4 — L'ÉQUILIBRE CHIMIQUE

OUVERTURE 274

ORGANIGRAMME 276

CHAPITRE 11 L'ASPECT QUALITATIF DE L'ÉQUILIBRE CHIMIQUE 277

11.1 L'équilibre statique et l'équilibre dynamique 28 278

   11.1.1 L'équilibre des phases 278

11.1.2 L'équilibre de solubilité. 279

11.1.3 L'équilibre chimique 279

11.2 Les réactions irréversibles et réversibles 280

11.2.1 Les réactions chimiques irréversibles 280

11.2.2 Les réactions chimiques réversibles 281

11.3 Les conditions nécessaires à l'obtention de
l'équilibre ⚗ 29 283

11.3.1 La transformation est réversible 283

11.3.2 La transformation se déroule dans
un système fermé 284

11.3.3 Les propriétés macroscopiques sont
constantes. 285

Pour faire le point – Sections 11.2 et 11.3 287

11.4 Le principe de Le Chatelier 288

11.5 Les facteurs qui influencent l'état d'équilibre 289

11.5.1 La variation de la concentration ⚗ 30 . . 289

11.5.2 La variation de la température ⚗ 31 . . . 292

11.5.3 La variation de la pression ⚗ 32 295

11.5.4 L'ajout d'un catalyseur 297

Pour faire le point – Sections 11.4 et 11.5 298

11.6 L'équilibre chimique au quotidien 299

Applications – Les ampoules halogènes 300

La petite histoire de… – Les prix Nobel. 301

Synthèse – Chapitre 11 302

Pour faire le point – Chapitre 11 304

CHAPITRE 12 L'ASPECT QUANTITATIF
                DE L'ÉQUILIBRE CHIMIQUE 307

12.1 La constante d'équilibre ⚗ 33 308

12.1.1 L'expression de la constante d'équilibre . . . 309

12.1.2 L'interprétation de la valeur
de la constante d'équilibre 312

12.1.3 L'effet de la température
sur la constante d'équilibre 313

12.1.4 Le calcul des concentrations à l'équilibre . . 314

Pour faire le point – Section 12.1 318

12.2 L'équilibre ionique dans les solutions 320

12.2.1 Les théories sur les acides et
les bases. 320

12.2.2. La constante d'ionisation de l'eau 325

12.2.3 La relation entre le pH et la concentration
des ions hydronium et hydroxyde 328

12.2.4 La constante d'acidité et la constante
de basicité ⚗ 34 329

12.2.5 La constante du produit de solubilité
⚗ 35 336

Pour faire le point – Section 12.2 338

Applications – Les piscines d'eau salée 341

La petite histoire de… – Les lunettes de soleil 342

Synthèse – Chapitre 12 343

Pour faire le point – Chapitre 12 345

EN COMPLÉMENT : L'OXYDORÉDUCTION 349

1. L'oxydation et la réduction 350

2. Le nombre d'oxydation 353

3. Le pouvoir réducteur des métaux 357

4. La pile électrochimique. 358

5. Le potentiel de réduction et d'oxydation. 360

Applications – Les piles domestiques 366

ANNEXES 370

1. La sécurité au laboratoire 372

2. Les démarches en chimie 377

3. Les instruments et les techniques
de laboratoire 383

4. La présentation de résultats
scientifiques 388

5. L'interprétation des résultats de
la mesure 394

6. Les mathématiques en science 398

7. Les unités de mesure en chimie. 408

8. Les tableaux de référence 410

Glossaire 424

Index 428

Sources 435

LISTE DES LABORATOIRES ET DES DÉMONSTRATIONS

CHAPITRE 2 LES PROPRIÉTÉS PHYSIQUES DES GAZ

DÉMO 1 L'observation des mouvements particulaires

DÉMO 2 La compressibilité des gaz

DÉMO 3 L'expansion des gaz

DÉMO 4 L'observation de la diffusion d'un gaz

LABO 5 La relation entre la pression et le volume d'un gaz

DÉMO 6 La loi de Boyle-Mariotte

LABO 7 La relation entre le volume et la température d'un gaz

DÉMO 8 La relation entre la pression et la température d'un gaz

LABO 9 La relation entre le volume et le nombre de moles d'un gaz

DÉMO 10 L'évaluation du nombre d'Avogadro

LABO 11 La détermination de la masse molaire et du volume molaire d'un gaz inconnu

CHAPITRE 3 LES TRANSFERTS D'ÉNERGIE

LABO 12 L'observation du transfert d'énergie

LABO 13 Le calcul de l'énergie transférée

CHAPITRE 4 LA VARIATION D'ENTHALPIE

LABO 14 Les transformations chimiques et l'énergie thermique

CHAPITRE 5 LA REPRÉSENTATION GRAPHIQUE DE LA VARIATION D'ENTHALPIE

DÉMO 15 L'observation du modèle analogique des réactions chimiques

CHAPITRE 6 LA CHALEUR MOLAIRE DE RÉACTION

LABO 16 La détermination de la chaleur molaire de dissolution d'une substance

LABO 17 La détermination de la chaleur molaire de neutralisation

CHAPITRE 7 LA LOI DE HESS

LABO 18 La détermination de la chaleur molaire d'une réaction globale

LABO 19 La loi de Hess

LABO 20 La détermination de la chaleur molaire de formation de l'oxyde de magnésium (MgO)

CHAPITRE 8 LA MESURE DE LA VITESSE DE RÉACTION

DÉMO 21 La variation de différents paramètres dans le temps pour calculer la vitesse d'une réaction

LABO 22 La détermination de la vitesse moyenne et de différentes vitesses instantanées de réaction entre le magnésium (Mg) et l'acide chlorhydrique (HCl)

CHAPITRE 10 LES FACTEURS QUI INFLUENCENT LA VITESSE DE RÉACTION

LABO 23 L'influence de la nature des réactifs sur la vitesse de réaction

LABO 24 L'influence de la surface de contact du réactif sur la vitesse de réaction

LABO 25 L'influence de la concentration des réactifs sur la vitesse de réaction

LABO 26 L'influence de la température du milieu réactionnel sur la vitesse de réaction

LABO 27 L'influence d'un catalyseur sur la vitesse de réaction

CHAPITRE 11 L'ASPECT QUALITATIF DE L'ÉQUILIBRE CHIMIQUE

DÉMO 28 La représentation de l'aspect microscopique dynamique d'un système en équilibre

DÉMO 29 L'observation du comportement d'une même réaction dans un système fermé et dans un système ouvert

LABO 30 L'effet de la variation de la concentration sur l'état d'équilibre

LABO 31 L'effet de la variation de la température sur l'état d'équilibre

DÉMO 32 L'effet de la variation de la pression sur l'état d'équilibre

CHAPITRE 12 L'ASPECT QUANTITATIF DE L'ÉQUILIBRE CHIMIQUE

LABO 33 L'expression de la constante d'équilibre

LABO 34 La détermination de la constante d'acidité

LABO 35 La détermination de la constante du produit de solubilité

ORGANISATION DU MANUEL

Le manuel **QUANTUM** comprend quatre **modules** : les gaz, l'aspect énergétique des transformations, la vitesse de réaction et l'équilibre chimique. Ces modules sont subdivisés en 12 **chapitres** qui comportent un certain nombre de **sections** en fonction des concepts qui y sont présentés. Un **complément** sur l'oxydoréduction est proposé à la suite des chapitres. Des **annexes** permettent d'aborder certaines stratégies, démarches et techniques scientifiques, ainsi que d'approfondir différents aspects de la résolution de problèmes. Les annexes contiennent également des tableaux de référence très utiles. À la fin du manuel, un **glossaire** présente les définitions des concepts à l'étude et des termes importants utilisés dans le domaine scientifique. Un **index** complète le manuel en offrant une liste détaillée des mots clés accompagnés de renvois aux pages où ces mots apparaissent.

Les rappels

Les **rappels** proposent un retour sur d'importants concepts abordés au cours de la 1re année et de la 2e année du 2e cycle du secondaire. Ces concepts sont en lien avec ceux du programme de chimie de 3e année du 2e cycle du secondaire.

Des **tableaux**, des **schémas** et des **illustrations** facilitent la révision des concepts.

Chaque **concept** est clairement identifié.

Une capsule **En pratique** propose des questions qui permettent de mieux réviser les concepts présentés en rappel.

Au début d'un module

Le **titre** du module.

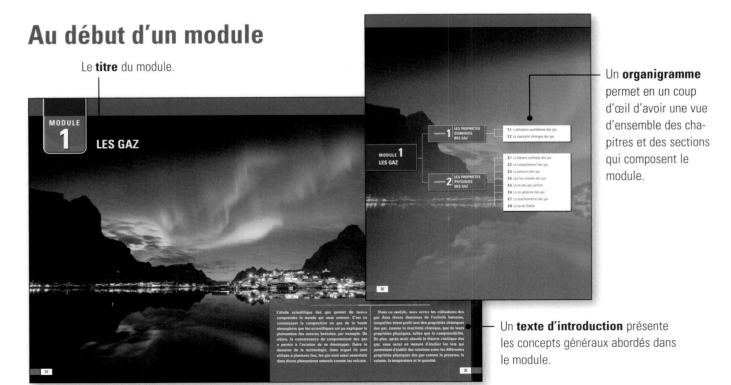

Un **organigramme** permet en un coup d'œil d'avoir une vue d'ensemble des chapitres et des sections qui composent le module.

Un **texte d'introduction** présente les concepts généraux abordés dans le module.

Dans un chapitre

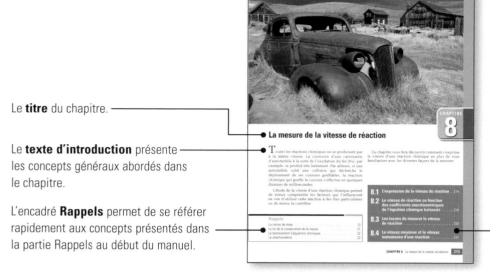

Le **titre** du chapitre.

Le **texte d'introduction** présente les concepts généraux abordés dans le chapitre.

L'encadré **Rappels** permet de se référer rapidement aux concepts présentés dans la partie Rappels au début du manuel.

Un **sommaire** introduit les sections du chapitre.

Un grand nombre de **schémas**, de **photographies** et d'**illustrations** facilitent la compréhension des concepts.

Dans le texte, le nom des **concepts** et les **termes scientifiques** apparaissent en bleu. La définition de ces termes se trouve dans le glossaire.

Les **mots difficiles** sont suivis d'un astérisque * et sont définis dans la marge.

Les notions importantes pour la compréhension des **concepts** apparaissent en intertitre.

Ce pictogramme indique qu'une **annexe** permet d'approfondir le sujet traité.

La capsule **Repère** présente des personnalités ayant marqué l'histoire scientifique ou technologique.

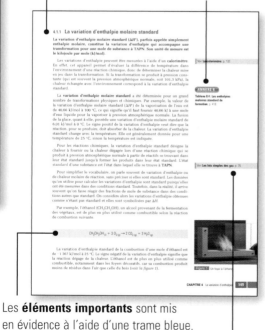

La capsule **Info science** propose un complément d'information en lien avec la notion étudiée.

Les **formules** et les **équations** sont mises en évidence à l'aide d'un encadré tramé.

Les **éléments importants** sont mis en évidence à l'aide d'une trame bleue.

Les **exemples de calcul** sont toujours présentés dans un encadré distinct.

Des **renvois** à d'autres concepts ou à d'autres termes scientifiques permettent de compléter ou d'approfondir l'information au besoin.

La capsule **Pour aller plus loin** aborde des notions supplémentaires à celles qui sont prescrites dans le programme.

La rubrique **La petite histoire de…** présente l'historique d'un sujet lié aux notions traitées dans le chapitre.

La rubrique **Applications** présente une application de la technologie en lien avec un concept scientifique abordé dans le chapitre.

À la fin de la plupart des sections, la rubrique **Pour faire le point sur la section** propose des questions et des exercices qui permettent de mieux comprendre et de mettre en pratique les concepts de la section.

Les pages **Pour faire le point sur le chapitre** proposent des questions et des exercices permettant de comprendre et de mettre en pratique l'ensemble des connaissances acquises dans le chapitre. Des pictogrammes précisent le degré de difficulté :
● facile, ■ moyen, ◆ difficile, ★ défi.

Des **annexes** permettent d'aborder certaines stratégies, démarches et techniques scientifiques ou d'approfondir différents aspects de la résolution de problèmes. Elles contiennent également des tableaux de référence très utiles.

La **Synthèse** résume l'essentiel des notions à l'étude pour chacun des concepts abordés dans le chapitre.

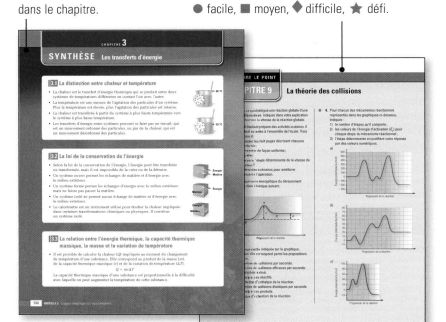

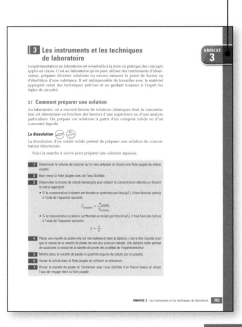

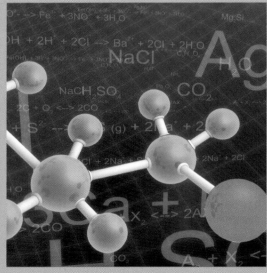

SOMMAIRE

1 L'organisation de la matière 4

1.1 Les atomes et les molécules 4

1.2 Les formules chimiques et les ions 4

2 Les représentations des atomes 5

2.1 Le modèle atomique de Rutherford-Bohr 5

2.2 Le modèle atomique simplifié et le neutron 5

2.3 La notation de Lewis 7

3 La classification périodique 8

3.1 Le tableau périodique 8

3.2 Les familles du tableau périodique 9

3.3 Les périodes du tableau périodique 10

4 Les règles de nomenclature et d'écriture 11

4.1 Nommer un composé à partir
de sa formule chimique 11

4.2 Écrire la formule chimique des composés 12

5 Le dénombrement de la matière 13

5.1 La notion de mole 13

5.2 La masse molaire 14

6 Les transformations physiques 15

6.1 Les changements de phase 15

6.2 La dissolution et la solubilité 15

6.3 La concentration et la dilution 16

6.4 Les électrolytes et la dissociation électrolytique . . 19

6.5 La mesure d'une transformation physique
à l'aide de l'échelle pH 20

7 Les transformations chimiques 21

7.1 La loi de la conservation de la masse 21

7.2 Le balancement d'équations chimiques 22

7.3 La stœchiométrie 23

8 Quelques types de réactions chimiques 25

8.1 La neutralisation acidobasique 25

8.2 La synthèse, la décomposition
et la précipitation 25

8.3 Les réactions endothermiques
et exothermiques 26

8.4 L'oxydation et la combustion 27

8.5 La photosynthèse et la respiration 27

9 La nature de la liaison chimique 28

9.1 La liaison ionique 28

9.2 La liaison covalente 29

10 Les formes d'énergie 30

10.1 L'énergie cinétique 30

10.2 L'énergie potentielle 30

10.3 La loi de la conservation de l'énergie 32

10.4 La relation entre l'énergie thermique,
la capacité thermique massique, la masse
et la variation de température 32

11 Les fluides 33

11.1 Les fluides compressibles et incompressibles . . . 33

11.2 La pression 33

1 L'organisation de la matière

La matière, qu'elle soit vivante ou non, est constituée d'atomes et de molécules. Les ions sont issus d'un processus au cours duquel ils gagnent ou perdent des électrons.

1.1 Les atomes et les molécules

La matière est constituée d'atomes. Dans la nature, les atomes qui composent la plupart des substances sont assemblés en molécules. Les molécules les plus simples peuvent être composées de deux atomes seulement, alors que les plus complexes peuvent en compter des milliers. Dans les molécules, les atomes sont unis entre eux par des liaisons chimiques. On peut représenter les molécules avec ou sans leurs liaisons chimiques (*voir la figure 1*).

On représente également les molécules par leur formule chimique. Celle-ci indique le nombre de chacun des atomes qui composent les molécules (*voir la figure 2*).

Oxygène (O)

Hydrogène (H)

Figure 1 La molécule d'eau peut être représentée par des boules et des bâtonnets qui représentent respectivement les atomes et les liaisons ou sans bâtonnets quand il n'est pas utile de visualiser les liaisons.

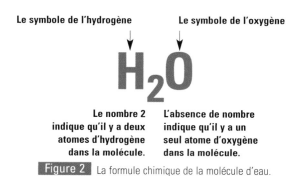

Le symbole de l'hydrogène   Le symbole de l'oxygène

$$H_2O$$

Le nombre 2 indique qu'il y a deux atomes d'hydrogène dans la molécule.   L'absence de nombre indique qu'il y a un seul atome d'oxygène dans la molécule.

Figure 2 La formule chimique de la molécule d'eau.

1.2 Les formules chimiques et les ions

Les ions sont des atomes qui portent une charge électrique positive ou négative parce qu'ils ont soit perdu soit gagné un ou plusieurs électrons.

- Un ion positif est un cation ; un ion négatif est un anion.

- Généralement, les métaux forment des ions positifs alors que les non-métaux forment des ions négatifs. Par exemple, les atomes de sodium (Na), un métal, ont tendance à perdre un électron et à former des ions Na+. Dans ce cas, leur configuration électronique devient semblable à celle du néon (Ne).

- Les ions polyatomiques sont des groupes d'atomes fortement liés entre eux qui portent une charge électrique. Ils se comportent comme des ions formés d'un seul atome (*voir le tableau 1*).

Tableau 1 Les ions polyatomiques courants.

Formule	Nom de l'ion
Cations polyatomiques	
H_3O^+	Hydronium
NH_4^+	Ammonium
Anions polyatomiques	
OH^-	Hydroxyde
NO_3^-	Nitrate
HCO_3^-	Hydrogénocarbonate
SO_4^{2-}	Sulfate
PO_4^{3-}	Phosphate
CO_3^{2-}	Carbonate

En pratique

1. Quel ion les atomes suivants auront-ils tendance à former ?
   - *a)* Azote (N)
   - *b)* Iode (I)
   - *c)* Calcium (Ca)
   - *d)* Potassium (K)
   - *e)* Soufre (S)
   - *f)* Fluor (F)

2 Les représentations des atomes

Il existe différentes façons de représenter les atomes. Le modèle atomique de Rutherford-Bohr, le modèle atomique simplifié et le neutron ainsi que la notation de Lewis en sont trois représentations théoriques.

2.1 Le modèle atomique de Rutherford-Bohr

Dans le modèle atomique de Rutherford-Bohr, on représente l'atome par deux types de particules élémentaires disposées de façon particulière : les protons (p^+), de charge positive, et les électrons (e^-), de charge négative. Les protons sont contenus dans un noyau très petit et très dense. Les électrons, en nombre égal aux protons, tournent autour du noyau sur des couches appelées niveaux d'énergie. Selon ce modèle, l'atome est en majeure partie constitué de vide (*voir la figure 3*).

- Rutherford a contribué à établir ce modèle en découvrant un noyau dense et massif qui contient des protons en nombre égal au numéro atomique (symbolisé par la lettre Z) de l'élément dans le tableau périodique. Il formule aussi l'hypothèse selon laquelle les électrons circulent dans une région à proximité du noyau.

- Bohr a contribué à établir ce modèle en définissant des niveaux d'énergie (couches électroniques) précis sur lesquels les électrons gravitent autour du noyau.

- Le nombre de couches électroniques d'un élément correspond au numéro de la période où il se trouve dans le tableau périodique. Par exemple, le magnésium (Mg) possède trois couches électroniques parce qu'il est situé dans la troisième période du tableau périodique (*voir la figure 4*).

- La configuration électronique est la répartition des électrons selon un maximum de 2, 8 et 18 électrons pour les trois premiers niveaux. Un niveau inférieur doit être rempli avant que le suivant commence à se remplir, et la couche périphérique ne contient jamais plus de 8 électrons, qui sont appelés électrons de valence.

- Les électrons de valence sont situés sur le niveau d'énergie le plus élevé (couche périphérique) d'un atome. Par exemple, le magnésium possède deux électrons de valence, soit les deux électrons qui se trouvent sur sa couche périphérique. Les électrons de valence sont des électrons impliqués dans des liaisons chimiques qui s'établissent entre les atomes.

En pratique

2. *a)* Que sont les couches électroniques d'un atome ?
b) Qu'est-ce que la configuration électronique d'un atome ?

2.2 Le modèle atomique simplifié et le neutron

Le modèle atomique simplifié a les mêmes caractéristiques que celui de Rutherford-Bohr, mais il intègre toutefois une particule élémentaire supplémentaire dans le noyau : le neutron (n^0).

- Le neutron est une particule neutre qui se lie au proton et assure la cohésion du noyau atomique (*voir la figure 5*).

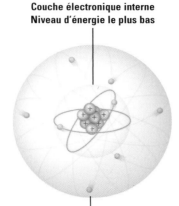

Couche électronique interne
Niveau d'énergie le plus bas

Couche électronique externe
Niveau d'énergie le plus élevé

Figure 3 Le modèle atomique de Rutherford-Bohr (1913), aussi appelé modèle planétaire.

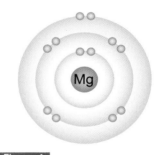

Mg

Figure 4 Les électrons du magnésium (Mg) sont répartis sur trois couches électroniques selon la configuration électronique suivante : 2, 8, 2.

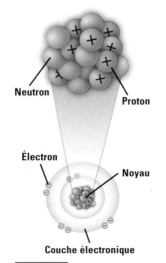

Neutron
Proton
Électron
Noyau
Couche électronique

Figure 5 Le modèle atomique simplifié.

- Le modèle atomique simplifié peut être représenté de façon plus schématisée. En effet, il s'agit d'utiliser le symbole chimique d'un élément en guise de noyau et de ne tracer que des arcs de cercles en guise de couches électroniques, sous lesquels on indique le nombre d'électrons qui s'y trouvent (*voir la figure 6*).

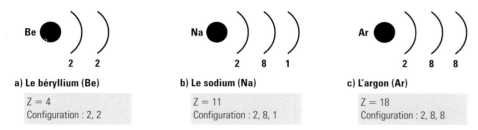

a) Le béryllium (Be)

Z = 4
Configuration : 2, 2

b) Le sodium (Na)

Z = 11
Configuration : 2, 8, 1

c) L'argon (Ar)

Z = 18
Configuration : 2, 8, 8

Figure 6 Les configurations électroniques du béryllium (Be), du sodium (Na) et de l'argon (Ar).

- Les nucléons (neutrons et protons) sont les particules élémentaires contenues dans le noyau. Ils constituent l'essentiel de la masse de l'atome (*voir le tableau 2*). La somme des protons et des neutrons présents dans le noyau est appelée nombre de masse.

Tableau 2 Les propriétés des protons, des neutrons et des électrons.

Particule	Symbole	Charge	Masse	Position dans l'atome
Proton	p^+	1^+	$1{,}672 \times 10^{-24}$ g	Dans le noyau
Neutron	n^0	0	$1{,}674 \times 10^{-24}$ g	Dans le noyau
Électron	e^-	1^-	$9{,}109 \times 10^{-28}$ g	Autour du noyau

- Les isotopes sont des atomes d'un même élément dont les noyaux ne contiennent pas le même nombre de neutrons (*voir la figure 7*).

Nombre de masse (A)

Numéro atomique (Z)

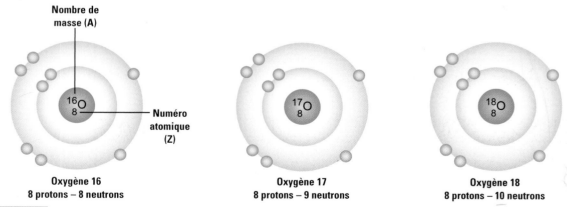

Oxygène 16
8 protons – 8 neutrons

Oxygène 17
8 protons – 9 neutrons

Oxygène 18
8 protons – 10 neutrons

Figure 7 L'oxygène a trois isotopes naturels. Dans cette notation, le nombre de masse (A) est inscrit en haut à gauche du symbole de l'élément et le numéro atomique (Z) en bas à gauche du symbole.

Pour connaître le nombre de neutrons d'un isotope, il suffit de soustraire le numéro atomique (Z) du nombre de masse (A). Par exemple, le nombre de neutrons contenus dans un des isotopes de l'oxygène, l'oxygène 17, est 9.

$$^{16}_{8}O$$
$$\boxed{^{17}_{8}O}$$
$$^{18}_{8}O$$

Nombre de neutrons = A − Z
Nombre de neutrons de l'oxygène 17 = 17 − 8 = 9 neutrons

En pratique

3. Représentez de façon schématisée la configuration électronique des éléments suivants.
   a) Fluor (F)
   b) Hydrogène (H)
   c) Chlore (Cl)
   d) Hélium (He)
   e) Potassium (K)
   f) Magnésium (Mg)

4. Combien de neutrons un atome de fluor 19 contient-il ?

2.3 La notation de Lewis

La notation de Lewis est une façon de représenter schématiquement les électrons de valence d'un atome.

- Les règles de notation sont simples : on représente les électrons de valence par des points placés autour du symbole de l'atome (*voir la figure 8*).

- Si l'atome possède plus de quatre électrons de valence, les points sont doublés. On dispose d'abord les points représentant les quatre premiers électrons de valence. Puis on refait un deuxième tour pour disposer les électrons de valence supplémentaires en faisant des paires de points. Ces paires sont appelées doublets d'électrons. Les points qui ne sont pas en doublets représentent les électrons « célibataires » (*voir la figure 9*).

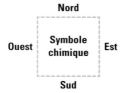

a) La disposition des électrons de valence autour d'un carré imaginaire.

Ṅa   Ċa·   Ȧl·

Sodium   Calcium   Aluminium

b) La disposition des points autour des symboles chimiques.

Figure 8 La notation de Lewis pour des éléments possédant de un à trois électrons de valence.

Doublet d'électrons ———
Électron célibataire ———

Azote   Oxygène   Chlore

Figure 9 La notation de Lewis pour des éléments possédant plus de quatre électrons de valence.

En pratique

5. Représentez les atomes suivants selon la notation de Lewis.
   a) Hydrogène (H)
   b) Sodium (Na)
   c) Hélium (He)
   d) Bore (B)
   e) Oxygène (O)
   f) Néon (Ne)

3 La classification périodique

La classification périodique permet de répertorier l'ensemble des éléments connus à ce jour dans un système qui prend en compte divers facteurs, dont les familles et les périodes des éléments.

3.1 Le tableau périodique

Le tableau périodique est un outil de classification qui regroupe les éléments en familles et en périodes selon les propriétés qu'ils ont en commun. Chaque case représente le symbole d'un élément et fournit des renseignements utiles à propos de celui-ci (*voir la figure 10*).

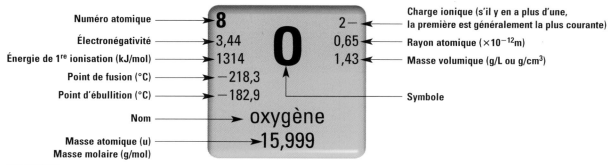

Numéro atomique ——→ **8**

Électronégativité ——→ 3,44

Énergie de 1re ionisation (kJ/mol) ——→ 1314

Point de fusion (°C) ——→ −218,3

Point d'ébullition (°C) ——→ −182,9

Nom ——→ oxygène

Masse atomique (u) ——→ 15,999
Masse molaire (g/mol)

Charge ionique (s'il y en a plus d'une, la première est généralement la plus courante) ←—— 2−

Rayon atomique (×10⁻¹²m) ←—— 0,65

Masse volumique (g/L ou g/cm³) ←—— 1,43

Symbole ←——

O

Figure 10 Chaque case du tableau périodique fournit des renseignements à propos de l'élément qui y figure.

- Le tableau périodique permet de repérer les trois grandes catégories d'éléments : les métaux, les non-métaux et les métalloïdes (*voir la figure 11*).

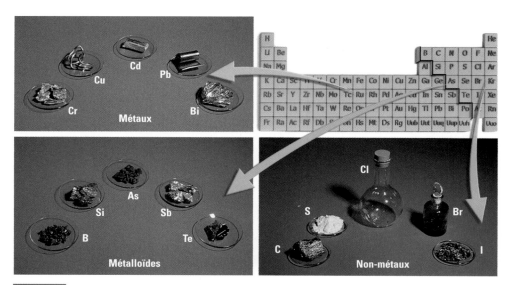

Figure 11 Quelques exemples des trois catégories d'éléments du tableau périodique.

- Les métaux ont tendance à s'unir à des non-métaux pour former des composés. Tous les métaux possèdent des propriétés communes :
  - Les métaux constituent de bons conducteurs thermiques et de bons conducteurs d'électricité.

- Les métaux sont brillants, malléables et ductiles.

- Lorsqu'ils forment des composés, les métaux sont généralement des donneurs d'électrons et plusieurs d'entre eux réagissent chimiquement avec les acides.

• Les non-métaux ont tendance à s'unir aux métaux pour former des composés. Les éléments de cette catégorie possèdent aussi des propriétés communes :

- Les non-métaux solides ont un aspect terne, ils sont cassants et non ductiles.

- Les non-métaux constituent généralement de bons isolants.

- Lorsqu'ils forment des composés, les non-métaux sont des accepteurs d'électrons.

• Les métalloïdes possèdent les propriétés suivantes :

- Les métalloïdes sont généralement cassants et non ductiles.

- Les métalloïdes peuvent conduire l'électricité à divers degrés. Toutefois, ils ne sont pas de bons conducteurs thermiques.

3.2 Les familles du tableau périodique

Le tableau périodique permet de repérer les familles chimiques. Ces familles sont des groupes d'éléments placés en colonne et qui présentent des propriétés physiques et chimiques similaires parce qu'ils possèdent le même nombre d'électrons de valence. En plus d'être numérotées de deux façons (de 1 à 18 et avec une numérotation qui fait appel à des chiffres romains), certaines familles portent des noms particuliers : 1 (IA) alcalins, 2 (IIA) alcalino-terreux, 17 (VIIA) halogènes et 18 (VIIIA) gaz nobles, aussi appelés gaz inertes (*voir la figure 12*).

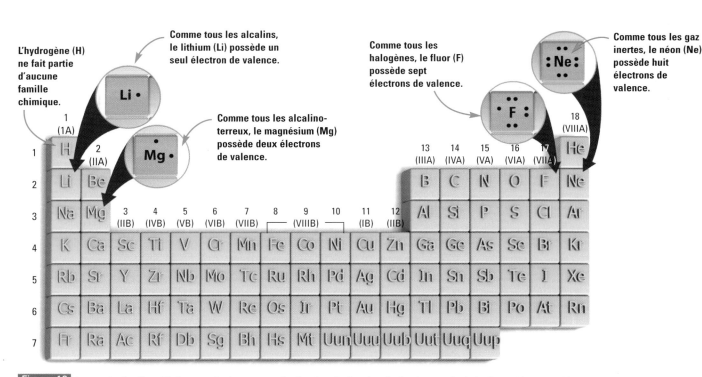

Figure 12 Les quatre familles chimiques portent un nom particulier : les alcalins, les alcalino-terreux, les halogènes et les gaz nobles. Les chiffres romains des numéros des familles IA à VIIIA indiquent le nombre d'électrons de valence de ces éléments.

En pratique

6. Quelle est la relation entre le numéro de la famille chimique et la configuration électronique des éléments qui en font partie ?

3.3 Les périodes du tableau périodique

Le tableau périodique permet de repérer les périodes, qui sont des rangées d'éléments disposés par ordre de numéro atomique. Le numéro d'une période désigne le nombre de couches électroniques des éléments de cette rangée (*voir la figure 13*).

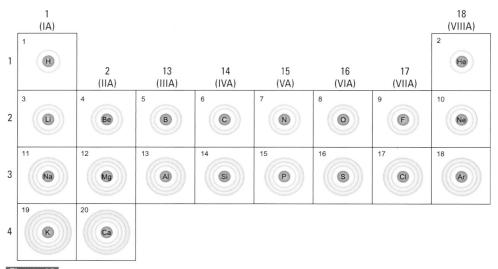

Figure 13 Les numéros des périodes à la gauche du tableau renseignent sur le nombre de couches électroniques des éléments de cette rangée.

En pratique

7. Quelle indication le numéro de la période fournit-il ?

8. À l'aide du tableau périodique, trouvez chacun des éléments correspondant aux descriptions suivantes.
a) Métal de la famille des alcalino-terreux qui se trouve dans la troisième période.
b) Métalloïde de la famille 15 (VA) de la cinquième période.
c) Non-métal de la famille de l'oxygène situé dans la quatrième période.
d) Métal liquide dans les conditions ambiantes.
e) Éléments gazeux de la deuxième période.

4 Les règles de nomenclature et d'écriture

Les règles de nomenclature et d'écriture permettent de nommer des composés et d'écrire leur formule chimique, selon des conventions établies, afin de les distinguer entre eux.

4.1 Nommer un composé à partir de sa formule chimique

Pour nommer un composé à partir de sa formule chimique, on utilise la démarche suivante.

1. Nommer d'abord l'élément qui est à droite dans la formule chimique en ajoutant le suffixe « ure » au radical du nom de l'élément d'origine. Par exemple, le nom de l'élément chlore (Cl) est formé ainsi.

Chlor**e** → chlor**ure**

Quelques suffixes d'éléments disposés à droite d'une formule chimique sont formés de façon particulière. Par exemple, l'hydrogène (H) ne devient pas « hydrogénure », mais plutôt « hydrure » (*voir le tableau 3*).

Tableau 3 La formation particulière de quelques suffixes.

Nom de l'élément	Nom de l'ion négatif
Soufre	Sulfure
Azote	Nitrure
Hydrogène	Hydrure
Oxygène	Oxyde
Carbone	Carbure

2. Nommer ensuite l'élément qui est à gauche dans la formule chimique en lui faisant précéder la préposition « de ». Par exemple, le composé NaCl porte le nom de « chlorure de sodium » (*voir la figure 14*).

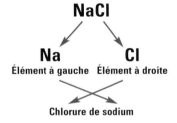

NaCl

Na → **Cl**
Élément à gauche   Élément à droite

Chlorure de sodium

Figure 14 Pour nommer un composé, on doit inverser la position des éléments de sa formule chimique.

3. Ajouter le préfixe approprié selon que le composé est formé d'un ou de plusieurs atomes d'un même élément. Par exemple, le composé CO_2 est désigné par « dioxyde de carbone » tandis que le N_2O_3 se nomme « trioxyde de diazote » (*voir le tableau 4*).

Dans le cas où un composé contient un ion polyatomique, on suit les règles de nomenclature en utilisant le nom de l'ion polyatomique sans la terminaison « ure » (*voir le tableau 5*). Par exemple, le composé KNO_3 se nomme « nitrate de potassium ».

Tableau 4 Une liste des préfixes.

Préfixe	Quantité
Mono	1
Di	2
Tri	3
Tétra	4
Penta	5
Hexa	6
Hepta	7
Octa	8
Ennéa	9
Déca	10

Tableau 5 La nomenclature des ions polyatomiques.

Formule chimique	Cation	Anion	Nomenclature du composé ionique
KNO_3	K^+	NO_3^-	Nitrate de potassium
NH_4Cl	NH_4^+	Cl^-	Chlorure d'ammonium
Na_2CO_3	Na^+	CO_3^{2-}	Carbonate de disodium
$Mg(OH)_2$	Mg^+	OH^-	Dihydroxyde de magnésium

4.2 Écrire la formule chimique des composés

Pour écrire la formule chimique des composés, on utilise la démarche suivante.

1. Quand le nom du composé est connu

Dans ce cas, on écrit la formule chimique à partir du nom du composé. Par exemple, le difluorure de soufre s'écrit « SF_2 » : l'indice « 2 » correspond au préfixe « di ». Dans la formule, le symbole de l'élément nommé en second lieu (soufre) s'écrit à gauche, tandis que le symbole de l'élément dont le nom se termine en « ure » (fluorure) s'écrit à droite (*voir la figure 15*).

2. Quand le nom du composé est inconnu

Dans ce cas, le premier élément de la formule chimique du composé est généralement celui qui est le plus à gauche dans le tableau périodique. Par exemple, quand un composé mettant en jeu les éléments fluor (F) et calcium (Ca) se forme, c'est l'élément calcium, de la famille IIA, qui est le plus à gauche dans le tableau. On en déduit que la formule du composé débute par Ca, suivi de F.

Cependant, cette information ne suffit pas pour écrire correctement la formule du composé : il faut également vérifier les proportions des atomes de calcium et de fluor dans la liaison. Comme les atomes de calcium ont tendance à céder deux électrons pour ressembler au gaz inerte le plus près et que chaque atome de fluor doit capter un électron pour faire de même, le composé sera formé de deux atomes de fluor qui capteront chacun un électron provenant de l'atome de calcium au cours de la formation de deux liaisons ioniques. La formule chimique de ce composé est donc CaF_2 et il porte le nom de « difluorure de calcium ».

Si les deux éléments qui forment un composé sont de la même famille chimique, il faut écrire en premier celui qui est le plus bas dans la famille. Par exemple, les atomes d'oxygène (O) et de soufre (S) qui s'unissent forment un composé, le dioxyde de soufre, dont la formule est SO_2.

L'hydrogène n'appartient à aucune famille et constitue par conséquent la seule exception à ces règles. On doit alors considérer l'hydrogène comme à cheval entre les familles VA et VIA pour être en mesure d'appliquer ces règles d'écriture. Par exemple, on écrira LiH pour « hydrure de lithium » compte tenu du fait que le lithium (Li) est plus à gauche que l'hydrogène (H) dans le tableau périodique.

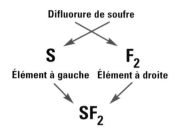

Difluorure de soufre

S   **F₂**

Élément à gauche   Élément à droite

SF₂

Figure 15 On inverse la position des éléments nommés lorsqu'on écrit une formule chimique.

En pratique

9. Trouvez le nom ou la formule des composés suivants.

a) CsCl

b) AgF

c) Tétrabromure de carbone

d) $Ca(NO_3)_2$

e) Hexachlorure de soufre

f) Le composé formé de strontium et de chlore

g) Le composé formé de chlore et d'aluminium

h) Iodure de potassium

5 Le dénombrement de la matière

On peut dénombrer la matière, c'est-à-dire établir le nombre des éléments d'un ensemble, en ayant recours à la mole et à la masse molaire.

5.1 La notion de mole

On utilise la mole pour dénombrer les atomes, les ions, les molécules et les particules élémentaires.

- La valeur de la mole est de $6,02 \times 10^{23}$ particules et correspond au nombre d'Avogadro, N_A (*voir la figure 16*).

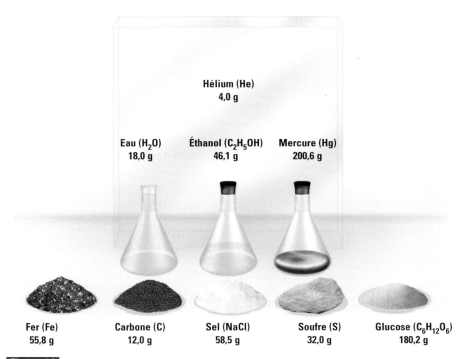

Figure 16 Des échantillons d'une mole de différentes substances.

En pratique

10. Combien y a-t-il d'atomes ou de molécules dans chacune des quantités suivantes ?

  a) 3 mol d'atomes de $Fe_{(s)}$

  b) 0,5 mol de molécules d'eau

  c) 100 mol de $N_{2\,(g)}$

  d) 2,7 mol de $NaCl_{(s)}$

11. Combien de moles correspondent à chacun des nombres d'atomes ou de molécules suivants ?

  a) $7,525 \times 10^{24}$ atomes de Cu

  b) $2,408 \times 10^{26}$ molécules de O_2

  c) $4,816 \times 10^{24}$ molécules de CH_4

  d) $3,311 \times 10^{24}$ d'atomes de He

5.2 La masse molaire

La masse molaire est la masse d'une mole d'atomes d'un élément.

- La masse molaire (M) s'exprime en grammes par mole (g/mol). Elle correspond à la même valeur que la masse atomique dans le tableau périodique.

- On calcule la masse molaire d'une substance en additionnant la masse molaire de chacun des atomes qui la composent, comme dans l'exemple suivant.

Exemple A

Quelle est la masse molaire du méthane (CH_4)?

Données:

$M_C = 12{,}011$ g/mol

$M_H = 1{,}008$ g/mol

$M_{CH_4} = ?$

Calcul:

$M_{CH_4} = M_C + 4M_H$

$= 12{,}011$ g/mol $+ 4(1{,}008$ g/mol$)$

$= 16{,}043$ g/mol

Réponse: La masse molaire du méthane (CH_4) est de 16,043 g/mol.

- On utilise aussi la masse molaire pour connaître le nombre de moles correspondant à une masse donnée d'une substance, comme le montre l'exemple suivant.

Exemple B

Quel est le nombre de moles équivalant à 80,175 g de soufre (S)?

Données:

$m = 80{,}175$ g

$M_S = 32{,}065$ g/mol

$n = ?$

Calcul:

$m = n \cdot M_S$

$n = \dfrac{m}{M_S}$

$= \dfrac{80{,}175 \text{ g}}{32{,}065 \text{ g/mol}} = 2{,}5$ mol

Réponse: Le nombre de moles de soufre (S) est 2,5.

En pratique

12. Combien y a-t-il de moles dans chacune des quantités suivantes?
- *a)* 48 g de potassium (K)
- *b)* 27 g de diazote (N_2)
- *c)* 345 g de dioxyde de carbone (CO_2)
- *d)* 0,27 g de nitrate de sodium ($NaNO_3$)
- *e)* 150 g d'hydroxyde de calcium ($Ca(OH)_2$)

13. Quelle est la masse de chacun des échantillons suivants?
- *a)* 1 mol de plomb (Pb)
- *b)* 1 mol d'ozone (O_3)
- *c)* 15 mol d'eau (H_2O)
- *d)* 18 mol de chlorure de magnésium ($MgCl_2$)
- *e)* 0,000 23 mol de sulfite d'aluminium (Al_2S_3)

14. Combien y a-t-il de moles dans chacun des échantillons suivants?
- *a)* 500 g de sel de table (NaCl)
- *b)* 250 g de sel de voirie ($CaCl_2$)
- *c)* 500 g de soude (NaOH)
- *d)* 200 g d'or (Au)
- *e)* 500 g de glucose ($C_6H_{12}O_6$)

6 Les transformations physiques

Une transformation physique s'opère lorsqu'une substance subit un changement de son apparence qui ne modifie ni sa nature ni ses propriétés caractéristiques.

6.1 Les changements de phase

Les changements de phase se produisent lorsqu'une substance passe d'un état (solide, liquide ou gazeux) à un autre. Seule l'apparence de la substance est alors modifiée (*voir la figure 17*).

Figure 17 Les changements de phase de la matière.

6.2 La dissolution et la solubilité

Dans la dissolution, on mélange un ou plusieurs solutés à un solvant pour obtenir une solution.

- Au cours d'une dissolution :
  - la masse des substances avant et après la dissolution est conservée ;
  - le volume total de la solution formée est légèrement inférieur à la somme du volume de ses constituants ;
  - lorsque le solvant ne peut plus dissoudre de soluté, la solution est saturée.

- La solubilité est la propriété qui désigne la quantité maximale de soluté pouvant être dissoute dans un volume donné de solvant, à une température donnée. Elle s'exprime généralement en grammes de soluté par 100 mL (g/100 mL) de solvant.

- La solubilité d'une substance varie en fonction de la température et, dans le cas d'un soluté gazeux, de la pression.
  - En général, la solubilité des solides dans l'eau augmente quand la température augmente.
  - La solubilité des gaz diminue quand la température de l'eau augmente.
  - Plus la pression exercée sur un gaz est forte, plus ce gaz est soluble dans le solvant.

15. *a)* Si on dissout 50 g de sucre dans 1 000 g d'eau, quelle sera la masse finale de la solution obtenue ?

b) Si on dissout 80 mL d'alcool dans 200 mL d'eau, quel volume de solution pourra-t-on obtenir ?

16. *a)* Si on peut dissoudre un maximum de 5 g de soluté en poudre dans 25 mL d'eau à 25 °C, quelle est la solubilité de cette substance exprimée en g/100 mL ?

b) Étant donné que les substances solides sont généralement plus solubles dans un solvant chaud, qu'observerait-on dans la solution préparée en *a* si on la faisait refroidir ?

17. Observez le diagramme ci-dessous.

a) Quel est le soluté dont la solubilité ne varie pratiquement pas avec la température ?

b) En général, la solubilité des solides augmente avec la température. Selon ce diagramme, quel soluté fait exception à cette règle ?

c) Quelle quantité de nitrate de sodium ($NaNO_3$) peut-on dissoudre à 10 °C ?

Les courbes de solubilité de différentes substances dans l'eau

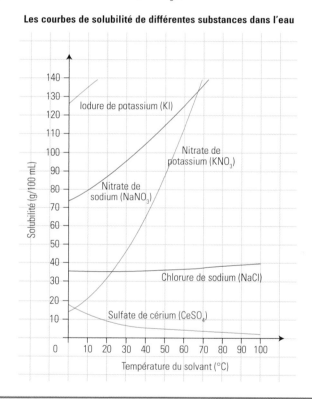

6.3 **La concentration et la dilution**

La concentration d'une solution est le rapport entre la quantité de soluté dissous et la quantité totale de solution.

• On exprime la concentration par l'équation générale suivante.

Concentration d'une solution

$$\text{Concentration} = \frac{\text{Quantité de soluté}}{\text{Quantité de solution}}$$

- La concentration s'exprime à l'aide de différentes unités (g/mL, %, ppm et mol/L).

- La concentration molaire d'une solution est le nombre de moles de soluté dissous dans 1 L de solution. Elle est exprimée en moles par litre (mol/L). Elle est symbolisée de deux façons :
  - par le symbole de la concentration molaire (C) ;
  - par des crochets de chaque côté de la formule chimique de la substance concernée. Par exemple, [HCl] = 2 mol/L signifie que la concentration molaire d'une solution d'acide chlorhydrique est égale à 2 mol/L.

- La concentration molaire est décrite par la formule suivante.

Concentration molaire

$$C = \frac{n}{V}$$

où

C = Concentration molaire, exprimée en moles par litre (mol/L)
n = Quantité de soluté, exprimée en moles (mol)
V = Volume de la solution, exprimé en litres (L)

L'exemple suivant montre comment on calcule la concentration molaire.

Exemple

Quelle est la concentration molaire d'une solution aqueuse contenant 5,00 g d'éthanol (C_2H_5OH) dans 0,750 L de solution ?

Données :

$m_{(soluté)}$ = 5,00 g

$V_{(solution)}$ = 0,750 L

$M_{(soluté)}$ = 46,08 g/mol

n = ?

C = ?

1. *Calcul de la masse molaire de l'éthanol :*

$M_{C_2H_5OH} = 2M_C + 6M_H + M_O$

$\qquad = 2(12,011 \text{ g/mol}) + 6(1,008 \text{ g/mol}) + 15,999 \text{ g/mol}$

$\qquad = 46,069 \text{ g/mol}$

2. *Conversion de la masse d'éthanol en nombre de moles :*

$M_{C_2H_5OH} = \frac{m}{n}$

$n = \frac{m}{M_{C_2H_5OH}}$

$\quad = \frac{5,00 \text{ g}}{46,069 \text{ g/mol}}$

$\quad = 0,109 \text{ mol}$

3. *Calcul de la concentration molaire :*

$C = \frac{n}{V}$

$\quad = \frac{0,109 \text{ mol}}{0,750 \text{ L}}$

$\quad = 0,145 \text{ mol/L}$

Réponse : La concentration molaire de l'éthanol (C_2H_5OH) est de 0,145 mol/L.

• La dilution est une transformation physique qui permet d'obtenir une solution finale d'une concentration inférieure à la solution de départ (*voir la figure 18*).

Solution concentrée   **Solution diluée**

Figure 18 Une solution concentrée contient davantage de particules de soluté dissoutes qu'une solution diluée.

• L'équation qui permet de calculer la concentration des solutions est la suivante.

Concentration des solutions

$$C_1V_1 = C_2V_2$$

où

C_1 = Concentration de la solution initiale
V_1 = Volume de la solution initiale
C_2 = Concentration de la solution finale
V_2 = Volume de la solution finale

Lorsqu'on utilise cette équation, il est important que les données soient exprimées avec les mêmes unités de mesure, comme le montre l'exemple suivant.

Exemple

Pour nettoyer des fenêtres, on veut préparer une solution diluée de vinaigre. Si on a une bouteille de 250 mL de vinaigre commercial, dont la concentration est de 4 % *V/V*, quel volume d'eau faut-il y ajouter pour obtenir une solution à 1 % *V/V*?

Données :
C_1 = 4 % V/V
V_1 = 250 mL
C_2 = 1 % V/V
V_2 = ?

1. Calcul du volume final de la solution :

$$C_1V_1 = C_2V_2$$

$$V_2 = \frac{C_1V_1}{C_2}$$

$$= \frac{4\ \%\ \cancel{V/V} \cdot 250\ \text{mL}}{1\ \%\ \cancel{V/V}} = 1\ 000\ \text{mL}$$

2. Calcul du volume d'eau à ajouter :

Volume d'eau à ajouter = Volume final (V_2) − Volume initial (V_1)
= 1 000 mL − 250 mL = 750 mL

Réponse : Il faut ajouter 750 mL d'eau aux 250 mL de la solution initiale.

---

18. Exprimez la concentration des solutions suivantes en grammes par litre (g/L), puis classez-les en ordre croissant de concentration.

a) 3,5 g/75 mL   *c)* 35 g/450 mL

b) 5,6 kg/2 000 L

19. *a)* Quelle est la concentration en parties par million (ppm) de 1 g de dioxyde de carbone (CO_2) contenu dans 1 000 g d'air ?

b) La teneur en calcium (Ca) d'une eau de source est de 35 ppm. Exprimez cette teneur en grammes par litre (g/L) et en milligrammes par litre (mg/L).

20. Calculez la concentration molaire des solutions formées par les proportions suivantes.

a) 20 g d'hydroxyde de sodium (NaOH) dissous dans un volume total de 1 000 mL de solution

b) 250 g de carbonate de calcium ($CaCO_3$) dissous dans un volume total de 5 L de solution

c) 30 g de sulfate de cuivre ($CuSO_4$) dissous dans un volume total de 2 500 mL de solution

21. Combien de grammes d'hydroxyde de sodium (NaOH) dissous y a-t-il dans un volume total de 100 mL de solution ayant une concentration d'hydroxyde de sodium de 3 mol/L ?

22. On dilue 350 mL d'une solution de nitrate de potassium (KNO_3) ayant une concentration de 36 g/L en y ajoutant 250 mL d'eau. Quelle est la concentration de la nouvelle solution obtenue ?

23. Pour préparer une solution d'acide chlorhydrique (HCl), on utilise une solution de base à une concentration de 660 g/L d'acide chlorhydrique. Comment devra-t-on s'y prendre pour obtenir 1 500 mL de solution d'une concentration de 36 g/L ?

6.4 Les électrolytes et la dissociation électrolytique

Les électrolytes sont des substances qui, lorsqu'elles sont dissoutes dans l'eau, permettent le passage d'un courant électrique en raison de la présence d'ions (*voir la figure 19*).

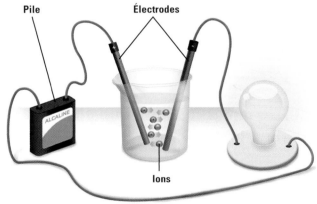

Pile   Électrodes

ALCALINE

Ions

Figure 19 Les ions libérés pendant la dissociation électrolytique permettent au courant de circuler entre les électrodes plongées dans la solution.

- La dissociation électrolytique se produit lorsqu'un soluté se sépare en ions de charges opposées au moment de sa dissolution dans un solvant.

- Les acides, les bases et les sels, lorsqu'ils sont dissous dans l'eau, sont des électrolytes possédant des caractéristiques qui leur sont propres (*voir le tableau 6, à la page 20*).

Tableau 6 Les types d'électrolytes.

Types d'électrolytes	Acides	Bases	Sels
Caractéristiques	• Ils libèrent des ions H^+. • Ils neutralisent les bases. • Leur pH < 7. • Ils rougissent le papier tournesol bleu.	• Elles libèrent des ions OH^-. • Elles neutralisent les acides. • Leur pH > 7. • Elles bleuissent le papier tournesol rose.	• Ils libèrent des ions métalliques et non métalliques différents de H^+ et OH^-. • Ils sont un des produits de la neutralisation acidobasique. • Leur pH est variable.
Formule chimique générale	H — Non-métal	Métal — OH	Métal — Non-métal
Exemple d'équation de dissociation électrolytique	Acide chlorhydrique: $HCl_{(g)} \rightarrow H^+_{(aq)} + Cl^-_{(aq)}$	Hydroxyde de sodium: $NaOH_{(s)} \rightarrow Na^+_{(aq)} + OH^-_{(aq)}$	Chlorure de sodium: $NaCl_{(s)} \rightarrow Na^+_{(aq)} + Cl^-_{(aq)}$

En pratique

24. Lequel ou lesquels des béchers suivants contient des solutions d'électrolytes?

a)  b)  c)

25. Parmi les équations de dissolution suivantes, lesquelles représentent des dissociations électrolytiques? Expliquez votre réponse.

a) $CH_3COOH_{(l)} \rightarrow CH_3COO^-_{(aq)} + H^+_{(aq)}$ c) $C_2H_5OH_{(l)} \rightarrow C_2H_5OH_{(aq)}$

b) $C_{12}H_{22}O_{11\,(s)} \rightarrow C_{12}H_{22}O_{11\,(aq)}$ d) $KNO_{3\,(s)} \rightarrow K^+_{(aq)} + NO_3^-_{(aq)}$

26. Qu'ont en commun les acides, les bases et les sels?

27. Indiquez si les substances suivantes appartiennent à la catégorie des acides, des bases ou des sels en observant leur formule chimique.

a) Sulfate de cuivre ($CuSO_4$)   d) Acide nitrique (HNO_3)

b) Acide perchlorique ($HClO_4$)   e) Chlorure de magnésium ($MgCl_2$)

c) Hydroxyde de potassium (KOH)   f) Hydroxyde de césium ($CsOH$)

6.5 La mesure d'une transformation physique à l'aide de l'échelle pH

L'échelle pH (potentiel hydrogène) est utilisée pour caractériser l'acidité ou la basicité d'une solution. Elle est graduée de 0 à 14 (*voir la figure 20*). Les solutions dont le pH est inférieur à 7 sont acides, celles dont le pH est égal à 7 sont neutres et celles dont le pH est supérieur à 7 sont basiques (ou alcalines).

En pratique

28. a) Une solution de pH 5,6 est-elle acide, basique ou neutre? Expliquez votre réponse.

b) Certains savons ont un pH de 10. Combien de fois l'eau distillée de pH 7 est-elle plus acide que le savon?

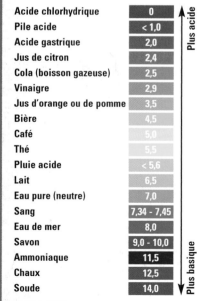

Acide chlorhydrique	0	Plus acide ↑
Pile acide	< 1,0	
Acide gastrique	2,0	
Jus de citron	2,4	
Cola (boisson gazeuse)	2,5	
Vinaigre	2,9	
Jus d'orange ou de pomme	3,5	
Bière	4,5	
Café	5,0	
Thé	5,5	
Pluie acide	< 5,6	
Lait	6,5	
Eau pure (neutre)	7,0	
Sang	7,34 - 7,45	
Eau de mer	8,0	
Savon	9,0 - 10,0	
Ammoniaque	11,5	Plus basique ↓
Chaux	12,5	
Soude	14,0	

Figure 20 Le potentiel hydrogène (pH) s'exprime par des valeurs qui s'échelonnent de 0 à 14.

7 Les transformations chimiques

Une transformation chimique se produit lorsque des substances, les réactifs, interagissent pour former de nouvelles substances, les produits.

- Les indices qui révèlent la présence d'une transformation chimique sont :
  - le dégagement d'un gaz ;
  - un changement de couleur ;
  - la formation d'un précipité ;
  - une variation d'énergie sous forme de chaleur, de lumière ou d'explosion.

- Des équations chimiques représentent ces transformations (*voir la figure 21*).

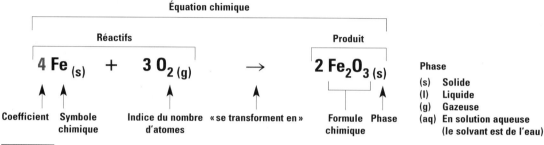

Figure 21 Les symboles utilisés dans les équations chimiques.

7.1 La loi de la conservation de la masse

Selon la loi de la conservation de la masse, dans une transformation chimique, la masse totale des réactifs est toujours égale à la masse totale des produits.

- Dans les réactions chimiques, les atomes contenus dans les éléments et dans les composés des réactifs se réarrangent pour former les atomes des produits. Puisque les atomes des réactifs sont tous conservés, les produits sont formés uniquement par les atomes provenant des réactifs (*voir la figure 22*).

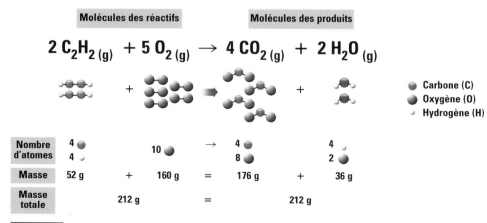

Figure 22 Au cours de la combustion de l'acétylène (C_2H_2), le nombre d'atomes de chaque élément ne change pas et la masse est conservée. Par contre, comme les atomes s'agencent différemment, de nouveaux composés sont produits.

En pratique

29. La synthèse de l'ammoniac se réalise selon l'équation suivante :

$$N_{2\,(g)} + 3\,H_{2\,(g)} \rightarrow 2\,NH_{3\,(g)}$$

Si l'on fait réagir 56 g de diazote (N_2) avec le dihydrogène (H_2) et que 68 g d'ammoniac (NH_3) sont produits, quelle masse de dihydrogène a été utilisée ?

7.2 Le balancement d'équations chimiques

Le balancement d'équations chimiques est l'ajout de coefficients devant la formule chimique des réactifs et des produits pour respecter la loi de la conservation de la masse.

- Une équation squelette est une équation chimique qui présente les réactifs et les produits d'une transformation sans tenir compte de la loi de la conservation de la masse.

Équation squelette de la combustion de l'octane (C_8H_{18})

$$C_8H_{18\,(g)} + O_{2\,(g)} \rightarrow CO_{2\,(g)} + H_2O_{(g)}$$

- Pour tenir compte de la loi de la conservation de la masse, il faut balancer l'équation squelette pour équilibrer le nombre d'atomes des réactifs et des produits. Pour balancer une équation chimique, il faut respecter les règles suivantes.

  – Seuls les coefficients peuvent être ajoutés ; les indices dans les formules chimiques des composés ne doivent pas changer.

  – On n'inscrit pas le coefficient « 1 » ; il est sous-entendu.

  – Une fois l'équation balancée, les coefficients utilisés doivent être des entiers naturels réduits à la plus petite valeur possible.

  – Une fois l'équation balancée, le nombre d'atomes de chaque élément doit être semblable dans les réactifs et dans les produits.

Équation balancée de la combustion de l'octane (C_8H_{18})

$$2\,C_8H_{18\,(g)} + 25\,O_{2\,(g)} \rightarrow 16\,CO_{2\,(g)} + 18\,H_2O_{(g)}$$

L'exemple suivant montre le balancement d'une équation squelette qui présente les réactifs et les produits en jeu dans la combustion du méthane (CH_4).

Exemple

Balancez l'équation squelette suivante :

RÉACTIFS		PRODUITS
CH_4 + O_2	$\rightarrow$	CO_2 + H_2O

Solution :

Nombre d'atomes des réactifs :	*Nombre d'atomes des produits :*
C : 1 atome	C : 1 atome
H : 4 atomes	H : 2 atomes
O : 2 atomes	O : 3 atomes

1. *Commencer par balancer le réactif ou le produit le plus complexe :*

   On souligne le méthane (CH_4).

   $\underline{CH_4}$ + O_2 → CO_2 + H_2O

2. *Terminer en balançant le réactif ou le produit le plus simple :*

   On encercle le dioxygène (O_2).

   $\underline{CH_4}$ + $\boxed{O_2}$ → CO_2 + H_2O

3. *Balancer l'équation :*

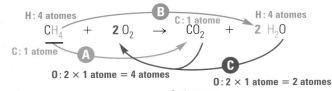

A On vérifie d'abord le carbone (C) du méthane (CH_4) et du dioxyde de carbone (CO_2). Comme il y a un atome de carbone de chaque côté de l'équation, on conclut que le carbone est balancé.

B On place un coefficient « 2 » devant l'eau (H_2O) pour équilibrer les 4 atomes d'hydrogène (H) du méthane.

C Ce coefficient « 2 » placé devant H_2O porte le total des atomes d'oxygène (O) à 4 dans les produits (2 dans CO_2 et 2 dans H_2O). On balance en ajoutant un coefficient « 2 » devant le dioxygène (O_2), le réactif le plus simple. L'équation est alors balancée.

Réponse : $CH_4 + 2\,O_2 \rightarrow CO_2 + 2\,H_2O$

En pratique

30. Balancez les équations chimiques suivantes.

a) $NO_2 \rightarrow N_2O_4$

b) $CO + O_2 \rightarrow CO_2$

c) $FeCl_3 + NaOH \rightarrow Fe(OH)_3 + NaCl$

d) $Fe_2O_3 + CO \rightarrow Fe + CO_2$

7.3 La stœchiométrie

La stœchiométrie est l'étude des rapports entre les quantités de matière (réactifs et produits) qui participent à une transformation chimique.

- Les coefficients placés devant les formules chimiques des réactifs et des produits d'une réaction chimique indiquent les proportions dans lesquelles se combinent les réactifs pour former les produits.

- Les calculs stœchiométriques permettent de déterminer les quantités de substances (réactifs et produits) et l'énergie impliquées dans une transformation chimique.

- Les rapports molaires sont les proportions entre les moles des réactifs et des produits dans une équation chimique balancée.

Les deux exemples suivants proposent une démarche pour effectuer des calculs stœchiométriques lorsqu'on veut obtenir le nombre de moles ou la masse d'un réactif ou d'un produit.

Exemple A

La combustion de l'éthane (C_2H_6) gazeux est représentée par l'équation squelette suivante :

$$C_2H_6 + O_2 \rightarrow CO_2 + H_2O$$

Combien faut-il de moles de dioxygène (O_2) pour réaliser la combustion de 16 mol d'éthane gazeux ?

Données :
Nombre de moles de C_2H_6 = 16 mol
Nombre de moles de O_2 = ?

1. Balancement de l'équation chimique :
Équation squelette : $C_2H_6 + O_2 \rightarrow CO_2 + H_2O$
Équation balancée : $2\,C_2H_6 + 7\,O_2 \rightarrow 4\,CO_2 + 6\,H_2O$

2. Rapports molaires entre les réactifs et les produits et report des données :

$$2\,C_2H_6 \quad + \quad 7\,O_2 \quad \rightarrow \quad 4\,CO_2 \quad + \quad 6\,H_2O$$

| 2 mol | 7 mol | 4 mol | 6 mol |
| 16 mol | ? | | |

3. Calcul du nombre de moles de dioxygène :

$$\frac{?}{16 \text{ mol de } C_2H_6} = \frac{7 \text{ mol de } O_2}{2 \text{ mol de } C_2H_6}$$

$$? = \frac{7 \text{ mol de } O_2 \cdot 16 \text{ mol de } C_2H_6}{2 \text{ mol de } C_2H_6}$$

$$= 56 \text{ mol}$$

Réponse : Il faut 56 mol de dioxygène (O_2) pour réaliser la combustion de 16 mol d'éthane (C_2H_6) gazeux.

Exemple B

Dans une navette spatiale comme Endeavour, la respiration des astronautes produit du dioxyde de carbone (CO_2). Pour que le niveau de dioxyde de carbone reste peu élevé dans la cabine et que les astronautes ne soient pas intoxiqués, l'air passe par des filtres renfermant des granules d'hydroxyde de lithium (LiOH). Ce dernier réagit avec le dioxyde de carbone pour former du carbonate de lithium (Li_2CO_3) et de l'eau. Quelle masse d'hydroxyde de lithium par personne par jour est nécessaire pour maintenir la qualité de l'air dans la cabine si on sait que chaque astronaute expire en moyenne 1 056,0 g de dioxyde de carbone quotidiennement ?

Données :
$m_{CO_2} = 1\,056{,}0$ g
$m_{LiOH} = ?$

1. Balancement de l'équation chimique :
Équation squelette : $LiOH + CO_2 \rightarrow Li_2CO_3 + H_2O$
Équation balancée : $2\,LiOH + CO_2 \rightarrow Li_2CO_3 + H_2O$

2. Rapports molaires entre les réactifs et les produits, et conversion à l'aide de la masse molaire :

$$2\,LiOH \quad + \quad CO_2 \quad \rightarrow \quad Li_2CO_3 \quad + \quad H_2O$$

2 mol   1 mol

2 mol $\cdot\ M_{LiOH}$ 1 mol $\cdot\ M_{CO_2}$

$\dfrac{2\,mol \cdot 23{,}948\ g}{1\,mol}$ $\dfrac{1\,mol \cdot 44{,}009\ g}{1\,mol}$

47,896 g   44,009 g

3. Calcul de la masse d'hydroxyde de lithium :

$$\frac{?}{1\,056{,}0\ g\ de\ CO_2} = \frac{47{,}896\ g\ de\ LiOH}{44{,}009\ g\ de\ CO_2}$$

$$? = \frac{47{,}896\ g\ de\ LiOH \cdot 1\,056{,}0\ g\ de\ CO_2}{44{,}009\ g\ de\ CO_2}$$

$$= 1\,149{,}27\ g$$

Réponse : Il faut 1 149,3 g d'hydroxyde de lithium (LiOH) par personne par jour pour maintenir la qualité de l'air dans la cabine.

Figure 23 Les astronautes canadiens Julie Payette et Robert Thirsk dans la navette spatiale Endeavour.

En pratique

31. Le coussin gonflable d'une automobile se remplit du diazote (N_2) produit pendant la réaction de décomposition suivante :

$$2\,NaN_{3\,(s)} \rightarrow 3\,N_{2\,(g)} + 2\,Na_{(s)}$$

Dans une petite voiture, il faut normalement 2 mol de $N_{2\,(g)}$ pour gonfler le coussin du côté du volant. Quel est le nombre de moles d'azide de sodium (NaN_3) nécessaire pour produire le diazote ?

32. L'ammoniac (NH_3) gazeux réagit avec du dioxygène (O_2) pour former de l'eau et de l'oxyde d'azote (NO) selon l'équation suivante :

$$4\,NH_{3\,(g)} + 5\,O_{2\,(g)} \rightarrow 4\,NO_{(g)} + 6\,H_2O_{(g)}$$

a) Quelle masse de dioxygène réagira avec 34 g d'ammoniac ?
b) Combien de moles d'oxyde d'azote seront formées si 320 g de dioxygène réagissent avec suffisamment d'ammoniac ?

8 Quelques types de réactions chimiques

Il existe différents types de réactions chimiques susceptibles de produire des transformations chimiques. Voici les plus courantes.

8.1 La neutralisation acidobasique

La neutralisation acidobasique est une transformation chimique dans laquelle un acide et une base réagissent ensemble pour former un sel et de l'eau.

- Lorsqu'une solution acide est mélangée avec une solution basique, les ions hydrogène (H^+) de l'acide réagissent avec les ions hydroxyde (OH^-) de la base pour former de l'eau et un sel dont la nature dépend des réactifs.

- Lorsque les solutions de départ (réactifs) renferment des quantités équivalentes d'ions hydrogène et hydroxyde, la réaction de neutralisation acidobasique est complète et la solution finale produite est neutre. Lorsque les quantités de réactifs sont différentes, la réaction de neutralisation acidobasique est incomplète : la solution finale aura un pH acide si elle contient un surplus d'ions hydrogène et basique si elle contient un surplus d'ions hydroxyde.

- L'équation générale de la neutralisation acidobasique s'écrit de la façon suivante.

Équation générale de la neutralisation acidobasique

$$acide_{(aq)} + base_{(aq)} \rightarrow eau_{(l)} + sel_{(aq)}$$

En pratique

33. Après avoir versé une solution d'acide chlorhydrique (HCl) dans un bécher, on plonge l'extrémité d'un pH-mètre dans la solution. Le pH-mètre indique 1,9.
   a) Que se passera-t-il si on ajoute une solution d'hydroxyde de potassium (KOH) goutte à goutte dans l'acide ?
   b) Déterminez l'équation chimique complète de cette réaction.
   c) À partir du moment où la quantité d'ions hydroxyde (OH^-) sera supérieure à la quantité d'ions hydrogène (H^+), qu'adviendra-t-il du pH ?

8.2 La synthèse, la décomposition et la précipitation

Les réactions de synthèse, de décomposition et de précipitation sont des types de transformations chimiques.

- La synthèse est une transformation chimique dans laquelle des éléments ou des composés simples réagissent et forment un composé plus complexe. L'équation générale de la synthèse s'écrit comme suit.

Équation générale de la synthèse

$$A + B \rightarrow AB$$

- La décomposition est une transformation chimique dans laquelle un composé se sépare en éléments ou en composés plus simples. C'est la réaction inverse de la synthèse.

L'équation générale de la décomposition s'écrit comme suit.

Équation générale de la décomposition

$$AB \rightarrow A + B$$

- La précipitation est la formation d'un solide peu soluble ou insoluble lors du mélange de deux solutions électrolytiques. Le solide alors formé se nomme précipité (*voir la figure 24*).

$$Pb(NO_3)_{2\ (aq)} + 2KI_{\ (aq)} \rightarrow PbI_{2\ (s)} + 2KNO_{3\ (aq)}$$
$$\downarrow$$
$$\text{Précipité}$$

En pratique

34. Déterminez à quel type de réaction (synthèse, décomposition ou précipitation) correspond chacune des transformations chimiques suivantes.

a) $CaCl_{2\ (s)} \rightarrow Ca_{\ (s)} + Cl_{2\ (g)}$

b) $CaBr_{2\ (aq)} + Pb(NO_3)_{2\ (aq)} \rightarrow PbBr_{2\ (s)} + Ca(NO_3)_{2\ (aq)}$

c) $2\ Li_{\ (s)} + Cl_{2\ (g)} \rightarrow 2\ LiCl_{\ (s)}$

Figure 24 Le précipité formé, de couleur jaune, est du diiodure de plomb (PbI_2).

8.3 Les réactions endothermiques et exothermiques

Toutes les transformations chimiques entraînent des variations d'énergie dans un système et dans le milieu. Les variations d'énergie dépendent de la nature de la transformation : il peut y avoir absorption d'énergie ou dégagement d'énergie.

- Les réactions endothermiques sont des réactions chimiques qui absorbent de l'énergie. L'équation générale d'une réaction endothermique s'écrit comme suit.

Équation générale d'une réaction endothermique

Réactifs + Énergie → Produits

- Les réactions exothermiques sont des réactions chimiques qui dégagent de l'énergie. L'équation générale d'une réaction exothermique s'écrit comme suit.

Équation générale d'une réaction exothermique

Réactifs → Produits + Énergie

En pratique

35. Déterminez si les transformations chimiques suivantes sont endothermiques ou exothermiques.

a) Lorsque l'eau est décomposée par électrolyse, dès que le courant électrique est coupé, la réaction de décomposition s'arrête.

b) Quand le dihydrogène (H_2) est soumis au test de la flamme, une détonation se fait entendre.

c) $2\ H_{2\ (g)} + C_{\ (s)} \rightarrow CH_{4\ (g)} + 75\ kJ$

36. Observez la réaction suivante.

$$H_{2\ (g)} + I_{2\ (g)} + 53\ kJ \rightarrow 2\ HI_{\ (g)}$$

a) Calculez la quantité d'énergie en jeu si 768 g d'iodure d'hydrogène (HI) sont formés pendant la réaction.

b) Indiquez si la chaleur est absorbée ou dégagée (réaction endothermique ou exothermique).

8.4 L'oxydation et la combustion

Les réactions d'oxydation sont très communes sur Terre : l'atmosphère est composée de près de 21 % de dioxygène (O_2), le réactif qui cause la très grande majorité des réactions d'oxydation. La combustion, la respiration cellulaire, la formation de la rouille et la corrosion sont toutes des réactions d'oxydation.

- L'oxydation est une transformation chimique dans laquelle le dioxygène ou une substance aux propriétés semblables se combine avec un réactif pour former un oxyde. Par exemple, l'oxydation du cuivre (Cu) mène à la formation d'oxyde de cuivre (CuO) selon l'équation chimique suivante.

$$2 \ Cu_{(s)} + O_{2 \ (g)} \rightarrow 2 \ CuO_{(s)}$$

- La combustion est une réaction d'oxydation qui dégage de l'énergie. Le combustible, le comburant et le point d'ignition sont les éléments essentiels à la combustion.

- L'octane qui brûle en présence de dioxygène peut servir à illustrer l'équation de la combustion.

$$2 \ C_8H_{18 \ (g)} + 25 \ O_{2 \ (g)} \rightarrow 16 \ CO_{2 \ (g)} + 18 \ H_2O_{(g)}$$

En pratique

37. Déterminez l'équation chimique de la réaction d'oxydation du magnésium (Mg).

8.5 La photosynthèse et la respiration

Presque tous les organismes vivants sur Terre dépendent de deux transformations chimiques : la photosynthèse (réaction de synthèse) et la respiration cellulaire (réaction de combustion).

- La photosynthèse est la transformation chimique par laquelle des organismes vivants transforment l'énergie rayonnante du Soleil en énergie chimique. L'équation chimique de la photosynthèse est la suivante.

Équation chimique de la photosynthèse
$$6 \ CO_{2 \ (g)} + 6 \ H_2O_{(l)} + \text{Énergie} \rightarrow C_6H_{12}O_{6 \ (s)} + 6 \ O_{2 \ (g)}$$

- La respiration est la transformation chimique par laquelle l'énergie contenue dans les sucres est libérée pour effectuer du travail dans les cellules vivantes. C'est la réaction inverse de la photosynthèse et son équation chimique est la suivante.

Équation chimique de la respiration
$$C_6H_{12}O_{6 \ (s)} + 6 \ O_{2 \ (g)} \rightarrow 6 \ CO_{2 \ (g)} + 6 \ H_2O_{(l)} + \text{Énergie}$$

En pratique

38. Expliquez pourquoi la respiration et la photosynthèse sont des réactions inverses.

9 La nature de la liaison chimique

Une liaison chimique correspond au transfert ou au partage d'électrons entre deux atomes, ce qui produit la formation d'un composé ou d'un élément diatomique.

La force avec laquelle un électron de valence est retenu par le noyau se nomme électronégativité.

9.1 La liaison ionique

Une liaison ionique se produit lorsqu'il y a transfert d'électrons d'un atome à un autre (*voir la figure 25*).

- Ce type de liaison se produit lorsqu'un des atomes possède une électronégativité beaucoup plus grande que l'autre atome. Cette liaison se produit généralement entre un métal et un non-métal. Elle entraîne la formation d'un composé ionique.

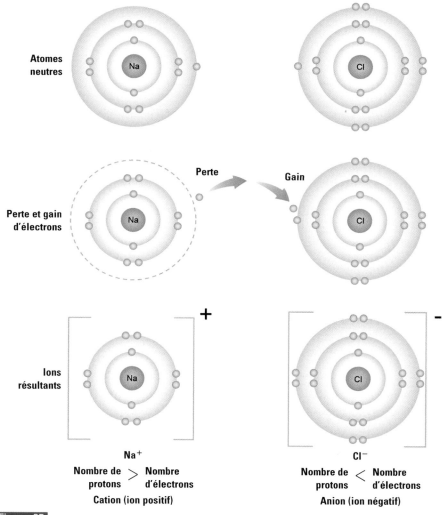

Figure 25 Lorsque les ions sodium (Na^+) et chlorure (Cl^-) se forment, le transfert d'électrons s'effectue du sodium vers le chlore. Les ions de charges contraires s'attirent et forment une liaison ionique.

- La notation de Lewis permet de représenter la liaison ionique (*voir la figure 26*).

a) Une liaison simple entre deux ions.

b) Deux liaisons ioniques entre deux ions.

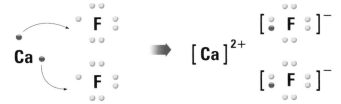

c) Deux liaisons ioniques entre trois ions.

Figure 26 La formation de liaisons ioniques représentées par la notation de Lewis.

Figure 27 Chaque atome d'oxygène (O) fournit deux électrons pour former deux doublets d'électrons partagés avec l'atome de carbone (C). L'atome de carbone fournit quatre électrons, deux pour chaque atome d'oxygène.

9.2 **La liaison covalente**

Une liaison covalente se produit lorsqu'il y a partage d'électrons entre deux atomes.

- Généralement, ce type de liaison se réalise lorsque la différence d'électro-négativité entre les deux éléments est petite. Cette liaison se produit habi-tuellement entre deux non-métaux, entre deux atomes identiques ou entre un non-métal et l'hydrogène (H).

- La liaison covalente entraîne la formation d'un composé covalent dans lequel on trouve une ou plusieurs liaisons covalentes simples, doubles ou triples (*voir la figure 27*).

- La notation de Lewis permet de représenter la liaison covalente (*voir la figure 28*).

a) La molécule de dichlore (Cl_2) possède une liaison covalente simple.

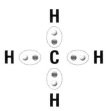

b) La molécule de méthane (CH_4) possède quatre liaisons covalentes simples.

c) La molécule d'eau (H_2O) possède deux liaisons covalentes simples.

Figure 28 La notation de Lewis permet de représenter les liaisons covalentes en mettant en évidence les doublets d'électrons partagés.

En pratique

39. Quelle est la différence entre la liaison ionique et la liaison covalente en ce qui a trait aux électrons de valence ?

40. De façon générale, entre quelles catégories d'éléments une liaison ionique se produit-elle ?

41. Soit les composés suivants :

$$CO_2, H_2O, CaCl_2, CCl_4, LiF, CaCO_3, PBr_3, FeSO_4$$

a) Quels sont ceux qui contiennent une ou plusieurs liaisons ioniques ?

b) Illustrez ceux qui contiennent une ou plusieurs liaisons covalentes à l'aide de la notation de Lewis.

10 Les formes d'énergie

Il existe plusieurs formes d'énergie, dont l'énergie cinétique et l'énergie potentielle.

10.1 L'énergie cinétique

L'énergie cinétique (E_c) est liée au mouvement d'un corps.

- L'énergie cinétique correspond au produit de la masse (m) et du carré de la vitesse (v) d'un corps en mouvement.

- L'équation suivante permet de déterminer l'énergie cinétique d'un corps en mouvement.

> **Énergie cinétique**
>
> $$E_c = \frac{1}{2}mv^2$$
>
> où
> E_c = Énergie cinétique, exprimée en joules (J)
> m = Masse de l'objet, exprimée en kilogrammes (kg)
> v = Vitesse de l'objet, exprimée en mètres par seconde (m/s)

- L'énergie cinétique croît proportionnellement à la masse d'un objet et au carré de sa vitesse.

En pratique

42. Quelle est l'énergie cinétique d'une balle de golf de 45 g qui se déplace :
  a) à 70 m/s ?   *b)* à 45 m/s ?

10.2 L'énergie potentielle

L'énergie potentielle est emmagasinée dans un corps et peut être transformée en une autre forme d'énergie, par exemple en énergie potentielle gravitationnelle (E_p).

- L'énergie potentielle gravitationnelle emmagasinée dans un corps correspond au produit de la masse (m), de l'accélération gravitationnelle (g) et de la hauteur (h) de ce corps par rapport à un point de référence.

- L'équation suivante permet de déterminer l'énergie potentielle gravitationnelle d'un corps en mouvement.

> **Énergie potentielle gravitationnelle**
>
> $$E_p = mgh$$
>
> où
> E_p = Énergie potentielle gravitationnelle, exprimée en joules (J)
> m = Masse de l'objet, exprimée en kilogrammes (kg)
> g = Accélération gravitationnelle, dont la valeur est de 9,8 m/s^2 sur Terre
> h = Hauteur de l'objet par rapport à un point de référence, exprimée en mètres (m)

Le tableau suivant recense les principales formes d'énergie (*voir le tableau 7*). Les énergies potentielles sont associées à une force : la force électrique pour l'énergie potentielle électrique, la force nucléaire pour l'énergie potentielle nucléaire, etc.

Tableau 7 Quelques formes d'énergie.

Formes d'énergie	Exemple	
Énergie cinétique Énergie liée au mouvement d'un objet.	Une automobile qui roule sur une route.	
Énergie potentielle gravitationnelle Énergie liée à la position d'un objet au-dessus du sol.	L'eau au sommet d'une chute. En raison de sa position en hauteur, cette eau contient plus d'énergie potentielle gravitationnelle que l'eau en bas de la chute.	
Énergie potentielle électrique Énergie présente lors d'interactions de charges électriques.	Un nuage d'orage chargé électriquement.	
Énergie potentielle élastique Énergie emmagasinée dans les matériaux en compression ou en tension.	Un ressort comprimé ou étiré.	
Énergie potentielle nucléaire Énergie emmagasinée dans le noyau d'un atome.	L'uranium dans le cœur d'un réacteur nucléaire.	
Énergie chimique Énergie emmagasinée dans les liaisons chimiques entre les atomes.	L'énergie contenue dans le glucose, le pétrole, etc.	
Énergie thermique Énergie liée au mouvement d'agitation des molécules et des atomes qui composent un objet ou une substance.	De l'eau qui bout. L'énergie thermique des molécules de l'eau augmente et celles-ci deviennent plus agitées.	
Énergie rayonnante Énergie transportée par une onde électromagnétique.	La lumière du Soleil ou d'une ampoule électrique, les micro-ondes qui réchauffent les aliments, les ondes radio, les ondes émises et captées par les téléphones cellulaires.	

En pratique

43. Une personne soulève à partir du sol une boîte de 8 kg et la dépose sur le dessus d'une table de 1,5 m de hauteur. Quelle est l'énergie potentielle emmagasinée dans la boîte une fois qu'elle est déposée sur la table ?

44. Un plongeur de 65 kg est sur un tremplin. Le tremplin est situé à 10 m de la surface de l'eau, qui est contenue dans un bassin de 5 m de profondeur. Quelle énergie potentielle est emmagasinée dans le plongeur :
   a) par rapport à la surface de l'eau ?   *b)* par rapport au fond du bassin ?

10.3 La loi de la conservation de l'énergie

Selon la loi de la conservation de l'énergie, l'énergie ne peut être ni créée ni détruite, mais seulement transformée d'une forme à une autre.

- Un système isolé est un système qui n'échange ni matière ni énergie avec son environnement.

- L'énergie mécanique (E_m) est la somme de l'énergie potentielle (E_p) et de l'énergie cinétique (E_c) que possède un système. L'équation suivante traduit la relation qui existe entre ces formes d'énergie.

Énergie mécanique

$$E_m = E_p + E_c$$

où

E_m = Énergie mécanique, exprimée en joules (J)
E_p = Énergie potentielle, exprimée en joules (J)
E_c = Énergie cinétique, exprimée en joules (J)

10.4 La relation entre l'énergie thermique, la capacité thermique massique, la masse et la variation de température

L'énergie thermique est une forme d'énergie que possède une substance en raison de l'agitation de ses particules. Elle dépend de la quantité de particules (masse) contenues dans la substance, du degré d'agitation (température) de celles-ci et de la nature de la substance.

- La variation de l'énergie thermique (Q) d'une substance correspond au produit de la masse, de la capacité à emmagasiner de la chaleur et de la variation de température de cette substance.

- La capacité thermique massique (c) correspond à la quantité d'énergie thermique qu'il faut transférer à un gramme de substance pour augmenter sa température de 1 °C. C'est une propriété physique caractéristique de la matière.

- L'équation suivante permet de déterminer la quantité de chaleur requise pour faire augmenter la température d'une substance.

Énergie thermique

$$Q = mc\Delta T$$

où

Q = Quantité de chaleur, exprimée en joules (J)
m = Masse de la substance, exprimée en grammes (g)
c = Capacité thermique massique de la substance, exprimée en joules par gramme degré Celsius (J/(g·°C))
ΔT = Variation de la température ($T_f - T_i$), exprimée en degrés Celsius (°C)

En pratique

45. Une pierre tombe du haut d'une falaise de 54 m de hauteur. En ne tenant pas compte du frottement, déterminez si les énergies cinétique et potentielle sont maximales, nulles ou équivalentes :

a) lorsque la pierre est en haut de la falaise.

b) lorsque la pierre est à une hauteur de 27 m durant sa chute.

46. La capacité thermique massique de l'eau est de 4,19 J/(g·°C). Calculez la quantité de chaleur nécessaire pour élever de 30 °C la température de 240 g d'eau.

47. La capacité thermique massique de l'eau est de 4,19 J/(g·°C) et celle du cuivre (Cu) est de 0,39 J/(g·°C). Si l'on chauffe 10 g d'eau et 10 g de cuivre à 25 °C :

a) laquelle des deux substances emmagasinera le plus d'énergie thermique ? Expliquez votre réponse.

b) laquelle des deux substances verra sa température augmenter le plus rapidement ?

11 Les fluides

Les substances à l'état liquide ou gazeux sont des fluides, et elles ont la capacité de s'écouler dans toutes les directions.

11.1 Les fluides compressibles et incompressibles

Les fluides peuvent être compressibles ou incompressibles. Ils ont la particularité d'exercer une pression égale dans toutes les directions.

- Les fluides gazeux sont des fluides dits compressibles parce qu'ils peuvent diminuer de volume sous l'effet d'une force. Cela est dû au fait que les particules qui composent les gaz sont éloignées les unes des autres et qu'elles peuvent se rapprocher lorsqu'on les comprime (*voir la figure 29*).

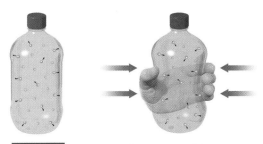

Figure 29 Un gaz est un fluide compressible.

- Les fluides liquides sont des fluides dits incompressibles parce que leurs particules sont trop rapprochées les unes des autres pour être rapprochées davantage sous l'effet d'une force.

11.2 La pression

La pression est la mesure d'une force exercée sur une surface.

- La pression se calcule selon la formule suivante.

Pression

$$P = \frac{F}{A}$$

où

P = Pression, exprimée en newtons par mètre carré (N/m^2) ou en pascals (*Pa*)

F = Force, exprimée en newtons (N)

A = Aire où est appliquée la force, exprimée en mètres carrés (m^2)

- L'unité de mesure de la pression utilisée par le système international (SI) est le pascal (Pa). Il équivaut à 1 N/m^2. Le kilopascal (kPa) est utilisé pour mesurer de grandes pressions comme la pression atmosphérique, dont la valeur moyenne est de 101,3 kPa.

LES GAZ

SOMMAIRE

CHAPITRE 1
Les propriétés chimiques
des gaz 37

CHAPITRE 2
Les propriétés physiques
des gaz 53

L'étude scientifique des gaz permet de mieux comprendre le monde qui nous entoure. C'est en connaissant la composition en gaz de la haute atmosphère que les scientifiques ont pu expliquer le phénomène des aurores boréales, par exemple. De même, la connaissance du comportement des gaz a permis à l'aviation de se développer. Outre le domaine de la technologie, dans lequel ils sont utilisés à plusieurs fins, les gaz sont aussi essentiels dans divers phénomènes naturels comme les volcans.

Dans ce module, vous verrez les utilisations des gaz dans divers domaines de l'activité humaine, lesquelles tirent profit tant des propriétés chimiques des gaz, comme la réactivité chimique, que de leurs propriétés physiques, telles que la compressibilité. De plus, après avoir abordé la théorie cinétique des gaz, vous serez en mesure d'étudier les lois qui permettent d'établir des relations entre les différentes propriétés physiques des gaz comme la pression, le volume, la température et la quantité.

MODULE 1
LES GAZ

CHAPITRE 1 | **LES PROPRIÉTÉS CHIMIQUES DES GAZ**

1.1 L'utilisation quotidienne des gaz

1.2 La réactivité chimique des gaz

CHAPITRE 2 | **LES PROPRIÉTÉS PHYSIQUES DES GAZ**

2.1 La théorie cinétique des gaz

2.2 Le comportement des gaz

2.3 La pression des gaz

2.4 Les lois simples des gaz

2.5 La loi des gaz parfaits

2.6 La loi générale des gaz

2.7 La stœchiométrie des gaz

2.8 La loi de Dalton

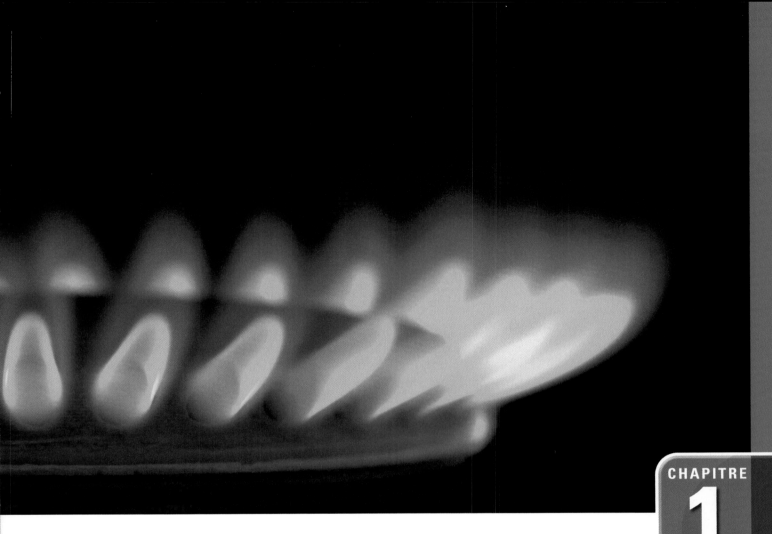

Les propriétés chimiques des gaz

Les gaz jouent un rôle dans la vie quotidienne des gens, autant dans leur confort que dans leur métier ou leurs loisirs. Dans toutes les sphères de la société, diverses applications technologiques des gaz sont essentielles. Le gaz naturel, par exemple, sert à chauffer des maisons ou à cuire des aliments. C'est grâce à la réactivité chimique des gaz que plusieurs de ces applications technologiques sont possibles. Les gaz interviennent également dans de nombreux phénomènes naturels.

Dans ce chapitre, vous prendrez connaissance des différentes utilisations des gaz dans votre quotidien en plus d'étudier la réactivité chimique de certains types de gaz qui interviennent dans des phénomènes naturels ou qui sont employés dans diverses applications technologiques.

Rappels

La classification périodique 8
Les règles de nomenclature et d'écriture 11
L'oxydation et la combustion 27
La photosynthèse et la respiration 27

1.1 **L'utilisation quotidienne des gaz** 38

1.2 **La réactivité chimique des gaz** 44

1.1 L'utilisation quotidienne des gaz

L'utilisation quotidienne des gaz est répandue dans de nombreux domaines de l'activité humaine. Les gaz jouent un rôle important dans l'environnement et dans certaines applications technologiques.

Sur la Terre, les gaz se trouvent pratiquement partout : dans l'atmosphère, dissous dans l'eau des océans et parfois même emprisonnés dans des matériaux solides comme les roches poreuses (*voir la figure 1*).

La plupart des gaz sont invisibles, mais beaucoup ont une odeur qui permet de les détecter. Les gaz sont des fluides qui n'ont ni forme ni volume propres. Ils s'écoulent comme des liquides mais, contrairement aux liquides et aux solides, ils ne restent pas dans le contenant où on les a versés si celui-ci est ouvert. Ils se diffusent alors dans toutes les directions. Toutefois, si le contenant est fermé, les gaz se répandent partout à l'intérieur de celui-ci, le remplissant complètement tout en prenant sa forme.

Les gaz jouent un rôle important dans de multiples phénomènes naturels, comme la respiration des êtres vivants et la production de nourriture pour les plantes par la réaction de la photosynthèse. En outre, on s'en sert dans de nombreuses applications technologiques telles que la fabrication de fenêtres à haut rendement énergétique, où ils améliorent la qualité de vie des gens tout en passant inaperçus.

Figure 1 La pierre ponce est une roche volcanique qui s'est refroidie rapidement en emprisonnant des bulles de gaz qui tentaient de s'échapper de la lave, ce qui lui donne une texture spongieuse.

1.1.1 Les gaz et les phénomènes naturels

La Terre est entourée d'une enveloppe gazeuse appelée atmosphère. L'atmosphère terrestre est constituée d'un mélange de différents gaz qui interviennent dans de nombreux phénomènes naturels (*voir la figure 2*).

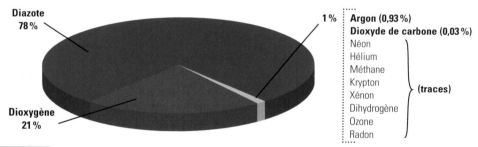

Diazote 78 %

1 % **Argon (0,93 %)**
Dioxyde de carbone (0,03 %)
Néon
Hélium
Méthane
Krypton } (traces)
Xénon
Dihydrogène
Ozone
Radon

Dioxygène 21 %

Figure 2 La composition de l'atmosphère. L'eau présente dans l'atmosphère étant généralement considérée comme un constituant de l'hydrosphère, elle n'apparaît pas dans le diagramme. La teneur en vapeur d'eau de l'atmosphère peut varier selon les conditions météorologiques.

Figure 3 Des bactéries fixatrices d'azote (N) vivent en symbiose dans les nodules qui croissent sur les racines des plantes légumineuses.

Le constituant le plus abondant de l'atmosphère est le diazote (N_2). Ce gaz est essentiel à la croissance des végétaux. Toutefois, ceux-ci ne peuvent assimiler directement le diazote présent dans l'atmosphère. Le diazote doit d'abord être transformé en composés azotés par des bactéries vivant dans le sol ou dans les nodules de certaines plantes comme les légumineuses (*voir la figure 3*). Les végétaux peuvent ensuite l'absorber.

Le dioxygène (O_2) est le deuxième gaz en importance dans l'atmosphère terrestre. Il est essentiel à la respiration des êtres vivants et constitue le comburant* le plus commun de la réaction de combustion (*voir la figure 4*).

Le dioxygène est majoritairement produit par la photosynthèse (*voir la figure 5*). Il permet aussi l'oxydation de métaux comme le fer (Fe) ou certains de ses alliages, dont l'acier ou la fonte. En plus du diazote (N_2) et du dioxygène, l'atmosphère est constituée à environ 1 % d'un mélange de plusieurs gaz. Parmi ceux-ci se trouvent le dioxyde de carbone (CO_2) et le méthane (CH_4), deux gaz à effet de serre. Le dioxyde de carbone est utilisé par les plantes comme source de carbone (C) pendant la photosynthèse.

* **Comburant** Substance qui provoque la combustion du combustible lors de la réaction de combustion.

Figure 4 Un tison incandescent se rallume lorsqu'il est en présence de dioxygène (O_2).

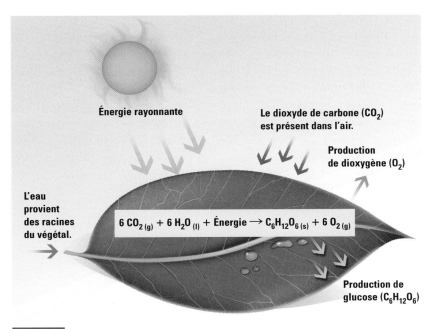

Énergie rayonnante

Le dioxyde de carbone (CO_2) est présent dans l'air.

Production de dioxygène (O_2)

L'eau provient des racines du végétal.

$$6 \ CO_{2 \ (g)} + 6 \ H_2O_{(l)} + \text{Énergie} \longrightarrow C_6H_{12}O_{6 \ (s)} + 6 \ O_{2 \ (g)}$$

Production de glucose ($C_6H_{12}O_6$)

Figure 5 Une schématisation de la photosynthèse.

Le méthane présent dans l'atmosphère est le principal constituant du biogaz issu de la fermentation anaérobie* de la matière organique. Ce type de fermentation peut se produire dans un marais ou encore dans les sites d'enfouissement des déchets. Le méthane se forme aussi dans l'estomac des mammifères, en particulier chez les ruminants, qui le rejettent ensuite sous forme de flatulences dans le milieu environnant. Des quantités importantes de méthane sont également piégées dans la glace du pergélisol et dans le fond des océans (*voir la figure 6*). Or, la fonte du pergélisol, en raison des changements climatiques, pourrait laisser échapper une très grande quantité de méthane, ce qui aurait comme effet d'accentuer le réchauffement du climat.

* **Anaérobie** Se dit de tout processus qui se déroule en l'absence de dioxygène (O_2).

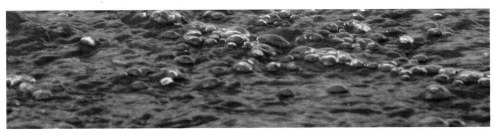

Figure 6 Du méthane (CH_4) s'échappe sous forme de bulles à la surface d'un lac, dans le delta de la rivière Mackenzie, aux Territoires du Nord-Ouest.

Le radon (Rn), un gaz radioactif de la famille des gaz nobles, provient de la désintégration naturelle de l'uranium (U) présent dans les sols et les roches. À l'air libre et dans les endroits bien ventilés, la quantité de radon est minime et inoffensive. Cependant, le radon peut s'infiltrer par des fissures dans les planchers de béton et s'accumuler dans le sous-sol d'une maison. Dans de tels endroits confinés où la circulation de l'air est restreinte, le radon peut atteindre des concentrations nocives. L'exposition au radon en fortes concentrations augmente le risque de cancer du poumon. Il est par contre difficile de prédire la concentration de radon dans une maison en particulier. En effet, sur une même rue, la concentration peut varier d'une maison à l'autre. On peut déterminer cette concentration à l'aide d'un détecteur de radon de façon à pouvoir prendre des mesures correctives si elle s'avère supérieure à la norme fixée (*voir la figure 7*).

Certains phénomènes naturels tels que les éruptions volcaniques émettent de grandes quantités de gaz dans l'atmosphère (*voir la figure 8*). Parmi ces gaz, on trouve du dioxyde de carbone (CO_2), de la vapeur d'eau (H_2O), du dioxyde de soufre (SO_2) et du monoxyde de carbone (CO).

Figure 8 L'éruption du Guagua Pichincha à Quito, en Équateur, le 7 octobre 1999. Quand un volcan comme celui-ci entre en éruption, il rejette des tonnes de gaz et de poussières de cendre dans l'atmosphère.

Les gaz présents dans la haute atmosphère jouent un rôle dans un phénomène naturel que l'on peut observer la nuit près des pôles : les aurores boréales, dans l'hémisphère Nord, et les aurores australes, dans l'hémisphère Sud (*voir la figure 9*). Les aurores boréales et australes sont provoquées par les particules de vent solaire* qui pénètrent dans l'atmosphère, près des pôles magnétiques, et qui ionisent les particules de gaz de la haute atmosphère. Par la suite, les particules de gaz ionisées libèrent le surplus d'énergie absorbé en émettant de la lumière visible sous forme de voiles de couleurs variées.

✱ Vent solaire Flot de particules de haute énergie projeté en permanence dans l'espace par le Soleil. Ces particules comprennent essentiellement des ions et des électrons.

Figure 9 Une aurore boréale.

La flottabilité du poisson

Les gaz sont impliqués dans des phénomènes naturels aquatiques. En effet, certaines espèces de poissons ont une poche appelée vessie natatoire dans l'abdomen, sous la colonne vertébrale. Cette poche est remplie notamment de dioxygène (O_2) et joue un rôle dans la flottabilité du poisson.

Selon la quantité de gaz qu'elle contient, la vessie natatoire détermine la profondeur à laquelle le poisson se déplace dans l'eau. En effet, cette poche permet au poisson de conserver une densité égale à celle de l'eau à la profondeur où il se trouve. Chez beaucoup d'espèces, le dioxygène est acheminé vers la vessie natatoire par l'intermédiaire du sang, dans lequel le gaz est dissous. Le dioxygène dissous pénètre dans les vaisseaux sanguins qui tapissent la vessie natatoire puis atteint l'intérieur de celle-ci, où il redevient gazeux. De cette façon, le poisson n'a pas à remonter à la surface pour remplir de gaz sa vessie natatoire.

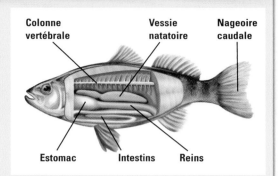

 Le poisson emmagasine du gaz dans sa vessie natatoire, ce qui lui permet de flotter à la profondeur où il se trouve.

À l'échelle planétaire, les déplacements d'air causés par les vents dominants régulent le climat de chaque région. Ils permettent également la dispersion du pollen des végétaux. L'atmosphère terrestre contient une quantité variable d'eau sous forme gazeuse qui se condense en fines gouttelettes ou en fins cristaux de glace : ce sont les nuages. Ces masses d'air plus ou moins humide mises en mouvement par l'énergie rayonnante du Soleil forment des systèmes météorologiques tels les cyclones et les anticyclones. Ces systèmes déterminent le temps qu'il fait dans une région pendant une période donnée (*voir la figure 11*).

Figure 11 L'ouragan Ike au-dessus de Cuba, le 10 septembre 2008.

1.1.2 Les gaz et les applications technologiques

De nombreuses applications technologiques comme les enseignes lumineuses au néon (Ne) requièrent des gaz de toutes sortes, et leur approvisionnement est essentiel. Pour certaines de ces applications, on puise directement dans l'atmosphère les gaz qui servent de matières premières. C'est le cas pour la fabrication de l'ammoniac (NH_3) à partir du diazote (N_2) de l'air. Pour d'autres applications, on doit synthétiser les gaz nécessaires. Par exemple, à partir d'une matière première comme le pétrole, on synthétise le propane (C_3H_8) qui servira de combustible. Mais, peu importe l'origine des gaz utilisés, leurs usages dans différentes applications technologiques sont multiples et parfois insoupçonnés (*voir le tableau 1, à la page suivante*).

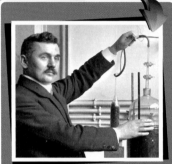

GEORGES CLAUDE
Chimiste et inventeur français
(1870-1960)

Georges Claude met au point, en 1902, un procédé de liquéfaction de l'air qui améliore le rendement du procédé utilisé à l'époque. Ses recherches lui permettent de séparer certains des constituants de l'air, comme le diazote (N_2), le dioxygène (O_2) et quelques gaz nobles. Il soumet ces gaz à des décharges électriques dans des tubes à gaz enduits de poudre fluorescente, qu'il conçoit lui-même, et obtient des tubes qui émettent de la lumière, dont la couleur varie selon la poudre fluorescente et le gaz utilisés. Ce procédé le mène, en 1910, à la réalisation de l'éclairage au néon (Ne), encore utilisé de nos jours dans les enseignes lumineuses.

Tableau 1 L'utilisation des gaz dans diverses applications technologiques.

Gaz	Exemples d'applications technologiques
Diazote (N_2)	• Il sert à créer des atmosphères peu réactives qui préservent la fraîcheur des aliments dans les emballages sous atmosphère modifiée. ▶ • Il constitue la matière première dans la fabrication d'engrais à base d'ammoniac (NH_3). • On l'utilise pour gonfler les pneus dans le domaine de l'aviation, et, de plus en plus, de l'automobile.
Dioxygène (O_2)	• On l'administre aux personnes souffrant de troubles respiratoires comme l'asthme et on l'utilise pour assurer la fonction de respiration des patients pendant certaines opérations sous anesthésie générale. ▶ • Il permet la pressurisation de l'intérieur des avions commerciaux. • Il agit comme comburant pour activer la flamme du chalumeau dans la soudure oxy-acétylène.
Air comprimé	• Lorsqu'on fait de la plongée sous-marine, les bouteilles d'air comprimé permettent de rester autonome sous l'eau pour une longue période. ▶ • Il permet de faire fonctionner de l'outillage pneumatique (marteau piqueur, fraise de dentiste, etc.). • Il sert à produire des bulles dans certains procédés industriels de fabrication de matériaux légers ou isolants, comme le polystyrène.
Gaz combustibles	• L'acétylène (C_2H_2) est utilisé fréquemment comme combustible dans certains procédés de soudure. ▶ • Le gaz naturel et le propane (C_3H_8) permettent de chauffer des résidences et de faire cuire des aliments. • Ils alimentent les moteurs à combustion interne, comme ceux des voitures à essence.
Gaz nobles	• Ils sont enfermés dans les tubes de certaines enseignes lumineuses qui émettent une lumière blanche ou colorée lorsqu'on les allume. Le néon (Ne), par exemple, émet une couleur rouge orangée. ▶ • Il y en a dans les ampoules incandescentes et entre les vitres des fenêtres à haut rendement énergétique. • Ils remplissent les ballons-sondes utilisés en météorologie.
Dioxyde de carbone (CO_2)	• Il permet d'éteindre les incendies dans les salles informatiques sans endommager les ordinateurs. ▶ • Il sert à conserver des denrées alimentaires dans des entrepôts à atmosphère contrôlée. • On utilise des bouteilles de dioxyde de carbone (CO_2) comprimé pour le paintball.

Les gaz comprimés

Comme les gaz sont compressibles, on peut, à l'aide d'un compresseur mécanique, diminuer le volume d'un gaz et augmenter sa pression dans un contenant donné. L'énergie contenue dans l'air ainsi comprimé possède de multiples applications dans des domaines variés comme l'entretien ménager, les cosmétiques, la dentisterie, la construction et la plongée sous-marine.

Dans la vie de tous les jours, plusieurs produits en aérosols fonctionnent grâce aux gaz comprimés. Pour préparer ces produits, on mélange dans une bouteille sous pression un gaz propulseur et, par exemple, une crème ou une peinture sous forme de particules liquides ou solides. Comme gaz propulseur, on se sert notamment du propane (C_3H_8), du butane (C_4H_{10}) ou du diazote (N_2).

Lorsqu'on appuie sur la valve de la bouteille, on permet au gaz de s'échapper, ce qui fait diminuer la pression à l'intérieur de la bouteille. En conséquence, le volume du gaz augmente, et le mélange de gaz et de produit sort de la bouteille sous forme d'aérosol, c'est-à-dire en fines gouttelettes en suspension dans l'air. C'est le cas de la peinture en aérosol, du fixatif pour cheveux ou de la mousse à raser. Le phénomène par lequel un gaz augmente de volume à la suite d'une baisse de pression se nomme détente. C'est le contraire de la compression.

Figure 13 La cloueuse est un outil pneumatique qui permet de clouer à la manière d'une agrafeuse.

Dans les cabinets des dentistes, les fraises tournent jusqu'à 200 000 tours par minute grâce à l'énergie emmagasinée dans les gaz comprimés (*voir la figure 12*). Cette énergie se nomme énergie pneumatique. Elle fait fonctionner divers outils pneumatiques tels les agrafeuses, les marteaux, les tournevis et les cloueuses (*voir la figure 13*). Ces outils, souvent utilisés dans l'industrie de la construction, permettent un travail plus rapide. Ils sont puissants et requièrent très peu de force de la part des travailleurs qui les manipulent.

Pour la plongée sous-marine, le gaz dont on remplit les bouteilles est habituellement de l'air. Cependant, pour la plongée très profonde, on emploie des mélanges enrichis de dioxygène (O_2), de dihydrogène (H_2) ou de diazote (N_2). La pression du mélange dans la bouteille doit être contrôlée avec soin pour ne pas affecter les poumons. De plus, les plongeurs doivent remonter à la surface graduellement, suivant les paliers de décompression, pour éviter que des bulles d'air se forment dans leurs vaisseaux sanguins et ne provoque le mal des caissons.

Figure 12 La fraise dentaire est un outil composé d'une tête rotative qui permet, entre autres, de polir l'émail des dents.

1.2 La réactivité chimique des gaz

La *réactivité chimique* **d'un gaz est sa tendance à subir une transformation chimique sous l'effet de divers facteurs comme la chaleur, la lumière ou le contact avec d'autres substances.**

Certaines propriétés physiques comme la couleur, la masse, le volume et la longueur ne permettent pas d'identifier avec certitude les substances qui composent la matière. Ce sont des propriétés non caractéristiques. Par ailleurs, l'utilisation de certains indicateurs, par exemple le papier tournesol, permettent de classer les substances en différentes catégories selon les propriétés chimiques caractéristiques qui leur sont communes. À ce titre, la réactivité chimique est souvent propre à chaque gaz ou à un groupe de gaz particulier. Cela permet de classer les gaz dans un groupe lorsqu'ils présentent une réactivité chimique similaire ou encore de distinguer un gaz parmi d'autres. Par exemple, plusieurs gaz, comme le butane (C_4H_{10}), sont inflammables et réagissent à la chaleur (*voir la figure 14*).

Figure 14 Le butane (C_4H_{10}) d'un briquet s'enflamme au contact de l'étincelle.

Ainsi, le classement proposé par le tableau périodique des éléments répertorie 11 éléments qui sont gazeux aux conditions ambiantes (*voir la figure 15*). Six de ces éléments, sous forme monoatomique (He, Ne, Ar, Kr, Xe et Rn), sont classés dans la famille des gaz nobles, aussi appelés gaz inertes ou gaz rares, en raison de leur faible réactivité chimique. Les 5 autres éléments sont gazeux aux conditions ambiantes sous forme de molécules d'éléments (H_2, N_2, O_2, F_2 et Cl_2).

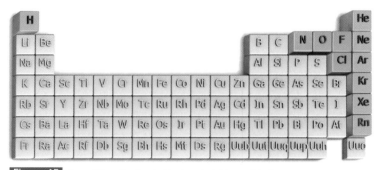

Figure 15 Onze éléments répertoriés dans le tableau périodique sont gazeux aux conditions ambiantes.

Connaître la réactivité chimique des gaz nous permet entre autres de savoir dans quelles applications technologiques on peut les utiliser (*voir le tableau 1, à la page 42*) et comment on peut les manipuler en toute sécurité. En effet, les gaz employés dans les diverses applications technologiques peuvent être combustibles, oxydants, toxiques, inflammables ou corrosifs. Avant d'utiliser un gaz, il faut consulter l'étiquette apposée sur son contenant pour prendre connaissance de ses propriétés.

Figure 16 Le détecteur de monoxyde de carbone (CO) avertit les résidents en cas de fuite provenant du système de chauffage.

Tous les gaz, qu'ils soient toxiques ou non, peuvent avoir un effet asphyxiant ou suffocant, car ils remplacent le dioxygène (O_2) de l'air lorsqu'ils sont inhalés. C'est le cas, par exemple, du monoxyde de carbone (CO), un gaz toxique que l'on peut trouver dans les résidences dotées d'un système de chauffage au gaz ou au bois dont l'installation est déficiente. Pour prévenir l'intoxication au monoxyde de carbone, il est recommandé d'installer un détecteur qui pourra avertir les occupants avant que le seuil de toxicité ne soit atteint (*voir la figure 16*).

L'utilisation des gaz comprimés dans des contenants pressurisés est soumise à une réglementation sévère, laquelle exige que l'on appose des étiquettes avertissant du danger lié à l'emploi de telles substances. Par ailleurs, à la maison et à l'école, de nombreux produits ménagers contiennent des substances dangereuses pour lesquelles les fabricants sont tenus de mentionner, à l'aide de **symboles**, le type de danger lié à leur utilisation (*voir la figure 17*). Par exemple, les contenants pressurisés doivent être entreposés loin de la chaleur et des flammes et ne doivent pas être perforés, car ils renferment parfois des substances gazeuses extrêmement inflammables. De plus, comme plusieurs gaz comprimés sont corrosifs, on recommande de protéger sa peau et ses voies respiratoires lorsqu'on les utilise. Il en est de même pour les produits qui arborent le symbole « poison », qui ne doivent évidemment pas être respirés ou ingérés.

ANNEXE 1 >

Les symboles de danger, p. 372.

Figure 17 Les symboles apposés sur ce produit insecticide indiquent que ce contenant pressurisé doit être manipulé et entreposé avec précautions.

1.2.1 Les causes de la réactivité chimique des gaz

La réactivité chimique d'un gaz dépend principalement de la configuration électronique des atomes qui le composent et, plus précisément, de la force d'attraction entre le noyau et les électrons de valence qui se trouvent sur la couche périphérique. La famille des gaz nobles, par exemple, contient des éléments dont les atomes ont tous une couche périphérique remplie à pleine capacité par des électrons de valence fortement attirés par leur noyau (*voir les figures 18 et 19*) ; c'est ce qui explique leur faible réactivité chimique. En effet, à moins de les soumettre à des conditions exceptionnelles en laboratoire, les gaz nobles ne forment pas de composés chimiques et ont une réactivité presque nulle.

Figure 18 L'atome d'hélium (He) ne possède qu'une seule couche électronique. C'est pourquoi deux électrons de valence suffisent à la remplir au maximum.

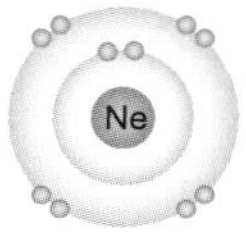

Figure 19 L'atome de néon (Ne) possède huit électrons de valence qui remplissent sa couche périphérique au maximum.

À l'opposé, le difluor (F_2) et le dichlore (Cl_2), qui sont des éléments de la famille des halogènes, ont une très forte réactivité chimique, notamment parce qu'il ne leur manque qu'un seul électron pour compléter la couche périphérique des atomes qui les constituent (*voir la figure 20*).

Figure 20 L'atome de chlore (Cl) possède sept électrons de valence, ce qui explique sa grande réactivité chimique. Quand cet atome accepte un électron supplémentaire au cours d'une réaction chimique, sa couche périphérique est complète.

La réactivité chimique des gaz est aussi régie par la force des liaisons entre les atomes qui forment les molécules gazeuses. En effet, pour qu'une réaction chimique se produise, il faut que les liaisons à l'intérieur des molécules des **réactifs** se brisent pour ensuite en former de nouvelles, lesquelles amèneront la formation de nouveaux produits. Le **bilan énergétique** de ce processus correspond à la différence entre l'énergie absorbée pour briser les liaisons et celle dégagée au moment de la formation des nouvelles liaisons.

Voir **Le bilan énergétique**, p. 156.

Le diazote (N_2), par exemple, est un gaz très peu réactif parce qu'il faut une grande quantité d'énergie pour briser la triple liaison covalente qui unit les deux atomes d'azote (N) de la molécule. Par contre, le difluor (F_2) est très réactif, car la liaison entre les deux atomes de fluor (F) est relativement faible et il ne faut pas beaucoup d'énergie pour la briser.

1.2.2 Les gaz combustibles

La combustion est une réaction d'oxydation très courante qui dégage de l'énergie. La plupart du temps, l'énergie se dégage sous forme de chaleur qui pourra être utilisée à diverses fins comme le chauffage résidentiel ou la cuisson des aliments. Les trois facteurs du triangle du feu doivent être réunis pour qu'il y ait combustion : le combustible, le comburant et le point d'ignition (*voir la figure 21*). Le combustible est la substance qui brûle pendant la combustion. Le comburant est la substance qui opère la combustion du combustible tandis que le point d'ignition est la température qui doit être atteinte pour que la combustion s'amorce. Le combustible peut être solide, liquide ou gazeux. Parmi les gaz combustibles, on trouve les hydrocarbures et le dihydrogène (H_2).

Figure 21 Les trois facteurs du triangle du feu doivent être réunis pour qu'il y ait combustion.

Les hydrocarbures sont des composés organiques, c'est-à-dire dérivés d'organismes vivants. Ils sont formés de molécules contenant exclusivement des atomes de carbone (C) et d'hydrogène (H). Les hydrocarbures gazeux aux conditions ambiantes sont le méthane (CH_4), l'éthane (C_2H_6), le propane (C_3H_8) et le butane (C_4H_{10}). Comme tous les hydrocarbures, ils dégagent en brûlant de l'eau (H_2O) et du dioxyde de carbone (CO_2), un gaz à effet de serre. Le méthane, qui est le principal constituant du gaz naturel, brûle en formant une flamme dont la teinte variera selon que la combustion sera complète ou non (*voir la figure 22*).

Quand le mélange de combustible et de comburant est optimal, la flamme prend une teinte bleutée, car il ne s'y trouve que du dioxyde de carbone et de l'eau, les produits de la réaction de combustion. Par contre, lorsque les réactifs ne sont pas brûlés complètement, les résidus teintent la flamme en jaune.

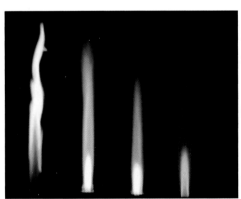

Figure 22 La combustion du méthane (CH_4) à l'aide d'un brûleur Bunsen produit une flamme de diverses couleurs, selon la qualité de la combustion.

L'équation de combustion du méthane (CH_4) est la suivante.

$$CH_{4\,(g)} + 2\,O_{2\,(g)} \rightarrow CO_{2\,(g)} + 2\,H_2O_{(g)}$$

Le dihydrogène (H_2) est un gaz très réactif qui est présent sous forme de traces dans la très haute atmosphère, d'où il s'échappe assez facilement en raison de sa faible masse volumique. Le dihydrogène utilisé comme gaz combustible doit donc être produit industriellement par un procédé qui fait appel à l'électrolyse de la molécule d'eau (H_2O), ou encore par l'extraction à partir du méthane. Le test de la flamme permet de relever la présence de dihydrogène. Cependant, sa forte réactivité, au contact d'une éclisse de bois allumée, fait en sorte qu'on doit effectuer ce test avec de très petites quantités de gaz (*voir la figure 23*).

La combustion du dihydrogène produit de la vapeur d'eau selon l'équation suivante.

$$2\,H_{2\,(g)} + O_{2\,(g)} \rightarrow 2\,H_2O_{(g)}$$

C'est à cause de cette réaction que l'on appelle le dihydrogène un « combustible propre ». On fonde beaucoup d'espoirs sur ce combustible propre, qui pourrait devenir le carburant de l'avenir et remplacer le pétrole. Toutefois, le mode de production du dihydrogène, qui consiste à l'extraire du méthane, est un processus qui exige beaucoup d'énergie et qui, finalement, produit une quantité considérable de gaz à effet de serre. L'électrolyse de l'eau est en fait la réaction inverse de la combustion du dihydrogène (*voir la figure 24*).

Elle se produit selon l'équation suivante.

$$2\,H_2O_{(l)} \rightarrow 2\,H_{2\,(g)} + O_{2\,(g)}$$

En combinant l'équation ci-dessus et celle de la combustion du dihydrogène, on peut constater que la combustion du dihydrogène produite par l'électrolyse est un cycle propre, qui ne dégage que de l'eau en phase gazeuse. Bien que la production de dihydrogène par l'électrolyse de l'eau exige également beaucoup d'énergie, il est possible de réduire son impact sur l'environnement en employant une source d'énergie renouvelable qui n'émet pas de gaz à effet de serre telle que l'hydroélectricité ou l'énergie éolienne. Dans ce domaine, la recherche vise à optimiser les modes de production par électrolyse qui font appel à des énergies renouvelables et moins polluantes.

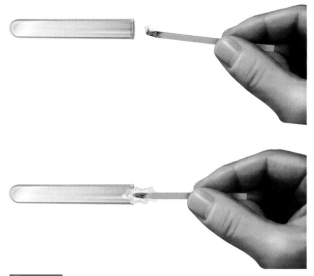

Figure 23 Lorsqu'une éclisse de bois enflammée est introduite dans une éprouvette remplie de dihydrogène (H_2), une légère explosion se produit.

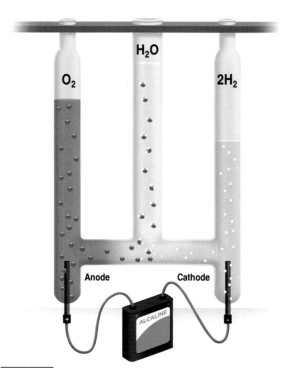

Figure 24 L'électrolyse de l'eau permet, à l'aide d'un courant électrique, de séparer l'eau en ses deux composants gazeux : le dihydrogène (H_2) et le dioxygène (O_2).

a) Une molécule d'ozone (O_3).

b) Une molécule de dioxygène (O_2).

 Oxygène (O)

Figure 25 La molécule d'ozone (O_3) contient un atome d'oxygène (O) de plus que le dioxygène (O_2).

1.2.3 Les gaz comburants

La combustion est une réaction qui nécessite un comburant pour réagir avec le combustible. Le comburant le plus commun sur la Terre est le dioxygène (O_2), qui est présent dans l'atmosphère à un taux d'environ 21 % (*voir la figure 2, à la page 38*). Le dioxygène participe donc à la plupart des réactions de combustion, qu'elles soient rapides, comme l'explosion de vapeurs d'essence, ou lentes, comme la respiration cellulaire.

L'ozone (O_3) est un comburant très toxique. Sa molécule est constituée de trois atomes d'oxygène (*voir la figure 25*). Il possède des propriétés distinctes du dioxygène, lesquelles le rendent parfois utile, parfois nuisible, selon l'altitude où il se trouve dans l'atmosphère ou l'utilisation que l'on en fait. L'ozone est utile lorsqu'il se trouve dans la stratosphère et qu'il forme une couche qui protège les êtres vivants des rayons ultraviolets du Soleil. De même, l'ozone employé dans les usines de traitement pour désinfecter l'eau est utile. Par contre, l'ozone est toxique lorsqu'il se trouve près du sol, dans les premiers mètres de la troposphère, où il est l'un des constituants du smog (*voir la figure 26*). Il peut notamment provoquer des malaises cardiorespiratoires chez les personnes qui y sont exposées.

Figure 26 Certaines villes comme Linfen, en Chine, ont des épisodes de smog si fréquents que les piétons doivent se protéger en portant des masques.

Figure 27 Une ampoule à halogène. Ce type d'ampoule éclaire mieux et dure plus longtemps que les ampoules à incandescence conventionnelles.

Il existe d'autres comburants gazeux qui sont aussi très réactifs, mais leur usage est beaucoup moins répandu que celui du dioxygène. Parmi ces comburants, deux éléments de la famille des halogènes sont extrêmement réactifs, le difluor (F_2) et le dichlore (Cl_2). Le difluor gazeux est très toxique et extrêmement corrosif. Il doit être manipulé avec beaucoup de précautions, car il provoque de graves brûlures de la peau. Son inhalation est particulièrement corrosive pour les muqueuses du système respiratoire. Il est employé dans de multiples composés sous forme d'ion fluorure (F^-), par exemple dans le fluorure de sodium (NaF) ajouté aux dentifrices. Le dichlore gazeux est utilisé dans de nombreux composés sous forme d'ion chlorure (Cl^-) pour la purification de l'eau, la production de plastique (dont le PVC) ou la fabrication de désinfectants.

Les halogènes ne sont pas exclusivement utilisés en tant que comburants. En effet, les ampoules à halogène contiennent un des éléments de la famille des halogènes à l'état gazeux. Lorsque le courant électrique traverse le filament de tungstène (W), une réaction chimique se produit entre le filament et le gaz présent dans l'ampoule (*voir la figure 27*). Cette réaction permet de prolonger la durée de vie du filament tout en produisant une lumière très brillante.

La petite histoire de...

L'anesthésie

Anesthésier, c'est atténuer ou éliminer la douleur d'une patiente ou d'un patient durant une opération médicale délicate comme une chirurgie.

La découverte d'agents anesthésiants date de plusieurs milliers d'années. Il y a près de 5 000 ans, les Chinois constatent que l'inhalation de substances d'origine végétale a pour effet de diminuer la douleur ressentie.

Il faut attendre la moitié du XIXe siècle pour voir apparaître des méthodes d'anesthésie plus efficaces basées sur l'inhalation de gaz. En 1800, le chimiste anglais Humphry Davy étudie les propriétés chimiques et médicales de l'oxyde nitreux (N_2O), aussi appelé gaz hilarant. Il suggère son utilisation lors de chirurgies après avoir testé le produit sur lui-même. Quarante-quatre ans plus tard, le dentiste américain Horace Wells reconnaît les propriétés analgésiques de l'oxyde nitreux et réussit plusieurs extractions de dents sur des patients ayant inhalé ce gaz (*voir la figure 28*).

Figure 28 Un patient inhale de l'oxyde nitreux (N_2O), en 1874.

L'éther ($C_4H_{10}O$), un liquide très volatil et très inflammable à l'odeur caractéristique, est également un des premiers anesthésiques découverts. C'est le chirurgien américain Crawford Long qui pratique en 1842 la première opération chirurgicale sous anesthésie à l'éther. Un chiffon imbibé du produit est alors placé sur la bouche et le nez du patient qui en respire les vapeurs (*voir la figure 29*). Cependant, les scientifiques se rendent compte que l'éther est difficile à administrer aux patients puisque ses vapeurs provoquent des vomissements et des étouffements.

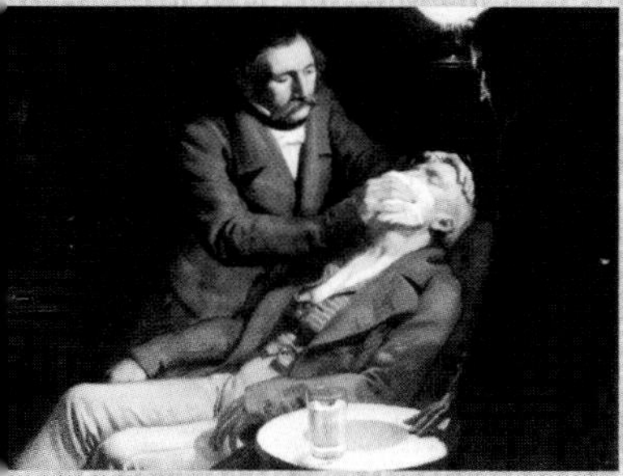

Figure 29 La première démonstration publique d'anesthésie à l'aide de l'éther, par le dentiste Green Morton, en 1846, au Massachusetts General Hospital, à Boston.

Pour éviter ces désagréments, un autre anesthésique volatil, le chloroforme ($CHCl_3$), commence à être utilisé. Le médecin écossais James Young Simpson est le premier à s'en servir en 1847 et l'administre de la même façon que l'éther. L'une de ses patientes est la reine Victoria, qui donne naissance à son huitième enfant en 1853 sous anesthésie au chloroforme. Non inflammable, le chloroforme agit plus rapidement que l'éther et cause moins d'agitations chez les patients. Le médecin anglais Joseph Thomas Clover invente en 1862 un instrument permettant d'administrer le chloroforme à ses patients. Le sac qui contient une grande quantité de gaz peut cependant provoquer des surdoses (*voir la figure 30*).

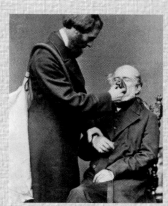

Figure 30 Joseph Thomas Clover montre comment le chloroforme est administré avec son instrument, le *Clover's Chloroform Apparatus.*

Avec le temps, les méthodes d'administration changent. Après les compresses imbibées au goutte-à-goutte arrivent les immenses cuves remplies de liquide anesthésique. Des robinets servent alors à administrer les vapeurs aux patients via un tube. Par la suite, des machines moins encombrantes et transportables sont inventées.

Figure 31 Un anesthésiste administre des gaz anesthésiants avec un inhalateur moderne lors d'une opération.

De nos jours, les inhalateurs sont mécaniques et programmés pour administrer la bonne quantité de gaz anesthésiant (*voir la figure 31*). L'oxyde nitreux est toujours utilisé, mais il est dorénavant mélangé à du dioxygène (O_2) pour éviter le risque d'asphyxie. Comme il est un anesthésique de faible puissance, on s'en sert en combinaison avec d'autres gaz anesthésiants, notamment des composés halogénés puissants à base de fluor (F).

SYNTHÈSE Les propriétés chimiques des gaz

∎1.1 L'utilisation quotidienne des gaz

- L'utilisation quotidienne des gaz est répandue dans de nombreux domaines de l'activité humaine. Les gaz jouent un rôle important dans l'environnement et dans plusieurs applications technologiques.

- Les gaz sont présents dans de multiples phénomènes naturels comme la photosynthèse, la respiration des êtres vivants, l'effet de serre, les aurores boréales et australes et les phénomènes météorologiques.

- Les gaz sont utilisés dans de nombreuses applications technologiques, dont le soudage, et dans les domaines de l'alimentation, de l'agriculture et de la santé, entre autres.

∎1.2 La réactivité chimique des gaz

- La réactivité chimique d'un gaz est sa tendance à subir une transformation chimique sous l'effet de divers facteurs comme la chaleur, la lumière ou le contact avec d'autres substances.

- La réactivité chimique permet de distinguer un gaz parmi d'autres ou de classer les gaz dans un groupe lorsqu'ils présentent une réactivité chimique similaire.

- Connaître la réactivité chimique des gaz permet de les manipuler en toute sécurité en respectant les précautions qui tiennent compte des symboles de danger apposés sur leurs contenants.

- La réactivité chimique d'un gaz dépend de :
  - la configuration électronique des atomes qui le composent ;
  - la force d'attraction entre le noyau et les électrons de valence qui se trouvent sur la couche périphérique ;
  - la force des liaisons entre les atomes qui forment les molécules gazeuses.

- Les gaz combustibles, comme les hydrocarbures et le dihydrogène (H_2), sont utilisés dans la réaction de combustion pour produire de l'énergie.

- Les gaz comburants, comme le dioxygène (O_2), sont essentiels à la réaction de combustion, dans laquelle ils réagissent avec le combustible.

CHAPITRE 1 — Les propriétés chimiques des gaz

1. Nommez diverses utilisations des halogènes.

2. Nommez deux gaz qui sont utilisés dans le domaine de l'alimentation pour créer les conditions propices à la préservation des aliments.

3. Comment le dioxygène (O_2) est-il utilisé dans les domaines médical et industriel ?

4. Quelles précautions faut-il prendre pour manipuler un produit domestique qui affiche les symboles de mise en garde suivants ?

   a)   b)   c)

5. Associez chaque gaz de l'atmosphère à la description qui lui correspond.

Gaz	Description
a) Dioxyde de carbone (CO_2)	1) Constituant de l'atmosphère essentiel à la respiration.
b) Diazote (N_2)	2) Gaz à effet de serre très puissant qui est le constituant principal du biogaz.
c) Méthane (CH_4)	3) Gaz à effet de serre utilisé comme source de carbone (C) par les végétaux dans la réaction de photosynthèse.
d) Dioxygène (O_2)	4) Principal constituant de l'atmosphère.

6. a) Quels sont les produits issus de la combustion complète des hydrocarbures ?
   b) Quelle est la différence entre une flamme jaune et une flamme bleue pendant la combustion du méthane ?
   c) Quels effets la combustion des hydrocarbures a-t-elle sur l'environnement ?

7. Donnez deux exemples de gaz dans le monde vivant.

8. Quel gaz est le plus présent dans l'atmosphère ?

9. Comparez les effets de l'ozone (O_3) près du sol et dans la haute atmosphère.

10. a) Expliquez ce qui a valu au dihydrogène (H_2) l'appellation de « combustible propre ».
    b) Expliquez les modes de production que l'on doit employer pour que le dihydrogène mérite vraiment son nom de « combustible propre ».

11. Donnez des exemples de phénomènes naturels dans lesquels les gaz jouent un rôle essentiel.

12. Nommez le gaz comburant le plus commun sur la Terre.

13. Pour conserver les croustilles intactes lors du transport, on les emballe dans des sacs remplis de gaz. Toutefois, le gaz employé n'est pas de l'air, mais plutôt du diazote (N_2). Pourquoi choisit-on le diazote au lieu de l'air pour gonfler les sacs de croustilles ?

14. L'ozone (O_3) est un gaz comburant ayant de nombreuses propriétés. Quelles propriétés de l'ozone le rendent utile ? Quelles propriétés le rendent nuisible ?

15. Lorsqu'un avion vole dans la haute atmosphère, il arrive parfois qu'une traînée blanche se forme derrière lui. Pourquoi ce phénomène se produit-il à cette altitude alors qu'il ne se produit pas au décollage ?

16. En quoi la configuration électronique des gaz nobles et des halogènes permet-elle d'expliquer leur réactivité chimique particulière ?

17. Quel gaz est responsable du brunissement de la surface d'une pomme lorsqu'elle a été coupée ?

18. En quoi la réaction de photosynthèse peut-elle avoir un effet réducteur sur les gaz à effet de serre ?

19. Une navette spatiale est munie de deux réservoirs qui lui permettent une très bonne propulsion lors du décollage : l'un contient du dioxygène (O_2) et l'autre, du dihydrogène (H_2).
  a) Quel est le rôle chimique de chacun des gaz transportés ?
  b) Quelle est l'équation chimique qui décrit la réaction chimique entre les gaz contenus dans ces réservoirs ?

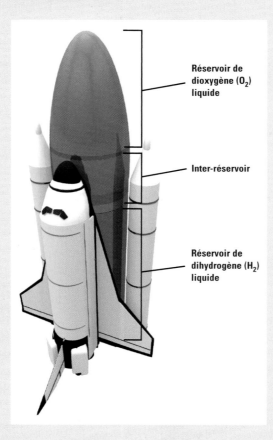

Réservoir de dioxygène (O_2) liquide

Inter-réservoir

Réservoir de dihydrogène (H_2) liquide

20. Au début du siècle dernier, on a construit des ballons dirigeables qui pouvaient transporter de nombreux passagers et beaucoup de matériel, comme le font les bateaux de croisière. Ils comportaient des réservoirs de gaz plus léger que l'air afin de pouvoir voler. Malheureusement, le 6 mai 1937, le dirigeable Hindenburg explose et s'écrase, tuant 36 personnes. Pourquoi dit-on que les concepteurs se sont trompés en utilisant du dihydrogène (H_2) au lieu de l'hélium (He) pour gonfler le ballon ?

21. Pourquoi est-il avantageux d'emballer des aliments sous vide ?

22. Lorsqu'une automobile fonctionne en hiver, les fumées qui sortent du pot d'échappement sont souvent visibles alors qu'elles ne le sont pratiquement pas en été. Pourquoi ?

Les propriétés physiques des gaz

Les gaz nous entourent et sont essentiels à la vie, mais leur comportement nous échappe souvent. La fluidité de cette bulle d'air, par exemple, nous fait oublier qu'une fois expulsée du fond des mers par un plongeur, elle prendra peut-être le double ou le triple de son volume avant d'atteindre la surface.

Dans ce chapitre, vous étudierez le comportement particulier des différentes phases de la matière en portant une attention toute particulière à la phase gazeuse. L'étude de la théorie cinétique de la matière vous permettra de comprendre le comportement des gaz et d'utiliser les lois qui en découlent pour prévoir de façon précise les comportements des gaz dans diverses conditions de pression, de température et de volume.

2.1 **La théorie cinétique des gaz** 54

2.2 **Le comportement des gaz** 63

2.3 **La pression des gaz** 69

2.4 **Les lois simples des gaz** 75

2.5 **La loi des gaz parfaits** 100

2.6 **La loi générale des gaz** 105

2.7 **La stœchiométrie des gaz** 108

2.8 **La loi de Dalton** 111

Rappels

L'organisation de la matière 4
Les représentations des atomes 5
La notion de mole 13
Les changements de phase................................ 15
La stœchiométrie... 23
L'énergie cinétique....................................... 30
Les fluides compressibles et incompressibles 33
La pression 33

2.1 La théorie cinétique des gaz

La théorie cinétique des gaz **cherche à expliquer les similitudes observées dans le comportement des gaz en se basant sur le mouvement des particules qui les composent.**

La théorie cinétique des gaz a été élaborée à la suite d'observations de nombreux scientifiques du XVIIIe siècle. Cette théorie permet de mieux comprendre les propriétés physiques des gaz à l'aide d'un modèle de gaz hypothétique appelé gaz parfait. Ce modèle tente d'expliquer, au niveau particulaire, les résultats expérimentaux observés pour la majorité des gaz. La théorie cinétique permet de comprendre comment les gaz se comportent et d'utiliser les lois des gaz qui prédisent leur comportement dans différentes conditions. Pour étudier les hypothèses de la théorie cinétique des gaz, il importe d'abord de bien comprendre le comportement particulaire de la matière à différentes phases, de même que la relation entre l'énergie cinétique des particules gazeuses et la température.

2.1.1 Le comportement particulaire des différentes phases de la matière

La matière terrestre se compose généralement de substances en phase solide, liquide ou gazeuse. Selon les conditions dans lesquelles elle se trouve, une substance peut passer d'une phase à l'autre sans que sa nature ne soit modifiée. Ces transformations physiques, où seule l'apparence de la substance est modifiée, portent le nom de changements de phase (*voir la figure 1*).

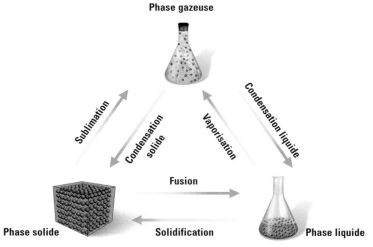

Figure 1 Les changements de phase de la matière.

Figure 2 La boule à plasma permet de voir de près la quatrième phase de la matière, le plasma.

Le plasma constitue une quatrième phase de la matière qui existe sous des conditions de températures et de pressions particulières. Par exemple, on peut observer de près un plasma grâce aux écrans à plasma ou encore à la boule à plasma, un objet décoratif (*voir la figure 2*). Dans ce dernier cas, la boule est remplie de gaz noble et la forte tension électrique qui est appliquée ionise partiellement les particules de gaz, qui émettent de la lumière de couleurs variées.

Le modèle particulaire de la matière permet d'expliquer certaines propriétés des phases liquide, solide et gazeuse de la matière.

Le modèle particulaire de la matière

D'après ce modèle :

- toute matière est composée de particules (ions, atomes ou molécules) infiniment petites et plus ou moins espacées les unes des autres selon la phase où elles se trouvent ;

- les particules de matière s'attirent ou se repoussent mutuellement, et la force qui les attire ou les repousse les unes vers les autres varie selon la distance qui les sépare ;

- les particules de matière sont toujours en mouvement.

Les mouvements d'une particule diffèrent selon qu'elle est en phase solide, liquide ou gazeuse. Il y a trois types de mouvements qui peuvent animer les particules de matière : la vibration, la rotation et la translation (*voir la figure 3*).

Vibration

Rotation

Translation

a) **Une molécule d'eau peut vibrer selon trois modes : l'étirement symétrique, la flexion et l'étirement asymétrique.**

b) **Une molécule d'eau peut tourner sur elle-même autour des axes *x*, *y* et *z*.**

c) **Par translation, une molécule d'eau se déplace en ligne droite d'une collision à l'autre.**

Figure 3 Les mouvements de vibration, de rotation et de translation d'une molécule d'eau.

Le mouvement de vibration est présent dans les trois phases de la matière. Le mouvement de vibration d'une particule est une oscillation perpétuelle de ses atomes de part et d'autre d'un point fixe. Cette oscillation peut s'effectuer par une compression ou par un étirement des liaisons entre les atomes, de même que par la modification des angles entre ceux-ci. Par exemple, la molécule d'eau peut adopter trois modes de vibration : la flexion, l'étirement symétrique et l'étirement asymétrique. Les trois modes de vibration se produisent autour du centre de gravité de la molécule, qui constitue son point fixe.

Le mouvement de rotation est présent dans les liquides et dans les gaz. Dans le mouvement de rotation, la particule peut tourner sur elle-même de trois manières, c'est-à-dire selon les axes *x*, *y* et *z*.

Le mouvement de translation se retrouve principalement dans les gaz et à un moindre degré dans les liquides. Une particule effectue un mouvement de translation quand elle se déplace en ligne droite. C'est ce mouvement qui produit les déplacements de particules les plus longs.

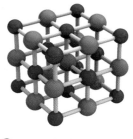

● Sodium (Na)
● Chlore (Cl)

Figure 4 La forme cubique des cristaux de sel de table (NaCl).

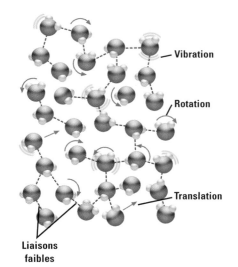

Figure 5 Des cristaux de sel de table.

Le comportement particulaire des solides

Le seul type de mouvement qui anime les particules des solides est la vibration. C'est l'une des raisons pour lesquelles les solides ont une forme définie. En effet, les particules qui forment les solides ne peuvent pas se déplacer les unes par rapport aux autres. Elles sont maintenues dans une structure et une orientation particulières par des forces qui s'exercent entre elles. La position des particules résulte d'un équilibre qui s'établit entre ces forces. En outre, les particules ne peuvent glisser les unes contre les autres et ainsi changer la forme du solide, car les forces qui les unissent sont très difficiles à modifier. Voilà pourquoi les solides, comme le chlorure de sodium (NaCl), sont considérés comme pratiquement incompressibles, c'est-à-dire qu'on ne peut les comprimer. La forme cubique des cristaux du sel de table (NaCl) s'explique par l'alternance des ions Na^+ et Cl^- unis par des forces difficiles à modifier, ce qui rend les cristaux presque incompressibles (*voir les figures 4 et 5*).

Les particules des solides vibrent sans cesse, mais ce mouvement de vibration est extrêmement faible par rapport à la taille de l'objet. Par exemple, un grain de sel vibre, mais de façon si minime par rapport à sa taille que le mouvement est imperceptible. Par conséquent, il y a très peu de désordre qui règne entre les molécules des solides (*voir la figure 6*).

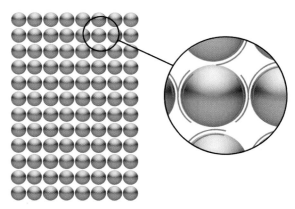

Figure 6 Les particules des solides effectuent surtout de faibles mouvements de vibration.

─ Vibration

─ Rotation

─ Translation

Liaisons faibles

● Oxygène (O)
○ Hydrogène (H)

Figure 7 Les molécules d'eau liquide sont maintenues ensemble par les faibles liaisons établies entre un atome d'hydrogène (H) et un atome d'oxygène (O).

Le comportement particulaire des liquides

Dans les liquides, les particules peuvent se déplacer plus facilement que dans les solides, mais leurs mouvements ne sont pas totalement libres. En plus du mouvement de vibration, les particules des liquides sont animées par un mouvement de rotation et un faible mouvement de translation.

Les particules des liquides peuvent se déplacer parce que les fortes liaisons qui les unissaient lorsqu'elles étaient en phase solide sont rompues. Il ne subsiste, en effet, que des forces d'attraction relativement faibles, lesquelles assurent une certaine cohésion entre les particules des liquides tout en leur permettant de glisser les unes sur les autres (*voir la figure 7*).

Comme les particules des liquides effectuent des mouvements de rotation et de vibration, elles peuvent changer de position les unes par rapport aux autres. Elles sont également animées d'un mouvement de translation, mais ce mouvement s'exerce à un plus faible degré que la rotation et la vibration. C'est en partie la combinaison des mouvements de rotation, de vibration et de translation des particules qui permet aux liquides de s'écouler et de changer de forme tout en gardant leur volume.

Dans un liquide, la distance entre les particules est généralement plus grande que dans un solide (à l'exception, notamment, de l'eau). Cependant, les forces d'attraction qui agissent entre les particules rendent les liquides, tout comme les solides, pratiquement incompressibles. Toutefois, la liberté de mouvement des particules des liquides est supérieure à celle des particules des solides. Ainsi, le degré de désordre présent dans la phase liquide est très élevé comparativement à la phase solide.

Le comportement particulier des gaz

Les particules de la plupart des gaz sont animées par les trois types de mouvements : la vibration, la rotation et la translation (*voir la figure 8*). Ce dernier mouvement prend une grande ampleur dans les gaz, car il n'y a pas d'interactions entre les particules. C'est bien différent dans les solides, où il n'y a aucun mouvement de translation, et dans les liquides, où ce type de mouvement est très réduit. Quand les particules des gaz effectuent des mouvements de translation, elles suivent des trajectoires aléatoires qui demeurent linéaires jusqu'à ce qu'elles entrent en collision avec d'autres particules ou un objet quelconque.

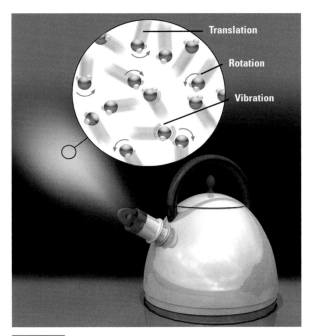

Figure 8 Dans la vapeur sortant de la bouilloire, les molécules d'eau en phase gazeuse se déplacent surtout par translation bien qu'elles tournent aussi sur elles-mêmes en vibrant.

Les particules des gaz se déplacent beaucoup plus vite que les particules des liquides. Contrairement aux liquides qui s'écoulent toujours vers le bas, les gaz s'écoulent dans toutes les directions, y compris vers le haut, malgré la force gravitationnelle, et ce, jusqu'à ce que tout l'espace disponible soit occupé. Ainsi, les gaz se dilatent pour remplir complètement leur contenant. Comme les particules des gaz se déplacent librement, la phase gazeuse présente un niveau de désordre extrêmement élevé comparativement aux phases liquide et solide.

《 INFO SCIENCE

La glace qui flotte

Lorsque l'eau liquide se transforme en glace, les molécules s'éloignent les unes des autres. Elles se disposent en un réseau tridimensionnel constitué d'hexagones.

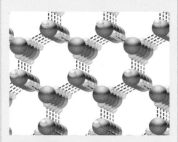

Figure 9 La structure alvéolaire des molécules d'eau gelée.

Cette organisation particulière des molécules d'eau de la glace implique qu'il y a moins de molécules dans un litre de glace que dans un litre d'eau liquide. Par conséquent, la glace a une masse volumique inférieure à celle de l'eau, ce qui la rend plus légère que l'eau. C'est pourquoi la glace flotte sur l'eau alors que, pour la plupart des autres substances, dont le benzène (C_6H_6), la matière en phase solide coule au fond de la matière en phase liquide. Cette propriété unique à l'eau permet à la glace de se former à la surface des lacs en hiver.

Figure 10 Des cubes de benzène (C_6H_6) coulent au fond du benzène liquide (bécher de gauche) tandis que des cubes de glace flottent sur l'eau (bécher de droite).

Dans les gaz, la distance entre les particules est beaucoup plus grande que dans les solides ou les liquides. C'est la raison pour laquelle les gaz sont compressibles. Lorsque l'on comprime les gaz, les particules se rapprochent les unes des autres, mais la distance qui les sépare demeure très grande. Cette distance se réduit considérablement lorsque le gaz se transforme en liquide par condensation.

Le tableau suivant résume les propriétés macroscopiques et les comportements particulaires des différentes phases de la matière.

Tableau 1 Les propriétés macroscopiques et les comportements particulaires des phases de la matière.

Propriétés et comportements		Phases de la matière		
		Solide	Liquide	Gazeux
Propriétés macroscopiques	Volume	Déterminé	Déterminé	Indéterminé
	Forme	Déterminée	Indéterminée	Indéterminée
	Compressibilité	Presque nulle	Presque nulle	Forte
Comportements particuliers	Position relative des particules	Très rapprochées	Rapprochées	Très éloignées
	Types de mouvements	Vibration	Vibration Rotation Faible translation	Vibration Rotation Forte translation
	Amplitude des mouvements	Très faible	Faible	Très forte
	Force des liaisons interparticulaires	Grande	Faible	Nulle

2.1.2 L'énergie cinétique des particules des gaz et la température

La température d'une substance correspond au degré d'agitation de ses particules. Dans un solide, le seul mouvement possible est la vibration. Ainsi, les particules d'un solide chaud vibrent à un rythme plus élevé que celles d'un solide froid. De même, les particules d'un gaz chaud sont plus agitées que celles d'un gaz froid. Comme les gaz sont animés des trois types de mouvements, l'augmentation de leur température a pour effet d'accroître le rythme de vibration, de rotation et de translation de leurs particules. Étant donné que la translation est un déplacement linéaire, augmenter le rythme de translation revient à augmenter la vitesse des particules.

L'énergie d'un objet en mouvement, comme une particule de gaz qui se déplace, se nomme énergie cinétique (E_c). La formule suivante permet de déterminer l'énergie cinétique d'une particule de gaz en mouvement.

Énergie cinétique

$$E_c = \frac{1}{2}mv^2$$

où

E_c = Énergie cinétique, exprimée en joules (J)

m = Masse de la particule, exprimée en kilogrammes (kg)

v = Vitesse de l'objet, exprimée en mètres par seconde (m/s)

La formule montre que l'énergie cinétique d'une particule de gaz dépend de sa masse (*m*) et de sa vitesse (*v*). Cependant, cette dernière variable a plus d'influence sur l'énergie cinétique puisque celle-ci croît proportionnellement au carré de la vitesse. Par conséquent, plus la particule de gaz est massive et se déplace rapidement, plus la quantité d'énergie cinétique qu'elle possède est grande.

Dans un échantillon de gaz donné, les particules n'ont pas toutes la même énergie cinétique. Elles ne se déplacent donc pas toutes à la même vitesse. En effet, lorsque deux particules entrent en collision, il se produit un échange d'énergie cinétique qui, généralement, ralentit une particule alors qu'il accélère l'autre. Il se trouve donc des particules qui se déplacent rapidement et d'autres qui se déplacent plus lentement. C'est pourquoi il est préférable de considérer la vitesse moyenne des particules et, par le fait même, l'énergie cinétique moyenne des particules lorsque l'on examine un échantillon de gaz à une température donnée.

Au XIXe siècle, pour connaître la vitesse de chacune des particules d'un échantillon de gaz à une température donnée, James Clerk Maxwell effectue des analyses sur le comportement des particules des gaz. Les résultats de ses travaux lui permettent d'établir la courbe de distribution des vitesses des particules des gaz, aussi connue sous le nom de courbe de distribution de Maxwell (*voir la figure 11*).

Le nombre de particules d'un échantillon de gaz en fonction de leur vitesse à une température donnée

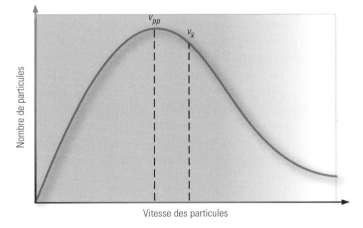

Figure 11 La courbe de distribution des vitesses de Maxwell pour un échantillon de gaz à une température donnée.

La forme de la courbe montre qu'à une température donnée, beaucoup de particules se déplacent à la même vitesse. Cette vitesse est la vitesse la plus probable (v_{pp}), c'est-à-dire la vitesse qui anime le plus grand nombre de particules. La courbe montre aussi que la vitesse moyenne ($v_{\bar{x}}$) des particules de gaz se situe tout juste au-delà de la vitesse la plus probable. Ainsi, peu de particules se déplacent très lentement ou très rapidement ; la plupart évoluent à une vitesse proche de la vitesse moyenne.

Maxwell poursuit ses travaux en observant l'effet d'une augmentation de température sur la distribution de la vitesse des particules (*voir la figure 12*). Il constate que les courbes du graphique ont la même allure générale, mais que leur sommet se déplace vers la droite à mesure que la température augmente. Cela indique que la vitesse la plus probable et la vitesse moyenne augmentent avec la température. Autrement dit, plus la température d'un gaz est élevée, plus ses particules se déplacent rapidement.

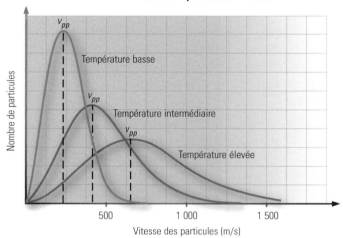

Le nombre de particules de diazote gazeux en fonction de leur vitesse à trois températures différentes

Figure 12 La courbe de distribution des vitesses des particules de diazote (N_2) gazeux montre qu'à des températures plus élevées, la vitesse la plus probable (v_{pp}) des particules est plus grande.

Étant donné que l'énergie cinétique des molécules dépend en grande partie de leur vitesse, une augmentation de température a le même effet sur la courbe de distribution des énergies cinétiques que sur la courbe de distribution des vitesses. En effet, les courbes montent jusqu'à ce qu'elles atteignent un maximum, puis elles chutent vers zéro quand l'énergie cinétique augmente. En outre, une augmentation de température déplace le sommet des courbes vers la droite, ce qui signifie que l'énergie cinétique moyenne des particules est plus grande. Par conséquent, on peut énoncer la généralisation suivante pour tous les gaz : l'énergie cinétique moyenne des particules augmente quand la température du gaz augmente (*voir la figure 13*).

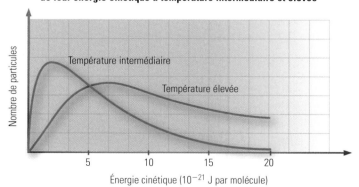

Le nombre de particules d'un échantillon de gaz en fonction de leur énergie cinétique à température intermédiaire et élevée

Figure 13 La distribution de l'énergie cinétique (E_c) des particules d'un gaz à deux températures. Ces courbes montrent que l'augmentation de la température d'un gaz fait augmenter son énergie cinétique moyenne.

2.1.3 Les hypothèses de la théorie cinétique des gaz

À partir du XVIIIe siècle, de nombreux scientifiques mènent des recherches dans le but de fournir des explications aux comportements des gaz et de mieux comprendre leurs propriétés. Les résultats combinés de ces recherches aboutissent à l'élaboration d'une théorie qui permet d'expliquer certains faits observés. Comme la théorie élaborée est basée sur le mouvement des particules gazeuses et sur l'énergie cinétique qui en est la cause, elle porte le nom de théorie cinétique des gaz.

La théorie cinétique des gaz décrit un gaz hypothétique, appelé **gaz parfait**, enfermé dans un récipient indéformable quelconque. Dans un gaz parfait, les particules n'exercent aucune attraction les unes sur les autres et n'occupent presque pas d'espace, ce qui revient à dire que le gaz est essentiellement de l'espace vide. La théorie cinétique des gaz explique également le comportement de la majorité des gaz réels, sauf s'ils sont soumis à des conditions extrêmes.

La théorie cinétique des gaz s'appuie sur les hypothèses suivantes.

Voir **La loi des gaz parfaits**, p. 100.

Hypothèse 1
Les particules d'un gaz sont infiniment petites et la taille d'une particule est négligeable par rapport au volume du contenant dans lequel se trouve le gaz. Les particules sont considérées comme des points qui ont une masse, mais dont le volume est négligeable. Cela signifie que les particules d'un gaz sont extrêmement éloignées les unes des autres et que la majeure partie du contenant est constituée de vide.

Hypothèse 2
Les particules d'un gaz sont continuellement en mouvement et se déplacent en ligne droite dans toutes les directions. Le mouvement de translation qui anime les particules d'un gaz ne s'arrête jamais, de sorte que les particules d'un gaz ne s'empilent pas les unes sur les autres comme elles le font dans les solides et les liquides. Elles entrent en collision les unes avec les autres, au hasard, et viennent heurter les parois du récipient qui les contient. Ces collisions sont parfaitement élastiques, ce qui signifie qu'elles s'effectuent sans perte d'énergie. C'est la raison pour laquelle l'énergie cinétique moyenne de l'ensemble des particules demeure constante quand les conditions sont stables.

Hypothèse 3
Les particules d'un gaz n'exercent aucune force d'attraction ou de répulsion les unes sur les autres. Outre les collisions élastiques qu'elles subissent lorsqu'elles se heurtent, les particules d'un gaz sont totalement indépendantes les unes des autres.

Hypothèse 4
L'énergie cinétique moyenne des particules d'un gaz est directement proportionnelle à la température absolue. Plus la température d'un gaz est élevée, plus ses particules possèdent de l'énergie cinétique (*voir la figure 12, à la page 60*). Cela se traduit par une agitation accrue ou un déplacement plus rapide des particules. À une température donnée, l'énergie cinétique moyenne des particules est la même pour tous les gaz, peu importe leur nature.

1. Expliquez chacun des phénomènes suivants à l'aide du modèle particulaire de la matière.
   a) L'odeur des émanations d'une mouffette pénètre à l'intérieur de la maison même si les fenêtres sont fermées.
   b) L'odeur des rôties se répand dans toutes les pièces de la maison.
   c) La pêche dans un lac l'hiver demande un peu plus d'effort puisqu'il faut d'abord percer la glace.
   d) Un hydravion passe au travers d'un nuage sans difficulté alors qu'il peut se poser sur la surface d'un lac.
   e) Le lait se répand partout dans une tasse de café.
   f) La vapeur d'eau peut s'intégrer à l'air pour le rendre humide.

2. En quoi le mouvement de translation des particules est-il différent des deux autres mouvements ?

3. Classez les phases de la matière selon le niveau de désordre des particules qui la composent. Commencez par la phase où il y a le moins de désordre.

4. Qu'est-ce qui permet aux solides d'avoir leur propre forme et d'occuper un volume défini ?

5. Pourquoi peut-on affirmer que les solides et les liquides sont presque incompressibles alors que les gaz sont compressibles ?

6. Comment le désordre d'un gaz se compare-t-il à celui d'un liquide ou d'un solide ? Expliquez votre réponse.

7. Observez les figures suivantes et décrivez les mouvements de vibration d'une molécule d'eau.
   a)   b)   c)

8. Pourquoi peut-on affirmer que l'énergie cinétique moyenne des particules augmente quand la température monte ?

9. Observez le graphique suivant. Pour quelle courbe la température du gaz est-elle la plus élevée ? Expliquez votre réponse.

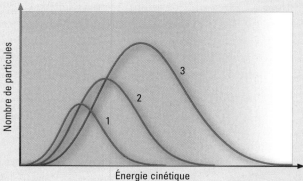

10. Selon la théorie cinétique des gaz, un gaz parfait a toutes les caractéristiques suivantes, sauf une. Laquelle ?
    a) Des particules d'une taille nulle ou négligeable.
    b) Des particules qui s'attirent mutuellement.
    c) Des particules qui se déplacent de façon aléatoire.
    d) Des particules qui sont très éloignées les unes des autres.

11. À l'aide de la théorie cinétique des gaz, expliquez chacune des observations suivantes.
    a) Les gaz sont plus compressibles que les liquides.
    b) La masse volumique des gaz est inférieure à celle des solides.
    c) Les gaz n'ont pas de volume fixe.
    d) Une certaine quantité de moles d'eau occupe beaucoup plus d'espace sous la forme gazeuse que sous la forme liquide.
    e) À une température donnée, les particules du diazote (N_2) se déplacent, en moyenne, plus lentement que celles du dihydrogène (H_2).

2.2 Le comportement des gaz

Le comportement des gaz désigne la façon qu'ont les gaz de réagir lorsque certaines de leurs propriétés physiques subissent des variations de certaines de leurs propriétés physiques. Ce comportement peut être décrit qualitativement, par des observations, ou quantitativement, par des lois.

La théorie cinétique peut être appliquée aux gaz réels sous certaines conditions. En effet, tant que les particules d'un gaz réel sont suffisamment éloignées les unes des autres pour qu'il n'y ait aucune interaction entre elles, le gaz réel peut être considéré comme un gaz parfait. Dans de telles conditions de température et de pression, la théorie cinétique peut expliquer le comportement et les propriétés macroscopiques* des gaz réels, comme le volume, la forme ou la compressibilité.

* **Macroscopique** Qui est visible à l'œil nu.

2.2.1 La compressibilité

Selon l'hypothèse 1 de la théorie cinétique des gaz, la distance moyenne entre les particules est nettement plus grande que la taille des particules. Cela explique pourquoi les particules d'un gaz se rapprochent et occupent ainsi un volume plus petit lorsque le gaz contenu dans un espace fermé est soumis à l'effet d'une force. Cette capacité de pouvoir diminuer de volume sous l'effet d'une force est une propriété des gaz appelée la compressibilité. Par exemple, lorsque l'on actionne une pompe à vélo, l'air qui se trouve à l'intérieur est comprimé en un volume plus faible (*voir la figure 14*). Les particules d'air sont forcées de se rapprocher les unes des autres tant qu'elles sont dans le réservoir de la pompe. Cependant, même si les particules d'air sont comprimées dans un espace plus petit, elles demeurent suffisamment éloignées les unes des autres pour que l'air continue de se comporter comme un gaz.

La compressibilité des gaz permet d'en entreposer de grandes quantités dans des espaces restreints. Par exemple, les bouteilles d'air comprimé emportées sous l'eau par les plongeurs contiennent généralement de 6 à 18 litres d'air comprimé à environ 200 fois la pression atmosphérique normale (*voir la figure 15*). En emportant sous l'eau une telle quantité d'air dans un si petit espace, la plongée peut durer près d'une heure sous environ 10 mètres d'eau.

2.2.2 L'expansion

Selon l'hypothèse 2 de la théorie cinétique des gaz, les particules se déplacent continuellement en ligne droite dans toutes les directions. Puisque les gaz n'ont ni forme ni volume, ils se dilatent indéfiniment en remplissant tout l'espace qui leur est accessible. Plus le gaz se dilate, plus l'espace entre ses particules augmente. Ce phénomène de dilatation des gaz porte le nom d'expansion et varie en fonction de la pression atmosphérique.

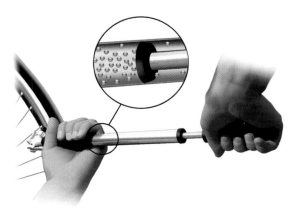

Figure 14 Les gaz sont compressibles parce que leurs particules sont espacées les unes des autres. Quand on actionne une pompe à vélo, l'air est comprimé avant d'être éjecté.

Figure 15 Grâce à la compressibilité des gaz, cette plongeuse peut emporter sous l'eau une bouteille de 18 litres d'air comprimé contenant l'équivalent d'environ 3 600 litres d'air à la pression atmosphérique normale.

Par exemple, au niveau du sol, le gaz d'un ballon-sonde occupe un volume relativement restreint et le ballon est partiellement gonflé. Toutefois, le gaz se dilate à mesure que le ballon prend de l'altitude et que la pression atmosphérique diminue. Cette expansion du gaz tend les parois du ballon et le gaz occupe alors un plus grand volume (*voir la figure 16*).

Figure 16 Un ballon-sonde est peu gonflé en basse altitude. En haute altitude, la faible pression fait en sorte qu'il se gonfle.

2.2.3 La diffusion et l'effusion

Les particules des gaz se heurtent très fréquemment entre elles et entrent en collision avec les parois du contenant dans lequel elles se trouvent. C'est pourquoi leurs trajectoires ressemblent à une série de lignes brisées liées les unes aux autres de façon quelconque (*voir la figure 17*).

Cette dispersion aléatoire des particules au hasard des collisions porte le nom de diffusion. La diffusion gazeuse est un processus graduel par lequel un gaz se mélange avec d'autres gaz dans un contenant grâce au mouvement de ses particules. La diffusion gazeuse permet, au bout d'un certain temps, une distribution uniforme des particules de tous les gaz dans un contenant (*voir la figure 18*).

Figure 17 La ligne brisée pointillée illustre la trajectoire possible d'une particule de gaz à l'intérieur d'un ballon de volley-ball. Chaque fois que la particule entre en collision avec d'autres particules de gaz ou la paroi du ballon, sa trajectoire change de direction.

Figure 18 Après un certain temps, la diffusion répartit les particules de dibrome (Br_2) gazeux de façon uniforme dans l'air du récipient.

Même si les particules des gaz se déplacent très rapidement, le processus de diffusion est relativement lent. Cela s'explique par les très nombreuses collisions subies par les particules, lesquelles entraînent un très grand nombre de changements de trajectoires. De plus, tous les gaz ne se diffusent pas au même rythme. Ce rythme dépend de la vitesse des particules. Ainsi, à une même température, les particules de faible masse se diffusent plus rapidement que celles dont la masse est plus élevée, car elles se déplacent plus vite (*voir la figure 19*).

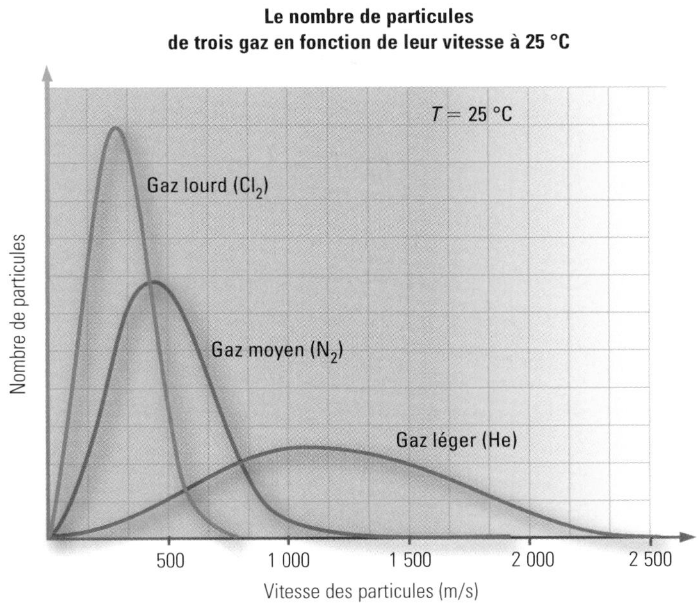

**Le nombre de particules
de trois gaz en fonction de leur vitesse à 25 °C**

$T = 25\ °C$

Gaz lourd (Cl_2)

Gaz moyen (N_2)

Gaz léger (He)

Nombre de particules

500   1 000   1 500   2 000   2 500

Vitesse des particules (m/s)

Figure 19 À une même température, les particules d'un gaz léger, comme l'hélium (He), se déplacent à une vitesse moyenne plus élevée que les particules des gaz plus lourds comme le diazote (N_2) ou le dichlore (Cl_2).

Lorsqu'un gaz passe au travers d'une paroi par une petite ouverture, le phénomène porte le nom d'effusion. Un ballon d'hélium (He) qui se dégonfle lentement durant la nuit est un exemple d'effusion (*voir la figure 20*). Dans ce cas, les atomes d'hélium ont effusé par les nombreux pores présents dans la membrane de caoutchouc. On peut considérer la durée de l'effusion comme la vitesse de diffusion, puisqu'elles sont toutes deux proportionnelles entre elles.

Figure 20 Un ballon d'hélium (He) qui se dégonfle est un exemple d'effusion.

Selon l'hypothèse 4 de la théorie cinétique des gaz, lorsque deux gaz différents se trouvent à la même température, l'énergie cinétique moyenne de leurs particules est identique. Ainsi, l'énergie cinétique moyenne d'une particule de deux gaz hypothétiques appelés 1 et 2 s'exprime de la façon suivante.

$$E_{c_1} = E_{c_2}$$

$$\frac{1}{2}m_1v_1^2 = \frac{1}{2}m_2v_2^2$$

$$m_1v_1^2 = m_2v_2^2$$

ou

$$\frac{v_1^2}{v_2^2} = \frac{m_2}{m_1}$$

ce qui équivaut à

$$\frac{v_1}{v_2} = \sqrt{\frac{m_2}{m_1}}$$

Comme il est plus pratique de considérer la masse molaire (M) plutôt que la masse (m) d'une molécule individuelle, on obtient la formule suivante, qui porte le nom de loi de Graham.

Loi de Graham

$$\frac{v_1}{v_2} = \sqrt{\frac{M_2}{M_1}}$$

où

v_1 = Vitesse de diffusion ou d'effusion du gaz 1, exprimée en mètres par seconde (m/s)
v_2 = Vitesse de diffusion ou d'effusion du gaz 2, exprimée en mètres par seconde (m/s)
M_1 = Masse molaire du gaz 1, exprimée en grammes par mole (g/mol)
M_2 = Masse molaire du gaz 2, exprimée en grammes par mole (g/mol)

Cette loi indique que, dans des conditions identiques de température et de pression, les rythmes relatifs de diffusion et d'effusion de deux gaz sont inversement proportionnels aux racines carrées de leurs masses molaires. En d'autres termes, les gaz légers se diffusent ou s'effusent plus rapidement que les gaz lourds. On peut le constater lorsque, par exemple, de l'hélium (He) et du diazote (N_2), enfermés séparément dans des récipients reliés par un robinet, sous les mêmes conditions de température et de pression, se déplacent l'un vers l'autre (*voir la figure 21*). Comme l'hélium est plus léger que le diazote, il se diffuse plus rapidement. Après un certain temps, les deux gaz se sont distribués uniformément.

He   **N₂**

a) **Robinet fermé.**   b) **Robinet récemment ouvert.**   c) **Robinet ouvert depuis un certain temps.**

Figure 21 L'hélium (He) et le diazote gazeux (N_2) se mélangent lorsque le robinet qui les sépare est ouvert. L'hélium se diffuse plus rapidement, car il est plus léger que le diazote. Toutefois, les deux gaz finiront par se mélanger uniformément dans les deux récipients.

Les exemples suivants montrent comment on peut utiliser l'équation de la loi de Graham pour la diffusion et l'effusion.

Exemple A

À une température donnée, la vitesse de diffusion des molécules de diazote (N_2) est de 0,098 m/s. Trouvez la vitesse de diffusion des molécules de dioxygène (O_2) à cette même température.

Données :

$v_{N_2} = 0,098$ m/s

$M_{N_2} = 28,014$ g/mol

$v_{O_2} = ?$

$M_{O_2} = 31,998$ g/mol

Calcul :

$$\frac{v_{O_2}}{v_{N_2}} = \sqrt{\frac{M_{N_2}}{M_{O_2}}}$$

$$v_{O_2} = v_{N_2} \cdot \sqrt{\frac{M_{N_2}}{M_{O_2}}}$$

$$= 0,098 \text{ m/s} \cdot \sqrt{\frac{28,014 \text{ g/mol}}{31,998 \text{ g/mol}}} = 0,092 \text{ m/s}$$

Réponse : La vitesse de diffusion des molécules de dioxygène est de 0,092 m/s.

Exemple B

De l'hélium (He) et un gaz inconnu (X) s'effusent par un trou percé dans la paroi d'un contenant. Quelle est la masse molaire du gaz inconnu si sa vitesse d'effusion est de 0,077 m/s et que celle de l'hélium est de 0,256 m/s ? De quel gaz pourrait-il s'agir ?

Données :

$v_X = 0,077$ m/s

$M_X = ?$

$v_{He} = 0,256$ m/s

$M_{He} = 4,003$ g/mol

Calcul :

$$\frac{v_{He}}{v_X} = \sqrt{\frac{M_X}{M_{He}}}$$

$$\sqrt{M_X} = \sqrt{M_{He}} \cdot \frac{v_{He}}{v_X}$$

$$= \sqrt{4,003} \text{ g/mol} \cdot \frac{0,256 \text{ m/s}}{0,077 \text{ m/s}}$$

$$M_X = 4,003 \text{ g/mol} \cdot (3,32)^2 = 44,12 \text{ g/mol}$$

Réponse : La masse molaire du gaz inconnu est de 44 g/mol. Le gaz pourrait être du dioxyde de carbone (CO_2), car sa masse molaire est de 44,01 g/mol.

Pour aller + loin

La perméation gazeuse

Certains tissus techniques ont le double avantage d'être imperméables tout en « respirant ». Ils doivent cette caractéristique au phénomène de la perméation gazeuse qui s'apparente fortement à l'effusion des gaz. Mise au point en 1969 par Bob Gore, ce type de membrane est fabriquée en laboratoire avec un type de polymère appelé le polytétrafluoroéthylène (une chaîne de C_2F_4) et est insérée au centre du tissu.

Cette membrane respirante est percée de millions de pores d'un diamètre de 0,2 micromètre, soit environ 20 000 fois plus petit qu'une goutte d'eau. Toutefois, ce diamètre est 700 fois plus grand qu'une molécule d'eau prise individuellement, comme celles qu'on retrouve en phase gazeuse où elles sont très éloignées les unes des autres. Par conséquent, la transpiration peut facilement passer à travers la membrane par perméation gazeuse, mais pas la pluie.

Cette technologie offre un confort accru par rapport aux vêtements imperméables traditionnels, souvent enduits d'une substance qui bouche les pores du tissu, empêchant la transpiration de s'évacuer.

Figure 22 La membrane respirante (en jaune) grossie 100 fois par un microscope électronique.

1. Un sous-marin peut faire varier sa position en pompant de l'eau dans des réservoirs remplis d'air appelés ballasts. L'eau qui entre dans les ballasts occupe de l'espace sans que l'air ne soit expulsé vers l'extérieur, ce qui augmente le poids du sous-marin et le fait descendre vers le fond (a). Le sous-marin demeure en suspension dans l'eau quand le niveau d'eau des ballasts correspond à celui de la profondeur voulue (b). Lorsqu'il faut remonter dans la colonne d'eau, les pompes expulsent l'eau des réservoirs et l'air reprend l'espace libéré par l'eau, ce qui diminue le poids du sous-marin et le fait remonter (c).

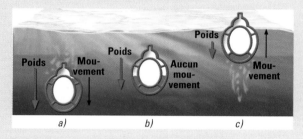

Quelle propriété macroscopique des gaz est mise à profit par le sous-marin pour ajuster sa profondeur ? Expliquez votre réponse.

2. Quelles mesures de sécurité et quelles précautions doit-on prendre avec les gaz comprimés ? Utilisez vos connaissances au sujet du mouvement des particules pour expliquer ces précautions.

3. Pour faciliter la manipulation des hayons des automobiles, les fabricants les ont équipés de ressorts à gaz. Ces derniers supportent le poids du hayon afin de réduire la force nécessaire pour ouvrir le coffre de la voiture, tout en lui permettant de se fermer en douceur. Quelle propriété macroscopique des gaz est à l'œuvre dans un ressort à gaz de ce type lorsqu'il ralentit la descente du hayon pour amortir le choc avec la carrosserie de l'automobile ?

4. Pourquoi deux gaz se trouvant à la même température ont-ils des vitesses de diffusion différentes ?

5. On lance dans l'atmosphère un ballon météorologique contenant de l'hélium (He). Au cours de son ascension, la pression et la température atmosphériques diminuent. Expliquez pourquoi la taille du ballon augmente.

6. Quelle est la différence entre le phénomène de diffusion gazeuse et celui d'effusion gazeuse ? Donnez un exemple.

7. Classez en ordre décroissant la vitesse de diffusion des gaz suivants, qui se trouvent tous aux mêmes conditions de température et de pression :

$$CO, HF, HI, NH_3, NO_2.$$

8. La vitesse d'effusion d'un gaz inconnu est évaluée à 43,0 mL/min. Dans les mêmes conditions, la vitesse d'effusion du dioxyde de carbone (CO_2) pur est de 32,0 mL/min. Quelle est la masse molaire du gaz inconnu ?

9. Un gaz inconnu prend 192 secondes pour s'effuser à travers une paroi poreuse alors qu'un même volume de diazote (N_2) s'effuse à travers la même paroi en 84 secondes. Les conditions de température et de pression sont identiques pour les deux gaz. Quelle est la masse molaire du gaz inconnu ?

10. Observez le graphique ci-dessous qui illustre la distribution des particules de trois gaz à la même température. Pour quelle courbe la masse du gaz est-elle la plus élevée ? Expliquez votre réponse.

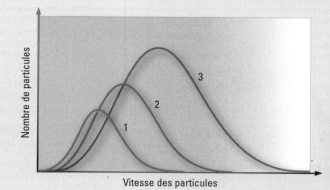

2.3 La pression des gaz

La pression des gaz correspond à la force exercée par ceux-ci sur une surface.

Les gaz exercent une pression sur toutes les surfaces avec lesquelles ils sont en contact, et ce, dans toutes les directions (*voir la figure 23*). On calcule la pression en divisant la valeur de la force par l'aire sur laquelle cette force est appliquée. On utilise la formule suivante.

Pression

$$P = \frac{F}{A}$$

où

P = Pression, exprimée en newtons par mètre carré (N/m^2) ou en pascals (Pa)

F = Force, exprimée en newtons (N)

A = Aire où est appliquée la force, exprimée en mètres carrés (m^2)

Figure 23 Lorsqu'une bouteille de champagne est agitée, le dioxyde de carbone (CO_2) dissous dans le champagne se libère sous forme de bulles de gaz. Le gaz libéré exerce alors une pression dans toutes les directions sur les parois de la bouteille, de même que sur le bouchon. Quand on retire le fil métallique qui retient le bouchon, la pression est assez forte pour le faire sauter.

Selon les hypothèses 2 et 4 de la théorie cinétique des gaz, les particules d'un gaz sont constamment en mouvement dans toutes les directions, et plus elles possèdent d'énergie cinétique, plus elles bougent rapidement. Puisque les particules bougent, elles peuvent entrer en collision les unes avec les autres ou avec tout objet, comme les parois de leur contenant. Lorsque les particules d'un gaz frappent la surface interne des parois de leur contenant, elles exercent sur celles-ci une force qui pousse dans toutes les directions. C'est cette force qui fait gonfler un ballon de football, par exemple, et qui procure au cuir toute sa fermeté (*voir la figure 24*).

Figure 24 En heurtant les parois du ballon, les particules de gaz qui le maintiennent gonflé exercent une pression dans toutes les directions.

Plus il y a de collisions, plus la force appliquée sur le contenant par unité de surface est grande et plus la pression exercée par le gaz est élevée. La pression d'un gaz sur un objet dépend donc de la somme des forces exercées par les collisions de ses particules sur la surface de cet objet.

Selon l'hypothèse 4 de la théorie cinétique des gaz, à une température donnée, l'énergie cinétique moyenne des particules de deux gaz est la même. Toutefois, comme l'énergie cinétique dépend aussi de la masse, un gaz léger se déplacera plus vite qu'un gaz lourd. Il y aura donc plus de collisions entre les particules d'un gaz léger, mais la force déployée par ces collisions sera plus petite. Ainsi, à des conditions semblables, les particules d'un gaz léger frappent moins fort

a) Un gaz lourd.   **b) Un gaz léger.**

Figure 25 Dans les mêmes conditions, les particules d'un gaz lourd exercent la même pression que celles d'un gaz léger.

et plus souvent que les particules d'un gaz lourd, mais la somme des forces exercées par les collisions qui se produisent dans les deux gaz est la même. C'est pourquoi deux gaz soumis aux mêmes conditions exercent la même pression, peu importe la taille de leurs particules et leur masse molaire (*voir la figure 25*).

2.3.1 La pression atmosphérique

L'atmosphère est la couche gazeuse qui entoure la Terre. En raison de sa force gravitationnelle, la Terre retient les gaz qui composent l'atmosphère autour d'elle. Les gaz les plus lourds restent à proximité de la surface terrestre alors que les plus légers se trouvent en altitude. Les particules des gaz présentes dans l'air exercent une force sur tous les objets avec lesquels elles sont en contact. Cette force exercée par l'air est appelée pression atmosphérique. Elle équivaut au poids de la colonne d'air située au-dessus de la surface qui subit la force.

Comme l'air est plus dense au niveau du sol qu'en altitude, les collisions entre les particules d'air sont plus fréquentes. Par conséquent, la pression atmosphérique est élevée au niveau du sol et elle diminue rapidement en altitude (*voir la figure 26*).

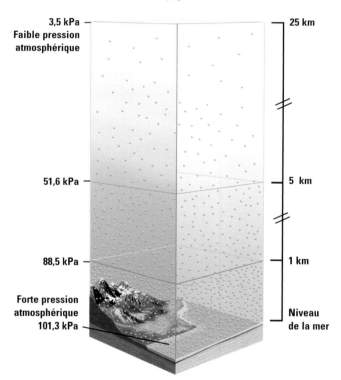

Figure 26 Au niveau de la mer, l'air est dense et le grand nombre de collisions entre les particules engendre une pression plus élevée qu'en haute altitude, où l'air est moins dense.

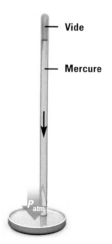

Figure 27 Un baromètre semblable à celui conçu par Torricelli.

En plus de varier avec l'altitude, la pression atmosphérique dépend de la température et des conditions météorologiques. La pression atmosphérique se mesure à l'aide d'un baromètre, un instrument conçu par Evangelista Torricelli en 1643. Le baromètre construit par Torricelli est constitué d'un long tube de verre fermé à une extrémité rempli de mercure (Hg) et inversé dans un récipient ouvert contenant également du mercure (*voir la figure 27*).

La force gravitationnelle attire le mercure (Hg) dans le réservoir, tandis que la pression atmosphérique qui s'exerce à la surface du mercure du réservoir le fait monter dans le tube. Quand le niveau de mercure se stabilise, les deux forces s'annulent. Cette hauteur est de 760 mm, en moyenne, lorsque la pression atmosphérique est mesurée au niveau de la mer. Cette pression est approximativement égale à la pression normale, qui, selon le système international (SI), équivaut à 101,3 kilopascals (kPa) ou encore à 1 atmosphère (atm). Les équivalences pour ces unités de mesure sont les suivantes.

Équivalences des unités de mesures de la pression
101,3 kPa = 760 mm Hg = 1 atm

L'exemple suivant montre comment on peut se servir des équivalences pour transformer les unités de mesure de la pression.

Exemple

La pression atmosphérique la plus basse jamais enregistrée dans le monde est de 87,0 kPa. Cette pression fut mesurée au niveau de la mer dans l'œil du typhon Tip en octobre 1979.

Quelle est la valeur de cette basse pression en millimètres de mercure (mm Hg) ?

Données :

$P = 87,0$ kPa

$P = ?$

Calcul :

$$\frac{760 \text{ mm Hg}}{101,3 \text{ kPa}} = \frac{?}{87,0 \text{ kPa}}$$

$$? = 87,0 \text{ kPa} \cdot \frac{760 \text{ mm Hg}}{101,3 \text{ kPa}} = 652,7 \text{ mm Hg}$$

Réponse : La valeur de cette basse pression est de 653 mm Hg.

2.3.2 La mesure de la pression des gaz

Le baromètre est utilisé uniquement pour mesurer la pression atmosphérique. Pour mesurer la pression des gaz contenus dans un récipient, on peut se servir d'un manomètre ou d'une jauge à pression (*voir la figure 28*).

Généralement, on se sert du manomètre pour mesurer la pression des gaz. Il existe deux types principaux de manomètres : les manomètres à cadran (*voir la figure 29*) et les manomètres à tube en U.

Figure 28 La jauge à pression est un instrument simple qui permet de connaître la pression de l'air à l'intérieur des pneus.

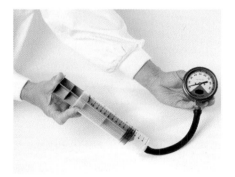

Figure 29 Le manomètre à cadran mesure une déformation mécanique engendrée par la force exercée par la pression du gaz et la retranscrit au moyen d'un affichage numérique ou d'un cadran muni d'une aiguille.

Dans les manomètres à tube en U, la pression du gaz est indiquée par la hauteur d'une colonne de liquide. Ce liquide se déplace librement dans le tube en U relié au récipient qui contient le gaz. Bien que le mercure (Hg) soit toxique, il s'agit d'un liquide qu'on utilise très souvent, car sa masse volumique est très élevée, ce qui permet de construire des manomètres de taille relativement petite et faciles à manipuler.

Il existe deux types de manomètres à tube en U : le manomètre à bout fermé et le manomètre à bout ouvert. La différence de niveau entre les deux colonnes de mercure du tube en U, mesurée en millimètres de mercure, permet de déterminer la valeur de la pression du gaz enfermé dans le contenant. Dans un manomètre à bout fermé, la pression exercée par le gaz dans le contenant est égale à la différence de hauteur en mm Hg entre les deux colonnes de liquide du tube en U (*voir la figure 30*).

Pression réelle d'un gaz à l'aide d'un manomètre à bout fermé

$$P_{gaz} = h$$

où

P_{gaz} = Pression du gaz dans le contenant, exprimée en millimètres de mercure (mm Hg)

h = Hauteur de la colonne de mercure, exprimée en millimètres de mercure (mm Hg)

L'exemple suivant illustre comment déterminer la pression réelle du gaz avec un manomètre à bout fermé.

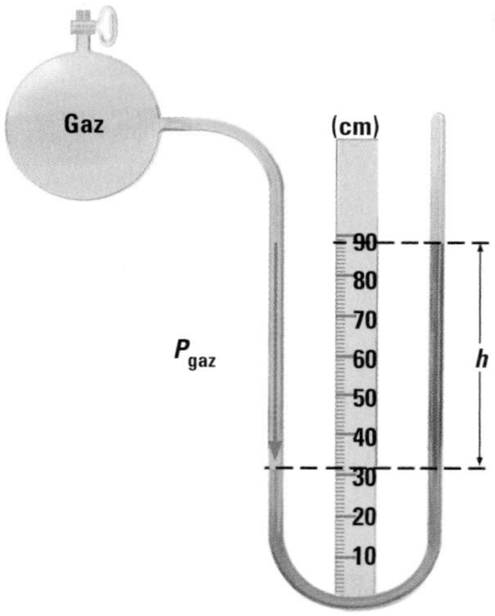

Figure 30 Manomètre à bout fermé.

Exemple

Quelle est la pression réelle du gaz contenu dans le manomètre de la figure 30 ?

Données :
$P_{gaz} = ?$
$h = ?$

1. *Calcul de la hauteur de la colonne de mercure :*
$h = 88$ cm Hg $- 32$ cm Hg $= 56$ cm Hg $= 560$ mm Hg

2. *Calcul de la pression réelle du gaz :*
$P_{gaz} = h$
$\phantom{P_{gaz}} = 560$ mm Hg

Réponse : La pression du gaz contenu dans le réservoir du manomètre est de 560 mm Hg.

Dans le cas du manomètre à bout ouvert, il faut tenir compte de la pression atmosphérique pour déterminer la pression du gaz. Lorsque la pression du gaz est supérieure à la pression atmosphérique, le niveau de mercure dans la partie du tube en contact avec le gaz est plus bas que celui de la partie ouverte du tube. Pour connaître la pression du gaz, il faut noter la différence en hauteur et l'additionner à la pression atmosphérique (*voir la figure 31, à la page suivante*).

À l'opposé, lorsque la pression du gaz est inférieure à la pression atmosphérique, le niveau de mercure est plus haut que celui de la partie ouverte du tube. Pour connaître la pression du gaz, il faut noter la différence en hauteur et la soustraire de la pression atmosphérique (*voir la figure 32, à la page suivante*).

Les exemples suivants illustrent comment déterminer la pression réelle du gaz avec un manomètre à bout ouvert.

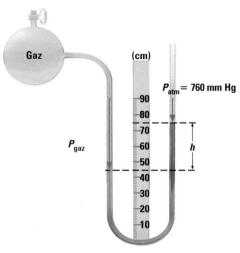

Exemple A

Quelle est la pression réelle du gaz contenu dans le manomètre de la figure 31 ?

Données :
P_{atm} = 760 mm Hg
P_{gaz} = ?

1. Calcul de la hauteur de la colonne de mercure :
h = 75 cm Hg − 45 cm Hg = 30 cm Hg
= 300 mm Hg

2. Calcul de la pression réelle du gaz :
$P_{gaz} = P_{atm} + h$
= 760 mm Hg + 300 mm Hg
= 1 060 mm Hg

Réponse : La pression du gaz contenu dans le réservoir du manomètre est de 1 060 mm Hg.

Figure 31 Manomètre à bout ouvert, lorsque la pression du gaz est supérieure à la pression atmosphérique.

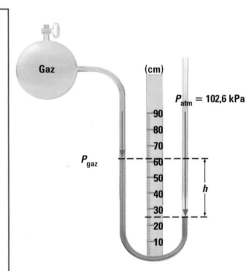

Exemple B

Quelle est la pression réelle du gaz contenu dans le manomètre de la figure 32 ?

Données :
P_{atm} = 102,6 kPa
P_{gaz} = ?

1. Calcul de la hauteur de la colonne de mercure :
h = 62 cm Hg − 25 cm Hg = 37 cm Hg
= 370 mm Hg

2. Calcul de l'équivalence atmosphérique :
$$\frac{760 \text{ mm Hg}}{101,3 \text{ kPa}} = \frac{?}{102,6 \text{ kPa}}$$
$$? = 102,6 \text{ kPa} \cdot \frac{760 \text{ mm Hg}}{101,3 \text{ kPa}}$$
$$= 769,8 \text{ mm Hg}$$

3. Calcul de la pression du gaz :
$P_{gaz} = P_{atm} - h$
= 769,8 mm Hg − 370 mm Hg
= 399,8 mm Hg

Réponse : La pression du gaz contenu dans le réservoir du manomètre est de 400 mm Hg.

Figure 32 Manomètre à bout ouvert, lorsque la pression du gaz est inférieure à la pression atmosphérique.

SECTION 2.3   La pression des gaz

1. Expliquez comment un gaz exerce une pression sur les parois de son contenant.

2. La pression à l'intérieur d'un avion voyageant à très haute altitude est de 688 mm Hg. À quoi correspond cette pression en atmosphères ? en kilopascals ?

3. Déterminez la pression, en millimètres de mercure, mesurée par chacun des manomètres suivants en considérant les conditions de pression atmosphérique indiquées.

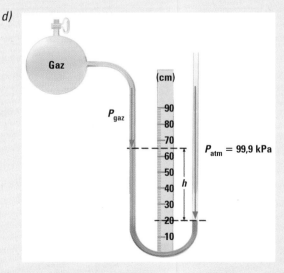

4. Un manomètre à bout ouvert, semblable à celui de la question 3 d, est utilisé pour mesurer la pression d'un échantillon de gaz quelconque. Le niveau de mercure (Hg) est de 18 mm plus élevé dans la partie du tube reliée à l'échantillon que dans l'autre partie. Déterminez la pression du gaz en kilopascals, sachant que la pression atmosphérique est de 99,7 kPa.

2.4 Les lois simples des gaz

Les lois simples des gaz **permettent de résoudre des problèmes qui mettent en relation deux des quatre variables qui décrivent les gaz, soit la pression (P), le volume (V), la température (T) absolue et la quantité de gaz (n) exprimée en nombre de moles, pendant que les deux autres variables sont maintenues constantes.**

Le partage des idées et des observations joue un rôle essentiel dans les découvertes scientifiques et dans l'élaboration des lois qui en découlent. Comme ce fut le cas pour les lois des gaz, il arrive fréquemment que des scientifiques découvrent des lois après avoir mis en commun leur travail, à la suite d'un très long processus.

À partir du XVIIe siècle, plusieurs scientifiques travaillent chacun de leur côté pour en connaître davantage sur le comportement des gaz. Ils effectuent des expérimentations pour découvrir les relations entre les quatre variables utilisées pour décrire le comportement des gaz, soit la pression, le volume, la température absolue et le nombre de moles.

Toutefois, pour établir clairement la relation entre ces quatre variables, les scientifiques ne peuvent pas les étudier de façon simultanée. Ils conçoivent donc des expérimentations qui mettent en relation uniquement deux des quatre variables à la fois tandis que les deux autres sont maintenues constantes. Par la suite, à l'aide des conclusions qu'ils obtiennent pour chaque paire de variables, les scientifiques émettent des lois simples des gaz, qui portent souvent leur nom.

À l'époque où ces lois sont élaborées, la communauté scientifique n'a pas encore adopté le système international d'unités. De plus, les conditions de travail avec les gaz changent grandement d'un laboratoire à l'autre étant donné que la température et la pression de l'air varient dans le temps et selon l'altitude de l'endroit où on les mesure sur la Terre (*voir la figure 33*).

Figure 33 La réplique du laboratoire d'Antoine Laurent de Lavoisier au Deutsches Museum, à Munich.

Depuis ce temps, les scientifiques se sont entendus sur l'utilisation de deux ensembles de conditions de température et de pression qui permettent, notamment, de comparer le comportement des différents gaz. Ces deux ensembles de conditions, qui sont des normes, sont les suivants (*voir le tableau 2*) : température et pression normales (TPN) et température ambiante et pression normale (TAPN).

Tableau 2 Les deux normes concernant la température et la pression des gaz.

Norme	Température	Pression
Température et pression normales (TPN)	0 °C	101,3 kPa
Température ambiante et pression normale (TAPN)	25 °C	101,3 kPa

La mise en commun des lois simples proposées pour chaque paire de variables a mené à l'établissement d'une loi plus générale, appelée loi des gaz parfaits, de laquelle découle une autre loi, la loi générale des gaz. Bien qu'on les ait élaborées à partir du concept de gaz parfait, ces lois peuvent tout de même s'appliquer aux gaz réels sous certaines conditions. En effet, de nombreuses observations suggèrent que, à des températures relativement élevées et à des pressions plutôt basses, comme celles des conditions TPN et TAPN, la plupart des gaz réels se comportent presque comme des gaz parfaits. C'est seulement lorsque la température est très basse (près du point de condensation du gaz) et que la pression est très élevée (de l'ordre de 1 MPa) que les différences entre les gaz réels et un gaz parfait deviennent assez considérables pour compromettre l'utilisation de ces lois.

2.4.1 La relation entre la pression et le volume

Les scientifiques Robert Boyle et Edme Mariotte découvrent, à quelques années d'intervalles, la relation entre la pression d'un échantillon de gaz et son volume. En effet, pendant la seconde moitié du XVIIe siècle, les deux chercheurs travaillent, chacun de leur côté, avec des échantillons de gaz emprisonnés par du mercure (Hg) dans un tube de verre en J, lequel est fermé et calibré du côté le plus court (*voir la figure 34*).

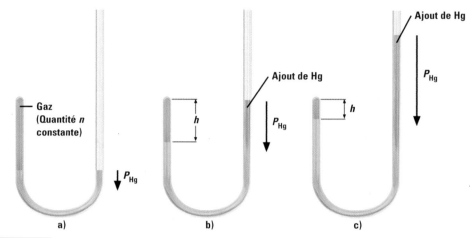

Figure 34 Un tube en J semblable à celui utilisé par Robert Boyle et Edme Mariotte pour comprimer un échantillon de gaz.

L'échantillon est maintenu à une température constante et, initialement, le niveau de mercure est égal dans chaque partie du tube, ce qui indique que la pression du gaz est égale à la pression atmosphérique. On peut réduire ou augmenter la pression exercée sur le gaz en ajoutant ou en retirant du mercure dans la partie ouverte du tube en J. Le poids du mercure supplémentaire fait augmenter la pression exercée sur le gaz emprisonné et le volume du gaz diminue. Le volume du gaz emprisonné est proportionnel à la hauteur du gaz (*h*) mesurée dans l'appareil.

Ainsi, en mesurant minutieusement le volume de gaz emprisonné et la pression exercée par le mercure, les deux scientifiques observent que, à température constante, plus on augmente la pression exercée sur un gaz, plus le volume du gaz diminue. Cette relation entre la pression et le volume d'un gaz porte le nom de **loi de Boyle-Mariotte** et s'énonce de la façon suivante.

> **Loi de Boyle-Mariotte**
> À température constante, le volume occupé par une quantité donnée de gaz est inversement proportionnel à la pression de ce gaz.

En d'autres mots, si on double la pression exercée sur une quantité de gaz en le compressant et en maintenant sa température constante, le volume du gaz diminuera de moitié. À l'inverse, si on permet au gaz d'occuper un volume deux fois plus grand tout en maintenant sa température constante, la pression de ce gaz diminuera de moitié.

La loi de Boyle-Mariotte peut être illustrée à l'aide d'une pompe à vélo reliée à un manomètre (*voir la figure 35*).

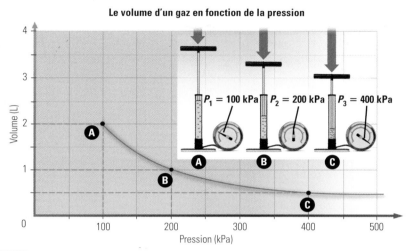

Le volume d'un gaz en fonction de la pression

Quand la pression exercée sur le gaz par le piston de la pompe augmente, le volume du gaz diminue de façon proportionnelle.

La courbe du graphique construit à partir des résultats obtenus dans les trois situations montre qu'à une température donnée, le volume d'un gaz est inversement proportionnel à sa pression. On peut écrire cette relation sous forme mathématique en utilisant le symbole de proportionnalité ($\propto$). L'expression signifie que le volume est inversement proportionnel à la pression. Mathématiquement, il est possible d'enlever le symbole de proportionnalité en introduisant une constante de proportionnalité (k^a).

$$V \propto \frac{1}{P}$$

devient

$$V = k^a \cdot \frac{1}{P}$$

ou

$$PV = k^a$$

Exprimée de cette façon, la loi de Boyle-Mariotte signifie que le produit de la pression par le volume est constant. La valeur de cette constante diffère selon le nombre de moles et la température. Elle peut être déterminée en traçant le graphique de la pression (P) en fonction de l'inverse mathématique du volume ($1/V$), puisque c'est une relation inversement proportionnelle.

Par exemple, pour l'air contenu dans la pompe à vélo de la figure 35, le graphique tracé à partir des valeurs de P et de $1/V$ est une droite (*voir la figure 36*). La pente (m) de la droite ainsi obtenue donne la valeur de la constante de proportionnalité (k^a).

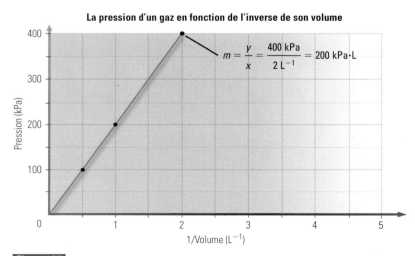

La pression d'un gaz en fonction de l'inverse de son volume

$$m = \frac{y}{x} = \frac{400 \text{ kPa}}{2 \text{ L}^{-1}} = 200 \text{ kPa·L}$$

La relation entre la pression d'un gaz et l'inverse de son volume est une relation directement proportionnelle.

On peut aussi exprimer le rapport $PV = k^a$ en comparant deux ensembles de mesures de la pression et du volume pour le même échantillon de gaz pourvu que la température ne change pas. Ainsi, même si le volume initial (V_1) et la pression initiale (P_1) d'une quantité donnée de gaz prennent d'autres valeurs appelées finales (V_2 et P_2), leur produit est toujours égal à la constante k^a.

$$P_1V_1 = k^a$$
$$P_2V_2 = k^a$$

En combinant ces deux équivalences, on obtient la loi de Boyle-Mariotte.

Loi de Boyle-Mariotte

$$P_1V_1 = P_2V_2*$$

où

P_1 = Pression initiale, exprimée en kilopascals (kPa) ou en millimètres de mercure (mm Hg)

V_1 = Volume initial, exprimé en millilitres (mL) ou en litres (L)

P_2 = Pression finale, exprimée en kilopascals (kPa) ou en millimètres de mercure (mm Hg)

V_2 = Volume final, exprimé en millilitres (mL) ou en litres (L)

* À condition que le nombre de moles (n) de gaz et la température (T) soient constants.

Cette relation entre la pression et le volume est souvent utilisée dans des objets usuels comme les fauteuils de bureau. La plupart de ces fauteuils sont dotés d'un piston à gaz qui permet d'ajuster facilement leur hauteur (*voir la figure 37*).

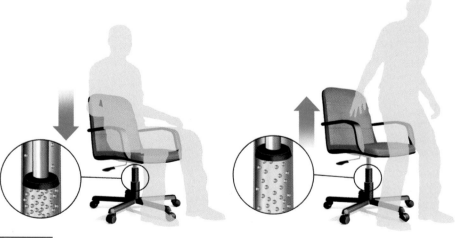

Figure 37 La tige verticale de ce fauteuil est un piston qui contient du gaz compressible.

Figure 38 Un piston à gaz, comme celui des chaises de bureau, facilite la manipulation du hayon d'une automobile.

Le siège est relié au pied de la chaise par un cylindre étanche qui contient du diazote (N_2) et un piston libre de monter ou descendre. Lorsqu'une personne s'assoit sur le siège, le piston exerce une pression sur le gaz à l'intérieur du cylindre et réduit son volume, ce qui abaisse le siège. Quand la personne se relève, la pression sur le piston diminue et le volume du gaz augmente, ce qui fait remonter le siège. Ce type de piston se retrouve également sur les hayons des automobiles pour en faciliter l'ouverture (*voir la figure 38*).

Selon la loi de Boyle-Mariotte, à température constante, le produit de la pression par le volume d'un échantillon de gaz demeure constant même si la pression et le volume varient d'une situation à l'autre.

L'exemple suivant montre comment utiliser la loi de Boyle-Mariotte pour comparer des pressions et des volumes qui varient pour un même échantillon de gaz à température constante.

Exemple

Un échantillon d'hélium (He) gazeux est recueilli à la température ambiante dans un ballon de caoutchouc élastique de 2,5 L à la pression atmosphérique normale. Le ballon est ensuite plongé au fond d'un bassin d'eau, également à la température ambiante, de sorte que la pression externe qui s'exerce sur ses parois augmente à 110,6 kPa. Quel est le volume final du ballon ?

Données :

$P_1 = 101,3$ kPa

$V_1 = 2,5$ L

$P_2 = 110,6$ kPa

$V_2 = ?$

Calcul :

$$P_1 V_1 = P_2 V_2$$

$$V_2 = \frac{P_1 V_1}{P_2}$$

$$= \frac{101,3 \text{ kPa} \cdot 2,5 \text{ L}}{110,6 \text{ kPa}}$$

$$= 2,3 \text{ L}$$

Réponse : Le volume final du ballon est de 2,3 L.

Lien avec la théorie cinétique des gaz

En précisant que les particules de gaz sont très éloignées les unes des autres, l'hypothèse 1 de la théorie cinétique des gaz (*voir à la page 61*) explique la relation entre la pression et le volume d'un gaz. À température constante, à mesure que la pression externe exercée sur un gaz augmente, le volume du gaz diminue. Les particules de gaz deviennent donc plus rapprochées et se déplacent sur une plus courte distance avant de se heurter entre elles et de heurter les parois du contenant (*voir la figure 39*). Par conséquent, les collisions sont plus fréquentes, ce qui augmente la pression. À l'inverse, si le volume du contenant est augmenté, la distance parcourue par les particules est plus grande. Le nombre de collisions par unité de temps est moindre et le gaz exerce alors une pression plus faible. C'est une relation inversement proportionnelle.

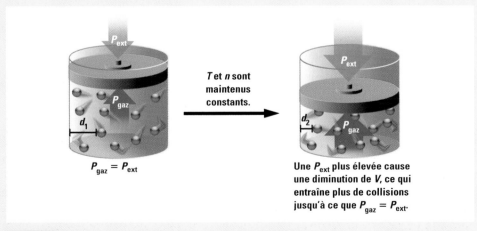

Figure 39 À une température donnée, quand on diminue le volume d'un gaz, ses particules se déplacent sur une plus courte distance ($d_2 < d_1$) avant de se heurter et de heurter la paroi.

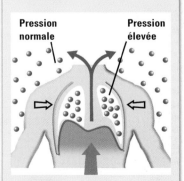

2.4.2 La relation entre le volume et la température absolue

C'est Jacques Charles qui découvre la relation entre le volume d'un échantillon de gaz et sa température. Ses travaux portent sur la variation de volume de plusieurs sortes de gaz lorsqu'ils sont chauffés à pression constante. Charles observe que, à pression constante, plus la température d'un gaz augmente, plus son volume augmente, et vice versa. C'est ce principe qui est utilisé pour voyager en montgolfière. Chauffer l'air du ballon fait augmenter son volume et, par conséquent, baisser sa masse volumique suffisamment pour entraîner le ballon dans les airs (*voir la figure 41*).

Figure 41 Pour faire voler la montgolfière, on chauffe l'air introduit dans l'enveloppe à l'aide d'un brûleur au propane. Le volume de l'air chauffé augmente, l'enveloppe se tend et la bulle d'air chaud ainsi formée s'élève dans l'atmosphère.

Il constate que le volume d'un gaz mesuré à 0 °C augmente de 1/273 de sa valeur initiale pour chaque degré Celsius d'élévation de température. Il en déduit que, à pression constante, le volume d'un échantillon de gaz initialement à 0 °C double lorsqu'il est chauffé à 273 °C. Cette relation linéaire simple entre le volume et la température exprimée en degrés Celsius se traduit graphiquement par une droite d'équation $y = mx + b$ (*voir la figure 42*). Cela signifie que la relation entre le volume et la température n'est pas directement proportionnelle.

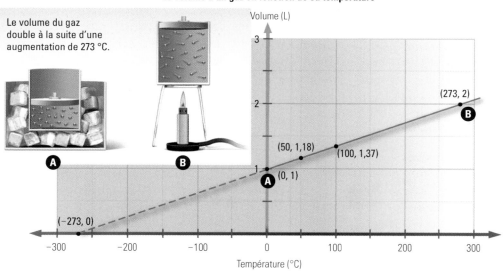

Figure 42 La relation entre le volume d'un gaz et sa température en degrés Celsius n'est pas directement proportionnelle, car elle ne croise pas l'origine (0, 0).

Lorsque la droite est prolongée par extrapolation vers le bas, elle croise l'axe horizontal à −273 °C.

Lorsqu'on répète la même expérience avec différentes quantités de gaz ou avec des échantillons de gaz différents, la relation linéaire se reproduit chaque fois, et on peut tracer une nouvelle droite de pente différente (*voir la figure 43*). La découverte de Jacques Charles montre que, quel que soit le gaz étudié, l'abscisse à l'origine est toujours de −273 °C. Cette température, appelée zéro absolu, est la plus basse température possible.

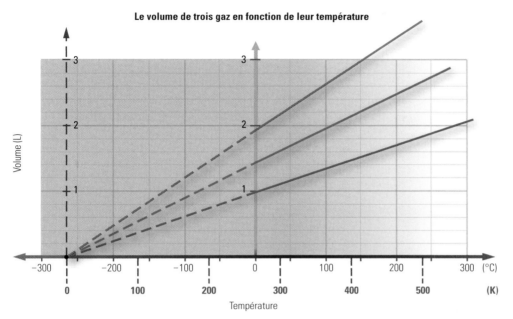

Le volume de trois gaz en fonction de leur température

Figure 43 La relation linéaire entre le volume et la température se reproduit chaque fois que l'expérience est répétée, et on peut tracer une nouvelle droite ayant toujours la même abscisse à l'origine mais une pente différente.

Quelques années après la découverte de Charles, lord Kelvin définit le zéro absolu comme la température à laquelle l'énergie cinétique de toutes les particules deviendrait nulle. À cette température, le volume d'un gaz serait hypothétiquement lui aussi égal à zéro, en autant que le gaz soit considéré comme un gaz parfait et que ses particules soient considérées comme n'occupant aucun volume. Dans la réalité, les particules des gaz réels occupent un volume et, à faible température, tous les gaz réels se condensent et changent de phase. Néanmoins, Kelvin propose une nouvelle échelle de température appelée échelle de température absolue, ou échelle kelvin. Le point de départ de cette échelle est appelé le zéro absolu et il correspond à zéro kelvin ou 0 K. Il est à noter que le symbole de degré (°) n'est pas utilisé pour l'échelle kelvin.

La valeur moderne du zéro absolu, obtenue à l'aide d'un équipement plus sophistiqué que celui dont Charles disposait, correspond à −273,15 °C. Dans l'échelle kelvin, il n'y a donc pas de valeurs négatives. De plus, les divisions de l'échelle de température absolue sont les mêmes que celles de l'échelle Celsius (*voir la figure 44*).

Un intervalle de 1 °C est donc équivalent à un intervalle de 1 K. Ainsi, pour convertir les degrés Celsius en kelvins, il suffit d'ajouter 273, le facteur de conversion arrondi, à la température en degrés Celsius.

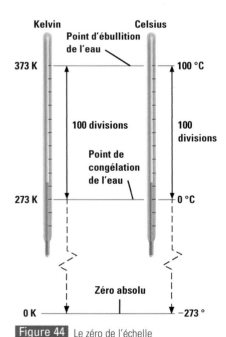

Figure 44 Le zéro de l'échelle de température absolue et celui de la température en degrés Celsius se trouvent à un intervalle de 273 unités l'un de l'autre. L'échelle kelvin ne comporte aucune valeur négative.

Conversion des degrés Celsius en kelvins

$$T = °C + 273$$

En utilisant l'échelle kelvin plutôt que celle des degrés Celsius, on peut constater que la relation entre le volume et la température absolue est directement proportionnelle, ce qui n'est pas le cas en Celsius. Cela signifie qu'à pression constante, à mesure que la température absolue d'un gaz augmente, le volume du gaz augmente d'un facteur égal et vice versa. Cette relation entre le volume et la température d'un gaz porte le nom de **loi de Charles** et s'énonce de la façon suivante.

Loi de Charles
À pression constante, le volume occupé par une quantité donnée de gaz est directement proportionnel à la température absolue de ce gaz.

En d'autres mots, si on double la température en kelvins d'une quantité de gaz tout en maintenant sa pression constante, le volume du gaz double (*voir la figure 45*). À l'inverse, si on diminue le volume de moitié tout en maintenant la pression constante, la température absolue du gaz diminue de moitié.

Le volume d'un échantillon de gaz en fonction de sa température absolue

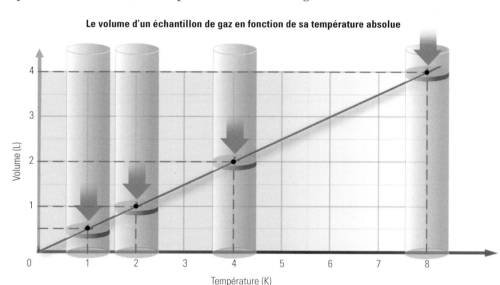

Figure 45 Lorsqu'un gaz est chauffé à pression constante dans un cylindre à piston mobile, il se dilate. Si sa température absolue est doublée, son volume est multiplié par deux.

On peut écrire cette relation sous forme mathématique en utilisant le symbole de proportionnalité $\propto$. L'expression $V \propto T$ signifie que le volume est directement proportionnel à la température absolue.

Mathématiquement, il est possible d'enlever le symbole de proportionnalité si on introduit une constante de proportionnalité (k^b).

$$V \propto T$$

devient $\quad V = k^b \cdot T$

ou $\quad \dfrac{V}{T} = k^b$

Exprimée de cette façon, la loi de Charles signifie que le quotient des deux variables est constant. La valeur de cette constante diffère selon le nombre de moles et la pression. On peut la déterminer en calculant la pente (m) de la droite du graphique du volume d'un gaz en fonction de sa température absolue (T).

On peut aussi exprimer le rapport $V/T = k^b$ en comparant deux ensembles de mesures du volume et de la température pour le même échantillon de gaz dont la pression ne change pas. Ainsi, même si le volume initial (V_1) et la température initiale (T_1) d'une quantité donnée de gaz prennent d'autres valeurs (V_2 et T_2) appelées finales, leur quotient est toujours égal à la constante k^b.

$$\frac{V_1}{T_1} = k^b$$

$$\frac{V_2}{T_2} = k^b$$

En combinant ces deux équivalences, on obtient la loi de Charles.

Loi de Charles

$$\frac{V_1}{T_1} = \frac{V_2}{T_2} \, {}^*$$

où

V_1 = Volume initial, exprimé en millilitres (mL) ou en litres (L)
T_1 = Température initiale, exprimée en kelvins (K)
V_2 = Volume final, exprimé en millilitres (mL) ou en litres (L)
T_2 = Température finale, exprimée en kelvins (K)

* À condition que le nombre de moles (n) de gaz et la pression (P) soient constants.

Selon la loi de Charles, à pression constante, le quotient du volume et de la température absolue d'un échantillon de gaz demeure constant même si le volume et la température varient d'une situation à l'autre.

L'exemple suivant montre comment utiliser la loi de Charles pour comparer des volumes et des températures qui varient pour un même échantillon de gaz à pression constante.

Exemple

Un échantillon de 28,7 mL de dioxygène (O_2) gazeux est recueilli dans une seringue en verre à TAPN. La seringue est placée dans un four à 65 °C jusqu'à ce que le gaz atteigne la température du four. Quel volume occupera le dioxygène si on suppose que la pression atmosphérique dans le four demeure la même qu'à l'extérieur ? Si la seringue peut contenir un volume de 50 mL, est-ce que le piston mobile pourra retenir le gaz à l'intérieur ?

Données :
V_1 = 28,7 mL
T_1 = 25 °C
V_2 = ?
T_2 = 65 °C

1. Conversion de la température en kelvins :
T_1 = 25 °C + 273 = 298 K
T_2 = 65 °C + 273 = 338 K

2. Calcul du volume :
$$\frac{V_1}{T_1} = \frac{V_2}{T_2}$$

$$V_2 = \frac{V_1 \cdot T_2}{T_1}$$

$$= \frac{28,7 \text{ mL} \cdot 338 \, \cancel{K}}{298 \, \cancel{K}} = 32,6 \text{ mL}$$

Réponse : Le volume du dioxygène (O_2) est de 32,6 mL. La seringue pourra donc contenir le gaz.

Lien avec la théorie cinétique des gaz

En précisant qu'une augmentation de la température d'un gaz se traduit par un déplacement plus rapide de ses particules, l'hypothèse 4 de la théorie cinétique des gaz (*voir à la page 61*) fournit une explication à la relation entre le volume et la température d'un gaz. À mesure que la température d'un gaz augmente, ses particules se déplacent plus rapidement et elles se heurtent entre elles et heurtent les parois du contenant plus fréquemment (*voir la figure 46*). Par conséquent, les particules frappent les parois du contenant plus souvent par unité de temps, ce qui augmente la pression appliquée par le gaz. Cette pression additionnelle augmente le volume du contenant jusqu'à ce que la pression exercée par le gaz soit égale à la pression extérieure. C'est pourquoi on dit que la pression demeure constante.

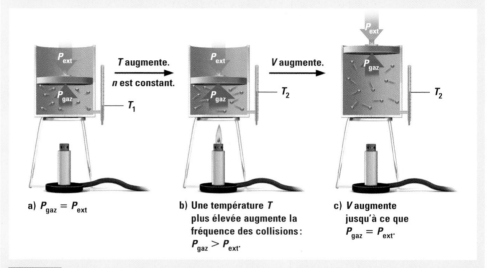

a) $P_{gaz} = P_{ext}$

b) Une température T plus élevée augmente la fréquence des collisions: $P_{gaz} > P_{ext}$.

c) V augmente jusqu'à ce que $P_{gaz} = P_{ext}$.

Figure 46 Lorsque le brûleur chauffe le gaz (*b*), les particules se déplacent plus vite, ce qui augmente la pression appliquée par le gaz sur le piston et les parois du cylindre. Cette pression additionnelle augmente le volume du gaz et déplace le piston vers le haut (*c*). Le piston s'immobilise lorsque la pression exercée par le gaz est égale à la pression extérieure; le gaz chaud occupe alors un plus grand volume que le froid.

❮❮INFO SCIENCE

L'utilisation du four à micro-ondes sans dégâts

Lorsqu'on met un plat en plastique contenant des aliments au four à micro-ondes, il faut entrouvrir le couvercle pour éviter d'éventuels dégâts. En effet, le plat contient un mélange d'air et de vapeur d'eau qui se dégage des aliments à mesure qu'ils sont chauffés. Quand la température du mélange de gaz augmente, son volume augmente aussi et le couvercle se bombe graduellement. Si la température continue de monter, la force qui retient le couvercle sur le plat devient insuffisante. La dilatation du gaz fait sauter le couvercle et les aliments à l'intérieur du plat sont alors projetés dans toutes les directions. Certains modèles de plats sont spécialement conçus pour être utilisés dans un four à micro-ondes. Ainsi, le couvercle de ces plats comporte une soupape qui s'ouvre pour permettre au gaz de s'échapper à mesure qu'il se dilate, ce qui évite ce genre de désagrément.

Figure 47 Quand le mélange d'air et de vapeur d'eau contenu dans un plat hermétiquement fermé est chauffé dans un four à micro-ondes, le volume du gaz emprisonné peut augmenter suffisamment pour faire sauter le couvercle et produire ainsi un dégât.

2.4.3 La relation entre la pression et la température

La relation entre la pression d'un échantillon de gaz et sa température constitue une autre forme de la loi de Charles. Cette loi est publiée pour la première fois par Louis Joseph Gay-Lussac, qui poursuit des travaux semblables à ceux de Jacques Charles. Gay-Lussac observe que, à volume constant, plus la température d'un gaz augmente, plus sa pression augmente, et vice versa. Tout comme la loi de Charles, cette relation est directement proportionnelle lorsque la température est exprimée en kelvins (*voir la figure 48*).

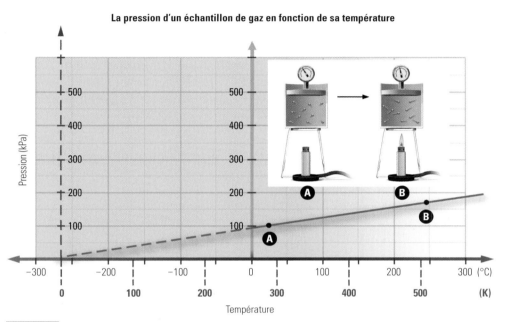

La pression d'un échantillon de gaz en fonction de sa température

Figure 48 La relation entre la pression d'un gaz et sa température absolue est directement proportionnelle.

Cela signifie qu'à volume constant, à mesure que la température absolue d'un gaz augmente, la pression du gaz augmente d'un facteur égal, et vice versa. Cette relation entre la pression et la température d'un gaz porte le nom de **loi de Gay-Lussac** et s'énonce de la façon suivante.

> **Loi de Gay-Lussac**
> À volume constant, la pression d'une quantité donnée de gaz est directement proportionnelle à la température absolue de ce gaz.

Autrement dit, si on double la température en kelvins d'une quantité de gaz tout en maintenant son volume constant, la pression du gaz double. À l'inverse, si on diminue la pression de moitié tout en maintenant le volume constant, la température absolue du gaz diminuera de moitié.

On peut écrire cette relation sous forme mathématique en utilisant le symbole de proportionnalité ∝. L'expression $P \propto T$ signifie que la pression est directement proportionnelle à la température absolue. Mathématiquement, on peut enlever le symbole de proportionnalité en introduisant une constante de proportionnalité (k^c).

$$P \propto T$$

devient $\qquad P = k^c \cdot T$

ou $\qquad \dfrac{P}{T} = k^c$

Exprimée de cette façon, la loi de Gay-Lussac signifie que le quotient des deux variables est constant. La valeur de cette constante peut être déterminée par la pente (m) de la droite du graphique de la pression du gaz en fonction de sa température absolue.

Il est aussi possible d'exprimer le rapport $P/T = k^c$ si on compare deux ensembles de mesures de la pression et de la température pour le même échantillon de gaz dont le volume ne change pas. Ainsi, même si la pression initiale (P_1) et la température initiale (T_1) d'une quantité donnée de gaz prennent d'autres valeurs (P_2 et T_2) appelées finales, leur quotient est toujours égal à la constante k^c.

$$\dfrac{P_1}{T_1} = k^c$$

$$\dfrac{P_2}{T_2} = k^c$$

En combinant ces deux équivalences, on obtient la loi de Gay-Lussac.

Loi de Gay-Lussac

$$\dfrac{P_1}{T_1} = \dfrac{P_2}{T_2} \, ^*$$

où

P_1 = Pression initiale, exprimée en kilopascals (kPa) ou en millimètres de mercure (mm Hg)

T_1 = Température initiale, exprimée en kelvins (K)

P_2 = Pression finale, exprimée en kilopascals (kPa) ou en millimètres de mercure (mm Hg)

T_2 = Température finale, exprimée en kelvins (K)

* À condition que le nombre de moles (n) de gaz et le volume (V) soient constants.

Selon la loi de Gay-Lussac, à volume constant, le quotient de la pression et de la température absolue d'un gaz demeure constant même si la pression et la température varient d'une situation à l'autre.

L'exemple suivant montre comment utiliser la loi de Gay-Lussac pour comparer des pressions et des températures qui varient pour un même échantillon de gaz, à volume constant.

Exemple

À 14,0 °C, de l'hélium (He) gazeux entreposé dans une bouteille métallique exerce une pression de 507 kPa. Quelle sera la pression si la bouteille est placée dans un entrepôt où la température augmente à 40,0 °C ?

Données :

$T_1 = 14,0$ °C

$P_1 = 507$ kPa

$T_2 = 40,0$ °C

$P_2 = ?$

1. Conversion de la température en kelvins :

$T_1 = 14,0$ °C $+ 273 = 287$ K

$T_2 = 40,0$ °C $+ 273 = 313$ K

2. Calcul de la pression :

$$\frac{P_1}{T_1} = \frac{P_2}{T_2}$$

$$P_2 = \frac{P_1 \cdot T_2}{T_1}$$

$$= \frac{507 \text{ kPa} \cdot 313 \cancel{K}}{287 \cancel{K}} = 552,9 \text{ kPa}$$

Réponse : La pression finale de l'hélium (He) est de 553 kPa.

Lien avec la théorie cinétique des gaz

En précisant qu'une augmentation de la température d'un gaz se traduit par un déplacement plus rapide de ses particules, l'hypothèse 4 de la théorie cinétique des gaz (*voir à la page 61*) explique la relation entre la pression et la température d'un gaz. À mesure que la température d'un gaz augmente, ses particules se déplacent plus rapidement et elles se heurtent entre elles et heurtent les parois du contenant plus fréquemment (*voir la figure 49*). Par conséquent, les particules frappent les parois du contenant plus souvent par unité de temps, ce qui augmente la pression appliquée par le gaz. Étant donné que la force totale exercée par le gaz augmente et que le volume reste constant parce que le contenant est rigide, la pression augmente.

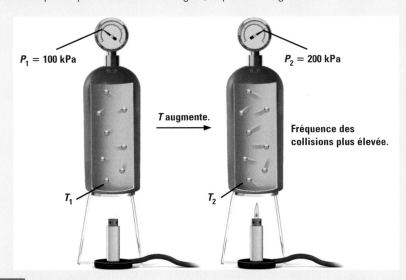

$P_1 = 100$ kPa

$P_2 = 200$ kPa

T augmente.

Fréquence des collisions plus élevée.

T_1

T_2

Figure 49 Quand la température augmente de T_1 à T_2, les particules se déplacent plus vite et la violence et la fréquence des collisions sont accrues. Étant donné que la force totale exercée par le gaz augmente et que le volume reste constant parce que le contenant est rigide, la pression augmente.

‹‹ INFO SCIENCE

La cuisson sous pression

L'autocuiseur, aussi appelé marmite à pression, permet de cuire les aliments en vase clos à très haute température. La marmite étant hermétiquement fermée par un dispositif de serrage robuste, la pression de la vapeur emprisonnée à l'intérieur augmente, ce qui, selon la loi de Gay-Lussac, entraîne une augmentation de la température. La vapeur ne pouvant s'échapper qu'en petite quantité par une soupape qui contrôle son débit, la température intérieure est maintenue à un niveau pouvant atteindre 125 °C. Sans cette soupape qui laisse échapper de la vapeur, la pression à l'intérieur augmenterait de façon incontrôlée et le couvercle risquerait de sauter. Parce que la pression et la température de la vapeur qui se trouve à l'intérieur de la marmite augmentent, le temps de cuisson des aliments est considérablement réduit.

Figure 50 La soupape de l'autocuiseur laisse échapper de la vapeur pour maintenir la pression à un niveau sécuritaire.

2.4.4 La relation entre le volume et la quantité de gaz exprimée en nombre de moles

Vers le début du XIXe siècle, Louis Joseph Gay-Lussac démontre qu'une réaction chimique entre des gaz se fait toujours dans un rapport simple de nombres entiers de volume tant que la pression et la température demeurent constantes. Ainsi, ses travaux portant sur la réaction entre différents gaz montrent, notamment, que le dihydrogène (H_2) et le dioxygène (O_2) gazeux s'unissent pour former de la vapeur d'eau (H_2O) dans la proportion suivante : 2 volumes de dihydrogène pour 1 volume de dioxygène produisent 2 volumes de vapeur d'eau (*voir la figure 51*).

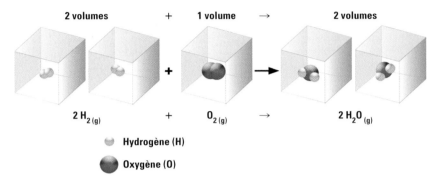

Figure 51 Gay-Lussac constate que lorsque le dihydrogène (H_2) et le dioxygène (O_2) gazeux réagissent ensemble pour former de la vapeur d'eau, le rapport de combinaison des volumes de H_2 et de O_2 est de 2 : 1 et celui du H_2 et du O_2 avec H_2O est respectivement de 2 : 2 et 1 : 2.

En utilisant du diazote (N_2) pour obtenir de l'ammoniac (NH_3), Gay-Lussac obtient aussi des rapports entiers de volume (*voir la figure 52*).

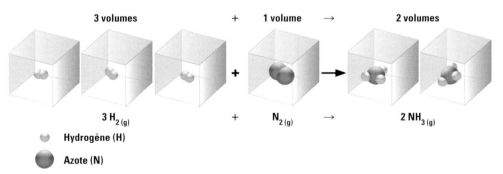

Figure 52 Gay-Lussac obtient des rapports de volumes entiers lorsqu'il utilise du diazote (N_2) pour obtenir de l'ammoniac (NH_3).

Dans la théorie qu'il publie à la suite de ses recherches, Gay-Lussac énonce une loi fondamentale de la chimie, la loi des combinaisons gazeuses. Cette loi affirme que lorsque les gaz réagissent, les volumes des réactifs et des produits se présentent toujours sous la forme de rapports simples de nombres entiers si on les mesure à des températures et à des pressions constantes.

Quelques années plus tard, Amedeo Avogadro interprète des résultats de Guay-Lussac et pose une hypothèse audacieuse pour son époque et qui sera à l'origine de la notion moderne de molécule. Il émet donc l'hypothèse que, aux mêmes conditions de température et de pression, des volumes égaux de gaz différents contiennent le même nombre de particules.

L'**hypothèse d'Avogadro** deviendra avec le temps la **loi d'Avogadro** puisqu'elle n'a jamais été réfutée par la communauté scientifique.

Loi d'Avogadro

Aux mêmes conditions de température et de pression, le volume d'un gaz est directement proportionnel à sa quantité exprimée en nombre de moles.

Cela signifie que, si on double le nombre de moles de gaz tout en maintenant la température et la pression constantes, le volume du gaz double (*voir la figure 53*). À l'inverse, pour diminuer le volume d'un gaz de moitié tout en maintenant la température et la pression constantes, il faut réduire de moitié le nombre de moles de gaz.

Le volume d'un gaz en fonction de sa quantité

Figure 53 La relation entre le volume d'un gaz et sa quantité est directement proportionnelle.

On peut écrire cette relation sous forme mathématique en utilisant le symbole de proportionnalité $\propto$. L'expression $V \propto n$ signifie que le volume est directement proportionnel au nombre de moles de gaz. Mathématiquement, il est possible d'enlever le symbole de proportionnalité si on introduit une constante de proportionnalité (k^{d}).

$$V \propto n$$

devient $\quad V = k^{\mathrm{d}} \cdot n$

ou $\quad \dfrac{V}{n} = k^{\mathrm{d}}$

Exprimée de cette façon, la loi d'Avogadro signifie que le quotient des deux variables est constant. On peut déterminer la valeur de cette constante en calculant la pente (*m*) de la droite du graphique du volume du gaz en fonction de son nombre de moles.

Le rapport que représente cette constante peut également être utilisé pour comparer deux ensembles de mesures du volume et du nombre de moles d'un gaz dont la température et la pression ne changent pas.

Ainsi, même si le volume initial (V_1) et le nombre de moles initial (n_1) d'un gaz prennent d'autres valeurs (V_2 et n_2) appelées finales, leur quotient est toujours égal à la constante k^d.

$$\frac{V_1}{n_1} = k^d$$

$$\frac{V_2}{n_2} = k^d$$

En combinant ces deux équivalences, on obtient la loi d'Avogadro.

Loi d'Avogadro

$$\frac{V_1}{n_1} = \frac{V_2}{n_2}\,^*$$

où

V_1 = Volume initial, exprimé en millilitres (mL) ou en litres (L)
n_1 = Quantité initiale de gaz, exprimée en moles (mol)
V_2 = Volume final, exprimé en millilitres (mL) ou en litres (L)
n_2 = Quantité finale de gaz, exprimée en moles (mol)

* À condition que la température (T) et la pression (P) soient constantes.

Selon la loi d'Avogadro, à température constante, le quotient du volume et du nombre de moles d'un gaz demeure constant même si le volume et le nombre de moles varient d'une situation à l'autre.

L'exemple suivant montre comment utiliser la loi d'Avogadro pour comparer des volumes et des nombres de moles qui varient pour un même échantillon de gaz, à température constante.

Exemple

Un ballon d'hélium (He) occupe un volume de 15 L et contient 0,50 mol d'hélium à TAPN. Quel sera le nouveau volume du ballon si on ajoute 0,20 mol d'hélium dans le ballon aux mêmes conditions ?

Données :
$V_1 = 15$ L
$n_1 = 0,50$ mol
$V_2 = ?$
$n_2 = ?$

1. Calcul de la quantité d'hélium :
$n_2 = 0,50$ mol $+ 0,20$ mol $= 0,70$ mol

2. Calcul du volume :
$$\frac{V_1}{n_1} = \frac{V_2}{n_2}$$

$$V_2 = \frac{V_1 \cdot n_2}{n_1}$$

$$= \frac{15 \text{ L} \cdot 0,70 \text{ mol}}{0,50 \text{ mol}} = 21 \text{ L}$$

Réponse : Le volume final du ballon d'hélium (He) est de 21 L.

Lien avec la théorie cinétique des gaz

L'hypothèse 2 de la théorie cinétique des gaz (*voir à la page 61*) explique la relation entre le volume et le nombre de moles d'un gaz. À mesure que le nombre de particules d'un gaz augmente, celles-ci se heurtent entre elles et heurtent les parois du contenant plus fréquemment (*voir la figure 54*). Par conséquent, le nombre de collisions par unité de surface s'accroît, ce qui augmente la pression appliquée par le gaz. À température constante, cette pression additionnelle augmente le volume du contenant jusqu'à ce que la pression exercée par le gaz soit égale à la pression extérieure.

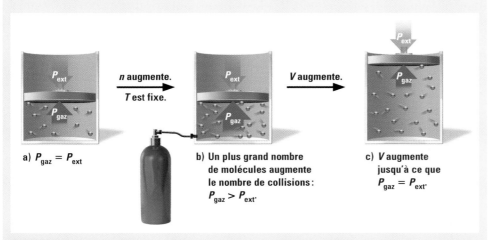

a) $P_{gaz} = P_{ext}$

n augmente. *T* est fixe.

b) Un plus grand nombre de molécules augmente le nombre de collisions : $P_{gaz} > P_{ext}$.

V augmente.

c) *V* augmente jusqu'à ce que $P_{gaz} = P_{ext}$.

Figure 54 Quand le nombre de moles de particules augmente de n_1 à n_2 (*b*), il y a davantage de collisions entre les particules, et la pression appliquée par le gaz s'accroît. Cette pression additionnelle augmente le volume du gaz et déplace le piston vers le haut (*c*) jusqu'à ce que la pression exercée par le gaz soit égale à la pression extérieure.

« INFO SCIENCE

Le gilet de sauvetage gonflable

Quand elles se déplacent sur une étendue d'eau, plusieurs personnes omettent de porter un gilet de sauvetage bien que celui-ci soit obligatoire, parce qu'elles le trouvent encombrant ou inconfortable. Il existe toutefois sur le marché des modèles de gilets de sauvetage qui prennent très peu d'espace et qui se remplissent de gaz lorsqu'on tombe dans l'eau. Ces gilets sont équipés d'une petite bouteille de dioxyde de carbone (CO_2) comprimé qui peut être actionnée manuellement ou qui se déclenche automatiquement au contact de l'eau. Une fois actionnée, la bouteille vide son contenu dans le gilet. En une fraction de seconde, la quantité de gaz augmente dans le gilet, puis le volume du gilet s'accroît jusqu'à ce qu'il soit complètement gonflé. La personne qui porte ce gilet gonflé flotte, car sa masse volumique est inférieure à celle de l'eau.

Figure 55 Une fois la bouteille actionnée, le volume du gilet de sauvetage gonflable augmente instantanément en fonction de la quantité de gaz que cette bouteille contient.

2.4.5 Le volume molaire gazeux

Le **volume molaire gazeux** est le volume occupé par une mole de gaz, quel que soit ce gaz, sous des conditions de température et de pression définies. Le volume molaire (V_m) s'exprime en litres par mole (L/mol).

Selon la loi d'Avogadro, aux mêmes conditions de température et de pression, des volumes égaux de n'importe quel gaz contiennent le même nombre de particules. Étant donné que la valeur d'une mole correspond au nombre d'Avogadro, dont la valeur est de $6,02 \times 10^{23}$, le volume molaire d'un gaz représente le volume occupé par $6,02 \times 10^{23}$ particules de ce gaz, peu importe le gaz. Ainsi, la taille des particules de gaz, et par conséquent la masse molaire du gaz (M), n'a aucune influence sur le volume occupé par le gaz.

Lien avec la théorie cinétique des gaz

En précisant que la taille des particules est négligeable par rapport au volume qu'elles occupent, l'hypothèse 1 de la théorie cinétique des gaz (*voir à la page 61*) est en accord avec l'hypothèse d'Avogadro et la notion de volume molaire qui en découle. En effet, les particules de gaz sont tellement petites par rapport au volume du contenant qu'elles occupent que, bien qu'elles aient une masse qui leur est propre, leur taille est négligeable et ne contribue pas au volume total occupé par le gaz. C'est pourquoi il est aussi possible d'affirmer que, dans les mêmes conditions de température et de pression, un litre de dioxyde de carbone (CO_2) contient le même nombre de particules qu'un litre d'hélium (He), même si les particules de dioxyde de carbone sont plus grosses que celles d'hélium.

Des mesures expérimentales ont permis de déterminer le volume molaire d'un gaz. Ainsi, les résultats montrent qu'à TPN, une mole de gaz occupe un volume de 22,4 L (*voir la figure 56*).

🌕 **Hélium (He)**

🌘 **Azote (N)**

🌗 **Oxygène (O)**

Les caractéristiques de trois gaz à TPN		
Hélium	**Diazote**	**Dioxygène**
$n = 1$ mol	$n = 1$ mol	$n = 1$ mol
$P = 101,3$ kPa	$P = 101,3$ kPa	$P = 101,3$ kPa
$T = 0$ °C (273 K)	$T = 0$ °C (273 K)	$T = 0$ °C (273 K)
$V = 22,4$ L	$V = 22,4$ L	$V = 22,4$ L
Nombre de particules de gaz = $6,02 \times 10^{23}$	Nombre de particules de gaz = $6,02 \times 10^{23}$	Nombre de particules de gaz = $6,02 \times 10^{23}$
Masse = 4,003 g	Masse = 28,014 g	Masse = 31,998 g
$\rho = 0,179$ g/L	$\rho = 1,251$ g/L	$\rho = 1,428$ g/L

Figure 56 À TPN, des gaz comme l'hélium (He), le diazote (N_2) et le dioxygène (O_2) se comportent comme des gaz parfaits et ont un volume molaire de 22,4 L/mol.

À TAPN, la valeur du volume molaire est de 24,5 L/mol, ce qui correspond au volume d'air qui se trouve dans environ 12 bouteilles de 2 L de boisson gazeuse (*voir la figure 57*).

24,5 L

TAPN : 25 °C, 101,3 kPa

Figure 57 À TAPN, une mole d'un gaz quelconque, ou d'un mélange de plusieurs gaz comme l'air, occupe un volume de 24,5 L, soit l'espace pris par environ 12 bouteilles de boisson gazeuse d'un format de 2 L.

La notion de volume molaire est très utile quand il s'agit de mesurer des quantités précises de gaz. En effet, les gaz sont des substances qui ont une faible masse volumique (ρ) et qui sont relativement difficiles à peser comparativement aux solides, par exemple. Ainsi, il est beaucoup plus commode de mesurer un grand volume de gaz que de mesurer une très petite masse à l'aide d'une balance. Par conséquent, travailler avec le volume molaire des gaz dans les conditions de température et de pression établies par les normes TPN ou TAPN permet une plus grande précision lorsque vient le moment de connaître la quantité de gaz contenue dans un volume donné.

L'exemple suivant montre comment utiliser le volume molaire pour convertir le volume d'un gaz quelconque en nombre de moles.

Exemple

Combien y-a-t-il de moles de gaz dans un contenant qui renferme 69,2 L de méthane (CH_4) gazeux à TPN ?

Données :

$V = 69,2$ L

$n = ?$

$V_m = 22,4$ L/mol (à TPN)

Calcul :

$$\frac{22,4 \text{ L}}{1 \text{ mol}} = \frac{69,2 \text{ L}}{?}$$

$$? = \frac{69,2 \cancel{\text{L}} \cdot 1 \text{ mol}}{22,4 \cancel{\text{L}}}$$

$$= 3,10 \text{ mol}$$

Réponse : Il y a 3,10 mol de méthane (CH_4) gazeux dans le contenant.

Pour aller + loin

Le volume molaire des gaz réels

De fait, le volume molaire de 22,4 L correspond à celui d'un gaz parfait. Toutefois, les valeurs des volumes molaires de certains gaz réels, comme l'hélium (He), le diazote (N_2) et le dioxygène (O_2) sont très voisines de celles des gaz parfaits à TPN, alors que d'autres s'en éloignent de façon notable.

Tableau 3 Les volumes molaires de divers gaz, à TPN.

Gaz	Volume molaire (L)
Dioxygène (O_2)	22,397
Diazote (N_2)	22,402
Dihydrogène (H_2)	22,433
Hélium (He)	22,434
Argon (Ar)	22,397
Dioxyde de carbone (CO_2)	22,260
Ammoniac (NH_3)	22,079

Figure 58 Le manomètre relié à la bouteille indique au plongeur la pression du gaz qui s'y trouve. Plus la pression baisse, moins il reste de gaz dans la bouteille.

2.4.6 La relation entre la pression et la quantité de gaz exprimée en nombre de moles

Lorsqu'une bouteille métallique est remplie d'air avant d'être utilisée pour la plongée, la quantité de gaz qui y est comprimé augmente à mesure que la bouteille se remplit, et sa masse augmente à mesure que la quantité d'air comprimé s'accroît. Étant donné que la bouteille est un cylindre de métal rigide, son volume reste constant. Ainsi, si la température est maintenue constante, à mesure que la quantité d'air augmente pendant le remplissage, la pression indiquée par le manomètre relié à la bouteille augmente (*voir la figure 58*). À l'inverse, lorsque la personne qui plonge respire l'air de la bouteille, la pression diminue et le manomètre lui permet de connaître le moment où elle doit amorcer sa remontée. Cela montre que la relation entre la pression et le nombre de moles d'un gaz à température et à volume constants est directement proportionnelle. Cette relation entre la pression et le nombre de moles s'énonce de la façon suivante.

> **Relation entre la pression et la quantité de gaz exprimée en nombre de moles**
> Aux mêmes conditions de température et de volume, la pression d'un gaz est directement proportionnelle à son nombre de moles.

En d'autres mots, si on double le nombre de moles tout en maintenant la température et le volume constants, la pression du gaz double (*voir la figure 59*). À l'inverse, pour diminuer la pression d'un gaz de moitié tout en maintenant la température et le volume constants, il faut réduire de moitié le nombre de moles de gaz.

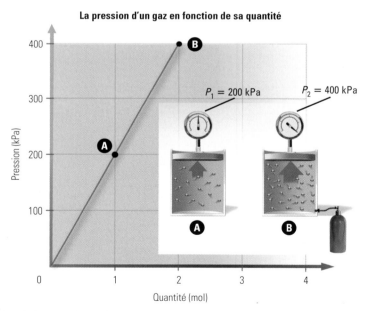

Figure 59 La relation entre la pression d'un gaz et sa quantité exprimée en nombre de moles est directement proportionnelle.

On peut écrire la relation entre la pression d'un gaz et sa quantité sous forme mathématique en utilisant le symbole de proportionnalité $\propto$. L'expression $P \propto n$ signifie que la pression est directement proportionnelle au nombre de moles de gaz. Mathématiquement, il est possible d'enlever le symbole de proportionnalité si on introduit une constante de proportionnalité (k^e).

$$P \propto n$$

devient $\quad P = k^e \cdot n$

ou $\quad \dfrac{P}{n} = k^e$

Exprimée de cette façon, cette relation signifie que le quotient des deux variables est constant. On peut déterminer la valeur de cette constante en calculant la pente de la droite (m) du graphique de la pression du gaz en fonction de son nombre de moles.

On peut aussi exprimer le rapport $P/n = k^e$ en comparant deux ensembles de mesures de la pression et du nombre de moles d'un gaz dont la température et le volume ne changent pas. Ainsi, même si la pression initiale (P_1) et le nombre de moles initial (n_1) d'un gaz prennent d'autres valeurs (P_2 et n_2) appelées finales, leur quotient est toujours égal à la constante k^e.

$$\dfrac{P_1}{n_1} = k^e$$

$$\dfrac{P_2}{n_2} = k^e$$

En combinant les deux équivalences, on obtient la formule de la relation entre la pression et le nombre de moles.

Relation entre la pression et le nombre de moles

$$\dfrac{P_1}{n_1} = \dfrac{P_2}{n_2} {}^*$$

où

P_1 = Pression initiale, exprimée en kilopascals (kPa) ou en millimètres de mercure (mm Hg)

n_1 = Quantité initiale de gaz, exprimée en moles (mol)

P_2 = Pression finale, exprimée en kilopascals (kPa) ou en millimètres de mercure (mm Hg)

n_2 = Quantité finale de gaz, exprimée en moles (mol)

* À condition que la température (T) et le volume (V) soient constants.

Selon cette relation, à température et à volume constants, le quotient de la pression et du nombre de moles d'un gaz demeure constant même si la pression et le nombre de moles varient d'une situation à l'autre.

L'exemple suivant montre comment utiliser la relation entre la pression et le nombre de moles d'un gaz pour comparer des pressions et des quantités qui varient pour un même échantillon de gaz à température et à volume constants.

Exemple

Un des pneus bien gonflé d'une automobile contient 5,0 mol d'air à une pression de 220 kPa. Combien reste-t-il de moles d'air à l'intérieur du pneu s'il est partiellement dégonflé et que la pression indiquée par un manomètre est de 185 kPa ?

Données :

$n_1 = 5,0$ mol

$P_1 = 220$ kPa

$n_2 = ?$

$P_2 = 185$ kPa

Calcul :

$$\frac{P_1}{n_1} = \frac{P_2}{n_2}$$

$$n_2 = \frac{P_2 \cdot n_1}{P_1}$$

$$= \frac{185 \text{ kPa} \cdot 5,0 \text{ mol}}{220 \text{ kPa}}$$

$$= 4,2 \text{ mol}$$

Réponse : Il reste 4,2 mol d'air dans le pneu.

Lien avec la théorie cinétique des gaz

L'hypothèse 2 de la théorie cinétique des gaz (*voir à la page 61*) explique la relation entre la pression et le nombre de moles d'un gaz. À mesure que le nombre de particules d'un gaz augmente, celles-ci se heurtent entre elles et heurtent les parois du contenant plus fréquemment. Par conséquent, le nombre de collisions par unité de surface s'accroît, ce qui augmente la pression appliquée par le gaz. À température et à volume constants, cette pression additionnelle s'ajoute à celle qui régnait au départ et la pression du gaz augmente.

❰❰ **INFO** SCIENCE

Le remplissage d'une bouteille de propane

Le propane (C_3H_8) contenu dans les bouteilles utilisées pour les barbecues est généralement vendu à la masse plutôt qu'au volume. Il faut déposer la bouteille sur une balance pour connaître le nombre de kilogrammes qui y est injecté. Au moment du remplissage, la balance fléchit sous la masse additionnelle de propane. Le propane se trouve à l'état liquide parce qu'il a été préalablement pressurisé jusqu'à ce qu'il se liquéfie. Si le propane se comportait comme un gaz parfait, le remplissage se ferait à l'état gazeux et le nombre de moles de gaz qu'on ajouterait ferait augmenter proportionnellement la pression à l'intérieur de la bouteille.

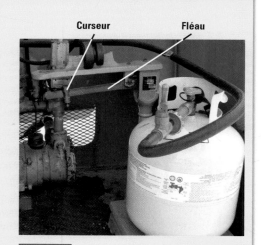

Curseur Fléau

Figure 60 Le propane (C_3H_8) dont on remplit les bouteilles pour les barbecues est généralement vendu à la masse plutôt qu'au volume.

Les lois simples des gaz

2.4.1 La relation entre la pression et le volume

1. Un cylindre de pompe à bicyclette contient 600 mL d'air à 100 kPa. Quel est le volume de cet air lorsque la pression atteint 250 kPa ?

2. Un gaz occupe un volume de 50 mL sous une pression de 95,0 kPa à 50 °C. Quel volume occupera-t-il si on diminue la pression à 48,5 kPa sans faire varier la température ?

3. Un gaz occupe un volume de 68 mL sous une pression de 90 kPa à 25 °C. Que deviendra la pression du gaz si on comprime le volume jusqu'à ce qu'il atteigne 45 mL ?

4. Un gaz occupe un volume de 63,4 mL sous une pression de 82,3 kPa à 20 °C. Que deviendra sa pression si on augmente le volume à 78,5 mL ?

5. Un gaz occupe un volume de 4,6 L sous une pression de 98 kPa à 15 °C. Quel volume occupera-t-il si on double sa pression sans changer la température ?

6. À une pression de 93 kPa, un gaz occupe 0,25 L. Quelle pression faut-il exercer sur le gaz pour réduire le volume à 0,20 L, en supposant que la température demeure constante ?

7. À 22 °C, on place 48 g d'hélium (He) dans un ballon gonflable. La pression indiquée par le manomètre est de 87 kPa et le volume du ballon est alors de 303 L. Que deviendra le volume si on augmente la pression de 3 kPa sans changer la température ?

8. On enferme 0,75 L de dioxygène (O_2) gazeux à 101,3 kPa dans un cylindre muni d'un piston mobile. On déplace le piston, et le gaz est comprimé à un volume de 0,50 L. Quelle est la pression finale appliquée au dioxygène si la température demeure constante ?

9. Un élève produit 38,3 mL de dioxygène (O_2) gazeux dans une burette. Le jour suivant, la burette contient 40,2 mL de gaz à une pression de 103 kPa.
   a) Quelle était la pression le jour précédent ?
   b) Qu'est-ce que la météo de cette région a de particulier ?

10. Le dihydrogène (H_2) gazeux sous pression sert de carburant dans certains prototypes d'automobiles. Quel volume occupe un échantillon de 28,8 L de dihydrogène quand sa pression augmente de 100 kPa à 350 kPa ?

2.4.2 La relation entre le volume et la température absolue

11. Convertissez ces températures en kelvins (K).
    a) 25 °C
    b) 37 °C
    c) 150 °C

12. Convertissez ces températures en degrés Celsius (°C).
    a) 373 K
    b) 98 K
    c) 425 K

13. Un gaz occupe un volume de 20 L à 10 °C. Quel volume occupera-t-il à 200 °C si la pression demeure constante ?

14. On remplit complètement un ballon de caoutchouc de 2,5 L avec de l'hélium (He) lorsqu'il fait 24,2 °C. On sort le ballon dehors par une journée froide d'hiver (−17,5 °C). Que devient le volume du ballon si on suppose que la pression est constante ?

15. On laisse se dilater 10 L de néon (Ne) à 20 °C jusqu'à ce que le gaz atteigne un volume de 30 L. Si la pression demeure constante, quelle est la température finale du gaz, en degrés Celsius (°C) ?

16. On aspire un échantillon de 14,5 cm³ de dioxygène (O_2) gazeux à 24,3 °C dans une seringue d'un volume maximal de 60 cm³. Quelle est la variation maximale de température subie par le dioxygène avant que le piston ne soit expulsé complètement de la seringue ?

17. Le dioxyde de carbone (CO_2) produit par la levure fait lever la pâte à pain avant qu'on la mette au four, puis il se dilate pendant la cuisson. Quel est le volume final de 0,1 L de dioxyde de carbone contenu dans une pâte qui, en cuisant, passe de 25 °C à 98 °C ?

18. Une masse donnée de dichlore (Cl_2) occupe un volume de 30 mL à 20 °C. Quel est son volume à 45 °C si la pression demeure la même ?

19. À TPN, un gaz occupe 0,5 L. Si on augmente le volume du gaz à 0,6 L, à quelle température doit-on le chauffer si on veut que la pression demeure inchangée ?

20. Pour refroidir le microprocesseur d'un ordinateur, certains utilisent du diazote (N_2) en phase liquide, car sa température est de −196 °C. Toutefois, le diazote liquide devient gazeux assez rapidement et recouvre alors le microprocesseur. Un échantillon de diazote gazeux recouvrant un microprocesseur occupe un volume de 300 mL à 17 °C et à 100 kPa. Quel volume le diazote occupera-t-il à 100 °C si la pression demeure constante ?

21. Une certaine masse de dihydrogène (H_2) a été introduite dans un ballon à 22 °C. Le volume du ballon était alors de 18,4 L. On a ensuite plongé le ballon dans un bain d'eau et son volume a augmenté du quart. Quelle était la température de l'eau ?

2.4.3 La relation entre la pression et la température

22. Dans un ballon métallique à 30 °C, la pression d'un gaz est de 90 kPa. Quelle température indiquera le thermomètre si la pression passe à 110 kPa ?

23. Dans un ballon rigide à 30 °C, la pression d'un gaz est de 90 kPa. Quelle température indiquera le thermomètre si la pression baisse de 10 kPa ?

24. À 25 °C, un gaz possède une pression de 700 mm Hg. Si on chauffe le récipient jusqu'à une température de 50 °C, quelle sera la pression finale exercée par le gaz ?

25. À TPN, un gaz occupe 0,50 L dans un ballon rigide. Quelle pression indiquera le manomètre si on plonge le ballon dans un récipient rempli d'eau à 20 °C ?

26. Un gaz enfermé dans des tubes de cuivre agit comme réfrigérant dans un petit congélateur. On trouve que le gaz exerce une pression de 110 kPa à 45 °C. Quelle est la température à l'intérieur du congélateur si la pression diminue à 89 kPa ?

27. À quelle température faut-il chauffer un gaz dans un contenant rigide si on veut doubler la pression qu'il exerce à 20 °C ?

28. On fabrique un réservoir destiné à contenir un volume donné de butane (C_4H_{10}) gazeux à 150 kPa et à 35 °C. Comme système de protection au cas où la pression augmenterait dangereusement, on ajoute une soupape d'échappement qui s'ouvre à 250 kPa. À quelle température, en degrés Celsius (°C), s'ouvrira cette soupape ?

29. On recueille un gaz inconnu dans un récipient de 250 mL qu'on scelle. À l'aide d'instruments électroniques, on trouve que le gaz à l'intérieur du récipient exerce une pression de 135,5 kPa à 15 °C. Quelle pression le gaz exercera-t-il si on double la température en kelvins (K) ?

30. À 18 °C, un échantillon d'hélium (He) gazeux entreposé dans un cylindre métallique exerce une pression de 17,5 atm. Que deviendra la pression si le contenant est placé dans une pièce fermée où la température augmente à 40 °C ?

2.4.4 La relation entre le volume et la quantité de gaz exprimée en nombre de moles

31. Considérons trois récipients de 2 L chacun contenant respectivement de l'hélium (He), du dioxygène (O_2) et du dioxyde de carbone (CO_2) sous une pression de 104 kPa à 22 °C. Quel récipient contient le plus de molécules de gaz ?

32. Dans certaines conditions, on peut mettre 4 mol d'un gaz donné dans un contenant de 70 L. Quel doit être le volume d'un contenant pouvant renfermer 6 mol de gaz dans les mêmes conditions de température et de pression ?

33. On gonfle un ballon en introduisant 5,2 mol d'hélium (He) à 25 °C. Le volume du ballon est alors de 6,7 L. On rajoute 2,2 mol d'hélium. Quel volume le ballon atteindra-t-il si la température ne change pas ?

34. À 20 °C, on introduit 16 g d'hélium (He) dans un ballon sous une pression de 122 kPa. Le volume du ballon passe alors à 81 L. Quel sera ce volume si on ajoute 16 g de dioxygène (O_2) et que ni la pression ni la température ne changent ?

35. Un pneu avait un volume initial de 35 L et contenait 3,3 mol d'air. On le dégonfle et son volume final est alors de 29 L. Combien de moles d'air se sont échappées du pneu ?

36. Un ballon de caoutchouc élastique est gonflé avec 0,078 4 mol de dioxyde de carbone (CO_2) jusqu'à ce que son volume soit de 1,76 L à TPN. Combien de moles de dioxyde de carbone faut-il ajouter dans le ballon pour que son volume soit de 1,98 L aux mêmes conditions ? Expliquez ce qui se passerait si, au lieu d'ajouter du dioxyde de carbone au contenu du ballon déjà gonflé, on utilisait de l'hélium (He) pour augmenter le volume.

37. La vessie natatoire d'un poisson contient $1,32 \times 10^{-4}$ mol de gaz lorsqu'il se trouve près du fond d'une rivière. Pour remonter à la surface, le poisson fait passer le volume de sa vessie natatoire de $2,00 \times 10^{-3}$ L à $3,00 \times 10^{-3}$ L en faisant diffuser du dioxygène (O_2) de son système circulatoire à sa vessie natatoire. En supposant que le gaz ajouté à la vessie est du dioxygène pur, et que les conditions de pression et de température n'ont pas changé, combien de grammes de dioxygène y a-t-il dans la vessie natatoire lorsque le poisson est à la surface ?

2.4.5 Le volume molaire gazeux

38. À TPN, quel est le volume de 3,45 mol d'argon (Ar) gazeux ?

39. Transformez chacun des volumes de gaz suivants en moles.
a) 5,1 L de monoxyde de carbone (CO) à TAPN.
b) 20,7 mL de difluor (F_2) à TPN.
c) 90 mL de dioxyde d'azote (NO_2) à TAPN.

40. Les ballons météorologiques gonflés au dihydrogène (H_2) peuvent s'élever jusqu'à près de 40 km d'altitude. Au décollage, à TAPN, quel volume occupent 7,5 mol de dihydrogène gazeux dans un tel ballon ?

41. Les marécages, les volcans et les usines qui raffinent le pétrole brut et le gaz naturel libèrent du dioxyde de soufre (SO_2) gazeux. Quelle quantité de ce gaz est contenue dans un volume de 50 mL à TAPN ?

42. À faible pression, le néon (Ne) gazeux émet une lumière rouge qui luit dans les enseignes lumineuses. Quel volume occupent 2,25 mol de ce gaz à TPN avant qu'on l'introduise dans les tubes d'une enseigne ?

43. Le dihydrogène (H_2) est l'élément le plus abondant dans l'univers. Quel volume occupent 500 mol de dihydrogène à TAPN ?

44. Le sulfure de dihydrogène (H_2S) est présent dans le gaz naturel acide. Calculez le volume de 56 mol de sulfure de dihydrogène à TAPN.

45. Quel est, à TAPN, le volume occupé par 2,02 g de dihydrogène (H_2) ?

46. Un ballon contient 2,00 L d'hélium (He) gazeux à TPN.
a) Combien y a-t-il de moles d'hélium ?
b) Combien y a-t-il d'atomes d'hélium dans un volume de 11,2 L à TPN ?

47. Les bulles des enveloppes employées pour protéger les colis postaux contiennent de l'air à TAPN. Chaque bulle contient $3,36 \times 10^{-3}$ L d'air. En supposant qu'il y a une bulle d'air par centimètre carré, combien d'enveloppes de 26 cm sur 40 cm faut-il écraser pour que le contenu d'air des bulles ainsi libéré soit égal au volume molaire d'un gaz à TAPN ?

48. À l'aide de la théorie cinétique des gaz, expliquez la raison pour laquelle les valeurs du volume molaire d'un gaz sont différentes à TPN et à TAPN.

49. Pourquoi une personne voulant transporter une mole d'eau au cours d'une sortie de randonnée n'a-t-elle pas besoin d'une bouteille d'une capacité d'au moins 24,5 L ?

2.4.6 La relation entre la pression et la quantité de gaz exprimée en nombre de moles

50. On gonfle un pneu qui contient 28 mol d'air à une pression de 150 kPa en y pompant un supplément de 7 mol d'air. Quelle est la nouvelle pression de l'air du pneu si la température et le volume sont maintenus constants ?

51. Si 57 mol d'un gaz enfermé dans un ballon rigide à une température donnée exercent une pression de 235 mm Hg, combien de moles de gaz exerceront une pression de 100 mm Hg dans les mêmes conditions ?

52. À l'aide de la théorie cinétique des gaz, expliquez la raison pour laquelle la pression à l'intérieur d'une bouteille de propane augmente au cours de son remplissage alors que la pression à l'intérieur d'un ballon de caoutchouc élastique n'augmente pas pendant son remplissage.

53. Calculez la valeur des variables manquantes afin de remplir le tableau suivant.

P_1 (kPa)	n_1 (mol)	P_2 (kPa)	n_2 (mol)
100	0,003 50	*c)*	0,002 50
85,3	200	74,5	*e)*
a)	1,75	202	2,35
79,8	*b)*	145	6,72
300	25,8	*d)*	13,6

2.5 La loi des gaz parfaits

La loi des gaz parfaits met en relation les quatre variables qui caractérisent un échantillon de gaz à un moment donné, soit la pression (P), le volume (V), la température (T) absolue et la quantité de gaz (n) exprimée en moles, et la constante des gaz.

Les lois simples des gaz telles que les lois de Boyle-Mariotte, de Charles, de Gay-Lussac et d'Avogadro ne s'appliquent en théorie qu'aux gaz parfaits. Un gaz parfait n'existe pas dans la réalité. Un gaz parfait est un gaz hypothétique qui, théoriquement, obéit à toutes les lois des gaz, peu importe les conditions. En outre, le comportement d'un gaz parfait correspond aux hypothèses de la théorie cinétique des gaz.

Par exemple, un gaz parfait ne se condense pas même lorsque sa température s'abaisse jusqu'à 0 K ou qu'il est soumis à de très fortes pressions. Par contre, dans des conditions de température et de pression très éloignées des conditions de TPN et TAPN, les gaz réels cessent de ressembler aux gaz parfaits et des différences apparaissent dans leur comportement (*voir le tableau 4*).

Tableau 4 Les gaz parfaits et les gaz réels à la lumière de quelques hypothèses de la théorie cinétique des gaz.

Hypothèses de la théorie cinétique des gaz	Comparaison avec les gaz réels à pression élevée et/ou à température basse
Hypothèse 1 Les particules de gaz sont infiniment petites et la taille d'une particule est négligeable par rapport au volume du contenant dans lequel se trouve le gaz.	Quand la pression est élevée, les particules se rapprochent beaucoup plus les unes des autres et leur taille devient alors importante par rapport au volume qu'elles occupent. En d'autres mots, dans de telles conditions de pression, la taille des particules des gaz réels n'est pas négligeable.
Hypothèse 2 Les particules de gaz sont continuellement en mouvement et se déplacent en ligne droite dans toutes les directions.	Quand les particules des gaz réels se heurtent, elles perdent un peu d'énergie. Cela signifie que la pression d'un gaz réel est en réalité un peu plus faible que celle d'un gaz parfait.
Hypothèse 3 Les particules de gaz n'exercent aucune force d'attraction ou de répulsion les unes sur les autres.	À mesure que la température diminue, les particules ralentissent. À une certaine température, les particules s'attirent mutuellement puis se rapprochent considérablement, et le gaz devient un liquide.

Toutefois, quand les gaz réels sont étudiés à des conditions qui se rapprochent de celles qui règnent à TPN ou à TAPN, ils se comportent comme des gaz parfaits. C'est pourquoi, dans de telles conditions, il est possible de prévoir leur comportement à l'aide des lois des gaz, qui permettent de comparer deux des quatre variables à la fois. Néanmoins, pour décrire les interrelations entre les quatre variables à un moment donné, il est plus utile de combiner les lois individuelles pour en faire une seule loi élargie.

Loi de Boyle-Mariotte

Selon la loi de Boyle-Mariotte, le volume est inversement proportionnel à la pression.

$$V \propto \frac{1}{P}$$

Loi de Charles

Selon la loi de Charles, le volume est directement proportionnel à la température absolue.

$$V \propto T$$

Loi de Gay-Lussac

Selon la loi de Gay-Lussac, la pression est directement proportionnelle à la température absolue.

$$P \propto T$$

Loi d'Avogadro

Selon la loi d'Avogadro, le volume est directement proportionnel au nombre de moles.

$$V \propto n$$

Combinaison des quatre lois

La combinaison des quatre lois indique que le volume est directement proportionnel au produit de la température et du nombre de moles par l'inverse de la pression.

$$V \propto \frac{1}{P} \cdot T \cdot n$$

Mathématiquement, on peut enlever le symbole de proportionnalité en introduisant une constante de proportionnalité (R) qui inclut les cinq constantes des lois simples : k^a, k^b, k^c, k^d et k^e.

$$V = R \cdot \frac{1}{P} \cdot T \cdot n \quad \text{ou} \quad V = \frac{nRT}{P}$$

Cette expression remaniée devient la loi des gaz parfaits.

Loi des gaz parfaits

$$PV = nRT$$

où

P = Pression du gaz, exprimée en kilopascals (kPa)

V = Volume du gaz, exprimé en litres (L)

n = Quantité initiale de gaz, exprimée en moles (mol)

R = Constante des gaz, exprimée en (kPa·L)/(mol·K)

T = Température absolue du gaz, exprimée en kelvins (K)

On peut déterminer la valeur de la constante des gaz (R) en utilisant la valeur du volume molaire à TPN et en remplaçant les termes de l'équation des gaz parfaits par les valeurs appropriées.

$$R = \frac{PV}{nT}$$

$$R = \frac{101,3 \text{ kPa} \cdot 22,4 \text{ L}}{1 \text{ mol} \cdot 273 \text{ K}}$$

$$R = 8,31 \text{ (kPa·L)/(mol·K)}$$

On obtient ainsi la valeur de la constante des gaz.

Constante des gaz
$R = 8{,}31 \ (kPa{\cdot}L)/(mol{\cdot}K)$

La loi des gaz parfaits est une équation qui permet de décrire l'interdépendance entre la pression, la température, le volume et le nombre de moles d'un gaz à un moment donné. On s'en sert pour déterminer une variable inconnue d'un gaz à un moment précis lorsque la valeur des trois autres variables est connue. Lorsqu'on utilise la loi des gaz parfaits, il est primordial d'exprimer les variables dans les unités de mesure comprises dans l'unité de la constante R.

L'exemple suivant montre comment utiliser la loi des gaz parfaits pour obtenir une variable manquante lorsque les trois autres sont connues.

Exemple

Lorsqu'ils sont gonflés au maximum, les poumons d'une personne contiennent environ 4,09 L d'air à 37,0 °C. Combien de moles d'air les poumons contiennent-ils si la pression de l'air est de 100 kPa ?

Données :

$P = 100 \ kPa$

$V = 4{,}09 \ L$

$n = ?$

$R = 8{,}31 \ (kPa{\cdot}L) / (mol{\cdot}K)$

$T = 37{,}0 \ °C$

1. Conversion de la température en kelvins :

$T = 37{,}0 \ °C + 273 = 310 \ K$

2. Calcul du nombre de moles :

$PV = nRT$

$$n = \frac{PV}{RT}$$

$$= \frac{100 \ kPa \cdot 4{,}09 \ L}{8{,}31 \ (kPa{\cdot}L)/(mol{\cdot}K) \cdot 310 \ K} = 0{,}159 \ mol$$

Réponse : Les poumons contiennent 0,159 mol d'air.

❮❮ INFO SCIENCE

Le spiromètre et le pneumotachomètre

Le spiromètre est un instrument utilisé pour poser des diagnostics et faire le suivi de patients atteints de maladies respiratoires comme l'asthme. Les tests effectués avec le spiromètre permettent d'évaluer la capacité pulmonaire, le volume pulmonaire et le débit pulmonaire. Les patients doivent souffler par la bouche, en ayant le nez bouché, dans un tube relié à un spiromètre. L'appareil mesure le volume d'air expiré et la vitesse d'expiration, qui sont ensuite comparés aux valeurs normales afin de poser un diagnostic.

Pour mieux planifier leur entraînement, bon nombre d'athlètes de performance font appel à une forme particulière de spiromètre, le pneumotachomètre, afin de connaître leur consommation maximale de dioxygène (O_2), aussi appelée VO_2 max. Le VO_2 max est le débit maximal de dioxygène consommé pendant un effort et il s'exprime en millilitres par minute par kilogramme (mL/(min·kg)). Cela correspond au volume maximal de dioxygène prélevé dans les poumons et utilisé par les muscles au cours d'un exercice aérobie maximal. La mesure directe s'effectue en laboratoire, alors que la personne, branchée au pneumotachomètre, effectue un exercice aérobie intense.

L'appareil mesure la différence entre le dioxygène inspiré et le dioxygène expiré par la personne. Chez les sujets jeunes et en santé, la valeur du VO_2 max est de l'ordre de 45 mL/(min·kg) chez l'homme, et de 35 mL/(min·kg) chez la femme. Les skieurs de fond sont les sportifs ayant généralement la plus haute valeur de VO_2 max. Par exemple, Bjørn Daehlie, un fondeur norvégien, a maintenu, au sommet de sa forme, un VO_2 max de 90 mL/(min·kg).

Figure 61 Une athlète complète un test d'endurance VO_2 max.

2.5.1 La masse molaire d'un gaz

Dans les mêmes conditions de température et de pression, la masse molaire d'un gaz renseigne sur sa masse volumique. En effet, pour un même volume, certains gaz sont plus denses et donc plus lourds que d'autres. Par exemple, la masse molaire du dioxyde de carbone (CO_2) est environ 1,5 fois supérieure à celle de l'air. C'est ce qui explique que la vapeur qui s'échappe d'un bloc de glace sèche, constituée de dioxyde de carbone solide, coule vers le bas et longe les surfaces (*voir la figure 62*).

On peut déterminer la masse molaire (M) d'un élément ou d'un composé gazeux comme on le ferait pour tout autre élément ou composé : en additionnant les masses des atomes. On peut aussi déterminer la masse molaire d'un gaz en divisant la masse du gaz (m) par son nombre de moles (n). Ce rapport simple indique que le nombre de moles contenu dans un échantillon de gaz est le suivant.

Figure 62 La glace sèche est souvent utilisée pour créer des effets spéciaux parce qu'elle descend vers le sol au lieu de monter dans les airs comme la plupart des fumées.

$$M = \frac{m}{n}$$

$$n = \frac{m}{M}$$

Il est aussi possible de déterminer la masse molaire d'un gaz à l'aide de la loi des gaz parfaits. En effet, en remplaçant le nombre de moles n par sa valeur m/M dans l'équation de la loi des gaz parfaits, on obtient la relation suivante.

$$PV = nRT$$

$$PV = \frac{mRT}{M}$$

En réarrangeant les variables pour isoler M, on obtient la formule de la masse molaire d'un gaz.

Masse molaire d'un gaz

$$M = \frac{mRT}{PV}$$

où

M = Masse molaire du gaz, exprimée en grammes par mole (g/mol) ou en kilogrammes par mole (kg/mol)

m = Masse de l'échantillon de gaz, exprimée en grammes (g) ou en kilogrammes (kg)

R = Constante des gaz, exprimée en (kPa·L)/(mol·K)

T = Température absolue, exprimée en kelvins (K)

P = Pression du gaz, exprimée en kilopascals (kPa)

V = Volume du gaz, exprimé en litres (L)

L'exemple suivant montre comment utiliser cette formule dérivée de la loi des gaz parfaits pour connaître la masse molaire d'un gaz.

Exemple

Quelle est la masse molaire d'un échantillon de gaz inconnu si, à une température de 0 °C et sous une pression de 102 kPa, un volume de 2,30 L de ce gaz pèse 4,23 g ?

Données :

$M = ?$
$T = 0\ °C$
$P = 102\ kPa$
$V = 2,30\ L$
$m = 4,23\ g$
$R = 8,31\ (kPa·L)/(mol·K)$

1. *Conversion de la température en kelvins :*

   $T = 0\ °C + 273 = 273\ K$

2. *Calcul de la masse molaire :*

$$M = \frac{mRT}{PV}$$

$$= \frac{4,23\ g \cdot 8,31\ (kPa·L)\ /\ (mol·K) \cdot 273\ K}{102\ kPa \cdot 2,30\ L} = 40,9\ g/mol$$

Réponse : La masse molaire de l'échantillon est de 40,9 g/mol.

POUR FAIRE LE POINT

SECTION 2.5   La loi des gaz parfaits

1. Quelle pression sera exercée par 32,0 g de méthane (CH_4) sur les parois d'un contenant de 5,00 L à 20 °C ?

2. Calculez le nombre de moles de méthane (CH_4) gazeux contenu dans un échantillon ayant un volume de 500 mL à 35 °C et à 210 kPa.

3. À quelle température 10,5 g d'ammoniac (NH_3) exercent-ils une pression de 85 kPa dans un contenant de 30 L ?

4. Quelle quantité de méthane (CH_4) gazeux trouve-t-on dans un échantillon ayant un volume de 200 mL à 35 °C et à 210 kPa ?

5. Déterminez la pression qui s'exerce dans un cylindre à air comprimé de 50 L s'il renferme 30 mol d'air et qu'on le chauffe à 40 °C.

6. Quel volume occupent 50 kg de dioxygène (O_2) gazeux à une pression de 150 kPa et à une température de 125 °C ?

7. À quelle température 10,5 g de gaz ammoniac (NH_3) exercent-ils une pression de 125 kPa dans un contenant de 30 L ?

8. Quelle est la masse molaire d'un gaz si 2,6 L de ce gaz ont une masse de 5,4 g à 100 °C et à 26,6 kPa ?

9. Calculez la masse de dioxyde de soufre (SO_2) contenue dans un cylindre de 20 L exposé au soleil à 40 °C si la pression que le gaz exerce est de 200 kPa.

10. Dans un récipient de 10 L et à une température de 249 °C, un gaz inconnu exerce une pression de 200 kPa. Sachant que la masse de ce gaz est de 62 g, calculez sa masse molaire.

11. On cherche à identifier un échantillon de gaz pur à l'aide des observations suivantes :
    - Masse du contenant vide = 7,02 g
    - Masse du contenant et du gaz = 9,31 g
    - Volume du contenant = 1,25 L
    - Température du gaz = 23,4 °C
    - Pression du gaz = 102,2 kPa
    a) D'après ces observations, quelle est la masse molaire du gaz en question ?
    b) De quel gaz pourrait-il s'agir ?

12. Un échantillon de diazote (N_2) gazeux occupe un volume de 11,2 L à 0 °C et à 101,3 kPa. Combien de moles de diazote cet échantillon contient-il ?

13. Quel est le volume d'un ballon météorologique s'il contient 10 mol d'air à 75,5 kPa et à −45 °C ?

14. Dans une pièce à 20 °C, une ampoule électrique de 180 mL contient environ $5,8 \times 10^{-3}$ mol d'argon (Ar). Quelle est la pression d'argon à l'intérieur de l'ampoule ?

15. Un récipient de 13,65 L contient 0,75 mol de dichlore (Cl_2) à 135 kPa. Quelle est la température du dichlore gazeux en degrés Celsius (°C) ?

2.6 La loi générale des gaz

La **loi générale des gaz** met en relation les quatre variables qui décrivent les gaz, soit la pression (*P*), le volume (*V*), la température (*T*) absolue et la quantité de gaz (*n*) exprimée en moles. Elle permet de prévoir les conditions finales d'un gaz après qu'on a modifié ses conditions initiales.

Lorsque les conditions initiales d'un gaz changent et prennent de nouvelles valeurs, il est possible de comparer les conditions initiales et finales avec la loi des gaz parfaits. Ainsi, même si l'ensemble des conditions initiales de pression, de volume, de température absolue et de quantité de gaz (P_1, V_1, n_1 et T_1) prennent d'autres valeurs appelées finales (P_2, V_2, n_2 et T_2), leur rapport est toujours égal à la constante *R*. À partir de la loi des gaz parfaits, on obtient donc les relations suivantes.

$$P_1 V_1 = n_1 R T_1 \quad \text{et} \quad P_2 V_2 = n_2 R T_2$$

$$\frac{P_1 V_1}{n_1 T_1} = R \qquad \frac{P_2 V_2}{n_2 T_2} = R$$

En combinant les deux équivalences, on obtient la loi générale des gaz.

Loi générale des gaz

$$\frac{P_1 V_1}{n_1 T_1} = \frac{P_2 V_2}{n_2 T_2}$$

où

P_1 = Pression initiale du gaz, exprimée en kilopascals (kPa) ou en millimètres de mercure (mm Hg)

V_1 = Volume initial du gaz, exprimé en millilitres (mL) ou en litres (L)

n_1 = Quantité initiale de gaz, exprimée en moles (mol)

T_1 = Température initiale du gaz, exprimée en kelvins (K)

P_2 = Pression finale du gaz, exprimée en kilopascals (kPa) ou en millimètres de mercure (mm Hg)

V_2 = Volume final du gaz, exprimé en millilitres (mL) ou en litres (L)

n_2 = Quantité finale de gaz, exprimée en moles (mol)

T_2 = Température finale du gaz, exprimée en kelvins (K)

La loi générale des gaz est une équation qui permet de comparer deux séries de variables après qu'un gaz a subi des changements. Elle permet également de déduire toutes les lois individuelles des gaz, car elle les englobe toutes.

Par exemple, à partir de la loi des gaz parfaits, si le nombre de moles (*n*) et la pression (*P*) sont constants, on les élimine de l'équation générale et on obtient la loi de Charles.

$$\frac{\cancel{P_1} V_1}{\cancel{n_1} T_1} = \frac{\cancel{P_2} V_2}{\cancel{n_2} T_2}$$

$$\frac{V_1}{T_1} = \frac{V_2}{T_2}$$

L'exemple suivant montre comment utiliser la loi générale des gaz pour connaître les conditions finales d'un gaz lorsque les conditions initiales changent.

Exemple

À TAPN, 0,150 mol de vapeur d'eau occupe un volume de 55,0 mL. Quelle sera la nouvelle température en degrés Celsius (°C) si on retire 0,030 mol de vapeur d'eau tout en augmentant la pression jusqu'à 115,0 kPa et en diminuant le volume jusqu'à 40,0 mL ?

Données :

$P_1 = 101,3$ kPa

$V_1 = 55,0$ mL

$n_1 = 0,150$ mol

$T_1 = 25,0$ °C

$P_2 = 115,0$ kPa

$V_2 = 40,0$ mL

$n_2 = ?$

$T_2 = ?$

1. Conversion de la température en kelvins :
$$T_1 = 25,0 \text{ °C} + 273 = 298 \text{ K}$$

2. Calcul du nombre de moles final :
$$n_2 = n_1 - 0,030 \text{ mol} = 0,150 \text{ mol} - 0,030 \text{ mol}$$
$$= 0,120 \text{ mol}$$

3. Calcul de la température finale :
$$\frac{P_1 V_1}{n_1 T_1} = \frac{P_2 V_2}{n_2 T_2}$$

$$T_2 = \frac{n_1 T_1}{P_1 V_1} \cdot \frac{P_2 V_2}{n_2}$$

$$= \frac{0,150 \text{ mol} \cdot 298 \text{ K}}{101,3 \text{ kPa} \cdot 55,0 \text{ mL}} \cdot \frac{115,0 \text{ kPa} \cdot 40,0 \text{ mL}}{0,120 \text{ mol}}$$

$$= 307,5 \text{ K}$$

4. Conversion de la température finale en °C :
$$T_2 = 307,5 \text{ K} - 273 = 34,5 \text{ °C}$$

Réponse : La nouvelle température est de 34,5 °C.

La pression des pneus

Un pneu parfaitement gonflé sur une voiture immobile est un exemple d'échantillon de gaz qui possède des caractéristiques de pression, de température, de quantité et de volume constants. Toutefois, si le pneu est à plat et qu'on y pompe de l'air, ces paramètres vont changer. En effet, en le gonflant, on augmente le nombre de moles qui s'y trouve. Le volume augmente un certain temps puis, il arrive un moment où le volume du pneu cesse d'augmenter. Si l'on continue alors d'injecter de l'air à l'intérieur du pneu, la pression augmente à mesure que la quantité d'air s'accroît. Lorsque le pneu roule à une pression trop basse, le frottement avec la route est grand et génère plus de chaleur. Cela fait augmenter la température de l'air à l'intérieur du pneu, ce qui risque de le faire éclater, car le volume du pneu reste relativement constant. C'est pourquoi il est préférable d'ajuster la pression qui, pour la majorité des pneus d'automobile, doit être d'environ 220 kPa, ce qui équivaut à environ 32 livres de pression sur une jauge à pression. Pour les automobiles de course comme pour le Nascar, on gonfle les pneus avec du diazote (N_2) à une pression d'environ 345 kPa.

Figure 63 L'ajout d'air dans un pneu dont le volume ne change pas fait augmenter la pression de l'air dans le pneu.

1. À −200 °C et à 110 kPa, une certaine quantité de dihydrogène (H_2) occupe 400 mL. À quelle température faut-il porter ce gaz pour que la pression soit de 100 kPa et le volume de 600 mL ?

2. Un gaz occupe un volume de 100 L à 50 °C et à 75 kPa. Quel serait le volume de ce gaz à 17 °C et à 100 kPa ?

3. Un ballon rempli de gaz a un volume de 5,0 L à 20 °C et à 100 kPa. Quel serait son volume à 35 °C et à 90 kPa ?

4. Dans un cylindre de moteur diesel, 500 mL d'air à 40 °C et à 1 atm sont fortement comprimés juste avant l'injection de carburant pour atteindre une pression de 35 atm. Si le volume d'air se réduit à 23 mL, quelle sera la température finale dans le cylindre ?

5. Un ballon d'hélium (He) de 1,0 L flotte dans l'air par une journée où la pression atmosphérique est de 102,5 kPa et la température de 25 °C. Soudain, des nuages apparaissent. La pression chute rapidement à 98,6 kPa et la température descend à 20 °C. Quel est le nouveau volume du ballon ?

6. Calculez les quantités manquantes dans le tableau suivant.

$T_{initiale}$ (°C)	T_{finale} (°C)	$P_{initiale}$ (kPa)	P_{finale} (kPa)	$V_{initial}$ (L)	V_{final} (L)
100	100	101,3	110	5	d)
0	0	$1,5 \times 10^2$	c)	25	10
35	150	101,3	101,3	750	e)
85	b)	125,0	125	35,5	25,5
27	45,5	102,5	86,7	1	f)
a)	85	99,5	88,7	450	500

7. Un pneu d'automobile a un volume de 27 L à 225 kPa et à 18 °C. Serait-il possible de calculer :
   a) le volume du pneu lorsque de l'air s'en échappe et que la pression s'abaisse à 98 kPa ?
   b) le volume qu'occuperait l'air qui reste dans le pneu à TAPN ?

8. On peut condenser le méthane (CH_4) gazeux en le refroidissant et en augmentant la pression. Un échantillon de méthane gazeux de 600 mL à 25 °C et à 100 kPa est refroidi à −20 °C. Le gaz est comprimé jusqu'à ce que sa pression soit quadruplée. Quel est le volume final ?

9. Un échantillon de gaz a un volume de 150 mL à 260 K et à 92,3 kPa. Quel est le nouveau volume à 376 K et à 123 kPa ?

10. Dans une grosse seringue, on comprime 48 mL d'ammoniac (NH_3) gazeux à TPN pour obtenir un volume de 24 mL à 110 kPa. Quelle est la nouvelle température du gaz ?

11. Une ampoule de 100 W a un volume de 180 cm^3 à TPN. L'ampoule est allumée et le verre chauffé se dilate légèrement, ce qui augmente le volume à 181,5 cm^3. La pression interne est de 214,5 kPa. Quelle est la température de l'ampoule en degrés Celsius (°C) ?

12. On recueille un échantillon de gaz à 25 °C. Si la température absolue du gaz est triplée et la pression doublée, comment variera le volume ?

13. L'hexafluorure de soufre (SF_6) sert à faire certains tours de magie, comme celui qui consiste à faire flotter un objet sur de l'eau invisible. On recueille un échantillon de 5,0 L de ce gaz à 205 °C et à 350 kPa. Quelle pression doit-on appliquer à l'échantillon de gaz pour réduire son volume à 1,7 L si la température est de 25 °C ?

2.7 La stœchiométrie des gaz

La stœchiométrie des gaz est une méthode de calcul basée sur les rapports entre les quantités de gaz impliquées dans une réaction chimique. Cette méthode permet de prévoir la quantité de réactif ou de produit impliquée dans une réaction chimique dans laquelle au moins un des constituants est gazeux.

Les gaz participent à de nombreuses réactions chimiques. À la maison, par exemple, la combustion du propane (C_3H_8) dans un barbecue est une réaction chimique qui permet de dégager de la chaleur pour cuire les aliments. En étudiant d'autres réactions chimiques impliquant des gaz, Gay-Lussac énonce une loi fondamentale de la chimie, la loi des combinaisons gazeuses. Cette loi affirme que lorsque les gaz réagissent, les volumes des réactifs et des produits, mesurés à des températures et à des pressions constantes, se présentent toujours sous la forme de rapports simples de nombres entiers.

À partir de ces constatations, Avogadro émet l'hypothèse que des volumes égaux de gaz différents contiennent le même nombre de particules lorsqu'ils sont aux mêmes conditions de température et de pression. Combiner les idées de Gay-Lussac et d'Avogadro permet de résoudre certains problèmes de stœchiométrie des gaz.

Par exemple, si une réaction se produit entre deux volumes d'un même gaz et un volume d'un autre gaz à une température et à une pression données, il est possible d'affirmer que deux particules du premier gaz réagissent avec une particule du second gaz. La réaction entre le diazote (N_2) et le dihydrogène (H_2), qui produit de l'ammoniac (NH_3), donne un exemple de cette loi (*voir la figure 64*).

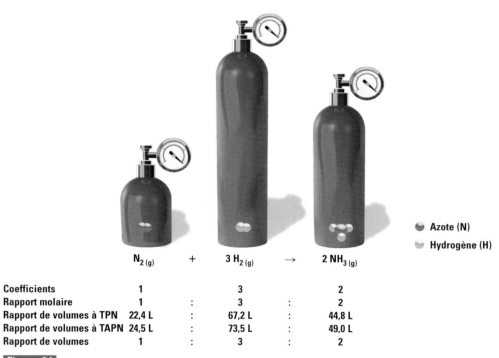

	$N_{2\,(g)}$	+	$3\,H_{2\,(g)}$	→	$2\,NH_{3\,(g)}$	
Coefficients	1		3		2	
Rapport molaire	1	:	3	:	2	
Rapport de volumes à TPN	22,4 L	:	67,2 L	:	44,8 L	
Rapport de volumes à TAPN	24,5 L	:	73,5 L	:	49,0 L	
Rapport de volumes	1	:	3	:	2	

Azote (N)
Hydrogène (H)

Figure 64 Quand un volume de diazote (N_2) réagit avec trois volumes de dihydrogène (H_2) pour produire deux volumes d'ammoniac (NH_3), cela signifie que chaque fois qu'une molécule de diazote réagit avec trois molécules de dihydrogène, deux molécules d'ammoniac sont produites.

Les calculs stœchiométriques permettent de déterminer les quantités nécessaires de réactifs dans une réaction ou de prévoir la quantité de produit obtenue à la suite d'une réaction. Ces calculs s'appliquent à toutes les réactions chimiques. Ils permettent de calculer le nombre de moles, le volume ou la masse d'un réactif ou d'un produit, peu importe la phase dans laquelle il se trouve. Toutefois, lorsque les calculs stœchiométriques sont appliqués aux gaz, les conditions de température et de pression ne doivent pas changer. L'utilisation des valeurs du volume molaire à TPN et à TAPN peut simplifier les calculs relatifs aux quantités de gaz consommées ou produites.

L'exemple suivant propose une démarche pour effectuer des calculs stœchiométriques.

Exemple

Le propane (C_3H_8) brûle dans l'air selon l'équation suivante :

$$C_3H_{8\,(g)} + 5\,O_{2\,(g)} \rightarrow 3\,CO_{2\,(g)} + 4\,H_2O_{\,(g)}$$

a) Quel volume de dioxygène (O_2) est nécessaire à la combustion de 35,0 L de propane si les volumes sont mesurés aux mêmes conditions de température et de pression ?

b) Quel sera le volume de dioxyde de carbone (CO_2) produit si 155 g de propane réagissent avec suffisamment de dioxygène à TAPN ?

a) *Données :*

$V_{O_2} = ?$

$V_{C_3H_8} = 35,0$ L

Rapports des coefficients entre les réactifs et les produits :

$$C_3H_{8\,(g)} + 5\,O_{2\,(g)} \rightarrow 3\,CO_{2\,(g)} + 4\,H_2O_{\,(g)}$$

1   5

35,0 L   ?

$$V_{O_2} = \frac{5 \cdot 35,0\ \text{L}}{1}$$

$$= 175\ \text{L}$$

Réponse : Le volume de dioxygène nécessaire est de 175 L.

b) *Données :*

$V_{CO_2} = ?$

$M_{C_3H_8} = 44,097$ g/mol

$m_{C_3H_8} = 155$ g

$n_{C_3H_8} = ?$

1. *Calcul du nombre de moles de propane :*

$$n = \frac{m}{M}$$

$$= \frac{155\ \cancel{g}}{44,097\ \cancel{g}/\text{mol}}$$

$$= 3,515\ \text{mol}$$

2. *Rapports des coefficients entre les réactifs et les produits et report des données à TAPN :*

$$C_3H_{8\,(g)} + 5\,O_{2\,(g)} \rightarrow 3\,CO_{2\,(g)} + 4\,H_2O_{\,(g)}$$

1   3

3,515 mol   ?

$$V_{CO_2} = 3 \cdot 3,515\ \cancel{\text{mol}} \cdot 24,5\ \text{L}/\cancel{\text{mol}}$$

$$= 258,35\ \text{L}$$

Réponse : Le volume de dioxyde de carbone (CO_2) produit est de 258 L.

SECTION 2.7 La stœchiométrie des gaz

1. La combustion de l'ammoniac (NH_3) par le dioxygène (O_2) est décrite par l'équation non équilibrée suivante :

$$NH_{3\,(g)} + O_{2\,(g)} \rightarrow N_{2\,(g)} + 3\,H_2O_{\,(g)}$$

   a) Équilibrez l'équation.
   b) Déterminez la masse de dioxygène nécessaire pour brûler complètement 16,0 mol d'ammoniac.

2. Déterminez la masse en grammes de diazote (N_2) produite lorsqu'on consomme 2,72 mol d'hydrazine (N_2H_4) après avoir équilibré l'équation de la réaction suivante :

$$N_2H_{4\,(l)} + N_2O_{4\,(l)} \rightarrow N_{2\,(g)} + H_2O_{\,(g)}$$

3. On brûle 1,5 L de propane (C_3H_8) gazeux dans un barbecue. L'équation de cette combustion est la suivante :

$$C_3H_{8\,(g)} + 5\,O_{2\,(g)} \rightarrow 3\,CO_{2\,(g)} + 4\,H_2O_{\,(g)}$$

   a) Quel est le volume de dioxyde de carbone (CO_2) gazeux produit ?
   b) Quel est le volume de dioxygène (O_2) utilisé ?

4. Des ingénieurs conçoivent un coussin gonflable qui se déploie presque instantanément au moment de l'impact. Pour que le dispositif fonctionne, le coussin gonflable doit recevoir une grande quantité de gaz en très peu de temps. De nombreux constructeurs de voitures utilisent le triazoture de sodium (NaN_3) solide avec des catalyseurs appropriés pour fournir le gaz nécessaire au gonflage du coussin. L'équation équilibrée de cette réaction est la suivante :

$$2\,NaN_{3\,(s)} \rightarrow 2\,Na_{\,(s)} + 3\,N_{2\,(g)}$$

   a) Quel est le volume de diazote (N_2) gazeux produit si 117 g le triazoture de sodium sont emmagasinés dans le volant à 20,2 °C et à 101,2 kPa ?
   b) Combien y a-t-il de molécules de diazote dans ce volume ?

5. Utilisez l'équation suivante pour répondre aux questions : $SO_{2\,(g)} + O_{2\,(g)} \rightarrow SO_{3\,(g)}$
   a) Équilibrez l'équation.
   b) On produit 12 L de trioxyde de soufre (SO_3) à 100 °C. Quel est le volume de dioxygène (O_2) utilisé ?

6. Dans un barbecue, 35 g de gaz propane (C_3H_8) sont brûlés selon l'équation suivante :

$$C_3H_{8\,(g)} + 5\,O_{2\,(g)} \rightarrow 3\,CO_{2\,(g)} + 4\,H_2O_{\,(g)}$$

   Tous les gaz sont mesurés à TAPN.
   a) Quel est le volume de vapeur d'eau produit ?
   b) Quel est le volume de dioxygène (O_2) utilisé ?

7. L'équation chimique suivante décrit ce qui se passe quand on frotte une allumette sur une surface rugueuse pour produire de la lumière et de la chaleur.

$$P_4S_{3\,(s)} + O_{2\,(g)} \rightarrow P_4O_{10\,(g)} + SO_{2\,(g)}$$

   a) Équilibrez cette équation chimique.
   b) Combien de litres de dioxyde de soufre (SO_2) seront produits si 5,3 L de dioxygène (O_2) gazeux sont consommés ?

8. La vapeur d'éthanol (C_2H_5OH) brûle dans l'air selon l'équation suivante :

$$2\,C_2H_5OH_{\,(g)} + 6\,O_{2\,(g)} \rightarrow 4\,CO_{2\,(g)} + 6\,H_2O_{\,(l)}$$

   a) Si 2,5 L d'éthanol brûlent à TPN, quel volume de dioxygène (O_2) est requis ?
   b) Quel volume de dioxyde de carbone (CO_2) sera produit ?

9. Le monoxyde d'azote (NO) est l'un des gaz qui causent le smog. Il est produit de diverses façons, notamment au cours de la combustion de l'ammoniac (NH_3).

$$4\,NH_{3\,(g)} + 5\,O_{2\,(g)} \rightarrow 4\,NO_{\,(g)} + 6\,H_2O_{\,(l)}$$

   Quelle masse de monoxyde d'azote est produite si 25,0 L d'ammoniac réagissent avec 27,5 L de dioxygène (O_2) à TPN ?

2.8 La loi de Dalton

Selon la loi de Dalton, **aussi connue sous le nom de loi des pressions partielles, à une température donnée, la pression totale d'un mélange de gaz est égale à la somme de la pression de chacun des gaz.**

John Dalton étudie les conditions météorologiques et, plus particulièrement, la composition de l'atmosphère. Pour ce faire, il réalise de nombreuses expériences sur l'air qui lui permettent d'estimer sa composition à environ 79 % de diazote (N_2) et 21 % de dioxygène (O_2). Il remarque que la pression atmosphérique est la somme de la pression exercée par le diazote et le dioxygène. En effet, Dalton conclut qu'étant donné que l'atmosphère est composée majoritairement de diazote et de dioxygène, les jours où la pression atmosphérique est de 100 kPa, par exemple, la pression du diazote est de 79 % × 100 kPa = 79 kPa et celle du dioxygène de 21 % × 100 kPa = 21 kPa.

Lien avec la théorie cinétique des gaz

Selon l'hypothèse 3 de la théorie cinétique des gaz (*voir à la page 61*), les particules de gaz n'exercent aucune force d'attraction ou de répulsion entre elles. En continuant ses recherches avec d'autres mélanges gazeux, Dalton établit que la pression exercée par chaque gaz dans un mélange est égale à celle qu'il exercerait s'il se trouvait seul dans le même volume. En d'autres mots, chacun des gaz d'un contenant conserve ses propriétés physiques et se comporte de façon indépendante des autres. Par conséquent, chacun des gaz d'un mélange contribue à la pression totale du mélange selon son pourcentage dans le mélange.

La pression individuelle exercée par chacun des gaz d'un contenant est appelée pression partielle. En effet, elle ne représente qu'une partie de la pression totale exercée par le mélange de tous les gaz du contenant (*voir la figure 65*).

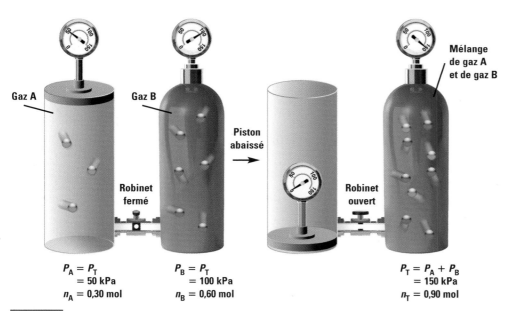

Gaz A

Gaz B

Robinet fermé

Piston abaissé

Robinet ouvert

Mélange de gaz A et de gaz B

$P_A = P_T$
$= 50$ kPa
$n_A = 0{,}30$ mol

$P_B = P_T$
$= 100$ kPa
$n_B = 0{,}60$ mol

$P_T = P_A + P_B$
$= 150$ kPa
$n_T = 0{,}90$ mol

Figure 65 Lorsque les gaz A et B sont mélangés sans qu'on modifie leur volume, les collisions des particules du gaz A, qui engendrent sa pression partielle, s'additionnent à celles du gaz B.

Au départ, le gaz A exerce une pression de 50 kPa sur le piston, et la pression du gaz B dans la bouteille est de 100 kPa lorsque la valve est fermée. Quand on ouvre la valve et qu'on ajoute le gaz A au gaz B en abaissant le piston, la pression totale exercée par le mélange est égale à la somme des pressions partielles des deux gaz, soit 150 kPa, cela à condition que le volume du contenant demeure constant. Le nombre total de collisions des deux gaz engendre alors une pression totale qui est égale à la somme des pressions partielles de chacun des gaz du mélange. À la suite de ces observations, Dalton propose la loi qui porte aujourd'hui son nom, la loi de Dalton, et qui s'énonce de la façon suivante.

Loi de Dalton

À une température donnée, la pression totale d'un mélange de gaz est égale à la somme des pressions partielles de tous les gaz du mélange.

Cette loi peut s'appliquer à tout mélange de gaz, peu importe le nombre de gaz qui constituent le mélange. C'est pourquoi l'équation qui suit se termine par des points de suspension.

Loi de Dalton

$$P_T = P_A + P_B + P_C + \ldots$$

où

P_T = Pression totale du mélange, exprimée en kilopascals (kPa) ou en millimètres de mercure (mm Hg)

P_A = Pression partielle du gaz A, exprimée en kilopascals (kPa) ou en millimètres de mercure (mm Hg)

P_B = Pression partielle du gaz B, exprimée en kilopascals (kPa) ou en millimètres de mercure (mm Hg)

P_C = Pression partielle du gaz C, exprimée en kilopascals (kPa) ou en millimètres de mercure (mm Hg)

Un manomètre ne peut pas mesurer la pression partielle d'un gaz dans un mélange. Il ne peut mesurer que la pression totale du mélange. Pour déterminer la pression partielle de l'un des gaz d'un mélange, il faut multiplier la proportion molaire de chaque gaz (qui est l'équivalent de son pourcentage) par la pression totale du mélange. On calcule la proportion molaire d'un gaz en établissant le rapport de son nombre de moles sur le nombre total de moles du mélange.

Pression partielle d'un gaz

$$P_A = \frac{n_A}{n_T} \cdot P_T$$

où

P_A = Pression partielle du gaz A, exprimée en kilopascals (kPa) ou en millimètres de mercure (mm Hg)

n_A = Quantité de gaz A, exprimée en moles (mol)

n_T = Quantité totale de gaz, exprimée en moles (mol)

P_T = Pression totale du mélange, exprimée en kilopascals (kPa) ou en millimètres de mercure (mm Hg)

L'exemple suivant montre comment utiliser la loi de Dalton et la formule des pressions partielles pour résoudre des problèmes.

Exemple

À une température donnée, un mélange de gaz contient 3,35 mol de Néon (Ne), 0,64 mol d'argon (Ar) et 2,19 mol de xénon (Xe). Quelle est la pression partielle du xénon si la pression totale du mélange est de 200,0 kPa ?

Données :

$n_{Ne} = 3,35$ mol

$n_{Ar} = 0,64$ mol

$n_{Xe} = 2,19$ mol

$n_T = ?$

$P_{Xe} = ?$

$P_T = 200,0$ kPa

1. Calcul du nombre total de moles :

$n_T = 3,35$ mol $+ 0,64$ mol $+ 2,19$ mol

$\quad = 6,18$ mol

2. Calcul de la pression partielle du xénon :

$$P_{Xe} = \frac{n_{Xe}}{n_T} \cdot P_T$$

$$= \frac{2,19 \text{ mol}}{6,18 \text{ mol}} \cdot 200 \text{ kPa}$$

$$= 70,9 \text{ kPa}$$

Réponse : La pression partielle du xénon (Xe) est de 70,9 kPa.

POUR FAIRE LE POINT

SECTION 2.8 La loi de Dalton

1. Pour accélérer une réaction dans un récipient sous une pression de 98 kPa, un chimiste ajoute du dihydrogène (H_2) gazeux à 202,65 kPa. Quelle est la pression résultante ?

2. On recueille un mélange de néon (Ne) et d'argon (Ar) à 102,7 kPa. Si la pression partielle du néon est de 52,5 kPa, quelle est la pression partielle de l'argon ?

3. Un mélange de gaz contient 12 % de néon (Ne), 23 % d'hélium (He) et 65 % de radon (Rn). Si la pression totale est de 116 kPa, quelle est la pression partielle de chacun des gaz ?

4. La pression partielle de l'argon (Ar), qui constitue 40 % d'un mélange, est de 325 mm Hg. Quelle est la pression totale du mélange en kilopascals (kPa) ?

5. Un mélange de gaz dans un cylindre contient 0,85 mol de méthane (CH_4), 0,55 mol de dioxygène (O_2), 1,25 mol de diazote (N_2) et 0,27 mol de propane (C_3H_8). Le manomètre indique une pression de 2 573 kPa. Quelle pression chaque gaz exerce-t-il sur le cylindre ?

6. La pression d'un mélange de diazote (N_2) et de dioxyde de carbone (CO_2) est de 1 atm, et sa température est de 278 K. Si 30 % du mélange est du diazote, quelle est la pression partielle du dioxyde de carbone ?

7. Un entrepôt destiné à la conservation des fruits possède une pièce à atmosphère contrôlée dont la pression totale est de 102,6 kPa. Les gaz présents dans cette pièce sont le dioxyde de carbone (CO_2), qui occupe 3,5 % du volume total de la pièce, le dioxygène (O_2), qui occupe 4,0 % du volume total de la pièce et la vapeur d'eau, qui occupe 92,5 % du volume total de la pièce. Calculez la pression partielle de chacun de ces gaz.

8. Un récipient hermétiquement fermé dont la pression totale est de 1 000 mm Hg contient trois gaz : du dioxygène (O_2), du dihydrogène (H_2) et du dichlore (Cl_2). Sachant que le dioxygène possède une pression partielle de 125 mm Hg et que le dihydrogène a une pression partielle de 235 mm Hg, calculez le pourcentage de dichlore dans le récipient.

Le moteur à essence et le moteur diesel

Qu'un moteur utilise de l'essence ou du diesel, il transforme l'énergie chimique de son carburant en énergie mécanique grâce à la combustion, une réaction chimique entre le carburant et le dioxygène (O_2) de l'air en présence de chaleur.

Dans le moteur à essence à quatre temps, un mélange gazeux d'air et de carburant est aspiré dans le cylindre quand le piston descend (*voir la figure 66*). Lorsque celui-ci remonte, il comprime le mélange gazeux, augmentant ainsi sa température jusqu'à 300 °C. Quand le piston arrive en haut et que la compression est maximale, une bougie d'allumage provoque une étincelle qui enflamme le mélange d'air et de carburant.

La combustion de l'essence produit des gaz tels que de la vapeur d'eau et du dioxyde de carbone (CO_2) et beaucoup de chaleur. La pression exercée par cette grande quantité de gaz à température très élevée dans un tout petit volume repousse violemment le piston vers le bas. En descendant, le piston entraîne le vilebrequin dans un mouvement rotatif continu qui est transmis aux roues du véhicule par l'intermédiaire de la transmission. La rotation du vilebrequin fait remonter le piston,

ce qui chasse les gaz brûlés du cylindre par les soupapes d'échappement. Une fois en haut, le piston est de nouveau prêt à aspirer un mélange d'air et d'essence.

Le principe de base du moteur diesel diffère un peu puisqu'il met à profit la loi de Gay-Lussac, selon laquelle la pression et la température d'un gaz sont proportionnelles. Au départ, c'est seulement de l'air, sans carburant, qui est aspiré dans le cylindre (*voir la figure 67*). Comme dans le moteur à essence, le piston comprime cet air, mais, dans ce cas, la compression est beaucoup plus élevée et augmente la température de l'air à plus de 800 °C. C'est alors que le diesel est injecté dans le cylindre. Comme la température y est plus élevée que le point d'ignition de ce carburant, celui-ci s'enflamme sans avoir besoin d'une bougie d'allumage. La combustion produit alors des gaz chauds à pression élevée qui propulsent le piston vers le bas.

À puissance égale, le moteur diesel produit moins de gaz à effet de serre que le moteur à essence. Par contre, il produit plus de particules polluantes, comme la suie. Pour faire un choix plus écologique, on pourrait utiliser le biodiesel, un carburant renouvelable.

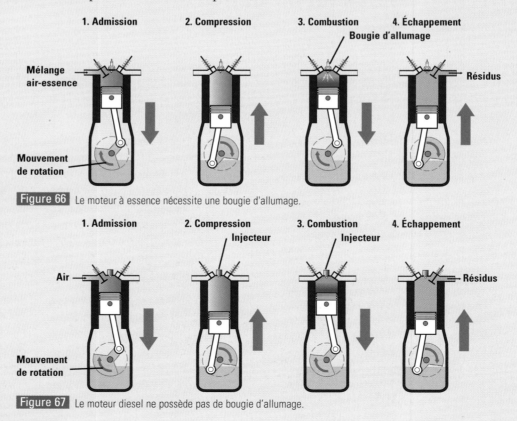

Figure 66 Le moteur à essence nécessite une bougie d'allumage.

Figure 67 Le moteur diesel ne possède pas de bougie d'allumage.

La petite histoire de...

Les ballons dirigeables

Au cours du XIXe et du XXe siècle, le domaine du transport aérien connaît un essor considérable qui permet enfin à l'humain de conquérir le ciel.

Afin de parvenir à s'élever dans les airs, les pionniers du vol comme les frères Montgolfier se basent sur le phénomène selon lequel un gaz de plus faible densité que l'air tend à s'élever au-dessus de celui-ci. On peut obtenir efficacement un gaz moins dense que l'air en chauffant ce dernier afin d'éloigner ses particules les unes des autres. Cette technique, mise à profit dans la montgolfière, constitue une application directe de la loi de Charles, selon laquelle le volume d'un gaz est proportionnel à sa température. Toutefois, comme la montgolfière ne peut être contrôlée que verticalement et qu'elle se déplace au gré des vents, elle ne constitue pas un moyen de transport pratique.

Les ballons dirigeables, comme leur nom l'indique, étaient en revanche plus faciles à manier. En 1852, un dirigeable s'élève avec succès grâce à un moteur à vapeur et à son ballon rempli de dihydrogène (H_2), un gaz peu dispendieux. Plusieurs modèles de ballons souples ou semi-souples utilisant des moteurs électriques et à explosion voient le jour dans les années suivantes. Plutôt que de se servir de la chaleur pour diminuer la densité de l'air, ces ballons utilisent des gaz qui ont une masse volumique plus faible que l'air comme le dihydrogène ou l'hélium (He), deux gaz composés de particules plus légères que celles de l'air.

Au début du XXe siècle, des dirigeables constitués de ballons rigides aux formes aérodynamiques sont développés par le comte allemand Ferdinand Graf von Zeppelin, dont ils gardent le nom (*voir la figure 68*).

On emploie les zeppelins comme bombardiers pendant la Première Guerre mondiale, mais sans grande efficacité militaire. Ils se répandent ensuite jusqu'à permettre des vols transatlantiques entre les États-Unis et l'Allemagne. Un tel voyage représente alors un luxe et beaucoup imaginent le dirigeable comme le moyen de transport de l'avenir. Au moment de sa construction en 1930, on équipe l'Empire State Building de New York de points d'ancrage pour les dirigeables (*voir la figure 69*). Ce projet est toutefois abandonné à cause des risques encourus. En effet, comme le dihydrogène est un gaz très inflammable, il provoque plusieurs incendies et explosions. Il est graduellement remplacé par de l'hélium dans les années 1930.

Comme les dirigeables sont volumineux et peu rapides, leur utilisation est marginale de nos jours. On les emploie surtout pour effectuer des recherches scientifiques ou des campagnes publicitaires (*voir la figure 70*).

Figure 69 Un dirigeable à l'hélium (He) près de l'Empire State Builiding, à New York.

Figure 68 Le zeppelin LZ 127 dans un hangar du New Jersey.

Figure 70 Une vue d'un stade de football à partir du dirigeable d'une campagne publicitaire.

2.1 La théorie cinétique des gaz

- Il y a trois types de mouvements qui peuvent animer les particules de matière : le mouvement de vibration, le mouvement de rotation et le mouvement de translation.

- Les trois types de mouvements des particules se retrouvent dans les gaz.

- L'énergie cinétique (E_c) d'une particule de gaz dépend de sa masse (m) et de sa vitesse (v).

$$E_c = \frac{1}{2}mv^2$$

- La courbe de distribution de Maxwell montre qu'à des températures élevées, la vitesse la plus probable des particules de gaz est plus grande.

- Plus la température d'un gaz est élevée, plus ses particules se déplacent rapidement. C'est pourquoi l'énergie cinétique moyenne des particules augmente quand la température du gaz monte.

- La théorie cinétique des gaz s'appuie sur les hypothèses suivantes :

    1. Les particules d'un gaz sont infiniment petites et la taille d'une particule est négligeable par rapport au volume du contenant dans lequel se trouve le gaz.

    2. Les particules d'un gaz sont continuellement en mouvement et se déplacent en ligne droite dans toutes les directions.

    3. Les particules d'un gaz n'exercent aucune force d'attraction ou de répulsion les unes sur les autres.

    4. Dans un gaz, l'énergie cinétique moyenne des particules est directement proportionnelle à la température absolue.

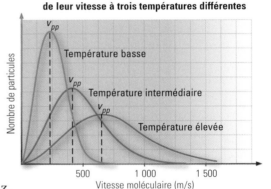

Le nombre de particules de diazote gazeux en fonction de leur vitesse à trois températures différentes

2.2 Le comportement des gaz

- Les gaz sont compressibles, ils peuvent subir une expansion et ils se dispersent par diffusion et effusion.

- Selon la loi de Graham, dans des conditions identiques de température et de pression, un gaz léger se diffuse plus rapidement qu'un gaz lourd.

- La loi de Graham met en relation les vitesses de diffusion de deux gaz (v_1 et v_2) en fonction de leur masse molaire (M_1 et M_2).

$$\frac{v_1}{v_2} = \sqrt{\frac{M_2}{M_1}}$$

2.3 La pression des gaz

- Les gaz exercent une pression sur toutes les surfaces avec lesquelles ils sont en contact, et ce, dans toutes les directions.

- La pression d'un gaz sur un objet dépend de la somme des forces exercées par les collisions de ses particules sur la surface de cet objet.

- La pression atmosphérique est la force exercée par le poids de l'air sur les objets avec lesquels l'air est en contact. La pression atmosphérique normale peut être représentée par cette équivalence : 101,3 kPa = 760 mm Hg = 1 atm.

- Les manomètres sont des instruments qui mesurent la pression.

2.4 Les lois simples des gaz

- Les lois simples des gaz permettent de résoudre des problèmes qui mettent en relation deux des quatre variables qui décrivent les gaz, soit la pression (P), le volume (V), la température (T) absolue et la quantité de gaz (n) exprimée en nombre de moles, pendant que les deux autres variables sont maintenues constantes.

- Normes pour comparer facilement le comportement des gaz entre eux :
  - température et pression normale (TPN) : 0 °C et 101,3 kPa
  - température ambiante et pression normale (TAPN) : 25 °C et 101,3 kPa

- Selon la loi de Boyle-Mariotte, à température constante, le volume occupé par une quantité donnée de gaz est inversement proportionnel à la pression de ce gaz.

$$P_1 V_1 = P_2 V_2$$

- Selon la loi de Charles, à pression constante, le volume occupé par une quantité donnée de gaz est directement proportionnel à la température absolue de ce gaz.

$$\frac{V_1}{T_1} = \frac{V_2}{T_2}$$

- Selon la loi de Gay-Lussac, à volume constant, la pression d'une quantité donnée de gaz est directement proportionnelle à la température absolue de ce gaz.

$$\frac{P_1}{T_1} = \frac{P_2}{T_2}$$

- Selon la loi d'Avogadro, aux mêmes conditions de température et de pression, le volume d'un gaz est directement proportionnel à son nombre de moles.

$$\frac{V_1}{n_1} = \frac{V_2}{n_2}$$

- Le volume molaire gazeux est le volume occupé par une mole de gaz, quel qu'il soit, sous des conditions de température et de pression définies. Le volume molaire gazeux est de 22,4 L à TPN et de 24,5 L à TAPN.

- Aux mêmes conditions de température et de volume, la pression d'un gaz est directement proportionnelle à son nombre de moles.

$$\frac{P_1}{n_1} = \frac{P_2}{n_2}$$

2.5 La loi des gaz parfaits

- Un gaz parfait est un gaz hypothétique qui, théoriquement, obéit à toutes les lois des gaz, peu importe les conditions, et dont le comportement correspond aux hypothèses de la théorie cinétique des gaz.

- Les quatre variables qui décrivent un échantillon de gaz à un moment donné sont la pression (P), le volume (V), la température (T) absolue et la quantité de gaz (n) exprimée en moles. La loi des gaz parfaits permet de prévoir les interrelations entre ces quatre variables et la constante des gaz (R).

$$PV = nRT \text{ où } R = 8,31 \text{ (kPa·L)/(mol·K)}$$

- On peut déterminer la masse molaire d'un gaz grâce à cette formule dérivée de la loi des gaz parfaits.

$$M = \frac{mRT}{PV}$$

2.6 La loi générale des gaz

- La loi générale des gaz met en relation les quatre variables d'un gaz, soit la pression (P), le volume (V), la température (T) absolue et la quantité de gaz (n) exprimée en moles. Cette loi permet de prévoir les conditions finales d'un gaz après qu'on a modifié ses conditions initiales.

$$\frac{P_1 V_1}{n_1 T_1} = \frac{P_2 V_2}{n_2 T_2}$$

2.7 La stœchiométrie des gaz

- La stœchiométrie des gaz permet de déterminer la quantité nécessaire d'un réactif dans une réaction ou de prévoir la quantité de produit obtenue à la suite d'une réaction dans laquelle au moins un des constituants est gazeux.

2.8 La loi de Dalton

- La loi de Dalton, aussi connue sous le nom de loi des pressions partielles, s'énonce ainsi : à une température donnée, la pression totale d'un mélange de gaz est égale à la somme de la pression partielle de chacun des gaz.

$$P_T = P_A + P_B + P_C + \ldots$$

- On peut déterminer la pression partielle d'un gaz dans un mélange grâce à l'équation suivante.

$$P_A = \frac{n_A}{n_T} \cdot P_T$$

CHAPITRE 2   Les propriétés physiques des gaz

1. Dans un manomètre à bout fermé, la différence dans la hauteur des colonnes de mercure égale 522 mm Hg. Quelle est la pression de l'échantillon de gaz en kilopascals (kPa) ?

2. On relie un manomètre à bout ouvert à un contenant rempli de dioxyde de carbone (CO_2). Le niveau du mercure est plus élevé de 24 mm du côté ouvert. Déterminez la pression exercée par le dioxyde de carbone si la pression atmosphérique égale 100,3 kPa.

3. Quand la pression atmosphérique diminue, dans quelle direction le mercure se déplace-t-il à l'intérieur de la section ouverte d'un manomètre à bout ouvert ?

4. Dans un manomètre à bout fermé, on ne précise jamais laquelle des deux sections du tube de mercure est la plus élevée. Pourquoi ?

5. Dans le manomètre représenté ci-après, quelle est la différence de pression, en kilopascals (kPa), entre l'atmosphère et le gaz contenu dans le ballon ? Déterminez la pression de ce gaz si la pression atmosphérique équivaut à 102,3 kPa. Que se passerait-il si la pression du gaz égalait aussi 102,3 kPa ?

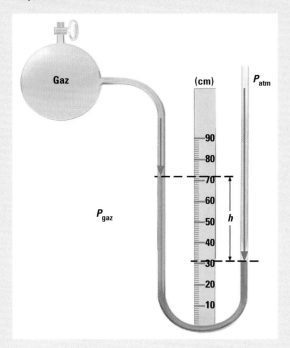

6. Un échantillon de dichlore (Cl_2) gazeux est utilisé comme désinfectant dans une piscine. L'échantillon occupe un volume de 500 mL dans un cylindre muni d'un piston mobile. Le piston injecte le gaz dans l'eau au besoin. Le gaz est emmagasiné sous une pression de 25 atm, à température normale. Si la température demeure constante et que le piston comprime le gaz à 220 mL, quelle est la pression à l'intérieur du cylindre ?

7. Le dihydrogène (H_2) gazeux occupe un volume de 500 dm^3, à 125 °C. Si la pression demeure constante, quel volume le dihydrogène occupera-t-il à 25 °C ?

8. Un échantillon de gaz naturel occupe un volume de 350 mL à 20 °C. La pression demeure constante et la température est augmentée jusqu'à ce que le volume final du gaz naturel soit de 385 mL. Quelle est la température finale du gaz en degrés Celsius (°C) ?

9. La production de vapeur pendant la cuisson explique en partie pourquoi les pains et les gâteaux lèvent. Quel volume de vapeur d'eau se développe dans un gâteau lorsque 1,0 g d'eau se vaporise à 98 °C et à 103 kPa ?

10. On utilise de grandes quantités de dichlore (Cl_2) gazeux provenant du sel pour fabriquer de l'eau de Javel et pour purifier l'eau. Calculez le volume de 26,5 mol de ce gaz à 400 kPa et à 35 °C.

11. Le fréon gazeux est une forme de chloro-fluorocarbure (CFC) utilisé auparavant comme substance refroidissante dans les climatiseurs et les réfrigérateurs. Si on comprime 500 mL de fréon à 1,5 atm et à 24 °C de manière à en obtenir 250 mL à 3,5 atm, quelle sera la température finale de ce gaz ?

12. Dans les centrales électriques, on obtient de l'énergie mécanique en utilisant de la vapeur sous pression pour activer des turbines. Ces dispositifs rotatifs sont reliés à un générateur d'électricité. La vapeur pénètre dans une turbine à une température et à une pression élevées, puis elle en ressort, toujours en phase gazeuse, à une température et à une pression moindres. Déterminez la pression finale d'un échantillon de vapeur de 10 kL à 600 kPa et à 150 °C qui passe à 18 kL à 110 °C.

13. Convertissez les températures suivantes en kelvins (K).
  a) 45 °C
  b) 67 °C
  c) 350 °C

14. Convertissez les températures suivantes en degrés Celsius (°C).
  a) 473 K
  b) 108 K
  c) 225 K

15. Déterminez le volume occupé par 1,0 g de dioxyde de carbone (CO_2) gazeux emprisonné dans une pâte à pain à TAPN.

16. La chromatographie en phase gazeuse est une technique qui permet de séparer les molécules d'un mélange de composés gazeux. L'argon (Ar) est un gaz noble porteur qui déplace les autres gaz du mélange à travers une colonne spécialement conçue à cet effet. Quel volume occupent 4,2 kg d'argon gazeux à TAPN ?

17. Répondez aux questions suivantes.
  a) Un gaz à 107 kPa et à 300 K est refroidi à 145 K et il garde le même volume. Quelle est la nouvelle pression ?
  b) On refroidit 17 L de gaz. La température de ce gaz passe de 300 K à 145 K, et la pression demeure la même. Quel est le nouveau volume du gaz ?

18. Pourquoi un ballon gonflé au maximum qui flotte au-dessus d'un poêle chaud risque-t-il d'éclater ?

19. La pression exercée sur 0,25 L de diazote (N_2) est de 120 kPa. Quel volume ce gaz occupera-t-il à 60 kPa si la température et le nombre de moles sont constants ?

20. Dans un gros ballon de fête, un échantillon de 25 g d'air sec à 20 °C occupe un volume de 20 L. Si la température monte à 40 °C à pression constante, quel sera le volume occupé par le ballon ?

21. Dans une maison où il fait 24,2 °C, on remplit complètement un ballon en caoutchouc élastique de 2,5 L avec de l'hélium (He). On sort le ballon dehors par une journée froide d'hiver à −23,5 °C. Que devient le volume du ballon si on suppose que la pression est constante ?

22. On laisse se dilater 15 L de néon (Ne) à 20 °C jusqu'à ce que le gaz occupe un volume de 30 L. Si la pression demeure constante, quelle est la température finale en degrés Celsius (°C) ?

23. Un échantillon de 75,3 L de dioxygène (O_2) à 25,7 °C est refroidi jusqu'à ce qu'il occupe un volume final de 10 L. Si la pression demeure constante, quelle est la température finale en degrés Celsius (°C) ?

24. Un camion quitte Drummondville au début de janvier quand la température est de −20 °C. Les pneus du camion sont gonflés à 210 kPa. Quatre jours plus tard, le camion arrive en Californie où la température est de 30 °C. Quelle est la pression de l'air dans les pneus quand le camion arrive à destination ?

25. L'hexafluorure de soufre (SF_6) peut servir d'isolant électrique dans l'appareillage à haute tension des postes du réseau d'électricité. On recueille un échantillon de 5,0 L de ce gaz à 205 °C et à 350 kPa. Quelle pression doit-on appliquer à l'échantillon de gaz pour réduire son volume à 0,7 L si la température est de 25 °C ?

26. Un échantillon de diazote (N_2) gazeux a un volume de 10 L à 101,3 kPa et à 20 °C. Pour conserver des fraises, on refroidit le diazote à -190 °C, ce qui frôle la température du diazote liquide. La pression du gaz demeure à 101,3 kPa. Quel volume le diazote occupera-t-il à cette nouvelle température ?

27. Un ballon d'anniversaire contient 2,0 L d'air à TPN. Quel sera son volume à TAPN ?

28. Un récipient en verre de 250 mL est rempli de krypton (Kr) gazeux à une pression de 700 mm Hg à 25 °C. Si le récipient est fabriqué pour résister à une pression de 2 atm, à quelle température maximale, en degrés Celsius (°C), peut-on le chauffer sans danger ?

29. Certaines ampoules électriques sont remplies d'argon (Ar) gazeux parce que c'est un gaz très peu réactif. On chauffe 650 cm^3 d'argon gazeux à température et à pression normales afin de doubler son volume. La pression finale du gaz est de 101,3 kPa. Quelle est sa température finale en degrés Celsius (°C) ?

30. Le néon (Ne) est abondamment utilisé comme gaz luminescent dans les enseignes lumineuses. Un échantillon de néon a un volume de 5,5 L à 750 mm Hg et à 10 °C. Si on dilate le gaz pour obtenir un volume de 7,5 L à une pression de 400 mm Hg, quelle sera sa température finale en degrés Celsius (°C) ?

31. Le dioxygène (O_2) destiné au laboratoire de l'école est emmagasiné dans un cylindre pressurisé de 2,0 L. Le cylindre contient 25 g de dioxygène à 20 °C. Quelle est la pression du dioxygène emmagasiné ?

32. Les ampoules des lampes à halogène sont généralement remplies de vapeurs de dibrome (Br_2) ou de diiode (I_2) à une pression de 5 atm. Quand on l'allume, l'ampoule de verre peut chauffer à plus de 1 150 °C. Si la température ambiante est de 20 °C, quelle sera la pression dans l'ampoule quand elle atteindra 1 150 °C ?

33. Un plongeur nage à 30 m sous la surface du lac Memphrémagog. À cette profondeur, la pression de l'eau est de 4 atm et la température de 8 °C. Une bulle d'air d'un volume de 5,0 mL s'échappe du masque du plongeur. Quel est le volume de la bulle quand elle éclate à la surface de l'eau ? Supposez que la pression atmosphérique est de 101,3 kPa et la température de l'eau à la surface du lac est de 24 °C.

34. Un échantillon de gaz de 1,56 L possède une masse de 3,22 g à 100 kPa et à 281 K. Quelle est la masse molaire du gaz ?

35. Deux litres d'haloéthane possèdent une masse de 14,1 g à 344 K et à 1,01 atm. Quelle est la masse molaire de l'haloéthane ?

36. Un gaz possède une masse de 0,548 g et un volume de 237 mL à 373 K et à 755 mm Hg. Quelle est la masse molaire de ce gaz ?

37. Quel volume occupent 2,0 mol de dioxygène (O_2) à 30 °C et à 750 mm Hg ?

38. Quel volume occupe 1,5 g de diazote (N_2) gazeux à 100 °C et à 5 atm ?

39. Le dioxyde de carbone (CO_2) pressurisé est utilisé pour produire des boissons gazeuses.
a) Combien y a-t-il de grammes de dioxyde de carbone dans un réservoir de 500 cm³ à −50 °C et à 2 atm ?
b) Combien de grammes de dioxygène (O_2) le réservoir peut-il contenir à la même température et à la même pression ?

40. Un échantillon de 60 g de diazote (N_2) gazeux est emmagasiné dans un réservoir de 5 L à 10 atm. Quelle est la température en degrés Celsius (°C) ?

41. Un échantillon de dioxygène (O_2) gazeux occupe un volume de 10 L à 546 K. À quelle température, en degrés Celsius (°C), le gaz occupera-t-il un volume de 5,0 L ?

42. La révolution industrielle, qui a duré du milieu du XVIIIᵉ siècle au milieu du XIXᵉ siècle en Europe, résultait d'un progrès technologique : la mise au point d'un moteur dans lequel la pression de la vapeur pouvait transformer la chaleur en énergie mécanique. Quelle est l'augmentation de la pression, en pourcentage, dans la chaudière d'une locomotive à vapeur lorsque la température s'élève de 100 °C à 200 °C ?

43. Au cours de la photosynthèse, les végétaux libèrent du dioxygène (O_2) que respirent ensuite les plantes et les animaux. Combien y a-t-il de moles de ce gaz dans 20 L d'air à TPN ? Supposez que l'air contient 20 % de dioxygène par volume.

44. À la même température et à la même pression, du diazote (N_2) et un gaz inconnu s'échappent de leur contenant respectif par un nombre égal de minuscules ouvertures identiques. Cette effusion prend 84 s pour un litre du gaz inconnu et 32 s pour un volume égal de diazote. La masse molaire du gaz inconnu est-elle supérieure, égale ou inférieure à celle du diazote ? Expliquez votre réponse.

45. L'ammoniac (NH_3) gazeux est utilisé dans la production des engrais. On trouve qu'un échantillon d'ammoniac gazeux à 55 °C exerce une pression de 7,5 atm. Quelle pression le gaz exercera-t-il s'il occupe le un cinquième de son volume initial à 55 °C ?

46. Un cylindre muni d'un piston mobile contient du dihydrogène (H_2) gazeux recueilli à 30 °C. Le piston se déplace jusqu'à ce que le volume du dihydrogène soit réduit de moitié. La pression dans le cylindre est alors de 125 kPa à 30 °C. Quelle était la pression initiale à l'intérieur du cylindre ?

47. À TPN, un contenant contient 14,01 g de diazote (N_2) gazeux, 16,00 g de dioxygène (O_2), 66,00 g de dioxyde de carbone (CO_2) et 17,04 g d'ammoniac (NH_3). Quel est le volume du contenant ?

48. Combien de kilogrammes de dichlore (Cl_2) gazeux se trouvent dans 87,6 m³ à 290 K et à 2,40 atm, sachant que 1 m³ = 1 000 L ?

49. Calculez le volume de 3,03 g de dihydrogène (H_2) gazeux si la pression est de 560 mm Hg et que la température est de 139 K.

50. De l'hélium (He) gazeux est entreposé dans des cylindres d'acier d'un volume de 100 L à 20 °C. Le manomètre fixé au cylindre indique une pression de 25 atm. On utilise le cylindre pour gonfler un ballon météorologique à 25 °C. Si la pression finale dans le cylindre et dans le ballon est de 1,05 atm, quelle sera la grosseur du ballon ?

51. Soit l'équation suivante :

$$H_{2\,(g)} + O_{2\,(g)} \rightarrow H_2O_{(g)}$$

a) Équilibrez l'équation.

b) Quelle masse de dioxygène (O_2) réagit pour produire 0,62 L de vapeur d'eau à 100 °C et à 101,3 kPa ?

52. Combien y a-t-il de molécules dans 0,250 m³ de dioxygène (O_2) à TPN ?

53. On emmagasine 9,0 g d'un gaz inconnu dans un réservoir métallique de 5,0 L à 0 °C et à 202 kPa. Pour déterminer la nature du gaz, une chercheuse décide de trouver sa masse molaire.

a) Quelle est la masse molaire du gaz ?

b) Quel est ce gaz ?

54. Un réservoir de 25 L à −20 °C contient 10 g d'hélium (He) et 10 g de diazote (N_2) gazeux.

a) Quel est le nombre total de moles de gaz dans le réservoir ?

b) Quelle est la pression totale, en kilopascals (kPa), dans le réservoir ?

c) Quelle est la pression partielle de l'hélium dans le réservoir ?

55. On désire préparer du dioxyde de carbone (CO_2) à l'aide de carbonate de disodium (Na_2CO_3) et d'acide chlorhydrique (HCl).

$$Na_2CO_{3\,(s)} + 2HCl_{(aq)} \rightarrow 2NaCl_{(aq)} + CO_{2\,(g)} + H_2O_{(l)}$$

Quelle quantité de carbonate de disodium doit-on faire réagir avec l'acide chlorhydrique pour produire 1,0 L de dioxyde de carbone à 24 °C et à 760 mm Hg ?

56. Répondez aux questions suivantes.

a) À pression constante, on double la température, en kelvins (K). Quelle influence cette variation aura-t-elle sur un gaz ? Expliquez votre réponse.

b) À pression constante, on double la température, en degrés Celsius (°C). En quoi cette situation est-elle différente de celle en a ? En quoi l'influence sur un gaz sera-t-elle différente ? Expliquez votre réponse.

c) À température constante, on réduit la pression sur un gaz par un facteur de 5. Quelle influence cette variation aura-t-elle sur le volume du gaz ? Pourquoi ?

57. À une certaine température, la vitesse des molécules du dioxygène (O_2) est de 0,076 m/s. Trouvez la vitesse des atomes d'hélium (He) à cette même température.

58. Déterminez le rapport de vitesse entre des atomes d'hélium (He) et des atomes de radon (Rn) lorsque ces deux gaz se trouvent à la même température.

59. Le dioxyde de carbone (CO_2) sert à différents usages, entre autres à rendre les sodas pétillants.

a) Que devient le volume d'un échantillon de 300 L de ce gaz lorsqu'on double la pression ?

b) Que devient le volume d'un échantillon de 300 L de ce gaz lorsqu'on élève la température de 30 °C à 60 °C ?

c) Quel est le volume molaire du dioxyde de carbone gazeux à 22 °C et à 84 kPa ?

d) Élaborez une expérience qui permettrait de déterminer le volume de dioxyde de carbone dissous dans une boisson gazeuse.

60. Dans la pâte à pain, les cellules de levure transforment le sucre ($C_6H_{12}O_6$) en dioxyde de carbone (CO_2) ainsi qu'en eau ou en éthanol (C_2H_5OH), comme le montrent les équations chimiques suivantes :

$$C_6H_{12}O_{6\,(s)} + 6\,O_{2\,(g)} \rightarrow 6\,CO_{2\,(g)} + 6\,H_2O_{(l)}$$
$$C_6H_{12}O_{6\,(s)} \rightarrow 2\,CO_{2\,(g)} + 2\,C_2H_5OH_{(l)}$$

a) Prédisez le volume de dioxyde de carbone produit lorsque 50 mL de dioxygène (O_2) gazeux réagissent avec du glucose ($C_6H_{12}O_6$).

b) Lorsque la cuisson sera terminée, laquelle des deux réactions aura le plus contribué à faire lever la pâte ? Expliquez votre réponse.

61. La navette spatiale décrit une orbite autour de la Terre à une altitude d'environ 300 km. Des astronautes canadiens ont travaillé à l'extérieur de la navette en se servant du bras spatial canadien pour réparer un satellite. Ils ont travaillé dans ce qu'il est convenu d'appeler le « vide ». Cependant, des mesures précises montrent que la pression atmosphérique à cette altitude est de $1,33 \times 10^{-9}$ kPa. Face au Soleil, la température moyenne est de 223 °C. Combien de molécules de gaz sont contenues dans un litre de ce qu'on appelle habituellement le vide dans l'espace ?

62 Déterminez le rapport de vitesse entre des molécules de dihydrogène (H_2) et des molécules de dioxygène (O_2) lorsque ces deux gaz se trouvent à la même température.

63. Du méthane (CH_4), un gaz naturel employé comme combustible pour chauffer une maison, est entreposé dans un réservoir de 100 L à $-10\ °C$ et à une pression de 125 atm. L'appareil de chauffage central consomme en moyenne 500 L de méthane par jour. Combien de temps cette réserve de méthane durera-t-elle si le méthane est brûlé à 450 °C à une pression de 102 kPa ?

64. Le méthanol (CH_3OH) peut être utilisé comme carburant. Il brûle en présence de dioxygène (O_2) pour produire du dioxyde de carbone (CO_2) et de l'eau.

$$CH_3OH_{(l)} + O_{2\,(g)} \rightarrow CO_{2\,(g)} + H_2O_{(g)}$$

a) Équilibrez cette équation.
b) Si 10 L de dioxygène sont utilisés à TPN, quel sera le volume de dioxyde de carbone produit ?
c) Quelle est la masse du méthanol utilisé dans cette réaction ?

65. Les glucides complexes sont des féculents. Le corps convertit ces glucides en glucose ($C_6H_{12}O_6$), une sorte de sucre. Les glucides simples contiennent du glucose que le corps peut utiliser immédiatement. Inspirer de l'air et brûler du glucose produit de l'énergie dans les muscles des coureurs selon l'équation non équilibrée suivante :

$$C_6H_{12}O_{6\,(aq)} + O_{2\,(g)} \rightarrow CO_{2\,(g)} + H_2O_{(l)}$$

Juste avant de courir, Tala mange deux oranges. Les oranges fournissent 25 g de glucose à son corps pour lui permettre de produire de l'énergie. La température à l'extérieur est de 27 °C, et la pression atmosphérique est de 102,3 kPa. Bien que 21 % de l'air inspiré par Tala soit constitué de dioxygène (O_2), elle expire environ 16 % de dioxygène. En d'autres mots, elle n'utilise que 5 % du dioxygène inspiré.

a) Combien de litres d'air Tala respire-t-elle en courant pour brûler le glucose consommé ?
b) Combien de moles d'eau produit-elle ?
c) Combien de litres de dioxyde de carbone gazeux produit-elle ?

66. Les plantes consomment du dioxyde de carbone (CO_2) en produisant du sucre ($C_6H_{12}O_6$) grâce à la photosynthèse.

$$6\ CO_{2\,(g)} + 6\ H_2O_{(l)} \rightarrow C_6H_{12}O_{6\,(s)} + 6\ O_{2\,(g)}$$

Pour produire 50 g de sucre, combien de litres de dioxyde de carbone à TAPN une betterave à sucre doit-elle absorber ?

67. Pour faire des muffins, on peut utiliser du bicarbonate de soude ($NaHCO_3$). Le bicarbonate sert d'agent de levage et permet à la pâte de gonfler en cuisant. Une des réactions qui se produit au cours de la cuisson est la suivante :

$$2\ NaHCO_{3\,(s)} \rightarrow Na_2CO_{3\,(s)} + H_2O_{(g)} + CO_{2\,(g)}$$

En supposant qu'il faut 5 mL (environ 3,0 g) de bicarbonate pour faire une douzaine de muffins, quel volume de dioxyde de carbone (CO_2) sera généré à 195 °C et à 100 kPa pour faire lever la pâte ?

68. À chaque respiration, on inhale environ 0,50 L d'air. Combien de particules de chacun des gaz suivants inhale-t-on dans une respiration, à 22 °C et à 101,3 kPa ?
a) Diazote (N_2) c) Argon (Ar)
b) Dioxygène (O_2) d) Dioxyde de carbone (CO_2)

69. En dehors du diazote (N_2) et du dioxygène (O_2), l'argon (Ar) est le gaz le plus répandu dans l'air. Sachant que, sur un total de 100 mol, l'air renferme 0,934 mol d'argon :
a) Calculez la pression partielle de l'argon contenu dans l'air dans les conditions normales de température et de pression.
b) Calculez la masse d'argon contenue dans 300 L d'air à une température de 25 °C et sous une pression de 101,3 kPa.

70. Une élève veut identifier un échantillon de gaz pur. En cherchant à déterminer sa masse molaire, elle fait les observations suivantes :
– masse du contenant vide : 8,04 g
– masse du contenant et du gaz : 25,53 g
– volume du contenant : 3,25 L
– température du gaz : 25,7 °C
– pression du gaz : 90,2 kPa
D'après ces observations, quelle est la masse molaire du gaz en question ?

MODULE 2

L'ASPECT ÉNERGÉTIQUE DES TRANSFORMATIONS

SOMMAIRE

CHAPITRE 3
Les transferts d'énergie 127

CHAPITRE 4
La variation d'enthalpie 147

CHAPITRE 5
**La représentation graphique
de la variation d'enthalpie** 171

CHAPITRE 6
**La chaleur molaire
de réaction** 185

CHAPITRE 7
La loi de Hess 197

L'énergie est à l'origine de toutes les transformations. Qu'il s'agisse de la transformation de l'énergie rayonnante du Soleil en énergie chimique par le processus de la photosynthèse, ou encore de la libération de l'énergie chimique contenue dans le charbon par la réaction de combustion destinée à rendre une tige d'acier plus malléable, l'énergie rend la vie possible. C'est elle qui permet aux êtres humains d'accomplir leurs activités quotidiennes.

Dans ce module, vous apprendrez à calculer la quantité d'énergie transférée au cours de transformations physiques ou chimiques à l'aide de données recueillies en laboratoire ou non. Vous représenterez graphiquement l'aspect énergétique de ces transformations. Plus loin dans ce module, vous serez en mesure de prévoir les variations d'énergie d'une réaction sans avoir besoin de la réaliser au laboratoire. Cette aptitude s'avère essentielle pour l'étude des réactions qui représentent un danger, par exemple.

MODULE 2
L'ASPECT ÉNERGÉTIQUE DES TRANSFORMATIONS

CHAPITRE **3** | LES TRANSFERTS D'ÉNERGIE

3.1 La distinction entre chaleur et température

3.2 La loi de la conservation de l'énergie

3.3 La relation entre l'énergie thermique, la capacité thermique massique, la masse et la variation de température

3.4 Le calcul de l'énergie transférée

CHAPITRE **4** | LA VARIATION D'ENTHALPIE

4.1 L'enthalpie et la variation d'enthalpie

4.2 Les transformations endo-thermiques et exothermiques

4.3 Le bilan énergétique

4.4 Le calcul et la variation d'en-thalpie par la stœchiométrie

CHAPITRE **5** | LA REPRÉSENTATION GRAPHIQUE DE LA VARIATION D'ENTHALPIE

5.1 Le complexe activé, l'énergie d'activation et le diagramme énergétique

5.2 L'observation du déroulement d'une transformation à l'aide d'un diagramme énergétique

CHAPITRE **6** | LA CHALEUR MOLAIRE DE RÉACTION

6.1 La chaleur molaire de dissolution

6.2 La chaleur molaire de neutralisation

CHAPITRE **7** | LA LOI DE HESS

7.1 Le mécanisme réactionnel

7.2 L'additivité des enthalpies

Les transferts d'énergie

CHAPITRE

3

L'énergie présente sur Terre provient du Soleil, mais également des désintégrations radioactives de certains atomes. Celles-ci se produisent dans la croûte terrestre, dans le manteau intérieur constitué de magma qui monte à la surface par les volcans ainsi que dans le noyau central. Cette chaleur géothermique est une source d'énergie durable et peu polluante.

Toutes les manifestations d'énergie qu'on observe sont des transformations et des transferts d'énergie. Parfois, l'énergie se transforme et semble disparaître, mais des mesures microscopiques permettraient de la retrouver à l'échelle des molécules et des atomes.

Ce chapitre vous permettra de mieux comprendre la nature des transferts d'énergie sous forme de travail et de chaleur. Il vous fournira également les outils nécessaires pour calculer et prévoir les quantités d'énergie impliquées dans des transferts de chaleur entre différents types de systèmes.

3.1 **La distinction entre chaleur et température** 128

3.2 **La loi de la conservation de l'énergie** 131

3.3 **La relation entre l'énergie thermique, la capacité thermique massique, la masse et la variation de température** 134

3.4 **Le calcul de l'énergie transférée** 138

Rappels

L'énergie cinétique. 30
L'énergie potentielle 30
La loi de la conservation de l'énergie. 32
La relation entre l'énergie thermique, la capacité thermique massique, la masse et la variation de température. 32

3.1 La distinction entre chaleur et température

La **chaleur** est un transfert d'énergie thermique qui se produit entre deux systèmes de températures différentes en contact l'un avec l'autre.

La **température** est une mesure de l'agitation des atomes et des particules dans un système.

Le transfert d'énergie cinétique entre deux systèmes en contact peut se faire de deux manières : par un travail ou par de la chaleur. Le travail est un mouvement ordonné de particules qui effectuent un déplacement toutes ensemble tandis que la chaleur est un mouvement désordonné de particules qui s'agitent dans toutes les directions (*voir la figure 1*).

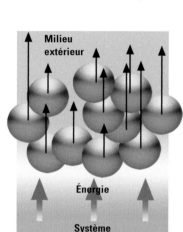

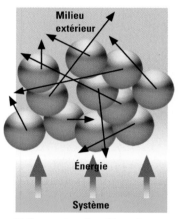

a) Dans un transfert d'énergie sous forme de travail, le mouvement des particules est ordonné.

b) Dans un transfert d'énergie sous forme de chaleur, le mouvement des particules est désordonné.

Figure 1 L'énergie cinétique se transfère grâce au travail ou à la chaleur.

Le travail effectué par les molécules d'un gaz lorsqu'on gonfle un ballon constitue un bon exemple de transfert d'énergie sous forme de travail. En effet, l'énergie cinétique des particules du gaz est transférée sous forme de travail à la paroi du ballon, qui entre en expansion. Les particules composant la paroi du ballon effectuent un mouvement ordonné puisqu'elles se déplacent ensemble dans la même direction.

Dans la vie quotidienne, nous sentons régulièrement des échanges d'énergie cinétique sous forme de chaleur par l'intermédiaire de notre peau. En effet, la peau détecte la chaleur qui lui est transférée lorsqu'elle est en contact avec un objet chaud, par exemple une tasse de chocolat chaud. D'un point de vue microscopique, l'énergie cinétique des molécules présente dans la boisson se transmet aux molécules de la tasse, puis à celles de l'environnement et de la main. Il s'agit d'un mouvement désordonné, car les particules vibrent et se déplacent dans toutes les directions ; on n'observe aucun mouvement global. L'énergie cinétique pouvant être transmise sous forme de chaleur est aussi appelée énergie thermique.

La température d'un système mesure l'agitation thermique des particules qui le composent. Cette agitation comprend les déplacements et rotations des molécules ainsi que les vibrations des liaisons chimiques à l'intérieur des molécules. Plus l'agitation est intense, plus la température est élevée (*voir la figure 2*).

Les températures se mesurent expérimentalement en degrés Celsius (°C), une échelle basée sur les points de fusion et d'ébullition de l'eau pure. Selon l'échelle Celsius, à la pression atmosphérique normale (101,3 kPa), 0 °C correspond à la fonte de la glace et 100 °C correspondent à l'ébullition de l'eau pure. Ainsi, si on mesure une température de 100 °C au centre d'un rôti en train de cuire, cela signifie que les molécules du rôti sont aussi agitées que celles de l'eau à son point d'ébullition. Inversement, une température plus basse indique que les particules sont moins agitées. Il existe donc une température à laquelle les particules n'ont plus aucune agitation thermique : le **zéro absolu**. Le zéro absolu correspond à −273 °C, ou à 0 K, début de l'échelle Kelvin, le kelvin étant une autre unité de mesure de la température très utilisée en chimie.

Lorsque deux corps de températures différentes entrent en contact, l'agitation des molécules se transmet d'un corps à l'autre. Cette propagation de l'agitation thermique entre deux systèmes constitue la chaleur, et le processus ne peut se produire que dans une direction : de la substance la plus chaude vers la plus froide.

En physique et en chimie, il est reconnu que les phénomènes spontanés se produisent de manière à propager et à augmenter le désordre des particules. Ce désordre est aussi appelé entropie. Ainsi, quand deux corps entrent en contact, l'agitation thermique désordonnée du corps le plus chaud se transmet au corps le plus froid, et il y a plus de particules agitées de façon désordonnée qu'au départ. Si, inversement, c'était le froid qui se transmettait d'un corps à l'autre, cela impliquerait que les particules peu agitées du corps froid mettraient de l'ordre dans les particules du corps chaud et les empêcheraient de bouger, ce qui est contraire à la tendance de la propagation du désordre. La sensation de froid qu'on sent en plongeant une main dans la neige ne provient donc pas du froid transmis par la neige mais plutôt de la chaleur perdue par la main lorsqu'elle est en contact avec la neige.

La lave d'un volcan qui s'écoule dans une étendue d'eau constitue un exemple spectaculaire de transfert de chaleur. À sa sortie du volcan, la lave est à environ 1 000 °C. Si elle atteint rapidement l'eau de l'océan, elle réchauffera cette eau en lui transmettant sa chaleur. La lave, pour sa part, va refroidir. Après un certain temps, l'eau et la lave seront à la même température, qui sera intermédiaire entre celle de la lave et celle de l'eau de mer au départ (*voir la figure 3*).

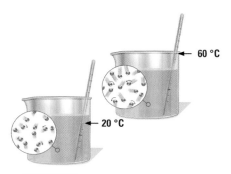

Figure 2 L'agitation thermique des molécules est faible à basse température et intense à haute température.

Voir **La relation entre le volume et la température absolue**, p. 80.

《INFO SCIENCE

La course au zéro absolu

Le zéro absolu, température à laquelle les particules deviennent immobiles, est théorique, et donc impossible à observer expérimentalement. Cependant, les physiciens s'en rapprochent de plus en plus, le record actuel étant de 0,000 000 045 K atteint grâce à une technique de refroidissement des atomes par laser. Cette technique consiste à placer un petit échantillon gazeux entre deux lasers qui se font face. Les lasers émettent régulièrement des particules lumineuses, appelées photons, qui frappent les atomes symétriquement de manière à les empêcher d'avancer ou de reculer. Puisque les atomes sont immobilisés et ne montrent plus d'agitation thermique, la température du gaz mesurée est extrêmement basse.

Figure 4 Un échantillon d'atomes de calcium (Ca) refroidis par des lasers.

Figure 3 La lave du volcan Kilauea, à Hawaii, s'écoule directement dans l'océan Pacifique, où elle réchauffe l'eau tout en refroidissant.

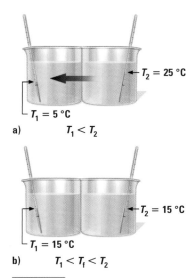

a) $T_1 < T_2$

$T_2 = 25\ °C$
$T_1 = 5\ °C$

b) $T_1 < T_f < T_2$

$T_2 = 15\ °C$
$T_1 = 15\ °C$

Figure 5 Lorsque deux corps de températures différentes sont mis en contact, il y a un transfert de chaleur du plus chaud vers le plus froid jusqu'à ce que les températures des deux corps soient égales.

En effet, lorsque deux corps de températures différentes entrent en contact, une certaine quantité de chaleur passe du corps le plus chaud, qui contient davantage d'énergie thermique, au corps le plus froid (*voir la figure 5*). Le transfert d'énergie thermique sous forme de chaleur continue jusqu'à ce que la température des deux corps soit la même, c'est-à-dire jusqu'à ce que l'agitation des molécules ait la même intensité. La température des deux corps sera alors intermédiaire entre leurs températures initiales. Cependant, dans la réalité, les situations sont souvent complexes et plusieurs systèmes peuvent entrer en contact. Si on reprend l'exemple du volcan, la lave qui s'écoule transmet de l'énergie thermique non seulement à l'eau mais aussi à l'air environnant et au sol où elle se répand avant d'atteindre l'eau.

La quantité de chaleur transmise entre deux systèmes dépend de l'énergie thermique de chacun d'eux. L'énergie thermique d'une substance dépend de l'agitation de ses molécules, donc de sa température, mais également de la quantité de substance présente. Un bloc de 1 kg de fer (Fe) et un grain de 1 g de fer chauffés au rouge (700 °C) ont la même température, donc une agitation thermique identique, mais le bloc contient davantage de particules agitées et peut donc transmettre beaucoup plus de chaleur que le grain.

POUR FAIRE LE POINT

SECTION 3.1

La distinction entre chaleur et température

1. Qu'impliquent les situations suivantes : seulement de la chaleur, seulement du travail, de la chaleur et du travail ou ni l'un ni l'autre ? Si ces situations impliquent de la chaleur, décrivez dans quelle direction se propage la chaleur. Si elles impliquent du travail, décrivez quel est le travail effectué.

   a) Un ballon de fête gonflé qu'on a mis au congélateur devient plus petit.

   b) Le mercure d'un thermomètre monte lorsque ce dernier est placé dans l'eau chaude.

   c) Une haltérophile maintient des haltères au-dessus de sa tête et tente de rester immobile.

   d) Une ampoule électrique est allumée.

2. Trois tasses sont sur la table :
   - une tasse bleue qui contient 250 mL d'eau à 80 °C ;
   - une tasse rouge qui contient 200 mL d'eau à 80 °C ;
   - une tasse jaune qui contient 250 mL d'eau à 60 °C.

   a) Si on rapproche la tasse bleue et la tasse jaune de façon qu'elles se touchent, dans quelle direction se propagera la chaleur ?

   b) Si on veut réchauffer un bol de 1 L d'eau froide, laquelle de ces trois tasses serait-il plus efficace de verser dans le bol ?

3. Décrivez les transferts de chaleur dans les situations suivantes. Pour chaque cas, mentionnez la provenance et le type d'énergie, la direction du transfert et les variations de température observées.

   a) Une voiture dont on vient juste d'éteindre le moteur en février.

   b) Une voiture stationnée un matin de juillet.

   c) Un chauffe-eau maintient l'eau chaude de la maison à 55 °C.

   d) Un enfant fait brûler du papier au soleil avec une loupe.

   e) La température augmente pendant la journée et décroît pendant la nuit.

4. En étudiant le comportement des gaz, on a démontré que l'augmentation de la température d'un gaz dans un contenant rigide fait augmenter la pression que le gaz exerce sur les parois du contenant. Dans le cas d'un ballon non rigide, l'augmentation de la température fait augmenter le volume du ballon. Expliquez ces deux phénomènes en ce qui a trait à la chaleur, à l'énergie cinétique et au travail. Indiquez également de quelle manière (travail ou chaleur) l'énergie est transmise vers l'extérieur du contenant.

3.2 La loi de la conservation de l'énergie

Selon la loi de la conservation de l'énergie, l'énergie peut être transférée ou transformée, mais il est impossible de la créer ou de la détruire.

La célèbre phrase « rien ne se perd, rien ne se crée, tout se transforme » attribuée à Lavoisier est valable pour la matière tout comme pour l'énergie. Il est impossible qu'un objet se mette en mouvement tout seul, sans qu'aucune énergie ne lui soit fournie. De la même manière, l'énergie ne cesse pas d'exister à la fin d'un processus, même si elle est parfois difficile à détecter. Lorsqu'on éteint le moteur d'une voiture après avoir roulé, l'énergie thermique qui lui reste est transférée graduellement sous forme de chaleur aux molécules d'air qui l'entourent. Comme elle ne peut être ni créée ni détruite, l'énergie passe d'une forme à une autre ou se déplace d'un endroit à un autre. Par exemple, lorsqu'on allume une ampoule, l'énergie électrique se transforme en énergie lumineuse et en énergie thermique, qui se propage ensuite dans la pièce sous forme de chaleur.

Dans la vie courante, plusieurs processus impliquent des transformations d'un type d'énergie à un autre. Pendant un feu d'artifice, par exemple, il y a tout d'abord de l'énergie mécanique (frottement) ou électrique qui va produire une étincelle pour allumer une fusée. Il y a ensuite une réaction chimique de combustion qui génère suffisamment d'énergie pour propulser la fusée, et de l'énergie chimique est transformée en énergie cinétique et thermique. Lorsque la fusée s'élève, son énergie cinétique se transforme en énergie potentielle. À une certaine hauteur, la combustion déjà amorcée précédemment atteint le cœur de la fusée, où une autre explosion se produit, libérant les étincelles colorées typiques des feux d'artifice. À ce moment, de l'énergie chimique se transforme en énergie lumineuse, sonore et thermique (*voir la figure 6*).

Figure 6 Les feux d'artifice sont un exemple de transformation de l'énergie.

3.2.1 Les types de systèmes

La loi de la conservation de l'énergie est le premier principe de la thermodynamique✱. Quand on étudie les transformations de l'énergie, il est nécessaire de déterminer le type de **système** ainsi que ses interactions avec son environnement. Le système est l'endroit observé. Il peut s'agir d'un bécher où a lieu une réaction chimique, d'un appareil électrique ou d'une des piles qui le fait fonctionner, d'un être vivant en entier ou d'une seule de ses cellules, du système solaire ou d'une seule planète, etc.

À l'extérieur du système étudié, il peut y avoir un ou plusieurs autres systèmes en contact avec celui-ci. Il faut aussi considérer le milieu extérieur, ou l'environnement du système. Il est important de toujours voir le système comme étant relié à d'autres systèmes et faisant partie d'un environnement. Un seul système a la particularité de contenir tous les autres systèmes : l'Univers.

Il existe trois types de systèmes : ouvert, fermé et isolé (*voir la figure 7*). Le **système ouvert** est en contact avec le milieu extérieur et laisse passer la matière et l'énergie. En chimie, il pourrait s'agir d'un bécher dans lequel se déroule une réaction. Comme il est possible de chauffer ou de refroidir le bécher, ou encore d'ajouter ou d'enlever des réactifs, les transferts d'énergie et de matière avec l'environnement sont possibles.

✱ **Thermodynamique** Étude des transformations de l'énergie.

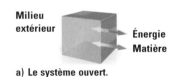

Milieu extérieur

Énergie Matière

a) Le système ouvert.

Énergie

Matière

b) Le système fermé.

Énergie

Matière

c) Le système isolé.

Figure 7 Les trois types de systèmes en thermodynamique.

Le **système fermé**, quant à lui, ne permet pas les échanges de matière, mais il laisse circuler l'énergie avec l'extérieur. Par exemple, un ballon de fête gonflé d'air est un système fermé une fois son ouverture nouée. On ne peut plus ajouter d'air ni en laisser sortir. Cependant, si on chauffe le ballon, si on le place dans le congélateur ou si on le comprime, il y a transfert d'énergie entre l'extérieur du ballon et l'intérieur. Lorsque le ballon est placé dans un environnement à une température différente, de l'énergie est transférée sous forme de chaleur. Si on comprime les parois du ballon, de l'énergie est transférée sous forme de travail.

Quant au **système isolé**, il est totalement fermé aux échanges de matière et d'énergie. Une bouteille isotherme remplie de chocolat chaud constitue un bon exemple de système isolé. Ce type de bouteille est fait de parois rigides et aucun travail, donc aucun changement de volume, ne peut s'effectuer. Si on laisse la bouteille isotherme dans une voiture en hiver, le chocolat sera tiède à la fin de la journée, et froid après quelques jours, car l'agitation des molécules du chocolat se transmet au milieu extérieur par le bouchon, par les molécules de gaz entre les parois et par les parois elles-mêmes. Cependant, sur une période de quelques minutes à quelques heures, il est possible de considérer les contenants isothermes comme des systèmes isolés.

3.2.2 La calorimétrie et le calorimètre

La **calorimétrie** permet de déterminer expérimentalement des quantités de chaleur impliquées au cours de certaines transformations. Pour y arriver, on se sert d'un calorimètre, un instrument utilisé pour mesurer les transferts de chaleur (*voir la figure 8*). Le calorimètre est constitué d'une bombe rigide placée dans un contenant d'eau, et son ensemble est séparé de l'extérieur par une paroi isolante. La bombe constitue un sous-système fermé qui laisse échapper de l'énergie mais aucune matière. Une fois qu'on a mis les substances qu'on veut étudier dans le calorimètre, ce dernier constitue un système isolé puisque aucun échange de matière ou d'énergie ne se produit avec le milieu extérieur pendant la durée de l'observation.

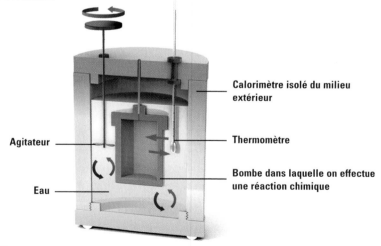

Calorimètre isolé du milieu extérieur

Thermomètre

Bombe dans laquelle on effectue une réaction chimique

Agitateur

Eau

Figure 8 Un calorimètre est un système isolé. La réaction se déroule dans la bombe, et on détermine la chaleur transmise en observant la variation de la température de l'eau.

La réaction chimique ou la transformation physique se déroulent dans la bombe, dont le matériau rigide empêche l'expansion ou la contraction des parois. Ce type de calorimètre ne permet pas de transfert d'énergie sous forme de travail entre la bombe et son environnement.

Après qu'on a ajouté des substances dans la bombe et qu'elle est refermée hermétiquement, elle est considérée comme un système fermé, car elle ne laisse passer aucune matière. Toutefois, l'agitation thermique des particules contenues dans la bombe peut se propager à l'eau qui l'entoure. Pendant la réaction, on mesure la température de l'eau. Si la réaction chimique dégage de la chaleur, la température de l'eau monte. Par contre, si la réaction a besoin d'énergie pour se produire, l'eau se refroidit, car elle transmet une partie de son énergie thermique à la bombe sous forme de chaleur.

<< **INFO** SCIENCE

Un calorimètre maison

On peut fabriquer un calorimètre à faible coût avec des matériaux simples afin d'étudier les transferts de chaleur impliqués dans certaines transformations chimiques ou physiques. Il suffit d'emboîter deux verres de polystyrène l'un dans l'autre à l'envers et de les mettre dans un bécher. Celui-ci rendra les verres plus stables et procurera une isolation supplémentaire. Le tout formera un système suffisamment isolé pour observer des phénomènes thermiques à court terme. On verse de l'eau à l'intérieur du verre pour créer un milieu dans lequel les réactions pourront se produire. Un thermomètre introduit par un trou percé dans les verres indiquera les variations de température des transformations étudiées. Il est important, avec ce type de calorimètre, de ne pas travailler à des températures trop élevées pour ne pas faire fondre le polystyrène. De plus, comme certains solvants peuvent dissoudre le polystyrène, ce type de système est plus approprié pour des transformations en milieu aqueux.

Figure 9 Un calorimètre peu dispendieux et rapidement fabriqué : il faut seulement deux verres en polystyrène, un thermomètre et de l'eau.

POUR FAIRE LE POINT

SECTION 3.2   La loi de la conservation de l'énergie

1. Dans les situations suivantes, indiquez de quoi sont constitués les systèmes et dites s'ils sont ouverts, fermés ou isolés.
   a) Un bécher d'acide sulfurique (H_2SO_4) dilué dans l'eau.
   b) Six bouteilles de boissons gazeuses dans une boîte de carton.
   c) Une bouillotte remplie d'eau chaude.
   d) Du diazote (N_2) liquide dans une bouteille isotherme scellée.
   e) Un tube fluorescent au néon (Ne).
   f) Un calorimètre dont la bombe est remplie d'un mélange de gaz.

2. Quels types d'énergie sont présents dans chacune des situations suivantes ?
   a) Une lampe à incandescence s'allume.
   b) Un crayon tombe par terre.
   c) L'eau de Javel décolore les vêtements.
   d) Le Soleil réchauffe la Terre.

3. Indiquez si la température mesurée par le thermomètre du calorimètre monte ou descend à la suite des manipulations suivantes. Le calorimètre est à la température ambiante au départ.
   a) On place dans la bombe de l'eau et du sodium (Na) métallique qui réagissent violemment ensemble, donnant parfois lieu à des flammes.
   b) On met de la glace sèche, c'est-à-dire du dioxyde de carbone (CO_2) solide, dans la bombe. Cette substance se solidifie à −78,5 °C.
   c) On emporte le calorimètre dehors en hiver.
   d) On mesure la variation de température occasionnée par une réaction chimique qui dégage de la chaleur. Ensuite, on enlève l'eau se trouvant à l'extérieur de la bombe pour faire de cette partie du calorimètre un compartiment sous vide (contenant de l'air raréfié).

3.3 La relation entre l'énergie thermique, la capacité thermique massique, la masse et la variation de température

Quand une substance possédant une certaine masse et une certaine capacité thermique massique, aussi appelée chaleur massique, subit une variation de température, il y a dégagement d'énergie thermique. Cette énergie thermique est proportionnelle à la masse de la substance ainsi qu'à l'écart de température observé et à la nature de la substance. Il faut donc chauffer davantage une casserole remplie d'eau qu'une tasse d'eau pour observer la même augmentation de température. Il faut également fournir de la chaleur en plus grande quantité pour augmenter davantage la température d'une quantité donnée d'eau (*voir la figure 10*).

a) Lorsque la masse d'eau double, il faut fournir le double de chaleur pour obtenir la même température.

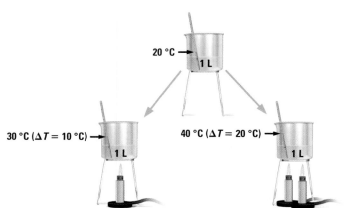

b) Lorsque la quantité de chaleur double, l'écart de température double.

Figure 10 La chaleur que doit absorber une substance pour que sa température augmente est proportionnelle à sa masse ainsi qu'à la variation de température.

Tableau 1 La capacité thermique massique de quelques substances.

Substance	Capacité thermique massique (J/(g·°C))
Eau	4,184
Vapeur d'eau	1,41
Glace	2,05
Solution antigel, composée d'éthylène glycol ($C_2H_6O_2$)	2,20
Aluminium (Al)	0,897
Plomb (Pb)	0,129
Cuivre (Cu)	0,385
Fer (Fe)	0,444
Air sec	1,02
Béton	2,10
Gypse	1,09
Bois	1,76
Verre	0,84
Huile	2,00

L'énergie thermique dépend également de la nature de la substance, car chacune a une capacité thermique massique qui lui est propre (*voir le tableau 1*). La capacité thermique massique correspond à la quantité d'énergie requise pour augmenter la température de 1 g de substance de 1 °C. Cela signifie que plus la capacité thermique d'une substance est élevée, plus il faut la chauffer pour augmenter sa température. De la même manière, elle dégagera davantage de chaleur si sa température baisse.

Ainsi, la capacité thermique massique d'une substance est proportionnelle à la difficulté avec laquelle on peut augmenter ou diminuer sa température. Par exemple, le jour, le Soleil réchauffe le béton, très présent dans les grands centres urbains. Ces zones qui dégagent beaucoup de chaleur le soir venu sont appelées îlots de chaleur. Les urbanistes tentent de minimiser cet effet en conservant ou en aménageant des espaces verts, ou en recouvrant les bâtiments de végétation.

L'eau a une capacité thermique massique de 4,184 J/(g·°C), ce qui signifie qu'il faut donner 4,184 J d'énergie à 1 g d'eau pour que sa température augmente de 1 °C. En comparaison, un autre liquide, comme une solution antigel, composée d'éthylène glycol ($C_2H_6O_2$), ne demande que 2,20 J pour le même résultat. Cela signifie qu'à masses égales, il faut chauffer l'eau presque deux fois plus pour observer la même augmentation de température.

Les métaux, quant à eux, sont de bons conducteurs de chaleur et ont donc des capacités thermiques plus faibles. Une casserole vide en aluminium devient chaude très rapidement lorsqu'on la place sur l'élément chauffant allumé d'une cuisinière, mais elle refroidit également très vite, et il est possible de la toucher quelques minutes après l'avoir enlevée. La capacité thermique massique d'une substance dépend de plusieurs facteurs : la nature des atomes et des liaisons chimiques présents, la taille, la masse et la structure des molécules ainsi que les attractions possibles entre les molécules.

Pour aller + loin

La capacité thermique massique de l'eau

La capacité thermique massique de l'eau liquide est très élevée par rapport aux autres liquides, la plupart des solides et même des gaz. Cela signifie qu'il faut lui fournir beaucoup d'énergie thermique pour que sa température augmente. Au niveau microscopique, cela implique qu'il est difficile d'augmenter l'agitation thermique de ses molécules. Cela est dû aux attractions présentes entre les molécules d'eau. En effet, il existe dans l'eau des liaisons intermoléculaires, appelées liaisons hydrogène, qui impliquent une attraction entre l'atome d'hydrogène (H) d'une molécule et l'atome d'oxygène (O) d'une molécule voisine. Ainsi, pour augmenter la température de l'eau, et donc son agitation thermique, il faut lui fournir une grande quantité d'énergie afin de briser une partie de ces attractions intermoléculaires.

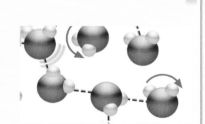

Figure 11 Il faut beaucoup d'énergie pour briser les liaisons intermoléculaires des molécules d'eau, car ces liaisons sont beaucoup plus fortes que dans la plupart des composés.

« INFO SCIENCE

L'eau comme régulateur de température

Sur Terre, à des latitudes équivalentes, donc pour des durées d'ensoleillement identiques, le climat d'une région peut varier énormément selon que celle-ci est désertique ou maritime. À cause de la grande capacité thermique massique de l'eau, la chaleur du Soleil fait très peu augmenter la température des océans. Dans un désert, une même quantité d'énergie provenant du Soleil augmente énormément la température du sable. Une fois le Soleil couché, la faible capacité thermique massique du sable fait en sorte qu'il refroidit rapidement. L'eau, par contre, libère très lentement sa chaleur. Une région désertique est ainsi très chaude le jour et beaucoup plus froide la nuit. Dans le désert du Sahara, la température en août peut atteindre 45 °C le jour, puis chuter à 18 °C la nuit. Les régions maritimes sont plus fraîches le jour et leur température décroît moins la nuit, car l'eau libère de la chaleur pendant la nuit.

Figure 12 Le désert du Sahara est une des régions désertiques les plus chaudes au monde.

On peut calculer l'énergie qu'une certaine masse de substance dégage dans l'environnement ou reçoit de celui-ci quand sa température varie (ΔT), c'est-à-dire lorsqu'elle passe d'une température initiale (T_i) à une température finale (T_f). Lorsqu'une substance refroidit, la valeur de la variation de température obtenue est négative et l'énergie thermique (Q) calculée est négative. Il est d'usage de considérer les valeurs d'énergie négative comme de l'énergie dégagée.

Énergie thermique

$$Q = mc\Delta T$$

où

Q = Quantité de chaleur, exprimée en joules (J)

m = Masse d'une substance, exprimée en grammes (g)

c = Capacité thermique massique d'une substance, exprimée en joules par gramme degré Celsius (J/(g·°C))

ΔT = Variation de la température ($T_f - T_i$), exprimée en degrés Celsius (°C)

Voici des exemples de calculs utilisant cette relation mathématique.

Exemple A

Calculez la quantité d'énergie thermique absorbée par un bloc de 5,00 kg de béton pour passer de 17,1 °C à 35,5 °C.

Données :

m = 5,00 kg = 5 000 g

c = 2,10 J/(g·°C)

T_i = 17,1 °C

T_f = 35,5 °C

ΔT = ?

Q = ?

1. Calcul de la variation de température :

$\Delta T = T_f - T_i$

$\quad$ = 35,5 °C − 17,1 °C

$\quad$ = 18,4 °C

2. Calcul de l'énergie thermique :

$Q = mc\Delta T$

$\quad$ = 5 000 g · 2,10 J/g·°C · 18,4 °C

$\quad$ = 193 200 J = 193,2 kJ

Réponse : Il faut que le bloc de béton absorbe 193 kJ.

Exemple B

Une boulette de papier d'aluminium de 1,35 g est chauffée à 205 °C, puis enlevée de la plaque chauffante. Après quelques secondes, elle a dégagé 176 J de chaleur. Quelle est alors sa température finale ?

Données :

m = 1,35 g

c = 0,90 J/(g·°C)

T_i = 205 °C

T_f = ? °C

ΔT = ?

Q = −176 J

1. Calcul de la variation de température :

$Q = mc\Delta T$

$\Delta T = \dfrac{Q}{mc}$

$\quad = \dfrac{-176 \text{ J}}{1,35 \text{ g} \cdot 0,90 \text{ J/(g·°C)}}$

$\quad$ = −144,9 °C

2. Calcul de la température finale :

$\Delta T = T_f - T_i$

$T_f = \Delta T + T_i$

$\quad$ = −144,9 °C + 205,0 °C = 60,1 °C

Réponse : La température finale de la boulette de papier d'aluminium est de 60 °C.

SECTION 3.3

La relation entre l'énergie thermique, la capacité thermique massique, la masse et la variation de température

1. Dans un sac d'épicerie, un contenant de 500 g de crème glacée, dont la capacité thermique massique est de 0,74 J/(g·°C), a une température de −2 °C. On le met au congélateur, où il atteint une température de −5 °C. Quelle énergie est transférée pendant le changement de température ? Quelle forme a l'énergie transférée ? Dans quelle direction l'énergie est-elle transférée ?

2. Quelle chaleur est dégagée par un morceau de cuivre (Cu) de 2,35 g qui passe de 35 °C à ˋ10 °C ?

3. Quelle masse de gypse doit-on utiliser si sa température doit monter de 10 °C lorsqu'elle reçoit 6 000 J ?

4. Lorsqu'un échantillon de 1,35 g d'un liquide inconnu refroidit de 10 °C, il dégage 45 J d'énergie. Quelle est sa capacité thermique massique ?

5. Quelle sera la température finale d'une planche de bois de 2,5 kg initialement à 22,2 °C si un radiateur lui fournit 9,69 kJ ?

6. Quelle était la température initiale d'une bague en argent de 5,5 g si elle est passée à 45 °C quand on lui a fourni 50 J d'énergie thermique ? La capacité thermique massique de l'argent est de 0,235 J/(g·°C).

7. Une pierre de 30 g passe de 25 °C à 60 °C lorsqu'on lui fournit 2,6 kJ. Quelle est sa capacité thermique massique ?

8. Quelle masse de mercure (Hg) doit-on utiliser si on souhaite que sa température passe de 0 °C à 100 °C en absorbant 0,02 J de chaleur ? La capacité thermique massique du mercure est de 0,140 J/(g·°C).

9. Est-il plus rapide de faire bouillir une pomme de terre ou de la faire frire ? Comparez l'énergie requise pour faire bouillir 100 g d'eau et pour faire bouillir 100 g d'huile à partir d'une température ambiante de 20 °C. Le point d'ébullition de l'huile est de 210 °C.

10. Afin d'identifier un liquide, un chimiste décide de mesurer sa capacité thermique massique. Pour ce faire, il prend un échantillon de 12,5 g et lui fournit 92,3 J d'énergie. Il observe que la température du liquide passe de 20,0 °C à 23,3 °C. Quelle est la capacité thermique moyenne du liquide ? Parmi les trois liquides suivants, quelle est la nature la plus probable de l'échantillon du chimiste : de l'eau, de l'huile ou de la solution antigel ?

11. Soit une tarte aux pommes à 75 °C pesant 1,25 kg, une tarte aux cerises à 75 °C pesant 1,06 kg et une tarte aux fraises à 65 °C pesant 1,25 kg. Si on suppose que les trois tartes ont la même capacité thermique massique, la tarte qui dégage le moins de chaleur refroidira plus vite que les autres. Laquelle parviendra le plus rapidement à la température ambiante (20 °C) ?

12. Comparez les quantités de chaleur nécessaires pour produire une même variation de température dans des masses égales de bois et de verre. Quelle masse nécessite le plus d'énergie ? Combien de fois plus d'énergie faut-il ?

13. Répondez aux questions suivantes.
    a) On place une cuillère d'argent de 23,9 g dans une tasse de lait au chocolat chaud.

    Une énergie de 0,343 kJ est nécessaire pour faire varier la température de la cuillère de 24,5 °C à 85,0 °C. Quelle est la capacité thermique massique de l'argent solide ?

    b) La même quantité de chaleur, 0,343 kJ, est gagnée par 23,9 g d'eau liquide. Quelle est la variation de la température de l'eau ?

14. Dans un foyer, les briques absorbent de la chaleur et la libèrent longtemps après que le feu s'est éteint. Une élève effectue une expérience pour déterminer la capacité thermique massique de ce matériau. D'après ses résultats, une brique de 938 g a reçu 16 kJ d'énergie pendant que sa température s'élevait de 19,5 °C à 35,0 °C. Calculez la capacité thermique massique de la brique.

15. Quelle quantité de chaleur est requise pour élever la température de 789 g d'ammoniac (NH_3) liquide de 25,0 °C à 82,7 °C ?

16. Une substance solide a une masse de 250,00 g. Elle est refroidie de 25,00 °C et perd 4 937,50 J de chaleur. Quelle est sa capacité thermique massique ? À l'aide du tableau 1 de la page 134, déterminez la substance dont il s'agit.

3.4 Le calcul de l'énergie transférée

Pour effectuer le calcul de l'énergie transférée entre deux systèmes, on utilise la relation mathématique $Q = mc\Delta T$ et on suppose que la chaleur donnée par un premier système est égale à la chaleur reçue par le second.

Lorsque deux systèmes à des températures différentes sont en contact, l'énergie thermique du système le plus chaud, le système 1, est transférée vers le système le plus froid, le système 2. La quantité de chaleur (Q_1) donnée par le système 1 est égale à la quantité de chaleur (Q_2) reçue par le système 2 si on considère l'ensemble des deux systèmes comme un système isolé, donc sans perte d'énergie.

puisque $\qquad -Q_1 = Q_2$

alors $\qquad -m_1 c_1 \Delta T_1 = m_2 c_2 \Delta T_2$

On obtient ainsi une formule qui permet de calculer la masse requise d'une substance pour amener une autre substance à une certaine température. Par exemple, il est possible de calculer la masse d'eau froide requise pour refroidir une substance jusqu'à la température ambiante.

Transfert de chaleur entre deux systèmes

$$-m_1 c_1 \Delta T_1 = m_2 c_2 \Delta T_2$$

où

m_1 = Masse de la substance du système 1, exprimée en grammes (g)

c_1 = Capacité thermique massique de la substance du système 1, exprimée en joules par gramme degré Celsius (J/(g·°C))

ΔT_1 = Variation de la température du système 1 ($T_f - T_i$), exprimée en degrés Celsius (°C)

m_2 = Masse de la substance du système 2, exprimée en grammes (g)

c_2 = Capacité thermique massique de la substance du système 2, exprimée en joules par gramme degré Celsius (J/(g·°C))

ΔT_2 = Variation de la température du système 2 ($T_f - T_i$), exprimée en degrés Celsius (°C)

Voici un exemple de calcul de la masse d'eau requise pour refroidir un système.

Exemple

Calculez la masse d'eau froide, à 10 °C, nécessaire pour refroidir à 30 °C un morceau de verre de 10 g à 95 °C.

Données :

m_1 = 10 g

c_1 = 0,84 J/(g·°C)

T_{i1} = 95 °C

T_{f1} = 30 °C

m_2 = ?

c_2 = 4,184 J/(g·°C)

1. Calcul de la variation de température du système 1 :

$\Delta T_1 = T_{f1} - T_{i1} = 30\ °C - 95\ °C = -65\ °C$

2. Calcul de la variation de température du système 2 :

$\Delta T_2 = T_{f2} - T_{i2} = 30\ °C - 10\ °C = 20\ °C$

3. Calcul de la masse d'eau :

$$-m_1 c_1 \Delta T_1 = m_2 c_2 \Delta T_2 \Rightarrow m_2 = \frac{-m_1 c_1 \Delta T_1}{c_2 \Delta T_2}$$

$$m_2 = \frac{-(10\ \cancel{g} \cdot 0,84\ \cancel{J}/(\cancel{g}\cdot\cancel{°C}) \cdot -65\ \cancel{°C})}{4,184\ \cancel{J}/(g\cdot\cancel{°C}) \cdot 20\ \cancel{°C}} = 6,5\ g$$

Réponse : Il faudrait utiliser 6,5 g d'eau.

On peut également déterminer la température finale de deux systèmes en contact l'un avec l'autre, lesquels étaient initialement à des températures différentes. Comme les deux systèmes échangent de la chaleur jusqu'à ce que leur température devienne uniforme, la température finale sera une valeur intermédiaire entre les températures initiales des deux systèmes. Par exemple, un café au lait aura une température finale intermédiaire entre la température du café infusé et celle du lait ajouté (*voir la figure 13*).

La quantité de chaleur échangée entre deux systèmes est proportionnelle aux masses et aux capacités thermiques massiques des deux substances. Elle se calcule à partir des chaleurs transférées par chacun des deux systèmes.

Figure 13 La température du café au lait constitue une valeur intermédiaire entre la température du café infusé et celle du lait ajouté.

$$-m_1 c_1 \Delta T_1 = m_2 c_2 \Delta T_2$$
$$-m_1 c_1 (T_f - T_{i1}) = m_2 c_2 (T_f - T_{i2})$$
$$-m_1 c_1 T_f - (-m_1 c_1 T_{i1}) = m_2 c_2 T_f - m_2 c_2 T_{i2}$$
$$-m_1 c_1 T_f + m_1 c_1 T_{i1} = m_2 c_2 T_f - m_2 c_2 T_{i2}$$
$$-m_1 c_1 T_f - m_2 c_2 T_f = -m_2 c_2 T_{i2} - m_1 c_1 T_{i1}$$
$$-m_1 c_1 T_f + m_2 c_2 T_f = m_2 c_2 T_{i2} + m_1 c_1 T_{i1}$$

ce qui équivaut à
$$T_f (m_1 c_1 + m_2 c_2) = m_2 c_2 T_{i2} + m_1 c_1 T_{i1}$$

On obtient ainsi la formule suivante.

Température de deux systèmes

$$T_f = \frac{m_2 c_2 T_{i2} + m_1 c_1 T_{i1}}{m_1 c_1 + m_2 c_2}$$

où
T_f = Température finale des deux systèmes, exprimée en degrés Celsius (°C)
m_1 = Masse de la substance du système 1, exprimée en grammes (g)
c_1 = Capacité thermique massique de la substance du système 1, exprimée en joules par gramme degré Celsius (J/(g·°C))
T_{i1} = Température initiale du système 1, exprimée en degrés Celsius (°C)
m_2 = Masse de la substance du système 2, exprimée en grammes (g)
c_2 = Capacité thermique massique de la substance du système 2, exprimée en joules par gramme degré Celsius (J/(g·°C))
T_{i2} = Température initiale du système 2, exprimée en degrés Celsius (°C)

Pour aller + loin

Les modes de transfert de l'énergie thermique

La chaleur est un transfert de l'agitation thermique des particules à l'échelle microscopique. Du point de vue macroscopique, ou à l'échelle humaine, la chaleur se transfère de trois manières : par conduction, par convection et par rayonnement. La conduction est le transfert de l'agitation thermique pendant les contacts directs entre les molécules situées près les unes des autres. La convection implique le mouvement des molécules dans une substance fluide comme un liquide ou un gaz. Des particules plus chaudes se déplacent et peuvent transférer leur agitation thermique à des particules plus éloignées. Enfin, le rayonnement se produit lorsque de la lumière (visible ou non) transporte de l'énergie radiative dans l'espace.

Figure 14 Les trois modes de transfert de la chaleur lors de l'ébullition de l'eau : conduction entre la casserole et la main, convection lorsque l'eau chaude du fond remonte à la surface et rayonnement du rond de poêle.

Voici un exemple de calcul pour ce type de problème.

Exemple

À sa sortie du congélateur, un paquet de 500 g de framboises congelées a une température de −4,0 °C. On le laisse dégeler dans un contenant isolé rempli de 2 kg d'eau tiède initialement à 40,0 °C. Si on suppose que les framboises ont une capacité thermique massique de 3,50 J/(g·°C), quelle sera la température finale de l'eau et des framboises ?

Données :

$m_1 = 500$ g

$c_1 = 3{,}50$ J/(g·°C)

$T_{i1} = -4{,}0$ °C

$T_f = ?$

$m_2 = 2$ kg $= 2\,000$ g

$c_2 = 4{,}19$ J/(g·°C)

$T_{i2} = 40{,}0$ °C

Calcul :

$$T_f = \frac{m_2 c_2 T_{i2} + m_1 c_1 T_{i1}}{m_1 c_1 + m_2 c_2}$$

$$= \frac{2\,000\,\cancel{g} \cdot 4{,}184\,\cancel{J/(g\cdot °C)} \cdot 40{,}0\,°C + 500\,\cancel{g} \cdot 3{,}50\,\cancel{J/(g\cdot °C)} \cdot -4{,}0\,°C}{500\,\cancel{g} \cdot 3{,}50\,\cancel{J/(g\cdot °C)} + 2\,000\,\cancel{g} \cdot 4{,}184\,\cancel{J/(g\cdot °C)}}$$

$$= 32{,}4\ °C$$

Réponse : L'eau et les framboises seront à 32 °C.

《INFO SCIENCE

Marcher sur le feu

Les images de gens marchant sur des charbons ardents sont spectaculaires, et on pense généralement qu'il faut des talents surnaturels pour faire une telle chose. Cependant, la science révèle que c'est un défi aisé à relever. Ainsi, personne ne juge extraordinaire le fait de placer sa main à l'intérieur d'un four chaud sans ressentir de douleur. L'air à l'intérieur d'un four allumé, tout comme les charbons ardents de plusieurs types de bois, possède une faible capacité thermique massique et n'est pas un bon conducteur de chaleur. Ainsi, si on marche rapidement sur des braises à 400 °C, peu de chaleur sera transmise à la peau, et la sensation ne sera pas douloureuse. Cependant, cette pratique n'est pas sans danger, car toutes les espèces de bois n'ont pas cette propriété isolante. De plus, si on marche trop lentement ou si on reste immobile dans les braises, le transfert de chaleur à la peau continue et la douleur fait bientôt son apparition.

Figure 15 Des Malais chinois marchent sur un lit de braise à l'occasion d'une cérémonie.

1. Quelle masse de solution antigel à 5 °C devrait-on utiliser pour refroidir à 15 °C un morceau de plomb de 50 g initialement à 200 °C ?

2. Quel volume d'eau à 12 °C serait nécessaire pour refroidir à 20 °C un bloc de 1 tonne de béton à 35 °C ? La masse volumique de l'eau est de 1,00 g/mL.

3. Une baignoire contient 100 kg d'eau. Comme l'eau est trop froide, on lui ajoute 25 kg d'eau à 60 °C. La température finale de l'eau est de 40 °C. Quelle était sa température avant l'ajout d'eau chaude ?

4. Soit une tasse en métal dont on ignore la capacité thermique massique. La tasse pèse 230 g et est initialement à 20 °C. Si on verse dans la tasse 100 g d'eau à 80 °C et qu'on y plonge un thermomètre, on peut constater que la température de l'eau descend jusqu'à 75 °C. En négligeant la perte de chaleur dans l'air environnant, calculez la capacité thermique massique du métal de la tasse.

5. Un mélange constitué à 50 % d'eau et à 50 % de solution antigel, un composé d'éthylène glycol ($C_2H_6O_2$), est à 5 °C. Initialement, l'eau était à 12 °C. Quelle était la température initiale de la solution antigel ?

6. On sort 150 g d'huile d'un garde-manger dont la température est de 21,5 °C. On verse ensuite l'huile dans une poêle en fonte de 2,5 kg à 140 °C. La poêle ne repose pas sur un élément chauffant. La fonte est un alliage de fer (Fe) et de carbone (C) ayant une capacité thermique massique de 0,46 J/(g·°C). Quelle est la température finale de l'huile ?

7. Un thermomètre contenant 2,3 g de mercure (Hg), initialement à 80 °C, est placé dans une tasse contenant 10 g de solution antigel, un composé d'éthylène glycol ($C_2H_6O_2$), à −5 °C. La capacité thermique massique du mercure est de 0,140 J/(g·°C). Quelle sera la température finale de la solution antigel et du mercure ?

8. De la vapeur d'eau à 125 °C est mélangée à du dioxyde de carbone (CO_2) gazeux dont la capacité thermique massique est de 0,839 J/(g·°C), à 30 °C. Quelle sera la température finale du mélange s'il est constitué de 2,5 mol de vapeur d'eau et de 1,8 mol de CO_2 ?

9. Dans un système isolé, la chaleur dégagée par 100 g d'eau à 5 °C est-elle suffisante pour amener 100 g de glace, initialement à −5 °C, à son point de fusion ?

10. On verse 250 mL de café à 80 °C dans une tasse en verre de 300 g à la température ambiante, soit à 20 °C. On ajoute 10 g de crème sortant du réfrigérateur, dont la température est de 4 °C et dont la capacité thermique massique est de 3,77 J/(g·°C). Supposons que la capacité thermique massique du café est la même que celle de l'eau, tout comme sa masse volumique, qui est de 1,00 g/mL. Le système 1 serait le café, le système 2 serait la tasse et le système 3, la crème. Quelle sera la température finale du mélange ? (Voici un indice : la chaleur perdue par le café est égale à la somme des quantités de chaleur absorbées par la tasse et la crème.)

11. On place des glaçons dans un contenant de diazote (N_2) liquide afin de voir si la température finale sera suffisamment élevée pour que l'azote se mette à bouillir. Le point d'ébullition de l'azote est de −195,79 °C. Dans le congélateur du laboratoire, à −10 °C, on prend 25 g de glace, dont la capacité thermique massique est de 2,050 J/(g·°C). On ajoute la glace à 30 g d'azote liquide conservé à −200 °C. La capacité thermique massique de l'azote liquide est de 2,042 J/(g·°C). Est-ce que le diazote entrera en ébullition ? Calculez la température finale et la chaleur transférée entre les deux substances, et donnez la direction du transfert.

La pompe géothermique

L'énergie géothermique est l'énergie contenue dans le sol sous forme de chaleur. Cette chaleur provient de deux sources : près de la surface, elle résulte principalement du rayonnement solaire, mais à de plus grandes profondeurs, elle est la conséquence des températures extrêmement élevées du manteau terrestre. À quelques mètres sous la surface, la température du sol correspond à la moyenne annuelle des températures de l'air de la région. On estime que cette température augmente linéairement d'environ 2 ou 3 °C par 100 mètres de profondeur.

Il est possible d'utiliser cette énergie thermique pour chauffer un bâtiment grâce à un appareil appelé pompe à chaleur géothermique. Il s'agit d'un dispositif qui permet de capter la chaleur du sol, de la concentrer et de la transférer à un système de chauffage. Pour ce faire, la pompe à chaleur utilise un fluide caloporteur, le plus souvent un mélange d'eau et d'antigel comme l'éthylène glycol ($C_2H_6O_2$).

Le fluide caloporteur circule dans un réseau de tuyaux installé sous la surface du sol, à des profondeurs variables (*voir la figure 16*). La température du sol étant plus élevée que celle du liquide, il y a transfert de chaleur du corps chaud au corps froid. La chaleur que le fluide reçoit le fait s'évaporer, ce qui lui permet d'emmagasiner de l'énergie thermique grâce à

son changement d'enthalpie. Le gaz ainsi obtenu est d'abord comprimé dans un compresseur afin d'augmenter sa température (*voir la figure 17*). Il parvient ensuite à un condensateur qui le force à revenir à sa phase liquide et donc à libérer l'énergie qu'il a accumulée sous forme de chaleur. Celle-ci peut alors être utilisée pour chauffer un bâtiment. Puis, le fluide caloporteur retourne dans le circuit de la pompe pour atteindre un détendeur qui en diminue la pression, et le cycle évaporation-condensation recommence.

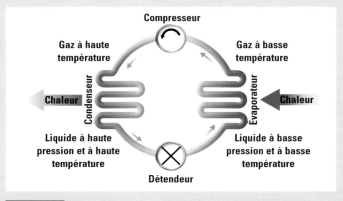

Figure 17 La pompe à chaleur géothermique permet de transférer la chaleur du sol à un système de chauffage.

Certaines pompes ont la capacité d'inverser le circuit du fluide caloporteur afin que la pompe géothermique serve à rafraîchir l'air plutôt qu'à le réchauffer. Dans ce cas, c'est la chaleur de l'intérieur du bâtiment qui est transférée vers le sol, la pompe agissant alors comme un climatiseur. C'est sur ce même principe que se base le fonctionnement d'un réfrigérateur, à ceci près que la pompe à chaleur utilise l'air plutôt que le sol pour transférer sa chaleur.

Les pompes géothermiques donnent lieu à une réduction des coûts de chauffage et à une diminution de l'empreinte écologique. Cependant, elles ne sont pas considérées comme une source d'énergie renouvelable puisqu'elles ne font que transférer la chaleur d'un corps à un autre.

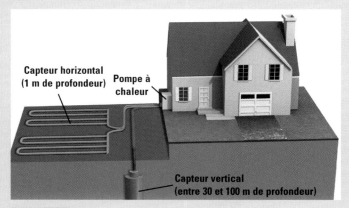

Figure 16 Les tuyaux peuvent être enfouis horizontalement, ce qui exige un circuit plus long, ou verticalement, ce qui permet un circuit plus court, lequel demande toutefois un creusage plus profond.

La petite histoire de...

La calorimétrie

Jusqu'à la seconde moitié du XVIIIe siècle, les avancées dans le domaine de la calorimétrie se font plutôt rares, puisque la nature même de la chaleur est inconnue. Le premier scientifique à établir clairement la différence entre chaleur et température est le chimiste et physicien Joseph Black.

S'inspirant des travaux de Black, Lavoisier et Laplace mettent au point le premier calorimètre à glace au cours de l'hiver 1783. Cet appareil mesure la quantité de glace qu'une réaction chimique peut faire fondre avant d'atteindre 0 °C. Il se compose de trois récipients concentriques (*voir la figure 18*). Les réactifs de la réaction chimique sont déposés dans le récipient le plus interne, qui est lui-même contenu dans un récipient rempli de glace. Ce second réservoir est placé dans un troisième bocal qui contient lui aussi de la glace afin d'isoler le calorimètre de la température ambiante. Au cours de la réaction, la chaleur libérée fait fondre la glace du second récipient et l'eau ainsi obtenue est recueillie dans un cylindre gradué. Cependant, les travaux de Lavoisier et de Laplace ont peu d'échos dans la communauté scientifique.

Il faut attendre la seconde moitié du XIXe siècle pour que de véritables avancées se produisent dans le domaine de la calorimétrie, notamment grâce aux travaux de James Prescott Joule qui le conduisent à déterminer que la chaleur est une forme d'énergie. Le calorimètre évolue pour devenir des calorimètres à eau qui fonctionnent en mesurant la variation de la température de l'eau au cours de réactions en milieu aqueux. Toutefois, ces appareils permettent uniquement d'étudier des réactions à pression constante et dont les réactifs sont solides ou liquides.

Pour remédier à cet inconvénient, Marcellin Berthelot, un chimiste français, invente en 1879 la bombe calorimétrique. Cet appareil consiste en un réservoir hermétique immergé dans un calorimètre à eau. Le réservoir contient les réactifs et une grande quantité de dioxygène (O_2). Deux électrodes reliées à la bombe provoquent l'ignition du dioxygène, induisant ainsi la combustion de l'échantillon. La chaleur produite à l'intérieur de la bombe se communique à l'eau du calorimètre, ce qui permet de mesurer l'énergie thermique d'une réaction à volume constant. La bombe calorimétrique est encore utilisée de nos jours.

Parmi les technologies les plus récentes, il faut noter le calorimètre à balayage différentiel, inventé en 1960 par Watson et O'Neill (*voir la figure 19*). Cette technique permet d'étudier l'enthalpie d'une réaction ainsi que les changements de phase d'une substance en mesurant ses points d'ébullition et de fusion. Un calorimètre à balayage différentiel fonctionne en comparant les échanges de chaleur entre l'échantillon à l'étude et une substance de référence, le plus souvent de l'alumine (Al_2O_3) ou de l'air.

Les calorimètres ont aujourd'hui des applications dans de nombreuses industries, en particulier dans les contrôles de qualité des polystyrènes.

Récipient interne contenant les réactifs

Second récipient contenant de la glace

Récipient externe contenant de la glace

Tuyau permettant à l'eau de s'écouler

Figure 18 Le calorimètre à glace d'Antoine Lavoisier et de Pierre-Simon Laplace.

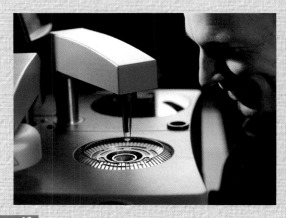

Figure 19 Un calorimètre à balayage différentiel.

SYNTHÈSE   Les transferts d'énergie

3.1 La distinction entre chaleur et température

- La chaleur est le transfert d'énergie thermique qui se produit entre deux systèmes de températures différentes en contact l'un avec l'autre.
- La température est une mesure de l'agitation des particules d'un système. Plus la température est élevée, plus l'agitation des particules est intense.
- La chaleur est transférée à partir du système à plus haute température vers le système à plus basse température.
- Les transferts d'énergie entre systèmes peuvent se faire par un travail, qui est un mouvement ordonné des particules, ou par de la chaleur, qui est un mouvement désordonné des particules.

3.2 La loi de la conservation de l'énergie

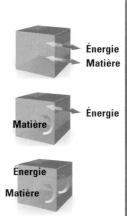

- Selon la loi de la conservation de l'énergie, l'énergie peut être transférée ou transformée, mais il est impossible de la créer ou de la détruire.
- Un système ouvert permet les échanges de matière et d'énergie avec le milieu extérieur.
- Un système fermé permet les échanges d'énergie avec le milieu extérieur, mais ne laisse pas passer la matière.
- Un système isolé ne permet aucun échange de matière ni d'énergie avec le milieu extérieur.
- Le calorimètre est un instrument utilisé pour étudier la chaleur impliquée dans certaines transformations chimiques ou physiques. Il constitue un système isolé.

3.3 La relation entre l'énergie thermique, la capacité thermique massique, la masse et la variation de température

- Il est possible de calculer la chaleur (Q) impliquée au moment du changement de température d'une substance. Elle correspond au produit de la masse (m), de la capacité thermique massique (c) et de la variation de température (ΔT).

$$Q = mc\Delta T$$

La capacité thermique massique d'une substance est proportionnelle à la difficulté avec laquelle on peut augmenter la température de cette substance.

3.4 Le calcul de l'énergie transférée

- On calcule l'énergie thermique (Q) transférée entre deux systèmes, 1 et 2, en posant que la chaleur donnée par un système est égale à la chaleur reçue par l'autre :

$$-Q_1 = Q_2$$
$$-m_1 c_1 \Delta T_1 = m_2 c_2 \Delta T_2$$

- On peut connaître la température finale (T_f) d'un mélange composé de deux systèmes à l'aide de la formule suivante.

$$T_f = \frac{m_2 c_2 T_{i2} + m_1 c_1 T_{i1}}{m_1 c_1 + m_2 c_2}$$

POUR FAIRE LE POINT

CHAPITRE 3 Les transferts d'énergie

1. Déterminez, pour chacune des situations ci-dessous :
   - de quoi sont constitués les systèmes ;
   - si les systèmes sont ouverts, isolés ou fermés ;
   - ce qui est considéré comme l'environnement ;
   - si le transfert d'énergie prend la forme de chaleur ou de travail ;
   - dans quelle direction se produit le transfert d'énergie.

   a) Un verre d'eau forme de la glace dans un congélateur fermé dont les parois extérieures sont à la température ambiante.
   b) Une astronaute déguste un chocolat chaud dans une station spatiale en orbite autour de la Terre.
   c) Un cuisinier se brûle lorsque des éclaboussures d'huile de friture sont projetées.

2. Calculez la quantité de chaleur absorbée par 222 g d'huile lorsqu'on la chauffe de 20 °C à 120 °C.

3. La chaleur dégagée lorsqu'un échantillon de glace est refroidi de 10 °C est-elle la même que lorsqu'un échantillon d'eau est refroidi de 10 °C ? Est-ce la glace ou l'eau qui dégage le plus de chaleur ? Calculez la chaleur dégagée pour un échantillon de 1 g de chacune des substances. La capacité thermique massique de la glace est de 2,05 J/(g·°C).

4. On dépose un morceau de 9,4 g de plomb (Pb) dans un calorimètre à 18,9 °C dont le réservoir d'eau a une capacité de 1 L. La masse volumique de l'eau est de 1,0 g/mL. Quelle était la température initiale du plomb si la température de l'eau une fois l'échange de chaleur terminé est de 19,1 °C ?

5. À quelle température devrait être conservée une solution antigel si on souhaite en utiliser 100 g pour refroidir à 20 °C une pièce de cuivre (Cu) de 20 g à 300 °C ?

6. Quelle est la capacité thermique massique de l'hexane (C_6H_{14}) si, lorsqu'on en mélange 50 g à 20 °C à 75 g de benzène (C_6H_6), une substance très toxique de capacité thermique massique de 1,72 J/(g·°C), à 30 °C, la température finale est de 25,3 °C ?

7. On chauffe une pièce de métal qui a une masse de 14,9 g à 98,0 °C. Quand on place le métal dans 75,0 g d'eau à 20,0 °C, la température de l'eau augmente de 28,5 °C. Quelle est la capacité thermique massique du métal ?

8. On laisse tomber un morceau d'or (Au) d'une masse de 45,5 g et à une température de 80,5 °C dans 192 g d'eau à 15,0 °C. Trouvez, à l'aide du tableau 8.12 de l'annexe 8, la température finale du système.

9. La chaleur massique de l'aluminium (Al) est de 0,897 J/(g·°C). La chaleur massique du cuivre (Cu) est de 0,385 J/(g·°C). La même quantité de chaleur est appliquée à des masses égales d'aluminium (Al) et de cuivre (Cu). Déterminez le métal dont la température augmentera le plus. Expliquez votre réponse.

10. Quelle serait la température finale d'un mélange de 2,1 mol de vapeur d'eau initialement à 103 °C et de 2,1 mol de dioxygène (O_2) initialement à 24 °C ? La capacité thermique massique du dioxygène est de 0,918 J/(g·°C).

11. Quelle masse d'eau à 100 °C serait amenée à son point de congélation en dégageant la même quantité de chaleur contenue dans 300 g d'eau à 20 °C ?

12. Comparez les quantités de chaleur perdues pendant le même refroidissement de masses égales d'aluminium (Al) et de cuivre (Cu). Quel métal dégagera le plus d'énergie ? Combien de fois plus d'énergie ce métal dégagera-t-il ?

13. L'eau d'un calorimètre est remplacée par de l'huile. Le compartiment à eau (ou à huile) du calorimètre a une capacité de 2 L, et le calorimètre est installé dans une pièce à 20 °C. Si, pendant une certaine transformation chimique, l'eau passe à 23 °C, qu'en sera-t-il de la température de l'huile pour la même transformation ? La masse volumique de l'eau est de 1 g/mL alors que celle de l'huile est de 0,9 g/mL.

14. Un mélange dont la masse est constituée à 60 % d'eau et à 40 % d'éthanol (C_2H_5OH) est à 15 °C. Initialement, l'eau utilisée était à 20 °C, alors que l'éthanol était à 2,13 °C. Trouvez la capacité thermique massique de l'éthanol.

15. Pour mener une expérience, une chimiste hésite entre deux solvants, soit le méthanol (CH_3OH) et l'acétone (($CH_3)_2CO$). Elle veut utiliser le solvant qui, à masse égale, est capable d'absorber le plus de chaleur possible avant de bouillir. Le point d'ébullition du méthanol est de 65 °C alors que celui de l'acétone est de 56,1 °C. La capacité thermique massique du méthanol est de 2,60 J/(g·°C) et celle de l'acétone est de 2,15 J/(g·°C). Quel solvant la chimiste devrait-elle choisir ?

16. On place 20 g d'eau pure et 20 g d'eau de mer initialement à 22 °C dans un congélateur. L'échantillon d'eau de mer utilisé a un point de congélation de −2,60 °C et une capacité thermique massique de 3,99 J/(g·°C).
   a) Comparez la quantité de chaleur perdue par chacun des échantillons pour parvenir à son point de congélation.
   b) Quelle masse d'eau de mer faudrait-il utiliser pour que les deux liquides se solidifient en dégageant la même quantité de chaleur ?

17. L'eau d'un calorimètre est remplacée par 400 g d'argon (Ar) gazeux, de capacité thermique massique de 0,520 J/(g·°C). Le réservoir à eau du calorimètre a une capacité de 1,2 L. Le calorimètre est installé dans une pièce à 22 °C. Si, à l'occasion d'une certaine transformation chimique, l'eau passe à 21 °C, quelle sera la température de l'argon s'il subit la même transformation chimique ?

18. Calculez la température finale d'un mélange de deux gaz à pression normale. Le mélange est fait à partir d'un ballon d'hélium (He) de 3 L à 15 °C et d'un ballon de dihydrogène (H_2) de 2 L à 7,5 °C. La capacité thermique massique de l'hélium est de 5,19 J/(g·°C) et celle du dihydrogène est de 14,30 J/(g·°C).

19. Une bouilloire électrique a une puissance de 1 600 W. La puissance est l'énergie par unité de temps et s'exprime en watts (1 W = 1 J/s). Cela signifie que la bouilloire transmet de l'énergie à un rythme de 1 600 J à la seconde. Comme la puissance (P) est une énergie (E) par unité de temps (t), on pose que $P = E/t$. Comme la forme d'énergie présente ici est la chaleur, il est possible de dire que $P = Q/t$. Si on considère la bouilloire comme un système isolé et qu'on néglige la perte de chaleur dans l'environnement, combien de temps prendra 1,5 L d'eau à 19 °C pour bouillir avec cet appareil ?

La variation d'enthalpie

Certaines transformations ont la propriété de dégager une grande quantité d'énergie, comme l'incendie qui fait rage sur ce pétrolier. D'autres transformations, physiques ou chimiques, ont plutôt besoin de chaleur pour se produire. Ces transformations sont caractérisées par leur variation d'enthalpie, qui est une mesure de cette énergie. De façon générale, briser des forces d'attraction entre des atomes ou des molécules requiert de l'énergie, tandis que former de nouvelles liaisons en dégage.

Dans ce chapitre, vous étudierez les transformations endothermiques et exothermiques, et vous apprendrez à faire un bilan énergétique qui permet de déterminer globalement la chaleur mise en jeu lors d'une réaction chimique.

Rappels

La notation de Lewis 7
Le dénombrement de la matière 13
Les changements de phase 15
La stœchiométrie 23
La synthèse, la décomposition et la précipitation 25
Les réactions endothermiques et exothermiques 26
L'oxydation et la combustion 27

4.1 L'enthalpie et la variation d'enthalpie 148

4.2 Les transformations endothermiques et exothermiques 150

4.3 Le bilan énergétique 156

4.4 Le calcul de la variation d'enthalpie par la stœchiométrie 161

4.1 L'enthalpie et la variation d'enthalpie

L'enthalpie (*H*) est l'énergie totale d'un système, soit la somme de toutes les énergies potentielles et cinétiques que le système contient à pression constante.

La variation d'enthalpie (Δ*H*) est l'énergie échangée entre un système et son environnement lors d'une transformation physique ou d'une réaction chimique à pression constante. Elle est aussi appelée chaleur de réaction ou chaleur de transformation.

La somme de tous les types d'énergie qui se trouvent dans un système à pression constante constitue l'enthalpie du système. En effet, un système contient de l'énergie sous différentes formes. L'énergie cinétique d'un système inclut le mouvement des électrons autour des noyaux atomiques, ainsi que le mouvement des molécules et des atomes lorsqu'ils vibrent, tournent et se déplacent. L'énergie potentielle d'un système provient des forces d'attraction entre les nucléons, et entre les noyaux et les électrons. Cette énergie vient également des liaisons chimiques entre les atomes dans les molécules, ainsi que des interactions entre les molécules.

L'enthalpie, symbolisée par la lettre *H*, est une propriété thermodynamique d'un système qui englobe toutes les énergies cinétiques et potentielles. Elle comprend aussi l'énergie sous forme de travail nécessaire pour garder la pression constante dans le système.

Cependant, il n'est pas possible, en pratique, de mesurer précisément l'enthalpie (*H*) d'un système, car un trop grand nombre de facteurs contribuant à l'énergie totale doivent être pris en compte. Il est plus utile, en chimie, de considérer les variations d'enthalpie lors de transformations qui se produisent dans le système. L'enthalpie totale d'un système n'est jamais connue, mais la variation d'enthalpie qui se manifeste lors d'une transformation est une donnée accessible. La variation d'enthalpie, symbolisée par Δ*H*, est la variation de l'énergie totale du système lors d'une transformation chimique ou physique à pression constante.

Lors d'une transformation physique ou d'une réaction chimique, une quantité d'énergie est échangée avec l'environnement, principalement sous forme de chaleur. Par conséquent, il est possible d'évaluer la variation d'enthalpie d'une transformation en mesurant la chaleur absorbée ou dégagée par la transformation si la pression est maintenue constante.

Variation d'enthalpie

$$\Delta H = H_p - H_r$$

où

ΔH = Variation d'enthalpie de la réaction, exprimée en kilojoules (kJ)

H_p = Enthalpie des produits, exprimée en kilojoules (kJ)

H_r = Enthalpie des réactifs, exprimée en kilojoules (kJ)

Lors d'une transformation physique comme la fusion de l'eau ($H_2O_{(s)} \rightarrow H_2O_{(l)}$), on peut considérer la glace comme le réactif et l'eau liquide comme le produit dans la formule qui permet de calculer la variation d'enthalpie.

4.1.1 La variation d'enthalpie molaire standard

La variation d'enthalpie molaire standard ($\Delta H°$), parfois appelée simplement enthalpie molaire, constitue la variation d'enthalpie qui accompagne une transformation pour une mole de substance à TAPN. Son unité de mesure est le kilojoule par mole (kJ/mol).

Les variations d'enthalpie peuvent être mesurées à l'aide d'un **calorimètre**. En effet, cet appareil permet d'évaluer la différence de température dans l'environnement d'une réaction chimique, donc de déterminer la chaleur mise en jeu dans la transformation. Si la transformation se produit à pression constante (qui est souvent la pression atmosphérique normale, soit 101,3 kPa), la chaleur échangée avec l'environnement correspond à la variation d'enthalpie standard.

Voir **Le calorimètre**, p. 132.

La **variation d'enthalpie molaire standard** a été déterminée pour un grand nombre de transformations physiques et chimiques. Par exemple, la valeur de la variation d'enthalpie molaire standard ($\Delta H°$) de la vaporisation de l'eau est de 40,66 kJ/mol à 100 °C, ce qui signifie qu'il faut fournir 40,66 kJ à une mole d'eau liquide pour la vaporiser à pression atmosphérique normale. La fusion de la glace, quant à elle, possède une variation d'enthalpie molaire standard de 6,01 kJ/mol à 0 °C. Le signe positif de la variation d'enthalpie veut dire que la réaction, pour se produire, doit absorber de la chaleur. La variation d'enthalpie standard change avec la température. Elle est généralement donnée pour une température de 25 °C, sinon la température est indiquée.

ANNEXE 8 >

Tableau 8.4 : Les enthalpies molaires standard de formation, p. 418.

Pour les réactions chimiques, la variation d'enthalpie standard désigne la chaleur à fournir ou la chaleur dégagée lors d'une réaction chimique qui se produit à pression atmosphérique normale à partir de réactifs se trouvant dans leur état standard jusqu'à former les produits dans leur état standard. L'état standard d'une substance est l'état dans lequel elle se trouve à **TAPN**.

Voir **Les lois simples des gaz**, p. 75.

Pour simplifier le vocabulaire, on parle souvent de variation d'enthalpie ou de chaleur molaire de réaction, sans préciser si elles sont standard. Les données qu'on utilise pour calculer les variations d'enthalpie sont standard puisqu'elles ont été mesurées dans des conditions standard. Toutefois, dans la réalité, il arrive souvent qu'on fasse réagir des fractions de mole de substance dans des conditions autres que standard. On considère alors les variations d'enthalpie obtenues comme n'étant pas standard et elles sont symbolisées par ΔH.

Par exemple, l'éthanol (CH_3CH_2OH), un alcool provenant de la fermentation des végétaux, est de plus en plus utilisé comme combustible selon la réaction de combustion suivante.

$$CH_3CH_2OH_{(l)} + 3\ O_{2\,(g)} \rightarrow 2\ CO_{2\,(g)} + 3\ H_2O_{(g)}$$

La variation d'enthalpie standard de la combustion d'une mole d'éthanol est de $-1\ 367$ kJ/mol à 25 °C. Le signe négatif de la variation d'enthalpie signifie que la réaction dégage de la chaleur. L'éthanol est de plus en plus utilisé comme combustible, notamment dans les foyers décoratifs, car sa combustion produit moins de résidus dans l'air que celle du bois (*voir la figure 1*).

Figure 1 Un foyer à l'éthanol.

4.2 Les transformations endothermiques et exothermiques

Les transformations endothermiques **absorbent de la chaleur qui provient de l'environnement, alors que les** transformations exothermiques **dégagent de la chaleur dans l'environnement.**

Les transformations physiques et chimiques entraînent un échange de chaleur avec l'environnement. Les transformations dites endothermiques nécessitent, pour se produire, de la chaleur venant de l'environnement, alors que les transformations exothermiques libèrent de la chaleur. De façon générale, un processus qui demande de briser des forces d'attraction entre les particules est endothermique, alors qu'un processus où des interactions se forment est exothermique.

4.2.1 Les transformations physiques endothermiques et exothermiques

Les changements de phase de la matière provoquent le bris ou la formation de forces d'attraction entre les particules qui la composent. Par exemple, lorsqu'une substance passe de la phase solide à la phase liquide, les particules qui la composent se séparent davantage les unes des autres. Ainsi, **la fusion, la sublimation et la vaporisation** sont des transformations physiques endothermiques, car elles ont besoin d'énergie pour briser les forces d'attraction entre les particules.

Il est possible de ressentir l'effet d'une transformation endothermique en déposant des cubes de glace dans ses mains (*voir la figure 2*). La fusion de la glace a besoin de chaleur pour se réaliser et elle absorbe celle qui vient de la main. La sensation de froid sur la peau est issue de cette perte de chaleur.

À l'inverse, les transformations où les attractions entre les particules deviennent plus importantes sont exothermiques et libèrent de l'énergie. La solidification, la condensation solide et la condensation liquide sont des transformations physiques exothermiques. Un exemple de condensation solide est la formation des cristaux de neige en haute atmosphère à partir de vapeur d'eau (*voir la figure 3*). Ce changement de phase implique la formation de liaisons intermoléculaires entre les molécules d'eau, ce qui dégage de l'énergie, appelée chaleur latente, dans l'air environnant. Cette quantité de chaleur est difficilement mesurable à petite échelle étant donné la faible masse de quelques flocons de neige. Toutefois, la chaleur latente issue de la condensation de l'eau alimente en énergie divers phénomènes météorologiques, comme les ouragans.

Lors d'un changement de phase, la substance absorbe ou dégage de la chaleur sans que sa température ne change. Par exemple, si l'on prend un échantillon de glace et qu'on le chauffe graduellement, sa température monte de manière régulière. La chaleur donnée amplifie l'agitation des molécules d'eau dans le solide, ce qui se traduit par une température croissante. Cependant, une fois que la glace est à 0 °C, la chaleur fournie sert à amorcer le changement de phase vers la phase liquide. La chaleur est alors utilisée pour briser les liaisons entre les molécules d'eau plutôt que pour augmenter la température de l'échantillon. Lorsqu'il n'y a plus de liaisons à briser, la fusion est terminée et toute l'eau est en phase liquide. La chaleur ajoutée pendant ce changement de phase correspond à l'enthalpie de la fusion de l'eau. Le même principe se répète lors de la vaporisation de l'eau à 100 °C. La chaleur qui sert alors à briser toutes les liaisons entre les molécules d'eau correspond à la variation d'enthalpie de vaporisation.

Voir **Le comportement particulaire des différentes phases de la matière**, p. 54.

Figure 2 La fusion de la glace est un processus endothermique.

Figure 3 La formation des cristaux de neige est une transformation exothermique.

Ce phénomène peut être visualisé sur un graphique qui montre les changements de température selon la chaleur absorbée par l'échantillon ou dégagée par celui-ci (*voir la figure 4*). La température varie avec la chaleur de façon régulière pour les trois phases de la matière. Toutefois, lors des changements de phase, la température reste constante jusqu'à ce que le système ait absorbé ou dégagé assez de chaleur pour que la transformation se fasse. Cette quantité de chaleur correspond à la variation d'enthalpie de la transformation. La figure 4 a représente la variation de température en fonction de la chaleur absorbée pour les changements de phase endothermiques de la fusion et de la vaporisation. La figure 4 b, qui ressemble à une image miroir de la figure 4 a, illustre les changements de phase exothermiques de la condensation et de la solidification.

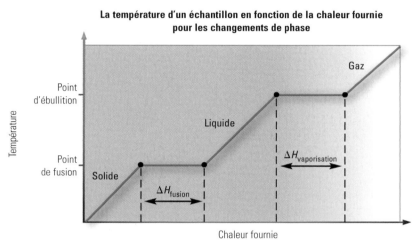

a) Des changements de phase endothermiques.

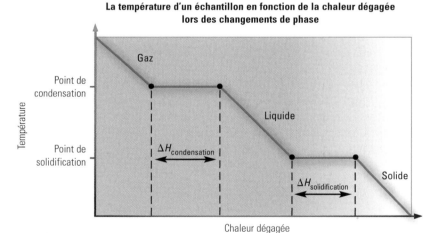

b) Des changements de phase exothermiques.

Figure 4 Lors des changements de phase, la température ne change plus jusqu'à ce que le processus soit terminé. La chaleur mise en jeu pendant que la température reste stable correspond à la variation d'enthalpie de la transformation.

Notons que la variation d'enthalpie d'une transformation est toujours égale, en valeur absolue, à celle de la transformation inverse. Seul le signe change. Si une transformation est endothermique, la transformation inverse est toujours exothermique. Par exemple, la fusion de la glace, qui est endothermique, possède une variation d'enthalpie standard de 6,01 kJ/mol. La solidification de l'eau, qui est exothermique, possède une variation d'enthalpie standard de −6,01 kJ/mol.

4.2.2 Les réactions chimiques endothermiques et exothermiques

Pendant une réaction chimique, les molécules des réactifs se défont et leurs atomes forment de nouvelles molécules de produits. Pour briser les liaisons qui unissent les atomes, il faut fournir de l'énergie, tandis que la formation de nouvelles liaisons libère de l'énergie (*voir la figure 5*).

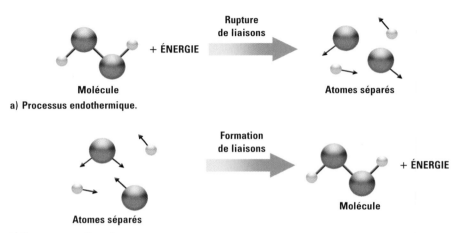

a) Processus endothermique.

b) Processus exothermique.

Figure 5 La rupture de liaisons est un processus endothermique, alors que la formation de liaisons entre des atomes séparés est un processus exothermique.

S'il faut davantage d'énergie pour briser les liaisons des réactifs que l'énergie dégagée lors de la formation des liaisons des produits, la réaction est endothermique. À l'inverse, si l'énergie dégagée lors de la formation des produits est plus grande que l'énergie absorbée pour défaire les molécules de réactifs, la réaction est exothermique.

Par exemple, la décomposition du carbonate de calcium ($CaCO_3$), un composé majoritaire de la craie, en oxyde de calcium (CaO) et en dioxyde de carbone (CO_2) est une réaction endothermique avec une variation d'enthalpie standard de 178 kJ/mol. On peut exprimer cette réaction par une **équation thermochimique** de deux manières différentes : en incluant la valeur de la variation d'enthalpie dans l'équation, ou en l'excluant.

Équations thermochimiques d'une réaction endothermique

1) $CaCO_3{}_{(s)} \rightarrow CaO_{(s)} + CO_2{}_{(g)}$ $\qquad \Delta H = 178$ kJ/mol

2) $CaCO_3{}_{(s)} + 178$ kJ $\rightarrow CaO_{(s)} + CO_2{}_{(g)}$

Dans la première équation, la variation d'enthalpie est notée à l'extérieur de l'équation et indique la quantité de chaleur nécessaire à cette réaction pour une mole de réactif décomposé. On l'indique alors en kilojoules par mole (kJ/mol). Toutefois, il arrive que la variation d'enthalpie soit indiquée pour plus d'une mole de substance : dans ce cas, on l'indique en kilojoules (kJ) seulement. Le signe positif de la variation d'enthalpie indique qu'il s'agit d'une réaction endothermique.

Dans la deuxième équation, l'énergie absorbée se trouve du côté des réactifs, car elle doit être fournie aux réactifs pour que la réaction se produise. Cela signifie que le bris des liaisons dans le réactif nécessite davantage d'énergie que l'énergie qui est dégagée lors de la formation des liaisons chimiques des produits. Lorsque la variation d'enthalpie est incluse dans l'équation, elle est indiquée en kilojoules (kJ).

À l'inverse, dans le cas d'une réaction exothermique, la variation d'enthalpie est négative. On insère donc l'énergie du côté des produits dans la deuxième équation, car elle est produite par la réaction. Par exemple, la formation du trioxyde de difer (Fe_2O_3), communément appelé rouille, à partir du fer (Fe) est une réaction exothermique dont l'équation thermochimique peut s'exprimer ainsi.

Équations thermochimiques d'une réaction exothermique

1) $4\ Fe_{(s)} + 3\ O_{2\,(g)} \rightarrow 2\ Fe_2O_{3\,(s)}$ $\qquad \Delta H = -824,2$ kJ/mol

2) $4\ Fe_{(s)} + 3\ O_{2\,(g)} \rightarrow 2\ Fe_2O_{3\,(s)} + 1\,648,4$ kJ

Dans cet exemple, comme il s'agit de la formation du trioxyde de difer, la variation d'enthalpie est exprimée en fonction de celui-ci. Ainsi, la première équation indique que lorsqu'une mole de trioxyde de difer est produite, il se produit un dégagement d'énergie de 824,2 kJ. Lorsque la valeur de la variation d'enthalpie est intégrée dans l'équation thermochimique, il faut tenir compte du coefficient du trioxyde de difer, puisque c'est lui qui est formé. La valeur de la variation d'enthalpie de la formation du trioxyde de difer doit donc être multipliée par son coefficient stœchiométrique. Ainsi, la valeur de 1 648,4 kJ représente la variation d'enthalpie de cette réaction pour deux moles de trioxyde de difer formées, car 824,2 × 2 = 1 648,4.

Il en est de même pour tous les types de réaction. Pour inclure la variation d'enthalpie molaire dans l'équation, il faut l'adapter au nombre de moles de substance en jeu dans l'équation balancée. Pour déterminer de quelle substance il s'agit, il faut savoir de quel type de réaction il s'agit. Ainsi, dans le cas d'une réaction de synthèse, par exemple, la variation d'enthalpie molaire sera celle de la substance formée. Il s'agit alors d'une chaleur molaire de formation. Pour une réaction de combustion, la variation d'enthalpie molaire donnée est celle de la substance qui subit la combustion. Dans le cas d'une réaction de dissolution ou de neutralisation, la variation d'enthalpie molaire est donnée pour une mole de la substance dissoute ou neutralisée.

4.2.3 Le diagramme d'enthalpie des réactions endothermiques et exothermiques

Afin de visualiser le déroulement des réactions du point de vue énergétique, il est possible de tracer un diagramme simple qui montre l'enthalpie relative des réactifs et des produits à l'aide de paliers horizontaux de différents niveaux. Dans un diagramme d'enthalpie, la variation d'enthalpie lors de la transformation des réactifs en produits est la différence de hauteur entre les paliers, et son signe indique s'il s'agit d'une réaction endothermique ou exothermique (*voir la figure 8, à la page 154*).

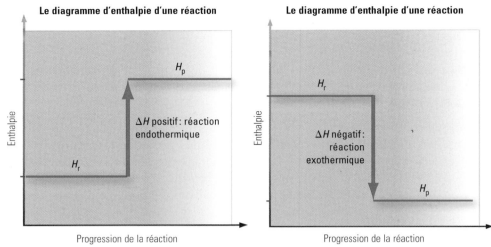

Le diagramme d'enthalpie d'une réaction

H_p

ΔH positif : réaction endothermique

H_r

Enthalpie

Progression de la réaction

a) Une réaction endothermique.

Le diagramme d'enthalpie d'une réaction

H_r

ΔH négatif : réaction exothermique

H_p

Enthalpie

Progression de la réaction

b) Une réaction exothermique.

Figure 8 Des diagrammes d'enthalpie montrant que la variation d'enthalpie est positive pour une réaction endothermique, et négative pour une réaction exothermique, car $\Delta H = H_p - H_r$.

Lors d'une réaction endothermique (*voir la figure 8 a*), l'enthalpie des réactifs est plus faible que celle des produits. Cela signifie que l'énergie potentielle emmagasinée dans les liaisons chimiques est plus grande dans les produits que dans les réactifs. La variation d'enthalpie est donc positive.

Dans une réaction exothermique (*voir la figure 8 b*), l'enthalpie des réactifs est plus grande que celle des produits. Cela signifie que l'énergie potentielle emmagasinée dans les liaisons chimiques est plus grande dans les réactifs que dans les produits. La variation d'enthalpie est donc négative.

Il est possible de construire un tel diagramme d'enthalpie si l'on connaît la variation d'enthalpie d'une réaction chimique, comme le montre l'exemple suivant.

Exemple

La combustion de l'éthanol se fait selon la réaction suivante.

$$CH_3CH_2OH_{(l)} + 3 O_{2 (g)} \rightarrow 2 CO_{2 (g)} + 3 H_2O_{(g)} + 1\ 267\ kJ$$

Tracez le graphique énergétique de cette réaction.

Solution :

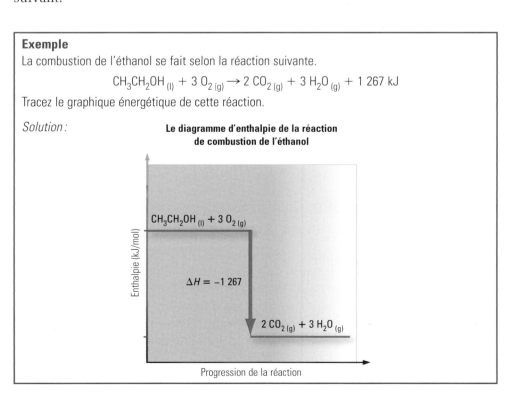

Le diagramme d'enthalpie de la réaction de combustion de l'éthanol

$CH_3CH_2OH_{(l)} + 3 O_{2 (g)}$

$\Delta H = -1\ 267$

$2 CO_{2 (g)} + 3 H_2O_{(g)}$

Enthalpie (kJ/mol)

Progression de la réaction

1. Indiquez si les transformations physiques suivantes sont endothermiques ou exothermiques.
   a) L'alcool à friction qui crée une sensation de froid sur la peau et s'évapore rapidement.
   b) La formation de buée sur le miroir de la salle de bain pendant qu'on est sous la douche.
   c) $C_4H_{10\,(l)} \rightarrow C_4H_{10\,(s)}$
   d) Les glaçons qui diminuent de volume après plusieurs jours passés au congélateur.
   e) L'explosion d'un feu d'artifice.

2. Les réactions suivantes sont-elles endothermiques ou exothermiques ?
   a) $2\,NO_{(g)} + Cl_{2\,(g)} + 77,4\ kJ \rightarrow 2\,NOCl_{(g)}$
   b) $N_{2\,(g)} + O_{2\,(g)} \rightarrow 2\,NO_{(g)}$ $\qquad \Delta H = -180,4\ kJ/mol$
   c) $Li_{(s)} + \frac{1}{2}F_{2\,(g)} \rightarrow LiF_{(s)} + 617\ kJ$
   d) La fabrication du fréon (CF_2Cl_2), un gaz longtemps utilisé en réfrigération :
   $CH_{4\,(g)} + 2\,Cl_{2\,(g)} + 2\,F_{2\,(g)} \rightarrow$
   $CF_2Cl_{2\,(g)} + 2\,HF_{(g)} + 2\,HCl_{(g)}$ $\quad \Delta H = -1\ 194\ kJ/mol$

3. Lequel des quatre graphiques suivants représente le mieux la sublimation du dioxyde de carbone (CO_2), dont la variation d'enthalpie de sublimation est de 571 kJ/mol ?

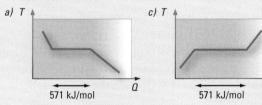

Q : Chaleur absorbée ou dégagée (kJ/mol)
T : Température de la substance (°C)

4. Tracez le diagramme d'enthalpie de chacune des réactions suivantes. Indiquez sur chaque diagramme la valeur de la variation d'enthalpie.
   a) $Fe_3O_{4\,(s)} + CO_{(g)} + 35,9\ kJ \rightarrow 3\,FeO_{(s)} + CO_{2\,(g)}$
   b) $2\,KClO_{3\,(s)} \rightarrow 2\,KCl_{(s)} + 3\,O_{2\,(g)} + 89,4\ kJ$

5. Selon le diagramme suivant, une substance X, initialement en phase gazeuse à haute température, passe par les phases liquide et solide de la matière en se refroidissant.

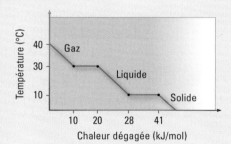

   a) Quelle est la température de vaporisation de la substance X ?
   b) Quelle est sa température de solidification ?
   c) Quelle est sa variation d'enthalpie de condensation liquide ?
   d) Quelle est sa variation d'enthalpie de fusion ?

6. Les deux diagrammes d'enthalpie suivants représentent le déroulement de deux réactions. Pour chacun des diagrammes, donnez l'équation thermochimique de la réaction de deux façons différentes. Puis, précisez si la réaction est endothermique ou exothermique.
   a) H(kJ)

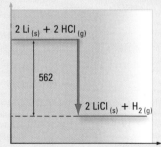

Progression de la réaction

   b) H(kJ)

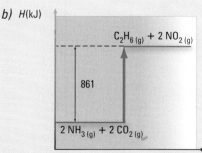

Progression de la réaction

4.3 Le bilan énergétique

Le bilan énergétique **est la somme de l'énergie requise pour briser les liaisons chimiques des réactifs et de l'énergie dégagée au moment de la formation des liaisons des produits.**

Puisqu'il n'est pas possible de connaître l'enthalpie initiale et l'enthalpie finale du système où se déroule la réaction chimique, il faut employer une autre méthode pour déterminer la variation d'enthalpie totale de la réaction. Cette méthode consiste à examiner et à comparer les liaisons chimiques présentes dans les molécules des réactifs et des produits. Une réaction chimique comprend le bris de liaisons chimiques et la formation de nouvelles liaisons chimiques. En tenant compte des valeurs d'énergie qui existent lors de ces ruptures et de ces formations de liaisons, il est possible d'établir la variation d'enthalpie de toute la réaction.

D'abord, il faut déterminer toutes les liaisons présentes dans les réactifs et les produits. Les diagrammes de Lewis sont très utiles lors de cette étape, car ils permettent de détecter la présence de liaisons doubles ou triples. Chaque type de liaison chimique possède une **énergie de liaison** caractéristique correspondant à l'énergie nécessaire pour la briser ou à l'énergie dégagée lorsqu'elle se forme. L'énergie d'une liaison A—B est exprimée comme ceci : $E_{A—B}$. Elle est donnée en kilojoules par mole (kJ/mol) de liaisons.

La force d'une liaison dépend des atomes mis en jeu et du nombre d'électrons partagés entre ces atomes. En effet, une liaison double, où quatre électrons sont partagés entre les mêmes atomes, est plus forte qu'une liaison simple, où seulement deux électrons sont partagés (*voir le tableau 1*).

ANNEXE 8 >

Tableau 8.5: Les énergies moyennes de liaison, p. 419.

Tableau 1 Les valeurs approximatives moyennes des énergies de quelques liaisons.

Liaison	Énergie (kJ/mol)
H—H	436
H—O	460
H—F	570
H—Cl	432
C—H	413
C—C	347
C=C	607
C—O	358
C≡N	891
O=O	498
Cl—Cl	243
N=N	418
N≡N	945
N=O	631

4.3.1 Dresser un bilan énergétique

Pour dresser le bilan énergétique d'une réaction chimique, il faut d'abord déterminer le type de liaisons contenues dans les substances en jeu. Puis, on calcule l'énergie requise pour briser toutes les liaisons des réactifs en additionnant les valeurs d'énergie propres à chacune des liaisons présentes. Comme le bris de liaisons est un processus endothermique, la valeur de variation d'enthalpie sera positive.

Ensuite, il faut calculer la variation d'enthalpie associée à la formation de toutes les nouvelles liaisons chimiques des produits. Comme la formation de liaisons représente un processus exothermique, la valeur obtenue pour cette étape sera négative. Le bilan énergétique permet de connaître la variation d'enthalpie, qui constitue l'addition de ces deux valeurs.

Bilan énergétique

$$\Delta H = \Delta H_{\text{liaisons brisées}} + \Delta H_{\text{liaisons formées}}$$

où

ΔH = Variation d'enthalpie de la réaction, exprimée en kilojoules par mole (kJ/mol)*

$\Delta H_{\text{liaisons brisées}}$ = Variation d'enthalpie du bris des liaisons des réactifs, exprimée en kilojoules par mole (kJ/mol)*

$\Delta H_{\text{liaisons formées}}$ = Variation d'enthalpie de la formation des liaisons des produits, exprimée en kilojoules par mole (kJ/mol)*

* On peut utiliser le kilojoule lorsqu'on effectue les calculs de bilan énergétique puisque les valeurs d'énergie de liaison peuvent être exprimées pour plus d'une mole.

Une représentation graphique du bilan énergétique donne un diagramme comportant trois paliers (*voir la figure 9*). L'énergie fournie pour briser toutes les liaisons des réactifs ($\Delta H_{\text{liaisons brisées}}$) crée un palier intermédiaire plus haut, qui équivaut à l'enthalpie des atomes séparés les uns des autres. Lorsque les atomes se rassemblent pour former les produits, ils dégagent de l'énergie, qui correspond à $\Delta H_{\text{liaisons formées}}$.

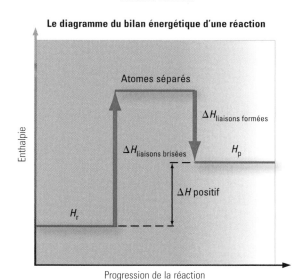 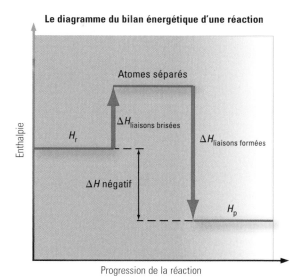

a) Une réaction endothermique.   **b) Une réaction exothermique.**

Figure 9 La variation d'enthalpie de la réaction correspond au bilan entre la variation d'enthalpie pour briser les liaisons des réactifs et la variation d'enthalpie pour former les liaisons des produits.

Si les liaisons des réactifs sont plus fortes que celles des produits, l'énergie requise pour les briser est plus élevée que l'énergie dégagée par la formation des produits. La valeur de $\Delta H_{\text{liaisons brisées}}$ sera plus grande, en valeur absolue, que la valeur de $\Delta H_{\text{liaisons formées}}$. L'addition de ces deux valeurs produit un bilan positif et indique une réaction endothermique (*voir la figure 9 a*). Dans le cas d'une réaction exothermique (*voir la figure 9 b*), c'est la valeur de $\Delta H_{\text{liaisons formées}}$ qui est plus élevée, mais négative. Le bilan donne alors une valeur de variation d'enthalpie de réaction négative.

Il est à noter que la valeur de la variation d'enthalpie de réaction calculée de cette façon est très souvent différente de la valeur expérimentale. Il en est ainsi parce que les valeurs des énergies de liaison utilisées sont des valeurs moyennes, et que ces énergies varient légèrement selon la molécule étudiée et la phase dans laquelle elle se trouve.

Dans beaucoup de réactions chimiques, ce n'est pas la totalité des liaisons chimiques qui se brisent lors de la séparation des réactifs en atomes. Par exemple, plusieurs réactions effectuées avec de grosses molécules de réactifs n'impliquent qu'une petite partie de la molécule, tout le reste demeurant intact. Cependant, comme ces réactions comportent parfois des réarrangements d'atomes pour lesquels il devient complexe de déterminer exactement quelles liaisons se brisent et se forment, il est alors plus simple, dans un calcul de variation d'enthalpie, de considérer que la totalité des liaisons des réactifs se brisent pour en former de nouvelles. Du point de vue du bilan énergétique, cela donne le même résultat. En effet, si l'on forme une liaison qui a été brisée, l'énergie dégagée lors de la formation s'annule avec l'énergie fournie pour la briser, ce qui respecte la loi de la conservation de l'énergie.

Exemple A

Calcul de la variation d'enthalpie d'une réaction comportant des liaisons simples

Soit la réaction suivante entre le dihydrogène (H_2) gazeux et le dichlore (Cl_2) gazeux :

$$H_{2\,(g)} + Cl_{2\,(g)} \rightarrow 2\,HCl_{(g)}$$

Calculez la variation d'enthalpie de la réaction en faisant un bilan énergétique, puis indiquez si la réaction est endothermique ou exothermique. Construisez ensuite le diagramme du bilan énergétique. Utilisez le tableau des énergies moyennes de liaison (*voir l'annexe 8, p. 419*).

Solution :

1. Déterminer les liaisons brisées dans les réactifs à l'aide des diagrammes de Lewis :

$$\text{H—H} \qquad\qquad\qquad :\!\overset{\boldsymbol{\cdot\cdot}}{\underset{\boldsymbol{\cdot\cdot}}{Cl}}\!\!—\!\!\overset{\boldsymbol{\cdot\cdot}}{\underset{\boldsymbol{\cdot\cdot}}{Cl}}\!:$$

Liaison H—H contenue dans H_2 et liaison Cl—Cl contenue dans Cl_2.

2. Déterminer les liaisons formées dans les produits à l'aide des diagrammes de Lewis :

$$\text{H—}\overset{\boldsymbol{\cdot\cdot}}{\underset{\boldsymbol{\cdot\cdot}}{Cl}}\!:$$

2 liaisons H—Cl, car il y a deux molécules de HCl.

3. Chercher, dans le tableau des énergies moyennes de liaison (voir l'annexe 8, p. 419), les valeurs correspondant à l'énergie de ces liaisons :

($E_{H—H}$) : 436 kJ/mol   ($E_{Cl—Cl}$) : 243 kJ/mol   ($E_{H—Cl}$) : 432 kJ/mol

4. Calculer l'énergie totale de liaison des réactifs et des produits, soit l'enthalpie des liaisons brisées et l'enthalpie des liaisons formées :

Réactifs : $\Delta H_{\text{liaisons brisées}} = E_{H—H} + E_{Cl—Cl} = 436\text{ kJ} + 243\text{ kJ} = 679\text{ kJ}$

Produits : $\Delta H_{\text{liaisons formées}} = -(2 \times E_{H—Cl}) = -(2 \times 432\text{ kJ}) = -864\text{ kJ}$

5. Calculer la variation d'enthalpie de la réaction en faisant le bilan énergétique :

$\Delta H = \Delta H_{\text{liaisons brisées}} + \Delta H_{\text{liaisons formées}} = 679\text{ kJ} - 864\text{ kJ}$
$$= -185\text{ kJ}$$

6. Construire le diagramme du bilan énergétique :

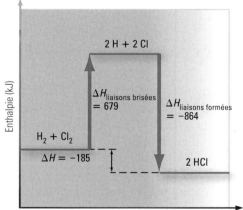

Le diagramme du bilan énergétique de la réaction

Réponse : La réaction est exothermique, car sa variation d'enthalpie est de −185 kJ pour deux moles de chlorure d'hydrogène (HCl), soit −92,5 kJ/mol.

Exemple B

Calcul de la variation d'enthalpie d'une réaction comportant des liaisons doubles

Soit la combustion du méthane (CH_4) :

$$CH_{4\,(g)} + 2\,O_{2\,(g)} \rightarrow CO_{2\,(g)} + 2\,H_2O_{(g)}$$

Calculez la variation d'enthalpie de cette réaction en faisant un bilan énergétique, puis indiquez si la réaction est endothermique ou exothermique. Construisez ensuite le diagramme du bilan énergétique. Utilisez le tableau des énergies moyennes de liaison (*voir l'annexe 8, p. 419*).

Solution :

1. *Déterminer les liaisons brisées dans les réactifs à l'aide des diagrammes de Lewis :*

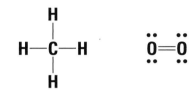

4 liaisons C—H contenues dans CH_4 et 2 liaisons O=O contenues dans 2 O_2.

2. *Déterminer les liaisons formées dans les produits à l'aide des diagrammes de Lewis :*

2 liaisons C=O contenues dans CO_2 et 4 liaisons O—H contenues dans 2 H_2O.

3. *Chercher les valeurs correspondant à l'énergie de ces liaisons dans le tableau des énergies moyennes de liaison (voir l'annexe 8, p. 419) :*

$(E_{C—H})$: 413 kJ/mol $(E_{C=O})$: 745 kJ/mol

$(E_{O=O})$: 498 kJ/mol $(E_{O—H})$: 460 kJ/mol

4. *Calculer l'énergie totale de liaison des réactifs et des produits, soit l'enthalpie des liaisons brisées et l'enthalpie des liaisons formées :*

Réactifs : $\Delta H_{\text{liaisons brisées}} = 4 \times E_{C—H} + 2 \times E_{O=O}$
$= 4 \times 413\text{ kJ} + 2 \times 498\text{ kJ} = 2\,648\text{ kJ}$

Produits : $\Delta H_{\text{liaisons formées}} = -(2 \times E_{C=O} + 4 \times E_{O—H})$
$= -(2 \times 745\text{ kJ} + 4 \times 460\text{ kJ}) = -3\,330\text{ kJ}$

5. *Calculer la variation de la réaction en faisant le bilan énergétique :*

$\Delta H = \Delta H_{\text{liaisons brisées}} + \Delta H_{\text{liaisons formées}} = 2\,648\text{ kJ} - 3\,330\text{ kJ}$
$= -682\text{ kJ}$

6. *Construire le diagramme du bilan énergétique :*

Le diagramme du bilan énergétique de la réaction

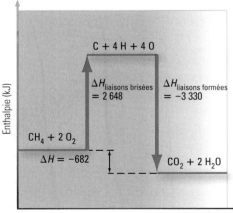

Réponse : La réaction est exothermique, car sa variation d'enthalpie est de -682 kJ pour une mole de méthane (CH_4), soit -682 kJ/mol.

Différentes formules chimiques

Il existe plusieurs façons de représenter les molécules et leurs structures. On peut préciser la formule chimique brute d'une substance comme le propane (C_3H_8) en utilisant une formule chimique développée ou semi-développée.

Dans ce type de représentation, on utilise un tiret pour représenter les liaisons entre les atomes. Quand la liaison est simple, un seul tiret est utilisé, alors que le tiret est double ou triple lorsqu'il y a deux ou trois liaisons entre deux atomes. Dans la formule moléculaire développée, tous les liens entre les atomes sont illustrés, alors que dans la formule moléculaire semi-développée, les liaisons entre les atomes de carbone (C) et d'hydrogène (H) ne sont pas illustrées.

Par exemple, on peut représenter le propane par une formule moléculaire développée où toutes les liaisons sont visibles, ou encore par une formule moléculaire semi-développée qui permet de constater qu'un groupe CH_3 est attaché à un groupe CH_2 qui est lui-même attaché à un autre groupe CH_3.

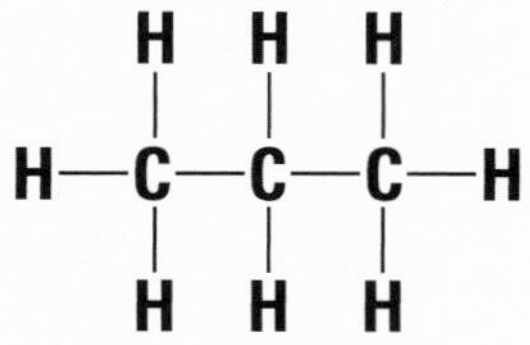

Figure 10 La formule moléculaire développée (en haut) et semi-développée (en bas) du propane, dont la formule moléculaire brute est C_3H_8.

POUR FAIRE LE POINT

SECTION 4.3   Le bilan énergétique

Pour répondre aux questions 1, 4 et 6, utilisez le tableau 8.5 des annexes, à la page 419.

1. Comparez les énergies requises pour briser les liaisons suivantes :
   a) Une liaison simple N—N.
   b) Une liaison double N=N.
   c) Une liaison triple N≡N.

   Quelle liaison est la plus forte ? Laquelle est la plus faible ? Expliquez vos réponses.

2. On effectue la réaction suivante en laboratoire.

   $$2 \ CO_{(g)} + 1 \ 650 \ kJ \rightarrow 2 \ C_{(g)} + O_{2 \ (g)}$$

   Sachant cela, déterminez si la liaison entre le carbone (C) et l'oxygène (O) est simple, double ou triple dans le monoxyde de carbone (CO).

3. Soit la réaction suivante :

   $$A_2 + B_2 \rightarrow 2 \ AB$$

   Si la liaison A—B est plus forte que les liaisons A—A et B—B, la réaction sera-t-elle endothermique ou exothermique ?

4. Calculez la variation d'enthalpie des réactions suivantes et indiquez si les réactions sont endothermiques ou exothermiques.
   a) $H_{2 \ (g)} \rightarrow 2 \ H_{(g)}$
   b) $H_{2 \ (g)} + Br_{2 \ (g)} \rightarrow 2 \ HBr_{(g)}$
   c) $BrF_{3 \ (g)} + 2 \ H_{2 \ (g)} \rightarrow HBr_{(g)} + 3 \ HF_{(g)}$

5. Soit la réaction suivante :

   $$X_2 + Y_2 \rightarrow 2 \ XY$$

   Si la variation d'enthalpie de la réaction est de 20 kJ/mol de XY, que l'énergie de la liaison X—X est de 100 kJ/mol et celle de Y—Y de 50 kJ/mol, quelle est l'énergie de la liaison X—Y ?

6. Calculez la variation d'enthalpie des réactions suivantes. L'utilisation d'un diagramme de Lewis est conseillée ici, car certains réactifs et certains produits contiennent des liaisons doubles ou triples. Indiquez si les réactions sont endothermiques ou exothermiques.
   a) $2 \ N_{(g)} \rightarrow N_{2 \ (g)}$
   b) $2 \ C_4H_{10 \ (g)} + 13 \ O_{2 \ (g)} \rightarrow 8 \ CO_{2 \ (g)} + 10 \ H_2O_{(g)}$
   c) $CO_{2 \ (g)} \rightarrow C_{(s)} + O_{2 \ (g)}$
   d) $2 \ C_2H_{2 \ (g)} + 5 \ O_{2 \ (g)} \rightarrow 4 \ CO_{2 \ (g)} + 2 \ H_2O_{(g)}$

4.4 Le calcul de la variation d'enthalpie par la stœchiométrie

Le calcul de la variation d'enthalpie par la stœchiométrie permet d'obtenir la variation d'enthalpie qui accompagne une réaction chimique dont la masse des réactifs ou des produits est connue.

Il est possible de calculer l'énergie absorbée ou dégagée par une réaction chimique dont on connaît la quantité d'un réactif ou d'un produit en utilisant la stœchiométrie. La variation d'enthalpie molaire d'une réaction exprimée en kilojoules par mole (kJ/mol) représente l'énergie mise en jeu dans cette réaction, selon les coefficients stœchiométriques. Ainsi, l'énergie fournie ou dégagée lors d'une réaction chimique est proportionnelle à la quantité, en moles, de réactifs et de produits. Par exemple, la synthèse de l'eau se fait selon l'équation thermochimique suivante.

$$H_{2\,(g)} + \frac{1}{2}O_{2\,(g)} \rightarrow H_2O_{(g)} + 244\ kJ$$

Ainsi, cette réaction dégage 244 kJ, pour la formation d'une mole d'eau. Si l'on effectuait cette réaction avec deux moles d'eau, l'énergie dégagée serait deux fois plus grande, donc la variation d'enthalpie serait de -488 kJ.

Pour une réaction réalisée en laboratoire, il est pertinent de connaître l'énergie mise en jeu dans la réaction ainsi que les quantités de réactifs et de produits réellement utilisées. Lorsque la variation d'enthalpie est connue, pour la réaction, et que la masse d'un réactif est donnée, il est possible de calculer l'énergie fournie ou dégagée pour cette masse donnée de réactif.

Les exemples suivants montrent comment calculer l'énergie dégagée ou fournie par une réaction lorsqu'on connaît l'enthalpie de la réaction ou la masse d'un réactif.

Exemple A

Soit la réaction suivante :

$$H_{2\,(g)} + F_{2\,(g)} \rightarrow 2\ HF_{(g)} + 546,6\ kJ$$

Calculez l'énergie dégagée lors de cette réaction si une masse de 5,50 g de dihydrogène (H_2) est utilisée avec suffisamment de difluor (F_2).

Données :

   $m = 5,50$ g
   $M = 2,016$ g/mol
Énergie = ?

1. Calcul du nombre de moles de H_2 :

$$M = \frac{m}{n} \qquad n = \frac{m}{M} = \frac{5,50\ \cancel{g}}{2,016\ \cancel{g}/mol} = 2,73\ mol$$

2. Calcul de l'énergie dégagée pour 2,73 mol de H_2 :

$$\frac{-546,6\ kJ}{1\ mol} = \frac{?}{2,73\ mol}$$

$$\frac{-546,6\ kJ \cdot 2,73\ \cancel{mol}}{1\ \cancel{mol}} = -1\ 492\ kJ$$

Réponse : La réaction réalisée avec 5,50 g de dihydrogène (H_2) dégage 1 492 kJ d'énergie.

POUR FAIRE LE POINT

SECTION 4.4

Le calcul de la variation d'enthalpie par la stœchiométrie

1. Soit la réaction de synthèse de C : $3\ A + 2\ B \rightarrow 4\ C$. Si la variation d'enthalpie standard de cette réaction est de 500 kJ/mol, quelle énergie sera nécessaire pour faire réagir 2,4 moles de A ?

2. Soit une réaction $X + 2\ Y \rightarrow 2\ Z + 200\ kJ$. Quelle sera l'énergie dégagée si $1{,}5 \times 10^{-3}$ moles de Y sont utilisées ?

3. Quelle quantité d'énergie est nécessaire pour faire fondre 1,0 kg de glace, si la fusion de la glace possède une variation d'enthalpie de 6,01 kJ/mol à 0 °C ?

4. Quelle quantité d'énergie est libérée durant la condensation liquide de 300,0 g de vapeur d'eau, si la vaporisation de l'eau possède une variation d'enthalpie de 40,66 kJ/mol ?

5. La dissolution de l'acide chlorhydrique (HCl) dans l'eau est un phénomène exothermique ayant une variation d'enthalpie de −74,0 kJ/mol. Quelle quantité de chaleur sera dégagée lors de la préparation de 200,0 mL d'une solution d'une concentration de 2,50 mol/L ?

6. La réaction de synthèse suivante possède une variation d'enthalpie de −411 kJ/mol :

$$Na_{(s)} + \frac{1}{2}Cl_{2\,(g)} \rightarrow NaCl_{(s)}$$

Quelle masse de sodium (Na) faudrait-il utiliser pour que la réaction dégage 2 000 kJ ?

7. Soit la formation de trioxyde de difer (Fe_2O_3) :

$$4\ Fe_{(s)} + 3\ O_{2\,(g)} \rightarrow 2\ Fe_2O_{3\,(s)} + 1\ 648{,}4\ kJ$$

En utilisant 100,0 g de fer et suffisamment de dioxygène (O_2), quelle est l'énergie dégagée par la réaction ?

8. La neutralisation de l'acide chlorhydrique (HCl) par l'hydroxyde de sodium (NaOH) est la suivante :

$$HCl_{(aq)} + NaOH_{(aq)} \rightarrow NaCl_{(aq)} + H_2O_{(l)}$$

Quelle est la variation d'enthalpie de cette réaction si 3,21 g de chlorure de sodium (NaCl) sont produits en dégageant 3,19 kJ ?

9. Soit la réaction de synthèse du XO comportant un élément inconnu, X :

$$2 X_{(s)} + O_{2 (g)} \rightarrow 2 XO_{(s)}$$

Sa variation d'enthalpie est de -602 kJ/mol. Une masse de 18,23 g de X est utilisée avec la bonne quantité de dioxygène (O_2), et la réaction dégage 451,5 kJ de chaleur. Trouvez la masse molaire de X et identifiez l'élément X.

10. La formation du glucose ($C_6H_{12}O_6$) par photosynthèse se fait selon la réaction suivante, en utilisant l'énergie sous forme lumineuse :

$$6 CO_{2 (g)} + 6 H_2O_{(l)} + 2\,803 \text{ kJ} \rightarrow C_6H_{12}O_{6 (s)} + 6 O_{2 (g)}$$

Quelle masse de glucose sera produite si une lampe fournit 2 000 kJ et que les réactifs sont en quantité suffisante ?

11. La formation de l'ammoniac (NH_3) se fait selon la réaction suivante :

$$N_{2 (g)} + 3 H_{2 (g)} \rightarrow 2 NH_{3 (g)}$$

a) Calculez la variation d'enthalpie de cette réaction et indiquez si elle est endothermique ou exothermique. Utilisez le tableau des énergies moyennes de liaison (*voir l'annexe 8, p. 419*).

b) Calculez la quantité d'énergie absorbée ou dégagée lors de la réaction de 10,0 g de diazote (N_2) avec 10,0 g de dihydrogène (H_2), sachant qu'un de ces deux réactifs se trouve ici en excès.

12. Si la variation d'enthalpie de combustion de l'éthane (C_2H_6) est de $-1,56$ kJ/mol, calculez la quantité de chaleur transférée par la combustion de :

a) 5,0 mol d'éthane ;

b) 40,0 g d'éthane.

13. Le décaoxyde de tétraphosphore (P_4O_{10}) est un oxyde acide. Il réagit avec l'eau pour produire de l'acide phosphorique (H_3PO_4) selon la réaction suivante :

$$P_4O_{10\,(s)} + 6 H_2O_{(l)} \rightarrow 4 H_3PO_{4\,(l)} \qquad \Delta H = -64,3 \text{ kJ/mol}$$

a) Récrivez l'équation thermochimique en y incluant la variation de l'enthalpie.

b) Quelle quantité d'énergie se dégage de la réaction de 5,0 moles de décaoxyde de tétraphosphore avec de l'eau en excès ?

c) Quelle quantité d'énergie se dégage de la formation de 235,0 g d'acide phosphorique ?

14. Pendant les journées ensoleillées, des substances chimiques peuvent emmagasiner de l'énergie solaire qu'elles libéreront plus tard. Certains sels hydratés se dissolvent dans l'eau de façon endothermique lorsqu'ils se réchauffent et libèrent de la chaleur lorsqu'ils se cristallisent. Par exemple, le sel de Glauber ($Na_2SO_4 \cdot 10\ H_2O_{(s)}$) se cristallise à 32 °C en libérant 78,0 kJ par mole de sel. Quelle est la variation d'enthalpie lors de la cristallisation de 454,0 g de sel de Glauber, qui sert à fournir de l'énergie domestique, si l'on considère que la masse molaire de ce sel inclut les 10 molécules d'eau ?

15. Pour chaque équation équilibrée et variation d'enthalpie suivante, écrivez le symbole et calculez la variation d'enthalpie de combustion pour une mole de la substance qui réagit avec du dioxygène (O_2).

a) $2 H_{2 (g)} + O_{2 (g)} \rightarrow 2 H_2O_{(g)} + 488 \text{ kJ}$

b) $4 NH_{3 (g)} + 7 O_{2 (g)} \rightarrow$
$\qquad\qquad 4 NO_{2 (g)} + 6 H_2O_{(g)} + 1\,272,1 \text{ kJ}$

c) $2 N_{2 (g)} + O_{2 (g)} + 163,2 \text{ kJ} \rightarrow 2 N_2O_{(g)}$

d) $3 Fe_{(s)} + 2 O_{2 (g)} \rightarrow Fe_3O_{4 (s)} + 1\,118,4 \text{ kJ}$

16. L'aluminium (Al) réagit vite avec le dichlore (Cl_2) gazeux pour produire du trichlorure d'aluminium ($AlCl_3$). Cette réaction est très exothermique.

$$Al_{(s)} + \frac{3}{2} Cl_{2 (g)} \rightarrow AlCl_{3 (s)} \qquad \Delta H = -704 \text{ kJ/mol}$$

Quelle est la variation d'enthalpie lorsque 25,0 g d'aluminium réagissent complètement avec le dichlore en excès ?

17. Calculez la variation d'enthalpie lors de la combustion d'une quantité de 100,0 g de méthane (CH_4) dans un chauffe-eau au gaz naturel, sachant que la variation d'enthalpie de combustion du méthane est de 802,0 kJ/mol.

18. Calculez la variation d'enthalpie lors de la combustion de 10,0 g de butane (C_4H_{10}) dans un réchaud de camping, selon l'équation suivante :

$$2 C_4H_{10 (g)} + 13 O_{2 (g)} \rightarrow 8 CO_{2 (g)} + 10 H_2O_{(g)}$$

La variation d'enthalpie de combustion du butane est de $-1\,328,7$ kJ/mol.

19. La combustion de l'éthanol (CH_3CH_2OH) se fait selon la réaction suivante :

$$CH_3CH_2OH_{(l)} + 3 O_{2 (g)} \rightarrow 2 CO_{2 (g)} + 3 H_2O_{(g)}$$

Calculez l'énergie dégagée par la réaction si 25,0 g d'eau sont produits. Utilisez le tableau des énergies moyennes de liaison (*voir l'annexe 8, p. 419*).

Les matériaux à changement de phase

En hiver, l'isolation thermique permet de réduire considérablement les pertes de chaleur. En revanche, en été, la climatisation est très utilisée. En plus d'être coûteuse et énergivore, la climatisation contribue à produire des gaz à effet de serre. Une solution de remplacement écologique est le stockage de l'énergie grâce aux matériaux à changement de phase. Ces matériaux changent de phase en fonction de la température ambiante. Ainsi, ils sont capables de stocker la chaleur et de la restituer.

L'une des premières applications des matériaux à changement de phase est l'isolation des bâtiments. Placés dans les cloisons des murs et des plafonds, ils fondent durant la journée en absorbant l'énergie thermique excédentaire produite lorsque la température extérieure dépasse leur température de fusion. Lorsque la température descend, la nuit, ils se solidifient en restituant l'énergie accumulée.

Le fonctionnement de ces matériaux repose sur la microencapsulation, un procédé par lequel un produit se retrouve enfermé dans des microparticules (*voir la figure 11*).

Figure 11 Ces microcapsules de cire sont prêtes à être insérées dans un matériau de construction.

De plus en plus de nouvelles applications des matériaux à changement de phase voient le jour, notamment les textiles intelligents. Les textiles intelligents gagnent du terrain dans un nombre croissant d'applications comme les vêtements, les chaussures, la literie ou les sacs de couchage. Le but recherché est de réguler de manière passive la température corporelle en fonction de la température du milieu ambiant.

Il est donc assez important de trouver des matériaux dont les températures de fusion et de cristallisation sont très proches de la température superficielle du corps humain.

Pour les textiles, comme pour l'isolation, on utilise surtout la paraffine. Il s'agit d'un mélange d'hydrocarbures solides ou liquides qui, une fois mélangés, se maintiennent à une température moyenne de 30 à 34 °C, ce qui devient très confortable pour le corps humain.

Dans le cas des textiles intelligents, la paraffine est insérée dans de minuscules sachets étanches amalgamés pour former une membrane. Ainsi, quand la température extérieure excède la température de fusion de la paraffine, celle-ci fond et absorbe l'énergie sous forme de chaleur. Inversement, quand la température ambiante refroidit, la parafine se solidifie et restitue alors la chaleur emmagasinée (*voir la figure 12*).

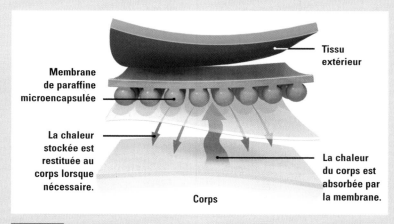

Membrane de paraffine microencapsulée

La chaleur stockée est restituée au corps lorsque nécessaire.

Tissu extérieur

La chaleur du corps est absorbée par la membrane.

Corps

Figure 12 Le principe de fonctionnement des matériaux à changement de phase dans la régulation de la température corporelle.

Par conséquent, les vêtements fabriqués avec ce type de tissu offrent un confort accru en réduisant au minimum la transpiration. En somme, l'utilisation de plus en plus répandue des matériaux à changement de phase dans le bâtiment et dans les produits de large consommation va permettre de réduire les besoins en chauffage et en climatisation, ce qui contribuera à la protection de l'environnement.

ℒa petite histoire de...

L'utilisation de l'énergie chimique

L'utilisation la plus personnelle de l'énergie chimique consiste à se nourrir. En effet, l'organisme humain convertit l'énergie chimique des aliments en énergie mécanique et en chaleur corporelle à l'aide de la respiration cellulaire, qui est une forme de combustion.

De nos jours, l'être humain s'approvisionne à plusieurs sources énergétiques comme le bois, le pétrole, le nucléaire, le vent, l'hydroélectricité, le soleil ou la terre. Toutefois, seuls le bois et le pétrole sont de l'énergie chimique. Comme pour tous les types d'énergie, les processus d'extraction de l'énergie chimique passent en général par une étape faisant appel à la chaleur.

Il y a plus de 450 000 ans, l'être humain commence à brûler du bois pour se chauffer et se nourrir. Dans ce cas, le feu transforme l'énergie chimique du combustible en énergie thermique.

Puis, avec la révolution industrielle du XIXe siècle, l'être humain brûle de grandes quantités de charbon et de pétrole afin de produire de la vapeur qui fait tourner divers types de moteurs (*voir la figure 13*). La chaleur, désormais un produit intermédiaire servant à faciliter l'accomplissement des tâches manufacturières, participe au développement économique.

Au même moment, l'utilisation de l'essence pour alimenter les moteurs des automobiles, qui révolutionnent le transport, s'accroît rapidement. Ces types de moteurs mettent à profit la combustion de l'essence pour produire des gaz très chauds qui génèrent une pression élevée, nécessaire pour actionner les pistons et les roues.

De nos jours, le bois est encore utilisé comme combustible dans les résidences équipées de poêles à bois de même que dans certains projets communautaires qui utilisent les résidus de l'industrie de la coupe de bois. Ces projets permettent de récupérer et de brûler d'importantes quantités de copeaux pour alimenter un système de chauffage central qui distribue de la vapeur d'eau à la communauté au moyen de canalisations souterraines (*voir la figure 14*).

Figure 14 Tous les édifices de la communauté crie d'Oudjé-Bougoumou, au nord de Chibougamau, sont chauffés à l'aide d'une centrale thermique qui brûle des copeaux de bois.

L'énergie chimique contenue dans le charbon et d'autres combustibles fossiles, comme le gaz naturel, sert encore aujourd'hui à la production de l'électricité. Dans une centrale thermique, la vapeur d'eau produite grâce à la chaleur fournit le travail qui permet aux turbines de tourner pour produire de l'électricité. Toutefois, cette combustion émet de grandes quantités de gaz à effet de serre.

Dans les résidences, l'énergie chimique provient aussi de la combustion de combustibles fossiles comme le propane ou le méthane, principal constituant du gaz naturel, qui assure la cuisson des aliments et le chauffage.

La recherche pour trouver de nouvelles sources d'énergie moins polluantes se poursuit. Les voies d'avenir sont notamment l'hydroélectricité, les éoliennes et les panneaux solaires (*voir la figure 15*).

Figure 13 Les machines à vapeur demandaient énormément de travail à ceux qui devaient les approvisionner en charbon.

Figure 15 Les panneaux solaires sont de plus en plus utilisés pour chauffer des résidences.

CHAPITRE 4

SYNTHÈSE La variation d'enthalpie

4.1 L'enthalpie et la variation d'enthalpie

- L'enthalpie (H) est l'énergie totale d'un système, soit la somme de toutes les énergies potentielles et cinétiques que le système contient à pression constante.
- La variation d'enthalpie (ΔH) est la chaleur échangée entre un système et son environnement lors d'une transformation physique ou chimique à pression constante.
- La variation d'enthalpie d'une transformation correspond à :

$$\Delta H = H_p - H_r$$

4.2 Les transformations endothermiques et exothermiques

- Les changements de phase sont des transformations physiques endothermiques lorsqu'ils impliquent la diminution des forces d'attraction entre les molécules, dans la direction suivante : solide → liquide → gaz.

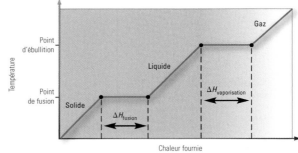

- Les changements de phase sont des transformations physiques exothermiques lorsqu'ils impliquent l'augmentation des forces d'attraction entre les molécules, dans la direction suivante : gaz → liquide → solide.

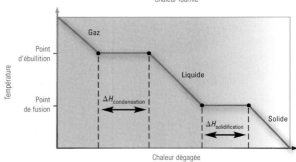

- Une réaction chimique endothermique a besoin d'absorber de la chaleur pour se produire. Sa variation d'enthalpie (ΔH) est positive, car l'enthalpie des produits est plus grande que celle des réactifs. Les liaisons sont plus fortes dans les réactifs que dans les produits.

- Une réaction chimique exothermique dégage de la chaleur lorsqu'elle se produit. Sa variation d'enthalpie (ΔH) est négative parce que l'enthalpie des produits est plus petite que celle des réactifs. Les liaisons sont plus faibles dans les réactifs que dans les produits.

- On peut exprimer une réaction chimique endothermique par une équation thermochimique de deux manières différentes :

1) $CaCO_{3\,(s)} \rightarrow CaO_{(s)} + CO_{2\,(g)}$ $\Delta H = 178 \text{ kJ/mol}$

2) $CaCO_{3\,(s)} + 178 \text{ kJ} \rightarrow CaO_{(s)} + CO_{2\,(g)}$

- On peut exprimer une réaction chimique exothermique par une équation thermochimique de deux manières différentes :

1) $4 \text{ Fe}_{(s)} + 3 \text{ O}_{2\,(g)} \rightarrow 2 \text{ Fe}_2O_{3\,(s)}$ $\Delta H = -824,2 \text{ kJ/mol}$

2) $4 \text{ Fe}_{(s)} + 3 \text{ O}_{2\,(g)} \rightarrow 2 \text{ Fe}_2O_{3\,(s)} + 1\,648,4 \text{ kJ}$

4.3 Le bilan énergétique

Un processus endothermique

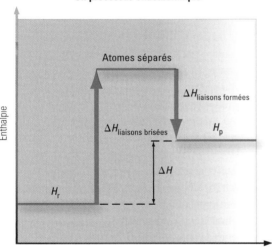

Un processus exothermique

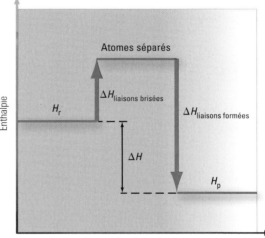

- Briser des liaisons chimiques est un processus endothermique, en former de nouvelles est un processus exothermique.
- Plus l'énergie pour briser une liaison est grande, plus la liaison est forte.
- Pour calculer la variation d'enthalpie d'une réaction chimique, il faut additionner la variation d'enthalpie des liaisons brisées ($\Delta H_{\text{liaisons brisées}}$) et la variation d'enthalpie des liaisons formées ($\Delta H_{\text{liaisons formées}}$).

$$\Delta H = \Delta H_{\text{liaisons brisées}} + \Delta H_{\text{liaisons formées}}$$

4.4 Le calcul de la variation d'enthalpie par la stœchiométrie

- L'énergie absorbée ou dégagée par une réaction est proportionnelle au nombre de moles des réactifs et des produits mis en jeu.

Pour répondre aux questions 7, 9, 10, 20 et 21, utilisez le tableau 8.5 des annexes, à la page 419.

● **1.** Lequel des quatre graphiques suivants représente le mieux la solidification du mercure (Hg), dont la variation d'enthalpie de solidification est de −2 295 kJ/mol ?

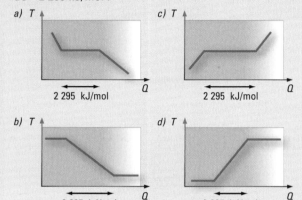

Q : Chaleur absorbée ou dégagée (kJ/mol)
T : Température de la substance (°C)

● **2.** Le graphique suivant indique les changements de phase de l'argon (Ar) selon la température, en fonction de la chaleur dégagée. L'argon, initialement en phase gazeuse à haute température, passe par les trois phases de la matière en se refroidissant selon le diagramme suivant :

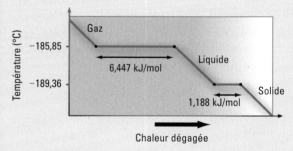

a) Quelle est la température de vaporisation de l'argon ?
b) Quelle est sa température de solidification ?
c) Quelle est sa variation d'enthalpie de solidification ?
d) Quelle est sa variation d'enthalpie de condensation liquide ?

● **3.** Tracez le diagramme d'enthalpie de chacune des réactions suivantes. Sur chacun des graphiques, indiquez la valeur de la variation d'enthalpie de la réaction.
a) $NaOH_{(s)} + CO_{2(g)} \rightarrow NaCO_{3(s)} + 127,5$ kJ
b) $2 C_{(s)} + H_{2(g)} + 227$ kJ $\rightarrow C_2H_{2(g)}$

● **4.** Construisez le diagramme des changements de phase de l'acétone (($CH_3)_2CO$), de la phase solide à la phase gazeuse, en indiquant sa température en fonction de la chaleur fournie. Utilisez les données suivantes et notez les intervalles qui correspondent aux variations d'enthalpie.
– Température de fusion : −94,6 °C
– Température d'ébullition : 56,1 °C
– Variation d'enthalpie de fusion : 5,7 kJ/mol
– Variation d'enthalpie de vaporisation : 31,3 kJ/mol

■ **5.** Examinez la réaction de formation du monoxyde d'azote (NO) :

$N_{2(g)} + O_{2(g)} \rightarrow 2 NO_{(g)}$ $\Delta H = 90,2$ kJ/mol

a) Récrivez l'équation thermochimique en intégrant la variation d'enthalpie dans l'équation.
b) Représentez la réaction par un diagramme d'enthalpie.
c) Quelle est la variation d'enthalpie associée à la formation d'une mole de monoxyde d'azote ?
d) Quelle est la variation d'enthalpie associée à la réaction de $2,5 \times 10^2$ g de diazote (N_2) avec une quantité suffisante de dioxygène (O_2) ?

■ **6.** La réaction du fer (Fe) avec le dioxygène (O_2) est un fait très courant. Vous pouvez observer la rouille qui en résulte sur les édifices, les véhicules et les ponts.

$4 Fe_{(s)} + 3 O_{2(g)} \rightarrow 2 Fe_2O_{3(s)} + 1 648,4$ kJ

a) Quelle est la variation d'enthalpie associée à cette réaction ?
b) Représentez cette réaction par un diagramme d'enthalpie.
c) Quelle est la variation d'enthalpie associée à la formation de 23,6 g d'oxyde de fer (Fe_2O_3) ?

7. Le procédé d'Ostwald permet de produire de l'acide nitrique (HNO_3) à partir de l'ammoniac (NH_3) pour une utilisation dans la fabrication d'engrais à base de nitrate. Calculez la variation d'enthalpie des réactions de ce procédé, telles qu'elles apparaissent ci-dessous, sachant que le monoxyde d'azote (NO) et le dioxyde d'azote (NO_2) contiennent chacun une liaison double et que l'acide nitrique (HNO_3) a la structure moléculaire suivante :

$$O=N(-O-H), O$$

a) $4 NH_{3\,(g)} + 5 O_{2\,(g)} \rightarrow 4 NO_{(g)} + 6 H_2O_{(g)}$
b) $2 NO_{(g)} + O_{2\,(g)} \rightarrow 2 NO_{2\,(g)}$
c) $3 NO_{2\,(g)} + H_2O_{(l)} \rightarrow 2 HNO_{3\,(l)} + NO_{(g)}$

8. Une chimiste cherche à déterminer la variation d'enthalpie de la combustion de l'octane (C_8H_{18}). Elle place 5,0 g d'octane dans une bombe calorimétrique plongée dans 3,0 L d'eau. À la fin de la combustion, qui s'est produite à pression constante, l'eau du calorimètre est passée de 22,0 °C à 40,9 °C. Quelle est la variation d'enthalpie de cette combustion ?

9. Calculez l'enthalpie pour chacune des réactions ci-dessous et déterminez laquelle de ces molécules de combustible dégage le plus d'énergie lors de sa combustion.

a) Propane : $C_3H_{8\,(g)} + 5 O_{2\,(g)} \rightarrow 3 CO_{2\,(g)} + 4 H_2O_{(g)}$
b) Octane : $C_8H_{18\,(g)} + \dfrac{25}{2} O_{2\,(g)} \rightarrow 8 CO_{2\,(g)} + 9 H_2O_{(g)}$
c) Méthanol : $CH_3OH_{(l)} + 2 O_{2\,(g)} \rightarrow CO_{2\,(g)} + 2 H_2O_{(g)}$
d) Éthylène : $C_2H_{4\,(g)} + 3 O_{2\,(g)} \rightarrow 2 CO_{2\,(g)} + 2 H_2O_{(g)}$
e) Paraffine : $C_{25}H_{52\,(s)} + 38 O_{2\,(g)} \rightarrow 25 CO_{2\,(g)} + 26 H_2O_{(g)}$

10. Soit la réaction suivante :

$$2 H_2S_{(s)} + 2 O_{2\,(g)} \rightarrow 2 H_2O_{(g)} + 2 SO_{2\,(g)}$$

Sachant que le dioxyde de soufre (SO_2) est constitué d'une liaison double et d'une simple et que la variation d'enthalpie de la réaction est de −1 036 kJ, déterminez l'énergie de la liaison.

11. Le méthanol (CH_3OH) est un combustible dont on se sert pour alimenter les réchauds à fondue. Dans une expérience où une boîte de conserve remplie d'eau est utilisée comme calorimètre, la combustion de 2,98 g de méthanol a pour effet d'élever la température de 650 g d'eau de 20,9 °C. À l'aide de cette observation, calculez la variation d'enthalpie de la combustion du méthanol.

12. Soit la réaction suivante :

$$2 A + 3 B + 1\,000 kJ \rightarrow 4 C$$

où A, B et C sont des molécules. Une masse de 35,5 g de A est utilisée avec la bonne quantité de B, et le mélange de réactifs est chauffé avec une énergie de 750 kJ. Trouvez la masse molaire de A.

13. Le décane ($C_{10}H_{22}$) figure parmi les centaines de composés de l'essence. La variation d'enthalpie de combustion du décane est de −6,78 kJ/mol. Quelle masse de décane devrait-on brûler pour élever la température de 500 mL d'eau de 20,0 °C à 55,0 °C ?

14. Une expérience de laboratoire porte sur la réaction suivante :

$$Ba(NO_3)_{2\,(s)} + K_2SO_{4\,(aq)} \rightarrow BaSO_{4\,(s)} + 2 KNO_{3\,(aq)}$$

Un chercheur ajoute 261 g de nitrate de baryum ($Ba(NO_3)_2$) à 2,0 L de solution de sulfate de potassium (K_2SO_4) dans un bécher. À mesure que le nitrate de baryum se dissout, un précipité de sulfate de baryum ($BaSO_4$) se forme. L'eau du bécher passe de 26,0 °C à 29,1 °C. Calculez la variation d'enthalpie de la réaction du nitrate de baryum.

On fait l'approximation que le mélange réactionnel possède la même masse volumique et la même capacité thermique massique que l'eau, soit 1 g/mL et 4,184 J/(g·°C).

15. Soit la réaction $D_2 + E_2 \rightarrow 2 DE$. La liaison D—D possède une énergie de 400 kJ/mol, et la liaison E—E possède une énergie de 500 kJ/mol. Si la réaction est exothermique, quelle est l'énergie de la liaison D—E ? Faites votre choix parmi les possibilités suivantes. Expliquez votre réponse.

a) $E_{D—E} = 900$ kJ/mol
b) $E_{D—E} \geq 900$ kJ/mol
c) $E_{D—E} > 900$ kJ/mol
d) $E_{D—E} = 450$ kJ/mol
e) $E_{D—E} \geq 450$ kJ/mol
f) $E_{D—E} > 450$ kJ/mol
g) $E_{D—E} < 450$ kJ/mol

16. Examinez l'équation thermochimique suivante :

$$H_{2\,(g)} + I_{2\,(g)} + 53,0 kJ \rightarrow 2 HI_{(g)}$$

a) Quelle est la variation d'enthalpie de cette réaction ?
b) Quelle quantité d'énergie faut-il pour faire réagir $4,57 \times 10^{24}$ molécules de diiode (I_2) avec du dihydrogène (H_2) en excès ?
c) Représentez le diagramme d'enthalpie correspondant à cette réaction.

17. La combustion du méthane (CH_4) se fait selon la réaction suivante et dégage 802 kJ/mol :

$$CH_{4\,(g)} + 2\,O_{2\,(g)} \rightarrow CO_{2\,(g)} + 2\,H_2O_{(g)}$$

Calculez l'énergie dégagée lors de la combustion complète d'un contenant de 3,5 L de méthane à TAPN.

18. Soit la réaction suivante :

$$B_2H_{6\,(g)} + 3\,O_{2\,(g)} \rightarrow B_2O_{3\,(s)} + 3\,H_2O_{(g)}$$

Calculez la variation d'enthalpie de la réaction si celle-ci produit 2,3 L de vapeur d'eau à TAPN et en dégage 182,5 kJ.

19. Une quantité de glace à 0,0 °C est placée dans une bombe calorimétrique plongée dans 2,0 L d'eau. Une fois la fusion tout juste complétée à pression normale constante, alors que la température de la glace fondue n'a pas encore augmenté, l'eau du calorimètre (2,0 L) est passée de 20,0 °C à 19,9 °C. Quelle masse de glace avait été placée dans le calorimètre au départ, sachant que la fusion de la glace possède une variation d'enthalpie de 6,01 kJ/mol à 0 °C ?

20. Calculez la variation d'enthalpie des réactions suivantes en faisant le bilan énergétique. Indiquez si elles sont endothermiques ou exothermiques. Vérifiez la présence de liaisons doubles ou triples.

a) $2\,C_{(s)} + 4\,H_{2\,(g)} + O_{2\,(g)} \rightarrow 2\,CH_3OH_{(l)}$
b) $CH_3COOH_{(l)} + 4\,O_{2\,(g)} \rightarrow 2\,CO_{2\,(g)} + 2\,H_2O_{(g)}$
c) $H_2C{=}CH_{2\,(g)} + F_{2\,(g)} \rightarrow CH_2FCH_2F_{(g)}$
d) $2\,CH_2CHCH_{3\,(g)} + 2\,NH_{3\,(g)} + 3\,O_{2\,(g)} \rightarrow$
$\qquad\qquad\qquad 2\,CH_2CHCN_{(g)} + 6\,H_2O_{(g)}$
e)

$$H_2C\!-\!CH_2 + HCN \rightarrow HOC\overset{\displaystyle H}{\underset{\displaystyle H}{\overset{|}{\underset{|}{-C-}}}}\overset{\displaystyle H}{\underset{\displaystyle H}{\overset{|}{\underset{|}{-C}}}}{\equiv}N$$
$$\underset{\displaystyle O}{\diagdown\diagup}$$

21. Soit la réaction suivante :

$$H_2CCHCH_{3\,(g)} + H_{2\,(g)} \rightarrow CH_3CH_2CH_{3\,(g)}$$

Calculez l'énergie absorbée ou dégagée si 30 g de propylène (H_2CCHCH_3) réagissent avec 0,76 g de dihydrogène (H_2). Faites les diagrammes de Lewis des réactifs et des produits pour vérifier s'il y a des liaisons doubles ou triples.

22. Lorsqu'on fait réagir 50 mL d'acide chlorhydrique (HCl) à 1,0 mol/L avec 75 mL d'hydroxyde de sodium (NaOH) à 1,0 mol/L dans un bécher, la température de la solution passe de 20,2 °C à 25,6 °C. Déterminez la variation d'enthalpie de cette réaction de neutralisation :

$$HCl_{(aq)} + NaOH_{(aq)} \rightarrow NaCl_{(aq)} + H_2O_{(l)}$$

23. Une réaction de neutralisation entre l'acide nitrique (HNO_3) et l'hydroxyde de sodium (NaOH) est réalisée dans une bombe calorimétrique :

$$HNO_{3\,(aq)} + NaOH_{(aq)} \rightarrow NaNO_{3\,(aq)} + H_2O_{(l)}$$

Un volume de 250 mL d'une solution de HNO_3 de 6,0 mol/L est placé dans la bombe, et une quantité suffisante de NaOH est ajoutée pour compléter la réaction. L'eau du calorimètre, dont le volume est de 1,0 L, passe de 20,0 °C à 40,6 °C. Quelle est la variation d'enthalpie de cette neutralisation ?

On fait l'approximation que le mélange réactionnel possède la même masse volumique et la même capacité thermique massique que l'eau, soit 1 g/mL et 4,184 J/(g·°C).

24. L'énergie se transforme au cours de la respiration cellulaire animale et de la photosynthèse des plantes. La respiration cellulaire se fait dans une série de réactions exothermiques où des substances alimentaires (comme le glucose) subissent la combustion suivante à l'intérieur des cellules animales.

$$C_6H_{12}O_{6\,(s)} + 6\,O_{2\,(g)} \rightarrow 6\,CO_{2\,(g)} + 6\,H_2O_{(g)}$$
$$\Delta H = -2\,803 \text{ kJ/mol}$$

La photosynthèse suit plutôt une série de réactions endothermiques par lesquelles les cellules des plantes vertes utilisent de l'énergie lumineuse pour fabriquer du glucose tiré du dioxyde de carbone (CO_2) et d'eau. Cette réaction de combustion est l'inverse de celle de la respiration cellulaire animale.

a) Écrivez l'équation thermochimique de la photosynthèse de deux façons différentes.
b) Tracez le diagramme d'enthalpie pour les réactions de respiration et de photosynthèse.

La représentation graphique de la variation d'enthalpie

Depuis plusieurs années, les chlorofluorocarbures (CFC) utilisés dans l'activité humaine détruisent graduellement la couche d'ozone de l'atmosphère terrestre, ce qui est un souci environnemental. Cette couche absorbe une partie du rayonnement ultraviolet provenant du Soleil et l'empêche de nous atteindre. Les molécules d'ozone (O_3) absorbent l'énergie de ce rayonnement et se transforment en dioxygène (O_2) selon une réaction exothermique. Cette réaction de décomposition est réversible. Il est donc possible de déclencher la réaction inverse, soit produire de l'ozone à partir du dioxygène, mais cela requiert une très grande énergie, qui s'apparente à celle d'une importante décharge électrique.

Dans ce chapitre, vous découvrirez que l'on peut observer la variation de l'énergie potentielle des réactions chimiques grâce à un diagramme énergétique. Ce type de diagramme indique qu'une énergie minimale est nécessaire pour déclencher une réaction, qu'elle soit endothermique ou exothermique : il s'agit de l'énergie d'activation. Vous constaterez également que les diagrammes énergétiques permettent de juger à vue d'œil de la facilité et de la réversibilité des réactions chimiques.

Rappels

Les réactions endothermiques et exothermiques 26
L'énergie cinétique. 30
L'énergie potentielle 30
La loi de la conservation de l'énergie 32

5.1 **Le complexe activé, l'énergie d'activation et le diagramme énergétique** 172

5.2 **L'observation du déroulement d'une transformation à l'aide d'un diagramme énergétique** 176

5.1 Le complexe activé, l'énergie d'activation et le diagramme énergétique

Le **complexe activé** est un regroupement instable d'atomes des réactifs en collision qui se produit au cours de la transformation partielle des réactifs en produits.

L'**énergie d'activation** est une quantité d'énergie minimale requise pour qu'une réaction chimique se produise, qu'elle soit endothermique ou exothermique.

Le **diagramme énergétique** d'une transformation est un graphique permettant de visualiser la variation d'énergie des substances en jeu au cours d'une réaction.

L'enthalpie d'un système est la somme de tous les types d'**énergie potentielle** et d'**énergie cinétique** qu'il contient. L'énergie contenue dans les liaisons chimiques entre les atomes des molécules constitue une forme d'énergie potentielle importante. Ainsi, pendant une réaction chimique, les molécules des réactifs entrent en collision, leurs liaisons se brisent et de nouvelles liaisons se forment, ce qui crée des molécules différentes. Ces nouvelles molécules ne contiennent pas exactement la même énergie potentielle que les molécules de départ puisque leurs liaisons sont différentes.

La variation de l'énergie cinétique des molécules pendant la réaction est transférée sous forme de charge de chaleur avec l'environnement. Ainsi, l'énergie cinétique des produits est la même que celle des réactifs. Cela fait en sorte que la différence d'énergie potentielle entre les réactifs et les produits correspond à la variation d'enthalpie de la réaction (ΔH). Dans une **réaction endothermique**, l'énergie potentielle des réactifs est plus petite que celle des produits, ce qui donne lieu à une variation d'enthalpie positive. Quand on obtient des produits contenant davantage d'énergie potentielle que les réactifs, de l'énergie principalement sous forme de chaleur est absorbée au cours de la réaction. L'inverse s'applique dans le cas d'une **réaction exothermique**, où l'énergie supplémentaire des réactifs se dissipe dans l'environnement lors de la formation des produits, dont les liaisons contiennent moins d'énergie potentielle.

Cependant, qu'il s'agisse d'une réaction endothermique ou exothermique, il faut fournir de l'énergie pour briser les liaisons des réactifs, et la formation de nouvelles liaisons en dégage. C'est la différence entre ces deux énergies qui détermine la variation d'enthalpie de la réaction.

Voir **Les réactions chimiques endothermiques et exothermiques**, p. 152.

5.1.1 Le complexe activé

Dans toutes les réactions chimiques, il y a un moment intermédiaire où les molécules des réactifs sont en contact les unes avec les autres mais ne se sont pas encore séparées pour donner les nouveaux composés que sont les produits. À cet instant, très bref, les molécules qui viennent d'entrer en collision commencent à interagir. Certaines liaisons s'affaiblissent tandis que de nouvelles liaisons commencent à se former. Ce regroupement d'atomes intermédiaire entre les réactifs et les produits se nomme le complexe activé. Il s'agit d'un amas instable d'atomes qui, pendant la réaction, dure si peu de temps qu'il n'est pas détectable. Son existence est donc hypothétique, mais, à l'heure actuelle, toutes les expériences semblent la confirmer.

Le complexe activé qui se crée au cours de la réaction de formation du chlorure d'hydrogène (HCl) est un bon exemple.

$$H_{2(g)} + Cl_{2(g)} \rightarrow 2\,HCl_{(g)}$$

Le complexe activé correspond à l'arrangement des atomes regroupés lors de la collision entre une molécule de dihydrogène (H_2) et une molécule de dichlore (Cl_2) avant la séparation pour former deux molécules distinctes de chlorure d'hydrogène (*voir la figure 1*).

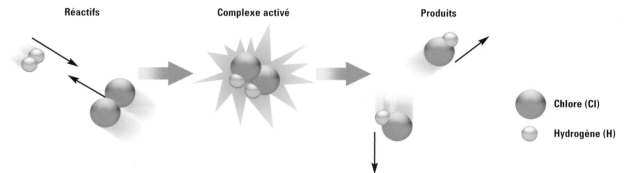

Figure 1 La réaction du dihydrogène (H_2) et du dichlore (Cl_2) formant du chlorure d'hydrogène (HCl). Durant un bref instant, les molécules des réactifs se réunissent avant de se séparer pour former les produits : il s'agit du complexe activé.

5.1.2 L'énergie d'activation

Le niveau d'énergie du complexe activé se caractérise par une très haute énergie potentielle, car il implique le réarrangement des forces d'attraction entre tous les atomes des réactifs. Le complexe activé possède donc plus d'énergie que les réactifs et les produits. Ainsi, pour qu'une réaction chimique se produise, il faut que les réactifs reçoivent suffisamment d'énergie pour parvenir à former le complexe activé. Cela explique le fait que certaines réactions, bien qu'elles soient exothermiques, ne se produisent pas spontanément : il faut fournir suffisamment d'énergie pour les amorcer.

Par exemple, on peut entreposer à la maison en toute sécurité des bûches de bois, qui sont une matière inflammable, car ces bûches n'entrent pas en combustion spontanément dès qu'elles sont en contact avec le dioxygène (O_2) de l'air (*voir la figure 2*). Il faut les allumer, donc leur fournir de l'énergie sous forme de chaleur, pour que la réaction s'amorce.

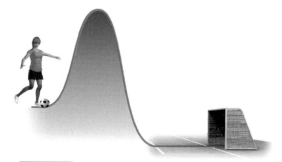

Figure 2 Les bûches de bois peuvent être entreposées sans que la combustion, une réaction exothermique, se déclenche spontanément.

La différence d'énergie entre le complexe activé et les réactifs correspond à l'énergie d'activation (E_a). Celle-ci constitue une barrière énergétique qu'il faut franchir pour que la réaction se déclenche. Pour bien comprendre cette notion, on peut faire une analogie avec une joueuse de soccer (réactifs) qui souhaite que son ballon franchisse une colline pour parvenir au but (produits) qui se trouve de l'autre côté (*voir la figure 3*). La joueuse devra transmettre suffisamment d'énergie à son ballon pour qu'il puisse passer par-dessus le sommet de la colline et rouler jusqu'au but. Lorsque le ballon est au sommet de la colline, il est instable et ne reste pas immobile ; il peut rouler d'un côté ou de l'autre.

Figure 3 Pour que le ballon se rende au but, la joueuse de soccer doit lui transmettre suffisamment d'énergie pour qu'il franchisse la colline.

Voir **Le bilan énergétique**, p. 156.

Cet état correspond au complexe activé, un regroupement d'atomes dont la durée de vie est très courte et qui est instable, car il peut facilement reformer les réactifs si l'énergie fournie est insuffisante, ou se transformer en produits si l'énergie est suffisante.

5.1.3 Le diagramme énergétique

Au cours d'une réaction chimique, le diagramme énergétique montre la variation d'énergie potentielle et permet ainsi de visualiser la différence d'énergie potentielle entre les réactifs et les produits (*voir la figure 4*). Le diagramme énergétique illustre également la hausse d'énergie potentielle accompagnant la formation du complexe activé, ce qui correspond à l'énergie d'activation (E_a).

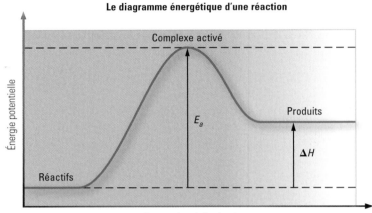

a) **Une réaction chimique endothermique.**

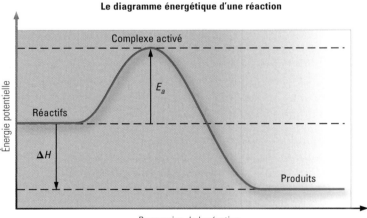

b) **Une réaction chimique exothermique.**

Figure 4 Le diagramme énergétique montre la variation d'énergie potentielle pendant qu'une réaction chimique se déroule.

Les trois niveaux du diagramme énergétique, soit celui des réactifs, celui du complexe activé et celui des produits, rappellent le diagramme du **bilan énergétique**, qui permet de calculer la variation de l'enthalpie de réaction. Malgré la forme similaire de ces deux diagrammes, ils comportent des distinctions importantes. D'abord, dans le diagramme énergétique, l'ordonnée représente uniquement l'énergie potentielle, alors que, dans le diagramme du bilan énergétique, l'ordonnée indique l'enthalpie, qui comprend l'énergie cinétique en plus de l'énergie potentielle.

Ensuite, lorsqu'il s'agit de tracer un diagramme du bilan énergétique, les valeurs de variation d'enthalpie utilisées sont celles qui servent à briser complètement les liaisons ($\Delta H_{\text{liaisons brisées}}$) ou à les former à partir d'atomes libres ($\Delta H_{\text{liaisons formées}}$). Le niveau d'enthalpie supérieur correspond aux atomes libres. Par contre, dans un diagramme énergétique, le palier du haut correspond au complexe activé. À ce moment, les liaisons des réactifs sont partiellement brisées et celles des produits, partiellement formées. Ainsi, l'énergie d'activation n'est pas équivalente à la variation d'enthalpie requise pour briser les liaisons. Sa valeur est déterminée par l'expérience et non par calcul. Dans la réalité, les atomes ne sont jamais libres ; les nouvelles liaisons se forment en même temps que les anciennes se brisent.

Le palier supérieur du diagramme du bilan énergétique, pour sa part, ne correspond pas à une réalité physique. Le complexe activé illustré dans le diagramme énergétique, bien qu'hypothétique, reflète davantage la structure réelle des molécules au milieu de la réaction. Cependant, on peut se servir du diagramme du bilan énergétique pour calculer la variation d'enthalpie de la réaction. Les résultats obtenus sont valides, car les liaisons des réactifs sont bel et bien brisées et celle des produits, réellement formées.

Si on connaît la variation d'enthalpie d'une réaction qui a lieu en une seule étape ainsi que son énergie d'activation, on peut tracer son diagramme énergétique, comme le montre l'exemple suivant.

Exemple

Tracez le diagramme énergétique de la réaction du méthane (CH_4) avec le disoufre (S_2), qui réagissent selon l'équation suivante :

$$CH_{4\,(g)} + 2\,S_{2\,(g)} \rightarrow CS_{2\,(g)} + 2\,H_2S_{\,(g)}$$

L'énergie d'activation de cette réaction est de 140 kJ/mol et sa variation d'enthalpie, de 14 kJ/mol.

Données :
E_a = 140 kJ/mol
ΔH = 14 kJ/mol

Solution :
1. Comme il s'agit d'une réaction endothermique, l'énergie des produits sera plus élevée de 14 kJ/mol que celle des réactifs.

2. L'énergie d'activation sera plus élevée de 140 kJ/mol que celle des réactifs.

Le diagramme énergétique de la réaction du méthane avec le disoufre

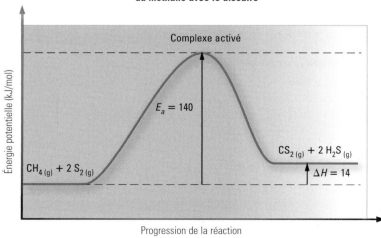

5.2 L'observation du déroulement d'une transformation à l'aide d'un diagramme énergétique

L'observation du déroulement d'une réaction à l'aide d'un diagramme énergétique permet de déterminer si la réaction est endothermique ou exothermique, d'évaluer l'importance de son énergie d'activation, de comparer les réactions directe et inverse, et de juger si la réaction est réversible ou irréversible.

Le diagramme de la variation de l'énergie potentielle de la réaction permet de visualiser les étapes d'une réaction chimique et donne plusieurs informations sur celle-ci. Grâce à la forme de sa courbe, on peut déterminer s'il s'agit d'une réaction endothermique ou exothermique.

5.2.1 La hauteur de la barrière d'énergie d'activation et la réaction spontanée

La valeur de l'énergie d'activation indique la hauteur de la barrière d'énergie à franchir pour que la réaction se produise. Dans l'exemple de la joueuse de soccer, cela représente la hauteur de la colline et indique à la joueuse la quantité d'énergie qu'elle devra transmettre à son ballon pour qu'il passe par-dessus la colline (*voir la figure 3, à la page 173*). Plus la colline est haute, plus le coup de pied de la joueuse doit être énergique. Ainsi, plus l'énergie d'activation est élevée, plus il faudra fournir d'énergie aux réactifs, que la réaction soit endothermique ou exothermique. La vitesse de la réaction dépend notamment de l'énergie d'activation, et la réaction tend à être plus lente lorsque cette énergie est élevée.

L'augmentation de l'énergie potentielle du système jusqu'à la formation du complexe activé provient de la transformation d'énergie cinétique en énergie potentielle. Ainsi, si on transfère de l'énergie cinétique au système, elle peut être transformée en énergie potentielle qui fournira l'énergie d'activation. Pour ce faire, on peut chauffer la substance, ce qui permet d'augmenter l'agitation thermique des molécules, et de lui fournir ainsi de l'énergie cinétique. De plus, l'agitation des molécules des réactifs favorise la réaction en augmentant la fréquence des **collisions** entre ces molécules. Les collisions fréquentes entre les réactifs favorisent la formation du complexe activé, qui nécessite que les molécules soient en contact les unes avec les autres.

Voir **Les types de collisions**, p. 236.

Pour une réaction endothermique, il faut fournir davantage d'énergie que la variation d'enthalpie de la réaction afin de pouvoir franchir la barrière d'énergie d'activation. Dans une réaction exothermique, il faut d'abord fournir l'énergie d'activation requise pour déclencher la réaction, qui dégage ensuite de la chaleur. L'énergie d'activation est différente pour chaque réaction (*voir la figure 6, à la page suivante*). Elle peut parfois être très faible. Certaines réactions ont une valeur d'énergie d'activation assez petite pour que la chaleur fournie par l'air ambiant suffise à franchir la barrière énergétique. Lorsque les molécules de réactifs ont suffisamment d'énergie pour franchir la barrière de l'énergie d'activation sans qu'il soit nécessaire de fournir davantage d'énergie, il s'agit d'une réaction spontanée. Le cas d'une énergie d'activation nulle ($E_a = 0$ kJ/mol) est théorique, car la formation d'un complexe activé implique toujours une augmentation de l'énergie potentielle.

Le diagramme énergétique de différentes réactions

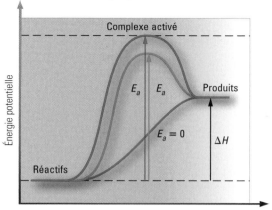

a) **Une réaction chimique endothermique.**

Le diagramme énergétique de différentes réactions

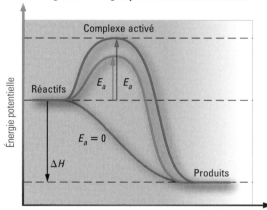

b) **Une réaction chimique exothermique.**

Figure 6 Ces diagrammes énergétiques montrent la variation d'énergie potentielle pour différentes réactions chimiques avec des valeurs d'énergie d'activation élevée (en rouge), moyenne (en vert) et nulle (en bleu).

Pour aller + loin

La réaction des métaux alcalins dans l'eau

L'ajout d'un morceau de métal alcalin dans un contenant d'eau cause une réaction violente. La réaction est exothermique et produit du dihydrogène (H_2), un gaz inflammable. Plus l'élément correspondant au métal alcalin se trouve vers le bas du tableau périodique, plus la réaction est violente. La réaction de n'importe quel métal alcalin avec l'eau a une variation d'enthalpie d'environ −200 kJ/mol. La différence majeure réside dans l'énergie d'activation, qui est de plus en plus faible à mesure qu'on descend dans la famille des alcalins, associée à une réaction spontanée de plus en plus rapide. Le dihydrogène est donc dégagé rapidement, causant des éclaboussures d'eau, et la chaleur de la réaction l'enflamme aussitôt.

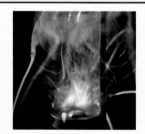

Figure 7 La réaction violente du potassium (K), un métal alcalin, avec l'eau.

5.2.2 Les réactions directe et inverse

Dans la vie de tous les jours, la plupart des réactions sont irréversibles, c'est-à-dire que la réaction ne peut se produire que dans un seul sens, des réactifs vers les produits. C'est le cas par exemple d'une allumette qui brûle : on ne peut la recréer à partir des produits de la combustion.

Certaines réactions chimiques peuvent par contre se produire dans les deux directions : on les appelle des réactions réversibles. Les réactions réversibles peuvent s'effectuer sous leur forme directe ou inverse.

On appelle réaction directe une réaction qui a lieu lorsque les réactifs deviennent des produits, et réaction inverse une réaction qui se déroule lorsque les produits redeviennent des réactifs.

Par exemple, le peroxyde d'hydrogène (H_2O_2) se décompose selon la réaction exothermique suivante.

$$H_2O_{2\,(l)} \rightarrow H_2O_{\,(l)} + \frac{1}{2}O_{2\,(g)} + 187,8 \text{ kJ}$$

Si l'on considère que cette réaction est directe, pour obtenir la réaction inverse, on intervertit les réactifs et les produits. De plus, la réaction inverse d'une réaction exothermique sera endothermique, et vice versa. La réaction de formation du peroxyde d'hydrogène à partir d'eau et de dioxygène (O_2), qui est la réaction inverse, est donc la suivante.

$$H_2O_{\,(l)} + \frac{1}{2}O_{2\,(g)} + 187,8 \text{ kJ} \rightarrow H_2O_{2\,(l)}$$

Quand on inverse une réaction chimique, la courbe de son diagramme énergétique est inversée, et l'énergie d'activation requise n'est pas la même dans les deux sens (voir la figure 8). Toutefois, la variation d'enthalpie est la même en valeur absolue, car les enthalpies des réactifs et des produits sont simplement inversées.

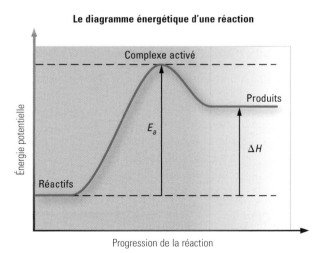

Le diagramme énergétique d'une réaction

a) Une réaction chimique endothermique.

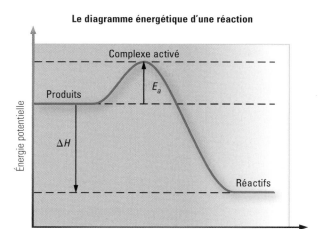

Le diagramme énergétique d'une réaction

b) **Une réaction chimique exothermique.**

Figure 8 Le déroulement d'une réaction chimique directe endothermique et de sa réaction inverse exothermique.

L'énergie d'activation de la réaction endothermique est toujours plus grande que celle de la réaction exothermique. Pour faire un parallèle avec la joueuse de soccer, on peut imaginer qu'il y a un joueur à la place du filet (*voir la figure 3, à la page 173*). On a donc une joueuse du côté des réactifs et un joueur du côté des produits. Le joueur, qui est placé du côté le plus bas en énergie, devra donner un coup de pied beaucoup plus énergique que la joueuse pour que le ballon passe de l'autre côté de la colline.

Ainsi, dans la réaction chimique inverse d'une réaction réversible, il faut considérer le changement de l'énergie d'activation. Dans le cas de la décomposition du peroxyde d'hydrogène (H_2O_2), la réaction directe exothermique possède une variation d'enthalpie (ΔH) de $-187,8$ kJ par mole de H_2O_2 et une énergie d'activation de 37,7 kJ par mole de H_2O_2 (*voir la figure 9*). Cependant, sa réaction inverse endothermique possède une énergie d'activation de 225,5 kJ par mole de H_2O_2, soit la somme de la variation d'enthalpie (en valeur absolue) et de l'énergie d'activation de la réaction directe. La réaction inverse requiert davantage d'énergie pour se réaliser et elle est peu probable. Il s'agit donc d'une réaction irréversible.

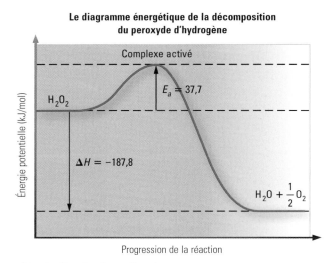

Le diagramme énergétique de la décomposition du peroxyde d'hydrogène

a) **La réaction directe exothermique.**

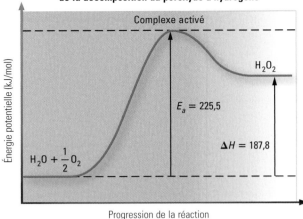

Le diagramme énergétique de la réaction inverse de la décomposition du peroxyde d'hydrogène

Complexe activé

Énergie potentielle (kJ/mol)

$E_a = 225{,}5$

$\Delta H = 187{,}8$

$H_2O + \frac{1}{2}O_2$

H_2O_2

Progression de la réaction

b) La réaction inverse endothermique.

Figure 9 Le déroulement de la réaction directe de la décomposition du peroxyde d'hydrogène (H_2O_2) et de sa réaction inverse montre que leurs énergies d'activation sont différentes.

Une réaction réversible se caractérise par une faible variation d'enthalpie, ce qui fait en sorte que l'énergie d'activation est presque la même pour la réaction directe que pour la réaction inverse. Par exemple, la réaction de formation de l'iodure d'hydrogène (HI) est endothermique, et son énergie d'activation est de 90 kJ par mole de H.

$$\frac{1}{2}H_{2\,(g)} + \frac{1}{2}I_{2\,(g)} \rightarrow HI_{(g)} + 26{,}5 \text{ kJ}$$

Comme la variation d'enthalpie de cette réaction est faible, la réaction inverse exothermique requiert une énergie d'activation similaire pour se produire, soit 63,5 kJ/mol. Les réactions directes et inverses se produisent donc avec une facilité équivalente (*voir la figure 10*).

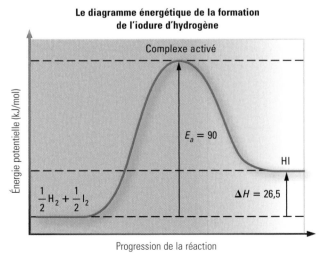

Le diagramme énergétique de la formation de l'iodure d'hydrogène

Complexe activé

Énergie potentielle (kJ/mol)

$E_a = 90$

$\frac{1}{2}H_2 + \frac{1}{2}I_2$

$\Delta H = 26{,}5$

HI

Progression de la réaction

a) La réaction directe endothermique.

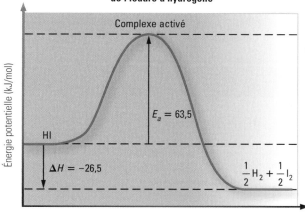

Le diagramme énergétique de l'inverse de la formation de l'iodure d'hydrogène

Complexe activé

Énergie potentielle (kJ/mol)

HI

$E_a = 63,5$

$\Delta H = -26,5$

$\frac{1}{2}H_2 + \frac{1}{2}I_2$

Progression de la réaction

b) La réaction inverse exothermique.

Figure 10 Les diagrammes énergétiques de la réaction réversible de la formation de l'iodure d'hydrogène (HI) montrent que l'énergie d'activation est similaire pour la réaction directe et la réaction inverse.

Cependant, il arrive parfois qu'une réaction ayant une faible variation d'enthalpie soit irréversible expérimentalement. C'est le cas si les produits sont à l'état gazeux, surtout si la réaction se produit dans un **système ouvert**. En effet, si les molécules de produits gazeux s'échappent dans la pièce et s'éparpillent, il leur sera plus difficile d'entrer en collision à nouveau pour amorcer la réaction inverse. Pour qu'une réaction soit réversible, elle doit donc se produire dans un système fermé, de façon qu'on ne perde pas de matière. En outre, il faut considérer le nombre de molécules formées. Par exemple, si une molécule massive se décompose en plusieurs petites molécules, ces dernières auront de la difficulté à s'assembler à nouveau pour recréer la grosse molécule de départ. Pour savoir avec certitude si une réaction est réversible, il est souvent préférable d'effectuer l'expérience en laboratoire.

Voir **Les types de systèmes**, p. 131.

《INFO SCIENCE

La femtochimie

La femtochimie étudie des phénomènes chimiques, de même que des composés tels les complexes activés, qui ont des durées de l'ordre de la femtoseconde, c'est-à-dire 10^{-15} seconde. Le principe repose sur l'utilisation d'un laser qui émet de la lumière par impulsions de l'ordre de la femtoseconde. La première impulsion donne l'énergie d'activation de la réaction, puis, peu après, une série d'impulsions font vibrer les molécules selon de très courts intervalles de temps. Un détecteur capte ensuite l'énergie de ces vibrations afin d'avoir de l'information sur la structure des composés au fur et à mesure du déroulement de la réaction.

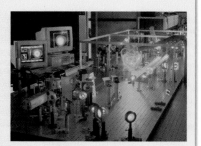

Figure 11 Ce montage optique redirige le faisceau d'un laser émettant de la lumière par impulsions de l'ordre de la femtoseconde.

SYNTHÈSE La représentation graphique de la variation d'enthalpie

5.1 Le complexe activé, l'énergie d'activation et le diagramme énergétique

- Le complexe activé correspond à un amas instable d'atomes formé lors de la collision des molécules de réactifs avant de se séparer pour former les molécules de produits. Le complexe activé possède une grande énergie potentielle, car il implique un réarrangement important de liaisons entre les atomes.

- L'énergie d'activation est une quantité d'énergie à fournir pour qu'une réaction chimique se produise, qu'elle soit endothermique ou exothermique. L'énergie d'activation correspond au gain d'énergie potentielle requis pour former le complexe activé.

- Le diagramme énergétique d'une réaction chimique est un graphique permettant de visualiser la variation d'énergie potentielle au cours de la réaction.

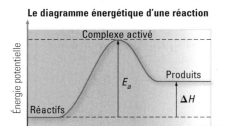

Le diagramme énergétique d'une réaction

a) **Une réaction chimique endothermique.**

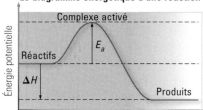

Le diagramme énergétique d'une réaction

b) **Une réaction chimique exothermique.**

5.2 L'observation du déroulement d'une transformation à l'aide d'un diagramme énergétique

- Une réaction est considérée comme spontanée si les molécules de réactifs possèdent déjà assez d'énergie pour franchir la barrière de l'énergie sans fournir davantage d'énergie.

- Une réaction réversible peut se produire sous sa forme directe et inverse. Une réaction avec une faible variation d'enthalpie est plus susceptible d'être réversible.

- Quand on inverse une réaction, celle-ci parcourt la courbe de son diagramme énergétique en sens inverse. La variation d'enthalpie est la même, en valeur absolue. Cependant, la réaction endothermique possède une énergie d'activation plus élevée que la réaction exothermique.

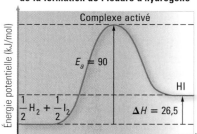

Le diagramme énergétique de la formation de l'iodure d'hydrogène

a) **La réaction directe endothermique.**

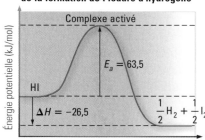

Le diagramme énergétique de l'inverse de la formation de l'iodure d'hydrogène

b) **La réaction inverse exothermique.**

La représentation graphique de la variation d'enthalpie

1. Un chimiste se questionne sur la réversibilité de deux réactions qu'il a réalisées dans son laboratoire. Les diagrammes énergétiques des deux réactions sont représentés ci-dessous. Laquelle des réactions est la plus susceptible d'être réversible ?

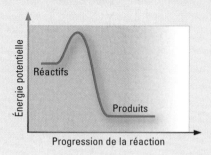

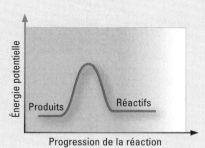

2. Le diagramme énergétique ci-dessous représente le déroulement d'une réaction chimique.
   a) La réaction est-elle endothermique ou exothermique ?
   b) Déterminez la variation d'enthalpie et l'énergie d'activation de cette réaction.
   c) Déterminez la variation d'enthalpie de la réaction inverse (produits → réactifs). Cette réaction semble-t-elle réversible ? Expliquez votre réponse.

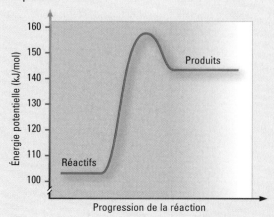

3. Observez les diagrammes des quatre réactions ci-dessous.
   a) Quels diagrammes représentent une réaction endothermique ?
   b) Si le diagramme 1 représente une réaction directe, quel diagramme représente sa réaction inverse ?
   c) Laquelle ou lesquelles de ces réactions sont les plus susceptibles d'être réversibles ? Expliquez votre réponse.
   d) Laquelle ou lesquelles de ces réactions sont les plus rapides ? Expliquez votre réponse.
   e) Déterminez la variation d'enthalpie et l'énergie d'activation pour chacune de ces quatre réactions.

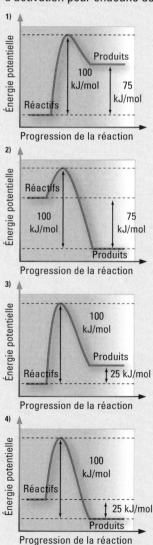

4. Une réaction $A + B \rightarrow C + D$ a une énergie d'activation de 600 kJ/mol tandis que la réaction $C + D \rightarrow A + B$ possède une énergie d'activation de 500 kJ/mol.

  a) Laquelle de ces deux réactions est exothermique ?

  b) Quelle est la variation d'enthalpie de chacune de ces réactions ?

  c) Laquelle de ces réactions sera la plus rapide ? Expliquez votre réponse.

5. Quelle est l'énergie d'activation d'une réaction sachant que sa réaction inverse possède une variation d'enthalpie de -200 kJ/mol et une énergie d'activation de 250 kJ/mol ? Tracez le diagramme énergétique de cette réaction.

6. Déterminez la variation d'enthalpie de la réaction de décomposition de l'acétaldéhyde (CH_3CHO), qui est représentée ci-dessous selon la notation de Lewis. À l'aide du tableau 8.5 de l'annexe 8, tracez ensuite le diagramme énergétique de cette réaction sachant que son énergie d'activation est de 174 kJ/mol.

7. Soit la réaction suivante, dont l'énergie d'activation est de 135 kJ/mol :

$$CO_{(g)} + Cl_{2\,(g)} \rightarrow COCl_{2\,(g)}$$

  a) Calculez la variation d'enthalpie de cette réaction à l'aide du tableau 8.5 de l'annexe 8, sachant que la liaison entre le carbone (C) et l'oxygène (O) est triple dans le monoxyde de carbone (CO) et double dans le dichlorure de méthanoyle ($COCl_2$).

  b) Tracez le diagramme énergétique de cette réaction.

8. Soit la réaction suivante, dont l'énergie d'activation est de 63 kJ/mol :

$$NO_{(g)} + O_{3\,(g)} \rightarrow NO_{2\,(g)} + O_{2\,(g)}$$

  a) À l'aide du tableau 8.5 de l'annexe 8, calculez la variation d'enthalpie de cette réaction sachant que les molécules d'ozone (O_3) et de dioxyde d'azote (NO_2) contiennent une liaison simple et une liaison double.

  b) Tracez le diagramme énergétique de cette réaction.

9. Soit la réaction $X + Y \rightarrow Z$, dont l'énergie d'activation est de 120 kJ/mol de Z. La masse molaire de Z est de 50 g/mol.

  a) Calculez la variation d'enthalpie de cette réaction si, pendant la production de 37 g de Z dans un calorimètre dont la bombe est hermétiquement fermée, les 2 L d'eau contenus dans l'appareil passent de 20,0 °C à 19,3 °C. (Note : Pour déclencher la réaction, on a utilisé une flamme dans la bombe qui a permis de franchir l'énergie d'activation, mais on suppose que cette flamme a fourni exactement l'énergie nécessaire et n'a pas eu d'autres effets.)

  b) Tracez le diagramme énergétique de cette réaction.

  c) Considérant seulement le diagramme énergétique et l'appareil où s'est déroulée la réaction, peut-on dire que celle-ci est réversible ? Expliquez votre réponse.

10. Soit la réaction de décomposition du pentoxyde de diazote (N_2O_5), dont l'énergie d'activation est de 200 kJ/mol :

$$2\,N_2O_{5\,(g)} \rightarrow 4\,NO_{2\,(g)} + O_{2\,(g)}$$

  a) Calculez la variation d'enthalpie de cette réaction si, lorsque 150 g de réactif se décomposent dans un calorimètre dont la bombe est hermétiquement fermée, les 5,49 L d'eau contenus dans l'appareil passent de 22,00 °C à 12,75 °C. (Note : Pour déclencher la réaction, on a utilisé une flamme dans la bombe qui a permis de franchir l'énergie d'activation, mais on suppose que cette flamme a fourni exactement l'énergie nécessaire et n'a pas eu d'autres effets.)

  b) Tracez le diagramme énergétique de cette réaction.

  c) Considérant seulement le diagramme énergétique et l'appareil où s'est déroulée la réaction, peut-on dire que celle-ci est réversible ? Expliquez votre réponse.

La chaleur molaire de réaction

Lorsqu'une solution est faite d'un électrolyte, des ions sont dissous dans le solvant. Toutefois, certaines solutions n'engendrent pas d'ions. Par exemple, lorsqu'on dissout un morceau de sucre, ses molécules restent entières sous forme de soluté dissous.

La dissolution et la dissociation électrolytique s'accompagnent de variations d'enthalpie, tout comme la réaction de neutralisation acidobasique, qui se produit quand les ions de solutions acides ou basiques sont mis en contact.

Dans ce chapitre, vous étudierez les variations d'enthalpie engendrées par des réactions qui impliquent la transformation d'une mole de substance. La variation d'enthalpie, qui peut se mesurer de façon expérimentale en laboratoire, est aussi appelée chaleur molaire de réaction.

Rappels

La masse molaire. 14
La dissolution et la solubilité. 15
Les électrolytes et la dissociation électrolytique. 19
La neutralisation acidobasique. 25
L'oxydation et la combustion. 27

6.1 **La chaleur molaire de dissolution** 186
6.2 **La chaleur molaire de neutralisation** . . . 192

6.1 La chaleur molaire de dissolution

La chaleur molaire de dissolution (ΔH_d) est la quantité d'énergie qui est absorbée ou libérée au cours de la dissolution d'une mole de soluté dans un solvant.

La variation d'enthalpie de réaction, aussi appelée **chaleur de réaction (ΔH)**, est un terme général qui désigne les variations d'énergie engendrées par la transformation des réactifs en produits dans un système chimique. La valeur de la chaleur de réaction est souvent exprimée en fonction d'une quantité de réactif transformé ou de produit formé. La plupart du temps, la quantité choisie est la mole. La variation d'enthalpie porte alors le nom de chaleur molaire de réaction et elle s'exprime en kilojoules par mole (kJ/mol) de réactif transformé ou de produit formé.

Toutefois, comme il existe plusieurs types de réactions, la chaleur molaire de réaction (ΔH) peut porter le nom particulier de la transformation tant chimique que physique qu'elle désigne. Par exemple, à l'occasion d'une transformation chimique comme la combustion de l'octane (C_8H_{18}), la chaleur molaire de réaction porte le nom particulier de chaleur molaire de combustion (ΔH_c) de l'octane. Elle correspond à la quantité d'énergie produite pendant la combustion d'une mole d'octane (*voir la figure 1*). De même, au cours d'une transformation physique comme la fusion de la glace, la chaleur molaire de réaction porte le nom particulier de **chaleur molaire de fusion** (ΔH_{fus}) de la glace.

Lorsqu'un soluté se dissout dans un solvant, la chaleur molaire de réaction porte le nom de **chaleur molaire de dissolution** (ΔH_d). Elle correspond à la quantité d'énergie mise en jeu pendant la dissolution d'une mole de soluté dans le solvant, qui est généralement de l'eau. Elle s'exprime en kilojoules par mole (kJ/mol) de soluté dissous. L'énergie peut être dégagée ou absorbée au cours du processus de dissolution. Cela s'explique en partie par la force des interactions présentes tant dans le soluté que dans le solvant, ou entre les deux.

Ainsi, quand un soluté se dissout dans un solvant, les particules de soluté se dispersent de façon uniforme dans le solvant. En s'insérant entre les particules du solvant, les particules de soluté occupent des positions qui étaient auparavant occupées par les particules de solvant. La facilité avec laquelle les particules de soluté peuvent s'insérer entre les particules de solvant dépend de la force relative de trois types d'interactions : l'interaction solvant-solvant, l'interaction soluté-soluté et l'interaction solvant-soluté.

L'interaction solvant-solvant correspond à la force avec laquelle les particules de solvant s'attirent mutuellement. Dans le cas de l'eau, qui est une **molécule polaire**, cette force d'attraction se produit entre les atomes d'hydrogène (H) d'une molécule d'eau et les atomes d'oxygène (O) des molécules à proximité. Ce type de liaison, appelé liaison hydrogène, s'établit partout entre les molécules d'eau à l'intérieur du liquide et à sa surface (*voir la figure 2*).

Figure 1 L'essence ayant un indice d'octane plus élevé résiste mieux à la compression avant de s'enflammer dans le moteur.

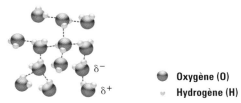

- ● **Oxygène (O)**
- ○ **Hydrogène (H)**

Figure 2 La liaison hydrogène est une interaction entre deux atomes de charges partielles opposées. Dans l'eau, cette liaison s'établit entre un atome d'hydrogène (H) de charge partielle positive (δ^+), et un atome d'oxygène (O) de charge partielle négative (δ^-).

ANNEXE 8 >

Tableau 8.3 : Les propriétés thermodynamiques de certains éléments, p. 417.

Tableau 8.6 : Les chaleurs molaires de dissolution, p. 420.

Ainsi, c'est la liaison hydrogène qui se produit entre les molécules d'eau qui cause la tension superficielle de l'eau, laquelle permet à certains insectes de se déplacer à sa surface (*voir la figure 3*).

L'interaction soluté-soluté dépend du type de solide dissous. Lorsque le solide est un composé moléculaire, comme le saccharose (*voir la figure 4 a*), communément appelé sucre, les forces qui s'établissent entre les molécules de solide sont généralement des liaisons hydrogène. La dissolution de ce type de solide constitue une dissolution moléculaire. Dans ce cas, les molécules de soluté ne se dissocient pas pour produire des ions, mais restent plutôt entières. Elles forment alors des molécules de saccharose dissous (*voir la figure 4 b*).

Figure 3 La tension superficielle de l'eau, qui permet à ce gerris, un insecte hémiptère, de glisser à sa surface, est causée par des liaisons hydrogène qui s'établissent entre les molécules d'eau.

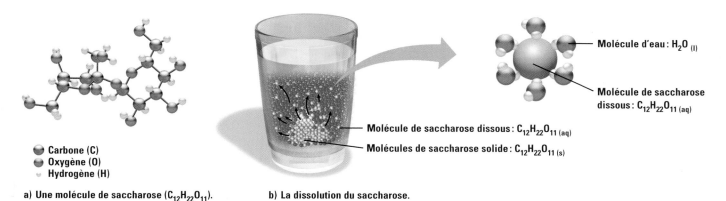

- Carbone (C)
- Oxygène (O)
- Hydrogène (H)

Molécule d'eau: $H_2O_{(l)}$

Molécule de saccharose dissous: $C_{12}H_{22}O_{11\ (aq)}$

Molécule de saccharose dissous: $C_{12}H_{22}O_{11\ (aq)}$
Molécules de saccharose solide: $C_{12}H_{22}O_{11\ (s)}$

a) Une molécule de saccharose ($C_{12}H_{22}O_{11}$).   **b) La dissolution du saccharose.**

Figure 4 Les molécules de saccharose dissous dans l'eau deviennent des molécules aqueuses qui sont entourées de molécules d'eau. Pour simplifier sa représentation, la molécule de saccharose est illustrée par une sphère pleine dans la figure b.

Lorsque le saccharose est dissous dans l'eau, il devient du saccharose en solution aqueuse, qu'on peut représenter par l'équation suivante.

$$C_{12}H_{22}O_{11\ (s)} \rightarrow C_{12}H_{22}O_{11\ (aq)}$$

Par contre, lorsque le solide à dissoudre est un composé ionique, comme le chlorure d'argent (AgCl), les forces qui agissent entre les particules du solide cristallin avant qu'il soit dissous sont des liaisons ioniques. Une fois dissous, il se forme des interactions entre des molécules polaires d'eau et les ions argent (Ag^+) et chlorure (Cl^-) aqueux (*voir la figure 5*).

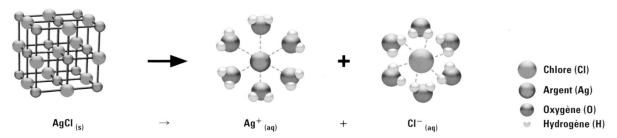

$AgCl_{(s)}$ $\rightarrow$ $Ag^+_{(aq)}$ + $Cl^-_{(aq)}$

- Chlore (Cl)
- Argent (Ag)
- Oxygène (O)
- Hydrogène (H)

Figure 5 Lorsque le chlorure d'argent (AgCl) est solide, ses particules sont unies par des liaisons ioniques (représentées ici par des bâtonnets). Une fois dissous, il se forme des interactions (représentées ici par des lignes pointillées) entre des molécules polaires d'eau et les ions argent (Ag^+) et chlorure (Cl^-) aqueux.

Contrairement à la dissociation moléculaire, où les molécules restent entières, la dissociation électrolytique d'un composé ionique, ou dissociation ionique, produit des ions de charges opposées. Par exemple, la dissociation ionique du chlorure d'argent produit des ions positifs et négatifs selon l'équation suivante.

$$AgCl_{(s)} \rightarrow Ag^+_{(aq)} + Cl^-_{(aq)}$$

Quant à l'interaction solvant-soluté, elle résulte de différents types d'interactions qui se forment entre les molécules de solvant et les particules de soluté. En tenant compte de ces interactions, on peut visualiser la dissolution, sur le plan de l'énergie mise en jeu, comme un processus divisé en trois étapes distinctes (*voir la figure 6*).

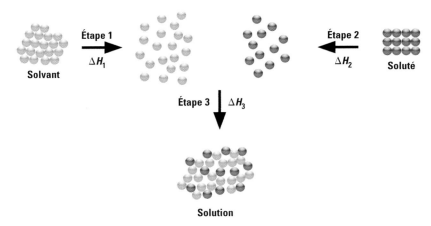

Figure 6 Au point de vue particulaire, le processus de dissolution comporte trois étapes : la séparation du solvant et du soluté (étapes 1 et 2) et le mélange des particules de solvant et de soluté (étape 3). Chaque étape peut être endothermique ou exothermique, selon les substances en jeu.

À l'étape 1, les particules de solvant, qui s'attirent selon l'interaction solvant-solvant, doivent se séparer. De même, à l'étape 2, les particules de soluté, qui s'attirent selon l'interaction soluté-soluté, doivent se séparer. Ces deux étapes absorbent de l'énergie qui est nécessaire pour briser les forces d'interaction entre les particules. Ce sont donc des étapes dont la variation d'enthalpie est positive ($\Delta H_1 > 0$ et $\Delta H_2 > 0$). L'étape 3 correspond au réarrangement des particules de solvant et de soluté qui composent maintenant la solution. Cette étape est généralement exothermique ($\Delta H_3 < 0$), car de nouvelles interactions se forment entre les particules de solvant et de soluté. La chaleur molaire de dissolution (ΔH_d) correspond au bilan énergétique entre l'énergie absorbée et l'énergie dégagée par la rupture et la formation des interactions. On peut la représenter par l'expression suivante.

$$\Delta H_d = \Delta H_1 + \Delta H_2 + \Delta H_3$$

Ainsi, si la somme de ΔH_1 et de ΔH_2 est supérieure à ΔH_3 en valeur absolue, la chaleur molaire de dissolution est endothermique ($\Delta H_d > 0$). Par contre, si la somme de ΔH_1 et de ΔH_2 est inférieure à ΔH_3 en valeur absolue, la chaleur molaire de dissolution est exothermique ($\Delta H_d < 0$).

La plupart des dissolutions se passent dans l'eau, un solvant qui est, à moins d'avis contraire, à la température ambiante. À cette température, une masse donnée d'eau contient une quantité relativement grande d'énergie thermique en raison de la forte **capacité thermique massique** (c) de l'eau, qui est de 4,184 J/(g·°C). Au cours des étapes 1 et 2 du processus de dissolution, l'énergie absorbée pour briser les interactions entre les particules de solvant et de soluté est puisée à même l'énergie thermique de l'eau. Cependant, à l'étape 3, lorsque les nouvelles interactions sont formées entre les particules de solvant et de soluté, de l'énergie chimique est libérée sous forme de chaleur. Cette chaleur est alors absorbée par l'eau sous forme d'énergie thermique.

Ainsi, si davantage de chaleur est libérée à l'étape 3 comparativement à celle qui est absorbée aux étapes 1 et 2, la dissolution molaire est exothermique et la température de l'eau augmente. Au contraire, si davantage de chaleur est absorbée aux étapes 1 et 2 comparativement à celle qui est libérée à l'étape 3, la dissolution molaire est endothermique et la température de l'eau baisse.

On peut donc calculer la chaleur molaire de dissolution d'une substance à partir d'expériences calorimétriques dans lesquelles on note des mesures de température qu'on utilise dans des **calculs de chaleur**. La chaleur molaire de dissolution peut aussi servir pour déterminer la température finale d'une solution après la dissolution d'un soluté.

ANNEXE 8 >

Tableau 8.12 : Les capacités thermiques massiques de diverses substances, p. 423.

Voir **La relation entre l'énergie thermique, la capacité thermique massique, la masse et la variation de température**, p. 134.

« INFO SCIENCE

L'adhérence phénoménale des doigts du gecko

Les geckos arboricoles peuvent se déplacer sur à peu près toutes les surfaces, même les plus lisses, grâce à un système d'adhérence que leur procurent les lamelles présentes sous leurs doigts. Ces lamelles sont composées de millions de minuscules poils, si fins que leur diamètre est mille fois plus petit que celui d'un cheveu humain. L'extrémité de chaque poil, qui ne comporte que quelques molécules de kératine de largeur, n'est visible qu'à l'aide d'un microscope électronique.

À cette échelle microscopique, l'extrémité de chaque poil entre en contact avec quelques molécules seulement de la surface qui supporte le gecko, et une interaction s'établit entre ces molécules. Les scientifiques ont d'abord cru que cette interaction

Figure 7 Les pattes du gecko sont pourvues de poils si fins que l'animal peut se déplacer sur n'importe quelle surface.

était du même type que celle qui cause la tension superficielle de l'eau, soit la liaison hydrogène. On croyait que cette interaction s'établissait entre des molécules d'eau présentes sur la surface des objets et sur celle des poils. Toutefois, des recherches plus poussées ont montré que l'interaction qui produit l'adhérence des doigts du gecko provient des interactions électriques entre des atomes ou des molécules de charges opposées qui composent les poils et la surface de l'objet. Ces interactions se nomment forces de van der Waals. Ce système d'adhérence est si efficace qu'un seul doigt de gecko peut supporter tout le poids de l'animal.

Grâce aux progrès réalisés en nanotechnologie, les scientifiques ont créé un tissu fait de nano-fibres de carbone ayant des propriétés semblables à celles des doigts du gecko pour permettre aux humains ou aux robots de se déplacer sur diverses surfaces.

Les exemples suivants montrent comment déterminer la chaleur molaire de dissolution d'une substance à l'aide d'un calorimètre et comment prédire la température finale d'une solution à partir de la valeur de sa chaleur molaire de dissolution. Dans ces exemples, la masse volumique de l'eau utilisée est de 1 g/mL, alors 100 mL = 100 g.

Exemple A

On dissout 6,69 g de chlorure de lithium (LiCl) dans 100 mL d'eau à 24,2 °C contenue dans un calorimètre. La température finale de l'eau est de 37,4 °C.

a) Quelle est la chaleur molaire de dissolution (ΔH_d) du chlorure de lithium ?

b) Écrivez l'équation thermochimique de dissolution du chlorure de lithium en y intégrant la valeur de ΔH_d calculée.

a) *Données :*

$m_{eau} = 100$ g

$c = 4,184$ J/(g·°C)

$T_i = 24,2$ °C

$T_f = 37,4$ °C

$\Delta_T = 13,2$ °C

$m_{LiCl} = 6,69$ g

$M_{LiCl} = 42,39$ g/mol

$\Delta H_d = ?$

1. *Calcul de la quantité de chaleur transférée :*

$Q = mc\Delta T$

$= 100 \text{ g} \cdot 4,184 \text{ J/(g·°C)} \cdot 13,2 \text{ °C}$

$= 5\,522,9$ J de chaleur absorbée par l'eau

2. *Détermination du signe de la chaleur de dissolution :*

Puisque l'eau absorbe la chaleur, la dissolution de 6,36 g de LiCl a dégagé cette chaleur (Q_d).

$Q_d = -Q_{eau}$

$= -5\,522,9$ J

3. *Calcul du nombre de moles de LiCl :*

$M = \dfrac{m}{n}$

$n = \dfrac{m}{M}$

$= \dfrac{6,69 \text{ g}}{42,39 \text{ g/mol}}$

$= 0,158$ mol

4. *Calcul de la chaleur molaire de dissolution :*

$\dfrac{?}{1 \text{ mol}} = \dfrac{-5\,522,9 \text{ J}}{0,158 \text{ mol}}$

$? = \dfrac{1 \text{ mol} \cdot -5\,522,9 \text{ J}}{0,158 \text{ mol}}$

$= -34\,955,1$ J

$= -34,95$ kJ

Réponse : La chaleur molaire de dissolution du chlorure de lithium (LiCl) est de -35 kJ/mol.

b) *Solution :* Comme la température finale est supérieure à la température initiale, la réaction de dissolution du chlorure de lithium est exothermique. C'est pourquoi la valeur de la chaleur molaire de réaction est placée du côté des produits :

$LiCl_{(s)} \rightarrow Li^+_{(aq)} + Cl^-_{(aq)} + $ énergie

Réponse : L'équation de dissolution du chlorure de lithium (LiCl) est :

$LiCl_{(s)} \rightarrow Li^+_{(aq)} + Cl^-_{(aq)} + 35,0$ kJ

Exemple B

On dissout 4,25 g de nitrate de sodium ($NaNO_3$) dans 100 mL d'eau à 23,4 °C. Sachant que la chaleur molaire de dissolution du nitrate de sodium est de 21,0 kJ/mol, quelle sera la température finale de l'eau?

Données :

$m_{eau} = 100$ g $= 0,100$ kg

$c = 4,184$ kJ/(kg·°C)

$m_{NaNO_3} = 4,25$ g

$M_{NaNO_3} = 84,96$ g/mol

$\Delta H_d = 21,0$ kJ/mol

$T_i = 23,4$ °C

$T_f = ?$

1. Calcul du nombre de moles de $NaNO_3$:

$$M = \frac{m}{n}$$

$$n = \frac{m}{M}$$

$$= \frac{4,25 \text{ g}}{84,96 \text{ g/mol}} = 0,050\ 0 \text{ mol}$$

2. Calcul de la quantité de chaleur transférée :

$$\frac{21,0 \text{ kJ}}{1 \text{ mol}} = \frac{?}{0,050\ 0 \text{ mol}}$$

$$? = \frac{21,0 \text{ kJ} \cdot 0,050\ 0 \text{ mol}}{1 \text{ mol}} = 1,05 \text{ kJ}$$

3. Détermination du signe de la chaleur de dissolution :

Comme le ΔH_d du $NaNO_3$ est positif, cette chaleur est dégagée par l'eau. Alors,

$$Q_{eau} = -Q_d$$
$$= -1,05 \text{ kJ}$$

4. Calcul de la variation de température :

$$Q = mc\Delta T$$

$$\Delta T = \frac{Q_{eau}}{mc}$$

$$= \frac{-1,05 \text{ kJ}}{0,100 \text{ kg} \cdot 4,184 \text{ kJ/(kg·°C)}} = -2,51 \text{ °C}$$

5. Calcul de la température finale de la solution :

$$\Delta T = T_f - T_i$$
$$T_f = \Delta T + T_i$$
$$= -2,51 \text{ °C} + 23,4 \text{ °C}$$
$$= 20,89 \text{ °C}$$

Réponse : La température finale de la solution est de 20,9 °C.

«INFO SCIENCE

La pseudo-chaleur des piments forts

En cuisine, on entend parfois dire que certains piments forts « brûlent » la langue. Cette expression ne désigne pas une brûlure causée par de l'énergie sous forme de chaleur que dégagerait la dissolution d'une substance chimique contenue dans le piment. Il s'agit plutôt de « pseudo-chaleur », c'est-à-dire d'une sensation d'augmentation de température dans la bouche provoquée par la molécule de capsaïcine des piments qui entre en contact avec les terminaisons nerveuses des papilles gustatives. Cet irritant naturel est produit par différentes espèces de *capsicum*, une plante qui se protège ainsi de la prédation des animaux. Comme les différentes variétés de piments n'ont pas toutes la même teneur en capsaïcine, l'échelle de Scoville permet aux cuisiniers d'adapter le degré de piquant des plats qu'ils préparent en fonction de la capacité des gens à tolérer la pseudo-chaleur.

Intensité		Piment
Explosif	10	Habanero
Volcanique	9	Tabasco
Torride	8	De Árbol
Brûlant	7	Cascabel
Ardent	6	de Cayenne
Fort	5	Jalapeño
Chaud	4	d'Espelette
Relevé	3	Ancho
Chaleureux	2	d'Anaheim
Doux	1	Paprika doux
Neutre	0	Poivron

Figure 8 L'échelle de pseudo-chaleur de Scoville simplifiée. La teneur en capsaïcine n'y est pas précisée, mais, par exemple, les petits piments habaneros en contiennent environ 40 fois plus que les piments jalapeños.

6.2 La chaleur molaire de neutralisation

La **chaleur molaire de neutralisation** (ΔH_n) **est la quantité d'énergie qui est absorbée ou libérée au cours de la neutralisation d'une mole d'acide ou de base.**

La neutralisation acidobasique est une réaction chimique dans laquelle un acide réagit avec une base pour former un sel et de l'eau. Cette réaction est révélée en présence d'un indicateur comme la phénolphtaléine qui devient rose en milieu basique (*voir la figure 9*).

Voir **Les théories sur les acides et les bases**, p. 320

Selon la **théorie d'Arrhenius**, dans cette réaction, les ions qui réagissent sont les ions hydrogène (H^+) provenant de l'acide en solution aqueuse et les ions hydroxyde (OH^-) provenant de la base en solution aqueuse. En se combinant, ces ions forment de l'eau (H_2O). Les autres ions sont des ions spectateurs et ils ne participent pas à la réaction. Par exemple, on peut simplifier l'équation ionique nette (sans les ions spectateurs) qui représente la réaction entre l'acide chlorhydrique (HCl) et l'hydroxyde de sodium ($NaOH$) en solution aqueuse de la façon suivante.

Figure 9 Une neutralisation acidobasique est complète lorsque l'indicateur change de couleur de façon permanente.

$$H^+_{(aq)} + OH^-_{(aq)} \rightarrow H_2O_{(l)}$$

La réaction de neutralisation s'accompagne d'un transfert de chaleur qui résulte de l'interaction entre les ions qui réagissent. La chaleur impliquée au moment de la neutralisation d'une mole de substance (acide ou base) est appelée chaleur molaire de neutralisation (ΔH_n). Elle s'exprime en kilojoules par mole (kJ/mol) d'acide ou de base neutralisé. Étant donné que la réaction de neutralisation se produit généralement en solution aqueuse, la chaleur molaire de neutralisation obtenue peut aussi être exprimée en fonction du nombre de moles d'eau formée plutôt qu'en fonction du nombre de moles d'acide ou de base neutralisé.

On peut étudier les réactions de neutralisation entre des solutions diluées d'acide fort et de base forte au laboratoire à l'aide d'un calorimètre. Pour faciliter les mesures, étant donné que les solutions sont diluées, on présume que leur masse volumique et leur capacité thermique massique sont équivalentes à celles de l'eau. De plus, comme les réactions se produisent assez rapidement, la chaleur se dégage en un temps relativement court, ce qui minimise les pertes de chaleur dans l'environnement.

L'exemple suivant montre comment calculer la chaleur molaire de neutralisation au laboratoire. Dans cet exemple, la masse volumique de l'eau utilisée est de 1 g/mL, alors 100 mL = 100 g.

Exemple

Dans un calorimètre, on neutralise complètement 100 mL d'une solution aqueuse d'hydroxyde de sodium (NaOH) à 0,50 mol/L en ajoutant 100 mL d'une solution d'acide chlorhydrique (HCl) à 0,50 mol/L. La température initiale des solutions avant le mélange est de 22,5 °C. La température la plus élevée obtenue au cours de la neutralisation, à la suite du mélange des deux solutions, est de 25,9 °C. Calculez la chaleur molaire de neutralisation de l'hydroxyde de sodium.

Données :

m_{totale} = 100 g + 100 g = 200 g

c = 4,184 J/(g·°C)

T_f = 25,9 °C

T_i = 22,5 °C

Δ_T = 3,4 °C

[NaOH] = 0,50 mol/L

ΔH_n = ?

1. Calcul de la quantité de chaleur transférée :

$Q = mc\Delta T$

= 200 g · 4,184 J/(g·$°C$) · 3,4 $°C$

= 2 845,1 J de chaleur absorbée par l'eau du mélange réactionnel

2. Détermination du signe de la chaleur de neutralisation :

Puisque l'eau absorbe la chaleur, la neutralisation de 100 mL à 0,50 mol/L a dégagé cette chaleur (Q_n). Alors,

$Q_n = -Q_{eau}$

= −2 845,1 J

3. Calcul du nombre de moles de NaOH neutralisé :

$C = \dfrac{n}{V}$

$n = C \cdot V$

= 0,50 mol/L · 0,1 L = 0,050 mol de NaOH neutralisé

4. Calcul de la chaleur molaire de neutralisation :

$\dfrac{?}{1\ mol} = \dfrac{-2\ 845,1\ J}{0,050\ mol}$

$? = \dfrac{1\ mol \cdot -2\ 845,1\ J}{0,050\ mol}$ = −56 902,0 J

= −56,9 kJ

Réponse : La chaleur molaire de neutralisation de l'hydroxyde de sodium (NaOH) est de −57 kJ/mol.

《INFO SCIENCE

L'acide gastrique

Les quelque 35 millions de glandes gastriques qui tapissent la surface interne de l'estomac jouent un rôle important dans la digestion. Elles sécrètent quotidiennement près de trois litres de suc gastrique dans l'estomac. Le suc gastrique se compose en partie d'acide chlorhydrique (HCl), ce qui le rend très acide. Pour se protéger de cette forte acidité, les cellules de la paroi interne de l'estomac sécrètent un mucus. Le pH normal de l'estomac, situé entre 1,5 et 2,5, est aussi neutralisé en partie par les aliments qui sont brassés dans l'estomac. Toutefois, l'estomac a la possibilité de s'acidifier de nouveau au cours du repas pour permettre au processus de digestion en cours de se terminer.

Or, certaines personnes souffrent d'hyperacidité gastrique, un trouble causé notamment par l'hérédité, le stress ou de mauvaises habitudes alimentaires. Des médicaments comme les antiacides ont la capacité de diminuer l'acidité gastrique. Certains contiennent du bicarbonate de sodium ($NaHCO_3$) qui, une fois dissous dans l'eau, agit comme une base en neutralisant l'acidité du contenu de l'estomac. Cependant, cette réaction produit du dioxyde de carbone (CO_2) dans l'organisme, ce qui peut causer de l'inconfort chez certaines personnes.

D'autres médicaments, comme le lait de magnésie, contiennent une base, du dihydroxyde de magnésium ($Mg(OH)_2$), qui neutralise l'acide chlorhydrique en excès sans qu'il y ait dégagement de gaz.

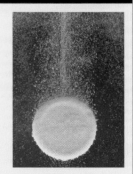

Figure 10 Cette pastille d'antiacide contient du bicarbonate de sodium qui produit du dioxyde de carbone en se dissolvant dans l'eau.

La petite histoire de...

La gomme à mâcher

Certaines personnes mâchent de la gomme pour rafraîchir leur haleine. La fraîcheur, dans ce cas-ci, n'est pas tout à fait le fruit d'une dissolution endothermique qui aurait pour effet d'absorber un peu de chaleur à l'intérieur de la bouche. Bien que la dissolution d'une petite quantité de sucre contenue dans la gomme à mâcher puisse avoir un petit effet endothermique, la sensation de fraîcheur est plutôt due à la dissolution de certaines molécules, comme le menthol, qui entrent en interaction avec les récepteurs sensoriels tapissant la langue et l'intérieur de la bouche.

En raison de la popularité qu'a connue la gomme à mâcher au fil des ans, certaines gommes ont maintenant une composition chimique qui leur permet de neutraliser l'acide produit par certains types de bactéries responsables de la mauvaise haleine. Cependant, la gomme à mâcher existe depuis de nombreuses années et a pris au fil du temps de nombreuses saveurs et formes.

Les habitants de la Grèce antique sont les premiers à mâcher une gomme à l'odeur prononcée qui provient de la sève d'un arbre, le pistachier lentisque, qu'ils appellent « mastica », à l'origine du mot « mastiquer » (*voir la figure 11*).

Sur un tout autre continent, les Mayas utilisent la sève d'une autre espèce d'arbre, le sapotillier, pour en faire un latex blanc appelé chiclé qui sert dans la fabrication d'une pâte à mâcher.

Figure 11 Des billes de sève du pistachier lentisque séchées après la récolte.

De leur côté, les Amérindiens se servent de résine d'épinette en guise de gomme à mâcher et la font connaître aux colons venus s'établir en Amérique du Nord. Cette gomme d'épinette sert plus tard d'ingrédient de base aux premières gommes à mâcher produites de façon industrielle. La première usine de fabrication de gomme à mâcher en sol américain est construite en 1848 dans l'État du Maine, aux États-Unis, et elle produit de la gomme à base de résine d'épinette.

En 1869, William Semple, un dentiste de l'Ohio, obtient un brevet pour l'invention de la gomme à mâcher à base de paraffine. Cette dernière présente toutefois l'inconvénient majeur de nécessiter une grande quantité de chaleur avant de s'amollir suffisamment pour être agréable à mâcher. Croyant avoir trouvé la solution à ce problème, Thomas Adams dépose en 1871 un brevet pour une machine qui fabrique de petites pastilles de gomme à base de chiclé enrobées de sucre (*voir la figure 12*). C'est en 1890 que William Wrigley Jr., alors fabricant de levure chimique, se met à produire de la gomme à mâcher après avoir constaté que la gomme qu'il donnait gratuitement à l'achat de sa levure chimique était plus populaire que la levure chimique elle-même.

Figure 12 Des travailleuses coupent de la gomme dans une usine, en 1919.

Après la Seconde Guerre mondiale, avec le développement de la pétrochimie, la base de la gomme à mâcher devient synthétique. On y ajoute divers additifs pour rehausser son goût, sa couleur, sa texture et certaines de ses propriétés. Par exemple, de nos jours, une gomme à mâcher à base de latex contient du zinc, qui peut inhiber la production d'acide par certaines bactéries comme les streptocoques, lesquels sont souvent responsables de la mauvaise haleine et prolifèrent en milieu acide, comme la bouche. De même, l'évolution de la gomme à mâcher a permis à certains types de gommes édulcorées au xylitol de se tailler une place en tant que substitut occasionnel au brossage de dents pour assurer une hygiène dentaire après les repas pris à l'extérieur, en plus de diminuer le risque de carie dentaire chez les enfants.

SYNTHÈSE La chaleur molaire de réaction

6.1 La chaleur molaire de dissolution

- La chaleur molaire de dissolution (ΔH_d) est la quantité d'énergie qui est absorbée ou libérée au cours de la dissolution d'une mole de soluté dans un solvant. Elle s'exprime en kilojoules par mole (kJ/mol) de soluté dissous.

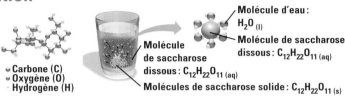

Carbone (C)
Oxygène (O)
Hydrogène (H)

Molécule de saccharose dissous : $C_{12}H_{22}O_{11 (aq)}$

Molécule d'eau : $H_2O_{(l)}$

Molécule de saccharose dissous : $C_{12}H_{22}O_{11 (aq)}$

Molécules de saccharose solide : $C_{12}H_{22}O_{11 (s)}$

a) Une molécule de saccharose ($C_{12}H_{22}O_{11}$).

b) La dissolution du saccharose.

6.2 La chaleur molaire de neutralisation

- La chaleur molaire de neutralisation (ΔH_n) est la quantité d'énergie qui est absorbée ou libérée au cours de la neutralisation d'une mole d'acide ou de base. Elle s'exprime en kilojoules par mole (kJ/mol) d'acide ou de base neutralisé.

POUR FAIRE LE POINT

CHAPITRE 6 La chaleur molaire de réaction

Pour répondre aux questions 1, 5, 6, 8, 9, 12 et 14, utilisez le tableau 8.6 des annexes, à la page 420.

1. Écrivez les équations de dissolution des électrolytes suivants et indiquez si la dissolution est endothermique ou exothermique.
   a) $HClO_{3 (s)}$
   b) $HI_{(g)}$
   c) $KNO_{3 (s)}$
   d) $CuSO_{4 (s)}$
   e) $Li_2CO_{3 (s)}$

2. Calculez la chaleur molaire de dissolution de l'hydroxyde de sodium (NaOH) sachant que 4 g d'hydroxyde de sodium dissous dans 20 mL d'eau font augmenter la température de l'eau de 50 °C.

3. Si on dissout 24,42 g de chlorate de potassium ($KClO_3$) dans 1,0 kg d'eau, la température de l'eau s'abaisse de 2 °C. Calculez la chaleur molaire de dissolution du chlorate de potassium et écrivez l'équation de dissolution en y intégrant la valeur de la chaleur molaire de dissolution.

4. La dissolution du nitrate de potassium (KNO_3) est endothermique alors que celle de l'hydroxyde de sodium (NaOH) est exothermique. Expliquez, du point de vue des interactions particulaires, les changements énergétiques qui accompagnent les transformations subies par le soluté et le solvant dans chaque cas.

5. Un élève dissout 1 mol d'un sel inconnu dans 1 000 mL d'eau et note un abaissement de température de 5,5 °C. Identifiez ce sel.

6. On dissout 8 g de sulfate de cuivre ($CuSO_4$) solide dans 100 mL d'eau à 20 °C. Quelle sera la température finale de l'eau après la dissolution ?

7. Soit l'équation de dissolution du chlorure de lithium (LiCl) solide :

$$LiCl_{(s)} \rightarrow Li^+_{(aq)} + Cl^-_{(aq)} \qquad \Delta H_d = -35,0 \text{ kJ/mol}$$

Si on dissout 8,42 g de chlorure de lithium dans 200 mL d'eau à 22 °C, quelle sera la température finale de l'eau après la dissolution ?

8. Combien de grammes d'hydroxyde de potassium (KOH) doit-on dissoudre dans 100 mL d'eau à 25 °C si on désire porter la température de l'eau après la dissolution à 80 °C ?

9. Une élève désire connaître la nature d'un sel de déglaçage dont on lui a dit qu'il était inoffensif pour la végétation et sans effet sur les escaliers en béton de sa maison. Elle décide de dissoudre un échantillon de ce sel pour comparer la valeur de sa chaleur molaire de dissolution avec celle du chlorure de sodium (NaCl), aussi utilisé pour déglacer les routes et les trottoirs de sa municipalité.

Déterminez si le sel de déglaçage que cette élève veut employer à la maison est de même nature que celui utilisé par la municipalité à l'aide des résultats suivants recueillis au laboratoire.
Masse du sel dissous = 10,00 g
Volume d'eau = 50,0 mL
Température initiale = 22,3 °C
Température finale = 15,3 °C

10. Une technicienne de laboratoire prépare 2,0 L d'une solution de nitrate de sodium ($NaNO_3$) à 0,1 mol/L. La température initiale de l'eau utilisée est de 24 °C. Quelle sera la température finale de la solution ?

11. On neutralise 250 mL d'hydroxyde de potassium (KOH) à 0,5 mol/L avec 250 mL d'acide nitrique (HNO_3) à 0,5 mol/L. Calculez la chaleur molaire de neutralisation si la température passe de 23,5 °C à 27 °C.

12. Le système de vidange des lavabos et des baignoires est souvent obstrué par des bouchons de cheveux mélangés à des résidus de savon. Pour amorcer la fusion d'un tel bouchon, combien de grammes d'hydroxyde de sodium (NaOH) faut-il dissoudre dans 500 mL d'eau chaude à 75 °C ? (On suppose que le point de fusion du résidu de savon est de 120 °C.)

13. Calculez la chaleur molaire de neutralisation de l'acide nitrique (HNO_3) à l'aide des résultats d'une expérience compilés dans le tableau suivant, sachant que la neutralisation de l'acide est complète.

Avant la neutralisation				Après la neutralisation	
$HNO_{3\,(aq)}$ (0,5 mol/L)		$LiOH_{(aq)}$ (1 mol/L)		Mélange	
V (mL)	T_i (°C)	V (mL)	T_i (°C)	V (mL)	T_f (°C)
200	23,0	200	25,0	400	27,5

14. À la suite d'un désastre naturel comme un ouragan, on distribue aux populations dans le besoin des repas autochauffants. Le repas peut se composer d'un petit sac de plastique qui contient le repas et d'un grand sac dans lequel on mélange de l'eau et deux types de sel. La dissolution et la neutralisation qui se produisent au moment du mélange dégagent de la chaleur. Pour chauffer le repas, il suffit de dissoudre les sels dans l'eau du grand sac, d'y insérer le petit sac hermétiquement fermé et de refermer le tout. Après quelques minutes, le repas est suffisamment chaud (environ 60 °C) pour être consommé. En théorie, on pourrait fabriquer une version maison de ce type de ration en dissolvant de l'hydroxyde de sodium (NaOH) dans l'eau, sans toutefois le neutraliser.

Calculez combien il faudrait de grammes d'hydroxyde de sodium pour réchauffer un repas de 300 g de soupe aux légumes si le sac où se fait la dissolution peut contenir le repas et 500 mL d'eau. Considérez que la soupe et l'eau utilisée pour la dissolution sont à 40 °C au départ et que la soupe a environ 90 % de la capacité thermique de l'eau.

La loi de Hess

Certaines réactions chimiques se produisent si naturellement qu'elles ne semblent pas être le fruit d'un processus complexe. Pourtant, bon nombre de réactions sont d'une grande complexité et elles nécessitent plusieurs étapes successives pour passer des réactifs aux produits. La photosynthèse, un processus dans lequel les plantes utilisent l'énergie solaire, le dioxyde de carbone (CO_2) atmosphérique et l'eau pour produire des molécules organiques comme des sucres, en est un exemple.

Dans ce chapitre, vous étudierez le déroulement des réactions qui ont lieu en plusieurs étapes et vous apprendrez comment calculer les variations d'enthalpie de ces réactions. Vous découvrirez aussi comment on peut déterminer mathématiquement, sans avoir recours au calorimètre, la chaleur molaire de n'importe quelle réaction chimique, et ce, à l'aide d'une loi nommée la loi de Hess.

CHAPITRE

7

Rappels
Le balancement d'équations chimiques 22
La stœchiométrie 23
L'énergie potentielle 30

7.1 **Le mécanisme réactionnel** 198

7.2 **L'additivité des enthalpies** 201

7.1 Le mécanisme réactionnel

Un **mécanisme réactionnel** est une suite de réactions élémentaires qui conduisent des réactifs aux produits au cours du déroulement d'une réaction complexe.

On représente une réaction chimique sous la forme de l'équation balancée suivante.

$$x \text{ réactif(s)} \longrightarrow y \text{ produit(s)}$$

Cette représentation permet de décrire symboliquement la nature des substances transformées (les réactifs) ainsi que celle des substances obtenues (les produits) à la suite d'une transformation chimique. De plus, les coefficients stœchiométriques (x et y) qui précèdent les formules chimiques des réactifs et des produits permettent d'indiquer les proportions dans lesquelles se combinent les réactifs pour former des produits.

Bien que cette représentation soit simple et pratique pour transmettre des données concernant une réaction chimique, elle ne donne aucune indication sur la manière dont la réaction se déroule vraiment. Dans la majorité des réactions chimiques, les réactifs ne sont pas directement transformés en produits. Ainsi, la représentation d'une réaction chimique complexe sous forme d'une équation balancée cache en réalité la somme d'une série de réactions simples conduisant à la formation de substances intermédiaires. Chacune de ces réactions simples, aussi appelées étapes intermédiaires, constitue une réaction élémentaire, c'est-à-dire une réaction chimique au cours de laquelle les réactifs deviennent directement des produits.

On peut décomposer une réaction chimique complexe en une succession de plusieurs réactions élémentaires, et on peut l'expliquer par un mécanisme réactionnel.

Par exemple, la formation du dioxyde d'azote (NO_2), un des principaux composants du smog, à partir du tétraoxyde de diazote (N_2O_4) est un exemple de réaction élémentaire (*voir la figure 1*). Elle est décrite par l'équation balancée suivante.

$$N_2O_{4\,(g)} \longrightarrow 2\,NO_{2\,(g)}$$

Toutefois, le dioxyde d'azote (NO_2) peut aussi être produit à partir d'oxyde d'azote (NO) et de dioxygène (O_2) selon l'équation balancée suivante.

$$2\,NO_{(g)} + O_{2\,(g)} \longrightarrow 2\,NO_{2\,(g)}$$

Dans ce cas, le dioxyde d'azote ne se forme pas directement à partir d'oxyde d'azote et de dioxygène. Pendant la réaction, on peut détecter la présence d'un autre composé : le dioxyde de diazote (N_2O_2). La présence de ce composé indique que cette réaction est complexe.

En effet, le mécanisme réactionnel de formation du dioxyde de diazote comporte deux étapes intermédiaires constituant chacune une réaction élémentaire.

Figure 1 Le dioxyde d'azote (NO_2) est à l'origine de la couleur brunâtre caractéristique du smog qu'on peut observer au-dessus des grands centres urbains.

D'abord, deux moles d'oxyde d'azote sont transformées en une mole de dioxyde de diazote. Cette première réaction élémentaire est représentée par l'équation balancée suivante.

$$1) \qquad 2\,NO_{(g)} \rightarrow N_2O_{2\,(g)}$$

Ensuite, une mole de dioxyde de diazote se combine avec une mole de dioxygène pour produire finalement deux moles de dioxyde d'azote. Cette seconde réaction élémentaire est représentée par l'équation balancée suivante.

$$2) \qquad N_2O_{2\,(g)} + O_{2\,(g)} \rightarrow 2\,NO_{2\,(g)}$$

L'équation globale balancée de la réaction correspond à la somme des équations de chacune des deux réactions élémentaires.

1) Équation balancée de la première réaction élémentaire :	$2\,NO_{(g)} \rightarrow N_2O_{2\,(g)}$
2) Équation balancée de la seconde réaction élémentaire :	$N_2O_{2\,(g)} + O_{2\,(g)} \rightarrow 2\,NO_{2\,(g)}$
Somme des équations :	$2\,NO_{(g)} + \cancel{N_2O_{2\,(g)}} + O_{2\,(g)} \rightarrow \cancel{N_2O_{2\,(g)}} + 2\,NO_{2\,(g)}$
Équation globale balancée :	$2\,NO_{(g)} + O_{2\,(g)} \rightarrow 2\,NO_{2\,(g)}$

Puisqu'il y a une molécule de $N_2O_{2\,(g)}$ de part et d'autre de l'équation, on peut les annuler et elles ne figurent pas dans l'équation globale balancée.

L'équation globale balancée est une équation permettant de résumer le mécanisme réactionnel d'une réaction complexe. Lors d'une réaction complexe, des intermédiaires de réaction sont formés au cours des réactions élémentaires qui composent le mécanisme réactionnel. En général, ils constituent les produits d'une étape de la réaction, et ils deviennent ensuite des réactifs de l'étape suivante. Dans l'exemple de la formation du dioxyde d'azote (NO_2), le dioxyde de diazote (N_2O_2) est un intermédiaire de réaction.

On ne peut observer directement les mécanismes réactionnels. On considère donc ceux-ci comme des modèles qui permettent d'expliquer l'ensemble des observations faites sur le déroulement d'une réaction. Ces mécanismes sont sans cesse confrontés aux nouvelles données recueillies par les scientifiques et ils sont appelés à évoluer au fil du temps en fonction des nouvelles données disponibles. Par conséquent, on parle généralement de mécanismes réactionnels proposés par les scientifiques qui en font l'étude.

« INFO SCIENCE

Les gaz azotés

Les gaz azotés sont très nombreux et très répandus dans l'atmosphère. Le tétraoxyde de diazote (N_2O_4) et le dioxyde d'azote (NO_2) participent aux pluies acides, à l'effet de serre et à la destruction de la couche d'ozone. Ils sont parmi les nombreux oxydes d'azote libérés lors de la combustion des combustibles fossiles, comme le pétrole et le charbon, ou lors de l'incinération des déchets organiques. La principale source d'oxydes d'azote demeure le transport, malgré les mécanismes antipollution des voitures.

Figure 2 Un incinérateur de déchets organiques.

7.1.1 La représentation graphique d'un mécanisme réactionnel

Voir **Le complexe activé, l'énergie d'activation et le diagramme énergétique**, p. 172.

Voir **L'observation du déroulement d'une transformation à l'aide d'un diagramme énergétique**, p. 176.

Le déroulement d'une réaction complexe peut être visualisé à l'aide d'un **diagramme énergétique**. L'interprétation de ce diagramme permet d'obtenir des données utiles à propos du mécanisme réactionnel.

Par exemple, le mécanisme réactionnel de la réaction complexe hypothétique de la formation du composé E à partir du composé A comporte quatre étapes (*voir la figure 3*) qu'on ne voit pas dans l'équation globale suivante.

$$A \rightarrow E$$

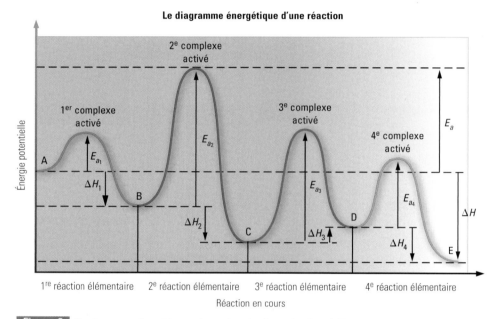

Figure 3 Ce diagramme énergétique présente le mécanisme réactionnel d'une réaction globale complexe entre les réactifs A et les produits E, et comporte quatre réactions élémentaires.

Chacune des étapes est une réaction élémentaire dans laquelle le produit de la première réaction devient le réactif de la seconde, et ainsi de suite jusqu'à la formation des produits finaux. Ces substances sont les intermédiaires de réaction (B, C et D).

Chaque réaction élémentaire possède une énergie d'activation (E_{a1}, E_{a2}, E_{a3} et E_{a4}) qui lui est propre et qui mène à la formation d'un complexe activé. Le diagramme énergétique permet aussi d'illustrer l'énergie d'activation de la réaction globale (E_a) qui correspond à l'énergie potentielle requise pour former le complexe activé le plus élevé à partir du niveau d'énergie de la substance de départ. Dans l'exemple de la réaction précédente, l'énergie d'activation de la réaction globale correspond au gain d'énergie potentielle nécessaire entre le niveau d'énergie de la substance A et celui du complexe activé de la deuxième étape de la réaction.

Ce diagramme énergétique renseigne également sur la variation d'enthalpie de la réaction globale (ΔH) et de chacune des réactions élémentaires (ΔH_1, ΔH_2, ΔH_3 et ΔH_4).

7.2 L'additivité des enthalpies

Selon la loi de Hess, aussi connue sous le nom de loi d'additivité des enthalpies, si une réaction peut être décomposée en plusieurs réactions élémentaires, sa variation d'enthalpie est égale à la somme algébrique des variations d'enthalpie de chacune de ces réactions élémentaires.

Pour beaucoup de réactions chimiques, on peut obtenir l'enthalpie de réaction ou chaleur de réaction (ΔH) de façon expérimentale au laboratoire à l'aide d'un **calorimètre**. Par exemple, on peut déterminer à partir d'expériences calorimétriques la **chaleur de dissolution** d'un morceau de sucre ou la chaleur dégagée par la **neutralisation** d'une solution aqueuse basique par un acide.

Voir **Le calorimètre**, p. 132.

Voir **La chaleur molaire de dissolution**, p. 186.

Voir **La chaleur molaire de neutralisation**, p. 192.

Toutefois, on ne peut pas toujours étudier la chaleur dégagée ou absorbée par des réactions au moyen d'expériences de ce type. En effet, certaines réactions se produisent très lentement, et les variations de température qui en résultent ne sont pas suffisamment grandes pour être mesurées par un calorimètre. C'est le cas, notamment, des réactions d'oxydation qui engendrent le vieillissement du vin en fûts de bois (*voir la figure 4*).

Figure 4 Les réactions d'oxydation qui causent le vieillissement du vin en fûts de bois se déroulent sur une période de plusieurs mois ou même de plusieurs années.

En effet, le bois est perméable à l'oxygène, qui réagit alors avec le vin sur une longue période de temps. Cette réaction est une des nombreuses transformations que le vin subit lors de son vieillissement, jusqu'à ce que le goût recherché soit atteint. L'utilisation de différentes essences de bois, souvent le chêne, permet de procurer au vin des arômes boisés.

D'autres réactions, au contraire, se produisent de manière violente et dégagent tant d'énergie qu'il est impossible de les observer au moyen d'un calorimètre. Par exemple, la combustion du magnésium se déroule trop rapidement pour pouvoir être mesurée (*voir la figure 5*). De plus, la lumière qu'elle émet est si vive qu'elle peut endommager les yeux. Les premiers flashs photographiques, créés en 1887, étaient constitués de poudre de magnésium.

Figure 5 La combustion du magnésium.

Par ailleurs, la très grande variété des composés chimiques existants et la complexité de plusieurs des réactions menant à la formation de chacun de ces composés rendent impossible le calcul des enthalpies de réaction à l'aide d'un calorimètre. Les chimistes ont donc élaboré une méthode afin de prédire la variation d'enthalpie engendrée par les réactions chimiques. Cette méthode, dite algébrique, découle de la loi d'additivité des enthalpies de réaction, aussi appelée loi de Hess.

REPÈRE

GERMAIN HENRI HESS

Chimiste et médecin suisse **(1802-1850)**

Dès son jeune âge, Germain Henri Hess et ses parents quittent leur Suisse natale pour la Russie. C'est en Russie que Hess obtient son diplôme de médecine. Vers 1830, il se tourne vers la chimie. Il étudie la chaleur produite par les réactions de combustion et énonce la loi d'additivité des enthalpies qui porte aujourd'hui son nom. Reconnu en tant que fondateur de la thermochimie, il découvre aussi un nouveau minerai. Puisqu'il est le premier à analyser ce minerai, celui-ci est nommé hessite en son honneur.

7.2.1 La présentation de la loi de Hess

Selon la loi de Hess, la variation d'enthalpie d'une réaction chimique ne dépend que des réactifs et des produits et est indépendante du mécanisme de la réaction et du nombre d'étapes intermédiaires nécessaires pour passer des réactifs aux produits.

Loi de Hess

Si une réaction peut être décomposée en plusieurs réactions élémentaires, sa variation d'enthalpie est égale à la somme algébrique des variations d'enthalpie de chacune de ces réactions élémentaires.

On peut exprimer cette loi par l'équation générale suivante.

Loi de Hess

$$\Delta H = \Delta H_1 + \Delta H_2 + \Delta H_3 + \ldots$$

où

ΔH = Variation d'enthalpie de la réaction globale, exprimée en kilojoules par mole (kJ/mol)

$\Delta H_1, \Delta H_2, \Delta H_3$ = Variation d'enthalpie de chacune des réactions élémentaires de la réaction globale, exprimée en kilojoules par mole (kJ/mol)

Autrement dit, l'enthalpie d'une réaction demeure la même, que la réaction passe directement des produits aux réactifs ou qu'elle passe par plusieurs étapes intermédiaires. Par exemple, la réaction de formation du dioxyde de carbone (CO_2) à partir de dioxygène (O_2) et de carbone (C) peut se dérouler selon deux mécanismes différents.

Dans le premier mécanisme, le carbone réagit avec le dioxygène et forme directement du dioxyde de carbone. Ce mécanisme réactionnel est représenté par l'**équation thermochimique** suivante.

Voir **Les réactions chimiques endo-thermiques et exothermiques**, p. 152.

$$C_{(s)} + O_{2\,(g)} \rightarrow CO_{2\,(g)} \qquad \Delta H = -393,5 \text{ kJ/mol}$$

Le second mécanisme se déroule en deux étapes. D'abord, le carbone se combine avec le dioxygène et forme du monoxyde de carbone (CO). Ensuite, le monoxyde de carbone réagit avec le dioxygène pour finalement produire du dioxyde de carbone. Ce mécanisme réactionnel est représenté par les deux équations thermochimiques suivantes.

1)	$C_{(s)} + \frac{1}{2}O_{2\,(g)} \rightarrow \cancel{CO}_{(g)}$	$\Delta H_1 = -110,5 \text{ kJ/mol}$
2)	$\cancel{CO}_{(g)} + \frac{1}{2}O_{2\,(g)} \rightarrow CO_{2\,(g)}$	$\Delta H_2 = -283,0 \text{ kJ/mol}$
Réaction globale	$C_{(s)} + O_{2\,(g)} \rightarrow CO_{2\,(g)}$	$\Delta H = -393,5 \text{ kJ/mol}$

Peu importe le mécanisme réactionnel, le résultat final est la production d'une mole de dioxyde de carbone à partir d'une mole de carbone et d'une mole de dioxygène. La variation d'enthalpie du premier mécanisme réactionnel est la même que celle du second mécanisme.

En effet, la somme des variations d'enthalpie du mécanisme réactionnel se déroulant en deux étapes correspond à la variation d'enthalpie du mécanisme réactionnel n'ayant qu'une seule étape.

Le diagramme énergétique variera selon le mécanisme réactionnel (*voir la figure 6*).

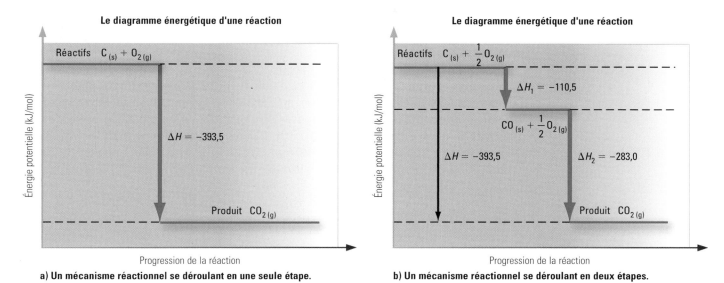

Figure 6 La variation d'enthalpie de la formation de dioxyde de carbone (CO_2) à partir de carbone (C) et de dioxygène (O_2) est la même, que la réaction se déroule en une seule étape (a) ou en deux étapes (b).

On peut comparer la loi de Hess à la variation d'énergie potentielle causée par le changement d'altitude de deux randonneurs qui descendent une montagne. Peu importe le tracé emprunté par les randonneurs pour atteindre le bas de la montagne, la variation totale de l'énergie potentielle causée par le changement d'altitude reste la même.

7.2.2 L'application de la loi de Hess

La loi de Hess est un outil fort utile pour déterminer l'enthalpie des réactions complexes. En l'appliquant, on peut décomposer une réaction complexe en plusieurs étapes ou réactions élémentaires dont les enthalpies sont déjà connues ou ont déjà été obtenues par calorimétrie. La somme de ces enthalpies permet d'obtenir l'enthalpie de la réaction complexe. En d'autres termes, il suffit d'additionner de façon algébrique les équations thermochimiques de chacune des réactions intermédiaires pour obtenir l'enthalpie de la réaction complexe.

La **variation d'enthalpie standard de formation** (ΔH_f°) indique la chaleur dégagée ou absorbée pendant la formation d'un composé à partir de ses éléments dans leur état standard. L'enthalpie standard de formation est généralement exprimée en kilojoules par mole (kJ/mol) de produit. Par convention, l'enthalpie de formation d'un élément dans son état standard est égale à zéro. Par exemple, la forme la plus stable de l'élément azote (N) étant la forme diatomique (N_2), l'enthalpie standard de formation du diazote gazeux ($N_{2\,(g)}$) est de 0 kJ/mol.

Voir **La variation d'enthalpie molaire standard**, p. 149.

ANNEXE 8 ›

Tableau 8.4: Les enthalpies molaires standard de formation, p. 418.

En général, les tableaux d'**enthalpies molaires standard de formation** ne fournissent pas les équations de formation complètes. On doit donc les reconstituer en utilisant les éléments dans leur état standard. Par exemple, la variation d'enthalpie standard de formation de l'eau est de −285,8 kJ/mol. L'équation thermochimique de la formation de l'eau à partir de ses éléments sous forme standard s'écrit de la manière suivante.

$$H_{2\,(g)} + \frac{1}{2}O_{2\,(g)} \rightarrow H_2O_{(l)} \qquad \Delta H = -285,8 \text{ kJ/mol}$$

Comme l'illustre cette équation, l'état le plus stable de l'hydrogène et de l'oxygène est la forme diatomique, soit H_2 et O_2. Par conséquent, il faut parfois utiliser des coefficients fractionnaires afin que l'équation balancée corresponde à la formation d'une mole de produit, car les valeurs des enthalpies standard de formation sont exprimées en kJ/mol de produit. Ainsi, dans l'équation de la formation de l'eau, on écrit le coefficient fractionnaire 1/2 devant le dioxygène.

Pour effectuer la somme algébrique d'équations thermochimiques, il faut respecter les règles suivantes.

- Les termes identiques situés du même côté de l'équation s'additionnent.
- Les termes identiques situés de part et d'autre de l'équation se soustraient.
- Si on inverse une équation, on doit aussi inverser le signe de ΔH.
- Si on modifie les coefficients d'une équation chimique en les multipliant ou en les divisant par un facteur commun, on doit aussi multiplier ou diviser la valeur de ΔH par ce même facteur commun.

L'application de la loi de Hess permet donc, par exemple, de calculer l'enthalpie de réaction associée à la combustion du butane (C_4H_{10}), qui se traduit par l'équation globale balancée suivante.

$$C_4H_{10\,(g)} + \frac{13}{2}O_{2\,(g)} \rightarrow 4\,CO_{2\,(g)} + 5\,H_2O_{(g)} \qquad \Delta H = -2\,657,4 \text{ kJ/mol}$$

Pour calculer l'enthalpie de la réaction de combustion du butane, il faut d'abord décomposer l'équation globale balancée en plusieurs étapes ou réactions intermédiaires. À l'aide des valeurs d'enthalpies molaires standard de formation, on écrit ensuite les équations thermochimiques de formation des différents termes qui se trouvent dans l'équation globale balancée. Ainsi, pour trouver l'enthalpie de réaction associée à la combustion du butane, les trois équations de formation suivantes sont nécessaires.

$$1)\ 4\,C_{(s)} + 5\,H_{2\,(g)} \rightarrow C_4H_{10\,(g)} \qquad \Delta H_1 = -125,6 \text{ kJ/mol}$$

$$2)\ C_{(s)} + O_{2\,(g)} \rightarrow CO_{2\,(g)} \qquad \Delta H_2 = -393,5 \text{ kJ/mol}$$

$$3)\ H_{2\,(g)} + \frac{1}{2}O_{2\,(g)} \rightarrow H_2O_{(g)} \qquad \Delta H_3 = -241,8 \text{ kJ/mol}$$

En examinant ces équations et en les comparant avec celle de la réaction globale, on remarque que, dans la première équation, le butane ne se situe pas du côté des réactifs. Par conséquent, il faut inverser cette équation pour que le butane figure du côté des réactifs, comme dans l'équation globale, et inverser également le signe de ΔH_1. On s'assure ainsi que le butane se trouvera du côté des réactifs lorsque la somme de réactions sera effectuée.

$$\text{1)} \quad C_4H_{10\,(g)} \rightarrow 4\,C_{(s)} + 5\,H_{2\,(g)} \qquad\qquad \Delta H_1 = +125,6 \text{ kJ/mol}$$

Par ailleurs, on remarque que le nombre de moles de carbone (C) et de vapeur d'eau (H_2O) dans l'équation globale est supérieur à ceux de la seconde et de la troisième équation. Il faut donc multiplier par quatre la deuxième équation et par cinq la troisième équation pour obtenir un nombre de moles de carbone et de vapeur d'eau identique à ceux figurant dans l'équation globale. Selon la règle, les valeurs de ΔH doivent elles aussi être multipliées.

$$\text{2)} \quad 4\,C_{(s)} + 4\,O_{2\,(g)} \rightarrow 4\,CO_{2\,(g)} \qquad \Delta H_2 = (-393,5 \text{ kJ/mol} \cdot 4 \text{ mol}) = -1\,574,0 \text{ kJ}$$

$$\text{3)} \quad 5\,H_{2\,(g)} + \frac{5}{2}\,O_{2\,(g)} \rightarrow 5\,H_2O_{(g)} \qquad \Delta H_3 = (-241,8 \text{ kJ/mol} \cdot 5 \text{ mol}) = -1\,209,0 \text{ kJ}$$

Comme il arrive que les équations soient manipulées de cette façon et que la variation d'enthalpie ne soit plus indiquée pour une mole de substance, il est plus simple d'effectuer ce type de calculs avec des valeurs en kilojoules (kJ). On peut ensuite additionner les différentes équations en annulant les substances identiques présentes des deux côtés de l'équation. On obtient ainsi l'enthalpie de réaction associée à la réaction globale de combustion du butane.

$$\text{1)} \qquad\quad C_4H_{10\,(g)} \rightarrow \cancel{4\,C_{(s)}} + \cancel{5\,H_{2\,(g)}} \qquad\quad \Delta H_1 = +125,6 \text{ kJ}$$

$$\text{2)} \qquad \cancel{4\,C_{(s)}} + 4\,O_{2\,(g)} \rightarrow 4\,CO_{2\,(g)} \qquad\qquad \Delta H_2 = -1\,574,0 \text{ kJ}$$

$$\text{3)} \quad \cancel{5\,H_{2\,(g)}} + \frac{5}{2}\,O_{2\,(g)} \rightarrow 5\,H_2O_{(g)} \qquad\qquad \Delta H_3 = -1\,209,0 \text{ kJ}$$

$$\overline{\qquad C_4H_{10\,(g)} + \frac{13}{2}\,O_{2\,(g)} \rightarrow 4\,CO_{2\,(g)} + 5\,H_2O_{(g)} \qquad \Delta H = -2\,657,4 \text{ kJ} \qquad}$$

La valeur de l'enthalpie de la réaction de combustion du butane peut finalement être convertie en chaleur molaire de réaction (en kJ/mol). Pour ce faire, il suffit de diviser l'enthalpie de réaction obtenue par le nombre de moles de butane figurant dans la réaction globale. Dans ce cas-ci, l'équation balancée de la combustion indique une mole de butane. La chaleur molaire de combustion du butane est donc de $-2\,657,4$ kJ/mol.

Lorsqu'on additionne des équations, on doit prêter une attention particulière aux phases des différents composés impliqués dans les réactions. Par exemple, on doit considérer l'eau à l'état liquide ($H_2O_{(l)}$) et la vapeur d'eau ($H_2O_{(g)}$) comme deux composés différents parce que leur **variation d'enthalpie de formation** est différente. Ces composés ne peuvent donc pas s'additionner, se soustraire ou s'annuler.

L'exemple présenté à la page 206 montre la méthode à suivre pour déterminer la variation d'enthalpie d'une réaction à l'aide de la loi de Hess.

ANNEXE 8 >

Tableau 8.4 : Les enthalpies molaires standard de formation, p. 418.

Figure 7 La flamme de la vasque olympique aux Jeux de Turin en 2006 était alimentée par du méthane.

Exemple

La combustion du méthane (CH_4) est décrite par l'équation balancée suivante.

$$CH_{4\,(g)} + 2\,O_{2\,(g)} \rightarrow CO_{2\,(g)} + 2\,H_2O_{(g)}$$

Quelle est la chaleur molaire de la combustion du méthane ?

1. *Écrire les équations qui, une fois combinées, permettent d'obtenir l'équation globale en consultant le tableau des enthalpies molaires standard de formation (voir la page 418) :*

   1) $C_{(s)} + 2\,H_{2\,(g)} \rightarrow CH_{4\,(g)}$ $\Delta H_1 = -74,4$ kJ/mol

   2) $C_{(s)} + O_{2\,(g)} \rightarrow CO_{2\,(g)}$ $\Delta H_2 = -393,5$ kJ/mol

   3) $H_{2\,(g)} + \dfrac{1}{2}O_{2\,(g)} \rightarrow H_2O_{(g)}$ $\Delta H_3 = -241,8$ kJ/mol

2. *Manipuler les équations de manière à pouvoir obtenir l'équation globale :*

   On inverse la première équation pour que le méthane soit du côté des réactifs et non des produits. On multiplie par 2 la troisième réaction parce qu'il y a deux moles de vapeur d'eau dans les produits de la réaction globale.

   1) $CH_{4\,(g)} \rightarrow C_{(s)} + 2\,H_{2\,(g)}$ $\Delta H_1 = +74,4$ kJ

   2) $C_{(s)} + O_{2\,(g)} \rightarrow CO_{2\,(g)}$ $\Delta H_2 = -393,5$ kJ

   3) $2\,H_{2\,(g)} + O_{2\,(g)} \rightarrow 2\,H_2O_{(g)}$ $\Delta H_3 = -483,6$ kJ

3. *Additionner les équations thermochimiques :*

   1) $CH_{4\,(g)} \rightarrow \cancel{C_{(s)}} + \cancel{2\,H_{2\,(g)}}$ $\Delta H_1 = +74,4$ kJ

   2) $\cancel{C_{(s)}} + O_{2\,(g)} \rightarrow CO_{2\,(g)}$ $\Delta H_2 = -393,5$ kJ

   3) $\cancel{2\,H_{2\,(g)}} + O_{2\,(g)} \rightarrow 2\,H_2O_{(g)}$ $\Delta H_3 = -483,6$ kJ

   —————————————————————————————

   $CH_{4\,(g)} + 2\,O_{2\,(g)} \rightarrow CO_{2\,(g)} + 2\,H_2O_{(g)}$ $\Delta H = -802,7$ kJ

4. *Convertir la valeur d'enthalpie de la réaction globale en chaleur molaire :*

   On a $-802,7$ kJ pour une mole de méthane, ce qui donne $-802,7$ kJ/mol.

Réponse : La chaleur molaire de la combustion du méthane (CH_4) est de $-802,7$ kJ/mol.

Pour aller + loin

La spectroscopie

Comme on ne peut observer directement un mécanisme réactionnel, les chimistes utilisent la spectroscopie pour connaître les différentes étapes d'une réaction complexe. Cette technique met en évidence les intermédiaires de réaction, qui n'existent souvent que pendant quelques milliardièmes (10^{-9}) de seconde. De plus, la longueur des ondes étant très petite, on la mesure en nanomètres (nm), c'est-à-dire en milliardièmes de mètre.

La spectroscopie se base sur deux principes : tous les composés dégagent ou absorbent une énergie rayonnante que l'on appelle spectre, et chaque composé possède un spectre qui lui est propre.

Ainsi, le spectre d'un composé constitue une sorte d'empreinte digitale qui permet de l'identifier. En mesurant et en interprétant les différents spectres émis au cours d'une réaction chimique, on peut identifier les différents intermédiaires de réaction et reconstituer le mécanisme réactionnel.

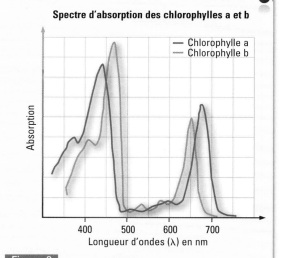

Spectre d'absorption des chlorophylles a et b

Figure 8 La spectroscopie permet de distinguer les chlorophylles a ($C_{55}H_{72}O_5N_4Mg$) et b ($C_{55}H_{70}O_6N_4Mg$) bien qu'elles aient des formules chimiques presque identiques.

CHAPITRE 7

SYNTHÈSE   La loi de Hess

7.1 Le mécanisme réactionnel

- Une réaction élémentaire est une réaction chimique au cours de laquelle les réactifs deviennent directement des produits, sans aucun intermédiaire de réaction à l'échelle moléculaire.

- Une réaction chimique complexe peut être décomposée en une succession de plusieurs réactions élémentaires et expliquée par un mécanisme réactionnel.

- Un mécanisme réactionnel est une suite de réactions élémentaires qui conduisent des réactifs aux produits au cours du déroulement d'une réaction complexe. Le mécanisme réactionnel se résume par l'équation globale de la réaction.

- Un intermédiaire de réaction est un composé qui apparaît dans les équations des réactions élémentaires du mécanisme réactionnel, mais non dans l'équation globale de la réaction.

- On peut visualiser le déroulement d'une réaction complexe à l'aide d'un diagramme énergétique.

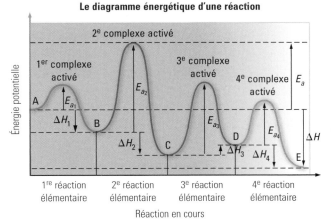

Le diagramme énergétique d'une réaction

7.2 L'additivité des enthalpies

- On peut déterminer algébriquement l'enthalpie d'une réaction en utilisant la loi de Hess ou loi d'additivité des enthalpies.

- Selon la loi de Hess, si une réaction peut être décomposée en plusieurs réactions élémentaires, sa variation d'enthalpie (ΔH) est égale à la somme algébrique des variations d'enthalpie de chacune de ces réactions élémentaires (ΔH_1, ΔH_2, ΔH_3, etc.). On peut exprimer la variation d'enthalpie de la réaction globale par l'équation générale suivante :

$$\Delta H = \Delta H_1 + \Delta H_2 + \Delta H_3 + \ldots$$

- Pour faire la somme algébrique d'équations thermochimiques, il faut respecter les règles suivantes :
  - les termes identiques situés du même côté de l'équation s'additionnent ;
  - les termes identiques situés de part et d'autre de l'équation se soustraient ;
  - si on inverse une équation, on doit aussi inverser le signe de la variation d'enthalpie de la réaction globale ;
  - si on modifie les coefficients d'une équation chimique en les multipliant ou en les divisant par un facteur commun, on doit aussi multiplier ou diviser la valeur de la variation d'enthalpie de la réaction globale par ce même facteur commun.

1. Déterminez l'équation globale en additionnant chacune des réactions élémentaires suivantes. Certaines équations doivent être balancées.

a) $NO_{2(g)} \rightarrow \frac{1}{2}N_{2(g)} + O_{2(g)}$ $\Delta H = -33,2 \text{ kJ/mol}$

   $\frac{1}{2}N_{2(g)} + \frac{1}{2}O_{2(g)} \rightarrow NO_{(g)}$ $\Delta H = 90,2 \text{ kJ/mol}$

b) $CO_{2(g)} + 2 H_2O_{(l)} \rightarrow CH_{4(g)} + 2 O_{2(g)}$
   $\Delta H = 890,4 \text{ kJ/mol}$

   $C_{(s)} + O_{2(g)} \rightarrow CO_{2(g)}$ $\Delta H = -393,5 \text{ kJ/mol}$

   $2 H_{2(g)} + O_{2(g)} \rightarrow 2 H_2O_{(l)}$ $\Delta H = -571,6 \text{ kJ/mol}$

c) $C_{12}H_{22}O_{11(s)} \rightarrow 12 C_{(s)} + 11 H_{2(g)} + \frac{11}{2}O_{2(g)}$
   $\Delta H = 2\ 225,5 \text{ kJ/mol}$

   $H_{2(g)} + \frac{1}{2}O_{2(g)} \rightarrow H_2O_{(g)}$ $\Delta H = -241,8 \text{ kJ/mol}$

   $C_{(s)} + O_{2(g)} \rightarrow CO_{2(g)}$ $\Delta H = -393,5 \text{ kJ/mol}$

d) $H_2SO_{4(l)} \rightarrow \frac{1}{8}S_{8(s)} + H_{2(g)} + 2 O_{2(g)}$
   $\Delta H = 814,0 \text{ kJ/mol}$

   $H_{2(g)} + \frac{1}{2}O_{2(g)} \rightarrow H_2O_{(g)}$ $\Delta H = -241,8 \text{ kJ/mol}$

   $\frac{1}{8}S_{8(s)} + O_{2(g)} \rightarrow SO_{2(g)}$ $\Delta H = -296,8 \text{ kJ/mol}$

e) $H_2S_{(g)} \rightarrow H_{2(g)} + S_{(s)}$ $\Delta H = 20,6 \text{ kJ/mol}$

   $2 H_{2(g)} + O_{2(g)} \rightarrow 2 H_2O_{(g)}$ $\Delta H = -483,6 \text{ kJ/mol}$

   $S_{(s)} + O_{2(g)} \rightarrow SO_{2(g)}$ $\Delta H = -296,8 \text{ kJ/mol}$

2. L'éthanol (C_2H_5OH) est un alcool qu'on peut utiliser en tant que biocarburant. En effet, on le considère comme une source d'énergie renouvelable puisque sa synthèse peut se réaliser à partir du glucose ($C_6H_{12}O_6$) provenant de la fermentation des céréales. Cette réaction de synthèse se traduit par l'équation globale suivante :

$$C_6H_{12}O_{6(s)} \rightarrow 2 C_2H_5OH_{(l)} + 2 CO_{2(g)}$$

D'après les deux réactions de combustion ci-dessous, quelle est la chaleur molaire de formation de l'éthanol ?

$C_6H_{12}O_{6(s)} + 6 O_{2(g)} \rightarrow 6 CO_{2(g)} + 6 H_2O_{(l)}$
$\Delta H = -2\ 803,1 \text{ kJ/mol}$

$C_2H_5OH_{(l)} + 3 O_{2(g)} \rightarrow 2 CO_{2(g)} + 3 H_2O_{(l)}$
$\Delta H = -1\ 366,8 \text{ kJ/mol}$

3. Voici deux réactions thermochimiques :

$2 Al_{(s)} + \frac{3}{2}O_{2(g)} \rightarrow Al_2O_{3(s)}$ $\Delta H = -1\ 675,7 \text{ kJ/mol}$

$Fe_2O_{3(s)} \rightarrow 2 Fe_{(s)} + \frac{3}{2}O_{2(g)}$ $\Delta H = 824,2 \text{ kJ/mol}$

À l'aide de ces deux réactions, déterminez la chaleur molaire de la réaction ci-dessous.

$Fe_2O_{3(s)} + 2 Al_{(s)} \rightarrow Al_2O_{3(s)} + 2 Fe_{(s)}$

4. La décomposition du dihydrogène (H_2) en hydrogène atomique (H) se traduit par l'équation suivante :

$$H_{2(g)} \rightarrow 2 H_{(g)}$$

La variation d'enthalpie standard de cette réaction est de 434,6 kJ. Calculez l'enthalpie standard de la formation de l'hydrogène atomique.

5. Observez le graphique ci-dessous et répondez aux questions suivantes.

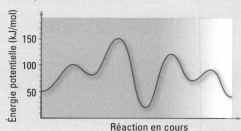

a) Combien de réactions élémentaires comporte cette réaction ?

b) Combien d'intermédiaires de réaction sont formés au cours de cette réaction ?

c) Combien de complexes activés sont formés au cours de cette réaction ?

d) Quelle est l'énergie d'activation de la deuxième étape ?

e) Quelle est l'enthalpie du troisième complexe activé ?

f) Quelle est la variation d'enthalpie de la première étape ?

g) Quelle est la variation d'enthalpie entre la deuxième et la quatrième réaction ?

h) La première réaction est-elle exothermique ou endothermique ?

i) Quelle est la variation d'enthalpie de la réaction globale ?

j) La réaction globale est-elle exothermique ou endothermique ?

6. D'après le tableau des enthalpies molaires standard de formation donné en annexe (*voir la page 418*), quelles sont les chaleurs des réactions suivantes ?

a) $NO_{(g)} + \frac{1}{2}O_{2\,(g)} \rightarrow NO_{2\,(g)}$

b) $CO_{(g)} + \frac{1}{2}O_{2\,(g)} \rightarrow CO_{2\,(g)}$

7. L'acétylène (C_2H_2) est un gaz incolore extrêmement inflammable. La flamme qui résulte de sa combustion est très vive et éclairante. La formation de l'acétylène à partir de carbone (C) et de dihydrogène (H_2) se traduit par la réaction globale suivante :

$$2\,C_{(s)} + H_{2\,(g)} \rightarrow C_2H_{2\,(g)}$$

À l'aide des équations suivantes, déterminez la chaleur molaire de formation de l'acétylène.

$$C_2H_{2\,(g)} + \frac{5}{2}O_{2\,(g)} \rightarrow 2\,CO_{2\,(g)} + H_2O_{(l)}$$
$$\Delta H = -1\,299{,}6 \text{ kJ/mol}$$

$$C_{(s)} + O_{2\,(g)} \rightarrow CO_{2\,(g)} \qquad \Delta H = -393{,}5 \text{ kJ/mol}$$

$$H_{2\,(g)} + \frac{1}{2}O_{2\,(g)} \rightarrow H_2O_{(l)} \qquad \Delta H = -285{,}8 \text{ kJ/mol}$$

8. Soit la réaction globale décrite par l'équation suivante :

$$A + B \rightarrow C + D + \text{énergie}$$

On peut décrire les étapes du mécanisme réactionnel grâce aux trois équations suivantes :

Étape 1 : $A + B + \text{énergie} \rightarrow X$

Étape 2 : $X + \text{énergie} \rightarrow Y$

Étape 3 : $Y \rightarrow C + D + \text{énergie}$

Parmi les quatre graphiques qui suivent, lequel illustre le mécanisme réactionnel de la réaction globale ?

a)
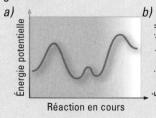

b)
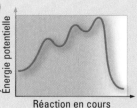

c)
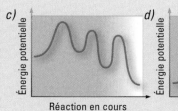

d)
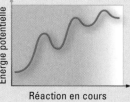

9. La combustion du propane (C_3H_8) est décrite par l'équation globale suivante :

$$C_3H_{8\,(g)} + 5\,O_{2\,(g)} \rightarrow 3\,CO_{2\,(g)} + 4\,H_2O_{(g)}$$

Déterminez la variation d'enthalpie de cette réaction en utilisant les réactions thermochimiques ci-dessous :

1) $CO_{(g)} + H_{2\,(g)} \rightarrow H_2O_{(g)} + C_{(s)} + 130 \text{ kJ}$

2) $C_{(s)} + O_{2\,(g)} \rightarrow CO_{2\,(g)} + 393{,}5 \text{ kJ}$

3) $H_2O_{(g)} + 241{,}8 \text{ kJ} \rightarrow H_{2\,(g)} + \frac{1}{2}O_{2\,(g)}$

4) $3\,C_{(s)} + 4\,H_{2\,(g)} \rightarrow C_3H_{8\,(g)} + 104{,}7 \text{ kJ}$

5) $CO_{(g)} + \frac{1}{2}O_{2\,(g)} \rightarrow CO_{2\,(g)} + 283 \text{ kJ}$

10. La photosynthèse effectuée par les végétaux peut se résumer par l'équation suivante :

$$6\,CO_{2\,(g)} + 6\,H_2O_{(l)} \rightarrow C_6H_{12}O_{6\,(s)} + 6\,O_{2\,(g)}$$

Comment feriez-vous pour déterminer expérimentalement la variation d'enthalpie de cette réaction ?

11. Une élève désire connaître la chaleur molaire de la neutralisation de l'hydroxyde de sodium (NaOH) solide par une solution d'acide chlorhydrique (HCl). Elle décide de déterminer en laboratoire, à l'aide d'un calorimètre, la chaleur molaire de dissolution de l'hydroxyde de sodium solide et la chaleur de neutralisation d'une solution d'hydroxyde de sodium par une solution d'acide chlorhydrique. Elle obtient les résultats suivants.

Chaleur molaire de dissolution du $NaOH_{(s)}$ $= -53{,}4$ kJ/mol

Chaleur molaire de neutralisation d'une solution de NaOH par une solution de HCl $= -54{,}0$ kJ/mol

Quelle est la chaleur molaire de neutralisation de l'hydroxyde de sodium solide par une solution d'acide chlorhydrique ?

12. Dans des conditions normales de température et de pression, certains éléments existent sous plus d'une forme. C'est le cas du carbone (C), qui, à température et pression normales, existe à la fois sous forme de graphite et de diamant. Le graphite peut se transformer en diamant selon l'équation globale suivante :

$$C_{graphite} \rightarrow C_{diamant}$$

Soit les équations des réactions suivantes :

$$C_{graphite} + O_{2\,(g)} \rightarrow CO_{2\,(g)} \qquad \Delta H = -393{,}5 \text{ kJ/mol}$$
$$C_{diamant} + O_{2\,(g)} \rightarrow CO_{2\,(g)} \qquad \Delta H = -395{,}4 \text{ kJ/mol}$$

Laquelle des formes du carbone, graphite ou diamant, est considérée comme l'état standard du carbone ?

LA VITESSE DE RÉACTION

SOMMAIRE

CHAPITRE 8

**La mesure de la vitesse
de réaction** 213

CHAPITRE 9

La théorie des collisions 235

CHAPITRE 10

**Les facteurs qui influencent
la vitesse de réaction** 245

La combustion du kérosène dans un moteur d'avion est une réaction très rapide qui dégage beaucoup d'énergie. Toutefois, le carburant transporté dans le réservoir ne brûle pas spontanément lorsqu'il est en contact avec le dioxygène de l'air. D'autre part, la corrosion du métal qui compose certaines des pièces d'un avion se produit très lentement. Pourquoi certaines réactions sont-elles si rapides alors que d'autres sont très lentes ? Comment est-il possible d'accélérer les réactions trop lentes ou de ralentir les réactions trop rapides pour en tirer profit au maximum ?

Dans ce module, vous verrez comment exprimer, calculer et comparer les vitesses des réactions chimiques. Après avoir étudié le mécanisme qui régit une réaction chimique du point de vue particulaire, vous serez en mesure de comprendre les facteurs qui influencent la vitesse d'une réaction chimique.

MODULE 3
LA VITESSE DE RÉACTION

CHAPITRE 8 — LA MESURE DE LA VITESSE DE RÉACTION

- **8.1** L'expression de la vitesse de réaction
- **8.2** La vitesse de réaction en fonction des coefficients stœchiométriques de l'équation chimique balancée
- **8.3** Les façons de mesurer la vitesse de réaction
- **8.4** La vitesse moyenne et la vitesse instantanée d'une réaction

CHAPITRE 9 — LA THÉORIE DES COLLISIONS

- **9.1** Les types de collisions
- **9.2** Le mécanisme réactionnel expliqué par la théorie des collisions

CHAPITRE 10 — LES FACTEURS QUI INFLUENCENT LA VITESSE DE RÉACTION

- **10.1** La nature des réactifs
- **10.2** La surface de contact du réactif
- **10.3** La concentration des réactifs et la loi des vitesses de réaction
- **10.4** La température du milieu réactionnel
- **10.5** Les catalyseurs

La mesure de la vitesse de réaction

Toutes les réactions chimiques ne se produisent pas à la même vitesse. La corrosion d'une carrosserie d'automobile à la suite de l'oxydation du fer (Fe), par exemple, se produit très lentement. Par ailleurs, si une automobile subit une collision qui déclenche le déploiement de ses coussins gonflables, la réaction chimique qui gonfle le coussin s'effectue en quelques dizaines de millisecondes.

L'étude de la vitesse d'une réaction chimique permet de mieux comprendre les facteurs qui l'influencent en vue d'utiliser cette réaction à des fins particulières ou de mieux la contrôler.

Ce chapitre vous fera découvrir comment s'exprime la vitesse d'une réaction chimique en plus de vous familiariser avec les diverses façons de la mesurer.

8.1 L'expression de la vitesse de réaction .. 214

8.2 La vitesse de réaction en fonction des coefficients stœchiométriques de l'équation chimique balancée 216

8.3 Les façons de mesurer la vitesse de réaction 220

8.4 La vitesse moyenne et la vitesse instantanée d'une réaction 226

Rappels

La notion de mole 13
La loi de la conservation de la masse 21
Le balancement d'équations chimiques 22
La stœchiométrie. 23

8.1 L'expression de la vitesse de réaction

La vitesse d'une réaction est une quantité positive qui correspond à la variation de la quantité d'un réactif ou d'un produit en fonction du temps, au cours d'une transformation chimique.

Une réaction chimique peut être représentée par l'équation générale suivante.

réactif(s) → produit(s)

Cette équation indique que, pendant le déroulement d'une réaction, le nombre de particules de réactif diminue, car elles sont transformées, tandis que le nombre de particules de produit augmente, car elles sont formées. La réaction élémentaire dans laquelle les réactifs A et B se transforment en un produit C peut être représentée par l'équation suivante.

A + B → C

La réaction se déroule progressivement. En effet, au début de la réaction, il n'y a que des particules de réactifs A et B (*voir la figure 1*). Puis, à mesure que le temps passe, les particules du produit C apparaissent.

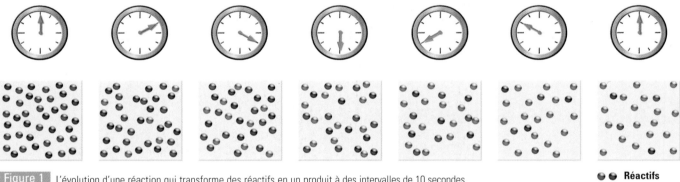

Figure 1 L'évolution d'une réaction qui transforme des réactifs en un produit à des intervalles de 10 secondes. Initialement, seules les particules des réactifs sont présentes. À mesure que le temps passe, les particules de produit sont formées.

● ● **Réactifs**
● **Produit**

En illustrant graphiquement la progression de cette réaction, on voit qu'au début le rythme d'apparition des particules du produit C est relativement rapide, comme le montre la pente de la courbe (*voir la figure 2, à la page suivante*). Après un certain temps, le rythme diminue, ce qui se traduit par le fléchissement de la courbe du produit C. Il est à noter que ce rythme d'apparition des particules du produit C dépend du rythme de disparition des particules de réactifs A et B. Par conséquent, dans le cas de cette réaction simple, la courbe de la disparition des réactifs A et B est l'image inverse de celle de l'apparition du produit C. Le rythme auquel les changements se produisent dans les quantités de réactifs A et B et de produit C au cours de la réaction s'appelle la vitesse de réaction.

La variation du nombre de particules en fonction du temps de réaction

Nombre de particules (axe vertical) : 0, 5, 10, 15, 20
Temps (s) (axe horizontal) : 10, 20, 30, 40, 50, 60

— Réactif A
— Réactif B
— Produit C

Figure 2 Lors de cette réaction, la quantité de particules des réactifs A et B diminue au même rythme que les particules du produit C apparaissent.

La vitesse d'une réaction est un taux qui désigne la rapidité ou la lenteur avec laquelle surviennent les changements subis par les réactifs et les produits. Pour la déterminer, il faut mesurer la vitesse à laquelle les réactifs sont transformés ou les produits sont formés.

En général, les expressions mathématiques qui désignent la vitesse de réaction en fonction des réactifs ou des produits s'expriment de la façon suivante.

Vitesse de réaction

$$v_{\text{réactif(s)}} = -\frac{\Delta \text{Quantité de réactif(s)}}{\Delta t}$$

$$v_{\text{produit(s)}} = \frac{\Delta \text{Quantité de produit(s)}}{\Delta t}$$

où

$v_{\text{réactif(s)}}$ = Vitesse de réaction du ou des réactifs
ΔQuantité de réactif(s) = Variation de la quantité de réactif(s)
(Quantité$_f$ de réactif(s) − Quantité$_i$ de réactif(s))
$v_{\text{produit(s)}}$ = Vitesse de réaction du ou des produits
ΔQuantité de produit(s) = Variation de la quantité de produit(s)
(Quantité$_f$ de produit(s) − Quantité$_i$ de produit(s))
Δt = Variation du temps ($t_f - t_i$)

Étant donné que la quantité de réactifs diminue au cours d'une réaction chimique, la variation qui en résulte est toujours négative. Pour la rendre positive, il faut ajouter un signe négatif devant le taux. Ce faisant, la valeur de la vitesse de réaction en fonction des réactifs est positive et est conforme à la convention.

8.2 La vitesse de réaction en fonction des coefficients stœchiométriques de l'équation chimique balancée

La vitesse d'une réaction est proportionnelle au coefficient, du réactif ou du produit de l'équation chimique balancée, choisi pour l'exprimer.

La stœchiométrie est l'étude des rapports entre les quantités de matière (réactifs ou produits) qui participent à une réaction chimique. Les coefficients placés devant les formules chimiques des réactifs et des produits d'une équation chimique balancée indiquent les proportions dans lesquelles les réactifs se combinent pour former les produits. Ces coefficients désignent autant un nombre de molécules qu'un nombre de moles.

Il faut porter une attention particulière aux coefficients des réactifs et des produits lorsqu'on veut exprimer la vitesse d'une réaction plus complexe. Par exemple, dans la réaction de décomposition du pentaoxyde de diazote (N_2O_5), il y a formation de dioxyde d'azote (NO_2) de couleur brune et de dioxygène (O_2) incolore (*voir la figure 4*). Les coefficients indiquent que lorsque deux moles de pentaoxyde de diazote se décomposent, elles forment quatre moles de dioxyde d'azote et une mole de dioxygène.

$$2\,N_2O_{5\,(g)} \rightarrow 4\,NO_{2\,(g)} + O_{2\,(g)}$$

Figure 4 Du pentaoxyde de diazote (N_2O_5) se décompose pour donner du dioxyde d'azote (NO_2) de couleur brune et du dioxygène (O_2) incolore.

Si l'on considère que cette réaction a lieu en milieu fermé, dans un volume maintenu constant, les coefficients peuvent aussi représenter des concentrations exprimées en moles par litre (mol/L).

La vitesse de cette réaction peut être exprimée en fonction de la décomposition du réactif, le pentaoxyde de diazote, ou en fonction de la formation des produits, le dioxyde d'azote et le dioxygène. Lorsque la vitesse de transformation d'un des réactifs ou celle de la formation d'un des produits est connue, il est possible de déduire la vitesse de réaction des autres substances impliquées dans la réaction à partir des coefficients stœchiométriques de l'équation balancée. Dans ce cas, par exemple, on peut connaître la vitesse de production du dioxyde d'azote si l'on connaît la vitesse de production du dioxygène. En effet, les coefficients stœchiométriques indiquent que la vitesse de production du dioxyde d'azote est quatre fois plus grande que celle du dioxygène.

Par conséquent, la vitesse de production du dioxygène équivaut au quart de la vitesse de production du dioxyde d'azote et elle s'exprime selon la relation suivante.

$$\frac{\Delta[O_2]}{\Delta t} = \frac{1}{4}\frac{\Delta[NO_2]}{\Delta t}$$

De même, quand une mole de dioxygène est produite, deux moles de pentaoxyde de diazote se décomposent.

Par conséquent, la vitesse de production du dioxygène équivaut à la moitié de la vitesse de décomposition du pentaoxyde de diazote et elle s'exprime selon la relation suivante.

$$\frac{\Delta[O_2]}{\Delta t} = -\frac{1}{2}\frac{\Delta[N_2O_5]}{\Delta t}$$

8.2.1 La vitesse générale de réaction

L'expression de la vitesse générale de réaction est la variation de la concentration d'une substance donnée divisée par son coefficient stœchiométrique, en fonction du temps. La relation mathématique qui décrit la vitesse générale d'une réaction chimique s'exprime de la façon suivante.

Vitesse générale de réaction

$$v = -\frac{1}{a}\frac{\Delta[A]}{\Delta t} = -\frac{1}{b}\frac{\Delta[B]}{\Delta t} = \frac{1}{c}\frac{\Delta[C]}{\Delta t} = \frac{1}{d}\frac{\Delta[D]}{\Delta t} *$$

où

v = Vitesse générale de la réaction, exprimée en moles par litre-seconde (mol/(L·s))

a, b, c, d = Coefficients des substances impliquées dans la réaction

$\Delta[A], \Delta[B], \Delta[C], \Delta[D]$ = Variations de la concentration des substances impliquées dans la réaction, exprimées en moles par litre (mol/L)

Δt = Variation du temps, exprimée en secondes (s)

*Pour une réaction chimique de type $a\,A + b\,B \rightarrow c\,C + d\,D$.

Et, puisque les variations de concentration en fonction des variations de temps sont en fait des vitesses de réaction dont la valeur est positive par convention, la vitesse générale de réaction peut aussi s'exprimer de la façon suivante.

Vitesse générale de réaction

$$v = \frac{1}{a}\,v_A = \frac{1}{b}\,v_B = \frac{1}{c}\,v_C = \frac{1}{d}\,v_D$$

où

v = Vitesse générale de la réaction, exprimée en moles par litre-seconde (mol/(L·s))

a, b, c, d = Coefficients des substances impliquées dans la réaction

v_A, v_B, v_C, v_D = Vitesses de réaction des substances impliquées dans la réaction, exprimées en moles par litre-seconde (mol/(L·s))

Ces relations mathématiques permettent de connaître la vitesse générale de la réaction et la vitesse de la réaction en fonction de chaque substance. L'utilisation d'une substance plutôt qu'une autre pour exprimer la vitesse de la réaction sera dictée par les indices fournis dans le problème à résoudre concernant les réactifs ou les produits.

Voici des exemples d'utilisation de ces relations mathématiques pour la résolution de problèmes.

Exemple A

L'ammoniac (NH_3) est utilisé comme engrais chimique en agriculture. Il est produit par la réaction du diazote (N_2) avec du dihydrogène (H_2) selon l'équation suivante :

$$N_{2\,(g)} + 3\,H_{2\,(g)} \rightarrow 2\,NH_{3\,(g)}$$

La vitesse de production de l'ammoniac est de $5{,}0 \times 10^{-6}$ mol/(L·s).

a) Quelle est la vitesse générale de la réaction ?

b) Quelles sont les vitesses correspondantes de la transformation du diazote et du dihydrogène ?

a) *Données :*

$v_{NH_3} = 5{,}0 \times 10^{-6}$ mol/(L·s)

$v = ?$

Calcul :

$$v = \frac{1}{a}\,v_A = \frac{1}{b}\,v_B = \frac{1}{c}\,v_C$$

$$= \frac{1}{1}\,v_{N_2} = \frac{1}{3}\,v_{H_2} = \frac{1}{2}\,v_{NH_3}$$

$$= \frac{1}{2}\,v_{NH_3} = \frac{1}{2} \cdot 5{,}0 \times 10^{-6}\ \text{mol/(L·s)} = 2{,}5 \times 10^{-6}\ \text{mol/(L·s)}$$

Réponse : La vitesse générale de la réaction est de $2{,}5 \times 10^{-6}$ mol/(L·s).

b) *Données :*

$v_{NH_3} = 5{,}0 \times 10^{-6}$ mol/(L·s)

$v_{N_2} = ?$

$v_{H_2} = ?$

Calcul :

$$v = \frac{1}{1}\,v_{N_2} = \frac{1}{3}\,v_{H_2} = \frac{1}{2}\,v_{NH_3}$$

$$\Rightarrow v_{N_2} = \frac{1}{2}\,v_{NH_3} = \frac{1}{2} \cdot 5{,}0 \times 10^{-6}\ \text{mol/(L·s)} = 2{,}5 \times 10^{-6}\ \text{mol/(L·s)}$$

$$\Rightarrow v_{H_2} = 3 \cdot \frac{1}{2}\,v_{NH_3} = 3 \cdot \frac{1}{2} \cdot 5{,}0 \times 10^{-6}\ \text{mol/(L·s)} = 7{,}5 \times 10^{-6}\ \text{mol/(L·s)}$$

Réponse : La vitesse de la transformation du diazote (N_2) est de $2{,}5 \times 10^{-6}$ mol/(L·s) et la vitesse de la transformation du dihydrogène (H_2) est de $7{,}5 \times 10^{-6}$ mol/(L·s).

Exemple B

Le cyanure d'hydrogène (HCN) est un gaz très toxique produit à l'aide de méthane (CH_4) et d'ammoniac (NH_3) selon l'équation suivante :

$$CH_{4\,(g)} + NH_{3\,(g)} \rightarrow HCN_{(g)} + 3\,H_{2\,(g)}$$

Quelle est la vitesse de formation du dihydrogène (H_2), sachant que la concentration de l'ammoniac passe de 0,20 mol/L à 0,060 mol/L en 90 s ?

Données :

$[NH_3]_i = 0{,}20$ mol/L

$[NH_3]_f = 0{,}060$ mol/L

$t = 90$ s

$v = ?$

$v_{H_2} = ?$

1. *Calcul de la vitesse générale de la réaction :*

$$v = -\frac{1}{1}\frac{\Delta[CH_4]}{\Delta t} = -\frac{1}{1}\frac{\Delta[NH_3]}{\Delta t} = \frac{1}{1}\frac{\Delta[HCN]}{\Delta t} = \frac{1}{3}\frac{\Delta[H_2]}{\Delta t}$$

$$= -\frac{1}{1}\frac{\Delta[NH_3]}{\Delta t} = -\frac{([NH_3]_f - [NH_3]_i)}{\Delta t}$$

$$= -\frac{(0{,}060\ \text{mol/L} - 0{,}20\ \text{mol/L})}{90\ \text{s}} = 1{,}6 \times 10^{-3}\ \text{mol/(L·s)}$$

2. *Calcul de la vitesse de la réaction en fonction du dihydrogène :*

$$v = \frac{1}{1}\,v_{CH_4} = \frac{1}{1}\,v_{NH_3} = \frac{1}{1}\,v_{HCN} = \frac{1}{3}\,v_{H_2}$$

$$\Rightarrow v_{H_2} = 3v = 3 \cdot 1{,}6 \times 10^{-3}\ \text{mol/(L·s)} = 4{,}8 \times 10^{-3}\ \text{mol/(L·s)}$$

Réponse : La vitesse de formation du dihydrogène (H_2) est de $4{,}8 \times 10^{-3}$ mol/(L·s).

SECTION 8.2

La vitesse de réaction en fonction des coefficients stœchiométriques de l'équation chimique balancée

1. Le monoxyde de carbone (CO) réagit avec le dihydrogène (H_2) pour former de l'alcool méthylique (CH_3OH).

$$CO_{(g)} + 2\,H_{2\,(g)} \rightarrow CH_3OH_{(g)}$$

Parmi les expressions suivantes, laquelle peut servir à exprimer la vitesse de la synthèse de l'alcool méthylique ?

a) Quantité d'alcool méthylique produite / unité de temps.

b) Quantité de monoxyde de carbone produite / unité de temps.

c) Quantité de dihydrogène consommée / unité de temps.

d) Quantité d'alcool méthylique consommée / unité de temps.

e) Quantité de dihydrogène produite / unité de temps.

2. Écrivez les expressions mathématiques qui désignent la vitesse de réaction en fonction des réactifs et des produits pour chacune des équations chimiques suivantes.

a) $I^-_{(aq)} + OCl^-_{(aq)} \rightarrow Cl^-_{(aq)} + OI^-_{(aq)}$

b) $3\,O_{2\,(g)} \rightarrow 2\,O_{3\,(g)}$

c) $4\,NH_{3\,(g)} + 5\,O_{2\,(g)} \rightarrow 4\,NO_{(g)} + 6\,H_2O_{(g)}$

3. L'ammoniac (NH_3) réagit avec du dioxygène (O_2) pour produire du monoxyde d'azote (NO) et de la vapeur d'eau selon l'équation suivante :

$$4\,NH_{3\,(g)} + 5\,O_{2\,(g)} \rightarrow 4\,NO_{(g)} + 6\,H_2O_{(g)}$$

À un moment précis de la réaction, l'ammoniac réagit à une vitesse de 0,068 mol/(L·s). Quelle est la vitesse correspondante de la production de vapeur d'eau ?

4. Le bromure d'hydrogène (HBr) gazeux réagit avec le dioxygène (O_2) pour produire du dibrome (Br_2) et de la vapeur d'eau.

$$4\,HBr_{(g)} + O_{2\,(g)} \rightarrow 2\,Br_{2\,(g)} + 2\,H_2O_{(g)}$$

Comment la vitesse de décomposition du bromure d'hydrogène, en moles par litre-seconde (mol/(L·s)), se compare-t-elle avec la vitesse de formation du dibrome, aussi en moles par litre-seconde ? Exprimez votre réponse sous la forme d'une relation mathématique.

5. Le magnésium (Mg) métallique réagit avec l'acide chlorhydrique (HCl) pour produire le dichlorure de magnésium ($MgCl_2$) et le dihydrogène (H_2).

$$Mg_{(s)} + 2\,HCl_{(aq)} \rightarrow MgCl_{2\,(aq)} + H_{2\,(g)}$$

Durant un intervalle de 1 s, la masse du magnésium varie de −0,011 g.

a) Quelle est la vitesse correspondante de consommation d'acide chlorhydrique, en moles par seconde (mol/s) ?

b) Calculez la vitesse correspondante de production de dihydrogène, en litres par seconde (L/s), à 20 °C et à 101 kPa.

6. Une réaction hypothétique se déroule selon l'équation suivante : $A_{(s)} + 4\,B_{(l)} \rightarrow 2\,C_{(l)} + 3\,D_{(g)}$

Après 45 s, la réaction est complète et 6 mol de A ont réagi.

a) Calculez la vitesse de transformation de A.

b) Exprimez, à l'aide d'une relation mathématique, la vitesse de réaction en fonction de B et la vitesse de réaction en fonction de D.

c) Calculez le temps, en secondes, nécessaire à la formation de 150 L de D à 25 °C et à 101,2 kPa.

7. Un avis vous prévient d'une coupure de courant dans les prochains jours pour une durée indéterminée. Vous vous préparez en déterminant la vitesse de combustion d'une quantité de cire. Afin de rendre la tâche intéressante, vous voulez vérifier quelle quantité de dioxyde de carbone (CO_2) et d'eau sera formée, et à quelle vitesse. Vous faites brûler une chandelle pendant 45 min et la chandelle a perdu 126 g.

La réaction est représentée par l'équation suivante :

$$C_{25}H_{52\,(s)} + 38\,O_{2\,(g)} \rightarrow 25\,CO_{2\,(g)} + 26\,H_2O_{(g)} + \text{énergie}$$

a) Calculez la vitesse de combustion de la cire ($C_{25}H_{52}$) en moles par minute (mol/min).

b) Calculez la vitesse de formation du dioxyde de carbone (CO_2) en moles par minute (mol/min).

c) Calculez la vitesse de production d'eau en millilitres par seconde (mL/s) à 25 °C et à 101,2 kPa.

d) Calculez la quantité de dioxyde de carbone (CO_2), en grammes (g), produit après 45 minutes.

8.3 Les façons de mesurer la vitesse de réaction

Les façons de mesurer la vitesse de réaction dépendent de la phase dans laquelle se trouve le réactif ou le produit à mesurer, de la facilité avec laquelle il sera possible de prendre cette mesure en laboratoire et du traitement qu'on prévoit appliquer aux résultats.

Pour déterminer les vitesses de réaction en laboratoire, il faut mesurer les paramètres des réactifs qui se transforment ou des produits qui se forment. Le choix de la méthode de mesure la plus appropriée se fait en fonction de la phase dans laquelle se trouve la substance à mesurer, mais aussi en fonction de la facilité de réalisation de cette mesure et du traitement qui doit être appliqué aux résultats. Par exemple, il est parfois utile de prendre en note des données à des intervalles de temps réguliers si on veut produire un graphique avec ces résultats.

8.3.1 La mesure de la vitesse en fonction de la phase dans laquelle se trouve le réactif ou le produit et de la facilité de la méthode de mesure

Il existe un très grand nombre de réactions chimiques qui font intervenir des réactifs et des produits de toutes natures et dans toutes les phases physiques. Les substances en jeu peuvent être en phase solide, liquide, gazeuse ou aqueuse, selon le type de réaction.

Lorsqu'on désire mesurer expérimentalement la vitesse de réaction, il faut tenir compte de la phase dans laquelle se trouve au moins un réactif ou produit présent dans cette réaction afin de choisir une technique de mesure appropriée à cette phase. Par exemple, l'équation suivante illustre la réaction entre le magnésium (Mg) métallique et une solution d'acide chlorhydrique (HCl) de concentration connue (*voir la figure 5*).

Figure 5 Une solution d'acide chlorhydrique (HCl) réagit chimiquement au contact du magnésium (Mg) métallique.

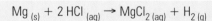

$$Mg_{(s)} + 2\,HCl_{(aq)} \rightarrow MgCl_{2\,(aq)} + H_{2\,(g)}$$

Pour connaître la vitesse de cette réaction, il est nécessaire de déterminer quel paramètre (la masse, le volume, la pression, le nombre de particules, la concentration, le pH, etc.) de l'un des réactifs ou des produits il est le plus pertinent de mesurer. Le paramètre retenu est dicté par la phase dans laquelle se trouvent les substances et par la facilité avec laquelle il est possible de la mesurer.

Ainsi, le magnésium étant solide, sa masse est relativement facile à mesurer à l'aide d'une balance. Après avoir pesé le magnésium, il suffit de chronométrer le temps nécessaire pour qu'il réagisse complètement dans une quantité suffisante de solution d'acide chlorhydrique. La vitesse de la réaction s'exprime alors selon une unité de masse en fonction du temps, soit en grammes par seconde (g/s). À l'aide de la masse molaire, on peut ensuite convertir cette mesure en moles par seconde (mol/s).

Le pH permet également de mesurer la vitesse de cette réaction. Étant donné que l'acide chlorhydrique est consommé pendant la réaction, il est possible d'enregistrer la variation des valeurs de pH en fonction du temps. Pour ce faire, l'utilisation d'une sonde de pH-mètre reliée à un ordinateur s'avère très utile (*voir la figure 6*).

Figure 6 Un pH-mètre est utile pour mesurer la vitesse d'une réaction si la concentration des ions hydronium (H_3O^+) ou hydroxyde (OH^-) change durant la réaction.

Dans ce cas, la vitesse de la réaction s'exprime en unités de pH par seconde (pH/s). Il est également possible de convertir les unités de pH en valeurs de concentration des ions hydronium ($[H_3O^+]$) à l'aide de la relation suivante.

Conversion d'unités de pH en concentration d'ions hydronium

$$[H_3O^+] = 10^{-pH}$$

Cela permet d'exprimer la vitesse de réaction en concentration des ions hydronium par seconde ($[H_3O^+]$/s).

Une autre façon de mesurer la vitesse de cette réaction consiste à chronométrer la production de dihydrogène (H_2) gazeux et à mesurer le volume total recueilli par déplacement d'eau dans une burette à gaz. On peut aussi mesurer le volume produit à intervalles de temps réguliers. La vitesse de réaction s'exprime dans ce cas en millilitres de dihydrogène produit par seconde (mL/s).

Les réactions chimiques qui ont lieu en laboratoire ou hors laboratoire peuvent se produire très rapidement, comme les explosions lors des feux d'artifice (*voir la figure 7*), ou très lentement, comme l'oxydation du fer (Fe) qui fait rouiller des clous. Dans les cas de réactions rapides, il faut exprimer les vitesses en unités de temps appropriées à la durée de la réaction. Ainsi, on peut exprimer la vitesse à laquelle se produit l'explosion d'un feu d'artifice en millisecondes, tandis que la vitesse de la réaction d'oxydation d'un clou peut s'exprimer en mois ou même en années.

Figure 7 Les explosions de feux d'artifice sont des réactions chimiques qui se produisent très rapidement.

8.3.2 La mesure de la vitesse en fonction du traitement qui doit être appliqué aux résultats

Dans le cas de la réaction entre du magnésium (Mg) et de l'acide chlorhydrique (HCl), la technique de mesure de la vitesse la plus simple consiste à peser le magnésium et à chronométrer le temps requis pour que la réaction soit complète. Cependant, cette technique ne permet pas de tracer la courbe qui montre l'évolution de la vitesse, car elle ne fournit qu'une seule donnée, soit la masse totale de magnésium ayant réagi dans le temps mesuré.

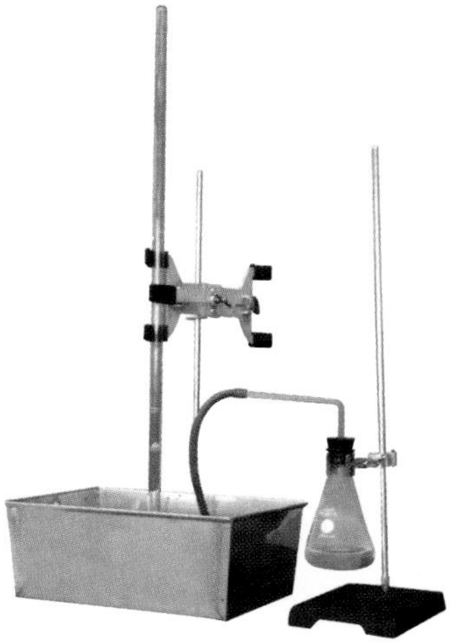

Pour tracer un graphique qui montre l'évolution de la réaction dans le temps, la **technique de mesure du volume par déplacement d'eau** dans une burette à gaz s'avère la mieux adaptée (*voir la figure 8*).

En effet, le fait de mesurer le volume à intervalles de temps réguliers permet de tracer la courbe de la vitesse de la réaction, exprimée en fonction de la production du dihydrogène gazeux, en fonction du temps. Ainsi, le choix d'une technique expérimentale pour mesurer les paramètres dépend également du traitement qu'on prévoit appliquer aux résultats.

ANNEXE 3 ›

La détermination de la concentration, p. 385.

Figure 8 Le montage qui permet de recueillir des mesures de volume de gaz par déplacement d'eau à intervalles de temps réguliers.

Les unités de mesure courantes, p. 409.

Le tableau suivant présente les **unités de mesure** de la vitesse de réaction les plus fréquemment utilisées au laboratoire selon le paramètre mesuré et la phase dans laquelle se trouvent les substances, de même que l'équation du calcul de la vitesse.

Tableau 1 Les principales unités de mesure de la vitesse de réaction selon le paramètre mesuré et la phase dans laquelle se trouvent les substances.

Unité de mesure de la vitesse	Paramètre mesuré	Phase	Équation du calcul de la vitesse	
g/s	Masse	Solide, liquide, gazeuse	$v = \dfrac{\Delta m}{\Delta t}$	où Δm = Variation de la masse, exprimée en grammes (g) Δt = Variation du temps, exprimée en secondes (s)
mL/s	Volume	Liquide, gazeuse	$v = \dfrac{\Delta V}{\Delta t}$	où ΔV = Variation du volume, exprimée en millilitres (mL) Δt = Variation du temps, exprimée en secondes (s)
mol/(L·s)	Concentration molaire	Gazeuse, solution aqueuse	$v = \dfrac{\Delta [A]}{\Delta t}$	où $\Delta [A]$ = Variation de la concentration molaire, exprimée en moles par litre (mol/L) Δt = Variation du temps, exprimée en secondes (s)
mol/s	Nombre de particules	Solide, liquide, gazeuse	$v = \dfrac{\Delta n}{\Delta t}$	où Δn = Variation du nombre de moles, exprimée en moles (mol) Δt = Variation du temps, exprimée en secondes (s)

Les exemples suivants montrent comment calculer la vitesse de réaction à l'aide de différentes techniques de mesure selon la phase dans laquelle se trouvent les substances mesurées.

Exemple A

Calcul de la vitesse lorsque la phase de la substance est solide

Un morceau de 12,0 mg de magnésium (Mg) réagit dans 100 mL d'une solution d'acide chlorhydrique (HCl) à 1,00 mol/L selon l'équation suivante :

$$Mg_{(s)} + 2\ HCl_{(aq)} \rightarrow MgCl_{2\,(aq)} + H_{2\,(g)}$$

Le morceau de magnésium est complètement disparu après 4 min 30 s.

a) Calculez la vitesse de cette réaction en grammes par seconde (g/s).

b) Calculez la vitesse de cette réaction en moles par seconde (mol/s).

a) *Données :*
m_i = 12,0 mg = 0,012 0 g
m_f = 0 g
t_f = 4 min 30 s = 270 s
t_i = 0 s
v = ?

Calcul :
$$v = -\frac{\Delta m}{\Delta t}$$
$$= -\frac{(0\ g - 0,012\ 0\ g)}{270\ s - 0\ s} = 4,44 \times 10^{-5}\ g/s$$

Réponse : La vitesse de la réaction est de $4,44 \times 10^{-5}$ g/s en fonction du magnésium (Mg).

b) *Données :*
m_i = 12,0 mg = 0,012 0 g
t_i = 0 s
t_f = 4 min 30 s = 270 s
M = 24,305 g/mol
n_{Mg} = ?
v = ?

1. Calcul du nombre de moles :
$$M = \frac{m}{n} \Rightarrow n = \frac{m}{M} = \frac{0,012\ 0\ \cancel{g}}{24,305\ \cancel{g}/mol} = 4,94 \times 10^{-4}\ mol$$

2. Calcul de la vitesse de réaction :
$$v = -\frac{\Delta n}{\Delta t} = -\frac{(0\ mol - 4,94 \times 10^{-4}\ mol)}{270\ s - 0\ s} = 1,83 \times 10^{-6}\ mol/s$$

Réponse : La vitesse de réaction est de $1,83 \times 10^{-6}$ mol/s en fonction du magnésium (Mg).

Exemple B

Calcul de la vitesse lorsque la phase de la substance est gazeuse

Le dihydrogène (H_2) gazeux qui s'échappe du milieu réactionnel de l'exemple A est recueilli et mesuré par déplacement d'eau toutes les 30 secondes. Les résultats des mesures du volume sont compilés dans le tableau suivant.

Volume de dihydrogène gazeux produit en fonction du temps

Temps (s)	Volume (mL)	Temps (s)	Volume (mL)
0	0	150	28
30	7	180	32
60	13	210	35
90	18	240	38
120	23	270	40

a) Calculez la vitesse de production du dihydrogène gazeux en millilitres par seconde (mL/s).

b) Construisez le graphique du volume de gaz produit en fonction du temps.

a) *Données :*

$V_i = 0$ mL

$V_f = 40$ mL

$t_i = 0$ s

$t_f = 4$ min 30 s = 270 s

$v = ?$

Calcul :

$$v = \frac{\Delta V}{\Delta t} = \frac{40 \text{ mL} - 0 \text{ mL}}{270 \text{ s} - 0 \text{ s}} = 0{,}15 \text{ mL/s}$$

Réponse : La vitesse de production du dihydrogène (H_2) est de 0,15 mL/s.

b) *Construction du graphique :*

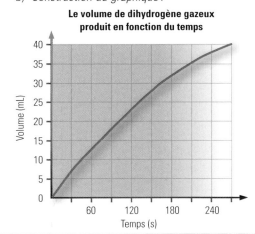

Le volume de dihydrogène gazeux produit en fonction du temps

Exemple C

Calcul de la vitesse lorsque la substance est en solution aqueuse

La réaction entre une solution de dibrome (Br_2) aqueux et une solution d'acide formique (CH_2O_2) aqueux se traduit par l'équation suivante :

$$Br_{2\,(aq)} + CH_2O_{2\,(aq)} \rightarrow 2\,Br^-_{(aq)} + 2\,H^+_{(aq)} + CO_{2\,(g)}$$

Au début de la réaction, la solution est de couleur brun foncé et la concentration du dibrome est de 0,012 0 mol/L. À mesure que le dibrome est consommé, la solution s'éclaircit. Au bout de 5 minutes, elle est de 0,004 2 mol/L.

Calculez la vitesse de réaction du dibrome aqueux en moles par litre-seconde (mol/(L·s)).

Données :

$[Br_2]_i = 0{,}012\ 0$ mol/L

$[Br_2]_f = 0{,}004\ 2$ mol/L

$t_i = 0$ s

$t_f = 5$ min = 300 s

$v = ?$

Calcul :

$$v = \frac{-\Delta[Br_2]}{\Delta t} = \frac{-(0{,}004\ 2 \text{ mol/L} - 0{,}012\ 0 \text{ mol/L})}{300 \text{ s} - 0 \text{ s}}$$

$$= 2{,}6 \times 10^{-5} \text{ mol/(L·s)}$$

Réponse : La vitesse de la réaction est de $2{,}6 \times 10^{-5}$ mol/(L·s) en fonction du dibrome (Br_2).

La galvanisation

L'acier est un matériau très prisé dans le domaine de la construction. Reconnu pour sa dureté et sa résistance, il est un alliage de fer (Fe) et de carbone (C). Le problème, c'est qu'il s'oxyde rapidement ; autrement dit, il rouille (*voir la figure 9*). Solution : la galvanisation à chaud. Ce procédé ralentit la vitesse de la réaction d'oxydation et protège l'acier de la corrosion. Ainsi protégé, l'acier a une durée de vie de plus de 25 ans.

La galvanisation comporte plusieurs étapes. Tout d'abord, l'acier doit être débarrassé de toutes saletés comme la rouille, le tartre et l'huile. On trempe donc le matériau dans une solution de dégraissage puis de décapage.

Le fluxage, qui évite que l'acier s'oxyde de nouveau avant la phase ultime du processus, complète la préparation de la surface à galvaniser. On plonge alors l'acier dans une solution aqueuse de chlorure d'ammonium (NH_4Cl) et de dichlorure de zinc ($ZnCl_2$) à 60 °C. Les cendres formées par l'opération remonteront à la surface et seront récupérées.

Vient ensuite l'étape cruciale. L'acier est immergé dans un bain de zinc (Zn) en fusion à 450 °C. La durée du trempage varie selon la taille et la forme des pièces. Elle peut prendre entre 3 et 15 minutes selon que la pièce est un boulon ou une grosse pièce de charpente.

Il se produit alors ce que les chimistes appellent une réaction métallurgique de diffusion entre le fer de l'acier et le zinc. Cela signifie qu'une fois retiré du bain, l'acier n'est pas seulement recouvert de zinc solidifié, mais qu'il forme un alliage avec le zinc, et ce, sur plusieurs couches (*voir la figure 10 et le tableau 2*). Le revêtement est à forte concentration en zinc, et plus on s'enfonce dans la pièce, plus la teneur en zinc diminue. Pour protéger une tonne d'acier, il faut entre 60 et 70 kg de zinc.

Outre la résistance à la corrosion (*voir la figure 11*), le produit galvanisé offre plusieurs avantages. Il résiste mieux aux chocs et à l'abrasion puisque l'alliage fer-zinc est encore plus dur que l'acier seul. La durée de vie du matériau étant prolongée, les coûts de maintenance s'en trouvent réduits.

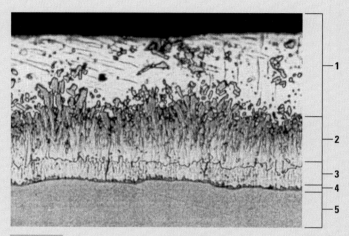

Figure 10 Un plan microscopique des couches du revêtement de zinc (Zn) solidifié.

Tableau 2 La teneur en zinc et en fer des couches de l'acier galvanisé.

Couche	Pourcentage de zinc (Zn)	Pourcentage de fer (Fe)
1	+/− 100	< 0,03
2	94 à 95	5 à 6
3	88 à 93	7 à 12
4	72 à 79	21 à 28
5	0	+/− 100

Figure 11 Une clé plate galvanisée.

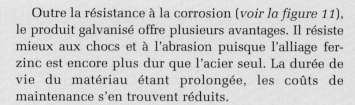

Figure 9 Une clé à molette rouillée.

Les façons de mesurer la vitesse de réaction

1. La vitesse d'un véhicule circulant sur les routes s'exprime en kilomètres par heure. Quelle unité de vitesse utiliseriez-vous pour chacune des situations suivantes ?
   a) L'impression de feuilles dans une imprimante.
   b) Le chargement d'une pièce de musique sur Internet.
   c) La consommation de boissons gazeuses d'une famille.
   d) L'utilisation d'Internet pour vous.
   e) Le temps que vous prenez pour lire un livre.

2. Quels paramètres pourrait-on mesurer pour déterminer la vitesse des réactions suivantes ? Expliquez vos réponses.
   a) La neutralisation de l'acide chlorhydrique (HCl) par l'hydroxyde de sodium (NaOH) :
   $$HCl_{(aq)} + NaOH_{(s)} \rightarrow NaCl_{(aq)} + H_2O_{(l)}$$
   b) La vitesse de production du sulfate de cuivre ($CuSO_4$) :
   $$Cu_{(s)} + H_2SO_{4(aq)} \rightarrow CuSO_{4(aq)} + H_{2(g)}$$

3. Un briquet contient environ 4 mL de butane (C_4H_{10}). Il faut environ 25 min de fonctionnement pour faire brûler complètement le contenu d'un briquet. Sachant que la masse volumique du butane liquide est de 585 kg/m^3 à 15 °C et que celle du butane gazeux est de 2,50 kg/m^3 à 15 °C, exprimez la vitesse de cette réaction en utilisant le plus d'unités différentes possible.

4. Vous observez, lors d'une expérience, que la concentration d'une substance basique passe de 0,476 0 mol/L à 0,017 5 mol/L en 16 min. Calculez la vitesse de la transformation de cette base en moles par litre-seconde (mol/(L·s)) et en moles par litre-heure (mol/(L·h)).

5. Dans des conditions très particulières, on peut faire barboter du dichlore (Cl_2) – très toxique – dans une solution d'iodure de sodium (NaI). On obtient alors du diiode (I_2) solide selon la réaction suivante :
   $$Cl_{2(g)} + 2\,NaI_{(aq)} \rightarrow 2\,NaCl_{(aq)} + I_{2(s)}$$
   Comment procéderiez-vous pour mesurer la vitesse de cette réaction ?

6. Vous effectuez, en laboratoire, la réaction suivante :
   $$CaCl_{2(aq)} + Na_2CO_{3(s)} \rightarrow CaCO_{3(s)} + 2\,NaCl_{(aq)}$$
   Est-il possible de calculer la vitesse de formation du chlorure de sodium (NaCl) après 15 minutes ? Précisez votre réponse.

7. On produit du fer (Fe) en faisant réagir du trioxyde de difer (Fe_2O_3) provenant du minerai avec du monoxyde de carbone (CO). L'équation de la réaction est la suivante :
   $$Fe_2O_{3(s)} + 3\,CO_{(g)} \rightarrow 2\,Fe_{(s)} + 3\,CO_{2(g)}$$
   Sachant que la vitesse de production du fer est d'environ une tonne par 30 min, calculez la masse de dioxyde de carbone produite et son volume à 25 °C et à 101,2 kPa.

8. Les métaux alcalins réagissent vivement avec l'eau. Si on utilise trois grammes de sodium (Na) que l'on dépose sur l'eau, la réaction est très vive et dégage beaucoup de chaleur. Le sodium a complètement réagi après 1,5 s. La réaction est la suivante.
   $$2\,Na_{(s)} + 2\,H_2O_{(l)} \rightarrow 2\,NaOH_{(aq)} + H_{2(g)}$$
   Calculez la vitesse de production du dihydrogène (H_2) en moles par litre-seconde (mol/(L·s)) à TPN.

9. Vous neutralisez 25 mL d'acide sulfurique (H_2SO_4) à 0,5 mol/L avec de l'hydroxyde de sodium (NaOH). Après trois minutes, le pH-mètre indique 7,0. Calculez la masse de sulfate de sodium (Na_2SO_4) produite et sa vitesse de production en moles par litre-seconde (mol/(L·s)).

10. Vous déposez 0,95 g de magnésium (Mg) dans une solution d'acide chlorhydrique (HCl) à 0,1 mol/L. Au bout de 280 secondes, la réaction s'arrête et vous notez qu'il reste encore 0,5 g de magnésium. Calculez la vitesse de la réaction en fonction du magnésium :
    a) en grammes par seconde (g/s).
    b) en moles par seconde (mol/s).
    c) en grammes par minute (g/min).

11. La poudre à canon de certaines pièces pyrotechniques des feux d'artifice contient environ 15 % de carbone (C), 10 % de soufre (S) et 75 % de nitrate de potassium (KNO_3). Si la durée d'une explosion est de 0,005 s, quelle est la vitesse de combustion du nitrate de potassium lorsqu'une pièce qui contient 80 g de poudre explose ? Exprimez la vitesse en utilisant des unités de temps appropriées à la réaction.

8.4 La vitesse moyenne et la vitesse instantanée d'une réaction

La **vitesse moyenne d'une réaction** est la variation de la quantité d'un réactif ou d'un produit en fonction d'un intervalle de temps donné.

La **vitesse instantanée d'une réaction** est la vitesse de la réaction à un temps déterminé de la réaction.

Non seulement les vitesses diffèrent-elles selon le type de réaction chimique considéré, mais, en plus, la vitesse d'une réaction chimique n'est pas constante durant son déroulement. En effet, le rythme de transformation des réactifs (ou de formation des produits) est généralement plus rapide au début de la réaction et il tend à ralentir à mesure que la réaction progresse. La vitesse calculée pour un intervalle de temps donné correspond à la vitesse moyenne de la réaction pendant cet intervalle de temps.

La vitesse moyenne ($v_{\overline{x}}$) donne ainsi une idée générale de la rapidité avec laquelle la réaction se produit. Quant à la vitesse instantanée, elle donne une indication de la vitesse de la réaction à un temps déterminé du déroulement de la réaction.

Les calculs de vitesse proposés précédemment (*voir les exemples A, B et C, aux pages 222 et 223*) sont des exemples de calculs de la vitesse moyenne, car ils prennent en compte des variations de quantités pour un intervalle de temps donné. Le temps considéré peut être le temps total de la réaction lorsque celle-ci est complète. Toutefois, il est également possible de calculer la vitesse moyenne pour des intervalles de temps à n'importe quel moment du déroulement d'une réaction. La comparaison des vitesses moyennes à divers moments, au début, à la moitié ou à la fin de la réaction, par exemple, permet alors d'en savoir plus sur l'évolution du rythme de la réaction.

Le calcul de la vitesse moyenne équivaut à déterminer graphiquement la valeur de la pente de la sécante* qui relie les deux points de l'intervalle de temps choisi. En réduisant au maximum cet intervalle de temps, on arrive à déterminer graphiquement la valeur de la vitesse en un seul point. Cette vitesse correspond à la vitesse instantanée. Puisqu'elle représente la vitesse en un point précis de la courbe, c'est le calcul de la pente de la **tangente**★ à ce point précis de la courbe qui déterminera la valeur de la vitesse instantanée.

★ **Sécante** Droite tracée entre au moins deux points d'une courbe.

★ **Tangente** Droite tracée en un seul point d'une courbe.

ANNEXE 4 >

La pente d'une tangente à la courbe, p. 390.

«INFO SCIENCE

Figure 12 La vitesse de coureurs lors d'une course de 100 mètres n'est pas constante. C'est pourquoi on l'appelle vitesse moyenne.

La vitesse moyenne

Quand on parle de la vitesse d'une réaction chimique ou de la vitesse d'une ou d'un athlète pendant un 100 mètres, on parle presque toujours de la vitesse moyenne. Mais, dans les deux cas, la vitesse n'est pas constante. Dès que l'athlète quitte les blocs de départ, elle ou il entre en phase d'accélération. Ses enjambées sont de plus en plus longues et rapides. La vitesse maximale est atteinte après les 60 premiers mètres, soit 39 km/h pour les femmes et 43 km/h pour les hommes. Cette vélocité est maintenue pendant une trentaine de mètres. Habituellement, les 10 derniers mètres servent de phase de décélération. Ainsi, la vitesse de l'athlète n'est pas la même sur toute la distance. Il en est de même pour la vitesse d'une réaction chimique, qui tend à diminuer avec le temps. La vitesse qui correspond à un intervalle de temps donné est donc toujours une vitesse moyenne.

Voici un exemple de calcul de la vitesse moyenne au début d'une réaction et de calcul de la vitesse instantanée de cette réaction à un moment précis.

Exemple

Soit la réaction hypothétique suivante :

$$A_{(g)} \rightarrow B_{(g)} + C_{(g)}$$

Les données sur la concentration du gaz C ont été notées dans le tableau ci-dessous et transposées dans un graphique. Dans ce graphique, la pente de la sécante détermine la vitesse moyenne d'une réaction. La pente de la tangente tracée sur une courbe de concentration en fonction du temps représente la vitesse instantanée de la réaction.

a) Calculez la vitesse moyenne pendant les cinq premières secondes.

b) Calculez la vitesse instantanée à précisément 10 secondes du début de la réaction ($t = 10$ s).

Concentration du gaz C

Temps (s)	[C] (mol/L)
0,0	0,00
5,0	$3,12 \times 10^{-3}$
10,0	$4,41 \times 10^{-3}$
15,0	$5,40 \times 10^{-3}$
20,0	$6,24 \times 10^{-3}$

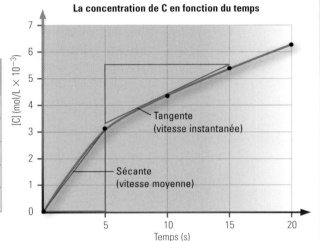

La concentration de C en fonction du temps

a) Données :
Pour calculer graphiquement la vitesse moyenne, il faut déterminer la pente de la sécante *(voir le graphique ci-dessus).*

Calcul :

$$v_{\bar{x}} = \frac{\Delta[C]}{\Delta t}$$

$$= \frac{3,12 \times 10^{-3}\ \text{mol/L} - 0,00\ \text{mol/L}}{5,0\ \text{s} - 0,0\ \text{s}}$$

$$= 6,2 \times 10^{-4}\ \text{mol/(L·s)}$$

Réponse : La vitesse moyenne de la réaction pendant les cinq premières secondes est de $6,2 \times 10^{-4}$ mol/(L·s) en fonction de la concentration de C.

b) Données :
Pour connaître la vitesse instantanée, il faut d'abord tracer la tangente au point $t = 10$ s de la courbe. Puis, il faut calculer la pente de cette droite en utilisant Δx et Δy pour deux points de cette droite *(voir le graphique ci-dessus).*

Calcul :

$$v_{t = 10\,\text{s}} = \frac{\Delta[C]}{\Delta t}$$

$$= \frac{5,57 \times 10^{-3}\ \text{mol/L} - 3,29 \times 10^{-3}\ \text{mol/L}}{15,0\ \text{s} - 5,0\ \text{s}}$$

$$= 2,28 \times 10^{-4}\ \text{mol/(L·s)}$$

Réponse : La vitesse instantanée à 10 s du début de la réaction est de $2,3 \times 10^{-4}$ mol/(L·s).

SECTION 8.4 — La vitesse moyenne et la vitesse instantanée d'une réaction

1. Donnez des exemples de vitesse moyenne et de vitesse instantanée pour chacune des situations suivantes.
   a) Voyager en auto.
   b) Voyager en vélo.
   c) Prendre une marche.
   d) Faire du jogging.

2. En tenant compte de votre expérience au laboratoire, expliquez comment évolue la vitesse d'une réaction chimique.

3. Les résultats obtenus à la suite de la décomposition du pentaoxyde de diazote (N_2O_5) sont compilés dans le tableau suivant.

Concentration de pentaoxyde de diazote durant une décomposition

Temps (s)	$[N_2O_5]$ (mol/L)
$6,00 \times 10^2$	$7,1 \times 10^{-3}$
$1,80 \times 10^3$	$6,4 \times 10^{-3}$
$3,00 \times 10^3$	$4,8 \times 10^{-3}$
$4,20 \times 10^3$	$2,1 \times 10^{-3}$

Tracez le graphique de la vitesse de décomposition du pentaoxyde de diazote et calculez la vitesse instantanée de la réaction à la 2 000e seconde.

4. Le graphique suivant illustre la variation de concentration d'une substance en fonction du temps au cours d'une réaction chimique.

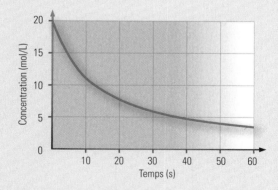

a) Cette substance est-elle un réactif ou un produit ? Expliquez votre réponse.
b) Calculez la vitesse moyenne entre la 10e et la 20e seconde.

c) Calculez la vitesse instantanée aux temps suivants : $t = 10$ s ; $t = 20$ s ; $t = 50$ s.
d) Dans quel intervalle de temps la vitesse de la réaction est-elle la plus élevée ?

5. La concentration de monoxyde de carbone (CO), mesurée à intervalles réguliers, réagit lors de la réaction suivante :

$$CO_{(g)} + NO_{2(g)} \rightarrow CO_{2(g)} + NO_{(g)}$$

Les données de cette expérience ont été compilées dans un tableau, puis représentées graphiquement pour exprimer la variation de la concentration du monoxyde de carbone dans le temps.

Concentration de monoxyde de carbone durant une réaction

Temps (s)	[CO] (mol/L)
0	0,200
10	0,134
20	0,100
30	0,080
40	0,066

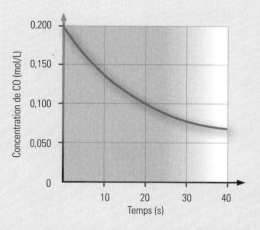

a) Calculez la vitesse moyenne de la réaction pendant les 10 premières secondes.
b) Calculez la vitesse moyenne de la réaction entre la 20e et la 30e seconde.
c) Calculez la vitesse instantanée de la réaction à la 10e seconde.

La petite histoire de...

La conservation

La conservation des aliments ne date pas d'hier. Dès que l'agriculture et l'élevage commencent au Proche-Orient, environ 8 000 ans avant notre ère, le problème de la préservation des denrées se pose. Jusqu'au XIXe siècle, la seule façon de conserver les viandes et les poissons était la salaison (*voir la figure 13*). Cette technique était souvent accompagnée de séchage ou de fumage. C'est le phénomène de déshydratation résultant de ces méthodes qui permet de limiter l'activité microbienne puisque, pour survivre, les micro-organismes, dangereux ou pas, ont besoin d'un minimum d'eau. Donc, moins il y a de bactéries, de levures ou de champignons sur les aliments, plus les réactions chimiques de dégradation sont lentes.

Figure 13 La salaison fut la première méthode de conservation des poissons et des viandes.

Même si le premier réfrigérateur n'a été fabriqué qu'en 1913 à Chicago, les propriétés du froid pour conserver la nourriture étaient connues bien avant. Les Romains enveloppaient de glace et de neige les poissons pêchés dans le Rhin pour les transporter jusqu'à Rome. Les basses températures allongent la durée de conservation en inhibant la croissance microbienne. Quand on réfrigère les aliments (autour de 5 °C), la croissance des micro-organismes est en effet ralentie (*voir la figure 14*). Quand on les congèle (autour de −10 °C), la multiplication bactérienne est complètement arrêtée. Si les bactéries sont inactives, elles ne peuvent pas dégrader les aliments.

C'est à la fin du XVIIIe siècle que l'appertisation fait son apparition. Nicolas Appert a donné son nom au procédé qui consiste à stériliser les aliments à la chaleur dans des contenants fermés hermétiquement (*voir la figure 15*). C'est le début des conserves.

Figure 15 L'appertisation permet de consommer les légumes du jardin tout au long de l'année.

En 1865, Louis Pasteur développe la pasteurisation. Dans ce moyen de conservation, on fait chauffer la nourriture à environ 75 °C pendant au moins 15 secondes, tuant ainsi une bonne partie des bactéries. On inactive aussi les enzymes, responsables de l'accélération des réactions chimiques. Puisqu'il y a moins d'enzymes actives et de micro-organismes, la détérioration ralentit. Pour faciliter encore plus la conservation des denrées, on réfrigère les produits pasteurisés (*voir la figure 16*). Le lait pasteurisé permet de diminuer la mortalité infantile de l'époque.

Depuis, les choses n'ont pas cessé d'évoluer en matière de conservation. L'irradiation de certains aliments est permise dans plusieurs pays, dont le Canada. Les radiations causent la mort des bactéries par des mutations à l'échelle de l'ADN. Cependant, l'efficacité de cette technique dépend de plusieurs facteurs, dont le type et le nombre de micro-organismes.

Figure 14 La conservation par réfrigération à l'aide d'un réfrigérateur n'est arrivée qu'en 1913.

Figure 16 Le lait pasteurisé doit être conservé au frais.

SYNTHÈSE La mesure de la vitesse de réaction

8.1 L'expression de la vitesse de réaction

- La vitesse d'une réaction (v) est une quantité positive qui correspond à la variation de la quantité d'un réactif ou d'un produit en fonction du temps (Δt) au cours d'une transformation chimique.

$$v_{\text{réactif(s)}} = \frac{-\Delta \text{Quantité de réactif(s)}}{\Delta t} \qquad v_{\text{produit(s)}} = \frac{\Delta \text{Quantité de produit(s)}}{\Delta t}$$

8.2 La vitesse de réaction en fonction des coefficients stœchiométriques de l'équation chimique balancée

- La vitesse d'une réaction est proportionnelle au coefficient du réactif ou du produit de l'équation chimique balancée choisi pour l'exprimer.
- La vitesse générale d'une réaction chimique (v) correspond à la variation de la concentration d'une substance ($\Delta[A]$, $\Delta[B]$, $\Delta[C]$ et $\Delta[D]$) donnée divisée par son coefficient stœchiométrique (a, b, c et d) en fonction du temps (Δt).
- Les relations mathématiques qui permettent de connaître la vitesse générale de la réaction et la vitesse de la réaction en fonction de chaque substance d'une réaction chimique du type $a\,A + b\,B \rightarrow c\,C + d\,D$ s'expriment comme suit.

$$v = -\frac{1}{a}\frac{\Delta[A]}{\Delta t} = -\frac{1}{b}\frac{\Delta[B]}{\Delta t} = \frac{1}{c}\frac{\Delta[C]}{\Delta t} = \frac{1}{d}\frac{\Delta[D]}{\Delta t} \qquad v = \frac{1}{a}v_A = \frac{1}{b}v_B = \frac{1}{c}v_C = \frac{1}{d}v_D$$

8.3 Les façons de mesurer la vitesse de réaction

- Les façons de mesurer la vitesse de réaction dépendent de la phase dans laquelle se trouve le réactif ou le produit à mesurer et de la facilité avec laquelle il sera possible de prendre cette mesure en laboratoire.

8.4 La vitesse moyenne et la vitesse instantanée d'une réaction

- La vitesse moyenne d'une réaction est le changement moyen en quantité d'un réactif ou d'un produit en fonction du temps pour un intervalle de temps donné. Elle est déterminée graphiquement en calculant la pente de la sécante passant par les points délimitant l'intervalle de temps considéré.
- La vitesse instantanée d'une réaction est la vitesse de la réaction à un moment précis. Elle est déterminée graphiquement en calculant la pente de la tangente passant par un point qui correspond au moment précis considéré.

CHAPITRE 8 — La mesure de la vitesse de réaction

1. Quels avantages y a-t-il à mesurer la vitesse d'une réaction dans ses premiers instants ?

2. Un morceau de craie ($CaCO_3$) qui pèse 2,0 g réagit complètement avec de l'acide chlorhydrique (HCl) en 85 s selon l'équation suivante :

$$CaCO_{3(s)} + 2\,HCl_{(aq)} \rightarrow CaCl_{2(aq)} + CO_{2(g)} + H_2O_{(l)}$$

   a) Nommez deux façons simples de mesurer expérimentalement la vitesse de réaction.
   b) Calculez la vitesse de réaction en fonction de la craie en grammes par seconde (g/s) et en moles par seconde (mol/s).

3. Nommez deux réactions très lentes (qui mettent des jours ou plus à se compléter) et deux réactions très rapides (qui se déroulent complètement en quelques minutes ou en quelques secondes).

4. Le propane (C_3H_8) est un gaz couramment utilisé comme source d'énergie chimique par combustion dans les moteurs à combustion interne, barbecues et chaudières selon l'équation équilibrée suivante :

$$C_3H_{8(g)} + 5\,O_{2(g)} \rightarrow 3\,CO_{2(g)} + 4\,H_2O_{(g)}$$

   a) Exprimez, sous forme de relation mathématique, l'expression de la vitesse de réaction en fonction de la concentration de chacune des substances.
   b) Exprimez, sous forme de relation mathématique, l'expression de la vitesse générale de réaction en fonction de la vitesse de chaque substance impliquée dans la réaction.

5. Montrez pourquoi l'expression de la vitesse de la diminution d'un réactif est toujours négative même si, par convention, les vitesses sont toujours positives.

6. Dans quelles circonstances la vitesse à laquelle la concentration d'un réactif diminue de façon numérique est-elle égale à la vitesse à laquelle la concentration d'un produit augmente ?

7. Écrivez les expressions mathématiques qui désignent la vitesse de réaction en fonction des réactifs et des produits pour chacune des équations chimiques suivantes.
   a) $H_{2(g)} + I_{2(g)} \rightarrow 2\,HI_{(g)}$
   b) $2\,H_{2(g)} + O_{2(g)} \rightarrow 2\,H_2O_{(g)}$
   c) $5\,Br^-_{(aq)} + BrO_3^-_{(aq)} + 6\,H^+_{(aq)} \rightarrow 3\,Br_{2(aq)} + 3\,H_2O_{(l)}$

8. Lors d'une expérience en laboratoire, un chercheur a pu déterminer l'équation stœchiométrique suivante :

$$2\,B_2O_{3(s)} \rightarrow 4\,B_{(s)} + 3\,O_{2(g)}$$

   Laquelle des affirmations suivantes est vraie ? Justifiez votre réponse.
   a) La vitesse de décomposition du trioxyde de dibore (B_2O_3) équivaut au double de la vitesse de production de bore (B).
   b) La vitesse de décomposition du trioxyde de dibore équivaut à la moitié de la vitesse de production de bore.
   c) La vitesse de production du dioxygène (O_2) équivaut aux 2/3 de la vitesse de décomposition du trioxyde de dibore.
   d) La vitesse de production du dioxygène équivaut aux 4/3 de la vitesse de production du bore.

9. Soit la réaction suivante :

$$N_{2(g)} + 3\,H_{2(g)} \rightarrow 2\,NH_{3(g)}$$

   À un temps déterminé au cours de la réaction, la molécule de dihydrogène (H_2) réagit à la vitesse de 0,007 4 mol/s.
   a) À quelle vitesse l'ammoniac (NH_3) va-t-il se former ?
   b) À quelle vitesse le diazote (N_2) va-t-il réagir ?

10. Un élève mesure la décomposition du baryum métallique (Ba) dans l'eau selon l'équation suivante :

$$Ba_{(s)} + 2\,H_2O_{(l)} \rightarrow Ba(OH)_{2(aq)} + H_{2(g)}$$

   Il note que 3,2 g de baryum se décomposent complètement en 1 min 35 s. Quelle est la vitesse de formation du dihydrogène (H_2) en moles par seconde (mol/s) ?

11. L'équation balancée représentant l'électrolyse de l'eau est la suivante :

$$2\,H_2O_{(l)} \rightarrow 2\,H_{2(g)} + O_{2(g)}$$

   a) Combien de fois plus vite sera produit le dihydrogène (H_2) par rapport au dioxygène (O_2) ? Expliquez votre réponse.
   b) Si une mole de dihydrogène est produite en une minute, combien de moles de dioxygène seront produites dans le même temps ?
   c) Combien de moles de dioxygène seront produites en une heure ?
   d) Exprimez, sous forme de relation mathématique, l'expression de la vitesse générale de réaction en fonction du dihydrogène et de son coefficient dans l'équation balancée.

12. Lors d'une expérience sur la vitesse de décomposition d'un morceau de craie ($CaCO_3$) dans l'acide chlorhydrique (HCl), un élève a noté les résultats suivants : masse de la craie décomposée : 2,3 g ; temps de décomposition : 4 min 30 s ; [HCl] : 1 mol/L.

Sachant que la réaction commence dès que la craie entre en contact avec l'acide, calculez la vitesse moyenne de décomposition de la craie en grammes par seconde (g/s) et en moles par seconde (mol/s).

13. Soit l'équation équilibrée suivante qui représente la combustion du méthanol (CH_3OH) :

$$2\,CH_3OH_{(g)} + 3\,O_{2(g)} \rightarrow 2\,CO_{2(g)} + 4\,H_2O_{(g)}$$

a) Parmi les gaz de la réaction, lequel sera produit en plus grande quantité ? Expliquez votre réponse.

b) Écrivez les expressions mathématiques qui désignent la vitesse de réaction générale en fonction des réactifs et des produits.

c) Si, à un moment donné, le méthanol réagit à une vitesse de 1 mol/(L·s), quelle sera la vitesse correspondante de la consommation de dioxygène (O_2) ?

d) Quelle est la vitesse générale de la réaction en moles par litre-seconde (mol/(L·s)) si 224 L de dioxyde de carbone (CO_2) sont produits en 1 min, à TPN ?

14. Dans la réaction suivante, la vitesse de production des ions sulfate (SO_4^{2-}) est de $1,25 \times 10^{-3}$ mol/(L·s) :

$$2\,HCrO_4^- + 3\,HSO_3^- + 5\,H^+ \rightarrow 2\,Cr^{3+} + 3\,SO_4^{2-} + 5\,H_2O$$

a) Quelle est la vitesse correspondante à laquelle la concentration des ions sulfite d'hydrogène (HSO_3^-) diminue pour le même intervalle de temps ?

b) Quelle est la vitesse correspondante à laquelle la concentration des ions chromate d'hydrogène ($HCrO_4^-$) diminue pour le même intervalle de temps ?

15. Pour bien illustrer une réaction entre un solide et une solution aqueuse, on utilise le cuivre (Cu) solide et le nitrate d'argent ($AgNO_3$) en solution. Au début, la solution est incolore et, à la fin, elle est bleue, et une substance argent se dépose au fond du bécher. L'équation de la réaction est la suivante :

$$Cu_{(s)} + 2\,AgNO_{3(aq)} \rightarrow Cu(NO_3)_{2(aq)} + 2\,Ag_{(s)}$$

Sachant que la masse d'argent après quatre heures est de cinq grammes, calculez la vitesse de transformation du cuivre solide en ions cuivriques (Cu^{2+}) en grammes par seconde (g/s).

16. L'hydrogénocarbonate de sodium, aussi appelé le bicarbonate de sodium ($NaHCO_3$), peut éteindre des petits feux provoqués par la graisse dans une cuisine. Lorsqu'on le jette sur les flammes, il absorbe l'énergie et se décompose selon la réaction suivante :

$$2\,NaHCO_3 + E \rightarrow Na_2CO_3 + H_2O + CO_2$$

Dans un laboratoire, on fait l'expérience et on obtient les résultats présentés dans le graphique suivant.

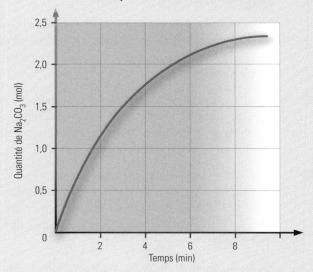

La décomposition du bicarbonate de sodium

a) Quelle est la vitesse de cette réaction lors des deux premières minutes ?

b) Quelle est la vitesse moyenne de la réaction ?

c) Quelle est la vitesse de la réaction dans l'intervalle de 6 et 8 minutes ?

d) Quelle est la vitesse instantanée à 3 minutes ?

e) Comment expliquez-vous la différence de vitesse entre le début et la fin de la réaction ?

17. Pour chacune des réactions suivantes, suggérez une ou plusieurs techniques permettant de surveiller la progression de la réaction. Expliquez vos réponses.

a) $C_6H_{12(l)} + Br_{2(aq)} \rightarrow C_6H_{12}Br_{2(l)}$
(Indice : Le dibrome (Br_2) est d'une couleur orange brunâtre. Les autres composés sont incolores.)

b) $H_2O_{2(aq)} \rightarrow H_2O_{(l)} + \frac{1}{2}\,O_{2(g)}$

c) $CaCO_{3(s)} + H_2SO_{4(aq)} \rightarrow CaSO_{4(aq)} + CO_{2(g)} + H_2O_{(l)}$

d) $N_{2(g)} + 3\,H_{2(g)} \rightarrow 2\,NH_{3(g)}$

18. La réaction de neutralisation de l'acide phosphorique (H_3PO_4) par le dihydroxyde de magnésium ($Mg(OH)_2$) se produit selon l'équation équilibrée suivante :

$$2\,H_3PO_{4\,(aq)} + 3\,Mg(OH)_{2\,(aq)} \rightarrow Mg_3(PO_4)_{2\,(aq)} + 6\,H_2O_{(l)}$$

Une analyse qualitative de cette neutralisation a montré que l'acide phosphorique est consommé à un rythme de 0,02 mol/(L·s).

a) Quelle est la vitesse correspondante de consommation du dihydroxyde de magnésium ($Mg(OH)_2$) en moles par litre-seconde (mol/(L·s)) ?

b) Calculez la vitesse correspondante de production du sel ($Mg_3(PO_4)_2$) en moles par litre-seconde (mol/(L·s)) ?

c) Si la neutralisation totale de l'acide phosphorique a duré 22 s, quelle était la concentration initiale de cet acide ?

19. Le pentachlorure de phosphore (PCl_5), lorsque chauffé à 300 °C et à pression atmosphérique normale, se dissocie complètement en trichlorure de phosphore (PCl_3) et en dichlore (Cl_2), selon l'équation équilibrée suivante :

$$PCl_{5\,(g)} \rightarrow PCl_{3\,(g)} + Cl_{2\,(g)}$$

On met une certaine quantité de pentachlorure de phosphore dans un ballon de 2 L et l'analyse révèle qu'après 2,4 min il y a eu formation de 0,036 mol de dichlore. Quelle est la vitesse correspondante de consommation de pentachlorure de phosphore en grammes par litre-seconde (g/(L·s)) ?

20. Le dioxygène (O_2) inspiré permet de produire l'énergie nécessaire aux besoins d'un organisme humain grâce à l'oxydation des substances alimentaires comme le glucose ($C_6H_{12}O_6$) selon l'équation suivante :

$$C_6H_{12}O_{6\,(aq)} + 6\,O_{2\,(g)} \rightarrow 6\,CO_{2\,(g)} + 6\,H_2O_{\,(aq)}$$

Au repos, la consommation de dioxygène est évaluée à environ 3,5 mL/(kg·min) à TAPN. Déterminez la vitesse de consommation du dioxygène (O_2) en grammes par heure (g/h) pour un homme au repos dont la masse est de 75 kg. (On suppose que tout le dioxygène consommé sert à produire de l'énergie par l'oxydation du glucose).

21. Des chimistes effectuent une expérience pour trouver la vitesse de décomposition du pentaoxyde de diazote (N_2O_5).

$$2\,N_2O_{5\,(g)} \rightarrow 4\,NO_{2\,(g)} + O_{2\,(g)}$$

Ils recueillent les données présentées dans le tableau suivant à une température constante.

Temps (s)	$[O_2]$ (mol/L)
0,00	0,0
$6,00 \times 10^2$	$2,1 \times 10^{-3}$
$1,20 \times 10^3$	$3,6 \times 10^{-3}$
$1,80 \times 10^3$	$4,8 \times 10^{-3}$
$2,40 \times 10^3$	$5,6 \times 10^{-3}$
$3,00 \times 10^3$	$6,4 \times 10^{-3}$
$3,60 \times 10^3$	$6,7 \times 10^{-3}$
$4,20 \times 10^3$	$7,1 \times 10^{-3}$
$4,80 \times 10^3$	$7,5 \times 10^{-3}$
$5,40 \times 10^3$	$7,7 \times 10^{-3}$
$6,00 \times 10^3$	$7,8 \times 10^{-3}$

a) Sur du papier millimétrique, tracez le graphique correspondant à la production de dioxygène (O_2) en fonction du temps.

b) Déterminez la vitesse moyenne durant les 4 800 premières secondes.

c) Déterminez la vitesse instantanée à 1 200 s et à 4 800 s.

d) Proposez une raison expliquant la différence dans les vitesses instantanées à 1 200 s et à 4 800 s.

e) Pour un ensemble particulier de données, deux élèves ont déterminé des vitesses de réaction moyennes différentes. Si aucun des deux élèves n'a fait d'erreurs dans ses calculs, expliquez la différence entre ces vitesses de réaction.

f) Quand on compare les vitesses des réactions effectuées dans des conditions différentes, on le fait souvent tout près du début des réactions. Quel(s) avantage(s) voyez-vous dans cette pratique ? (Indice : Pensez à des réactions lentes.)

22. La décomposition du pentaoxyde de diazote (N_2O_5) en phase gazeuse produit du dioxyde d'azote (NO_2) et du dioxygène (O_2). Des mesures, prises au cours d'une expérience au laboratoire, montrent l'évolution de la concentration de chacune des substances présentes en moles par litre (mol/L) en fonction du temps. Les résultats des mesures sont consignés dans le tableau suivant.

Temps (min)	Concentrations (mol/L)		
	N_2O_5	NO_2	O_2
0	$1,50 \times 10^{-2}$	0,00	0,00
10	$1,10 \times 10^{-2}$	$8,00 \times 10^{-3}$	$2,00 \times 10^{-3}$
20	$8,25 \times 10^{-3}$	$1,35 \times 10^{-2}$	$3,38 \times 10^{-3}$
30	$6,10 \times 10^{-3}$	$1,78 \times 10^{-2}$	$4,45 \times 10^{-3}$

a) Écrivez l'équation balancée correspondant à cette transformation chimique.

b) Calculez la vitesse de réaction, en fonction de chacune de ces substances, entre la dixième et la trentième minute.

c) Pourquoi ces vitesses de réaction, calculées pour la même réaction et dans les mêmes conditions, sont-elles différentes ?

23. La combustion de l'octane (C_8H_{18}) dans le moteur d'un véhicule produit du dioxyde de carbone (CO_2) et de la vapeur d'eau (H_2O).

a) Quelle est l'équation balancée correspondant à cette transformation chimique ?

b) Si la vitesse de combustion de l'octane est de 6,80 mol/s, quelle est la vitesse de formation du dioxyde de carbone en moles par seconde (mol/s) ?

c) Quelle est l'expression de la vitesse générale de cette réaction en fonction de toutes les substances impliquées dans la réaction ?

d) Quels sont la masse, en grammes (g), et le volume, en litres (L), de dioxyde de carbone produit par un véhicule fonctionnant pendant 15 min, à 25 °C et à 101,2 KPa ?

24. Proposez un dispositif simple pour suivre la vitesse de décomposition de *n* mol de pentaoxyde de diazote (N_2O_5) en phase gazeuse en dioxyde d'azote (NO_2) et en dioxygène (O_2) dans un volume fixe et à une température constante.

25. Deux substances réagissent pour en former une troisième selon l'équation suivante :

$$A + 2B \rightarrow C$$

Des mesures de concentration de la substance C ont été compilées dans le tableau ci-dessous.

a) Tracez la courbe de la variation de la concentration de la substance A, sachant que sa concentration de départ était de 20,00 mol/L.

b) Calculez la vitesse moyenne de cette réaction en fonction de B.

c) Calculez la vitesse instantanée à la moitié de la réaction du graphique de la substance A.

Temps (s)	[C] (mol/L)	Temps (s)	[C] (mol/L)	Temps (s)	[C] (mol/L)
0	0,00	21	12,54	42	15,41
1	1,48	22	12,75	43	15,50
2	2,76	23	12,96	44	15,56
3	3,88	24	13,15	45	15,65
4	4,85	25	13,33	46	15,73
5	5,71	26	13,51	47	15,80
6	6,49	27	13,67	48	15,87
7	7,18	28	13,83	49	15,93
8	7,80	29	13,98	50	16,00
9	8,37	30	14,12	51	16,06
10	8,89	31	14,25	52	16,12
11	9,36	32	14,38	53	16,18
12	9,80	33	14,51	54	16,24
13	10,20	34	14,62	55	16,29
14	10,57	35	14,74	56	16,35
15	10,91	36	14,85	57	16,40
16	11,23	37	14,95	58	16,45
17	11,53	38	15,05	59	16,50
18	11,80	39	15,15	60	16,55
19	12,06	40	15,24	–	–
20	12,31	41	15,33	–	–

La théorie des collisions

Le football est un sport où il y a beaucoup de collisions entre les joueurs. Parfois, ces collisions entraînent des revirements qui provoquent des changements de possession du ballon. Les changements qui surviennent lors des réactions chimiques sont aussi le fruit de collisions qui se produisent entre les substances.

Dans ce chapitre, vous prendrez connaissance de la théorie des collisions, laquelle explique la vitesse des réactions à l'échelle particulaire.

Vous découvrirez également que l'utilisation de la théorie des collisions pour expliquer le mécanisme réactionnel permet de connaître précisément les interactions entre les particules de réactif et l'énergie présente à chaque stade de l'évolution d'une réaction.

Rappels

L'énergie cinétique 30
La loi de la conservation de l'énergie 32

9.1 **Les types de collisions** 236

9.2 **Le mécanisme réactionnel expliqué par la théorie des collisions** 239

9.1 Les types de collisions

Dans une collision élastique, les particules de réactif se heurtent les unes aux autres et il n'y a aucune réaction.

Dans une collision efficace, les particules de réactif se heurtent et entraînent une réaction qui les transforme en particules de produit.

Cette étrange tache noire dans le ciel est constituée de dizaines de milliers d'oiseaux qui reviennent en Écosse pour nicher (*voir la figure 1*). Les oiseaux qui composent cette nuée aux formes changeantes sont des étourneaux sansonnets. Ils volent très près les uns des autres en changeant subitement de direction et en émettant des cris pour effrayer les prédateurs. Malgré le fait qu'un si grand nombre d'oiseaux battent des ailes frénétiquement dans un espace relativement restreint, peu de collisions surviennent entre les oiseaux. Leur excellente orientation spatiale et leur rapidité de réaction leur permet de voler dans toutes les directions à des vitesses de plus de 30 km/h sans jamais se toucher.

Dans le cas des réactions chimiques, c'est exactement le contraire qui doit se produire pour qu'il y ait transformation des réactifs en produits. En effet, selon la théorie des collisions, les particules doivent absolument entrer en collision les unes avec les autres en respectant certaines conditions, sinon il n'y a pas de réaction possible.

Figure 1 Contrairement aux étourneaux sansonnets de cette nuée, qui n'entrent pratiquement jamais en collision les uns avec les autres, les particules de réactif doivent absolument entrer en collision pour qu'il y ait une réaction chimique.

C'est pour expliquer diverses observations macroscopiques en lien avec la vitesse des réactions que les chimistes ont élaboré la théorie des collisions. Selon cette théorie, pour qu'une réaction chimique se produise, il faut que deux particules de réactif (atomes, molécules ou ions) entrent en collision l'une avec l'autre avec suffisamment d'énergie et de façon efficace. La théorie stipule également que la vitesse de réaction dépend du nombre de collisions efficaces entre les particules en fonction du temps.

ANNEXE 6 >

La notation scientifique, p. 406.

Cependant, la relation entre le nombre de collisions et la vitesse de réaction est plus complexe qu'il n'y paraît. En effet, toutes les collisions ne mènent pas automatiquement à une réaction chimique entre les particules qui se heurtent. Par exemple, dans un échantillon de 1 mL de gaz à TAPN, environ 10^{28} **collisions** ont lieu chaque seconde. Si chaque collision produisait une réaction, la vitesse de toutes les réactions entre les particules en phase gazeuse serait explosive. Or, certaines réactions entre des gaz se produisent lentement. C'est la raison pour laquelle il est permis de penser que certaines collisions sont inefficaces, ce qui a pour effet de réduire la vitesse de la réaction. Ces collisions inefficaces sont appelées collisions élastiques. Une collision est élastique quand la somme des énergies cinétiques des particules qui se heurtent reste inchangée. À la suite d'une collision élastique, les particules rebondissent et repartent avec le même niveau d'énergie cinétique qu'elles avaient avant le choc.

Pour qu'une collision entre des particules de réactif soit efficace, elle doit répondre aux deux critères suivants.

La collision efficace

- Les particules de réactif doivent présenter une orientation appropriée.
- Les particules de réactif doivent avoir une énergie de collision égale ou supérieure à l'énergie d'activation de la réaction.

9.1.1 L'orientation des réactifs

Pour qu'une réaction se produise, il est essentiel que les particules de réactif entrent en collision. Toutefois, l'angle avec lequel elles se heurtent joue un rôle important dans le résultat de la collision. En effet, les particules de réactif doivent entrer en collision selon une orientation appropriée des particules les unes par rapport aux autres pour qu'un réarrangement moléculaire mène à la formation des produits. L'importance de cette orientation est aussi appelée géométrie de collision appropriée. Par exemple, lorsque le monoxyde d'azote (NO) entre en collision avec du trioxyde d'azote (NO_3), du dioxyde d'azote (NO_2) peut être formé si les collisions sont efficaces, comme le montre l'équation suivante.

$$NO_{(g)} + NO_{3(g)} \rightarrow 2\ NO_{2(g)}$$

Il y a plusieurs façons pour le monoxyde d'azote et le trioxyde d'azote d'entrer en collision (*voir la figure 2*). Seule une de ces façons possède la géométrie de collision appropriée pour qu'une réaction survienne. En effet, dans les moments qui précèdent la collision, seule une orientation particulière entre l'atome d'azote (N) du monoxyde d'azote et un des atomes d'oxygène (O) du trioxyde d'azote mène à la formation des deux molécules de dioxyde d'azote parce que la collision est efficace. Les autres orientations produisent des collisions élastiques.

Par conséquent, le nombre relativement faible de collisions bien orientées entre les particules de monoxyde d'azote et les particules de trioxyde d'azote aboutit à une vitesse de réaction qui, dans ce cas-ci, est plus lente.

9.1.2 L'énergie d'activation

En plus de se heurter selon une géométrie de collision appropriée, les particules doivent entrer en collision avec une énergie de collision minimale pour qu'il y ait réaction. En effet, afin de briser les liaisons dans les réactifs et de commencer à former des liaisons dans les produits, les réactifs doivent entrer en collision avec une énergie de collision suffisante. Dans la plupart des réactions, seule une petite fraction des collisions se produisent avec suffisamment d'énergie pour donner lieu à une réaction. L'**énergie d'activation** (E_a) d'une réaction est l'énergie de collision minimale requise pour que la réaction se produise.

L'énergie de collision dépend de l'**énergie cinétique** des particules qui se heurtent. La température est une mesure de l'énergie cinétique moyenne des particules d'une substance.

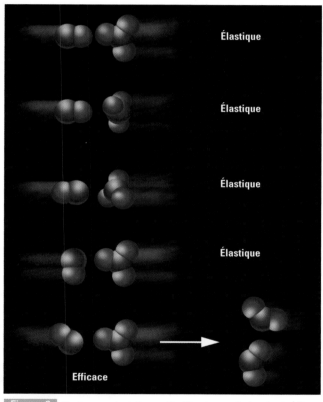

Figure 2 Seule une orientation particulière des particules de réactif produit une collision efficace. Toutes les autres orientations produisent des collisions élastiques.

Voir **L'énergie d'activation**, p. 173.

Voir **La théorie cinétique des gaz**, p. 54.

Voir **Les facteurs qui influencent la vitesse de réaction**, p. 245.

La courbe de distribution de Maxwell permet de représenter la distribution du nombre de collisions entre les particules d'une substance à une température donnée, en fonction de l'énergie cinétique de chaque collision (*voir la figure 3*). La ligne pointillée du graphique indique le niveau minimal d'énergie d'activation que doivent posséder les particules pour qu'il y ait une réaction quelconque. La partie ombrée indique donc le nombre de particules possédant une énergie égale ou supérieure à l'énergie d'activation.

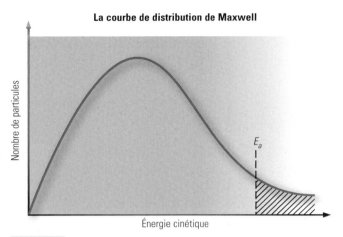

Figure 3   La zone située sous la courbe de distribution de Maxwell représente la distribution de l'énergie cinétique des particules à une température constante. Plus la zone hachurée est grande, plus la réaction est rapide.

De façon plus générale, la vitesse d'une réaction est dictée par la valeur de l'énergie d'activation. Ainsi, plus l'énergie d'activation est élevée, plus la réaction est lente, car peu de molécules possèdent l'énergie minimale pour atteindre le niveau élevé de l'énergie d'activation. À l'inverse, les réactions qui ont une énergie d'activation faible sont des réactions plus rapides.

C'est le nombre de collisions efficaces par unité de temps qui détermine la vitesse de la réaction. Pour accélérer une réaction, il faut donc augmenter le nombre de collisions efficaces en modifiant les paramètres qui influent sur l'orientation des réactifs et l'énergie d'activation.

Par exemple, avec des concentrations de réactifs plus élevées, le nombre total de collisions augmente, car il y a plus de particules par unité de volume. Comme il y a statistiquement plus de collisions dont l'orientation est susceptible d'être la bonne, la vitesse de la réaction augmente (*voir la figure 4*). De même, si le niveau d'énergie cinétique des particules est plus élevé (en raison d'une augmentation de la température, par exemple), la vitesse de la réaction augmente.

Figure 4   Le zinc (Zn) métallique réagit plus rapidement dans l'acide chlorhydrique (HCl) concentré (à gauche) que dans l'acide chlorhydrique dilué (à droite).

Enfin, la vitesse de la réaction augmente si l'on diminue le niveau de l'énergie d'activation de la réaction. Ce faisant, un plus grand nombre de molécules se retrouvent dans la partie hachurée du graphique et le nombre de collisions efficaces par seconde augmente de façon significative. Toute variation d'un ou de plusieurs des **facteurs** suivants, soit la nature des réactifs, la concentration, la surface de contact et l'ajout d'un catalyseur, a pour effet de modifier la vitesse de la réaction.

9.2 Le mécanisme réactionnel expliqué par la théorie des collisions

La théorie des collisions permet de connaître précisément les interactions entre les particules de réactif et l'énergie présente à chaque stade de l'évolution d'une réaction illustrée par le mécanisme réactionnel.

Quand deux automobiles entrent en collision, l'énergie cinétique (E_c) des véhicules se transforme en énergie potentielle (E_p) qui est utilisée pour effectuer un travail qui provoque la déformation des voitures (*voir la figure 6*).

L'ampleur de la déformation dépend de la vitesse des véhicules et donc de l'énergie cinétique totale des deux voitures. Le déroulement des changements d'énergie se produisant au cours de la collision montre qu'à mesure que l'énergie cinétique est transformée en énergie potentielle, le niveau de cette dernière augmente de façon proportionnelle à la diminution de l'autre selon la **loi de la conservation de l'énergie**. À la fraction de seconde où les deux véhicules sont immobiles, le niveau d'énergie cinétique est presque nul et celui de l'énergie potentielle est presque au maximum.

Figure 6 Les collisions entre automobiles ne sont pas des collisions élastiques.

E_p maximale

E_c minimale

Voir **La loi de la conservation de l'énergie**, p. 131.

Dans une réaction chimique, l'énergie cinétique des particules est aussi transformée en énergie potentielle lors d'une collision entre celles-ci. Ici aussi, l'augmentation de l'énergie potentielle est proportionnelle à la diminution de l'énergie cinétique des particules qui se heurtent.

Le déroulement de la réaction peut être représenté graphiquement par un **diagramme énergétique**. Ce diagramme permet de visualiser les variations d'énergie qui se produisent lorsque les particules de réactif entrent en collision.

Voir **Le diagramme énergétique**, p. 174.

9.2.1 Une réaction simple sous l'angle de la théorie des collisions

La théorie des collisions permet de visualiser les changements qui se produisent à l'échelle moléculaire pendant une réaction chimique. Par exemple, la réaction entre le bromure de méthyle (CH_3Br) et l'ion hydroxyde (OH^-) se traduit par l'équation suivante.

$$CH_3Br + OH^- \rightarrow CH_3OH + Br^-$$

Cette réaction peut être illustrée par des instantanés de la réaction à différents moments au cours de la réaction (*voir la figure 7, à la page suivante*).

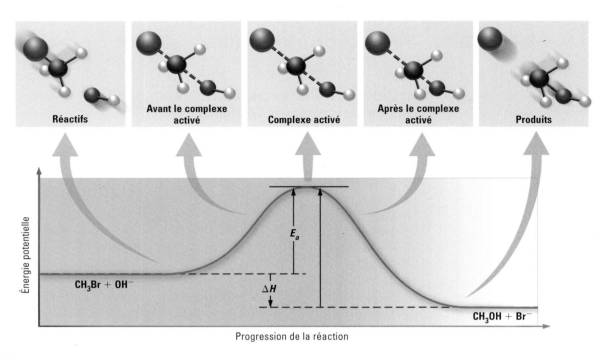

Figure 7 Au fur et à mesure que les réactifs entrent en collision, les liaisons chimiques, représentées ici par des bâtonnets, se rompent et se forment.

Pour que la réaction se produise, l'orientation des réactifs doit être optimale et l'énergie de la collision doit être au moins égale ou supérieure à l'énergie d'activation. Quand la collision est efficace, la réaction suit son cours et le complexe activé se rompt pour former les particules de produit.

Ainsi, lorsque l'énergie cinétique est suffisante et que l'ion hydroxyde (OH^-) s'approche du bromure de méthyle (CH_3Br) du côté opposé à celui de l'atome de brome (Br), la réaction est possible. Une liaison partielle se forme alors entre l'atome d'oxygène (O) de l'ion hydroxyde et l'atome de carbone (C) du bromure de méthyle. Simultanément, la liaison C−Br s'affaiblit et le complexe activé prend forme.

Lorsque la collision est élastique, le complexe activé se décompose pour de nouveau former les réactifs, et leur énergie cinétique est inchangée.

9.2.2 Une réaction complexe sous l'angle de la théorie des collisions

La plupart des réactions chimiques ne passent pas de façon directe des réactifs aux produits. Dans les réactions plus complexes, qui mettent en jeu plusieurs particules de réactif à la fois, il est peu probable que toutes les collisions efficaces se produisent simultanément. Un peu comme dans la chaîne de montage d'une usine d'automobiles, où le procédé de fabrication est morcelé en plusieurs tâches, les réactions chimiques complexes se produisent par une succession d'étapes intermédiaires qui constituent le **mécanisme réactionnel** (*voir la figure 8*).

Chaque étape est une réaction élémentaire qui met en jeu un seul événement à l'échelle moléculaire. À la fin d'une étape, les produits formés deviennent les réactifs de l'étape suivante, et ainsi de suite, jusqu'à la formation des produits finaux.

Figure 8 Comme la plupart des réactions chimiques, construire une automobile sur une chaîne de montage requiert plus d'une étape.

Voir **Le mécanisme réactionnel**, p. 198.

L'addition de toutes les réactions élémentaires représente la réaction globale (*voir la figure 9*).

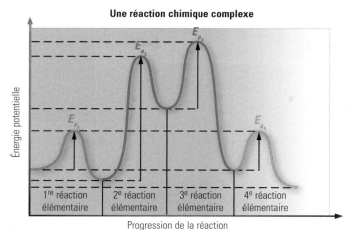

Une réaction chimique complexe

Figure 9 Une réaction globale peut comporter plusieurs étapes intermédiaires dans lesquelles des réactifs se transforment en produits à des vitesses différentes selon la valeur de l'énergie d'activation (E_a).

À chaque étape d'une réaction complexe, des particules se forment entre les réactifs du début et les produits de la fin de la réaction globale. Ces particules sont appelées des intermédiaires de réaction. Un intermédiaire de réaction est instable et possède une durée de vie très courte. Toutefois, lorsque ces particules réagissent, elles sont soumises aux mêmes critères d'orientation et d'énergie de collision que ceux qui s'appliquent aux réactions simples. Par conséquent, chaque étape possède une énergie d'activation qui lui est propre et qui mène à la formation du complexe activé lorsque la barrière d'énergie est franchie. Le niveau d'énergie du complexe activé détermine la vitesse de chacune des étapes de la réaction globale. L'étape dont le niveau d'énergie du complexe activé est le plus élevé est l'étape la plus lente. Cette étape est appelée étape déterminante de la vitesse de la réaction globale. En effet, tout comme dans le cas d'une chaîne de montage d'automobiles dont la vitesse est dictée par l'opération de plus longue durée, une réaction globale ne peut se produire à une vitesse supérieure à son étape la plus lente.

Dans la réaction représentée à la figure 9, l'étape 3 est déterminante, car le niveau d'énergie de son complexe activé est le plus élevé. La vitesse de la troisième réaction élémentaire dicte donc celle de la réaction globale.

CHAPITRE 9

SYNTHÈSE   La théorie des collisions

9.1 Les types de collisions

- La théorie des collisions stipule que, pour qu'une réaction se produise, il faut que les particules de réactif se heurtent les unes aux autres de façon efficace.

- Une collision élastique se produit quand des particules de réactif se heurtent sans qu'il y ait de réaction. Les particules rebondissent et conservent le même niveau d'énergie cinétique.

- Il y a collision efficace quand des particules de réactif se heurtent et entraînent une réaction qui les transforme en particules de produit.

- Pour être efficace, une collision doit répondre à deux critères :
  - les particules de réactif doivent présenter une orientation appropriée ;
  - les particules de réactif doivent avoir une énergie de collision égale ou supérieure à l'énergie d'activation de la réaction.

- La vitesse de réaction est déterminée par le nombre de collisions efficaces par unité de temps.

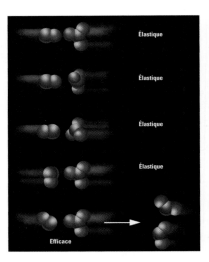

9.2 Le mécanisme réactionnel expliqué par la théorie des collisions

- Lorsqu'une collision entre les particules de réactif est efficace, le complexe activé se forme puis se rompt en formant de nouvelles particules de produit.

- Dans une réaction complexe, il y a plusieurs étapes qu'on nomme réactions élémentaires.

- Dans une réaction complexe, l'étape déterminante du mécanisme réactionnel est celle dont le niveau d'énergie du complexe activé est le plus élevé. Elle dicte la vitesse de la réaction globale.

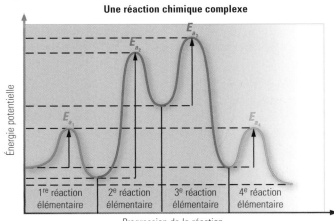

Une réaction chimique complexe

La théorie des collisions

1. Expliquez ce qui distingue une réaction globale d'une réaction élémentaire. Indiquez dans votre explication ce qui détermine la vitesse de la réaction globale.

2. Le conseil étudiant prépare des activités scolaires. Il propose huit activités à l'ensemble de l'école. Trois élèves doivent :
   - rassembler les huit pages décrivant chacune des activités ;
   - les présenter de façon uniforme ;
   - les agrafer.
   a) Quelle sera l'étape déterminante de la vitesse de l'opération ?
   b) Suggérez des scénarios pour améliorer la vitesse de l'opération.

3. Soit le diagramme énergétique du déroulement d'une réaction chimique suivant.

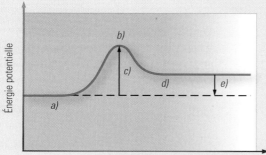

Pour chaque partie indiquée sur le graphique, dites à quoi elle correspond parmi les propositions qui suivent.
1) Le nombre de collisions par seconde.
2) Le nombre de collisions efficaces par seconde.
3) Le complexe activé.
4) L'enthalpie des réactifs.
5) La variation d'enthalpie de la réaction.
6) Le nombre de collisions élastiques par seconde.
7) L'enthalpie des produits.
8) L'énergie d'activation de la réaction.

4. Pour chacun des mécanismes réactionnels représentés dans les graphiques ci-dessous, indiquez :
   1) le nombre d'étapes qu'il comporte ;
   2) les valeurs de l'énergie d'activation (E_a) pour chaque étape du mécanisme réactionnel ;
   3) l'étape déterminante en justifiant votre réponse par des valeurs numériques.

   a)

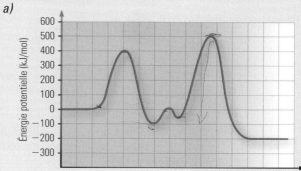

   b)

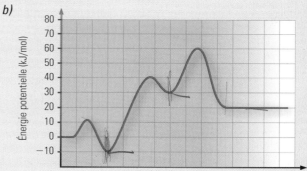

   c)

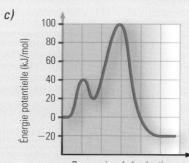

5. On met du dihydrogène (H_2) gazeux et du diiode (I_2) gazeux dans un ballon fermé à 25 °C. Quel(s) effet(s) aura chacun des trois changements suivants sur la vitesse de réaction ? Expliquez votre réponse en utilisant des arguments qui font appel à la théorie des collisions.

  a) On augmente le nombre de particules de dihydrogène (H_2).

  b) On augmente la pression à température constante.

  c) On diminue la température à volume constant.

6. Une réaction se déroule en trois étapes :

  Rapide   Lente   Rapide

  $x \rightarrow y$ $y \rightarrow z$ $z \rightarrow$ Produit final

  a) Indiquez l'étape déterminante et expliquez les raisons de votre choix.

  b) Si on examinait le contenu du récipient au milieu de la réaction, quelle quantité relative de chaque substance y trouverait-on ?

7. Dessinez un diagramme d'énergie potentielle en fonction de la progression de la réaction qui possède les caractéristiues suivantes :

  – Le mécanisme de la réaction se fait en trois réactions élémentaires.

  – La première réaction élémentaire est endothermique. ($E_a = 100$ kJ/mol et $\Delta H = 50$ kJ/mol).

  – La deuxième réaction élémentaire est exothermique. ($E_a = 150$ kJ/mol et $\Delta H = -40$ kJ/mol).

  – La troisième réaction élémentaire est endothermique. ($E_a = 160$ kJ/mol et $\Delta H = 70$ kJ/mol).

  Identifiez dans votre diagramme l'étape déterminante de cette réaction.

8. Une augmentation de la température a-t-elle un effet sur l'énergie d'activation ? Expliquez votre réponse.

9. Observez le graphique suivant et répondez aux questions ci-dessous.

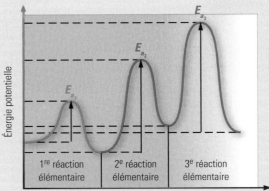

  a) Identifiez la ou les réactions élémentaires endothermiques.

  b) Identifiez la ou les réactions élémentaires exothermiques.

  c) Identifiez l'étape déterminante.

  d) La réaction globale est-elle endothermique ou exothermique ?

  e) Si on ajoute une substance et que la vitesse demeure constante, sur quelles réactions élémentaires cette substance aura-t-elle un effet ?

  f) Que suggérez-vous pour augmenter la vitesse de la réaction ?

10. Vous savez que le méthane (CH_4) brûle avec du dioxygène (O_2) pour produire beaucoup d'énergie : c'est une réaction exothermique. Comment expliquez-vous que l'on puisse mélanger du méthane et du dioxygène et les conserver indéfiniment sans changement apparent ?

Les facteurs qui influencent la vitesse de réaction

Les réactions chimiques se déroulent à des vitesses très variables. La formation des stalactites par précipitation du carbonate de calcium ($CaCO_3$) contenu dans l'eau de ruissellement requiert des milliers d'années. Ce phénomène naturel constitue un exemple de réaction chimique lente. D'autres réactions sont si rapides qu'elles paraissent instantanées.

Dans ce chapitre, vous verrez les différents facteurs qui influencent la vitesse de réaction et qui expliquent celle-ci à la lumière de la théorie des collisions.

Connaître les facteurs qui influencent la vitesse d'une réaction chimique permet tant aux cuisiniers qu'aux ingénieurs chimistes de maximiser la fabrication d'un produit.

10.1 **La nature des réactifs** 246

10.2 **La surface de contact du réactif** 251

10.3 **La concentration des réactifs et la loi des vitesses de réaction** 253

10.4 **La température du milieu réactionnel** 260

10.5 **Les catalyseurs** 262

Rappels

Les électrolytes et la dissociation électrolytique 19
La liaison covalente 29

10.1 La nature des réactifs

La nature des réactifs, c'est-à-dire la phase dans laquelle se trouvent les réactifs, ainsi que le nombre et la force des liaisons qu'ils contiennent influencent la vitesse de réaction.

Voir **La théorie des collisions**, p. 235.

Selon la **théorie des collisions**, une réaction chimique est le résultat des collisions efficaces qui se produisent entre les particules de réactif. Pour que les collisions soient efficaces, il faut non seulement que les particules de réactif présentent une orientation adéquate, mais également que les collisions se fassent avec le minimum d'énergie requis pour provoquer le bris des liaisons qui unissent les atomes de réactif.

Plus le nombre de collisions efficaces par seconde est élevé, plus la réaction est rapide. Les réactions mettant en jeu des réactifs qui sont tous dans la même phase (liquide, gazeuse ou en solution aqueuse) sont dites homogènes. Les réactions qui se produisent, au moins en partie, à l'interface de deux phases (la surface d'une chaîne qui rouille au contact de l'air ou de l'eau, par exemple) sont qualifiées d'hétérogènes (*voir la figure 1*).

En général, les réactions homogènes sont plus rapides que les réactions hétérogènes. Toutefois, deux réactions homogènes qui font intervenir des réactifs formés de particules différentes ne se déroulent pas nécessairement à la même vitesse. C'est le cas, par exemple, de la réaction du monoxyde d'azote (NO) et de celle du monoxyde de carbone (CO) avec le dioxygène (O_2) de l'air qui se produisent entièrement en phase gazeuse aux conditions TAPN (*voir la figure 2*).

Figure 1 Au contact du dioxygène (O_2), le fer (Fe) rouille et il se forme une couche de trioxyde de difer (Fe_2O_3).

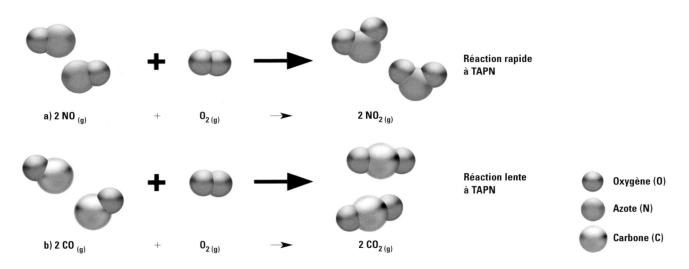

a) $2 NO_{(g)}$ $+$ $O_{2(g)}$ $\rightarrow$ $2 NO_{2(g)}$ — **Réaction rapide à TAPN**

b) $2 CO_{(g)}$ $+$ $O_{2(g)}$ $\rightarrow$ $2 CO_{2(g)}$ — **Réaction lente à TAPN**

Oxygène (O)
Azote (N)
Carbone (C)

Figure 2 La différence de vitesse de ces deux réactions dépend des liaisons entre les atomes qui forment les molécules des réactifs.

Bien que ces équations aient des formes identiques et qu'elles impliquent toutes deux des substances en phase gazeuse, les réactions qu'elles représentent se produisent à des vitesses différentes. Cela montre qu'outre la phase dans laquelle se trouvent les réactifs, d'autres facteurs expliquent la variabilité des vitesses des réactions homogènes.

De fait, les propriétés intraparticulaires* des réactifs sont d'autres facteurs qui influencent la vitesse d'une réaction.

* **Intraparticulaire** Qui définit les interactions se produisant entre les atomes qui composent une particule.

Influence de la nature des réactifs sur la vitesse de réaction

La vitesse d'une réaction dépend principalement de deux facteurs en lien avec la nature des réactifs :

— la phase dans laquelle les réactifs se trouvent ;

— le nombre et la force des liaisons à briser dans les réactifs.

10.1.1 La phase des réactifs

Selon le modèle particulaire de la matière, les particules qui composent la matière s'attirent mutuellement selon diverses forces d'attraction. Plus les particules sont proches les unes des autres, plus les forces sont importantes. Dans un solide, les particules sont très rapprochées et les liaisons entre les particules sont plus fortes qu'à l'intérieur d'un liquide ou d'un gaz (*voir la figure 3*).

a) **Dans l'arrangement particulaire d'un solide, les particules vibrent sans se déplacer.**

b) **Dans l'arrangement particulaire d'un liquide, les particules se déplacent légèrement.**

c) **Dans l'arrangement particulaire d'un gaz, les particules se déplacent rapidement, dans toutes les directions.**

Figure 3 La représentation des phases de la matière selon le modèle particulaire.

À température égale, les particules se déplacent beaucoup plus rapidement dans un gaz que dans un liquide (où le déplacement est restreint) ou un solide (où le déplacement est nul).

Par conséquent, les réactions mettant en jeu des substances solides sont plus lentes que lorsque ce sont des substances en phase liquide ou gazeuse qui réagissent. En effet, pour qu'une réaction se produise avec des solides, l'énergie de collision doit être plus élevée que celle des liquides ou des gaz en raison du surplus de liaisons à briser dans les solides. De plus, comme les particules gazeuses se déplacent très rapidement et qu'elles se heurtent fréquemment, le très grand nombre de collisions dans lesquelles elles sont impliquées facilite la formation du complexe activé. C'est la raison pour laquelle les particules gazeuses réagissent très rapidement.

Lorsqu'il s'agit de réactions se produisant dans des solutions qui contiennent des ions aqueux de charges opposées, la réaction se produit encore plus rapidement que pour les gaz. Par exemple, quand le chlorure de sodium (NaCl) et le nitrate d'argent ($AgNO_3$) sont mis en contact, la réaction se produit instantanément et un précipité blanc de chlorure d'argent (AgCl) apparaît (*voir la figure 4*).

Figure 4 Le précipité formé, de couleur blanche, est du chlorure d'argent (AgCl).

Cette rapidité de réaction s'explique par le fait que les ions sont dispersés uniformément dans la solution et sont entourés de molécules d'eau auxquelles ils sont faiblement liés (*voir la figure 5*).

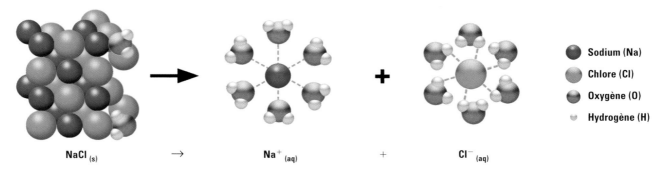

Figure 5 Lors de la dissociation électrolytique du chlorure de sodium (NaCl) en ions positifs (Na$^+$) et négatifs (Cl$^-$) dans l'eau (H$_2$O), les ions positifs sont entourés par les extrémités négatives des molécules d'eau polaires alors que les ions négatifs sont entourés par les extrémités positives des molécules d'eau polaires.

Ainsi, à la suite de la dissociation électrolytique du chlorure de sodium (NaCl), les ions sodium (Na$^+$) et chlorure (Cl$^-$) sont libres de circuler dans la solution. L'ion chlorure peut alors entrer en collision avec un ion de charge opposée à la sienne qui provient de la dissociation électrolytique du nitrate d'argent (AgNO$_3$) pour former un précipité. Lorsque cette collision se produit, la réaction a lieu presque instantanément, car la force d'attraction entre les ions qui se heurtent est supérieure à la force de liaison qui les retient aux molécules d'eau (H$_2$O).

En résumé, les vitesses de réaction peuvent être classées des plus lentes aux plus rapides en fonction de la phase dans laquelle se trouvent les réactifs, de la façon suivante.

solide → liquide → gaz → ions aqueux
réaction lente ⟶ réaction rapide

10.1.2 Le nombre et la force des liaisons à briser dans les réactifs

L'énergie d'activation (E_a) d'une réaction chimique représente la barrière d'énergie qui doit être franchie pour qu'une réaction se produise. L'énergie interne contenue dans les particules de réactif, aussi appelée **enthalpie**, correspond à la somme de toutes les forces ou de tous les mouvements, sous une forme ou une autre, présents dans les réactifs.

Voir **La variation d'enthalpie**, p. 147.

Parmi ces forces se trouvent les forces de liaison intramoléculaire, qui unissent les atomes de réactif entre eux dans les molécules. Plus le niveau d'énergie de ces forces de liaison intramoléculaire est élevé, plus il est difficile de briser les molécules pour qu'elles forment le complexe activé. Une réaction chimique dans laquelle des molécules de réactif contiennent un niveau d'énergie de liaison élevé, du fait du grand nombre de liaisons ou de leur force, est donc plus lente qu'une réaction dont les réactifs ont un niveau de liaison intramoléculaire faible.

C'est le cas, par exemple, des molécules d'acide oléique ($C_{18}H_{34}O_2$), un constituant de l'huile d'olive, et des molécules d'acide stéarique ($C_{18}H_{36}O_2$), un constituant des graisses animales (*voir la figure 6*). Leurs structures sont très proches, mais elles réagissent à des vitesses différentes lorsqu'elles sont mises en présence de peroxyde d'hydrogène (H_2O_2). La différence entre les formules chimiques de l'acide oléique et de l'acide stéarique se résume à deux atomes d'hydrogène (H) et à une liaison double entre deux atomes de carbone (C═C) en plus de l'acide oléique (*voir la figure 7*).

L'acide oléique réagit plus lentement avec le peroxyde d'hydrogène, car il possède une liaison double entre deux atomes de carbone (C═C). Il faut donc plus d'énergie, 607 kJ/mol, pour briser cette liaison que pour briser une liaison simple entre deux atomes de carbone (C—C), 347 kJ/mol.

Ainsi, dans la réaction de l'acide oléique, le nombre de particules de réactif qui possèdent le niveau d'énergie de collision (E_a) suffisant pour produire une collision efficace est inférieur au nombre de ce même type de particules dans la réaction de l'acide stéarique, ce qui ralentit la vitesse de réaction.

Figure 6 L'acide oléique ($C_{18}H_{34}O_2$) est une composante de l'huile d'olive alors que l'acide stéarique ($C_{18}H_{36}O_2$) est contenue dans le gras animal.

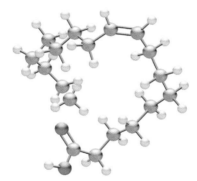

a) Une molécule d'acide oléique.

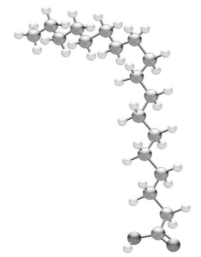

b) Une molécule d'acide stéarique.

Figure 7 L'acide oléique ($C_{18}H_{34}O_2$) et l'acide stéarique ($C_{18}H_{36}O_2$) ont des structures moléculaires semblables. L'acide oléique réagit plus lentement avec le peroxyde d'hydrogène (H_2O_2) que l'acide stéarique à cause de sa liaison double entre deux atomes de carbone (C═C).

1. Observez les quatre réactions suivantes, puis répondez aux questions ci-dessous.

   1) $C_2H_5OH_{(g)} + 3 O_{2(g)} \rightarrow 2 CO_{2(g)} + 3 H_2O_{(g)}$

   2) $H_2SO_{4(aq)} + 2 NaOH_{(aq)} \rightarrow 2 H_2O_{(g)} + Na_2SO_{4(aq)}$

   3) $CaCO_{3(s)} + 2 HCl_{(aq)} \rightarrow CaCl_{2(aq)} + CO_{2(g)} + H_2O_{(g)}$

   4) $CH_{4(g)} + 2 O_{2(g)} \rightarrow CO_{2(g)} + 2 H_2O_{(g)}$

   a) Dans quelle réaction y a-t-il le plus d'atomes à séparer dans les molécules de réactif?

   b) Cette réaction sera-t-elle plus lente ou plus rapide que les autres?

   c) Classez les quatre équations par ordre croissant de leur vitesse de réaction.

2. Les graphiques suivants représentent la courbe de distribution des énergies cinétiques des molécules de réactif pour chacune des réactions de la question 1. Associez chacun des graphiques à la réaction qui lui correspond le mieux.

   a)
   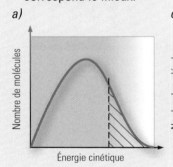

   c)
   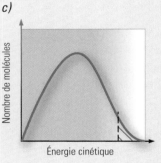

   b)
   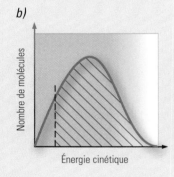

   d)
   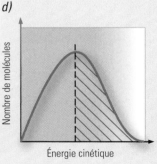

3. Laquelle des trois réactions ci-dessous est la plus rapide? Expliquez votre réponse.

   a) $C_3H_{8(g)} + 5 O_{2(g)} \rightarrow 3 CO_{2(g)} + 4 H_2O_{(g)}$

   b) $2 H_{2(g)} + O_{2(g)} \rightarrow 2 H_2O_{(l)}$

   c) $Li^+_{(aq)} + OH^-_{(aq)} \rightarrow LiOH_{(s)}$

4. Classez les vitesses des quatre réactions suivantes en ordre décroissant, en expliquant votre raisonnement selon la nature des réactifs.

   a) $Ca^{2+}_{(aq)} + SO_4^{2-}_{(aq)} \rightarrow CaSO_{4(s)}$

   b) $C_8H_{18(l)} + \frac{25}{2} O_{2(g)} \rightarrow 8 CO_{2(g)} + 9 H_2O_{(g)}$

   c) $C_3H_{8(g)} + 5 O_{2(g)} \rightarrow 3 CO_{2(g)} + 4 H_2O_{(g)}$

   d) $2 HI_{(g)} \rightarrow H_{2(g)} + I_{2(g)}$

5. Observez les deux réactions suivantes. À l'aide du tableau 8.5 de l'annexe 8, répondez aux questions ci-dessous.

   1) $H_{2(g)} + Cl_{2(g)} \rightarrow 2 HCl_{(g)}$

   2) $H_{2(g)} + \frac{1}{2} O_{2(g)} \rightarrow H_2O_{(g)}$

   a) Calculez l'enthalpie des réactifs de chacune des deux réactions.

   b) Indiquez laquelle des deux réactions est susceptible de s'effectuer le plus lentement compte tenu du niveau d'énergie des liaisons intramoléculaires des réactifs.

6. Déterminez la réaction qui s'effectuera le plus rapidement dans les paires de réactions suivantes. Expliquez la raison de votre choix.

   a) 1) $C_{24}H_{50(s)} + \frac{73}{2} O_{2(g)} \rightarrow 24 CO_{2(g)} + 25 H_2O_{(g)}$

   2) $C_{24}H_{50(l)} + \frac{73}{2} O_{2(g)} \rightarrow 24 CO_{2(g)} + 25 H_2O_{(g)}$

   b) 1) $C_{12}H_{22(l)} + \frac{35}{2} O_{2(g)} \rightarrow 12 CO_{2(g)} + 11 H_2O_{(g)}$

   2) $C_{12}H_{26(l)} + \frac{37}{2} O_{2(g)} \rightarrow 12 CO_{2(g)} + 13 H_2O_{(g)}$

7. À la température de la pièce, l'huile végétale est liquide. Pour la transformer en matière solide comme la margarine, il faut l'hydrogéner en la faisant réagir avec de l'hydrogène (H). Pourquoi l'huile végétale s'oxyde-t-elle plus rapidement que la margarine fabriquée à partir de cette même huile?

10.2 La surface de contact du réactif

En général, une augmentation de la surface de contact du réactif **augmente la vitesse de réaction.**

Un des facteurs qui influencent la vitesse de réaction est la surface de contact des réactifs en phase solide. Par exemple, il est plus facile d'allumer un feu de camp avec du bois fendu en petits morceaux qu'avec des bûches entières.

En effet, la surface de contact accrue entre les fragments de bois et le dioxygène (O_2) de l'air permet à la combustion de s'effectuer plus rapidement. De même, couper des légumes en morceaux permet de produire une plus grande surface de contact avec la chaleur pour les saisir plus rapidement sur un feu vif et accélérer la réaction chimique qui cause le brunissement caractéristique des aliments grillés (*voir la figure 9*).

Selon la théorie des collisions, aucune réaction chimique n'aurait lieu sans collisions entre les atomes, les ions ou les molécules. Dans une réaction hétérogène mettant en jeu un solide et un gaz, les particules ne peuvent se heurter que sur la surface extérieure du solide. Si cette surface est restreinte, la vitesse de réaction est généralement lente.

Figure 9 La surface de contact accrue des légumes coupés en morceaux permet de les faire cuire plus rapidement que les légumes gardés entiers.

Lorsque le solide est divisé en particules plus fines, la surface de contact est plus grande et le nombre de collisions augmente, ce qui fait réagir les substances plus rapidement (*voir la figure 10*).

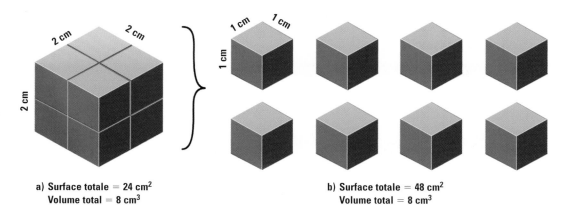

a) **Surface totale = 24 cm²**
   Volume total = 8 cm³

b) **Surface totale = 48 cm²**
   Volume total = 8 cm³

Figure 10 Lorsqu'on fractionne un cube de 24 cm² en huit cubes d'égales dimensions, la surface est doublée sans que le volume de la substance ne soit augmenté.

Ainsi, lorsque de la poussière d'une matière combustible, comme la sciure de bois dans une scierie ou la poussière dans un silo à grain, se mélange à l'air et qu'une étincelle se produit, le risque d'explosion est élevé.

En effet, la très grande surface de contact entre les particules de poussière et le dioxygène (O_2) de l'air permet alors leur combustion spontanée qui résulte parfois en une explosion (*voir la figure 11*).

Dissoudre un solide dans un solvant constitue la méthode la plus efficace pour accroître la surface de contact du solide lors d'une réaction homogène. En effet, le solide est alors réduit à ses plus petites particules d'élément ou de composé (atomes, ions ou molécules séparés). Si chacun des réactifs en présence est déjà dissocié, le nombre de collisions devient très élevé, ce qui fait augmenter la vitesse de réaction. Ce type de situation ne s'observe qu'en solution liquide ou gazeuse.

Par ailleurs, dans certaines réactions chimiques, il peut être utile de brasser le milieu réactionnel pour provoquer davantage de contacts entre les réactifs. C'est ce qui se fait dans la fabrication du fromage, par exemple, à l'étape du caillage, au moment de l'ajout de la présure (*voir la figure 12*).

Figure 11 Le silo portuaire de Blaye, en France, a été le siège d'une explosion de poussière qui l'a dévasté le 20 août 1997, provoquant la mort de 11 personnes.

Figure 12 Le brassage du lait après l'ajout de présure permet d'augmenter le nombre de contacts entre les substances qui réagissent lors de la fabrication du fromage.

L'agitation du milieu réactionnel a pour but de maximiser le contact entre la présure, soit la substance qui provoque la coagulation, et le lait. Cela accélère la précipitation de la caséine, une protéine du lait, en une masse granuleuse qui sera ensuite transformée en fromage.

⟪INFO SCIENCE

L'hexagone de l'explosion

L'hexagone de l'explosion résume les six facteurs dont il faut tenir compte pour éviter les risques d'explosion dans les industries qui génèrent des poussières combustibles : le comburant, le combustible, la concentration, le confinement, la source d'énergie et la mise en suspension du combustible.

Comburant
Exemple : dioxygène
(O_2) de l'air

Mise en suspension du combustible

Combustible
Exemples : poussière
ou gaz inflammable

L'explosion est issue de la conjonction de six facteurs.

Source d'énergie

Concentration suffisante de combustible

Confinement

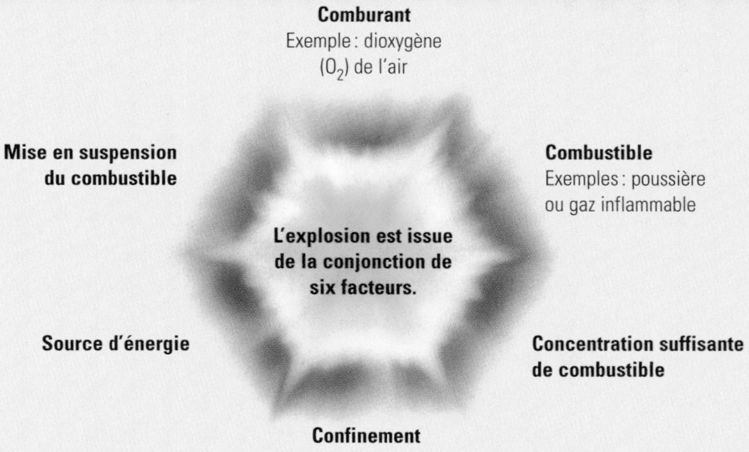

Figure 13 Les six facteurs qui doivent être réunis pour qu'une explosion de poussière combustible se produise.

10.3 La concentration des réactifs et la loi des vitesses de réaction

La concentration des réactifs a une influence sur la vitesse de réaction : généralement, plus la concentration des réactifs est élevée, plus la vitesse de réaction est grande.

La loi des vitesses de réaction est une relation mathématique entre la vitesse de réaction et la concentration des réactifs. Dans le cas d'une réaction élémentaire, cette loi dépend des coefficients stœchiométriques des réactifs présents dans l'équation balancée.

Un des facteurs qui influencent la vitesse de réaction est la concentration des réactifs. Il est possible d'exprimer quantitativement cette influence par une relation mathématique appelée loi des vitesses de réaction.

10.3.1 La concentration des réactifs

L'étude de l'effet de la concentration sur la vitesse de réaction peut se faire au moyen de la réaction hypothétique entre deux gaz, A et B, mélangés dans un volume d'un litre maintenu à une température de 25 °C (*voir la figure 14*).

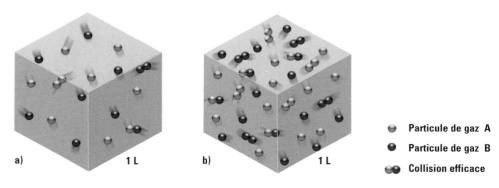

● Particule de gaz **A**

● Particule de gaz **B**

● Collision efficace

Figure 14 Avec des concentrations accrues de réactifs A et B, il y a un plus grand nombre de collisions par seconde, ce qui, statistiquement, se traduit par un plus grand nombre de collisions efficaces.

À cette température, les particules de gaz A se déplacent à environ 1 500 km/h. Si on utilise 0,1 mol de A et 0,1 mol de B, une molécule du gaz A entre en collision avec une molécule du gaz B environ 10^9 fois par seconde. Malgré le nombre élevé de collisions, rares sont celles qui sont efficaces et qui produisent un complexe activé, de sorte que les particules de AB sont peu nombreuses. Doubler la concentration de gaz A fera augmenter le nombre de collisions d'autant et, si la concentration de gaz B double aussi, le nombre de collisions quadruplera. Si le nombre de collisions est quatre fois plus grand, cela signifie que, statistiquement, le nombre de collisions efficaces augmentera également, ce qui aura pour effet de quadrupler la vitesse de réaction.

La plupart des réactions obéissent à cette règle, mais pas toutes. Les données recueillies en laboratoire montrent qu'il arrive parfois que la règle ne s'applique pas. Il est quand même possible d'affirmer que, de façon générale, une augmentation de la concentration d'un réactif a pour effet d'augmenter la vitesse de réaction.

10.3.2 La loi des vitesses de réaction

La réaction entre une solution aqueuse de dibrome (Br$_2$) et une solution aqueuse d'acide formique (CH$_2$O$_2$) se traduit par l'équation suivante.

$$Br_{2\,(aq)} + CH_2O_{2\,(aq)} \rightarrow 2\,Br^-_{\,(aq)} + 2\,H^+_{\,(aq)} + CO_{2\,(g)}$$

L'analyse des résultats obtenus au cours d'une expérience impliquant ces réactifs permet de mieux comprendre comment évolue la vitesse de cette réaction tout au long de son déroulement et de formuler la relation mathématique de la loi des vitesses de réaction (*voir le tableau 1*).

Tableau 1 La variation de la concentration du dibrome aqueux lors de sa réaction avec l'acide formique aqueux à 25 °C.

Temps (s)	[Br$_2$] (mol/L)	Vitesse moyenne ($\times\,10^5$ mol/(L·s))
0,0	0,012 0	
		3,80
50,0	0,010 1	
		3,40
100,0	0,008 4	
		2,60
150,0	0,007 1	
		2,40
200,0	0,005 9	
		1,80
250,0	0,005 0	
		1,60
300,0	0,004 2	

Pendant les 50 premières secondes, la concentration de dibrome est élevée et la vitesse moyenne est grande, soit $3{,}80 \times 10^{-5}$ mol/(L·s). Au cours de la réaction, à mesure que la concentration de dibrome diminue, la vitesse de réaction diminue aussi jusqu'à tendre vers zéro lorsque le dibrome a complètement réagi. La vitesse de la réaction dépend aussi de la concentration de l'acide formique, mais son influence sur la vitesse peut devenir négligeable s'il y a un excès d'acide, c'est-à-dire s'il y a davantage de moles d'acide formique que de dibrome.

L'étude de la vitesse instantanée à trois moments de la réaction permet aussi de vérifier le ralentissement de la réaction en fonction du dibrome (*voir la figure 15*).

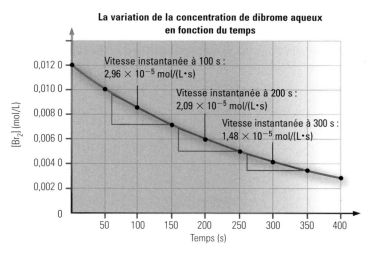

Figure 15 La concentration du dibrome (Br$_2$) diminue au fur et à mesure de la progression de cette réaction. C'est ce qui explique que la vitesse instantanée à la fin de la réaction soit plus faible qu'au début.

Les **tangentes** tracées à 100, à 200 et à 300 secondes sont des droites qui indiquent que la vitesse de réaction est directement proportionnelle à la concentration : plus la concentration de dibrome (Br_2) est élevée, plus la vitesse est grande.

ANNEXE 4 >

La pente d'une tangente à la courbe, p. 390.

Cette relation peut être écrite sous forme mathématique en utilisant le symbole de proportionnalité α. L'expression suivante signifie que la vitesse de réaction est directement proportionnelle à la concentration du dibrome.

$$v \, \alpha \, [Br_2]$$

Mathématiquement, il est possible d'enlever le symbole de proportionnalité en introduisant une constante de proportionnalité (k).

$$v = k \cdot [Br_2]$$

La constante k est une constante de proportionnalité entre la vitesse de réaction et la concentration des réactifs, appelée constante de vitesse. Il existe une constante de vitesse particulière pour chaque réaction et celle-ci dépend de la température à laquelle se produit la réaction.

Pour déterminer la valeur de la constante de vitesse en fonction de $[Br_2]$, il faut l'isoler dans l'équation précédente.

$$k = \frac{v}{[Br_2]}$$

La valeur de la constante k n'est pas influencée par la concentration de dibrome. En effet, lorsque la vitesse est élevée, la concentration est grande, tandis que lorsque la vitesse est faible, la concentration est moindre, de sorte que la valeur de k demeure constante si la température est stable (*voir le tableau 2*).

Tableau 2 Le rapport $k = \dfrac{v}{[Br_2]}$ pour la réaction entre le dibrome aqueux et l'acide formique aqueux à 25 °C.

Temps (s)	$[Br_2]$ (mol/L)	Vitesse ($\times 10^{-5}$ mol/(L·s))	$k = \dfrac{v}{[Br_2]}$ ($\times 10^{-3}$ s^{-1})
0,0	0,012 0	4,20	3,50
50,0	0,010 1	3,52	3,49
100,0	0,008 4	2,96	3,50
150,0	0,007 1	2,49	3,51
200,0	0,005 9	2,09	3,51
250,0	0,005 0	1,75	3,50
300,0	0,004 2	1,48	3,52

Cette relation de proportionnalité entre la vitesse de réaction et la concentration de réactifs se nomme la loi des vitesses de réaction. Elle peut être exprimée de façon plus générale pour une réaction élémentaire du type $xA + yB \rightarrow$ produit, à une température donnée, de la façon suivante.

Loi des vitesses de réaction

$$v = k \cdot [A]^x \cdot [B]^y$$

où

v = Vitesse de réaction, exprimée en moles par litre-seconde (mol/(L·s))

k = Constante de vitesse

$[A], [B]$ = Concentrations des réactifs, exprimées en moles par litre (mol/L)

x, y = Coefficients stœchiométriques des réactifs de l'équation équilibrée de la réaction élémentaire

---

La loi des vitesses de réaction ne s'applique qu'aux réactions élémentaires. Dans le cas de la plupart des autres réactions plus complexes, il n'existe aucune relation directe entre les coefficients stœchiométriques de l'équation balancée de la réaction et la loi des vitesses de réaction. Dans ce cas, les valeurs des exposants x et y doivent être déterminées expérimentalement.

Cependant, peu importe que ce soit une réaction élémentaire ou complexe, la loi des vitesses de réaction ne tient compte que de la concentration des réactifs et non de celle des produits. De plus, comme la concentration à l'intérieur des substances pures en phase solide et en phase liquide ne varie pas, seules les concentrations des réactifs en phase gazeuse ou aqueuse sont prises en considération dans l'écriture de l'expression algébrique de cette loi.

Par exemple, la réaction de synthèse de l'ammoniac (NH_3), où tous les réactifs sont gazeux, se traduit par l'équation suivante.

$$N_{2(g)} + 3\,H_{2(g)} \rightarrow 2\,NH_{3(g)}$$

L'expression algébrique de la vitesse de réaction de cette réaction est la suivante.

$$v = k \cdot [N_2] \cdot [H_2]^3$$

Dans le cas où au moins un des réactifs est en phase solide ou liquide, comme dans la réaction entre le carbonate de calcium ($CaCO_3$) solide et l'acide chlorhydrique (HCl), on ne considère pas la concentration du carbonate de calcium, car il est solide.

$$CaCO_{3(s)} + 2\,HCl_{(aq)} \rightarrow CaCl_{2(aq)} + CO_{2(g)} + H_2O_{(g)}$$

Ainsi, l'expression algébrique de la vitesse de réaction est la suivante.

$$v = k \cdot [HCl]^2$$

Voici des exemples qui montrent comment utiliser la loi des vitesses de réaction pour comparer les vitesses de réactions élémentaires lorsque les concentrations de réactifs sont modifiées.

Exemple A

À une température donnée, deux ions aqueux A et B se combinent avec une vitesse de réaction (v_1) exprimée de la façon suivante :

$$v_1 = k \cdot [A]^2 \cdot [B]^3$$

Comment la vitesse varie-t-elle si on double la concentration des deux réactifs sans changer la température ? Exprimez la nouvelle vitesse (v_2) en fonction de la vitesse initiale.

Données :

$[A]_1 = x$

$[B]_1 = y$

$v_2 = ?$

1. Calcul de la vitesse initiale de la réaction :

$v_1 = k \cdot [A]^2 \cdot [B]^3$

$v_1 = k \cdot x^2 \cdot y^3 = kx^2y^3$

2. Calcul de la nouvelle vitesse de la réaction :

$[A]_2 = 2x$

$[B]_2 = 2y$

$$\begin{aligned} v_2 &= k \cdot [A]^2 \cdot [B]^3 \\ &= k \cdot (2x)^2 \cdot (2y)^3 \\ &= k \cdot 4x^2 \cdot 8y^3 \\ &= k \cdot 32x^2 \cdot y^3 = 32kx^2y^3 \end{aligned}$$

$$\frac{v_1}{x^2y^3} = \frac{v_2}{32x^2y^3}$$

$$v_2 = \frac{32x^2y^3\, v_1}{x^2y^3}$$

$$= 32v_1$$

Réponse : La nouvelle vitesse de réaction (v_2) est 32 fois plus grande que la vitesse initiale (v_1).

Exemple B

Deux gaz C et D se combinent avec une vitesse de réaction de 1,8 mol/(L·s) dans un contenant d'un litre maintenu à température constante selon l'équation suivante :

$$2\,C + D \rightarrow E$$

Si la concentration de C est de 0,50 mol/L et celle de D, de 1,0 mol/L, quelle est la valeur de la constante de vitesse de cette réaction élémentaire à cette température ?

Données :

$v = 1,8$ mol/(L·s)

$[C] = 0,50$ mol/L

$[D] = 1,0$ mol/L

$k = ?$

Calcul :

$$v = k \cdot [C]^2 \cdot [D]$$

$$k = \frac{v}{[C]^2 \cdot [D]}$$

$$= \frac{1,8 \text{ mol/(L·s)}}{(0,50 \text{ mol/L})^2 \cdot (1,0 \text{ mol/L})}$$

$$= 7,2 \text{ L}^2/(\text{mol}^2\cdot\text{s})$$

Réponse : La valeur de la constante de vitesse est de 7,2 L^2/(mol^2· s).

Pour aller + loin

Les exposants des concentrations des réactifs

Quand une réaction est complexe, les exposants qui sont affectés aux valeurs des concentrations des réactifs doivent être déterminés par expérimentation. En effet, dans ce cas, ils ne correspondent pas de façon absolue aux coefficients stœchiométriques de leurs réactifs comme dans le cas d'une réaction élémentaire. Leur valeur est généralement de 1 ou 2, mais elle peut aussi être de 0, 3 ou tout autre nombre réel.

La loi des vitesses s'exprime de la façon suivante pour des réactions complexes :

$$v = k \cdot [A]^m \cdot [B]^n$$

Les valeurs des exposants m et n sont déterminées expérimentalement en faisant varier, tour à tour, la concentration initiale de chacun des réactifs tout en maintenant celles des autres réactifs constantes.

On considère les deux gaz de l'exemple B. Qu'advient-il de la vitesse de réaction si le volume du contenant dans lequel on a combiné ces deux gaz est diminué de moitié?

Données :

$v_1 = 1,8$ mol/(L·s)
$[C]_1 = 0,50$ mol/L
$[D]_1 = 1,0$ mol/L
$v_2 = ?$

Calcul :

Si le volume est diminué de moitié, les concentrations sont doublées :

$[C]_2 = 2 \cdot 0,50$ mol/L $= 1,0$ mol/L
$[D]_2 = 2 \cdot 1,0$ mol/L $= 2,0$ mol/L

On obtient alors :

$$v_2 = k \cdot ([C]_2)^2 \cdot [D]_2$$
$$= 7,2 \text{ L}^2/(\text{mol}^2 \cdot \text{s}) \cdot (1,0 \text{ mol/L})^2 \cdot (2,0 \text{ mol/L})$$
$$= 14,4 \text{ mol/(L·s)}$$

Réponse : Lorsque le volume du contenant est diminué de moitié, la nouvelle vitesse de réaction (v_2) est de 14 mol/(L·s), soit $8v_1$.

POUR FAIRE LE POINT

SECTION 10.3

La concentration des réactifs et la loi des vitesses de réaction

1. Comment la théorie des collisions explique-t-elle que des concentrations plus élevées aboutissent à des vitesses de réaction plus élevées?

2. La loi des vitesses de réaction indique que la vitesse est proportionnelle à la concentration molaire des réactifs avec, comme exposant, les coefficients stœchiométriques de l'équation équilibrée. Pour chacune des réactions élémentaires suivantes, exprimez la relation mathématique permettant d'en calculer la vitesse.

   a) $H_2SO_{4\,(aq)} + Ca(OH)_{2\,(aq)} \rightarrow CaSO_{4\,(s)} + 2\,H_2O_{(l)}$
   b) $7\,I^-_{(aq)} + 6\,H^+_{(aq)} + IO_3^-_{(aq)} \rightarrow 4\,I_{2\,(s)} + 3\,H_2O_{(l)}$
   c) $CaCO_{3\,(s)} + 2\,HCl_{(aq)} \rightarrow CaCl_{2\,(aq)} + CO_{2\,(g)} + H_2O_{(l)}$
   d) $N_2O_{4\,(g)} + H_2O_{(g)} \rightarrow HNO_{2\,(g)} + HNO_{3\,(g)}$

3. Pour teindre une chevelure, il faut d'abord décolorer les pigments des cheveux à l'aide de peroxyde d'hydrogène (H_2O_2). Les produits utilisés en salon contiennent souvent 6 % de peroxyde d'hydrogène et requièrent généralement un temps d'attente d'environ 30 minutes. Si un produit différent contenant 9 % de peroxyde d'hydrogène était utilisé, comment cela modifierait-il le temps d'attente requis? Expliquez pourquoi.

4. La décomposition du peroxyde d'hydrogène (H_2O_2) se produit selon la réaction suivante :
   $$2\,H_2O_{2\,(aq)} \rightarrow 2\,H_2O_{(l)} + O_{2\,(g)}$$
   La constante de vitesse de cette réaction à 243 °C est de $5,32 \times 10^{-7}$ L/(mol·s). Si on met 22,00 g de peroxyde d'hydrogène dans un récipient de 500 mL, quelle sera la vitesse de réaction?

5. Le monoxyde d'azote (NO) réagit en solution aqueuse avec le dibrome (Br_2) moléculaire selon la réaction suivante :
   $$2\,NO_{(aq)} + Br_{2\,(aq)} \rightarrow 2\,NOBr_{(aq)}$$
   Si la vitesse initiale de la réaction est de 1,60 mol/(L·s), la concentration du monoxyde d'azote est de 1,0 mol/L et la concentration du dibrome est de 2,0 mol/L, calculez la constante de vitesse.

6. Lorsque les concentrations initiales de A et de B sont respectivement de 0,31 mol/L et de 0,75 mol/L, la vitesse de formation de RS est de $7,3 \times 10^{-3}$ mol/(L·s). L'équation est du type A + B $\rightarrow$ RS. Calculez la constante de vitesse k.

7. Deux gaz C et D se combinent selon la vitesse de réaction suivante : $v = k \cdot [C]^2 \cdot [D]^3$. Comment la vitesse varie-t-elle si on réduit de moitié le volume du système où s'effectue la réaction?

8. Sachant que $k = 3,14 \times 10^{-2}$ L/mol·s pour une équation du type A + B → C, calculez la vitesse de réaction pour les deux situations suivantes.

   a) [A] = 1,1 mol/L et [B] = 0,83 mol/L

   b) [A] = $3,2 \times 10^{-3}$ mol/L et [B] = $5,6 \times 10^{-1}$ mol/L

9. Le carbone (C) réagit avec le trioxyde de difer (Fe_2O_3) pour former du dioxyde de carbone (CO_2) et du fer (Fe) selon l'équation suivante :

$$C_{(s)} + Fe_2O_{3\,(aq)} \rightarrow Fe_{(s)} + CO_{2\,(g)}$$

   a) Équilibrez l'équation.

   b) Quelle est l'expression algébrique de la vitesse de cette réaction ?

10. Le dioxyde de soufre (SO_2) gazeux se forme selon l'équation suivante :

$$S_{8\,(s)} + 8\,O_{2\,(g)} \rightarrow 8\,SO_{2\,(g)}$$

   a) Exprimez la loi de vitesse de cette réaction.

   b) Pour éliminer tout le dioxygène (O_2) présent dans le récipient, il faut attendre 12 minutes. Si la concentration initiale de dioxygène est de 2,3 mol/L, quelle est la constante de vitesse de cette réaction ?

   c) Si on double la quantité de soufre solide, quelle sera alors la vitesse de la réaction ?

   d) Quelle sera la vitesse de la réaction si on triple la concentration de dioxygène ?

11. Une réaction chimique entre les réactifs A et B forme le produit F selon la réaction suivante :

$$2\,A_{(g)} + 4\,B_{(g)} \rightarrow F_{(g)}$$

   a) Sachant que la vitesse de cette réaction est de $5,25 \times 10^{-7}$ mol/(L·s), que la concentration de A est de $3,0 \times 10^{-4}$ mol/L et que celle de B est de $5,2 \times 10^{-2}$ mol/L, quelle est la constante de vitesse de cette réaction ?

   b) Si on double la pression en réduisant le volume de moitié, quelle sera la nouvelle vitesse de réaction ?

12. Le monoxyde d'azote (NO) réagit au contact du dibrome (Br_2) de la façon suivante :

$$2\,NO_{(g)} + Br_{2\,(g)} \rightarrow 2\,NOBr_{(g)}$$

Quel sera l'effet sur la vitesse de réaction :

   a) si on triple la pression en diminuant le volume ?

   b) si on double le volume ?

13. À l'aide du graphique suivant, expliquez comment la vitesse de réaction varie entre le temps zéro et 10 secondes.

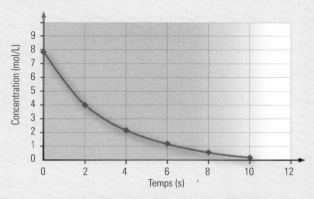

14. La combustion de l'éthane (C_2H_6) se produit selon l'équation suivante :

$$C_2H_{6\,(g)} + O_{2\,(g)} \rightarrow CO_{2\,(g)} + H_2O_{(g)}$$

   a) Équilibrez l'équation.

   b) Si la vitesse de combustion de l'éthane est de 123 mol/(L·s) et qu'on double le volume dans lequel la réaction s'effectue, quelle sera la vitesse de combustion ?

15. Soit la réaction suivante :

$$S_2O_8^{2-}{}_{(aq)} + I^-{}_{(aq)} \rightarrow SO_4^{2-}{}_{(aq)} + I_3^-{}_{(aq)}$$

   a) Équilibrez l'équation.

   b) Quelle est la loi de vitesse de cette réaction ?

   c) Si 0,45 mol/L d'iodure (I^-) disparaît à chaque minute dans la solution et que les concentration des réactifs sont de [$S_2O_8^{2-}$] = 0,20 mol/L et [I^-] = 1,20 mol/L, quelle est la constante de vitesse ?

16. Le trichlorure d'aluminium ($AlCl_3$) est utilisé pour former du chlorure de sodium (NaCl) selon la réaction suivante :

$$AlCl_{3\,(aq)} + 3\,NaOH_{(aq)} \rightarrow Al(OH)_{3\,(s)} + 3\,NaCl_{(aq)}$$

La réaction se déroule à une vitesse de 0,050 mol/(L·s) selon le trichlorure d'aluminium.

   a) Si la concentration initiale de trichlorure d'aluminium est de 3,5 mol/L à 25 °C, quelle est la concentration de trichlorure d'aluminium et de chlorure de sodium après 20 secondes ?

   b) Comment feriez-vous pour augmenter la vitesse de la réaction ?

   c) Si vous doublez la concentration de trichlorure d'aluminium et que vous diminuez du tiers la concentration d'hydroxyde de sodium (NaOH), quelle sera la nouvelle vitesse de réaction ?

10.4 La température du milieu réactionnel

En général, une hausse de la température du milieu réactionnel **augmente la vitesse de réaction.**

Les réactions chimiques responsables de la dégradation des aliments peuvent être ralenties ou accélérées par une variation de la température. Par exemple, placer des bouteilles de jus congelé (en guise de refroidisseur) dans une boîte à lunch est un truc qui permet de ralentir l'action des bactéries et de conserver la nourriture pour qu'elle soit encore comestible au moment de sa consommation. Inversement, l'oubli d'une boîte à lunch dans une automobile exposée au soleil, vitres fermées, provoque une élévation de température telle que la nourriture risque de ne plus être comestible si cet oubli dure trop longtemps. Cela montre que la température exerce une influence sur la vitesse des réactions.

Voir **Le mécanisme réactionnel expliqué par la théorie des collisions**, p. 239.

La température du milieu réactionnel est un autre facteur influençant la vitesse de réaction qui peut s'expliquer à l'aide de la **théorie des collisions**. L'énergie de collision dépend de l'énergie cinétique des particules qui se heurtent.

La distribution de Maxwell permet de représenter la distribution d'énergie cinétique dans un échantillon de gaz réagissant à deux températures différentes, T_1 et T_2, avec $T_2 > T_1$ (*voir la figure 16*).

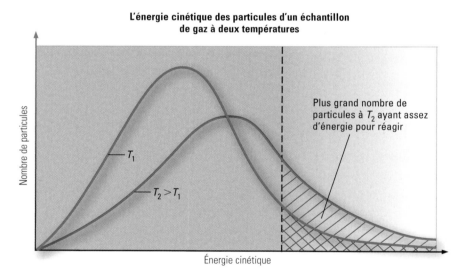

L'énergie cinétique des particules d'un échantillon de gaz à deux températures

Figure 16 À des températures plus élevées, un plus grand nombre de particules se heurtent avec assez d'énergie cinétique pour réagir. Pour de nombreuses réactions, la vitesse double plus ou moins à chaque augmentation de température de 10 °C.

L'énergie d'activation de la réaction est indiquée par la ligne verticale pointillée. À la température T_1, peu de particules ont une énergie supérieure à celle de l'énergie d'activation (zone hachurée en bleu). Il y a donc très peu de collisions dont l'énergie est suffisante pour produire une collision efficace menant à une réaction chimique. La forme de la courbe de distribution change pour la température T_2. La courbe s'aplatit et s'étend, ce qui indique que la vitesse moyenne des particules, et par le fait même leur énergie cinétique, est plus grande aux températures élevées.

Par conséquent, il y a un plus grand nombre de particules qui ont une énergie cinétique supérieure au seuil de l'énergie d'activation à T_2 qu'à T_1 (zone hachurée en rouge). Un plus grand nombre de particules sont alors en mesure de produire des collisions efficaces, et la vitesse de réaction à T_2 est beaucoup plus grande qu'à T_1.

Cette affirmation ne s'applique pas exclusivement aux milieux réactionnels gazeux. La vitesse des réactions se produisant en milieu aqueux ou impliquant des solides et des liquides est aussi généralement plus élevée à des températures plus grandes.

Les chimistes exploitent la dépendance à la température des vitesses de réaction en amenant des réactions chimiques à se produire à des températures élevées pour les accélérer et maximiser ainsi la production industrielle de certaines substances.

De même, à la maison, il est possible de tirer profit de la dépendance des réactions chimiques à la température. Par exemple, entreposer de la nourriture au réfrigérateur plutôt qu'à la température ambiante permet de la conserver fraîche et comestible plus longtemps. Cependant, l'air froid du réfrigérateur n'empêche pas les aliments de se détériorer. Il diminue plutôt la vitesse des réactions qui causent la détérioration de la nourriture. À l'inverse, pour faire cuire des aliments plus rapidement, il suffit de régler la cuisinière à des températures plus élevées (*voir la figure 17*). Cela augmente la vitesse des réactions qui se déroulent durant la cuisson de la nourriture.

Figure 17 Une pizza mise au four dans une cuisinière réglée à une température élevée cuit plus rapidement qu'à basse température.

10.5 Les catalyseurs

Les catalyseurs **sont des substances qui augmentent la vitesse de réaction sans changer le résultat de la transformation et sans être consommées par la réaction.**

De nombreuses réactions chimiques réalisées industriellement ne seraient pas rentables, à cause de leur lenteur, sans l'usage de catalyseurs. D'autres réactions se produisant dans la nature, comme la digestion des insectes par certaines plantes carnivores, seraient impossibles sans l'existence de catalyseurs naturels appelés enzymes digestives (*voir la figure 19*).

La catalyse est un processus visant à accélérer une réaction. Elle se produit grâce à la présence d'une substance, le catalyseur, qui demeure chimiquement inchangée et qui se retrouve intacte à la fin du processus. À la suite d'une catalyse, les produits constitués sont identiques à ceux qui se seraient formés si la réaction n'avait pas été catalysée.

Il existe deux types de catalyseurs : les catalyseurs homogènes et les catalyseurs hétérogènes qui, tout en ayant des modes d'action spécifiques, fonctionnent selon le même principe.

10.5.1 Le fonctionnement d'un catalyseur

Le rôle du catalyseur est d'abaisser l'énergie d'activation d'une réaction de façon qu'un plus grand nombre de particules de réactif aient l'énergie nécessaire pour réagir (*voir la figure 20*).

L'aire sous la courbe, qui représente les particules ayant assez d'énergie pour réagir, est significativement augmentée lorsque la barrière d'énergie d'activation est abaissée par le catalyseur. Il se produit alors un plus grand nombre de collisions efficaces, et la vitesse de réaction augmente.

Figure 19 Certaines plantes carnivores se sont adaptées aux sols pauvres dans lesquels elles poussent en piégeant et en digérant des insectes au moyen d'enzymes digestives contenues dans un fluide digestif au creux d'une urne.

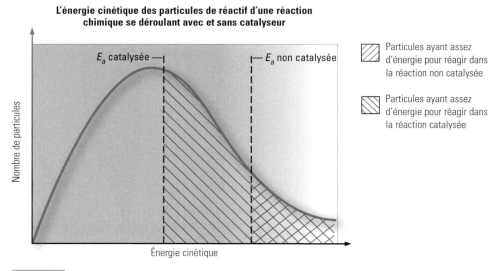

Figure 20 Un catalyseur abaisse l'énergie d'activation, ce qui permet à un plus grand nombre de particules d'avoir l'énergie cinétique suffisante pour réagir.

Ce changement du niveau d'énergie d'activation n'affecte toutefois pas le niveau d'énergie des réactifs et des produits, de sorte que la **variation d'enthalpie** (ΔH) de la réaction reste inchangée (*voir la figure 21*).

Voir **L'enthalpie et la variation d'enthalpie**, p. 148.

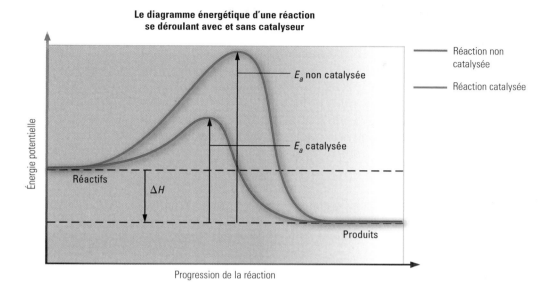

Le diagramme énergétique d'une réaction se déroulant avec et sans catalyseur

— Réaction non catalysée

— Réaction catalysée

Énergie potentielle

E_a non catalysée

E_a catalysée

Réactifs

ΔH

Produits

Progression de la réaction

Figure 21 L'utilisation d'un catalyseur permet d'abaisser l'énergie d'activation sans changer le niveau d'énergie des réactifs et des produits ni la valeur de la variation d'enthalpie (ΔH).

Voir **Le complexe activé, l'énergie d'activation et le diagramme énergétique**, p. 172.

En abaissant le niveau de l'**énergie d'activation** de la réaction directe, le catalyseur accélère aussi la vitesse de la réaction inverse, lorsque celle-ci est présente. En effet, en lisant de droite à gauche le graphique du déroulement de la réaction, il est possible d'observer que le niveau d'énergie d'activation de la réaction inverse est abaissé lui aussi sur la courbe de la réaction catalysée.

Les inhibiteurs sont des substances qui, contrairement aux catalyseurs, diminuent la vitesse de réaction. Ils agissent en augmentant l'énergie d'activation des réactions chimiques et réduisent ainsi le nombre de particules ayant suffisamment d'énergie pour réagir. Les inhibiteurs sont utilisés principalement dans l'industrie agroalimentaire pour ralentir les réactions chimiques qui causent la détérioration des aliments, ou dans le domaine de la santé, en guise de médicaments pour ralentir ou arrêter certains processus biologiques (*voir la figure 22*).

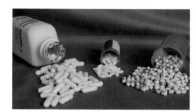

Figure 22 Parmi les traitements destinés à lutter contre l'infection par le VIH, la zidovudine (ZDV ou AZT en anglais) est une molécule qui agit en inhibant l'action d'une enzyme, la transcriptase inverse, employée par le VIH pour réaliser un brin d'ADN.

«INFO SCIENCE

La fabrication du pain

La fabrication du pain est un exemple de processus où la vitesse de réaction est accélérée, notamment, par l'action d'un catalyseur. En effet, les trous présents dans la mie de pain sont des bulles de gaz produites par l'action de la levure ajoutée au mélange au début du processus. La levure est un champignon unicellulaire qui produit des enzymes qui catalysent plusieurs réactions chimiques entraînant la formation de gaz. L'une de ces réactions a lieu dans la pâte à pain et produit du dioxyde de carbone (CO_2) gazeux qui reste emprisonné dans celle-ci, ce qui la fait lever et la rend plus moelleuse.

Figure 23 La levure utilisée dans la fabrication du pain produit des gaz qui font lever la pâte.

10.5.2 Les catalyseurs homogènes

Un catalyseur homogène est une substance qui se trouve dans la même phase que les réactifs. Généralement, les catalyseurs homogènes catalysent des réactions mettant en jeu des substances en phase gazeuse ou aqueuse. Les catalyseurs homogènes participent activement à la réaction en formant un ou plusieurs intermédiaires de réaction qui nécessitent moins d'énergie d'activation que dans la réaction non catalysée. En abaissant ainsi l'énergie d'activation de la réaction, le catalyseur homogène fournit un nouveau mécanisme réactionnel qui facilite le déroulement de la réaction sans changer la nature des produits formés ni la variation d'enthalpie (ΔH). Par exemple, la réaction hypothétique simple entre A et B pour former AB se produit en une seule étape, lorsqu'elle est non catalysée, selon l'équation suivante.

$$A + B \rightarrow AB$$

Un catalyseur homogène va augmenter la vitesse de cette réaction en fournissant un nouveau mécanisme dont l'énergie d'activation sera moins élevée. Cet autre mécanisme pour la réaction catalysée peut être représenté par les étapes suivantes qui, lorsqu'elles sont additionnées, sont identiques à la réaction globale.

Étape 1	A + catalyseur → A − catalyseur
Étape 2	A − catalyseur + B → AB + catalyseur
Réaction globale	A + B → AB

Dans le mécanisme proposé, les deux étapes de la réaction catalysée sont plus rapides que la réaction originale non catalysée (*voir la figure 24*). Par conséquent, les réactifs et les produits de la réaction globale sont identiques dans une réaction catalysée ou non, mais la réaction catalysée est plus rapide.

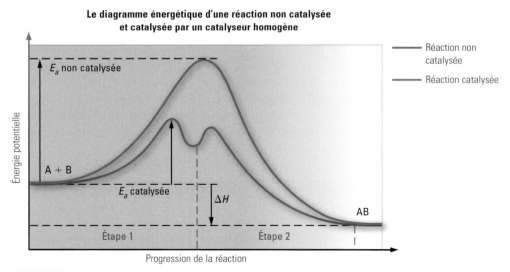

Le diagramme énergétique d'une réaction non catalysée et catalysée par un catalyseur homogène

Figure 24 L'utilisation d'un catalyseur homogène permet le déclenchement d'un nouveau mécanisme réactionnel, comportant parfois deux étapes intermédiaires ou plus, qui diminue l'énergie d'activation tout en conservant la même variation d'enthalpie (ΔH).

La substance A − catalyseur est un intermédiaire de réaction qui est produit durant l'étape 1, mais consommé durant l'étape 2. Au contraire, le catalyseur est régénéré et inchangé à la fin de la réaction globale sans toutefois faire partie des réactifs ou des produits. Il peut alors servir à nouveau dans le processus de catalyse et former de nouveaux intermédiaires de réaction en se combinant avec des particules de réactif n'ayant pas encore réagi.

Ce phénomène de régénération du catalyseur peut être observé dans la réaction entre le tartrate de sodium et de potassium ($NaKC_4H_4O_6$) et le peroxyde d'hydrogène (H_2O_2), catalysée par le dichlorure de cobalt ($CoCl_2$) à 70 °C (*voir la figure 25*). Le dichlorure de cobalt est rose en solution. Au départ, au moment où l'on verse le dichlorure de cobalt dans le bécher, le catalyseur est intact et le système réactionnel est de couleur rose. Puis, la solution passe rapidement au vert foncé, ce qui suggère la formation d'un intermédiaire de réaction. À la fin de la réaction, la solution reprend la couleur rose du début, indiquant la régénération du catalyseur dichlorure de cobalt.

Les catalyseurs biologiques : les enzymes

Les êtres vivants dépendent de réactions chimiques variées pour assurer leur survie. Dans le corps humain, la plupart des réactions chimiques n'auraient pas lieu sans la présence de catalyseurs biologiques appelés enzymes. En effet, les enzymes facilitent les réactions dans le corps humain en leur permettant de se produire à la température normale du corps, soit 37,5 °C, alors qu'elles devraient normalement se produire à des températures plus élevées.

Les enzymes sont d'énormes molécules de protéines présentes dans les cellules vivantes. L'action des enzymes est très spécifique et exclusive à quelques molécules, appelées substrats, sur lesquelles elles peuvent agir. C'est pourquoi certaines cellules contiennent jusqu'à 3 000 enzymes différentes, chacune catalysant une réaction particulière dans laquelle un substrat est transformé en produit nécessaire à un processus biologique donné.

L'amylase, par exemple, est une enzyme qu'on trouve dans la salive et dans les sucs pancréatiques, et qui permet de digérer l'amidon en simplifiant cette macromolécule en petites molécules de glucose. Comme les enzymes sont dans la même phase que les substrats sur lesquels elles agissent, elles sont considérées comme des catalyseurs homogènes.

Seule une petite partie de l'enzyme, appelée le site actif, participe à la réaction. La molécule de substrat, qui fait partie des réactifs, se lie au site actif de l'enzyme au cours d'une réaction enzymatique. Ce faisant, l'enzyme facilite la formation du complexe activé en orientant les réactifs de la façon appropriée pour qu'ils se transforment en produits.

Quelques modèles permettent d'expliquer l'interaction entre l'enzyme et son substrat. Le modèle de la clé et de la serrure suggère qu'une enzyme est comme une serrure dont le substrat est la clé capable de s'y ajuster exactement (*voir la figure 26*).

a) **Les réactifs et le catalyseur avant le mélange.**

b) **Au moment de l'ajout du catalyseur, la solution devient rose.**

c) **La solution prend une couleur vert foncé après environ 20 secondes.**

d) **La solution reprend une couleur rose après deux minutes environ.**

Figure 25 La réaction du tartrate de sodium et de potassium ($NaKC_4H_4O_6$) avec le peroxyde d'hydrogène (H_2O_2) est catalysée par le dichlorure de cobalt ($CoCl_2$) à 70 °C.

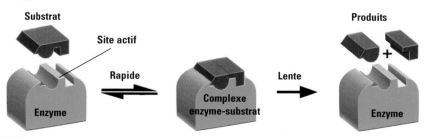

Figure 26 Le modèle de la clé et de la serrure.

Un second modèle, appelé modèle de l'ajustement induit, propose que le site actif de l'enzyme modifie sa forme pour s'ajuster à celle du substrat, comme le ferait un morceau de pâte à modeler dans lequel un objet serait enfoncé (*voir la figure 27*).

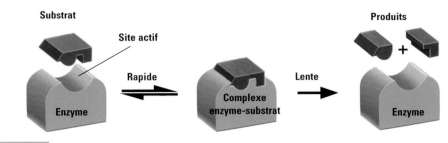

Figure 27 Le modèle de l'ajustement induit.

10.5.3 Les catalyseurs hétérogènes

Un catalyseur hétérogène est une substance qui se trouve dans une phase différente de celle des réactifs de la réaction qu'il catalyse. Généralement, le catalyseur hétérogène se trouve en phase solide alors que les réactifs sont en phase gazeuse ou aqueuse. Dans une catalyse hétérogène, la réaction se produit habituellement à la surface du catalyseur solide, qui est souvent un métal. La catalyse hétérogène est très utilisée dans l'industrie, car elle permet des procédés industriels aussi variés que la fabrication de la margarine et de l'acide nitrique (HNO_3) ou la synthèse de l'ammoniac (NH_3) qui, autrement, seraient trop lents ou produiraient de trop faibles rendements.

Le procédé de Haber, une réaction chimique permettant de produire de l'ammoniac employé dans la fabrication d'engrais chimiques et d'explosifs, utilise le fer (Fe) comme catalyseur hétérogène (*voir la figure 28*).

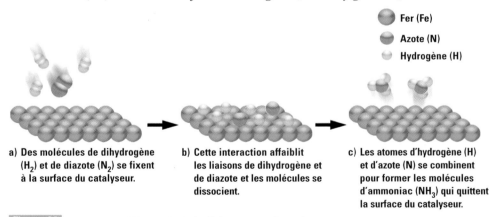

a) Des molécules de dihydrogène (H_2) et de diazote (N_2) se fixent à la surface du catalyseur.

b) Cette interaction affaiblit les liaisons de dihydrogène et de diazote et les molécules se dissocient.

c) Les atomes d'hydrogène (H) et d'azote (N) se combinent pour former les molécules d'ammoniac (NH_3) qui quittent la surface du catalyseur.

Figure 28 Le procédé de Haber utilise le fer (Fe) comme catalyseur hétérogène.

Sans catalyseur, la réaction n'offrirait pas un rendement suffisant pour une exploitation commerciale. En revanche, quand la réaction est catalysée par le fer, la vitesse de réaction augmente de façon significative. Les molécules de diazote (N_2) et de dihydrogène (H_2) forment des liaisons avec la surface du métal. Ce phénomène affaiblit les liaisons covalentes des molécules de diazote et de dihydrogène qui se dissocient en atomes d'azote (N) et en atomes d'hydrogène (H). Les atomes d'azote et les atomes d'hydrogène se combinent pour former les molécules d'ammoniac en offrant un rendement intéressant d'un point de vue économique.

SECTION 10.4
SECTION 10.5

La température du milieu réactionnel
Les catalyseurs

1. Pourquoi peut-on conserver des aliments au congélateur pendant des mois ? Expliquez votre réponse.

2. Dans le graphique suivant, quelle courbe représente la température de réaction la plus élevée ? Expliquez votre réponse.

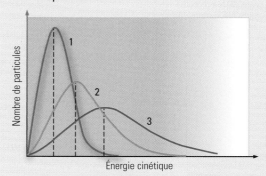

3. Observez le graphique suivant, puis répondez aux questions ci-dessous.

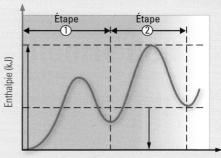

   a) Si on utilisait un catalyseur à l'étape 1, quel en serait l'effet sur la vitesse de la réaction globale et que verrait-on dans le graphique ?

   b) Si on utilisait un catalyseur à l'étape 2, quel en serait l'effet sur la vitesse de la réaction globale et que verrait-on dans le graphique ?

   c) Si on utilisait un inhibiteur à l'étape 1, quel en serait l'effet sur la vitesse de la réaction globale et que verrait-on dans le graphique ?

   d) Si on utilisait un inhibiteur à l'étape 2, quel en serait l'effet sur la vitesse de la réaction globale et que verrait-on dans le graphique ?

4. Un catalyseur peut-il augmenter la concentration finale de produit dans la réaction ? Pourquoi ?

5. Observez les trois réactions suivantes.

   1) $C_3H_{8\,(g)} + 5\,O_{2\,(g)} \rightarrow 3\,CO_{2\,(g)} + 4\,H_2O_{\,(g)}$

   2) $C_2H_{6\,(g)} + \dfrac{7}{2}\,O_{2\,(g)} \rightarrow 2\,CO_{2\,(g)} + 3\,H_2O_{\,(g)}$

   3) $C_8H_{18\,(g)} + \dfrac{25}{2}\,O_{2\,(g)} \rightarrow 8\,CO_{2\,(g)} + 9\,H_2O_{\,(g)}$

   À la température de la pièce :

   a) Quelle est la réaction la plus rapide ? Expliquez votre réponse.

   b) Quelle est la réaction la plus lente ? Expliquez votre réponse.

6. Quel effet aurait un inhibiteur sur le graphique suivant ? Expliquez votre réponse.

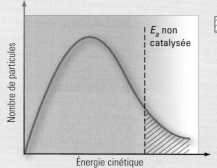

7. Le graphique suivant représente la progression d'une réaction chimique soumise à trois conditions différentes :
   - sans ajout d'un catalyseur ou d'un inhibiteur ;
   - avec ajout d'un catalyseur ;
   - avec ajout d'un inhibiteur.

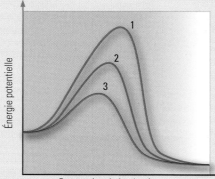

   a) Associez chacune des courbes à la condition correspondante.

   b) Dans quelle condition (1, 2 ou 3) la réaction inverse est-elle la plus rapide ? Expliquez votre réponse.

APPLICATIONS

Qu'est-ce que l'hydrogénation ?

À la température de la pièce, l'huile végétale est liquide. Pour la transformer en matière solide comme la margarine, ou semi-solide (graisseuse) comme les huiles du supermarché, il faut l'hydrogéner, c'est-à-dire faire réagir cette huile avec de l'hydrogène (H).

L'huile végétale contient un mélange d'acides gras formés de chaînes de carbone (C) liés à des atomes d'hydrogène. Dans un acide gras saturé, toutes les liaisons entres les atomes de carbone sont simples. Cela signifie que chaque atome de carbone porte le maximum d'atomes d'hydrogène possible. Les acides gras insaturés contiennent une ou plusieurs liaisons doubles C=C. L'hydrogénation des acides gras insaturés transforme la liaison double en liaison simple en ajoutant un atome d'hydrogène à chaque atome de carbone impliqué dans la liaison. L'huile devient saturée en hydrogène. Souvent, le procédé n'est pas poursuivi jusqu'au bout ; on parle alors d'huile végétale partiellement hydrogénée (*voir la figure 29*).

Figure 29 De l'huile alimentaire hydrogénée liquide.

C'est dans ce dernier cas que surgit le problème des gras trans. Avec la destruction des liaisons de carbone, certains des acides gras se réorganisent à l'échelle moléculaire et prennent une configuration trans qui leur permet de se regrouper plus facilement. Cela augmente la durée de vie de l'huile, mais accroît également le risque de troubles cardiovasculaires chez l'être humain. L'hydrogénation totale ne produit pas de gras trans.

L'hydrogénation est utilisée à grande échelle depuis les années 1950. Une des méthodes consiste à faire chauffer l'huile à 200 °C, sous une pression d'au moins trois atmosphères, c'est-à-dire trois fois la pression normale. Pour provoquer la réaction, du nickel (Ni), sous forme d'une fine poudre grise, sert souvent de catalyseur. À la fin du processus, la consistance de l'huile passe de liquide à solide ou semi-solide (graisseuse). Dans cette nouvelle phase, l'huile est plus stable et se dégrade moins vite quand on l'utilise pour la cuisson (*voir la figure 30*).

Figure 30 De l'huile alimentaire hydrogénée solide (de la margarine).

Les produits qui contiennent des huiles hydrogénées — pâtisseries, soupes, aliments en boîte, etc. — peuvent également se conserver plus longtemps. Il en est de même avec des huiles de moindre qualité, comme les huiles de poisson, qui sont hydrogénées pour servir dans la production des savons et des cires (*voir la figure 31*).

Figure 31 Des savons fabriqués avec des huiles hydrogénées.

La catalyse

L'action des catalyseurs a beaucoup intrigué les chimistes dans le passé. Ces derniers concevaient difficilement qu'une substance participe à une réaction chimique sans subir de transformation. Les catalyseurs efficaces ont presque tous été découverts par des méthodes purement empiriques, c'est-à-dire par essais répétés afin de voir ce qui fonctionnait.

Au XIXᵉ siècle, le chimiste suédois Jöns Jacob Berzelius a été le premier à utiliser le terme catalyse pour des expériences faites par d'autres chimistes avant lui. Mais c'est au début du XXᵉ siècle que le chimiste allemand Wilhelm Normann a réalisé l'hydrogénation de l'acide oléique liquide ($C_{18}H_{34}O_2$) en acide stéarique solide ($C_{18}H_{36}O_2$) sur du nickel (Ni) réduit en petits morceaux. Ce procédé est encore utilisé aujourd'hui dans les domaines de l'alimentation, de la pharmacie ou de la parfumerie.

C'est donc progressivement que les chimistes se sont rendu compte que des métaux préparés de façon à présenter une grande surface (en poudre ou en rognures) pouvaient servir de catalyseurs dans de nombreuses réactions. Cela a donné lieu à de multiples applications industrielles ou quotidiennes. Ainsi, les personnes qui portent des lentilles cornéennes connaissent bien la réaction de décomposition du peroxyde d'hydrogène (H_2O_2) en présence de platine (Pt) puisqu'elles s'en servent quotidiennement pour nettoyer leurs lentilles (*voir la figure 32*).

Dans le domaine industriel, l'utilisation de platine, de palladium (Pd) et de rhodium (Rh) dans les convertisseurs catalytiques des systèmes d'échappement de voitures constitue un exemple quotidien de catalyse. Ces catalyseurs traitent les gaz d'échappement pour les transformer en gaz moins nocifs pour l'environnement (*voir la figure 33*).

Les catalyseurs jouent un rôle extrêmement important dans la technologie et l'industrie chimiques actuelles, car ils permettent d'utiliser des températures moins élevées dans différents procédés industriels. Non seulement ils réduisent la consommation d'énergie, mais ils évitent une décomposition des réactifs et des produits tout en diminuant les risques de réactions secondaires indésirables. L'efficacité de nombreuses réactions chimiques s'en trouve de ce fait augmentée, ainsi que leur rentabilité économique.

Figure 32 La réaction de décomposition du peroxyde d'hydrogène (H_2O_2) en présence de platine (Pt) permet de nettoyer les lentilles oculaires.

Figure 33 Un convertisseur catalytique réduit la nocivité des gaz d'échappement d'une automobile. Il transforme le monoxyde de carbone (CO), les hydrocarbures imbrûlés et les oxydes d'azote (NO_x) en substances moins toxiques, l'eau et le dioxyde de carbone (CO_2).

SYNTHÈSE

10.1 La nature des réactifs

- La nature des réactifs, c'est-à-dire la phase dans laquelle se trouvent les réactifs, ainsi que le nombre et la force des liaisons qu'ils contiennent influencent la vitesse de réaction.

- Les vitesses de réaction peuvent être classées des plus lentes aux plus rapides en fonction de la phase dans laquelle se trouvent les réactifs, de la façon suivante.

$$solide \rightarrow liquide \rightarrow gaz \rightarrow ions\ aqueux$$

- En général, une réaction chimique dans laquelle des molécules de réactif contiennent un niveau d'énergie de liaison élevé, du fait du grand nombre de liaisons ou de leur force, est plus lente qu'une réaction dont les réactifs ont un niveau de liaison intramoléculaire faible.

10.2 La surface de contact du réactif

- En général, une augmentation de la surface de contact du réactif augmente la vitesse de réaction.

10.3 La concentration des réactifs et la loi des vitesses de réaction

- La concentration des réactifs a une influence sur la vitesse de réaction : généralement, plus la concentration des réactifs est élevée, plus la vitesse de réaction est grande.

- La loi des vitesses de réaction est une relation mathématique entre la vitesse de réaction et la concentration des réactifs, et elle dépend des coefficients stœchiométriques des réactifs qui apparaissent dans l'équation balancée.

- La loi des vitesses de réaction peut être exprimée de façon générale, à une température donnée, de la façon suivante.

$$v = k \cdot [A]^x \cdot [B]^y$$

10.4 La température du milieu réactionnel

- En général, une augmentation de la température du milieu réactionnel augmente la vitesse de réaction.

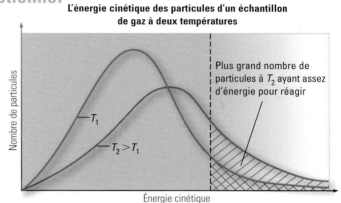

L'énergie cinétique des particules d'un échantillon de gaz à deux températures

Nombre de particules

T_1

$T_2 > T_1$

Plus grand nombre de particules à T_2 ayant assez d'énergie pour réagir

Énergie cinétique

10.5 Les catalyseurs

- Les catalyseurs sont des substances qui augmentent la vitesse de réaction sans changer le résultat de la transformation et sans être consommées par la réaction.
- L'utilisation d'un catalyseur diminue l'énergie d'activation, ce qui permet à un plus grand nombre de particules d'avoir l'énergie cinétique suffisante pour réagir.
- Un inhibiteur est une substance qui diminue la vitesse de réaction. Il agit en augmentant l'énergie d'activation de la réaction chimique.
- Un catalyseur homogène est une substance qui se trouve dans la même phase que les réactifs.
- Les êtres vivants dépendent de réactions chimiques catalysées par des enzymes, qui sont des catalyseurs biologiques homogènes.
- Un catalyseur hétérogène est une substance qui se trouve dans une phase différente de celle des réactifs de la réaction qu'il catalyse.

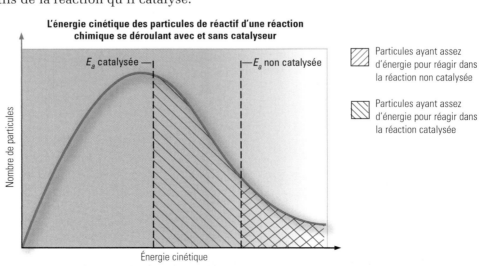

L'énergie cinétique des particules de réactif d'une réaction chimique se déroulant avec et sans catalyseur

Nombre de particules

E_a catalysée

E_a non catalysée

Énergie cinétique

Particules ayant assez d'énergie pour réagir dans la réaction non catalysée

Particules ayant assez d'énergie pour réagir dans la réaction catalysée

Les facteurs qui influencent la vitesse de réaction

1. Observez le graphique ci-dessous.

   a) Où sont situées les particules qui possèdent l'énergie suffisante pour produire des collisions efficaces ? Prenez comme référence la ligne d'énergie d'activation.

   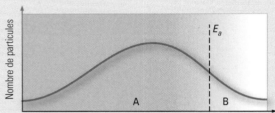

   b) Pour chacune des quatre situations suivantes, expliquez le changement que subira la courbe en précisant quel impact il aura sur le nombre de particules situées dans la section B de la courbe.

   1) On augmente la température.
   2) On abaisse la température.
   3) On ajoute un catalyseur.
   4) On ajoute des particules de réactif sans changer le volume.

2. Pour chacune des situations suivantes, nommez, en n'utilisant qu'un seul facteur, une action qui augmente la vitesse de réaction et une autre qui la diminue.

   a) La cuisson de pommes de terre.
   b) La fermentation d'un contenant de lait qui vient d'être acheté.
   c) Le brunissement de poires (oxydation).
   d) La décomposition d'un poisson qui vient d'être pêché.

3. Au laboratoire, on a fait réagir du magnésium (Mg) avec de l'acide sulfurique (H_2SO_4) concentré à 1,0 mol/L selon l'équation suivante :

$$Mg_{(s)} + H_2SO_{4\,(aq)} \rightarrow MgSO_{4\,(aq)} + H_{2\,(g)}$$

   Selon la loi des vitesses de réaction, quel effet aura chacun des quatre changements suivants ? Pour chaque situation, expliquez votre réponse.

   a) On ajoute des morceaux de magnésium.
   b) On ajoute de l'acide sulfurique de même concentration.
   c) On ajoute du magnésium en poudre.
   d) On augmente la concentration de l'acide sulfurique.

4. Observez les quatre réactions suivantes, puis répondez aux questions ci-dessous.

   1) $2\,Li_{(s)} + 2\,H_2O_{(l)} \rightarrow 2\,LiOH_{(aq)} + H_{2\,(g)}$
   2) $KCl_{(aq)} + AgNO_{3\,(aq)} \rightarrow KNO_{3\,(aq)} + AgCl_{(s)}$
   3) $2\,CH_3COOH_{(aq)} + Ba(OH)_{2\,(aq)} \rightarrow Ba(CH_3COO)_{2\,(aq)} + 2\,H_2O_{(l)}$
   4) $CH_{4\,(g)} + 2\,O_{2\,(g)} \rightarrow CO_{2\,(g)} + 2\,H_2O_{(g)}$

   a) Quelle est la réaction la plus rapide à la température de la pièce ? Expliquez votre réponse.

   b) Quelle est la réaction la plus lente à la température de la pièce ? Expliquez votre réponse.

   c) Laquelle des trois réactions en solution aqueuse est la plus rapide ? Expliquez votre réponse.

5. Le graphique a) ci-dessous représente l'énergie cinétique des particules de réactif et l'énergie d'activation d'une réaction à une température donnée. Le graphique b) représente la même réaction soumise à des conditions différentes. Quel(s) changement(s) de conditions justifie(nt) une telle modification dans le graphique b) ? Expliquez votre réponse.

   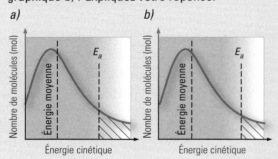

6. Le sel utilisé pour déglacer les entrées de maison contient du dichlorure de calcium ($CaCl_2$). Lorsque du sel de table (NaCl) est utilisé à sa place, la même réaction se produit, mais beaucoup plus lentement à des températures similaires. À quel facteur attribuez-vous cette différence ?

7. Un silo à grains rempli à moitié de farine de blé récolté dans les champs est en feu. Le service de sécurité incendie conclut rapidement que le feu a été provoqué par une étincelle et que la poussière de farine s'est enflammée presque instantanément. Comment expliquez-vous cela, sachant qu'un sac de farine s'enflamme très difficilement ?

8. Au laboratoire, il est possible de séparer l'huile essentielle du clou de girofle du reste de ses composantes solides. On vous donne le choix entre du clou de girofle entier ou moulu. Lequel choisirez-vous ? Expliquez votre choix.

9. Observez le graphique suivant, puis répondez aux questions ci-dessous.

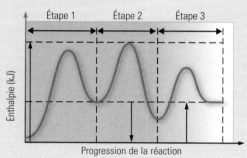

a) Quelle est l'étape déterminante ?

b) Quelle est l'étape la plus rapide ?

c) Quelle est l'étape exothermique ?

d) Sur quelle étape doit-on agir pour modifier la vitesse de la réaction globale ?

10. Observez le tableau suivant, représentant l'étude de la vitesse de décomposition du pentaoxyde de diazote (N_2O_5) en dioxyde d'azote (NO_2) et en dioxygène (O_2), puis répondez aux questions ci-dessous.

Essai	$[N_2O_5]$ (mol/L)	Vitesse de la réaction (mol/(L·s))
1	0,150 0	$2,44 \times 10^{-5}$
2	0,300 0	$1,03 \times 10^{-4}$
3	0,600 0	$2,13 \times 10^{-4}$

a) Déterminez l'équation de la vitesse de cette réaction.

b) Déterminez les valeurs des constantes de vitesse à l'essai 1 et à l'essai 3.

c) Comment pouvez-vous expliquer la différence dans la constante de vitesse entre l'essai 1 et l'essai 3 ?

11. Lors d'une expérience, vous utilisez une poudre qui réagit avec une substance en solution aqueuse. Vous vous apercevez alors que vous ne pouvez prendre aucune donnée se rapportant à votre expérience parce qu'elle se produit trop rapidement. Expliquez comment vous vous y prendrez pour diminuer la vitesse de celle-ci.

12. Pourquoi est-il interdit de fumer sur les lieux d'une station-service ?

13. Observez le graphique suivant.

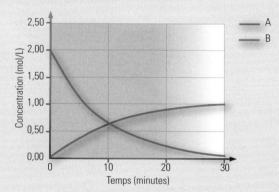

À quelle équation chimique le graphique correspond-il ? Expliquez votre choix.

a) $A \rightarrow B$ c) $3A \rightarrow B$ e) $B \rightarrow 2A$

b) $2A \rightarrow B$ d) $B \rightarrow A$ f) $B \rightarrow 3A$

14. Une chimiste veut évaluer l'effet de la température sur la vitesse de la combustion du propane (C_3H_8) qui s'effectue selon l'équation suivante :

$$C_3H_{8\,(g)} + 5\,O_{2\,(g)} \rightarrow 3\,CO_{2\,(g)} + 4\,H_2O_{\,(g)}$$

Elle fait l'expérience à 20 °C et elle recueille du dioxyde de carbone (CO_2) dans un ballon pendant la réaction. Le ballon se gonfle jusqu'à 75,5 mL à une pression de 100,6 kPa en 4 min 33 s.

a) Quelle est la vitesse de réaction en moles par seconde (mol/s) en fonction du dioxyde de carbone (CO_2) ?

b) Quelle est la vitesse de réaction en fonction du dioxygène (O_2) ?

c) Comment l'équation de la vitesse de cette réaction s'exprime-t-elle ?

L'ÉQUILIBRE CHIMIQUE

SOMMAIRE

CHAPITRE 11
L'aspect qualitatif de l'équilibre chimique 277

CHAPITRE 12
L'aspect quantitatif de l'équilibre chimique 307

La plupart des réactions observées au quotidien, comme la combustion du bois, sont des réactions complètes qui s'arrêtent lorsque les réactifs sont épuisés. Toutefois, il existe des réactions dans lesquelles les réactifs ne sont pas complètement consommés. Dans ces réactions, les réactifs et les produits se côtoient dans un système où un équilibre s'établit entre la réaction directe et la réaction inverse. Dans un tel système à l'équilibre, rien ne semble se produire. Pourtant, à l'image de ce danseur de *breakdance* dont les muscles travaillent sans arrêt pour le maintenir en équilibre sur ses mains, le système se comporte de façon dynamique, à l'échelle particulaire, de manière à rétablir l'équilibre lorsque des changements extérieurs viennent le perturber.

Dans ce module, vous serez en mesure de faire l'étude de l'équilibre chimique tant sous son aspect qualitatif que sous son aspect quantitatif. L'étude quantitative des constantes d'équilibre des acides et des bases vous permettra de déterminer, notamment, si un acide ou une base est faible ou fort.

MODULE 4
L'ÉQUILIBRE CHIMIQUE

CHAPITRE 11 **L'ASPECT QUALITATIF DE L'ÉQUILIBRE CHIMIQUE**

11.1 L'équilibre statique et l'équilibre dynamique

11.2 Les réactions irréversibles et réversibles

11.3 Les conditions nécessaires à l'obtention de l'équilibre

11.4 Le principe de Le Chatelier

11.5 Les facteurs qui influencent l'état d'équilibre

11.6 L'équilibre chimique au quotidien

CHAPITRE 12 **L'ASPECT QUANTITATIF DE L'ÉQUILIBRE CHIMIQUE**

12.1 La constante d'équilibre

12.2 L'équilibre ionique dans les solutions

L'aspect qualitatif de l'équilibre chimique

11

Ce volcan semble éteint ; il est en état d'équilibre. Pourtant, de nombreuses réactions s'y déroulent. Par exemple, la roche en fusion produit du magma chargé de gaz volcaniques qui, sous l'effet d'un changement de température ou de pression, s'échappent du magma. Ces changements peuvent provoquer la rupture de l'équilibre et déclencher une éruption volcanique.

Ainsi, derrière le calme apparent de plusieurs systèmes réactionnels se cachent des transformations entre les particules. Ce calme résulte souvent de l'établissement d'un état d'équilibre entre ces transformations.

Dans ce chapitre, vous étudierez les conditions qui permettent d'obtenir un état d'équilibre et les facteurs qui influencent cet état. Vous apprendrez aussi à prédire la façon dont un système à l'équilibre réagit aux perturbations qui lui sont imposées.

11.1 L'équilibre statique et l'équilibre dynamique 278

11.2 Les réactions irréversibles et réversibles 280

11.3 Les conditions nécessaires à l'obtention de l'équilibre 283

11.4 Le principe de Le Chatelier 288

11.5 Les facteurs qui influencent l'état d'équilibre 289

11.6 L'équilibre chimique au quotidien . . . 299

Rappels
Les changements de phase 15
La dissolution et la solubilité 15
La concentration et la dilution 16
Les réactions endothermiques et exothermiques 26

11.1 L'équilibre statique et l'équilibre dynamique

Un **équilibre statique** est l'état de ce qui reste au même point ou qui est maintenu immobile.

Un **équilibre dynamique** est le résultat de deux processus opposés s'effectuant à la même vitesse de sorte qu'aucun changement visible n'a lieu dans le système réactionnel. Il existe trois types d'équilibre dynamique : l'équilibre des phases, ou équilibre physique, l'équilibre de solubilité et l'équilibre chimique.

Figure 1 Cette structure de pierres empilées est un exemple d'équilibre statique.

Dans la vie de tous les jours, le terme « équilibre » est souvent employé pour désigner l'état de ce qui est immobile ou sans mouvement. Par exemple, une structure de pierres empilées les unes sur les autres de manière que chacune d'entre elles demeure immobile est considérée comme une structure à l'équilibre (*voir la figure 1*). Cet équilibre est nommé équilibre statique puisque, dans ce cas, il sert à désigner l'état immobile de la structure. En effet, un équilibre statique est l'état de ce qui reste au même point ou qui est maintenu immobile.

Paradoxalement, en chimie, le terme « équilibre » est utilisé pour décrire un état qui est loin d'être immobile. Au contraire, les différentes particules d'un système à l'état d'équilibre sont constamment en mouvement et se transforment constamment, bien qu'il n'y ait aucun changement apparent. C'est pourquoi cet équilibre est qualifié de dynamique.

Un équilibre dynamique est le résultat de deux processus opposés s'effectuant à la même vitesse de sorte qu'aucun changement visible n'a lieu dans le système réactionnel. L'équilibre dynamique peut être comparé au va-et-vient des joueurs d'une même équipe de hockey sur une patinoire pendant une partie. Les différents joueurs de l'équipe sont à tour de rôle soit sur la glace, soit sur le banc des joueurs mais, au cours de la partie, le nombre de joueurs sur la glace et le nombre de joueurs sur le banc ne varient pas.

En chimie, on compte généralement trois types d'équilibre dynamique : l'équilibre des phases, ou équilibre physique, l'équilibre de solubilité et l'équilibre chimique.

11.1.1 L'équilibre des phases

Un équilibre dynamique est qualifié d'**équilibre des phases** ou d'équilibre physique lorsqu'une seule substance se trouve dans plusieurs phases à l'intérieur d'un système à la suite d'une transformation physique.

L'évaporation de l'eau dans une bouteille fermée à une température constante est un exemple d'équilibre des phases (*voir la figure 2*). L'eau versée dans la bouteille s'évapore peu à peu. L'augmentation du nombre de molécules d'eau en phase gazeuse fait progressivement augmenter la pression partielle de la vapeur d'eau dans la bouteille, jusqu'à ce qu'elle atteigne sa valeur maximale et devienne constante.

Figure 2 Bien que rien ne semble se produire à l'intérieur de cette bouteille d'eau, les molécules d'eau passent constamment de la phase liquide à la phase gazeuse, et inversement, ce qui entraîne un état d'équilibre des phases.

À partir de ce moment, le nombre de molécules d'eau qui s'évaporent est égal au nombre de molécules d'eau qui se condensent. Le système eau-vapeur d'eau a alors atteint l'équilibre. Dans la bouteille, la vitesse de l'évaporation est la même que celle de la condensation de l'eau. En dépit du mouvement constant des molécules d'eau entre la phase liquide et la phase gazeuse, on ne perçoit aucun changement en observant l'eau de la bouteille à l'œil nu. Puisque cet équilibre implique la transformation d'une seule substance qui passe d'une phase à l'autre, il constitue un équilibre des phases.

11.1.2 L'équilibre de solubilité

L'équilibre de solubilité **est un état dans lequel un soluté est dissous dans un solvant ou une solution, et où un excès de ce soluté est en contact avec la solution saturée.**

Une tasse de thé contenant un dépôt de sucre ($C_{12}H_{22}O_{11}$), par exemple, est une solution dont le solvant est l'eau du thé et le soluté le sucre. Cette solution semble immobile à l'œil nu, et il serait facile de penser qu'il ne se passe rien puisque le sucre ne peut plus se dissoudre davantage dans l'eau (*voir la figure 3*).

La réalité est tout autre : le sucre solide en excès qui se dépose au fond de la tasse est continuellement en train de se dissoudre dans l'eau pour redevenir du sucre aqueux. La dissolution du sucre a lieu à la même vitesse que celle où le sucre dissous redevient solide. Ces deux processus opposés se produisent à la même vitesse et en même temps, ce qui entraîne un état d'équilibre.

Figure 3 Dans cette tasse de thé, il y a un équilibre de solubilité entre les molécules de sucre solides et les molécules de sucre dissoutes.

11.1.3 L'équilibre chimique

L'équilibre chimique **est un équilibre dynamique résultant de deux réactions chimiques opposées qui s'effectuent à la même vitesse, laissant ainsi la composition du système réactionnel inchangée.**

L'équilibre chimique est un équilibre plus complexe que l'équilibre des phases ou l'équilibre de solubilité puisqu'il implique la présence de plus d'une substance et que les transformations opposées qui sont en jeu sont des réactions chimiques. Pour qu'un équilibre dynamique puisse être qualifié d'équilibre chimique, il doit être le résultat d'une transformation chimique entre au moins deux substances différentes : un réactif et un produit.

La transformation du tétraoxyde de diazote (N_2O_4) en dioxyde d'azote (NO_2) constitue un exemple d'équilibre chimique (*voir la figure 4*). En effet, dans cette réaction, le réactif se transforme en produit et le produit se transforme en réactif, simultanément et à la même vitesse.

Tout comme dans le cas d'un équilibre des phases ou d'un équilibre de solubilité, la transformation des réactifs en produits et des produits en réactifs n'est pas perceptible à l'œil nu et tout semble immobile.

Figure 4 Dans cette éprouvette, le tétraoxyde de diazote (N_2O_4) gazeux se transforme constamment en dioxyde d'azote (NO_2) gazeux de couleur brun-rouge, et vice versa. Pourtant, ces transformations ne sont pas visibles.

11.2 Les réactions irréversibles et réversibles

Une réaction irréversible est une réaction qui ne peut se produire que dans un seul sens, des réactifs vers les produits.

Une réaction réversible est une réaction qui peut se produire dans les deux sens, des réactifs vers les produits ou des produits vers les réactifs.

Comme l'équilibre des phases et l'équilibre de solubilité, l'équilibre chimique met en jeu des transformations opposées. Cependant, dans un équilibre chimique, ces transformations sont obligatoirement des réactions chimiques. Ces réactions sont généralement qualifiées d'irréversibles ou de réversibles.

11.2.1 Les réactions chimiques irréversibles

Certaines réactions ont si peu tendance à aller dans la direction inverse qu'il est pratiquement impossible pour les produits de redevenir des réactifs. Par exemple, dans la combustion d'une bûche, le bois réagit avec l'oxygène de l'air pour produire de la cendre et de la fumée (*voir la figure 5*). Cette réaction chimique est irréversible : il est impossible de refaire du bois et de l'oxygène à partir de la cendre et de la fumée. La décomposition des aliments est un autre exemple de réaction irréversible (*voir la figure 6*). Les composés contenus dans les aliments sont transformés en composés azotés et en gaz carbonique sous l'action des micro-organismes.

Une réaction est irréversible lorsqu'elle est complète et elle cesse lorsqu'un seul ou tous les réactifs sont entièrement consommés (*voir la figure 7*).

Figure 5 La combustion du bois est une réaction chimique irréversible.

Figure 6 La décomposition des aliments est une réaction chimique irréversible.

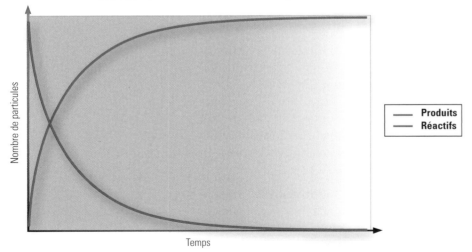

La variation du nombre de particules de réactifs et de produits dans une réaction irréversible au fil du temps

Nombre de particules

Temps

— Produits
— Réactifs

Figure 7 Dans une réaction irréversible, les réactifs sont entièrement consommés au profit de la production des produits.

La combustion du méthane est un exemple de réaction irréversible. La formation de dioxyde de carbone (CO_2) et de vapeur d'eau à partir du méthane (CH_4) et du dioxygène (O_2) est représentée par l'équation suivante.

$$CH_{4\,(g)} + 2\,O_{2\,(g)} \rightarrow CO_{2\,(g)} + 2\,H_2O_{(g)}$$

La flèche à sens unique allant de gauche à droite signale que les réactifs deviennent des produits et que la réaction est irréversible.

11.2.2 Les réactions chimiques réversibles

On peut penser que la plupart des réactions chimiques sont irréversibles et ne se déroulent que dans un seul sens. Les réactifs se transforment en produits jusqu'à ce qu'il n'y en ait plus et la réaction chimique cesse alors. Pourtant, en théorie, toutes les réactions chimiques sont réversibles : si des liaisons chimiques peuvent se briser, elles peuvent aussi se reformer.

Par exemple, la synthèse de l'iodure d'hydrogène (HI) gazeux à partir du dihydrogène (H_2) gazeux et de la vapeur de diiode (I_2) est représentée par l'équation suivante.

Réaction directe
$$H_{2\,(g)} + I_{2\,(g)} \rightarrow 2\,HI_{(g)}$$

La flèche allant de gauche à droite montre que les réactifs deviennent des produits. C'est ce qu'on appelle une réaction directe.

Cependant, cette équation ne correspond pas tout à fait à ce qui se déroule en réalité entre les molécules de dihydrogène gazeux et la vapeur de diiode et les molécules d'iodure d'hydrogène gazeux. En fait, le lien qui unit l'atome d'hydrogène et celui d'iode pour former une molécule d'iodure d'hydrogène gazeux peut facilement être brisé pour produire à nouveau du dihydrogène gazeux et de la vapeur de diiode. La décomposition de l'iodure d'hydrogène gazeux qui forme du dihydrogène gazeux et de la vapeur de diiode est, en fait, l'inverse de la réaction de synthèse de l'iodure d'hydrogène gazeux. Cette réaction inverse est représentée par l'équation suivante.

Réaction inverse
$$H_{2\,(g)} + I_{2\,(g)} \leftarrow 2\,HI_{(g)}$$

La flèche allant de droite à gauche signifie que les produits redeviennent des réactifs. C'est ce qu'on appelle une réaction inverse.

La combinaison de ces deux équations permet de décrire la véritable réaction qui a lieu entre les molécules de dihydrogène gazeux et la vapeur de diiode et les molécules d'iodure d'hydrogène gazeux. Cette réaction est une réaction réversible et elle est représentée par l'équation suivante.

Réaction directe
$$H_{2\,(g)} + I_{2\,(g)} \rightleftharpoons 2\,HI_{(g)}$$
Réaction inverse

La double flèche indique que la réaction peut se dérouler dans les deux sens. Une réaction réversible est donc une réaction pouvant s'effectuer dans un sens comme dans l'autre. Les réactifs sont transformés en produits, et ces produits sont à leur tour transformés en réactifs.

Puisqu'il existe un constant va-et-vient entre les molécules des réactifs et celles des produits, les molécules des réactifs ne sont jamais complètement transformées en produits. Les réactions réversibles ont tendance à atteindre un état d'équilibre dans lequel la réaction directe et la réaction inverse s'effectuent à la même vitesse.

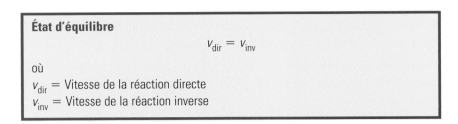

État d'équilibre

$$v_{dir} = v_{inv}$$

où

v_{dir} = Vitesse de la réaction directe
v_{inv} = Vitesse de la réaction inverse

Dans une réaction réversible à l'équilibre, la quantité de produits et de réactifs demeure constante et aucun changement n'est apparent, car le nombre de particules de réactifs et de produits reste constant (*voir la figure 8*).

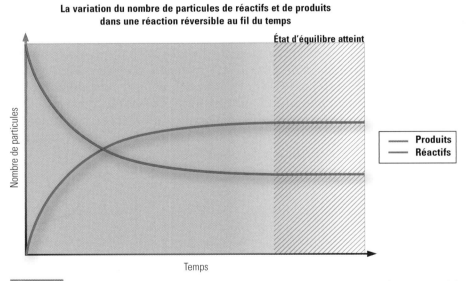

La variation du nombre de particules de réactifs et de produits dans une réaction réversible au fil du temps

État d'équilibre atteint

Nombre de particules

Temps

— Produits
— Réactifs

Figure 8 Au cours d'une réaction réversible, les réactifs ne sont pas entièrement transformés en produits.

Ainsi, une réaction chimique réversible s'effectue dans un sens et dans l'autre : les réactifs se transforment en produits, et les produits se transforment à leur tour pour redevenir des réactifs. Lorsque les vitesses de ces deux réactions opposées sont égales, l'équilibre chimique est atteint.

Tout comme dans le cas des réactions chimiques, les transformations impliquées dans l'équilibre des phases et dans l'équilibre de solubilité doivent aussi être réversibles.

11.3 Les conditions nécessaires à l'obtention de l'équilibre

Il y a trois conditions nécessaires pour obtenir l'équilibre : **il doit y avoir une transformation réversible se déroulant dans un système fermé dont les propriétés macroscopiques demeurent constantes.**

L'équilibre des phases, l'équilibre de solubilité et l'équilibre chimique sont des processus dynamiques. Cependant, le mouvement entre les particules n'est pas perceptible à l'œil nu. C'est pourquoi il est parfois difficile de déterminer si un système réactionnel est à l'équilibre. Il est donc important de vérifier si les trois conditions qui permettent d'obtenir l'équilibre sont respectées.

11.3.1 La transformation est réversible

Pour qu'un système réactionnel atteigne l'état d'équilibre, et ce, quel que soit le type d'équilibre, les transformations qui s'y déroulent doivent s'effectuer dans les deux sens. En d'autres mots, l'équilibre ne peut être atteint que lorsque les transformations sont réversibles.

Bien que toute transformation réversible puisse atteindre l'équilibre, on ne peut observer ce dernier que dans certaines conditions expérimentales. Par exemple, la quantité de soluté ou de solvant d'un système réactionnel peut lui permettre ou l'empêcher d'atteindre l'équilibre. Ainsi, la dissolution du chlorure de sodium (NaCl) dans l'eau sous la forme d'ions sodium (Na^+) et chlorure (Cl^-) est une transformation réversible représentée par l'équation suivante.

$$NaCl_{(s)} \rightleftharpoons Na^+_{(aq)} + Cl^-_{(aq)}$$

Selon les différentes conditions expérimentales, cette transformation peut atteindre ou non l'équilibre. Lorsque seulement une partie du chlorure de sodium est transformée en ions sodium et chlorure, il se forme un résidu de chlorure de sodium au fond du bécher, ce qui indique que la solution est saturée en sel (*voir la figure 9 a*). La présence simultanée de solvant et de soluté dans le bécher permet à la réaction d'atteindre un équilibre de solubilité. À ce moment, des particules de chlorure de sodium se transforment en ions sodium et chlorure alors que d'autres ions sodium et chlorure se transforment en chlorure de sodium. Lorsque les vitesses de ces deux transformations sont égales, l'équilibre est atteint.

Lorsque tout le chlorure de sodium s'est transformé en ions sodium et chlorure, on n'observe aucun précipité au fond du bécher (*voir la figure 9 b*). Cela indique que la solution n'est pas saturée en chlorure de sodium et que toutes les particules de soluté ont été dissoutes dans le solvant. Puisque le soluté est entièrement dissous, on considère cette transformation comme irréversible ou complète dans ces conditions expérimentales, et aucun équilibre n'est possible.

Pour qu'il y ait équilibre chimique, la transformation doit être une réaction réversible. Par exemple, la réaction de synthèse du sulfate de calcium ($CaSO_4$) et du chlorure de sodium (NaCl) à partir du sulfate de disodium (Na_2SO_4) et du dichlorure de calcium ($CaCl_2$) est une réaction réversible qu'on peut représenter par l'équation suivante.

$$Na_2SO_{4\,(s)} + CaCl_{2\,(aq)} \rightleftharpoons CaSO_{4\,(s)} + 2\,NaCl_{(aq)}$$

a) $NaCl_{(s)} \rightleftharpoons Na^+_{(aq)} + Cl^-_{(aq)}$

b) $NaCl_{(s)} \rightarrow Na^+_{(aq)} + Cl^-_{(aq)}$

Figure 9 L'état d'équilibre de solubilité est atteint seulement dans le bécher a parce que la solution est saturée en sel. Dans le bécher b, le sel est complètement dissous et aucune transformation ne se déroule.

Lorsqu'il y a présence simultanée des produits et des réactifs, la réaction réversible peut atteindre l'équilibre chimique. À ce moment, les réactifs se transforment en produits alors que les produits se transforment en réactifs. Lorsque les vitesses de ces deux réactions sont égales, l'équilibre chimique est atteint.

11.3.2 La transformation se déroule dans un système fermé

Voir **Les types de systèmes**, p. 131.

Lorsqu'un ou plusieurs produits issus d'une réaction chimique se dissipent dans le milieu environnant, il est impossible que la réaction atteigne l'équilibre chimique. Ce type de système réactionnel est nommé **système ouvert**, car il y a un échange de matière entre le système et le milieu environnant.

Une bouteille ouverte d'eau gazéifiée constitue un exemple de système ouvert. Les molécules de dioxyde de carbone (CO_2) gazeux s'échappent du contenant et sont libérées dans le milieu environnant (*voir la figure 10 a*).

Par opposition, un système fermé est un système réactionnel qui ne permet pas d'échange de matière avec le milieu environnant. Puisque aucune matière ne peut entrer dans le système ni en sortir, la quantité de matière impliquée demeure constante. Une bouteille fermée d'eau gazéifiée constitue un exemple de système fermé (*voir la figure 10 b*).

Les systèmes fermés permettent aux transformations réversibles d'atteindre l'équilibre. Lorsqu'on met de l'eau gazéifiée dans une bouteille et qu'on la ferme aussitôt, une certaine quantité du dioxyde de carbone (CO_2) contenu dans l'eau quitte cette dernière pour occuper l'espace restant entre le liquide et le bouchon (*voir la figure 11*). La pression du dioxyde de carbone à l'intérieur de la bouteille augmente jusqu'à ce qu'elle atteigne sa valeur maximale. Au bout d'un certain temps, la pression du dioxyde de carbone devient constante et l'équilibre de solubilité est atteint. À ce moment, la vitesse de dissolution du dioxyde de carbone gazeux dans l'eau est égale à la vitesse des molécules de gaz qui quittent l'eau. L'équilibre entre le dioxyde de carbone dissous dans l'eau et le dioxyde de carbone gazeux est représenté par l'équation suivante.

Figure 10 Deux bouteilles d'eau gazéifiée. Celle de gauche est ouverte et celle de droite est fermée. Comme le dioxyde de carbone (CO_2) peut s'échapper de la bouteille de gauche, celle-ci représente un système ouvert. Dans la bouteille de droite, le dioxyde de carbone ne peut pas s'échapper à cause du bouchon. C'est pourquoi cette bouteille constitue un système fermé.

$$CO_{2\,(aq)} \rightleftharpoons CO_{2\,(g)}$$

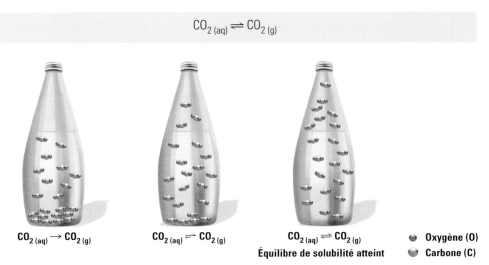

$CO_{2\,(aq)} \rightarrow CO_{2\,(g)}$ $CO_{2\,(aq)} \rightleftharpoons CO_{2\,(g)}$ $CO_{2\,(aq)} \rightleftharpoons CO_{2\,(g)}$ ● Oxygène (O)
Équilibre de solubilité atteint   ● Carbone (C)

Figure 11 Ce système fermé est constitué d'une bouteille remplie d'eau gazéifiée et fermée. Dans ce système, la transformation réversible du dioxyde de carbone (CO_2) qui se dissout dans l'eau finit par atteindre un état d'équilibre lorsque la vitesse de dissolution des molécules de dioxyde de carbone dans l'eau devient égale à la vitesse des molécules de dioxyde de carbone qui quittent l'eau.

Par ailleurs, un système qui n'est pas physiquement fermé n'est pas nécessairement un système ouvert. Dans certains cas, le contenant dans lequel se déroule la réaction peut être ouvert sans qu'il y ait d'échange de matière entre le système et le milieu environnant. C'est pourquoi on peut considérer un tel système comme fermé. Une solution saturée de chlorure de sodium (NaCl) dans un bécher en est un exemple (*voir la figure 12*). Cet équilibre est représenté par l'équation suivante.

$$NaCl_{(s)} \rightleftharpoons Na^+_{(aq)} + Cl^-_{(aq)}$$

Puisque l'évaporation de l'eau est négligeable sur une courte période de temps et que le chlorure de sodium dissous et le chlorure de sodium solide ne peuvent quitter le contenant, ce système est fermé, et ce, même si le bécher est ouvert.

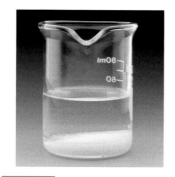

Figure 12 Bien qu'il soit ouvert, ce bécher constitue un système fermé où se déroule la transformation réversible de la dissolution de chlorure de sodium (NaCl) dans l'eau.

11.3.3 Les propriétés macroscopiques sont constantes

L'état d'équilibre est un phénomène visible à l'œil nu. Dans un système, lorsque l'équilibre est atteint, il n'y a plus de changements visibles et tout semble immobile, comme en témoignent les propriétés macroscopiques des substances. Parmi ces propriétés, on trouve la couleur, le volume, le pH, la température et la pression, qui sont tous observables et mesurables. On peut percevoir ces propriétés grâce à nos cinq sens ou on peut les détecter à l'aide d'instruments qui prolongent nos sens, tels que le manomètre, le thermomètre ou le pH-mètre.

Un système ayant atteint l'équilibre se caractérise par des propriétés macroscopiques constantes. Par exemple, la quantité d'eau qui ne change pas dans une bouteille fermée est un exemple de propriété macroscopique constante d'un système à l'équilibre des phases.

a)

La couleur violette, caractéristique du système à l'équilibre chimique entre l'iodure d'hydrogène (HI), le dihydrogène (H_2) et de diiode (I_2), est un autre exemple de propriété macroscopique constante (*voir la figure 13*). L'iodure d'hydrogène et le dihydrogène sont des gaz incolores, tandis que la vapeur de diiode est de couleur violet foncé. Cette réaction est représentée par l'équation suivante.

b)

$$H_{2\,(g)} + I_{2\,(g)} \rightleftharpoons 2\,HI_{(g)}$$
$$\text{incolore} \quad \text{violet} \quad \text{incolore}$$

Quand le dihydrogène et le diiode sont introduits dans un ballon, l'intérieur du ballon prend une coloration violet foncé en raison de la présence de la vapeur de diiode (*voir la figure 13 a*). La réaction entre le dihydrogène et la vapeur de diiode débute alors et il y a formation d'iodure d'hydrogène. Progressivement, la quantité de diiode diminue et la couleur du contenu du ballon pâlit (*voir la figure 13 b*). Toutefois, même après un très long laps de temps, le contenu du ballon ne devient jamais incolore. Au contraire, la couleur demeure constante, ce qui indique que les concentrations des réactifs et des produits ne varient plus. Le contenu du ballon reste violet pâle, ce qui montre que l'état d'équilibre est atteint et qu'il y a présence simultanée de dihydrogène, de diiode et d'iodure d'hydrogène (*voir la figure 13 c*).

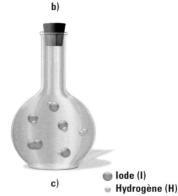

c)

● Iode (I)
● Hydrogène (H)

Figure 13 Lorsque l'équilibre est atteint entre le dihydrogène (H_2), le diiode (I_2) et l'iodure d'hydrogène (HI), on constate dans le ballon c que la coloration violette de la vapeur de diiode est faible mais reste stable.

L'état stationnaire

L'observation des propriétés macroscopiques constantes ne constitue pas à elle seule une preuve de l'état d'équilibre d'un système. En effet, cette condition est aussi présente dans le cas des systèmes à l'état stationnaire. Contrairement aux systèmes à l'équilibre, les systèmes en état stationnaire sont ouverts et la quantité d'énergie ou de matière qui sort du système est équivalente à celle qui y entre. C'est pourquoi, d'un point de vue macroscopique, les propriétés du système demeurent constantes.

Par exemple, une piscine remplie d'eau dont on maintient la température constante au moyen d'un chauffe-eau constitue un système stationnaire. De l'énergie, sous forme de chaleur, est continuellement transmise par le chauffe-eau à l'eau de la piscine. La quantité d'énergie que l'eau emmagasine ainsi est égale à la chaleur qu'elle perd à la surface et qui se dissipe dans le milieu environnant, ce qui fait que la piscine garde une température constante. Toutefois, le système étant à l'état stationnaire, aucun équilibre ne s'y établit.

Les propriétés microscopiques

Certaines propriétés sont imperceptibles à l'œil nu et même avec des instruments de mesure. Ce sont les propriétés microscopiques, nommées ainsi parce qu'elles décrivent la matière au niveau microscopique des atomes et des molécules. Pour expliquer ces propriétés, il faut souvent faire appel à l'imaginaire ou à des modèles mathématiques. La force des liens qui unissent deux atomes et la collision entre les différents atomes d'un mélange en solution sont des exemples de propriétés microscopiques.

S'il était possible d'observer les propriétés microscopiques d'un système à l'équilibre, la constante transformation entre les réactifs et les produits permettrait de constater son état dynamique. En effet, à l'échelle microscopique, il y a un mouvement continuel entre les particules impliquées dans les mélanges réactionnels qui sont dans un équilibre physique, de solubilité ou chimique.

Pour aller + loin

Un déséquilibre vital

L'influx nerveux circule sous la forme d'un signal électrique créé par un flux d'ions passant à travers la membrane qui entoure les neurones. Lorsque le neurone est au repos, il n'est pas à l'état d'équilibre avec le milieu extérieur, car l'intérieur du neurone est chargé négativement alors que l'extérieur est chargé positivement. Ce déséquilibre résulte principalement de la présence de nombreuses protéines chargées négativement à l'intérieur du neurone. Or le neurone doit conserver cet état de déséquilibre pour pouvoir fonctionner. C'est une enzyme qu'on appelle pompe sodium-potassium qui sert à lutter contre l'équilibre de concentration naturel qui tend à s'établir de part et d'autre de la membrane. En utilisant l'énergie emmagasinée à l'intérieur du neurone, cette pompe envoie trois ions sodium (Na^+) vers l'extérieur du neurone et amène deux ions potassium (K^+) à l'intérieur. Sans cette pompe, l'équilibre serait rapidement atteint et l'influx nerveux cesserait de circuler.

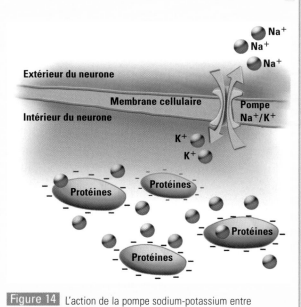

Figure 14 L'action de la pompe sodium-potassium entre l'intérieur et l'extérieur d'un neurone.

SECTION 11.2
SECTION 11.3

Les réactions irréversibles et réversibles
Les conditions nécessaires à l'obtention de l'équilibre

1. Déterminez si les transformations suivantes sont réversibles ou irréversibles. Expliquez votre réponse.
   a) La cuisson d'un œuf.
   b) La dissolution complète d'un morceau de métal dans l'acide.
   c) Une éprouvette contenant une solution aqueuse de sel et un résidu de sel au fond.
   d) La dissolution du dioxyde de carbone (CO_2) gazeux dans une bouteille de champagne.

2. Déterminez si les systèmes suivants sont ouverts ou fermés.
   a) Un bac de compostage.
   b) Une soupe dans un contenant isotherme.
   c) Une bonbonne de propane lorsque la valve est fermée.
   d) Une bouteille de parfum.
   e) Une chandelle allumée.
   f) Un volcan en éruption.

3. La combustion de l'éthanol (C_2H_6O) à l'air libre est décrite par l'équation suivante :

   $$C_2H_5OH_{(g)} + 3\,O_{2\,(g)} \rightarrow 2\,CO_{2\,(g)} + 3\,H_2O_{(g)} + 1\,409\ kJ$$

   En observant cette équation, expliquez pourquoi les combustions effectuées à l'air libre sont des réactions irréversibles.

4. Nommez trois exemples de propriétés macroscopiques autres que la couleur, le volume, le pH, la température et la pression.

5. Déterminez si les systèmes suivants sont à l'état d'équilibre. Dans le cas où le système est à l'équilibre, précisez de quel type d'équilibre il s'agit. Dans le cas où le système n'est pas à l'équilibre, déterminez laquelle ou lesquelles des trois conditions nécessaires à l'atteinte de l'état d'équilibre ne sont pas remplies.
   a) Un brûleur dont la hauteur et la couleur de la flamme sont constantes.
   b) Un gobelet isotherme fermé contenant du café et un dépôt de sucre au fond.
   c) L'eau d'un barrage hydroélectrique maintenue à un niveau constant pendant une semaine. La température et la pression du système sont constantes.
   d) Un bidon d'essence fermé.
   e) Un ballon fermé contenant un mélange de dioxyde d'azote (NO_2), de monoxyde d'azote (NO) et de dioxygène (O_2). La pression, la température et la couleur du mélange sont constantes.

6. Donnez deux exemples du quotidien où l'on peut observer un système à l'équilibre et donnez les conditions qui prouvent que le système est à l'équilibre.

7. Du sulfate de cuivre ($CuSO_4$), un composé solide bleu, se dissout en ions cuivre (Cu^{2+}) et en ions sulfate (SO_4^{2-}) dans l'eau selon l'équation suivante :

   $$CuSO_{4\,(s)} \rightleftharpoons Cu^{2+}_{\,(aq)} + SO_4^{2-}_{\,(aq)}$$

   a) Une certaine quantité de sulfate de cuivre est ajoutée à 1,0 L d'eau dans un ballon et ce dernier est ensuite refermé avec un bouchon. Au bout d'un certain temps, le sulfate de cuivre est complètement dissous et la solution à l'intérieur du ballon devient bleu pâle. La coloration de la solution, sa température ainsi que son volume sont constants. Expliquez pourquoi, malgré ses propriétés macroscopiques constantes, ce système n'est pas en équilibre.
   b) Quelles modifications pourriez-vous apporter aux conditions expérimentales pour obtenir un système susceptible d'atteindre l'état d'équilibre ?

8. Le vinaigre utilisé en cuisine est une solution acide formée par la dissociation de l'acide acétique (CH_3COOH) en ions acétate (CH_3COO^-) et en ions hydrogène (H^+) dans de l'eau. Cette réaction est représentée par l'équation suivante.

   $$CH_3COOH_{(aq)} + H_2O_{(l)} \rightleftharpoons CH_3COO^-_{\,(aq)} + H_3O^+_{\,(aq)}$$

   La carafe ci-contre contient une solution de vinaigre. Cette solution peut-elle avoir atteint l'état d'équilibre, et ce, malgré le fait qu'il n'y ait pas de dépôt au fond du contenant ? Expliquez votre réponse.

9. Un composé hypothétique d'intérêt industriel nommé composé C est synthétisé à partir des composés A et B selon l'équation suivante.

   $$A + B \rightleftharpoons C$$

   Pendant la conception du procédé industriel permettant la production du composé C, les ingénieurs devraient-ils faire en sorte que cette réaction atteigne l'état d'équilibre ? Expliquez votre réponse.

11.4 Le principe de Le Chatelier

Le principe de Le Chatelier **permet de prédire qualitativement le sens de la réaction (directe ou inverse) qui sera favorisée lorsque les conditions d'un système à l'équilibre sont modifiées.**

L'équilibre d'un système est fragile. Toute variation des conditions expérimentales dans lesquelles se déroule la réaction chimique peut perturber l'état d'équilibre et entraîner la réaction chimique dans un nouvel état d'équilibre. Par exemple, si on modifie des facteurs comme la concentration, la température ou la pression des substances d'un système réactionnel, cela peut avoir un effet sur son équilibre.

Il existe un énoncé général qui permet de prédire dans quel sens un système en équilibre chimique évoluera si on modifie ses conditions expérimentales. Cet énoncé porte le nom de principe de Le Chatelier.

> **Le principe de Le Chatelier**
>
> Le principe de Le Chatelier énonce que si on modifie les conditions d'un système à l'état d'équilibre, le système réagira de manière à s'opposer partiellement à cette modification jusqu'à ce qu'il ait atteint un nouvel état d'équilibre.

Ce principe permet de faire des prédictions qualitatives concernant la manière dont un système à l'équilibre réagira aux changements des conditions expérimentales.

Puisque l'état d'équilibre se décrit comme le résultat de deux réactions opposées s'effectuant à la même vitesse, tout changement dans la vitesse de la réaction directe ou inverse perturbera l'équilibre. Si une modification des conditions expérimentales favorise l'augmentation de la vitesse de la réaction directe et que cette vitesse devient supérieure à celle de la réaction inverse, l'équilibre sera rompu. La réaction directe étant temporairement favorisée par rapport à l'état initial, l'équilibre se déplacera vers la formation des produits.

Réactifs ⇌ **Produits**

La demi-flèche la plus longue indique la réaction qui est favorisée. Ci-dessus, il s'agit de la réaction directe, soit celle qui pointe vers les produits.

L'équilibre sera également rompu si une modification des conditions expérimentales favorise l'augmentation de la vitesse de la réaction inverse et que cette vitesse devient supérieure à celle de la réaction directe. La réaction inverse étant favorisée, l'équilibre se déplacera vers la formation des réactifs.

Réactifs ⇌ Produits

La demi-flèche la plus longue indique la réaction qui est favorisée. Ci-dessus, il s'agit de la réaction inverse, soit celle qui pointe vers les réactifs.

11.5 Les facteurs qui influencent l'état d'équilibre

Les trois facteurs qui influencent l'état d'équilibre **chimique d'un système sont :** **la concentration des réactifs ou des produits, la température et la pression.**

Ajouter un catalyseur **permet à un système d'atteindre plus rapidement l'état d'équilibre, mais cela n'exerce pas d'influence sur cet équilibre.**

En appliquant le principe de Le Chatelier, on peut prédire les conséquences de la variation de la concentration, de la température et de la pression sur un système à l'équilibre et déterminer le sens du déplacement de la réaction. Selon le sens de ce déplacement, les réactifs ou les produits seront favorisés.

Dans l'industrie, quand des ingénieurs chimistes fabriquent un composé chimique, c'est généralement en modifiant les facteurs qui influencent l'état d'équilibre qu'ils parviennent à obtenir la plus grande quantité possible de ce composé. C'est ainsi que, en 1912, le scientifique allemand Fritz Haber détermine les meilleures conditions pour obtenir une grande quantité d'ammoniac (NH_3) à partir de diazote (N_2) et de dihydrogène (H_2) selon l'équation suivante.

$$N_{2\,(g)} + 3\,H_{2\,(g)} \rightleftharpoons 2\,NH_{3\,(g)}$$

Les travaux d'Haber consistent à calculer la quantité d'ammoniac formée dans différentes conditions expérimentales. Les résultats de ses expériences permettent de déterminer les conditions de température et de pression optimales pour produire l'ammoniac. Son procédé industriel de fabrication de l'ammoniac, appelé procédé d'Haber, est encore utilisé aujourd'hui pour fabriquer des engrais chimiques et de nombreux composés dérivés de l'azote.

11.5.1 La variation de la concentration

On peut prédire l'influence de la variation de la concentration des réactifs ou des produits sur l'état d'équilibre d'un système chimique en utilisant le principe de Le Chatelier de la manière suivante.

> **Principe de Le Chatelier appliqué à une variation de la concentration**
> Toute augmentation de la concentration d'une substance d'un système réactionnel à l'équilibre déplace cet équilibre en favorisant la réaction permettant de diminuer en partie la concentration de cette substance.
>
> Toute diminution de la concentration d'une substance d'un système réactionnel à l'équilibre déplace cet équilibre en favorisant la réaction permettant d'augmenter en partie la concentration de cette substance.

On peut étudier l'effet d'une variation de la concentration des réactifs ou des produits sur l'équilibre chimique d'une réaction en observant la formation de l'ammoniac (NH_3) à partir de diazote (N_2) et de dihydrogène (H_2) (*voir la figure 15, à la page 290*).

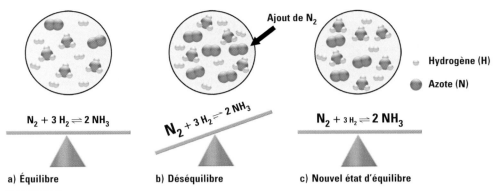

Hydrogène (H)

Azote (N)

$N_2 + 3H_2 \rightleftharpoons 2NH_3$

$N_2 + 3H_2 \rightleftharpoons 2NH_3$

$N_2 + 3H_2 \rightleftharpoons 2NH_3$

Ajout de N_2

a) **Équilibre**　　b) **Déséquilibre**　　c) **Nouvel état d'équilibre**

Figure 15 L'état d'équilibre du mélange réactionnel (a) est perturbé par l'augmentation de la concentration du diazote (b). Pour s'opposer à ce changement, le système réagit en favorisant la formation d'ammoniac, et ce, jusqu'à ce qu'un nouvel état d'équilibre soit atteint (c).

L'état d'équilibre (*voir la figure 15 a*) est rompu par l'ajout de diazote (*voir la figure 15 b*). Le principe de Le Chatelier précise que le système réagit de façon à s'opposer au changement qui lui est imposé en éliminant une partie de la substance ajoutée. Pour ce faire, la réaction directe est favorisée (*voir la figure 15 b*) jusqu'à ce qu'un nouvel état d'équilibre soit atteint (*voir la figure 15 c*).

Voir **La concentration des réactifs et la loi des vitesses de réaction**, p. 253.

Voir **Les types de collisions**, p. 236.

Le déplacement de cet équilibre s'explique par la **vitesse de réaction** et la **théorie des collisions**. En effet, quand on ajoute du diazote, le nombre de collisions entre les molécules de diazote et les molécules de dihydrogène augmente. Par conséquent, le nombre de collisions efficaces augmente aussi, ce qui fait augmenter la vitesse de la réaction directe. La formation de l'ammoniac est donc favorisée et sa concentration augmente. Au même moment, la concentration de diazote et de dihydrogène diminue. Toutefois, cette plus grande quantité d'ammoniac provoque aussi une augmentation de la vitesse de la réaction inverse, entraînant ainsi le ralentissement de la disparition de diazote et de dihydrogène. Lorsque les vitesses des réactions directe et inverse redeviennent égales, un nouvel état d'équilibre est atteint, avec de nouvelles concentrations de diazote, de dihydrogène et d'ammoniac (*voir la figure 16*).

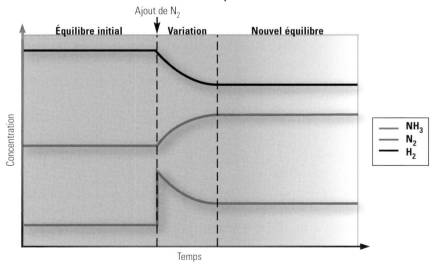

La variation des concentrations des substances d'un système en fonction du temps

Ajout de N_2

Équilibre initial　　**Variation**　　**Nouvel équilibre**

Concentration

— NH₃
— N₂
— H₂

Temps

Figure 16 Lorsqu'on ajoute du diazote au système à l'équilibre, une partie du diazote réagit avec le dihydrogène pour former de l'ammoniac jusqu'à ce qu'un nouvel équilibre soit atteint.

Ainsi, une fois le nouvel équilibre atteint, la concentration finale d'ammoniac est plus élevée que celle de l'état d'équilibre initial puisque le système a favorisé la réaction directe. C'est pourquoi la concentration des réactifs diminue. Toutefois, la concentration finale de diazote est plus grande que sa concentration initiale. En effet, comme le principe de Le Chatelier l'indique, le système s'oppose partiellement au changement, de sorte que le diazote ajouté n'est pas totalement consommé. Ainsi, le nouvel état d'équilibre se crée avec une concentration d'ammoniac et de diazote plus élevée, alors que celle du dihydrogène a baissé.

Par contre, dans certains cas où le système à l'équilibre contient une substance en phase solide ou liquide, ajouter ou enlever une partie de cette substance ne modifie pas l'équilibre. Par exemple, la réaction de la décomposition du carbonate de calcium ($CaCO_3$) en oxyde de calcium (CaO) et en dioxyde de carbone (CO_2) est une réaction réversible réprésentée par l'équation suivante.

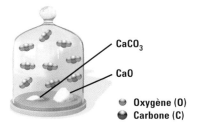

$$CaCO_{3\,(s)} \rightleftharpoons CaO_{(s)} + CO_{2\,(g)}$$

Dans ce cas, l'ajout ou le retrait d'une partie du carbonate de calcium ou de l'oxyde de calcium ne modifiera pas la vitesse des réactions directe et inverse (*voir la figure 17*). En effet, la concentration de dioxyde de carbone reste stable même si la quantité de solide varie.

Figure 17 À température constante, peu importe la quantité des deux solides présents, la concentration de dioxyde de carbone (CO_2) à l'équilibre reste stable.

L'exemple présenté à la page 292 montre comment prédire le sens du déplacement d'une réaction chimique à l'état d'équilibre à la suite d'une variation de la concentration en appliquant le principe de Le Chatelier.

≪INFO SCIENCE

La variation de concentration

La plupart des réactions chimiques tendent à atteindre l'état d'équilibre. Cependant, lorsqu'un mélange réactionnel est maintenu loin de son état d'équilibre, il est possible que la concentration des substances ne soit pas partout la même au sein du mélange réactionnel.

Les taches du pelage des mammifères comme le léopard ou le zèbre sont de parfaits exemples de réactions qui n'ont pas atteint l'état d'équilibre. Chez les mammifères, des cellules spécialisées de la peau, nommées mélanocytes, déterminent la couleur du poil grâce à la mélanine, un pigment qu'elles fabriquent.

Deux types distincts de mélanine peuvent être produits : l'un donnant du poil noir ou brun et l'autre donnant du poil jaune ou roux. Pendant le développement embryonnaire de l'animal, les deux types de mélanine réagissent l'un avec l'autre et se déplacent vers les poils à des vitesses différentes. Lorsque les deux pigments se déplacent à des vitesses égales, l'état d'équilibre est rapidement atteint et la concentration de chacun des pigments demeure stable : le pelage de l'animal sera donc de couleur uniforme. En revanche, si les vitesses de déplacement sont différentes et que l'état d'équilibre ne peut être atteint, la concentration des deux types de pigments variera selon la région, et des motifs ou des taches apparaîtront sur le pelage de l'animal.

Figure 18 Le pelage tacheté du léopard s'explique par une variation de concentration des pigments.

Exemple

Le méthanol (CH$_3$OH) est un alcool qu'on produit de façon industrielle à partir de monoxyde de carbone (CO) et de dihydrogène (H$_2$). L'état d'équilibre de cette réaction est représenté par l'équation suivante.

$$CO_{(g)} + 2\,H_{2\,(g)} \rightleftharpoons CH_3OH_{(g)}$$

Quelle influence exercera l'ajout de monoxyde de carbone sur la concentration de chaque substance impliquée dans la réaction ?

Pour prédire les effets de ce déséquilibre sur la concentration, il faut :

① ⇧ CO$_{(g)}$

CO$_{(g)}$ + 2 H$_{2\,(g)}$ ⇌ CH$_3$OH$_{(g)}$

→

② réaction directe

③ ↓ ↓ ↑

❶ déterminer si la substance ajoutée est un réactif ou un produit ;

❷ appliquer le principe de Le Chatelier pour trouver le sens de la réaction qui sera favorisée ;

❸ déterminer les effets du déplacement de l'équilibre sur la concentration de chaque substance impliquée dans la réaction.

Réponse : À la suite de l'ajout de monoxyde de carbone (CO), la concentration du monoxyde de carbone et du dihydrogène (H$_2$) diminue alors que celle du méthanol (CH$_3$OH) augmente.

En procédant ainsi, on peut déterminer l'influence de la variation de la concentration des autres substances de ce système en équilibre chimique.

Les effets des changements de concentration sur l'équilibre du système.

Modifications du système à l'équilibre	[CO]	[H$_2$]	Sens du déplacement	[CH$_3$OH]	Réaction favorisée
Ajout de H$_2$ ⇧	↓	↓	→	↑	Directe
Ajout de CH$_3$OH ⇧	↑	↑	←	↓	Inverse
Retrait de CO ⇩	↑	↑	←	↓	Inverse
Retrait de H$_2$ ⇩	↑	↑	←	↓	Inverse
Retrait de CH$_3$OH ⇩	↓	↓	→	↑	Directe

11.5.2 La variation de la température

Voir **Les transformations endothermiques et exothermiques**, p. 150.

L'étude de l'influence de la température sur l'équilibre se fait en tenant compte de l'énergie impliquée au cours de la réaction. L'effet sera différent selon que la réaction est **endothermique** ou **exothermique**.

En effet, c'est à partir de cette caractéristique qu'il est possible d'établir quelles seront les conséquences de la variation de la température selon le principe de Le Chatelier. Pour déterminer la réaction qui sera favorisée si le système est chauffé ou refroidi, on peut considérer l'énergie comme un réactif ou comme un produit, Ainsi, on peut prédire l'influence de la variation de la température sur l'état d'équilibre d'un système réactionnel en utilisant le principe de Le Chatelier de la manière suivante.

Le principe de Le Chatelier appliqué à une variation de la température

Toute augmentation de la température d'un système réactionnel à l'équilibre déplace cet équilibre en favorisant la réaction endothermique.

Toute diminution de la température d'un système réactionnel à l'équilibre déplace cet équilibre en favorisant la réaction exothermique.

On peut étudier l'influence de la température sur l'état d'équilibre en chauffant un système réactionnel où se déroule la réaction réversible dans laquelle le dioxyde d'azote (NO_2) se transforme en tétraoxyde de diazote (N_2O_4) (*voir la figure 19*).

a) **Équilibre**   b) **Déséquilibre**   c) **Nouvel état d'équilibre**

Figure 19 L'état d'équilibre du mélange réactionnel (a) est perturbé par l'augmentation de la température (b). Pour s'opposer à ce changement, le système favorise la réaction endothermique, et ce, jusqu'à ce qu'un nouvel état d'équilibre soit atteint (c).

À l'équilibre, la réaction directe est exothermique et l'énergie est considérée comme un produit (*voir la figure 19 a*). Comme l'augmentation de la température équivaut à un ajout d'énergie sous forme de chaleur dans le système (*voir la figure 19 b*), selon le principe de Le Chatelier, le système réactionnel réagit de façon à s'opposer partiellement à ce changement. Par conséquent, l'équilibre se déplace vers la réaction qui lui permet d'absorber, en partie, ce surplus d'énergie, soit la réaction inverse puisqu'elle est endothermique. La formation de réactifs est donc favorisée jusqu'à l'établissement d'un nouvel état d'équilibre (*voir la figure 19 c*).

Ainsi, le principe de Le Chatelier permet de prédire que l'abaissement de la température de ce système déplacera l'équilibre vers la formation des produits, soit le tétraoxyde de diazote. La réaction exothermique, qui est dans ce cas la réaction directe, sera favorisée jusqu'à ce qu'un nouvel état d'équilibre soit atteint.

L'influence de la température sur l'état d'équilibre peut facilement être observée par le changement de la couleur de ce système réactionnel. Quand le système est chauffé, la réaction inverse est favorisée et le tétraoxyde de diazote, un gaz incolore, se transforme en dioxyde d'azote (NO_2), un gaz brun (*voir la figure 20 a*). Cependant, lorsque le système est refroidi, la réaction directe est favorisée et une partie du dioxyde d'azote est convertie en tétraoxyde de diazote (*voir la figure 20 b*). Le contenu du ballon redevient alors brun pâle, car il y a moins de dioxyde d'azote.

a)   b)

Figure 20 L'augmentation de la température augmente la vitesse de conversion du tétraoxyde de diazote (N_2O_4), ce qui se traduit par un changement de la coloration du contenu du ballon. Ce dernier devient alors brun foncé parce qu'il contient plus de dioxyde d'azote (NO_2).

Voici un exemple qui montre comment prédire le sens du déplacement de l'équilibre d'un système à la suite d'une variation de température en appliquant le principe de Le Chatelier.

Exemple

Le pentachlorure de phosphore (PCl_5) est utilisé dans la synthèse de nombreux composés chlorés. En phase gazeuse, il se décompose en dichlore (Cl_2) et en trichlorure de phosphore (PCl_3). À l'équilibre, le système est décrit par l'équation suivante.

$$PCl_{5\,(g)} \rightleftharpoons Cl_{2\,(g)} + PCl_{3\,(g)} \qquad \Delta H = 156,5 \text{ kJ}$$

Quelle influence exercera l'augmentation de la température sur la concentration de chaque substance impliquée dans la réaction?

$$\text{①} \uparrow T \quad \text{②} \ PCl_{5\,(g)} + 156,5 \text{ kJ} \ \rightleftharpoons \ Cl_{2\,(g)} + PCl_{3\,(g)}$$

$$\longrightarrow$$

$$\text{③} \qquad\qquad\qquad \text{réaction directe}$$

$$\text{④} \qquad \downarrow \qquad\qquad \uparrow \qquad\quad \uparrow$$

Pour prédire les effets de l'augmentation de la température sur la concentration, il faut :

① déterminer si la réaction est endothermique ou exothermique. Ici, la variation d'enthalpie est positive, donc la réaction est endothermique;

② intégrer à l'équation l'énergie de la réaction. Si la réaction est endothermique, on ajoute l'énergie du côté des réactifs; si la réaction est exothermique, on ajoute l'énergie du côté des produits;

③ appliquer le principe de Le Chatelier pour déterminer le sens de la réaction qui sera favorisée;

④ déterminer les effets du déplacement de l'équilibre sur la concentration de chaque substance impliquée dans la réaction.

Réponse : À la suite d'une augmentation de la température, la concentration du pentachlorure de phosphore (PCl_5) diminue et celle du dichlore (Cl_2) et du trichlorure de phosphore (PCl_3) augmente.

En procédant ainsi, on peut déterminer l'influence de la variation de la température sur la concentration de toutes les substances de ce système en équilibre chimique.

Les effets des changements de température sur l'équilibre du système.

Modifications du système à l'équilibre	$[PCl_5]$	Énergie	Sens du déplacement	$[Cl_2]$	$[PCl_3]$	Réaction favorisée
Augmentation de la température ⊙↑	↓	↑	→	↑	↑	Directe
Diminution de la température ⊙↓	↑	↓	←	↓	↓	Inverse

11.5.3 La variation de la pression

On peut prédire l'influence de la variation de la pression sur l'état d'équilibre d'un système chimique en utilisant le principe de Le Chatelier de la manière suivante.

> **Le principe de Le Chatelier appliqué à la variation de la pression**
>
> Dans un système réactionnel à l'équilibre, toute augmentation de la pression déplace cet équilibre en favorisant la réaction produisant le plus petit nombre de molécules de gaz.
>
> Dans un système réactionnel à l'équilibre, toute diminution de la pression déplace cet équilibre en favorisant la réaction produisant le plus grand nombre de molécules de gaz.

L'influence de la variation de la pression sur un système à l'équilibre est intimement liée à la **loi générale des gaz**. Cette loi précise que la pression est directement proportionnelle à la température et au nombre de moles de particules gazeuses, mais inversement proportionnelle au volume occupé par le gaz. En fait, dans un système à l'équilibre, l'influence de la variation de la pression vient du fait qu'elle provoque une variation de la concentration de toutes les substances qui sont en phase gazeuse dans le système. Ainsi, si on diminue de moitié le volume d'un contenant comprenant des substances gazeuses, la concentration de ces gaz doublera (*voir la figure 21*).

Voir **La loi générale des gaz**, p. 105.

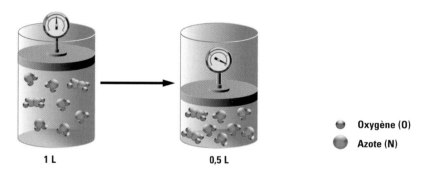

Oxygène (O)

Azote (N)

1 L   **0,5 L**

Figure 21 L'augmentation de la pression provoquée par la diminution du volume de ce système comprime les molécules gazeuses de tétraoxyde d'azote (N_2O_4) et de dioxyde d'azote (NO_2), et fait augmenter leur concentration.

Dans un système à l'équilibre, la variation de la pression n'a d'influence que si ce système contient au moins une substance en phase gazeuse. Les liquides et les solides étant pratiquement incompressibles, une variation de la pression du système n'exercera pas d'influence sur leur concentration.

Pour étudier la variation de la pression provoquée par un changement de volume, il faut d'abord considérer le nombre total de moles de réactifs gazeux et le nombre total de moles de produits gazeux. Une mole de tétraoxyde d'azote (N_2O_4) qui produit deux moles de dioxyde d'azote (NO_2) constitue une réaction réversible. Cette réaction est décrite par l'équation suivante.

$$N_2O_{4\,(g)} \rightleftharpoons 2\,NO_{2\,(g)}$$

On peut voir l'influence de la variation de la pression sur ce système à l'équilibre en observant les changements de couleur dans un récipient contenant du tétraoxyde d'azote, un gaz incolore, et du dioxyde d'azote, un gaz de couleur brune (*voir la figure 22, à la page 296*).

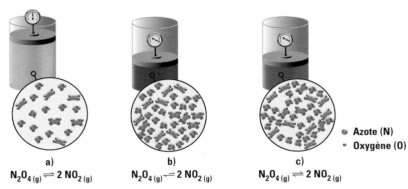

a)
$N_2O_{4(g)} \rightleftharpoons 2\ NO_{2(g)}$

b)
$N_2O_{4(g)} \rightleftharpoons 2\ NO_{2(g)}$

c)
$N_2O_{4(g)} \rightleftharpoons 2\ NO_{2(g)}$

● Azote (N)
• Oxygène (O)

Figure 22 L'éclaircissement de la coloration brune du mélange de tétraoxyde de diazote (N_2O_4) et de dioxyde d'azote (NO_2) permet de voir le déplacement de l'équilibre vers les réactifs à la suite d'une augmentation de la pression dans le système.

À l'équilibre, la présence de dioxyde d'azote donne au système une couleur brun pâle (*voir la figure 22 a*). Lorsque, dans le système, le volume diminue et la pression augmente, la concentration de dioxyde d'azote et de tétraoxyde de diazote augmente, et le mélange apparaît brun foncé en raison de l'augmentation de la concentration de dioxyde d'azote (*voir la figure 22 b*).

Le principe de Le Chatelier énonce que le système réactionnel réagit à l'augmentation de la pression de façon à s'opposer à ce changement. Par conséquent, l'équilibre se déplace vers la réaction qui lui permet de diminuer le nombre de molécules gazeuses. Ainsi, selon les coefficients stœchiométriques de l'équation, le système favorise la réaction inverse en formant du tétraoxyde d'azote puisque cette réaction abaisse le nombre de molécules dans le système. En effet, en favorisant la réaction inverse, chaque fois que deux molécules de dioxyde d'azote s'unissent pour former une molécule de tétraoxyde de diazote, le nombre de molécules est diminué de moitié, ce qui fait diminuer la pression. La formation des réactifs est favorisée jusqu'à l'établissement d'un nouvel état d'équilibre déterminé par le changement de pression.

Ces changements entraînent l'éclaircissement progressif de la couleur du mélange. Lorsque le nouvel état d'équilibre est atteint, la couleur du mélange est plus pâle (*voir la figure 22 c*) que lorsque l'équilibre a été rompu (*voir la figure 22 b*).

Inversement, le principe de Le Chatelier permet de prédire que la diminution de la pression de ce système déplacerait l'équilibre vers la formation de dioxyde d'azote. Ainsi, la réaction directe serait favorisée jusqu'à ce qu'un nouvel équilibre soit atteint.

Toutefois, dans un système, la variation de la pression n'exerce pas d'influence sur une réaction qui comporte un nombre égal de molécules de réactifs et de produits en phase gazeuse. Par exemple, le chlorure d'hydrogène (HCl) se forme à partir de dihydrogène (H_2) et de dichlore (Cl_2) selon l'équation à l'équilibre suivante.

$$H_{2(g)} + Cl_{2(g)} \rightleftharpoons 2\ HCl_{(g)}$$

Puisqu'il y a deux moles de gaz du côté des réactifs et deux moles de gaz du côté des produits, une variation de la pression du système n'aura pas d'influence sur son état d'équilibre.

Exemple

Le dichlorure de sulfuryle (SO_2Cl_2) est synthétisé à partir de dioxyde de soufre (SO_2) et de dichlore (Cl_2) selon l'équation à l'équilibre suivante.

$$SO_{2\,(g)} + Cl_{2\,(g)} \rightleftharpoons SO_2Cl_{2\,(g)}$$

Quelle influence exercera une augmentation de la pression sur la concentration de chaque substance impliquée dans la réaction?

$$\uparrow P \qquad ① \quad SO_{2\,(g)} + Cl_{2\,(g)} \;\rightleftharpoons\; SO_2Cl_{2\,(g)} \quad ①$$

2 moles de gaz $\qquad\qquad\qquad\qquad$ 1 mole de gaz

$$② \qquad\qquad \text{réaction directe} \longrightarrow$$

$$③ \qquad \downarrow \qquad \downarrow \qquad\qquad \uparrow$$

Pour prédire les effets de l'augmentation de la pression sur la concentration, il faut:

① déterminer le nombre de moles de gaz du côté des réactifs et du côté des produits;

② appliquer le principe de Le Chatelier pour établir le sens de la réaction favorisée;

③ déterminer les effets du déplacement de l'équilibre sur la concentration de chaque substance impliquée dans la réaction.

Réponse: La concentration du dioxyde de soufre (SO_2) et du dichlore (Cl_2) diminue et celle du dichlorure de sulfuryle (SO_2Cl_2) augmente.

En procédant ainsi, on peut déterminer l'influence de la variation de la pression sur toutes les substances en phase gazeuse dans ce système en équilibre chimique.

Les effets des changements de pression sur l'équilibre du système.

Modifications du système à l'équilibre		[SO_2]	[Cl_2]	Sens du déplacement	[SO_2Cl_2]	Réaction favorisée
Augmentation de la pression	$\uparrow$	$\downarrow$	$\downarrow$	$\rightarrow$	$\uparrow$	Directe
Diminution de la pression	$\downarrow$	$\uparrow$	$\uparrow$	$\leftarrow$	$\downarrow$	Inverse

11.5.4 L'ajout d'un catalyseur

Les **catalyseurs** sont des substances qui augmentent la vitesse de réaction sans changer le résultat de la transformation. Ils diminuent l'énergie d'activation en permettant à un plus grand nombre de particules d'avoir l'énergie cinétique suffisante pour réagir.

Voir **Les catalyseurs**, p. 262.

Dans une réaction réversible, un catalyseur augmente la vitesse de la réaction directe et celle de la réaction inverse. Conséquemment, il ne modifie pas l'équilibre du système, mais il permet à l'équilibre d'être atteint plus rapidement en abaissant l'énergie d'activation de la réaction directe et celle de la réaction inverse. Lorsque l'équilibre est atteint, les concentrations des réactifs et des produits sont identiques à celles obtenues en l'absence de catalyseur. Par exemple, la majeure partie du dihydrogène (H_2) produit industriellement est synthétisée à partir de méthane (CH_4) et de vapeur d'eau. Cette réaction est réversible et atteint l'état d'équilibre représenté par l'équation suivante.

$$CH_{4\,(g)} + H_2O_{\,(g)} \rightleftharpoons CO_{\,(g)} + 3\,H_{2\,(g)}$$

Dans l'industrie, on ajoute aussi du nickel (Ni) au mélange réactionnel. Le nickel agit comme catalyseur et permet d'atteindre plus rapidement l'équilibre, ce qui maximise le rendement de la réaction. Le dihydrogène produit est employé dans de nombreux procédés industriels telles la fabrication d'engrais chimiques et la production de carburant pour fusées (*voir la figure 23*).

Figure 23 Le décollage d'une fusée propulsée au dihydrogène (H_2) et au dioxygène (O_2) liquides.

1. Observez chacune des réactions à l'état d'équilibre ci-dessous et répondez aux questions qui suivent.

   A $CO_{2(g)} + H_{2(g)} \rightleftharpoons CO_{(g)} + H_2O_{(g)} +$ énergie

   B $2\,CO_{(g)} + O_{2(g)} \rightleftharpoons 2\,CO_{2(g)} +$ énergie

   C $NO_{(g)} + CO_{2(g)} \rightleftharpoons NO_{2(g)} + CO_{(g)} +$ énergie

   D $CaCO_{3(s)} +$ énergie $\rightleftharpoons CaO_{(s)} + CO_{2(g)}$

   a) Pour chacune des équations, quelle réaction sera favorisée par l'ajout de dioxyde de carbone (CO_2) dans le système ?

   b) Pour chacune des équations, quelle réaction sera favorisée par une augmentation de la pression dans le système ?

   c) Pour chacune des équations, quelle réaction sera favorisée par une diminution de la température dans le système ?

2. On synthétise le trioxyde de soufre (SO_3) à partir de dioxyde de soufre (SO_2) et de dioxygène (O_2) selon l'équation suivante :

   $$2\,SO_{2(g)} + O_{2(g)} \rightleftharpoons 2\,SO_{3(g)} \qquad \Delta H = -98,9\ \text{kJ}$$

   Quelle réaction sera favorisée si :

   a) on augmente la température du système ?

   b) on diminue la pression du système en augmentant son volume ?

   c) on ajoute du dioxygène (O_2) ?

   d) on ajoute un catalyseur ?

3. La fabrication industrielle de l'ammoniac (NH_3) à partir du diazote (N_2) atmosphérique et du dihydrogène (H_2) s'exprime selon l'équation équilibrée suivante :

   $$N_{2(g)} + 3\,H_{2(g)} \rightleftharpoons 2\,NH_{3(g)}$$

   Expliquez comment, dans ce système, vous pouvez favoriser la production d'ammoniac sans ajouter de diazote ni de dihydrogène et sans modifier la température ni la pression.

4. L'état d'équilibre entre la précipitation et la dissolution du chlorure d'argent (AgCl) est représenté par l'équation suivante :

   $$Ag^+_{(aq)} + Cl^-_{(aq)} \rightleftharpoons AgCl_{(s)}$$

   L'ajout de chlorure d'hydrogène (HCl) aqueux favorisera-t-il la formation de chlorure d'argent si la température et la pression du système demeurent constantes ? Expliquez votre réponse.

5. Le méthanol (CH_3OH) est synthétisé à partir de monoxyde de carbone (CO) et de dihydrogène (H_2). L'état d'équilibre de cette réaction est représenté par l'équation suivante :

   $$CO_{(g)} + 2\,H_{2(g)} \rightleftharpoons CH_3OH_{(g)}$$

   Illustrez l'effet de la diminution de la quantité de dihydrogène en traçant un graphique montrant les variations des concentrations de monoxyde de carbone, de dihydrogène et de méthanol en fonction du temps. Indiquez les régions du graphique correspondant à l'équilibre initial, à la variation de concentration des composés du système et au nouvel état d'équilibre.

6. Soit la réaction équilibrée suivante :

   $$A_{(g)} + B_{(g)} \rightleftharpoons C_{(g)}$$

   Le graphique ci-dessous représente la variation de la vitesse de réaction en fonction du temps de la transformation des composés A, B et C.

   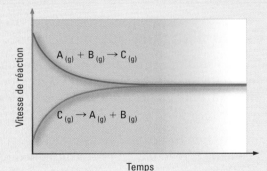

   À quoi ce graphique ressemblerait-il si la réaction était catalysée ? Illustrez votre réponse en reproduisant ce graphique et en y ajoutant les courbes correspondantes des réactions directe et inverse catalysées.

7. Le procédé mis au point par Henry Deacon en 1874 permet de produire industriellement du dichlore (Cl_2) à partir de chlorure d'hydrogène (HCl) et de dioxygène (O_2). À l'équilibre, cette réaction est représentée par l'équation suivante :

   $$4\,HCl_{(g)} + O_{2(g)} + 117\ \text{kJ} \rightleftharpoons 2\,Cl_{2(g)} + 2\,H_2O_{(g)}$$

   En utilisant le principe de Le Chatelier, décrivez toutes les modifications qu'on peut faire dans ce système afin de produire le plus de dichlore possible.

11.6 L'équilibre chimique au quotidien

Sur la Terre, la qualité de vie est liée de près à l'équilibre dynamique de la biosphère. Cet équilibre s'établit grâce aux cycles biogéochimiques des éléments essentiels à la vie tels le carbone (C), l'azote (N) et le phosphore (P). En effet, on peut considérer la Terre comme un système réactionnel fermé, et les divers facteurs qui perturbent les cycles biogéochimiques ont des répercussions sur l'équilibre de la planète. Par exemple, l'augmentation de l'effet de serre et du réchauffement climatique de la planète est causé en grande partie par les perturbations du cycle du carbone liées à l'activité humaine (*voir la figure 24*).

En effet, le charbon et le pétrole présents dans le sol depuis des centaines de millions d'années sont utilisés comme combustibles par l'être humain. Ces combustibles fossiles sont des composés carbonés issus de la décomposition des plantes. Leur combustion émet dans l'atmosphère terrestre du carbone sous la forme de dioxyde de carbone (CO_2) gazeux. Selon le principe de Le Chatelier, une augmentation de la concentration de dioxyde de carbone favorise la réaction de photosynthèse. Cependant, le système ne peut s'opposer que partiellement à l'augmentation du dioxyde de carbone atmosphérique.

Depuis le début de l'ère industrielle, l'activité humaine produit un excédent de carbone que les océans et les forêts ne peuvent pas absorber. De plus, l'élevage intensif des ruminants pour satisfaire les besoins alimentaires des humains engendre un accroissement considérable des émissions de méthane (CH_4), un autre gaz à effet de serre. L'augmentation du taux de dioxyde de carbone dans l'atmosphère, de même que celle des autres gaz à effet de serre, met donc en péril le fragile équilibre de la planète et conduit à des dérèglements climatiques inquiétants. Il apparaît donc important de développer sans tarder de nouvelles sources d'énergie renouvelable et non polluante.

L'intensification de l'activité humaine a aussi des conséquences sur les cycles biogéochimiques du phosphore (P) et de l'azote (N). Le déséquilibre de ces cycles est en grande partie causé par l'utilisation massive d'engrais sur les terres agricoles, ce qui contribue à l'eutrophisation✶ des plans d'eau (*voir la figure 25*).

Figure 24 La communauté scientifique s'inquiète des changements climatiques qui semblent causer de plus en plus de catastrophes naturelles, comme les inondations.

✶ **Eutrophisation** Processus d'enrichissement graduel d'un milieu aquatique en éléments nutritifs comme le phosphore (P) et l'azote (N).

Figure 25 L'eutrophisation rend l'eau de ce lac verte parce qu'elle contient une quantité anormalement élevée d'algues.

Le lessivage des engrais agricoles modifie aussi l'équilibre chimique de l'eau et pourrait être à l'origine du phénomène de blanchissement des coraux (*voir la figure 26*). Le milieu corallien abritant plus de 4 000 espèces de poissons, ce phénomène menace la survie de plusieurs espèces, en particulier celles qui utilisent les coraux comme un lieu d'éclosion et de protection pour leur progéniture.

Figure 26 Le phénomène du blanchissement conduit généralement à la mort de vastes récifs de coraux.

Les ampoules halogènes

La plupart des ampoules qui éclairent nos maisons sont des ampoules à incandescence, c'est-à-dire qu'elles s'illuminent lorsque le filament métallique qu'elles contiennent est chauffé. Les ampoules à incandescence halogènes, qui se trouvent par exemple dans les phares de voiture, durent de deux à quatre fois plus longtemps que les ampoules à incandescence conventionnelles.

Une ampoule à incandescence est constituée d'un globe de verre et d'un filament de tungstène (W), un métal qui supporte des températures très élevées sans fondre (*voir la figure 27*). Son point de fusion est de 3 422 °C, soit le plus élevé de tous les métaux. À l'intérieur d'une ampoule à incandescence conventionnelle, l'air est remplacé par un gaz inerte tel le krypton (Kr) ou l'argon (Ar). Ce remplacement est indispensable, car il permet d'éviter que le filament se consume au contact de l'oxygène de l'air.

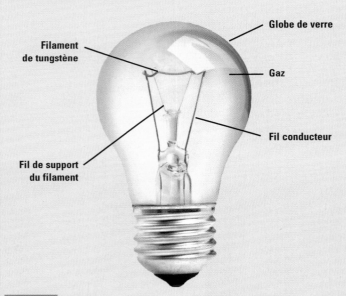

Filament de tungstène

Fil de support du filament

Globe de verre

Gaz

Fil conducteur

Figure 27 Les composants d'une ampoule à incandescence.

Lorsque l'ampoule est en marche, la friction entre les électrons provenant du fil conducteur et les atomes du filament provoque le réchauffement du filament à près de 2 500 °C. C'est alors qu'il produit une forte lumière éclairante.

Toutefois, le chauffage du filament à cette haute température cause sa sublimation. Ainsi, chaque fois que le filament est chauffé, du tungstène gazeux s'échappe du filament. Puis, lorsque l'ampoule refroidit,

le tungstène gazeux redevient solide et se dépose au fond du globe. Cette transformation physique du tungstène entre les phases solide et gazeuse est une transformation réversible qui se produit à l'équilibre. Par conséquent, à chaque utilisation, le filament de tungstène s'amincit un peu plus. Lorsqu'il se rompt, l'ampoule cesse d'éclairer.

L'utilisation d'ampoules à incandescence halogènes permet de pallier ce problème. Dans ces ampoules, le gaz inerte contenu dans le globe est remplacé par un gaz halogène, généralement de l'iode (I), du brome (Br) ou du fluor (F). Lorsqu'on actionne une ampoule à incandescence halogène, le tungstène gazeux perdu par le filament se combine, par réaction chimique, avec le gaz halogène se trouvant dans le globe. Cette réaction étant également réversible, l'état d'équilibre est rapidement atteint à l'intérieur du globe.

Comme la réaction directe est exothermique, la température très élevée dans l'ampoule provoque le déplacement de l'équilibre vers la réaction qui permet d'absorber le surplus d'énergie, soit la réaction inverse. Ainsi, la formation du tungstène gazeux est favorisée et une partie de celui-ci se dépose sur le filament au lieu de tomber au fond du globe. Voilà pourquoi les ampoules à incandescence halogènes durent plus longtemps que les ampoules à incandescence conventionnelles. Cependant, les atomes de tungstène se déposent de façon aléatoire sur le filament. Ce dernier se retrouve alors plus mince à certains endroits ; ces zones fragiles finissent par céder et l'ampoule cesse alors de fonctionner.

Figure 28 Une ampoule à incandescence halogène.

Parce que le filament peut fonctionner à plus haute température, cette lumière se rapproche de celle du Soleil, ce qui la rend mieux adaptée à la vision humaine. C'est pourquoi ces ampoules sont utilisées, notamment, pour les travaux qui requièrent une grande précision.

La petite histoire de...

Les prix Nobel

Alfred Nobel (1833-1896) est un chimiste et ingénieur suédois qui invente, en 1867, la dynamite, un explosif à base de nitroglycérine (*voir la figure 29*).

Figure 29 Alfred Nobel.

Nobel amasse une imposante fortune en vendant des explosifs et en exploitant des puits de pétrole. Un jour, un journal français publie par erreur la nouvelle de son décès et condamne son invention de la dynamite. Lorsque Nobel y lit que le « marchand de la mort est mort », il décide de laisser au monde une meilleure image de lui. Dans son testament, il demande que soit mise sur pied, après sa mort, une institution chargée de remettre des prix d'une valeur d'environ 1,4 million de dollars canadiens. La Fondation Nobel voit le jour en 1900.

Chaque année, cette fondation récompense des personnes qui ont rendu de grands services à l'humanité en contribuant à un progrès remarquable dans divers domaines de la société. Les prix sont décernés dans cinq disciplines des domaines des savoirs et de la culture : la chimie, la physique, la physiologie ou la médecine, la littérature et le domaine de la diplomatie ou de la paix.

Le prix Nobel de chimie est décerné par l'Académie royale des sciences de Suède, qui reçoit chaque année plusieurs milliers de candidatures. Toutefois, d'éminents savants décèdent sans être récompensés pour une découverte importante, car un minimum de vingt ans doit s'écouler entre le moment de la découverte et la remise du prix. Nobel ayant inscrit à son testament que les candidats et leurs découvertes doivent avoir fait « leurs preuves avec le temps ».

Seulement quelques femmes ont été récompensées par un prix Nobel de chimie. C'est Marie Curie qui est la première femme, en 1911, à recevoir ce prix pour la découverte du radium et du polonium. En 1935, Irène Joliot-Curie, la fille de Marie Curie, reçoit à son tour, avec son mari Frédéric Joliot, ce prestigieux prix pour la découverte de la radioactivité artificielle (*voir la figure 30*). En 1965, Dorothy Crowfoot Hodgkin est la troisième femme à recevoir un prix Nobel de chimie, pour l'identification de la structure d'importantes substances biologiques tels le cholestérol et la pénicilline (*voir la figure 31*).

Figure 30 Irène Joliot-Curie.

Figure 31 Dorothy Crowfoot Hodgkin.

Au cours du XIXe siècle, le prix Nobel de chimie a aussi été décerné à trois scientifiques ayant réalisé des travaux portant sur l'équilibre chimique.

En 1909, Friedrich Wilhelm Ostwald a été récompensé pour ses travaux sur la catalyse et ses recherches sur les principes fondamentaux qui gouvernent les équilibres chimiques et les vitesses de réaction.

En 1918, c'est au tour de Fritz Haber de recevoir le prix Nobel pour ses travaux qui mènent à l'élaboration du procédé de Haber, lequel repose sur les principes qui régissent l'équilibre chimique. Ce procédé permet d'extraire le diazote (N_2) gazeux contenu dans l'atmosphère sous forme d'ammoniac (NH_3) liquide, qui peut ensuite être utilisé pour fabriquer diverses substances, dont des engrais pour l'agriculture.

Enfin, en 1931, Carl Bosch est colauréat avec Friedrich Bergius du prix Nobel de chimie pour le développement de la chimie à haute pression. Après avoir rendu possibles les réactions chimiques à des pressions supérieures à 101,3 kPa, Bosch supervise la première industrialisation du procédé de Haber, qui prend alors le nom de procédé de Haber-Bosh. Avec ces avancées technologiques, la production industrielle d'engrais contribue à nourrir plus efficacement la population mondiale.

CHAPITRE 11

SYNTHÈSE   L'aspect qualitatif de l'équilibre chimique

11.1 L'équilibre statique et l'équilibre dynamique

- Un équilibre statique est l'état de ce qui reste au même point ou qui est maintenu immobile.

- Un équilibre dynamique résulte de deux processus opposés s'effectuant à la même vitesse de sorte qu'aucun changement visible n'a lieu dans le système réactionnel.

- Un équilibre des phases (ou équilibre physique) est un équilibre dynamique dans lequel une seule substance se trouve dans plusieurs phases à l'intérieur d'un système à la suite d'une transformation physique.

- L'équilibre de solubilité est un état dans lequel un soluté est dissous dans un solvant ou une solution, et où un excès de ce soluté est en contact avec la solution saturée.

- Un équilibre chimique est un équilibre dynamique résultant de deux réactions chimiques opposées qui s'effectuent à la même vitesse, ce qui laisse la composition du système réactionnel inchangée.

11.2 Les réactions irréversibles et réversibles

- Une réaction irréversible est une réaction qui ne peut se produire que dans un seul sens. Ces réactions se caractérisent par la transformation complète en produits d'au moins un des réactifs du système.

$$CH_{4\,(g)} + 2\,O_{2\,(g)} \rightarrow CO_{2\,(g)} + 2\,H_2O_{\,(g)}$$
Réaction irréversible

- Une réaction réversible est une réaction chimique qui peut se produire dans un sens (réaction directe) ou dans l'autre (réaction inverse). Dans ces réactions, les réactifs sont transformés en produits et les produits sont transformés en réactifs. Les réactions réversibles se reconnaissent par la présence simultanée des réactifs et des produits dans le système réactionnel.

$$H_{2\,(g)} + I_{2\,(g)} \rightleftharpoons 2\,HI_{\,(g)}$$
Réaction réversible

11.3 Les conditions nécessaires à l'obtention de l'équilibre

- Trois conditions doivent être réunies pour qu'un système puisse atteindre l'équilibre :
  - la transformation doit être réversible ;
  - la transformation doit se dérouler dans un système fermé ;
  - les propriétés macroscopiques du système doivent demeurer constantes.

- Dans le cas d'un équilibre chimique, la transformation doit être une réaction chimique réversible.

11.4 Le principe de Le Chatelier

- Selon le principe de Le Chatelier, si on modifie les conditions d'un système à l'équilibre, le système réagira de manière à s'opposer partiellement à cette modification jusqu'à ce qu'il atteigne un nouvel état d'équilibre.
- Lorsqu'on modifie les conditions d'un système, le principe de Le Chatelier permet de prédire qualitativement le sens du déplacement de l'équilibre.

11.5 Les facteurs qui influencent l'état d'équilibre

- Trois facteurs influencent l'état d'équilibre chimique d'un système : la concentration des réactifs ou des produits, la température et la pression.
- Selon le principe de Le Chatelier, dans un système à l'équilibre :
  - une augmentation de la concentration d'une substance déplace l'équilibre en favorisant la réaction permettant de diminuer la concentration de cette substance ;
  - une diminution de la concentration d'une substance déplace l'équilibre en favorisant la réaction permettant d'augmenter la concentration de cette substance ;
  - toute augmentation de la température déplace l'équilibre en favorisant la réaction endothermique ;
  - toute diminution de la température déplace l'équilibre en favorisant la réaction exothermique ;
  - toute augmentation de la pression par une diminution de volume déplace l'équilibre en favorisant la réaction qui produit le plus petit nombre de molécules de gaz ;
  - toute diminution de la pression par une augmentation du volume déplace l'équilibre en favorisant la réaction qui produit le plus grand nombre de molécules de gaz ;
  - la variation de la pression n'a d'influence que si ce système contient au moins une substance en phase gazeuse.
- L'ajout d'un catalyseur permet à un système d'atteindre plus rapidement l'état d'équilibre, mais cet ajout n'exerce pas d'influence sur l'équilibre.

a)
$N_2O_{4\,(g)} \rightleftharpoons 2\,NO_{2\,(g)}$

b)
$N_2O_{4\,(g)} \rightleftharpoons 2\,NO_{2\,(g)}$

c)
$N_2O_{4\,(g)} \rightleftharpoons 2\,NO_{2\,(g)}$

- Azote (N)
- Oxygène (O)

11.6 L'équilibre chimique au quotidien

- On peut considérer la Terre comme un système fermé à l'état d'équilibre dynamique.
- L'équilibre des cycles biogéochimiques est fragile ; il est menacé, entre autres, par l'augmentation de la production des gaz à effet de serre et par le réchauffement climatique.

1. Soit la réaction à l'état d'équilibre suivante :

$$4\,A \rightleftharpoons 2\,B + 2\,C$$

Observez les trois graphiques ci-dessous et répondez aux questions qui suivent.

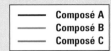
— Composé A
— Composé B
— Composé C

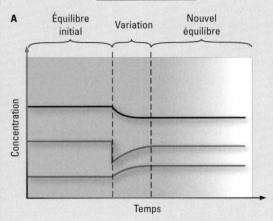
A Équilibre initial Variation Nouvel équilibre

Concentration — Temps

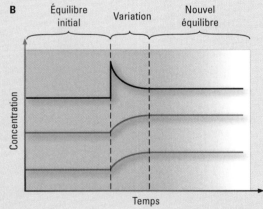
B Équilibre initial Variation Nouvel équilibre

Concentration — Temps

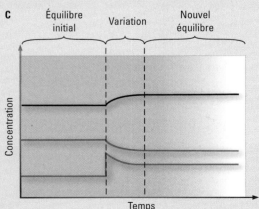
C Équilibre initial Variation Nouvel équilibre

Concentration — Temps

a) Quel graphique représente la variation des concentrations des composés A, B et C à la suite d'un ajout de composé A ?

b) Quel graphique représente la variation des concentrations des composés A, B et C à la suite d'un retrait de composé B ?

c) Quel graphique représente la variation des concentrations des composés A, B et C à la suite d'un ajout de composé C ?

2. Observez la réaction à l'équilibre ci-dessous et répondez aux questions qui suivent.

$$CH_{4\,(g)} \rightleftharpoons C_{(s)} + 2\,H_{2\,(g)} \qquad \Delta H = 74,4 \text{ kJ/mol}$$

Quelle réaction sera favorisée à la suite de chacune des modifications suivantes ?

a) Une diminution de la concentration de méthane (CH_4).

b) Le retrait d'une petite quantité de carbone (C).

c) Une diminution de la température.

d) Une diminution du volume.

e) Une augmentation de dihydrogène (H_2).

f) L'ajout d'un catalyseur.

g) Une diminution de la pression.

h) Une augmentation de la température.

i) L'ajout de méthane (CH_4).

3. L'équilibre des phases et l'équilibre chimique sont tous deux des phénomènes qu'on observe fréquemment en chimie.

a) Expliquez ce qu'ont en commun ces deux phénomènes.

b) Expliquez ce qui les distingue.

4. Lorsque les aliments se décomposent, les différentes protéines qu'ils contiennent se décomposent elles aussi. Au cours de ce processus, les protéines qui contiennent du soufre produisent du sulfure d'hydrogène (H_2S). Ce composé produit la majeure partie de l'odeur désagréable dégagée par les aliments en décomposition.

La formation de sulfure d'hydrogène à partir de ses éléments constitutifs est décrite par la réaction réversible suivante :

$$H_{2\,(g)} + S_{(s)} \rightleftharpoons H_2S_{(g)} + \text{énergie}$$

Nommez les différents facteurs qui ont une influence sur l'état d'équilibre de ce système.

5. Les énoncés suivants sont-ils vrais ou faux? Expliquez votre réponse pour chacun des énoncés.

a) Dans un système à l'état d'équilibre, la vitesse de formation des produits est nulle.

b) Un système dont la masse totale des réactifs est égale à la masse totale des produits est nécessairement un système à l'état d'équilibre.

c) Un bécher fermé contenant du dioxygène gazeux (O_2) ne peut atteindre l'état d'équilibre.

d) Il est impossible pour une réaction se déroulant dans un contenant ouvert d'atteindre l'état d'équilibre.

e) Toutes les réactions réversibles se déroulant en solution aqueuse atteignent l'état d'équilibre.

f) Un système dont la température est constante a nécessairement atteint l'état d'équilibre.

6. Chez de nombreux reptiles, le sexe des embryons ne dépend pas des chromosomes, mais de la température ambiante. Par exemple, chez les alligators, le sexe est déterminé par la température à laquelle se trouvent les œufs pendant la deuxième et la troisième semaine d'incubation. Une température de 30 °C ou moins au cours de cette période induit des alligators de sexe féminin, alors que les œufs incubés à plus de 34 °C donnent des mâles. Le choix de l'aire de nidification des mères alligators permet de conserver l'équilibre entre les nouveau-nés mâles et femelles.

Selon vous, quelles pourraient être les conséquences à long terme du réchauffement climatique sur l'équilibre du rapport entre les mâles et les femelles chez les alligators?

7. Un site Internet de chimie présente un nouveau procédé qui permet d'accroître la production industrielle d'ammoniac. La production de l'ammoniac (NH_3) à partir de diazote (N_2) et de dihydrogène (H_2) est décrite par l'équation suivante:

$$N_{2\,(g)} + 3\,H_{2\,(g)} \rightleftharpoons 2\,NH_{3\,(g)}$$

On mentionne dans ce site qu'on est parvenu à ce procédé en utilisant un nouveau catalyseur qui permet de déplacer l'équilibre vers la production d'ammoniac. Que pensez-vous du nouveau procédé présenté dans le site Internet?

8. Dans les écosystèmes, l'interaction entre les animaux carnivores et les animaux herbivores est souvent une relation de type prédateur-proie dans laquelle les prédateurs sont les carnivores et les herbivores sont les proies. Pourtant, dans la plupart des écosystèmes, les prédateurs sont en équilibre avec les proies. Cet équilibre est-il dynamique? Expliquez votre réponse.

9. Au laboratoire, on réalise la réaction entre le composé A et le composé B dans le but de produire le composé C. En observant la réaction, on constate que la couleur du mélange réactionnel passe du bleu pâle au bleu foncé en quelques minutes. Après une dizaine de minutes, le mélange réactionnel demeure bleu foncé et on en conclut que l'état d'équilibre est atteint. La réaction de la formation du composé C, à partir des composés A et B, s'exprime à l'état d'équilibre par l'équation suivante:

$$\underset{\text{bleu pâle}}{A_{(g)}} + \underset{\text{incolore}}{B_{(g)}} \rightleftharpoons \underset{\text{bleu foncé}}{C_{(g)}}$$

a) Quelle réaction sera favorisée par l'ajout de composé C dans le mélange réactionnel? De quelle couleur sera ce mélange lorsque le nouvel état d'équilibre sera atteint?

b) On ajoute un composé mystère, le composé X, au mélange réactionnel. Après quelques minutes, on constate que la couleur du milieu est passée du bleu pâle au bleu foncé. Sachant que le composé X n'est ni le composé A, ni le composé B, ni le composé C, et que la température et la pression du système n'ont pas été modifiées, comment pouvez-vous expliquer que la couleur du milieu soit passée du bleu pâle au bleu foncé? Expliquez votre réponse à l'aide du principe de Le Chatelier.

10. La dissolution du dichlorure de cobalt ($CoCl_2$) dans l'acide chlorhydrique (HCl) atteint l'état d'équilibre représenté par l'équation suivante:

$$\underset{\text{rose}}{Co(H_2O)_6^{2+}{}_{(aq)}} + 4\,Cl^-{}_{(aq)} \rightleftharpoons \underset{\text{bleu}}{CoCl_4^{2-}{}_{(aq)}} + 6\,H_2O_{(l)}$$

Puisque le $Co(H_2O)_6^{2+}{}_{(aq)}$ est de couleur rose et que le $CoCl_4^{2-}{}_{(aq)}$ est de couleur bleue, le déplacement de l'équilibre est facilement observable par le changement de couleur de la solution. Élaborez une expérience permettant de déterminer si la réaction directe est endothermique ou exothermique.

11. La production du trioxyde de soufre (SO_3) est un procédé important d'un point de vue industriel. En effet, on peut convertir le trioxyde de soufre pour obtenir de l'acide sulfurique (H_2SO_4), un composé utilisé, entre autres, pour la fabrication d'engrais et le raffinage du pétrole. Le trioxyde de soufre gazeux est formé à partir de dioxyde de soufre gazeux (SO_2) et de dioxygène gazeux (O_2). Cette réaction s'effectue à 400 °C et elle est exothermique. En milieu industriel, on ajoute un catalyseur pour augmenter le rendement de la production de trioxyde de soufre.

a) Écrivez l'équation balancée illustrant cette réaction à l'état d'équilibre en indiquant l'énergie qu'elle produit.

b) Quelle réaction sera favorisée à la suite d'une augmentation de la température dans le système ?

c) Quelle réaction sera favorisée à la suite d'une diminution de la pression dans le système ?

d) Quel sera l'effet du retrait du catalyseur sur le déplacement de l'équilibre ?

e) Quelle réaction sera favorisée à la suite d'un ajout de dioxyde de soufre dans le système ?

f) Quelle réaction sera favorisée à la suite d'un retrait de dioxyde de soufre dans le système ?

12. La coquille des œufs de poule est composée en majeure partie de carbonate de calcium ($CaCO_3$). La formation de carbonate de calcium à partir d'ions calcium (Ca^{2+}) et d'ions carbonate (CO_3^{2-}) est décrite par l'équation suivante :

$$Ca^{2+}_{(aq)} + CO_3^{2-}_{(aq)} \rightleftharpoons CaCO_{3(s)}$$

Les ions carbonate sont fournis par l'intermédiaire du dioxyde de carbone (CO_2) produit par le métabolisme cellulaire de la poule. En fait, le dioxyde de carbone est converti en acide carbonique (H_2CO_3) par une enzyme appelée anhydrase carbonique, qui catalyse la réaction suivante :

$$CO_{2(g)} + H_2O_{(l)} \rightleftharpoons H_2CO_{3(aq)}$$

Ensuite, l'acide carbonique est converti en ions carbonate selon l'équation suivante :

$$H_2CO_{3(aq)} \rightleftharpoons 2\,H^+_{(aq)} + CO_3^{2-}_{(aq)}$$

a) Pourquoi la coquille des œufs de poule est-elle plus mince en été, quand les poules doivent haleter pour se rafraîchir ? Utilisez le principe de Le Chatelier pour expliquer votre réponse.

b) Suggérez une façon de remédier au problème de l'amincissement des coquilles d'œufs.

13. Le dioxyde de carbone (CO_2) se forme dans l'air lorsque le monoxyde de carbone (CO) se combine avec du dioxygène (O_2). À l'équilibre, cette réaction est représentée par l'équation suivante :

$$2\,CO_{(g)} + O_{2(g)} \rightleftharpoons 2\,CO_{2(g)} + énergie$$

Le graphique ci-dessous représente les variations de la concentration des différents composés impliqués dans la synthèse du dioxyde de carbone en fonction du temps.

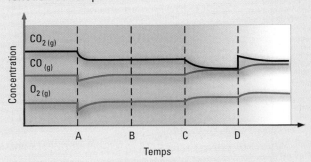

Quelles sont les modifications imposées au système aux quatre moments indiqués par les lettres A, B, C et D ?

14. Dans le corps humain, le transport du dioxygène (O_2) dans le sang est assuré par une protéine appelée hémoglobine (Hb). Cette protéine permet aux globules rouges d'acheminer le dioxygène provenant des poumons aux cellules constituant les divers tissus de l'organisme. La liaison du dioxygène à l'hémoglobine ainsi que la dissociation du dioxygène de l'hémoglobine sont représentées par l'équation suivante :

Réaction directe vers les tissus
$$HbO_{2(aq)} \rightleftharpoons Hb_{(aq)} + O_{2(g)}$$
Réaction inverse vers les poumons

Un certain nombre de facteurs, dont la température, influencent la capacité du dioxygène à se lier à l'hémoglobine. Dans le corps, les tissus actifs sont généralement plus chauds que les tissus inactifs, et le besoin en dioxygène des tissus actifs est plus élevé que celui des tissus inactifs. En vous basant sur ces informations, répondez aux questions suivantes.

a) La réaction directe est-elle exothermique ou endothermique ? Expliquez votre réponse.

b) Au cours de la nuit, la température corporelle s'abaisse légèrement. Quel sera l'effet de cette diminution sur la capacité du dioxygène de se lier à l'hémoglobine ? Cet effet vous apparaît-il logique ? Pourquoi ?

L'aspect quantitatif de l'équilibre chimique

L'équilibre de la dissolution du dioxyde de carbone (CO_2) dans l'eau de mer est essentiel pour bon nombre d'organismes marins. C'est le cas par exemple des coraux, qui ont besoin de synthétiser le carbonate de calcium ($CaCO_3$), aussi appelé calcaire, pour former leur squelette. L'augmentation de la concentration du dioxyde de carbone atmosphérique liée aux activités humaines pourrait briser l'équilibre de formation des squelettes coralliens, car le dioxyde de carbone acidifie l'eau de mer en s'y dissolvant. En effet, l'acidification des océans diminue la quantité de carbonate de calcium disponible, mettant ainsi en danger une partie de l'espèce.

Dans ce chapitre, vous étudierez l'état d'équilibre de manière quantitative en établissant une relation qui permet de prédire les concentrations des substances à l'équilibre. Cette relation, appelée constante d'équilibre, sera aussi étudiée pour des cas particuliers impliquant l'eau et la dissociation électrolytique des acides, des bases et des composés ioniques en solution.

Rappels

Les représentations des atomes	5
Les électrolytes et la dissociation électrolytique	19
La mesure d'une transformation physique à l'aide de l'échelle pH	20
La neutralisation acidobasique	25
La synthèse, la décomposition et la précipitation	25

12.1 **La constante d'équilibre** 308

12.2 **L'équilibre ionique dans les solutions** 320

12.1 La constante d'équilibre

La constante d'équilibre (K_c), aussi appelée loi de l'équilibre, est une relation établissant qu'à une température donnée, dans toute réaction chimique élémentaire à l'équilibre, il y a un rapport constant entre la concentration des produits et celle des réactifs, chaque concentration étant élevée à une puissance correspondant au coefficient stœchiométrique.

Voir **L'équilibre statique et l'équilibre dynamique**, p. 278.

L'équilibre chimique est un **équilibre dynamique** résultant de deux réactions chimiques opposées qui s'effectuent à la même vitesse, laissant ainsi la composition du système réactionnel inchangée.

Cet équilibre prend un certain temps avant de s'établir. Par exemple, il peut y avoir une situation où, au début, seuls les réactifs sont présents dans le système réactionnel. Leur concentration est alors au maximum tandis que celle des produits est inexistante, car ils n'ont pas encore été formés. Puis, la réaction directe débute et les réactifs se transforment en produits selon les rapports stœchiométriques de l'équation balancée. Dès que les produits sont formés, ils se transforment à leur tour pour redevenir les réactifs du début au cours de la réaction inverse.

Toutefois, à mesure que le temps passe, la concentration des réactifs diminue pendant que celle des produits augmente, et cela, jusqu'à ce que l'équilibre soit atteint. À ce moment, les concentrations des réactifs et des produits sont constantes et la vitesse de la réaction directe est égale à celle de la réaction inverse (*voir la figure 1*).

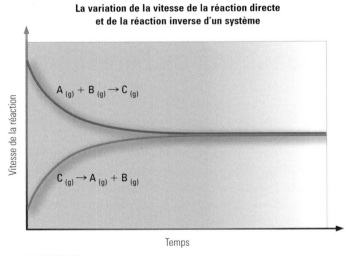

La variation de la vitesse de la réaction directe et de la réaction inverse d'un système

$A_{(g)} + B_{(g)} \rightarrow C_{(g)}$

$C_{(g)} \rightarrow A_{(g)} + B_{(g)}$

Vitesse de la réaction

Temps

Figure 1 Dans un système où il y a un équilibre chimique, la vitesse de la réaction directe est égale à celle de la réaction inverse.

Si l'on connaît les expressions de la vitesse des réactions directe et inverse, on peut en déduire l'expression mathématique de la constante d'équilibre.

Au même rythme, le système transforme quelques particules de réactifs en produits et quelques particules de produits en réactifs. Cependant, les concentrations des réactifs et des produits ne sont pas nécessairement égales.

12.1.1 L'expression de la constante d'équilibre

Voir **La mesure de la vitesse de réaction**, p. 213.

Selon la loi des vitesses de réaction, le rapport de la **vitesse de réaction** sur la concentration des réactifs, élevée à une puissance correspondant au coefficient stœchiométrique de l'équation balancée, est toujours constant à une température donnée.

Il est possible d'appliquer cette loi aux réactifs des réactions directe et inverse d'un système à l'équilibre. Par exemple, la synthèse de l'iodure d'hydrogène (HI) gazeux à partir du dihydrogène (H_2) gazeux et de la vapeur de diiode (I_2) est une réaction élémentaire qui, à l'équilibre, est représentée par l'équation suivante.

$$H_{2\,(g)} + I_{2\,(g)} \rightleftharpoons 2\,HI_{(g)}$$

Dans ce système à l'équilibre, les réactifs de la réaction directe sont le dihydrogène et le diiode. Par ailleurs, le réactif de la réaction inverse est l'iodure d'hydrogène. Comme ce sont des réactions élémentaires, on peut donc décrire la vitesse de la réaction directe (v_{dir}) et la vitesse de la réaction inverse (v_{inv}) selon la loi des vitesses en utilisant la constante de vitesse de la réaction directe (k_{dir}) et la constante de vitesse de la réaction inverse (k_{inv}) de la façon suivante.

$$v_{dir} = k_{dir} \cdot [H_2] \cdot [I_2] \qquad v_{inv} = k_{inv} \cdot [HI]^2$$

Étant donné qu'à l'équilibre ces deux vitesses sont égales, on obtient la relation suivante.

$$v_{dir} = v_{inv}$$
$$k_{dir} \cdot [H_2] \cdot [I_2] = k_{inv} \cdot [HI]^2$$

En remaniant cette relation, on obtient un rapport entre les deux constantes de vitesse qui se traduit par l'équation suivante.

$$\frac{k_{dir}}{k_{inv}} = \frac{[HI]^2}{[H_2] \cdot [I_2]}$$

Le rapport entre les deux constantes de vitesse est aussi une constante. Par conséquent, ce rapport peut être remplacé par la constante d'équilibre (K_c).

$$K_c = \frac{[HI]^2}{[H_2] \cdot [I_2]}$$

Cette valeur porte le nom de constante d'équilibre du système de réaction. On emploie l'indice « C » plutôt que « éq » pour la désigner, car ce sont des concentrations molaires qui sont indiquées entre crochets dans l'équation. Pour simplifier le traitement, on exprime la constante d'équilibre par une valeur numérique en négligeant les unités.

Puisque chaque système à l'équilibre implique une réaction chimique différente, il est possible d'énoncer la loi d'équilibre en la généralisant à tous les systèmes.

> **Constante d'équilibre**
>
> Pour une réaction élémentaire réversible en équilibre, à une température donnée, la valeur de la constante d'équilibre est égale au produit des concentrations molaires des produits divisé par le produit des concentrations molaires des réactifs, chaque concentration de substance étant affectée d'un exposant égal à son coefficient stœchiométrique entier dans l'équation balancée de cette réaction.

L'expression de la constante d'équilibre ou la loi d'équilibre pour une réaction élémentaire hypothétique de type $aA + bB \rightleftharpoons cC + dD$ s'exprime de la façon suivante.

Constante d'équilibre

$$K_c = \frac{[C]^c \cdot [D]^d}{[A]^a \cdot [B]^b}$$

où

K_c = Constante d'équilibre en fonction des concentrations

$[C], [D]$ = Concentrations des produits à l'équilibre, exprimées en moles par litre (mol/L)

$[A], [B]$ = Concentrations des réactifs à l'équilibre, exprimées en moles par litre (mol/L)

c, d = Coefficients stœchiométriques entiers des produits de l'équation chimique balancée

a, b = Coefficients stœchiométriques entiers des réactifs de l'équation chimique balancée

---

On calcule la valeur de la constante d'équilibre en utilisant seulement les concentrations des substances gazeuses ou en solution. La concentration des substances pures à l'état solide ou liquide demeure constante à mesure que la réaction progresse.

Comme ces concentrations sont des valeurs fixes, elles ne modifient pas la valeur de la constante d'équilibre, qui n'est sensible qu'aux variations de concentrations. Par conséquent, dans l'équation chimique balancée, les concentrations des substances affectées des indices « solide » et « liquide » ne sont pas prises en compte dans l'expression de la constante d'équilibre.

En exprimant la constante d'équilibre à l'aide des concentrations des produits en guise de numérateur et de celles des réactifs en guise de dénominateur, on obtient la valeur de la constante d'équilibre de la réaction directe ($K_{c_{dir}}$).

Pour connaître la valeur de la constante d'équilibre de la réaction inverse ($K_{c_{inv}}$), il suffit de calculer l'inverse mathématique de la constante d'équilibre de la réaction directe ($K_{c_{dir}}$).

Constante d'équilibre de la réaction inverse

$$K_{c_{inv}} = \frac{1}{K_{c_{dir}}}$$

où

$K_{c_{inv}}$ = Constante d'équilibre de la réaction inverse
$K_{c_{dir}}$ = Constante d'équilibre de la réaction directe

Les exemples suivants montrent comment établir la valeur de la constante d'équilibre ainsi que les concentrations de produits ou de réactifs à l'équilibre.

Exemple A

Au cours de la synthèse de l'ammoniac (NH_3) en phase gazeuse à 472 °C, on a mesuré 1,207 0 mol de dihydrogène (H_2), 0,402 0 mol de diazote (N_2) et 0,027 2 mol d'ammoniac à l'équilibre dans un récipient de 10,0 L. Calculez la constante d'équilibre de la synthèse de l'ammoniac à cette température et la constante d'équilibre de la décomposition de l'ammoniac à cette température, sachant que l'équation balancée de cette réaction à l'équilibre est la suivante :

$$N_{2\,(g)} + 3\,H_{2\,(g)} \rightleftharpoons 2\,NH_{3\,(g)}$$

Données :

$n_{H_2} = 1{,}207\ 0$ mol

$n_{N_2} = 0{,}402\ 0$ mol

$n_{NH_3} = 0{,}027\ 2$ mol

$V = 10{,}0$ L

$K_{c_{syn}} = ?$

$K_{c_{déc}} = ?$

1. Calcul des concentrations à l'équilibre :

$$C = \frac{n}{V}$$

$$[H_2] = \frac{1{,}207\ 0 \text{ mol}}{10{,}0 \text{ L}} = 0{,}120\ 70 \text{ mol/L}$$

$$[N_2] = \frac{0{,}402\ 0 \text{ mol}}{10{,}0 \text{ L}} = 0{,}040\ 20 \text{ mol/L}$$

$$[NH_3] = \frac{0{,}027\ 2 \text{ mol}}{10{,}0 \text{ L}} = 0{,}002\ 72 \text{ mol/L}$$

2. Calcul de la constante d'équilibre de la synthèse de l'ammoniac :

$$K_c = \frac{[C]^c \cdot [D]^d}{[A]^a \cdot [B]^b}$$

$$K_{c_{syn}} = \frac{[NH_3]^2}{[N_2] \cdot [H_2]^3} = \frac{(0{,}002\ 72)^2}{0{,}040\ 20 \cdot (0{,}120\ 70)^3} = 0{,}104\ 7$$

3. Calcul de la constante d'équilibre de la décomposition de l'ammoniac :

$$K_{c_{inv}} = \frac{1}{K_{c_{dir}}}$$

$$K_{c_{déc}} = \frac{1}{K_{c_{syn}}} = \frac{1}{0{,}104\ 7} = 9{,}551$$

Réponse : La constante d'équilibre de la synthèse de l'ammoniac (NH_3) est de 0,105 et celle de la décomposition de l'ammoniac est de 9,55.

Exemple B

Le diiode (I_2) et le dibrome (Br_2) réagissent pour former du bromure d'iode (IBr) selon l'équation suivante :

$$I_{2\,(g)} + Br_{2\,(g)} \rightleftharpoons 2\ IBr_{(g)}$$

À 250 °C, un mélange à l'équilibre dans un ballon de verre de 2,0 L contient 0,024 mol de diiode et 0,050 mol de dibrome. Quelle est la concentration du bromure d'iode si la valeur de la constante d'équilibre est de 120,33 ?

Données :

$n_{I_2} = 0{,}024$ mol

$n_{Br_2} = 0{,}050$ mol

$V = 2{,}0$ L

$K_c = 120{,}33$

$[I_2] = ?$

$[Br_2] = ?$

$[IBr] = ?$

1. Calcul des concentrations de diiode et de dibrome à l'équilibre :

$$C = \frac{n}{V}$$

$$[I_2] = \frac{0{,}024\ \text{mol}}{2{,}0\ \text{L}} = 0{,}012\ \text{mol/L}$$

$$[Br_2] = \frac{0{,}050\ \text{mol}}{2{,}0\ \text{L}} = 0{,}025\ \text{mol/L}$$

2. Calcul de la concentration de bromure d'iode :

$$K_c = \frac{[C]^c \cdot [D]^d}{[A]^a \cdot [B]^b}$$

$$K_{c_{syn}} = \frac{[IBr]^2}{[I_2] \cdot [Br_2]}$$

$$[IBr]^2 = K_{c_{syn}} \cdot [I_2] \cdot [Br_2]$$

$$[IBr] = \sqrt{120{,}33 \cdot 0{,}012\ \text{mol/L} \cdot 0{,}025\ \text{mol/L}}$$

$$= 0{,}190\ \text{mol/L}$$

Réponse : La concentration du bromure d'iode (IBr) est de 0,19 mol/L.

12.1.2 L'interprétation de la valeur de la constante d'équilibre

La valeur de la constante d'équilibre permet de mieux comprendre le déroulement d'une réaction en équilibre. Étant donné que la concentration des produits est divisée par la concentration des réactifs, connaître la valeur de la constante permet de déduire le degré de réalisation de la réaction (*voir la figure 2*).

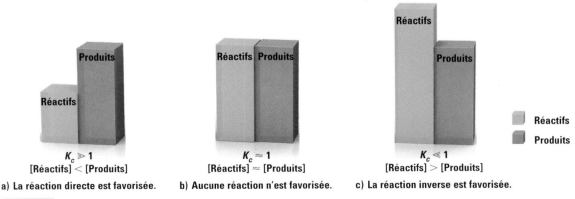

a) **La réaction directe est favorisée.**
$K_c \gg 1$
[Réactifs] < [Produits]

b) **Aucune réaction n'est favorisée.**
$K_c \approx 1$
[Réactifs] ≈ [Produits]

c) **La réaction inverse est favorisée.**
$K_c \ll 1$
[Réactifs] > [Produits]

Figure 2 La valeur de la constante d'équilibre K_c indique le degré de réalisation d'une réaction chimique. Une valeur élevée de la constante d'équilibre signale que le système favorise la réaction directe tandis qu'une valeur faible de la constante indique que le système privilégie la réaction inverse.

En général, si la valeur de la constante d'équilibre est élevée ($K_c \gg 1$), cela signifie qu'à l'équilibre on trouve principalement les produits de la réaction directe. Dans ce cas, la position de l'équilibre est du côté droit de l'équation, c'est-à-dire que la réaction favorise la formation des produits. Ainsi, plus la valeur de la constante d'équilibre est élevée, plus le système a tendance à favoriser la réaction directe, et plus les produits sont favorisés à l'équilibre.

De même, si la valeur de la constante d'équilibre est peu élevée ($K_c \ll 1$), cela signifie que la concentration des réactifs est plus élevée que celle des produits. La position de l'équilibre est alors du côté gauche de l'équation et la réaction favorise les réactifs. Ainsi, plus la valeur de la constante d'équilibre est faible, plus le système a tendance à favoriser la réaction inverse, et plus les réactifs sont favorisés à l'équilibre.

Une valeur de la constante d'équilibre à peu près égale à 1 ($K_c \approx 1$) signifie que les concentrations des réactifs et des produits à l'équilibre sont à peu près égales. Le système ne favorise ni la réaction directe ni la réaction inverse.

Toutefois, la valeur de la constante d'équilibre ne donne aucune indication sur le temps que met une réaction à atteindre l'équilibre. Le temps que met une réaction à atteindre l'état d'équilibre dépend de la vitesse de réaction. Cette vitesse est déterminée par certains paramètres comme la valeur de l'**énergie d'activation** de la réaction ou la température. La constante d'équilibre fournit seulement une mesure de la position d'équilibre d'une réaction.

Voir **L'énergie d'activation**, p. 173.

De façon générale, on considère les réactions où la valeur de la constante d'équilibre est supérieure à 10^{10} comme des réactions complètes. De même, les réactions où la valeur de la constante d'équilibre est inférieure à 10^{-10} sont généralement considérées comme des réactions n'ayant pas lieu.

12.1.3 L'effet de la température sur la valeur de la constante d'équilibre

Selon le **principe de Le Chatelier**, le changement de concentration d'une substance entrant en jeu dans une réaction à l'équilibre perturbe temporairement l'équilibre et augmente la vitesse de réaction de cette substance. Toutefois, cette vitesse diminue à mesure que la concentration de la substance ajoutée diminue. L'équilibre finit par se rétablir avec de nouvelles concentrations des réactifs et des produits. Ainsi, les changements de concentrations, de pression ou de volume n'ont aucune influence sur la valeur de la constante d'équilibre. Par ailleurs, les expériences montrent que, dans un système donné à l'équilibre, seule la température peut faire varier la constante d'équilibre. C'est la raison pour laquelle il faut toujours préciser la température à laquelle se trouve un système lorsqu'on donne sa constante d'équilibre.

Voir **Le principe de Le Chatelier**, p. 288.

Par exemple, l'oxydation du monoxyde de carbone (CO) est une transformation exothermique (*voir la figure 3*). Elle se traduit par l'équation suivante.

$$2\ CO_{(g)} + O_{2\,(g)} \rightleftharpoons 2\ CO_{2\,(g)} + 566\ kJ$$

Figure 3 L'oxydation du monoxyde de carbone (CO), une réaction exothermique, se déroule dans le convertisseur catalytique d'un scouteur. Elle permet de réduire ses émanations polluantes.

L'expression de la constante d'équilibre de cette réaction est la suivante.

$$K_c = \frac{[CO_2]^2}{[CO]^2 \cdot [O_2]}$$

Quand le système est à l'équilibre, à une température donnée, les concentrations de réactifs et de produits sont stables, et la constante prend une valeur quelconque. Toutefois, quand la température du système change, ce dernier réagit selon le principe de Le Chatelier pour s'opposer au changement et l'équilibre se déplace pour minimiser l'effet du changement.

Dans le cas d'un refroidissement, le système réagit en favorisant la réaction exothermique, c'est-à-dire, dans ce cas, la réaction directe. Ainsi, la réaction produit de la chaleur pour compenser celle qui a été perdue au moment du refroidissement. L'équilibre se déplace vers la droite, et la concentration des réactifs diminue tandis que celle des produits augmente. Un nouvel équilibre s'établit selon des proportions différentes de celles de l'équilibre initial. Ce nouveau rapport des concentrations fait changer la valeur de la constante d'équilibre du système.

Dans le cas de l'oxydation du monoxyde de carbone (CO), lorsque la température est abaissée, le numérateur augmente et le dénominateur diminue, et la valeur de la constante d'équilibre augmente.

De façon générale, une diminution de la température d'un système fait augmenter la constante d'équilibre d'une réaction exothermique. À l'inverse, la même diminution de température fait diminuer la constante d'équilibre du système si la réaction est endothermique (*voir le tableau 1*).

Tableau 1 L'influence de nouvelles conditions de température sur la valeur de la constante d'équilibre (K_c).

Type de réaction	Changement de température	Réaction favorisée	Variation de K_c
Exothermique ($\Delta H < 0$) Réactifs → produits + énergie	Hausse	Inverse (←)	Diminution
	Baisse	Directe (→)	Augmentation
Endothermique ($\Delta H > 0$) Réactifs + énergie → produits	Hausse	Directe (→)	Augmentation
	Baisse	Inverse (←)	Diminution

12.1.4 Le calcul des concentrations à l'équilibre

On peut calculer la constante d'équilibre (K_c) en remplaçant les termes de l'expression mathématique de la constante par les valeurs des concentrations à l'équilibre des réactifs et des produits. Pour ce faire, il faut d'abord laisser le système réactionnel réagir jusqu'à ce qu'il atteigne l'équilibre. Puis, on mesure certaines propriétés du système réactionnel de façon à déterminer la concentration de toutes les substances en présence.

Dans le cas des substances gazeuses, les propriétés mesurées peuvent être la pression, la couleur ou le pH. On peut ensuite transformer les valeurs mesurées pour les différentes substances du système.

Parfois, il est impossible de connaître expérimentalement toutes les concentrations des substances présentes à l'équilibre. Cependant, dans certains cas, on peut prédire algébriquement les concentrations inconnues si on connaît la concentration initiale des réactifs et la concentration finale d'au moins un des produits. Il est également possible de prédire algébriquement les concentrations si on connaît les concentrations initiales des réactifs et la valeur de la constante d'équilibre.

L'étude d'une réaction simple, comme la synthèse de l'iodure d'hydrogène (HI), permet de comprendre la méthode à employer pour faire ce genre de prédictions. Lorsqu'on mélange du dihydrogène (H_2) et du diiode (I_2), la réaction débute rapidement puis l'équilibre s'établit selon l'équation suivante.

$$H_{2 (g)} + I_{2 (g)} \rightleftharpoons 2\ HI_{(g)}$$

Les concentrations initiales et finales des substances ont été mesurées au laboratoire (*voir le tableau 2*).

Tableau 2 La concentration des substances impliquées dans la synthèse de l'iodure d'hydrogène (HI) à 448 °C.

Substance	Concentration initiale (mol/L)	Concentration finale (mol/L)
$H_{2 (g)}$	1,00	0,22
$I_{2 (g)}$	1,00	0,22
$HI_{(g)}$	0,00	1,56

Utiliser un tableau Initiale-Variation-Équilibre (IVÉ) permet de faire facilement le suivi des variations de concentration qui se produisent durant une réaction et de calculer les concentrations à l'équilibre. Il s'agit de reporter les données du tableau 2 dans un tableau IVÉ, puis de déduire les données manquantes (*voir le tableau 3*).

Tableau 3 Les données du tableau 2 reportées dans un tableau IVÉ.

Concentration (mol/L)	$H_{2 (g)}$ +	$I_{2 (g)}$ $\rightleftharpoons$	$2\ HI_{(g)}$
Initiale	1,00	1,00	0,00
Variation	?	?	?
Équilibre	0,22	0,22	1,56

L'étude du tableau 3 permet d'affirmer que, s'il reste 0,22 mol/L de dihydrogène à l'équilibre, c'est que la variation subie pendant la réaction a été de −0,78 mol/L, soit la concentration à l'équilibre moins la concentration initiale : 0,22 mol/L − 1,00 mol/L = −0,78 mol/L. Comme les variations de concentration respectent les coefficients stœchiométriques de l'équation balancée, la variation est aussi de −0,78 mol/L pour le diiode et de 2 × 0,78 mol/L = 1,56 mol/L pour l'iodure d'hydrogène.

Étant donné qu'au cours de la réaction les réactifs sont consommés et les produits sont formés, la variation de concentration des réactifs est négative et celle des produits est positive. Les valeurs manquantes à la ligne Variation du tableau IVÉ sont donc respectivement de −0,78 mol/L, −0,78 mol/L et 1,56 mol/L.

Ainsi, lorsqu'on connaît les concentrations initiales et qu'on a au moins un autre indice, on peut employer cette méthode, qui fait appel à un tableau IVÉ, pour déduire les concentrations à l'équilibre. On utilise ensuite ces données pour calculer la constante d'équilibre.

Les exemples suivants montrent comment calculer les concentrations finales dans diverses situations.

Exemple A

Calcul de la constante d'équilibre à l'aide des concentrations initiales et de la concentration d'une substance à l'équilibre

À une certaine température, on place 10 mol d'oxyde d'azote (NO) et 8 mol de dioxygène (O_2) dans un récipient de 2 L. Après un certain temps, on obtient l'équilibre suivant :

$$2\,NO_{(g)} + O_{2\,(g)} \rightleftharpoons 2\,NO_{2\,(g)}$$

Une fois l'équilibre atteint, il ne reste plus que 4 mol de dioxygène. Calculez la constante d'équilibre.

Données :

$n_{NO_i} = 10$ mol

$n_{O_{2\,i}} = 8$ mol

$n_{O_{2\,éq}} = 4$ mol

$V = 2$ L

$K_c = ?$

1. Calcul des concentrations :

$$C = \frac{n}{V}$$

$$[NO]_i = \frac{10\ mol}{2\ L} = 5\ mol/L$$

$$[O_2]_i = \frac{8\ mol}{2\ L} = 4\ mol/L$$

$$[O_2]_{éq} = \frac{4\ mol}{2\ L} = 2\ mol/L$$

2. Report des données et utilisation du tableau IVÉ :

Concentration (mol/L)	2 NO $_{(g)}$ +	O$_{2\,(g)}$ $\rightleftharpoons$	2 NO$_{2\,(g)}$
Initiale (C_i)	5	4	0
Variation (ΔC)	**B** −4	**A** −2	**B** +4
Équilibre ($C_{éq}$)	**C** 1	2	**C** 4

A On fait d'abord le calcul de la variation de la concentration du dioxygène :

$$\Delta[O_2] = [O_2]_{éq} - [O_2]_i = 2\ mol/L - 4\ mol/L = -2\ mol/L$$

Étant donné que le dioxygène est un réactif, sa variation est négative (−2 mol/L).

B On déduit les variations des autres substances selon les rapports stœchiométriques qui sont de 2 : 1 : 2, donc 4, 2, 4. Étant donné que l'oxyde d'azote est un réactif, sa variation est négative (−4) alors que la variation du dioxyde d'azote, un produit, est positive (+4).

C On calcule les concentrations à l'équilibre de chaque substance en additionnant la concentration initiale et la variation de la concentration initiale, tout en tenant compte du signe de la valeur de la variation de concentration.

$$C_{éq} = C_i + \Delta C$$
$$[NO]_{éq} = [NO]_i + \Delta[NO] = 5 + -4 = 1\ mol/L$$
$$[NO_2]_{éq} = [NO_2]_i + \Delta[NO_2] = 4 + -2 = 2\ mol/L$$

3. Calcul de la constante d'équilibre :

$$K_c = \frac{[NO_2]^2}{[NO]^2 \cdot [O_2]} = \frac{(4)^2}{(1)^2 \cdot 2} = 8$$

Réponse : La valeur de la constante d'équilibre à cette température est de 8.

Exemple B

Calcul des concentrations à l'équilibre à l'aide des concentrations initiales, différentes pour chaque substance, et de la constante d'équilibre

À 1 100 K, la constante d'équilibre de la réaction suivante est de 25,0.

$$H_{2\,(g)} + I_{2\,(g)} \rightleftharpoons 2\,HI_{(g)}$$

On met 2 mol de dihydrogène (H_2) et 3 mol de diiode (I_2) dans un récipient de 1 L. Quelle est la concentration de chaque substance quand la réaction atteint l'équilibre à 1 100 K ?

Données :

$n_{H_{2\,i}} = 2$ mol

$n_{I_{2\,i}} = 3$ mol

$V = 1$ L

$K_c = 25,0$

$[H_2]_{éq} = ?$

$[I_2]_{éq} = ?$

$[HI]_{éq} = ?$

1. Calcul des concentrations initiales :

$$C = \frac{n}{V} \qquad [H_2]_i = \frac{2\text{ mol}}{1\text{ L}} = 2\text{ mol/L} \qquad [I_2]_i = \frac{3\text{ mol}}{1\text{ L}} = 3\text{ mol/L}$$

2. Report des données et utilisation du tableau IVÉ :

Concentration (mol/L)	$H_{2\,(g)}$ +	$I_{2\,(g)}$ $\rightleftharpoons$	$2\,HI_{(g)}$
Initiale (C_i)	2	3	0
Variation (ΔC)	**A** $-x$	**A** $-x$	**A** $+2x$
Équilibre ($C_{éq}$)	**B** $2-x$	$3-x$	**B** $2x$

A On pose que la variation de concentration inconnue est égale à $-x$ pour les réactifs et à $+2x$ pour les produits, selon des rapports stœchiométriques de 1 : 1 : 2.

B On trouve les concentrations à l'équilibre en fonction de la variation x.

$$C_{éq} = C_i + \Delta C$$

$$[H_2]_{éq} = [H_2]_i + \Delta[H_2] = 2 - x \qquad [I_2]_{éq} = [I_2]_i + \Delta[I_2] = 3 - x \qquad [HI]_{éq} = [HI]_i + \Delta[HI] = 0 + 2x = 2x$$

3. Calcul des concentrations à l'équilibre de chaque substance :

$$K_c = \frac{[HI]^2}{[H_2] \cdot [I_2]} \qquad 25 = \frac{(2x)^2}{(2-x) \cdot (3-x)}$$

Cette équation de second degré est de type $ax^2 + bx + c = 0$. Il faut donc la récrire sous la forme d'une équation quadratique.

$$25(2-x) \cdot (3-x) = (2x)^2$$
$$25(6 - 5x + x^2) = 4x^2$$
$$150 - 125x + 25x^2 = 4x^2$$
$$21x^2 - 125x + 150 = 0$$

Pour trouver les valeurs possibles de x, on peut utiliser :

$$x = \frac{-b \pm \sqrt{b^2 - 4ac}}{2a}$$

$$x = \frac{-(-125) + \sqrt{(-125)^2 - 4(21 \cdot 150)}}{2(21)} = 4,29 \quad \text{ou} \quad x = \frac{-(-125) - \sqrt{(-125)^2 - 4(21 \cdot 150)}}{2(21)} = 1,67$$

La valeur de $x = 4,29$ est impossible parce qu'elle donnerait une concentration négative des réactifs à l'équilibre. Elle est donc rejetée. La valeur $x = 1,67$ est utilisée pour le calcul des concentrations à l'équilibre.

4. Calcul des concentrations de chacune des substances à l'équilibre :

$$C_{éq} = C_i + \Delta C$$
$$[H_2]_{éq} = [H_2]_i + \Delta[H_2] = 2 - x = 2,00 - 1,67 = 0,33\text{ mol/L}$$
$$[I_2]_{éq} = [I_2]_i + \Delta[I_2] = 3 - x = 3,00 - 1,67 = 1,33\text{ mol/L}$$
$$[HI]_{éq} = [HI]_i + \Delta[HI] = 0 + 2x = 2x = 2(1,67) = 3,34\text{ mol/L}$$

Réponse : À l'équilibre, la concentration du dihydrogène (H_2) est de 0,33 mol/L, celle du diiode (I_2) est de 1,33 mol/L et celle de l'iodure d'hydrogène (HI) est de 3,34 mol/L.

1. Écrivez l'expression de la constante d'équilibre des réactions décrites par les équations suivantes.

   a) $CO_{2(g)} + H_{2(g)} \rightleftharpoons CO_{(g)} + H_2O_{(g)}$

   b) $SnO_{2(s)} + 2\,CO_{(g)} \rightleftharpoons Sn_{(s)} + 2\,CO_{2(g)}$

   c) $NO_{(g)} + O_{3(g)} \rightleftharpoons NO_{2(g)} + O_{2(g)}$

   d) $2\,H_2O_{2(aq)} \rightleftharpoons 2\,H_2O_{(l)} + O_{2(g)}$

   e) $2\,HgO_{(s)} \rightleftharpoons 2\,Hg_{(l)} + O_{2(g)}$

2. La réaction suivante se produit dans un ballon scellé à 250 °C :

$$PCl_{5(g)} \rightleftharpoons PCl_{3(g)} + Cl_{2(g)}$$

   À l'équilibre, les gaz contenus dans le ballon ont les concentrations suivantes :
   - $[PCl_5] = 1,2 \times 10^{-2}$ mol/L
   - $[PCl_3] = 1,5 \times 10^{-2}$ mol/L
   - $[Cl_2] = 1,5 \times 10^{-2}$ mol/L

   Calculez la valeur de la constante d'équilibre à 250 °C.

3. Le sulfure de dihydrogène (H_2S) est un gaz âcre et toxique. À 1 400 K, on constate dans un mélange à l'équilibre la présence de 0,013 mol/L de dihydrogène (H_2), de 0,046 mol/L de disoufre (S_2) et de 0,18 mol/L de sulfure de dihydrogène selon la réaction suivante :

$$2\,H_2S_{(g)} \rightleftharpoons 2\,H_{2(g)} + S_{2(g)}$$

   Calculez la valeur de la constante d'équilibre de la réaction à 1 400 K.

4. À l'équilibre, un récipient de 1 L, fermé hermétiquement, contient 4 mol de dihydrogène (H_2), 6 mol de difluor (F_2) et 3 mol de fluorure d'hydrogène (HF), tous à l'état gazeux. Cette réaction est représentée par l'équation suivante :

$$H_{2(g)} + F_{2(g)} \rightleftharpoons 2\,HF_{(g)}$$

   Calculez la valeur de la constante d'équilibre de la réaction.

5. La valeur de la constante d'équilibre pour la synthèse du monoxyde d'azote (NO) est de 1×10^{-30} à 25 °C selon la réaction suivante :

$$N_{2(g)} + O_{2(g)} \rightleftharpoons 2\,NO_{(g)}$$

   Calculez la valeur de la constante d'équilibre pour la réaction de décomposition du NO.

6. À 427 °C, un ballon de 1,0 L contient, à l'équilibre, 20 mol de dihydrogène (H_2), 18 mol de dioxyde de carbone (CO_2), 12 mol de vapeur d'eau (H_2O) et 5,9 mol de monoxyde de carbone (CO) selon la réaction suivante :

$$CO_{2(g)} + H_{2(g)} \rightleftharpoons CO_{(g)} + H_2O_{(g)}$$

   Calculez la valeur de la constante d'équilibre de cette réaction.

7. Dans un contenant de 1 L se trouve un système à l'équilibre à 55 °C formé de dioxyde d'azote (NO_2) et de tétraoxyde de diazote (N_2O_4) selon la réaction suivante :

$$2\,NO_{2(g)} \rightleftharpoons N_2O_{4(g)}$$

   Sachant que la constante d'équilibre est de 1,15 et que la concentration de dioxyde d'azote à l'équilibre est de 0,05 mol/L, calculez la concentration de tétraoxyde de diazote à l'équilibre.

8. Classez les réactions suivantes dans l'ordre croissant de leur tendance à former des produits.

   a) $N_{2(g)} + O_{2(g)} \rightleftharpoons 2\,NO_{(g)}$ $\qquad K_c = 4,7 \times 10^{-31}$

   b) $2\,NO_{(g)} + O_{2(g)} \rightleftharpoons 2\,NO_{2(g)}$ $\qquad K_c = 1,8 \times 10^{-6}$

   c) $N_2O_{4(g)} \rightleftharpoons 2\,NO_{2(g)}$ $\qquad K_c = 0,025$

9. Déterminez si, pour l'essentiel, chacune des réactions suivantes se produit de façon complète ou si elle n'a pas lieu.

   a) $N_{2(g)} + 3\,Cl_{2(g)} \rightleftharpoons 2\,NCl_{3(g)}$
   $K_c = 3,0 \times 10^{11}$

   b) $2\,CH_{4(g)} \rightleftharpoons C_2H_{6(g)} + H_{2(g)}$
   $K_c = 9,5 \times 10^{-13}$

   c) $2\,NO_{(g)} + 2\,CO_{(g)} \rightleftharpoons N_{2(g)} + 2\,CO_{2(g)}$
   $K_c = 2,2 \times 10^{59}$

10. Examinez la réaction suivante :

$$H_{2(g)} + Cl_{2(g)} \rightleftharpoons 2\,HCl_{(g)}$$

   La constante d'équilibre de cette réaction est de $2,4 \times 10^{33}$ à 25 °C. On place du chlorure d'hydrogène (HCl) gazeux dans une cuve à réaction. Dans quelle mesure vous attendez-vous que le mélange à l'équilibre contienne du dihydrogène (H_2) et du dichlore (Cl_2) ? Expliquez votre réponse.

11. Dans chacune des réactions réversibles suivantes, déterminez si la réaction directe est favorisée par des températures élevées ou par des températures basses.

a) $N_2O_{4\,(g)} \rightleftharpoons 2\,NO_{2\,(g)}$ $\Delta H = +59$ kJ

b) $2\,ICl_{(g)} \rightleftharpoons I_{2\,(g)} + Cl_{2\,(g)}$ $\Delta H = -35$ kJ

c) $2\,CO_{2\,(g)} + 566$ kJ $\rightleftharpoons 2\,CO_{(g)} + O_{2\,(g)}$

d) $2\,HF_{(g)} \rightleftharpoons H_{2\,(g)} + F_{2\,(g)}$ $\Delta H = -536$ kJ

12. Soit la réaction exothermique suivante :

$$PCl_{3\,(g)} + Cl_{2\,(g)} \rightleftharpoons PCl_{5\,(g)}$$

Si on veut favoriser la production de pentachlorure de phosphore (PCl_5), doit-on augmenter la température ou la diminuer ?

13. Soit la réaction endothermique suivante :

$$NH_4SH_{(s)} \rightleftharpoons NH_{3\,(g)} + H_2S_{(g)}$$

Dans quelle direction se déplacera l'équilibre si on effectue les changements suivants ?

a) Une augmentation de la concentration d'ammoniac (NH_3).

b) Une diminution de la concentration de sulfure de dihydrogène (H_2S).

c) Une diminution de la température.

d) Une diminution du volume du contenant.

14. À 25 °C, la valeur de la constante d'équilibre de la réaction suivante est de 82 :

$$I_{2\,(g)} + Cl_{2\,(g)} \rightleftharpoons 2\,ICl_{(g)}$$

On place 0,83 mol de diiode (I_2) et 0,83 mol de dichlore (Cl_2) dans un récipient de 10 L à 25 °C. Quelle est la concentration de chacun des trois gaz à l'équilibre ?

15. À une certaine température, la valeur de la constante d'équilibre de la réaction suivante est de 4 :

$$2\,HF_{(g)} \rightleftharpoons H_{2\,(g)} + F_{2\,(g)}$$

Une cuve à réaction de 1 L contient 0,045 mol de difluor (F_2) à l'équilibre. Quelle était la quantité initiale de fluorure d'hydrogène (HF) dans la cuve à réaction ?

16. Un chimiste étudie la réaction suivante :

$$SO_{2\,(g)} + NO_{2\,(g)} \rightleftharpoons NO_{(g)} + SO_{3\,(g)}$$

Dans un récipient de 1 L, il ajoute $1{,}7 \times 10^{-1}$ mol de dioxyde de soufre (SO_2) à $1{,}1 \times 10^{-1}$ mol de dioxyde d'azote (NO_2). La valeur de la constante d'équilibre de cette réaction à une certaine température est de 4,8. Quelle est la concentration à l'équilibre de trioxyde de soufre (SO_3) à cette température ?

17. Le phosgène ($COCl_2$) est un gaz très toxique. On l'a employé au cours de la Première Guerre mondiale, mais on l'utilise aujourd'hui pour fabriquer des pesticides, des produits pharmaceutiques, des teintures et des polymères. On le prépare en mélangeant du monoxyde de carbone (CO) et du dichlore (Cl_2) à l'état gazeux selon l'équation suivante :

$$CO_{(g)} + Cl_{2\,(g)} \rightleftharpoons COCl_{2\,(g)}$$

On place 0,055 mol de monoxyde de carbone et 0,072 mol de dichlore dans un récipient de 5 L. À 870 K, la valeur de la constante d'équilibre est de 0,20. Quelle est la concentration des composants du mélange à l'équilibre à 870 K ?

18. À 700 K, le bromure d'hydrogène (HBr) se décompose selon l'équation suivante, et la valeur de sa constante d'équilibre est de $4{,}2 \times 10^{-9}$:

$$2\,HBr_{(g)} \rightleftharpoons H_{2\,(g)} + Br_{2\,(g)}$$

On place 0,090 mol de bromure d'hydrogène dans une cuve à réaction de 2 L qu'on chauffe à 700 K. Quelle est la concentration à l'équilibre de chacun des gaz ?

19. Soit la réaction générale suivante :

$$C_{(g)} + D_{(g)} \rightleftharpoons E_{(g)} + 2\,F_{(g)}$$

On place 1,0 mol de C et 1,0 mol de D dans un contenant de 2 L. Quand l'équilibre est atteint, on trouve 0,1 mol/L de E dans le contenant. Quelle est la valeur de la constante d'équilibre ?

20. Dans un récipient de 5 L, à 448 °C, on mélange $5{,}00 \times 10^{-3}$ mol de dihydrogène (H_2) et $1{,}00 \times 10^{-2}$ mol de diiode (I_2). La réaction est décrite par l'équation suivante :

$$H_{2\,(g)} + I_{2\,(g)} \rightleftharpoons 2\,HI_{(g)}$$

Une fois l'équilibre atteint, la concentration d'iodure d'hydrogène (HI) est de $1{,}87 \times 10^{-3}$ mol/L. Quelle est la valeur de la constante d'équilibre ?

21. On remplit un ballon de 2 L avec 4,6 mol de chacun des réactifs suivants à l'état gazeux : du monoxyde d'azote (NO) et de l'ozone (O_3). On chauffe le mélange et, à l'équilibre, on trouve 2,4 mol de dioxyde d'azote (NO_2) gazeux. Dans ces conditions, la réaction suivante a lieu :

$$NO_{(g)} + O_{3\,(g)} \rightleftharpoons NO_{2\,(g)} + O_{2\,(g)}$$

Quelle est la valeur de la constante d'équilibre ?

12.2 L'équilibre ionique dans les solutions

L'**équilibre ionique dans les solutions** est un état d'équilibre qui s'établit entre les concentrations des différents ions après la dissociation d'un composé chimique dans une solution.

Au Sénégal, le lac Retba, aussi appelé le lac Rose, contient une eau particulièrement salée. Sa couleur rosée est due à la présence d'une algue microscopique, une cyanobactérie, qui fabrique un pigment rouge lui permettant de résister à la forte concentration de sel. En fait, la concentration de sel est telle qu'un dépôt se forme au fond du lac et qu'un équilibre de solubilité s'y établit (*voir la figure 4*). Dans le cas du sel du lac Rose, qui est un composé ionique solide, on peut exprimer une constante d'équilibre de la dissolution. Cette constante est appelée la constante du produit de solubilité (K_{ps}).

Toutefois, dans des solutions aqueuses différentes du lac Rose, les ions présents peuvent provenir d'autres types de substances que des composés ioniques solides. Ainsi, la nature des ions qui y sont dissous donnera à la solution un caractère particulier qui peut être, par exemple, neutre, acide ou basique. Néanmoins, dans tous ces cas, un équilibre quelconque s'établira et on pourra calculer une constante d'équilibre. Dans le cas de l'eau pure, qui est neutre, cette constante se nomme la constante d'ionisation de l'eau (K_{eau}). Dans le cas des substances acides, la constante d'équilibre se nomme la constante d'acidité (K_a) et dans le cas des substances basiques, elle se nomme la constante de basicité (K_b).

Pour être en mesure d'étudier ces différentes constantes d'équilibre, il faut d'abord approfondir les propriétés des acides et des bases.

Figure 4 La salinité du lac Rose est tellement élevée que le sel, qui se dépose au fond sous forme de croûte, est récolté directement après avoir été cassé à l'aide de pics.

12.2.1 Les théories sur les acides et les bases

On peut distinguer les acides et les bases à l'aide de divers moyens. L'un d'eux consiste à décrire leurs propriétés macroscopiques caractéristiques et leur structure moléculaire. Toutefois, ces moyens sont limités et ne permettent pas d'expliquer et de prédire de façon satisfaisante le comportement des acides et des bases. Pour remédier à cette situation, on a élaboré au fil des ans diverses théories pour mieux définir ces substances.

La théorie d'Arrhenius sur les acides et les bases

En 1887, Svante Arrhenius élabore la première définition théorique utile des acides et des bases. Cette théorie est encore utilisée aujourd'hui pour expliquer de façon simplifiée les propriétés des acides et des bases en solution. Arrhenius propose sa définition après avoir observé la tendance qu'ont les acides et les bases à former des ions. Il constate qu'un acide comme l'acide chlorhydrique (HCl) dissous dans l'eau se dissocie en ions hydrogène (H^+) et en ions chlorure (Cl^-) selon l'équation suivante.

$$HCl_{(aq)} \rightarrow H^+_{(aq)} + Cl^-_{(aq)}$$

Arrhenius constate aussi qu'une base comme l'hydroxyde de sodium (NaOH) dissoute dans l'eau se dissocie pour former des ions sodium (Na$^+$) et hydroxyde (OH$^-$) selon l'équation suivante.

$$NaOH_{(aq)} \rightarrow Na^+_{(aq)} + OH^-_{(aq)}$$

En observant une série de réactions impliquant la dissociation électrolytique d'autres acides et bases (*voir le tableau 4*), Arrhenius remarque une tendance propre à chaque type de substance : dans l'eau, les acides produisent des **ions hydrogène (H$^+$)** alors que les bases produisent des **ions hydroxyde (OH$^-$)**.

Tableau 4 La dissociation de quelques acides et bases et les ions produits selon les observations de Svante Arrhenius.

Acides qui se dissocient dans l'eau et les ions qui en résultent	Bases qui se dissocient dans l'eau et les ions qui en résultent
$HBr_{(aq)} \rightarrow H^+_{(aq)} + Br^-_{(aq)}$	$LiOH_{(aq)} \rightarrow Li^+_{(aq)} + OH^-_{(aq)}$
$H_2SO_{4(aq)} \rightarrow H^+_{(aq)} + HSO_4^-_{(aq)}$	$KOH_{(aq)} \rightarrow K^+_{(aq)} + OH^-_{(aq)}$
$HClO_{4(aq)} \rightarrow H^+_{(aq)} + ClO_4^-_{(aq)}$	$Ba(OH)_{2(aq)} \rightarrow Ba^{2+}_{(aq)} + 2\,OH^-_{(aq)}$

Arrhenius publie donc une théorie qui explique la nature des acides et des bases en solution aqueuse. Cette théorie porte son nom.

Théorie d'Arrhenius sur les acides et les bases

Un acide est une substance qui se dissocie dans l'eau pour produire des ions hydrogène (H$^+$).

Une base est une substance qui se dissocie dans l'eau pour produire des ions hydroxyde (OH$^-$).

Selon cette théorie, les acides augmentent la concentration en ions hydrogène (H$^+$) dans les solutions aqueuses. Par conséquent, la formule moléculaire d'un **acide d'Arrhenius** doit contenir au moins un atome d'hydrogène comme source d'ions hydrogène.

Par contre, les bases augmentent la concentration en ions hydroxyde (OH$^-$) dans les solutions aqueuses. La structure moléculaire d'une **base d'Arrhenius** doit donc contenir au moins un atome d'oxygène (O) et un atome d'hydrogène (H) regroupés comme source d'ions hydroxyde.

La théorie d'Arrhenius est utile pour expliquer la production d'ions pendant la dissociation électrolytique des acides et des bases. Elle permet également de décrire ce qui se passe au cours d'une réaction de neutralisation acidobasique. Dans cette réaction, un acide et une base réagissent pour former un sel et de l'eau. Par exemple, le chlorure d'hydrogène, aussi appelé acide chlorhydrique (HCl), et l'hydroxyde de sodium (NaOH) réagissent de la façon suivante.

$$HCl_{(aq)} + NaOH_{(aq)} \rightarrow NaCl_{(aq)} + H_2O_{(l)}$$

REPÈRE

SVANTE ARRHENIUS

Chimiste suédois
(1859-1927)

Arrhenius bouleverse le monde de la chimie en proposant dans sa thèse de doctorat, en 1884, une théorie sur la dissociation des électrolytes en solution. Son célèbre mémoire intitulé *Recherches sur la conductibilité galvanique des électrolytes* lui permet d'obtenir de justesse son diplôme de doctorat, car ses théories n'impressionnent pas du tout ses professeurs. Pourtant, c'est sur la base de ce même travail qu'il obtient, en 1903, le prix Nobel de chimie. C'est aussi ce même mémoire qui sert de base à la théorie offrant les premières définitions théoriques des acides et des bases qu'il publie en 1887. Arrhenius poursuit ses recherches qui le mènent, notamment, à élaborer le concept théorique de l'énergie d'activation d'une réaction chimique.

Au cours de cette neutralisation, les ions qui réagissent sont les ions hydrogène issus de l'acide et les ions hydroxyde issus de la base. Les autres ions, qui ne réagissent pas, sont appelés les ions spectateurs. Ainsi, en omettant les ions spectateurs, l'équation ionique nette de cette réaction indique les principaux ions qui participent à la réaction selon la théorie d'Arrhenius.

Équation ionique nette de la neutralisation acidobasique
$$H^+_{(aq)} + OH^-_{(aq)} \rightarrow H_2O_{(l)}$$

Cependant, la théorie d'Arrhenius a ses limites, notamment dans le cas de l'ion hydrogène qui cause l'acidité. Selon cette théorie, la dissociation électrolytique du chlorure d'hydrogène en solution aqueuse se traduit par l'équation suivante, dans laquelle se trouve l'ion hydrogène aqueux.

$$HCl_{(aq)} \rightarrow H^+_{(aq)} + Cl^-_{(aq)}$$

En fait, les chimistes ont constaté qu'il est très peu probable que l'ion hydrogène aqueux existe dans l'eau comme l'affirme la théorie d'Arrhenius. Dans l'équation précédente, qui décrit la réaction selon Arrhenius, on omet d'écrire l'eau comme composant de la réaction, bien que celle-ci se produise en milieu aqueux. En outre, lorsqu'on ajoute l'eau à l'équation, on constate que cette dernière demeure inchangée au cours de la réaction.

$$HCl_{(aq)} + H_2O_{(l)} \rightarrow H^+_{(aq)} + Cl^-_{(aq)} + H_2O_{(l)}$$

Or les molécules d'eau sont polaires, c'est-à-dire que, dans chaque molécule, les électrons sont distribués de façon irrégulière, ce qui entraîne la formation de deux dipôles : un dipôle négatif du côté de l'atome d'oxygène et un dipôle positif du côté des atomes d'hydrogène (*voir la figure 5*).

Par conséquent, il y a une interaction dans la solution entre l'eau, les ions hydrogène (H^+) et les ions chlorure (Cl^-). En effet, l'ion hydrogène, par sa composition en particule élémentaire, est en fait l'équivalent d'un proton, qui porte une charge positive. Cette charge est attirée par le dipôle négatif de la molécule d'eau. Il en résulte que les ions hydrogène (protons) ne restent pas à l'état libre en solution aqueuse. Lorsqu'un tel proton se trouve à proximité de molécules d'eau polaires, il se lie plutôt à une ou plusieurs de ces molécules et devient hydraté (*voir la figure 6*). Un proton hydraté porte le nom d'**ion hydronium (H_3O^+)**.

La théorie d'Arrhenius a aussi ses limites lorsqu'on tente d'expliquer certaines réactions chimiques. Par exemple, les solutions aqueuses formées d'ammoniac (NH_3) sont basiques. Bien que l'ammoniac ne renferme pas d'atomes d'oxygène et d'hydrogène comme source d'ions hydroxyde (OH^-), ses molécules réagissent tout de même avec les acides. Or la théorie d'Arrhenius ne permet pas d'expliquer les propriétés basiques de l'ammoniac. Elle ne peut expliquer non plus pourquoi de nombreuses solutions aqueuses de sels qui ne contiennent pas d'atomes d'oxygène et d'hydrogène, comme le carbonate de calcium ($CaCO_3$), présentent aussi des propriétés basiques.

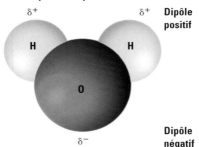

Extrémité avec des charges partielles positives

δ^+ δ^+ **Dipôle positif**

H   H

O

δ^- **Dipôle négatif**

Extrémité avec des charges partielles négatives

Figure 5 L'eau est une molécule polaire en forme de V. L'extrémité avec les charges partielles négatives (δ^-) se trouve du côté de l'atome d'oxygène (O), et les extrémités avec les charges partielles positives (δ^+) sont situées du côté des atomes d'hydrogène (H).

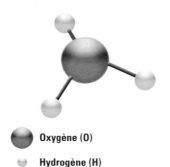

● **Oxygène (O)**

○ **Hydrogène (H)**

Figure 6 L'ion hydronium (H_3O^+) est de forme pyramidale. Le sommet de la pyramide est l'atome d'oxygène (O) tandis que la base est constituée des trois atomes d'hydrogène (H).

Enfin, la théorie d'Arrhenius comporte également une autre lacune importante. Elle ne permet pas d'expliquer les réactions entre des acides et des bases qui se produisent ailleurs qu'en milieu aqueux. Par exemple, le chlorure d'ammonium (NH_4Cl) peut se former au cours de la réaction entre un gaz basique, l'ammoniac et un gaz acide, le chlorure d'hydrogène, selon l'équation suivante.

$$NH_{3(g)} + HCl_{(g)} \rightarrow NH_4Cl_{(s)}$$

Il résulte de cette réaction une poudre blanche formée de minuscules cristaux de chlorure d'ammonium dans la région où les gaz entrent en contact l'un avec l'autre (*voir la figure 7*).

Figure 7 La théorie d'Arrhenius ne permet pas d'expliquer pourquoi l'ammoniac (NH_3) et le chlorure d'hydrogène (HCl) gazeux qui s'échappent de ces contenants ouverts réagissent en formant un nuage blanc composé de minuscules cristaux de chlorure d'ammonium (NH_4Cl) solide sans être en présence d'eau.

La théorie de Brønsted-Lowry sur les acides et les bases

En 1923, deux chimistes qui travaillent chacun de leur côté proposent une théorie plus générale sur les acides et les bases, laquelle repousse les limites de la théorie d'Arrhenius. En effet, Johannes Brønsted et Thomas Lowry élaborent une théorie qui met l'accent sur le rôle des acides et des bases dans une réaction chimique plutôt que sur les propriétés acides ou basiques de leurs solutions aqueuses, comme l'avait fait Arrhenius. Cette théorie, qui a permis de régler les problèmes posés par la théorie d'Arrhenius, s'appelle la théorie des acides et des bases de Brønsted-Lowry.

Théorie de Brønsted-Lowry sur les acides et les bases

Un acide est une substance dont on peut enlever un proton (ion hydrogène, H^+). Un acide est perçu comme un donneur de proton.

Une base est une substance qui peut enlever un proton à un acide. Une base est perçue comme un accepteur de proton.

Selon cette théorie, un **acide de Brønsted-Lowry** doit renfermer un atome d'hydrogène (H) dans sa formule chimique, tout comme l'acide d'Arrhenius.

JOHANNES NICOLAUS BRØNSTED
Chimiste danois
(1879-1947)

Johannes Nicolaus Brønsted est professeur de chimie et spécialiste de l'étude des réactions chimiques. Il travaille également sur l'électrochimie, les électrolytes amphotères, la mesure du pH et les indicateurs de pH. Il est surtout connu pour son travail sur les acides et les bases, qui l'amène à publier, en 1923, une théorie portant son nom. Selon cette théorie, un acide est perçu comme un donneur de proton, alors qu'une base est un accepteur de proton.

Au même moment, Thomas Lowry publie, de façon indépendante, une théorie semblable sur les acides et les bases. C'est pourquoi cette théorie porte maintenant le nom de théorie de Brønsted-Lowry.

De son côté, Thomas Lowry effectue des travaux qui portent sur les solutions aqueuses, la nature des ions et la déviation de la lumière par les composés organiques.

Cependant, tout ion négatif, et pas seulement l'ion hydroxyde (OH⁻), peut constituer une **base de Brønsted-Lowry**. De plus, il n'est pas nécessaire d'employer l'eau comme réactif ou, autrement dit, l'eau n'est pas le seul solvant qu'on peut utiliser. Une seule condition est requise pour qu'il y ait une réaction entre un acide et une base de Brønsted-Lowry : une des substances doit fournir un proton et l'autre doit recevoir ce proton. Ainsi, du point de vue de cette théorie, la neutralisation acidobasique entraîne le transfert d'un proton d'un acide à une base.

Ce transfert de proton est une notion importante quand on veut vraiment comprendre la nature des acides et des bases. En effet, d'après la théorie de Brønsted-Lowry, n'importe quelle substance peut se comporter comme un acide en autant qu'une autre substance agit comme une base au même moment. De même, n'importe quelle substance peut agir comme une base si, au même moment, une autre substance se comporte comme un acide.

Par exemple, dans la réaction entre l'acide chlorhydrique (HCl) et l'eau, une molécule de chlorure d'hydrogène cède un proton à une molécule d'eau selon l'équation suivante.

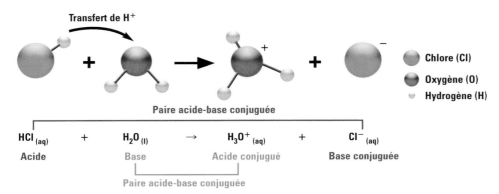

Figure 8 La réaction entre l'acide chlorhydrique (HCl) et l'eau, d'après la théorie de Brønsted-Lowry.

Dans cette réaction, le chlorure d'hydrogène joue le rôle d'un acide de Brønsted-Lowry parce qu'il fournit un proton, soit un ion hydrogène (H^+), à l'eau. De son côté, la molécule d'eau reçoit le proton. L'eau joue donc le rôle d'une base de Brønsted-Lowry dans cette réaction. Lorsqu'elle reçoit le proton, elle devient un ion hydronium (H_3O^+) qui se retrouve du côté droit de l'équation.

La base conjuguée d'un acide est la particule qui reste lorsque le proton a été enlevé à l'acide. L'acide conjugué d'une base est la particule qui reste lorsque le proton a été ajouté à la base. Dans ce cas-ci, l'ion chlorure (Cl^-) est la base conjuguée de l'acide (le chlorure d'hydrogène) et l'ion hydronium constitue l'acide conjugué de la base (l'eau).

Une paire de substances qui diffèrent uniquement par un proton s'appelle une paire acide-base conjuguée. Dans ce cas-ci, la molécule de chlorure d'hydrogène et l'ion chlorure forment une telle paire. De même, la seconde paire acide-base conjuguée de cette réaction est l'eau et l'ion hydronium.

On peut classer une substance comme un acide ou une base de Brønsted-Lowry seulement pour une réaction donnée. En effet, il arrive qu'une substance perde un proton au profit d'une deuxième substance mais que, en présence d'une troisième substance, elle en gagne un. Une telle substance peut alors jouer tantôt le rôle d'un acide, tantôt le rôle d'une base. Ce type de substance s'appelle une substance amphotère. L'eau est un exemple de substance amphotère.

Par exemple, dans la réaction précédente entre le chlorure d'hydrogène et l'eau, l'eau joue le rôle de la base. Cependant, dans la réaction entre l'ammoniac (NH₃) et l'eau, la molécule d'eau joue le rôle de l'acide.

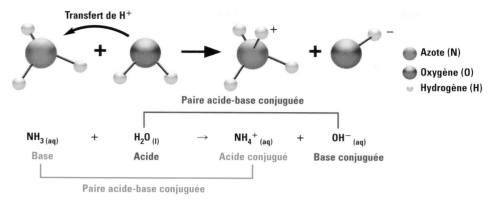

$$NH_{3\,(aq)} \quad + \quad H_2O_{(l)} \quad \rightarrow \quad NH_4^+{}_{(aq)} \quad + \quad OH^-{}_{(aq)}$$

Base   Acide   Acide conjugué   Base conjuguée

Paire acide-base conjuguée

Figure 9 La réaction entre l'ammoniac (NH₃) et l'eau, d'après la théorie de Brønsted-Lowry.

La théorie de Brønsted-Lowry n'explique pas pourquoi les substances donnent ou acceptent des protons. Malgré cela, elle permet de définir les acides et les bases en fonction des réactions chimiques plutôt que simplement comme des substances qui forment des solutions aux propriétés acides ou basiques.

Grâce aux définitions proposées par cette théorie, il est désormais possible de décrire, d'expliquer et de prédire un grand nombre de réactions mettant en jeu des substances à l'état pur, en solution aqueuse ou non. Toutefois, les définitions d'un acide et d'une base données par Arrhenius peuvent tout de même s'appliquer aux acides et aux bases en solution aqueuse, et particulièrement au cas de la neutralisation acidobasique.

12.2.2 La constante d'ionisation de l'eau

La dissociation électrolytique d'un composé acide ou basique en solution aqueuse produit des ions qui interagissent avec l'eau. Un équilibre s'établit alors entre les ions aqueux et les molécules d'eau.

Le pH d'une solution aqueuse est une mesure de l'acidité d'une solution et il est déterminé par la position de l'équilibre établi entre les ions aqueux et les molécules d'eau. Cet équilibre peut aussi être quantifié au moyen d'une constante d'équilibre, la constante d'ionisation de l'eau (K_{eau}). Cette constante permet de comprendre l'interdépendance entre les concentrations molaires des ions hydronium (H_3O^+) et hydroxyde (OH^-). Avant d'étudier plus à fond la constante d'équilibre de l'eau, il est utile d'approfondir la notion de pH et de pOH.

Le calcul du pH et du pOH

On peut exprimer de façon quantitative le degré d'acidité d'une solution aqueuse en donnant la concentration des ions hydronium présents, symbolisée par l'expression [H_3O^+]. Toutefois, comme cette concentration est souvent de très faible valeur, elle comporte des expressions qui font appel à la notation scientifique, ce qui rend son utilisation peu pratique.

Pour aller + loin

Les acides aminés

Les acides aminés sont des molécules qui servent d'unité de base pour la fabrication des protéines dans les cellules vivantes. La plupart des acides aminés sont solubles dans un solvant polaire tel que l'eau ou l'alcool. En solution, les acides aminés sont des substances amphotères. Leur ionisation varie selon le pH de la solution. En milieu acide, certains acides aminés peuvent agir comme une base et capter un proton. En milieu basique, certains autres peuvent agir comme un acide et libérer un proton. Cela permet aux protéines d'être chargées positivement lorsqu'elles sont en milieu acide et qu'elles agissent comme une base, et vice versa.

Cette charge portée par les protéines est ce qui permet aux chercheurs de séparer un mélange de protéines par la technique de l'électrophorèse. Une variante de cette technique consiste à utiliser une plaque de gel dont le pH varie d'une extrémité à l'autre. Les protéines se déplacent le long de la plaque en s'arrêtant à des endroits différents en fonction du pH du gel et de leur caractère acide ou basique.

Cette technique sert entre autres au dépistage de l'anémie à cellules falciformes, une maladie héréditaire très répandue caractérisée par l'altération de l'hémoglobine.

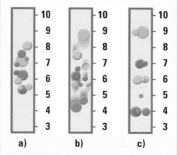

Figure 10 Le mélange de protéines est déposé dans le gel (a), puis les protéines se déplacent le long du gradient de pH (b) et se placent en fonction de leur pH (c).

En 1909, Søren Sørensen conçoit l'échelle de pH. Selon cette échelle, les solutions aqueuses dont le pH est inférieur à 7 sont acides, celles dont le pH est égal à 7 sont neutres, et celles dont le pH est supérieur à 7 sont basiques. Cette échelle logarithmique est basée sur la valeur 10. En fait, le pH d'une solution correspond à l'opposé du logarithme de la concentration de l'ion hydronium en moles par litre (mol/L). On exprime le pH sous forme de valeur numérique sans unité.

Expression du pH

$$pH = -\log [H_3O^+]$$
$$[H_3O^+] = 10^{-pH}$$

où

pH = Valeur du pH
$[H_3O^+]$ = Concentration des ions hydronium à l'équilibre, exprimée en moles par litre (mol/L)

La première expression indique que le pH est égal à l'opposé du logarithme en base 10 de la concentration des ions hydronium. La seconde expression, qui est la fonction réciproque de la première, permet de connaître la concentration des ions hydronium lorsque le pH est connu. On peut également calculer le pOH d'une solution, c'est-à-dire le potentiel de la concentration des ions hydroxyde (OH^-), avec une expression semblable.

Expression du pOH

$$pOH = -\log [OH^-]$$
$$[OH^-] = 10^{-pOH}$$

où

pOH = Valeur du pOH
$[OH^-]$ = Concentration des ions hydroxyde à l'équilibre, exprimée en moles par litre (mol/L)

Les exemples suivants montrent comment utiliser ces équations.

Exemple A

Exprimez sous forme de pH la concentration des ions hydronium (H_3O^+) de $4,7 \times 10^{-11}$ mol/L dans une solution aqueuse. Cette solution est-elle acide, neutre ou basique?

Données:
$[H_3O^+] = 4,7 \times 10^{-11}$ mol/L
$pH = ?$

Calcul:
$pH = -\log [H_3O^+]$
$= -\log [4,7 \times 10^{-11}]$
$= 10,33$

Réponse: Le pH de la solution est de 10,33. La solution est basique, car son pH est supérieur à 7.

Exemple B

Exprimez un pOH de 3,60 sous forme de concentration des ions hydroxyde (OH^-).

Données:
$pOH = 3,60$
$[OH^-] = ?$

Calcul:
$[OH^-] = 10^{-pOH}$
$= 10^{-3,6}$
$= 2,5 \times 10^{-4}$

Réponse: La concentration des ions hydroxyde (OH^-) est de $2,5 \times 10^{-4}$ mol/L.

Le calcul de la constante d'ionisation de l'eau

Un multimètre très sensible peut détecter une légère conductibilité électrique dans de l'eau très pure (*voir la figure 11*). Selon la théorie d'Arrhenius, cette conductibilité électrique est due à la présence d'ions. Dans le cas de l'eau pure, ces ions proviennent en fait de l'ionisation de quelques molécules d'eau (*voir la figure 12*).

Cette ionisation des molécules d'eau est très peu fréquente. Ainsi, des observations montrent qu'à 25 °C, à peine deux molécules d'eau sur un milliard se dissocient de cette façon. L'eau pure est donc un mauvais conducteur électrique, et il faut se servir d'un appareil très sensible pour détecter cette conductibilité.

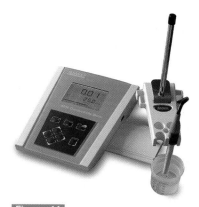

Figure 11 Avec un multimètre très sensible, on peut constater que l'eau pure possède une faible conductibilité électrique.

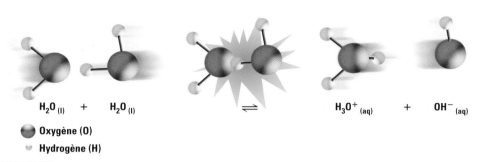

$H_2O_{(l)}$ + $H_2O_{(l)}$ ⇌ $H_3O^+{}_{(aq)}$ + $OH^-{}_{(aq)}$

● Oxygène (O)
○ Hydrogène (H)

Figure 12 L'ionisation de l'eau se produit lorsque des molécules entrent en collision et qu'il y a formation des ions hydronium (H_3O^+) et hydroxyde (OH^-).

À 25 °C, l'eau pure est neutre, ce qui signifie que son pH est de 7. La concentration des ions hydronium (H_3O^+) est donc de 10^{-pH}, c'est-à-dire 1×10^{-7} mol/L. En outre, puisque chaque molécule d'eau qui s'ionise produit autant d'ions hydroxyde (OH^-) que d'ions hydronium, il est possible d'affirmer que leurs concentrations sont égales.

$$[H_3O^+] = [OH^-] = 1 \times 10^{-7} \text{ mol/L}$$

L'ionisation de l'eau est un processus réversible qu'on peut exprimer par l'équation simplifiée suivante.

$$2 H_2O_{(l)} \rightleftharpoons H_3O^+{}_{(aq)} + OH^-{}_{(aq)}$$

Une fois l'équilibre atteint, la constante d'équilibre pour l'ionisation de l'eau (K_{eau}) est donnée par l'expression suivante.

Constante d'ionisation de l'eau

$$K_{eau} = [H_3O^+] \cdot [OH^-]$$

où

K_{eau} = Constante d'ionisation de l'eau
$[H_3O^+]$ = Concentration des ions hydronium à l'équilibre, exprimée en moles par litre (mol/L)
$[OH^-]$ = Concentration des ions hydroxyde à l'équilibre, exprimée en moles par litre (mol/L)

La constante d'ionisation de l'eau est une constante d'équilibre de concentration. C'est pourquoi on ne tient pas compte de la concentration de l'eau du côté des réactifs, où l'eau est en phase liquide. Pour connaître la valeur numérique de cette constante à 25 °C, il suffit d'insérer les valeurs de concentration des ions dans l'expression de la constante d'ionisation de l'eau.

$$K_{eau} = [H_3O^+] \cdot [OH^-]$$
$$K_{eau} = (1 \times 10^{-7}) \cdot (1 \times 10^{-7})$$
$$K_{eau} = 1 \times 10^{-14}$$

Comme pour toutes les constantes d'équilibre, cette valeur de la constante d'ionisation de l'eau varie en fonction de la température (*voir le tableau 5*). À moins qu'une autre valeur ne soit fournie pour une température différente, c'est cette valeur qu'on utilisera pour effectuer des calculs qui mettent en relation le pH et la concentration molaire des ions hydronium et hydroxyde. Cette expression permet également d'établir un rapport simple entre les valeurs de pH et de pOH dans une solution à 25 °C. En effet, selon la constante d'ionisation de l'eau, le produit des concentrations des ions hydronium et hydroxyde s'exprime de la façon suivante.

$$[H_3O^+] \cdot [OH^-] = 1 \times 10^{-14} \text{ à 25 °C}$$

En effectuant l'inverse logarithmique de chaque côté de l'égalité, on obtient les équivalences suivantes.

$$-(\log [H_3O^+] + \log [OH^-]) = -\log (1 \times 10^{-14})$$
$$-\log [H_3O^+] - \log [OH^-] = 14$$
$$pH + pOH = 14$$

Grâce à cette égalité, on peut rapidement convertir une valeur de pH en une valeur de pOH, et vice versa.

Tableau 5 La constante d'ionisation de l'eau à différentes températures.

Température (°C)	K_{eau}
0	$1{,}14 \times 10^{-15}$
10	$2{,}92 \times 10^{-15}$
20	$6{,}82 \times 10^{-15}$
25	$\mathbf{1{,}00 \times 10^{-14}}$
30	$1{,}47 \times 10^{-14}$
40	$2{,}92 \times 10^{-14}$
50	$5{,}48 \times 10^{-14}$
60	$9{,}55 \times 10^{-14}$
70	$1{,}64 \times 10^{-13}$
100	$6{,}31 \times 10^{-13}$

12.2.3 La relation entre le pH et la concentration molaire des ions hydronium et hydroxyde

La constante d'ionisation de l'eau est particulièrement importante lorsqu'on étudie le comportement des acides et des bases en solution aqueuse. Selon la théorie d'Arrhenius, un acide est une substance qui produit des ions H^+ lorsqu'il réagit avec l'eau. Ces ions se joignent à une ou plusieurs molécules d'eau et forment des ions hydronium (H_3O^+). L'acide fournit donc des ions hydronium supplémentaires qui font augmenter la concentration initiale de ces ions tout en diminuant le pH. La base, pour sa part, fournit des ions hydroxyde (OH^-) qui font augmenter la concentration initiale de ces ions tout en augmentant le pH.

Puisque la constante d'ionisation de l'eau s'applique à toutes les solutions aqueuses, on peut l'utiliser pour connaître la relation entre les concentrations molaires des ions hydronium et hydroxyde dans de telles solutions. En effet, même si la concentration des ions hydronium et hydroxyde varie, la constante d'ionisation de l'eau ne change pas. On peut donc s'en servir pour calculer soit la concentration des ions hydronium, soit celle des ions hydroxyde, pourvu que l'on connaisse l'une de ces deux concentrations ou le pH de la solution.

L'exemple suivant montre comment utiliser la constante d'ionisation de l'eau pour connaître les concentrations molaires des ions présents dans une solution quand le pH est connu.

> **Exemple**
>
> À 25 °C, une solution d'acide chlorhydrique (HCl) a un pH de 3,20. Quelle est la concentration de chacun des ions de cette solution?
>
> *Données:*
> pH = 3,20
> $[H_3O^+] = ?$
> $[OH^-] = ?$
>
> 1. *Calcul des ions hydronium:*
> $$[H_3O^+] = 10^{-pH}$$
> $$= 10^{-3,20} = 6,3 \times 10^{-4}$$
>
> 2. *Calcul des ions hydroxyde:*
> $$K_{eau} = [H_3O^+] \cdot [OH^-] = 1 \times 10^{-14}$$
> $$[OH^-] = \frac{1 \times 10^{-14}}{[H_3O^+]}$$
> $$= \frac{1 \times 10^{-14}}{6,3 \times 10^{-4}} = 1,58 \times 10^{-11}$$
>
> *Réponse:* La concentration en ions hydronium (H_3O^+) est de $6,3 \times 10^{-4}$ mol/L et celle des ions hydroxyde (OH^-) est de $1,6 \times 10^{-11}$ mol/L.

12.2.4 La constante d'acidité et la constante de basicité

La force des électrolytes correspond au taux de dissociation électrolytique du soluté en ions. Plus un électrolyte est fort, plus sa dissociation est élevée et plus il produit d'ions en solution. Les acides et les bases sont des électrolytes qui subissent la dissociation électrolytique en solution aqueuse à des degrés divers. C'est ce qui explique la force des acides et des bases.

La force des acides

Un acide fort est un acide qui se dissocie complètement en ions dans l'eau (*voir le tableau 6*). Par exemple, le chlorure d'hydrogène (HCl) est un acide fort, car il s'ionise complètement dans l'eau. Toutes ses molécules se dissocient en ions hydronium (H_3O^+) et en ions chlorure (Cl^-) dans une solution aqueuse (*voir la figure 13*). La solution contient alors le même pourcentage d'ions hydronium et d'ions chlorure, soit 100 %.

Tableau 6 Une liste de quelques acides forts.

Nom	Formule chimique
Acide chlorhydrique	HCl
Acide bromhydrique	HBr
Acide iodhydrique	HI
Acide nitrique	HNO_3
Acide sulfurique	H_2SO_4
Acide perchlorique	$HClO_4$

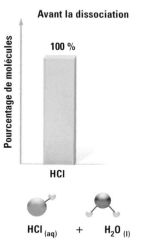
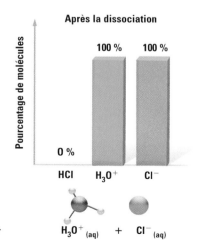

Figure 13 Les molécules du chlorure d'hydrogène (HCl), un acide fort, se dissocient à un taux de 100 % lorsqu'elles sont en solution aqueuse.

La concentration d'ions hydronium (H_3O^+) dans une solution diluée d'un acide fort est égale à la concentration de cet acide. Par conséquent, une solution de chlorure d'hydrogène à 1 mol/L contient 1 mol/L d'ions hydronium et 1 mol/L d'ions chlorure.

Un acide faible est un acide qui se dissocie très peu en solution aqueuse. Par exemple, l'acide acétique (CH_3COOH) est un acide faible. La plupart de ses molécules restent entières après la dissolution. Seul un pourcentage très peu élevé de ses molécules se séparent en ions hydronium (H_3O^+) et en ions acétate (CH_3COO^-). Ce pourcentage de dissociation est appelé le pourcentage d'ionisation. Il se calcule de la façon suivante pour un acide quelconque (symbolisé de façon générale par HA).

Pourcentage d'ionisation

$$\text{Pourcentage d'ionisation} = \frac{[H_3O^+]}{[HA]_i} \cdot 100$$

où

$[H_3O^+]$ = Concentration des ions hydronium à l'équilibre, exprimée en moles par litre (mol/L)

$[HA]_i$ = Concentration initiale d'un acide, exprimée en moles par litre (mol/L)

En moyenne, environ 1 % des molécules d'acide acétique se dissocient dans une solution à 0,1 mol/L. En fait, la concentration des ions hydronium dans une solution d'acide faible est toujours inférieure à la concentration de l'acide dissous (*voir la figure 14*).

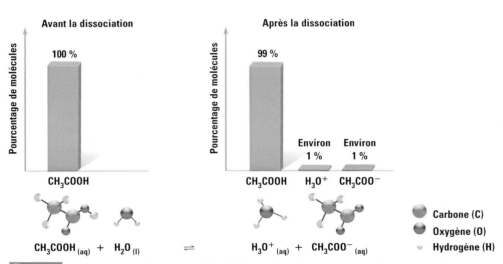

Figure 14 Les molécules d'acide acétique (CH_3COOH), un acide faible, se dissocient très peu lorsqu'elles sont en solution aqueuse.

On peut calculer la concentration à l'équilibre des ions hydronium de cette réaction à partir du pourcentage d'ionisation et de la concentration de l'acide acétique. Ainsi, dans cette solution d'acide acétique à 0,1 mol/L, seulement 1 % des molécules se dissocient pour former des ions hydronium.

$$[H_3O^+] = \frac{1}{100} \cdot 0{,}1 \text{ mol/L} = 1 \times 10^{-3} \text{ mol/L}$$

Lorsqu'on connaît les concentrations à l'équilibre des diverses particules présentes en solution, on peut calculer la valeur de la constante d'équilibre de la réaction.

Le calcul de la constante d'acidité

Étant donné que l'acide acétique (CH_3COOH) est un acide faible, il y a toujours des molécules d'acide acétique dans la solution après sa dissociation, et il s'établit alors un équilibre. À l'équilibre, les molécules d'acide acétique se dissocient à la même vitesse que les ions dissociés se recombinent pour produire ces mêmes molécules.

La plupart des acides sont des acides faibles qui atteignent un tel équilibre en solution aqueuse. La formule générale utilisée pour décrire l'ionisation d'un acide faible est la suivante.

$$HA_{(aq)} + H_2O_{(l)} \rightleftharpoons H_3O^+{}_{(aq)} + A^-{}_{(aq)}$$

On peut exprimer la force d'un acide faible en se servant d'une constante d'équilibre. De façon générale, l'expression de la constante d'équilibre de cette réaction est appelée constante d'acidité (K_a) et elle s'exprime de la façon suivante.

Constante d'acidité

$$K_a = \frac{[H_3O^+] \cdot [A^-]}{[HA]}$$

où

K_a = Constante d'acidité

$[H_3O^+]$ = Concentration des ions hydronium à l'équilibre, exprimée en moles par litre (mol/L)

$[A^-]$ = Concentration de la base conjuguée à l'équilibre, exprimée en moles par litre (mol/L)

$[HA]$ = Concentration de l'acide non dissocié à l'équilibre, exprimée en moles par litre (mol/L)

Cette constante d'acidité est une variante de la constante d'équilibre de concentration (K_c). C'est la raison pour laquelle la concentration de l'eau, qui est en phase liquide, n'y apparaît pas. De plus, comme les acides forts se dissocient complètement, il n'y a pas vraiment d'équilibre qui s'établit car, la réaction étant complète, il ne subsiste plus de molécules de réactifs. C'est pourquoi on ne peut décrire la constante d'acidité des acides forts en solution aqueuse au moyen d'un nombre.

La constante d'acidité permet de classer les acides selon leur **force**. Ainsi, plus un acide est faible, plus la valeur de sa constante d'acidité est petite.

Pour obtenir la valeur de la constante d'équilibre d'un acide dans une situation donnée, il faut connaître les concentrations des différentes substances de la réaction à l'équilibre. On peut employer la constante d'acidité pour prédire les concentrations des ions hydronium (H_3O^+) à l'équilibre d'un acide à des concentrations variées, de même que pour calculer le pH ou encore le pourcentage de dissociation de divers acides.

Les exemples suivants montrent une variété de problèmes qu'on peut résoudre en utilisant la valeur de la constante d'acidité.

ANNEXE 8 >

Tableau 8.7 : Les constantes d'ionisation des acides, p. 421.

Exemple A

À 25 °C, une solution d'acide acétique (CH_3COOH) à 1 mol/L se dissocie selon l'équation suivante :

$$CH_3COOH_{(aq)} + H_2O_{(l)} \leftrightharpoons H_3O^+_{(aq)} + CH_3COO^-_{(aq)}$$

À l'équilibre, le pH est de 2,38. Quelle est la valeur de la constante d'acidité de cet acide ? Quel est le pourcentage de dissociation de l'acide ?

Données :

$[CH_3COOH] = 1$ mol/L
pH $= 2,38$
$K_a = ?$
% dissociation $= ?$

1. Transformation du pH en concentration molaire :

$[H_3O^+] = 10^{-pH}$
$= 10^{-2,38} = 4,2 \times 10^{-3}$ mol/L

2. Report des données et utilisation du tableau IVÉ :

Concentration (mol/L)	$CH_3COOH_{(aq)} \leftrightharpoons$	$H_3O^+_{(aq)}$ +	$CH_3COO^-_{(aq)}$
Initiale (C_i)	1	0	0
Variation (ΔC)	**B** $-4,2 \times 10^{-3}$	**A** $+4,2 \times 10^{-3}$	**B** $+4,2 \times 10^{-3}$
Équilibre ($C_{éq}$)	**C** 0,995 8 ou 1	$4,2 \times 10^{-3}$	**C** $4,2 \times 10^{-3}$

A On fait d'abord le calcul suivant :

$$\Delta[H_3O^+] = [H_3O^+]_{éq} - [H_3O^+]_i$$
$$= 4,2 \times 10^{-3} \text{ mol/L} - 0 \text{ mol/L} = 4,2 \times 10^{-3} \text{ mol/L}$$

Étant donné que H_3O^+ est un produit, sa variation est positive ($4,2 \times 10^{-3}$).

B On déduit les variations des autres substances selon les rapports stœchiométriques, qui sont de 1 : 1 : 1.

Étant donné que le CH_3COOH est un réactif, sa variation est négative ($-4,2 \times 10^{-3}$). À l'inverse, étant donné que le CH_3COO^- est un produit, sa variation est positive ($4,2 \times 10^{-3}$).

C On calcule les concentrations à l'équilibre de chaque substance en additionnant les concentrations initiales et les variations de concentration tout en tenant compte du signe de la valeur de la variation de concentration.

$$C_{éq} = C_i + \Delta C$$
$$[CH_3COOH]_{éq} = [CH_3COOH]_i + \Delta[CH_3COOH] = 1 + {-4,2 \times 10^{-3}} = 1 \text{ mol/L}$$
$$[CH_3COO^-]_{éq} = [CH_3COO^-]_i + \Delta[CH_3COO^-] = 0 + 4,2 \times 10^{-3} = 4,2 \times 10^{-3} \text{ mol/L}$$

3. Calcul de la constante d'acidité :

$$K_a = \frac{[H_3O^+] \cdot [A^-]}{[HA]}$$

$$= \frac{[H_3O^+] \cdot [CH_3COO^-]}{[CH_3COOH]} = \frac{4,2 \times 10^{-3} \cdot 4,2 \times 10^{-3}}{1} = 1,76 \times 10^{-5}$$

4. Calcul du pourcentage de dissociation :

$$\text{Pourcentage d'ionisation} = \frac{[H_3O^+]_{éq}}{[HA]} \cdot 100$$

$$= \frac{[H_3O^+]_{éq}}{[CH_3COOH]} \cdot 100 = \frac{4,2 \times 10^{-3}}{1} \cdot 100 = 0,42 \%$$

Réponse : La valeur de la constante d'acidité de l'acide acétique (CH_3COOH) est de $1,8 \times 10^{-5}$ et le pourcentage de dissociation est de 0,42 %.

Exemple B

Calculez le pH d'une solution aqueuse d'acide méthanoïque (HCOOH) à 0,20 mol/L sachant que la valeur de sa constante d'acidité est de $1,8 \times 10^{-4}$. L'équation à l'équilibre de cette réaction est la suivante :

$$HCOOH_{(aq)} + H_2O_{(l)} \leftrightharpoons H_3O^+{}_{(aq)} + HCOO^-{}_{(aq)}$$

Données :
[HCOOH] = 0,20 mol/L
$K_a = 1,8 \times 10^{-4}$
pH = ?

1. Report des données et utilisation du tableau IVÉ :

Concentration (mol/L)	HCOOH$_{(aq)}$ $\leftrightharpoons$	H$_3$O$^+{}_{(aq)}$ +	HCOO$^-{}_{(aq)}$
Initiale (C_i)	0,20	0	0
Variation (ΔC)	Ⓐ $-x$	Ⓐ $+x$	Ⓐ $+x$
Équilibre ($C_{éq}$)	Ⓑ $0,20 - x$	Ⓑ x	Ⓑ x

Ⓐ On pose la variation de concentration inconnue égale à $-x$ pour les réactifs et à $+x$ pour les produits selon les rapports stœchiométriques, qui sont de 1 : 1 : 1.

Ⓑ On pose les concentrations à l'équilibre en fonction de la variation x.

$$C_{éq} = C_i + \Delta C$$
$$[HCOOH]_{éq} = [HCOOH]_i + \Delta[HCOOH] = 0,20 + -x$$
$$[H_3O^+]_{éq} = [H_3O^+]_i + \Delta[H_3O^+] = 0 + x = x$$
$$[HCOO^-]_{éq} = [HCOO^-]_i + \Delta[HCOO^-] = 0 + x = x$$

2. Calcul de la constante d'acidité :

$$K_a = \frac{[H_3O^+] \cdot [A^-]}{[HA]} = \frac{[H_3O^+] \cdot [HCOO^-]}{[HCOOH]}$$

$$1,8 \times 10^{-4} = \frac{x \cdot x}{0,20 - x} = \frac{x^2}{0,20 - x}$$

Cette équation du second degré est de type $ax^2 + bx + c = 0$. Il faut donc la récrire sous la forme d'une équation quadratique.

$$1,8 \times 10^{-4}(0,20 - x) = x^2$$
$$3,6 \times 10^{-5} - 1,8 \times 10^{-4}x = x^2$$
$$x^2 + 1,8 \times 10^{-4}x - 3,6 \times 10^{-5} = 0$$

Pour trouver les valeurs possibles de x, on peut utiliser :

$$x = \frac{-b \pm \sqrt{b^2 - 4ac}}{2a}$$

$$x = \frac{-(1,8 \times 10^{-4}) + \sqrt{(1,8 \times 10^{-4})^2 - 4(1 \cdot -3,6 \times 10^{-5})}}{2(1)} \quad ou \quad x = \frac{-(1,8 \times 10^{-4}) - \sqrt{(1,8 \times 10^{-4})^2 - 4(1 \cdot -3,6 \times 10^{-5})}}{2(1)}$$

$$= 5,9 \times 10^{-3} \qquad\qquad\qquad\qquad\qquad = -6,09 \times 10^{-3}$$

La valeur $x = -6,09 \times 10^{-3}$ est impossible parce qu'elle donnerait une concentration négative de H$_3$O$^+$ et de HCOO$^-$ à l'équilibre. Elle est donc rejetée. La valeur $x = 5,9 \times 10^{-3}$ est utilisée pour le calcul des concentrations à l'équilibre.

$$[HCOOH]_{éq} = 0,20 + -x = 0,20 - 0,005\ 9 = 0,194\ mol/L$$
$$[H_3O^+]_{éq} = [HCOO^-]_{éq} = x = 0,005\ 9\ mol/L$$

3. Calcul du pH :

$$pH = -\log[H_3O^+]$$
$$= -\log(0,005\ 9) = 2,23$$

Réponse : Le pH de la solution aqueuse d'acide méthanoïque (HCOOH) est de 2,23.

Le calcul de la constante de basicité

Tout comme les acides, les bases peuvent être classées en fonction de leur degré de dissociation. Les bases fortes sont celles qui se dissocient complètement en ions dans l'eau (*voir le tableau 7*). Par exemple, l'hydroxyde de sodium (NaOH) est une base forte, car il s'ionise complètement dans l'eau. Toutes ses molécules se dissocient en ions sodium (Na^+) et en ions hydroxyde (OH^-) dans une solution aqueuse.

La concentration d'ions hydroxyde dans une solution diluée d'une base forte est égale à la concentration de cette base. Par conséquent, une solution d'hydroxyde de sodium à 1 mol/L contient 1 mol/L d'ions sodium et 1 mol/L d'ions hydroxyde.

En réalité, la plupart des bases sont faibles. Une base faible se dissocie très peu en solution aqueuse. Par exemple, une base faible, représentée par le symbole B, réagit avec l'eau pour former une solution ionique dans laquelle un équilibre s'établit selon l'équation suivante.

$$B_{(aq)} + H_2O_{(l)} \rightleftharpoons HB^+_{(aq)} + OH^-_{(aq)}$$

Un des moyens d'exprimer la force d'une base faible consiste à utiliser une constante d'équilibre. De façon générale, l'expression de la constante d'équilibre de cette réaction est appelée constante de basicité (K_b) et elle s'exprime de la façon suivante.

Tableau 7 Une liste de quelques bases fortes.

Nom	Formule chimique
Hydroxyde de sodium	NaOH
Hydroxyde de potassium	KOH
Dihydroxyde de calcium	$Ca(OH)_2$
Dihydroxyde de strontium	$Sr(OH)_2$
Dihydroxyde de baryum	$Ba(OH)_2$

Constante de basicité

$$K_b = \frac{[HB^+] \cdot [OH^-]}{[B]}$$

où

K_b = Constante de basicité

$[HB^+]$ = Concentration de l'acide conjugué à l'équilibre, exprimée en moles par litre (mol/L)

$[OH^-]$ = Concentration des ions hydroxyde à l'équilibre, exprimée en moles par litre (mol/L)

$[B]$ = Concentration de la base non dissociée à l'équilibre, exprimée en moles par litre (mol/L)

Cette constante d'équilibre est une variante de la constante d'équilibre de concentration (K_c). C'est la raison pour laquelle la concentration de l'eau, qui est en phase liquide, n'y apparaît pas. Comme pour les acides forts, la valeur numérique de la constante des bases fortes en milieu aqueux ne peut être établie car, la réaction étant complète, il n'y a pas d'équilibre.

La **constante de basicité** permet de classer les bases selon leur force. Ainsi, plus une base est faible, plus sa constante est petite.

Pour obtenir la valeur de la constante d'équilibre d'une base dans une situation donnée, il faut connaître les concentrations des différentes substances de la réaction à l'équilibre. On peut se servir de la constante de basicité pour prédire les concentrations des ions hydroxyde d'une base à l'équilibre à des concentrations variées, de même que pour résoudre des problèmes similaires à ceux des acides faibles.

L'exemple suivant montre comment résoudre un problème qui fait appel à la constante de basicité.

ANNEXE 8 >

Tableau 8.8: Les constantes d'ionisation des bases azotées, p. 421.

Exemple

L'ammoniac (NH_3) se dissout dans l'eau pour former de l'ammoniaque (NH_4OH) selon l'équation suivante :

$$NH_{3\,(aq)} + H_2O_{(l)} \rightleftharpoons NH_4^+{}_{(aq)} + OH^-{}_{(aq)}$$

La valeur de la constante de basicité de l'ammoniac, à 25 °C, est de $1,8 \times 10^{-5}$. Quel est le pH d'une solution d'ammoniaque à 0,40 mol/L ?

Données :

$[NH_3] = 0,40$ mol/L

1. Report des données et utilisation du tableau IVÉ :

Concentration (mol/L)	$NH_{3\,(aq)}$	$\rightleftharpoons$	$NH_4^+{}_{(aq)}$	$+$	$OH^-{}_{(aq)}$
Initiale (C_i)	0,40		0		0
Variation (ΔC)	(A) $-x$		(A) $+x$		(A) $+x$
Équilibre ($C_{éq}$)	(B) $0,40 - x$		(B) x		(B) x

(A) On pose la variation de concentration inconnue égale à $-x$ pour les réactifs et à $+x$ pour les produits selon les rapports stœchiométriques, qui sont de 1 : 1 : 1.

(B) On pose les concentrations à l'équilibre en fonction de la variation x.

$$C_{éq} = C_i + \Delta C$$
$$[NH_3]_{éq} = [NH_3]_i + \Delta[NH_3] = 0,40 + -x$$
$$[NH_4^+]_{éq} = [NH_4^+]_i + \Delta[NH_4^+] = 0 + x = x$$
$$[OH^-]_{éq} = [OH^-]_i + \Delta[OH^-] = 0 + x = x$$

2. Calcul de la constante de basicité :

$$K_b = \frac{[HB^+] \cdot [OH^-]}{[B]}$$

$$1,8 \times 10^{-5} = \frac{[NH_4^+] \cdot [OH^-]}{[NH_3]} = \frac{x \cdot x}{0,40 - x} = \frac{x^2}{0,40 - x}$$

Cette équation du second degré est de type $ax^2 + bx + c = 0$. Il faut donc la récrire sous la forme d'une équation quadratique.

$$1,8 \times 10^{-5}(0,40 - x) = x^2$$
$$7,2 \times 10^{-6} - 1,8 \times 10^{-5}x = x^2$$
$$x^2 + 1,8 \times 10^{-5}x - 7,2 \times 10^{-6} = 0$$

Pour trouver les valeurs possibles de x, on peut utiliser :

$$x = \frac{-b \pm \sqrt{b^2 - 4ac}}{2a}$$

$$x = \frac{-(1,8 \times 10^{-5}) + \sqrt{(1,8 \times 10^{-5})^2 - 4(1 \cdot -7,2 \times 10^{-6})}}{2(1)} \quad \text{ou} \quad x = \frac{-(1,8 \times 10^{-5}) - \sqrt{(1,8 \times 10^{-5})^2 - 4(1 \cdot -7,2 \times 10^{-6})}}{2(1)}$$

$$= 2,7 \times 10^{-3} \qquad\qquad\qquad\qquad = -2,7 \times 10^{-3}$$

La valeur $x = -2,7 \times 10^{-3}$ est impossible parce qu'elle donnerait une concentration négative de NH_4^+ et de OH^- à l'équilibre. Elle est donc rejetée.

La valeur $x = 2,7 \times 10^{-3}$ est utilisée pour le calcul des concentrations à l'équilibre.

$$[NH_3]_{éq} = 0,40 + -x = 0,40 - 0,002\,7 = 0,397\,3 \text{ mol/L}$$
$$[NH_4^+]_{éq} = [OH^-]_{éq} = x = 0,002\,7 \text{ mol/L}$$

3. Calcul du pH :

$$pOH = -\log[OH^-] \qquad\qquad\qquad pH + pOH = 14$$
$$= -\log(0,002\,7) = 2,57 \qquad\qquad pH = 14 - pOH = 14 - 2,57 = 11,43$$

Réponse : Le pH de la solution aqueuse d'ammoniaque (NH_4OH) est de 11,4.

12.2.5 La constante du produit de solubilité

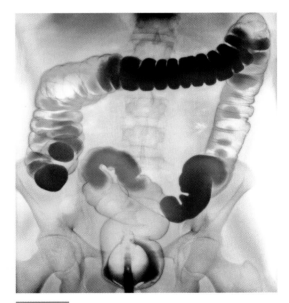

Figure 15 Un précipité de sulfate de baryum ($BaSO_4$).

Une solution saturée qui contient du soluté non dissous déposé au fond du contenant est un exemple de système à l'équilibre. Dans ce cas, on est en présence d'un équilibre de solubilité. Pour connaître la quantité de soluté présent dans la solution saturée, il faut examiner la solubilité du soluté qui est dissous.

La solubilité d'une substance correspond à la quantité maximale de substance qui se dissout dans un volume donné de solvant à une température donnée. Généralement, la solubilité est exprimée en grammes de soluté par 100 millilitres de solvant (g/100 mL). On peut aussi exprimer la solubilité molaire d'une substance en moles de soluté par litre de solvant (mol/L). On parle dans ce cas de solubilité molaire.

Le sulfate de baryum ($BaSO_4$) est un composé ionique peu soluble (*voir la figure 15*). On l'emploie en radiologie pour prendre des radiographies du gros intestin (*voir la figure 16*).

Lorsqu'on ajoute à l'eau des cristaux de sulfate de baryum solide, les ions baryum (Ba^{2+}) et les ions sulfate (SO_4^{2-}) quittent la surface du solide et entrent dans la solution. Au début, la concentration de ces ions est très faible. La réaction directe, la dissolution, se produit à une vitesse supérieure à celle de la réaction inverse, la recristallisation. Toutefois, à mesure que les ions entrent dans la solution, la vitesse de recristallisation augmente et finit par égaler celle de la dissolution. À ce moment, le système est à l'équilibre de solubilité et on peut le représenter par la réaction suivante.

$$BaSO_{4\,(s)} \rightleftharpoons Ba^{2+}_{\ (aq)} + SO_4^{2-}_{\ (aq)}$$

Étant donné la présence simultanée, à l'équilibre, du sulfate de baryum solide et de ses ions dissous, il est possible d'écrire l'expression d'une constante d'équilibre en fonction des concentrations des particules. Comme le sulfate de baryum est en phase solide, sa concentration n'est pas comprise dans l'expression de la constante d'équilibre obtenue, qui porte alors le nom de constante du produit de solubilité (K_{ps}).

$$K_{ps} = [Ba^{2+}] \cdot [SO_4^{2-}]$$

La formule générale utilisée pour décrire l'équilibre de solubilité obtenu à la suite de la dissolution partielle d'un composé ionique est la suivante.

$$X_nY_{m\,(s)} \rightleftharpoons nX^+_{\ (aq)} + mY^-_{\ (aq)}$$

Figure 16 Le sulfate de baryum ($BaSO_4$) est un composé ionique peu soluble qui sert à augmenter la clarté des radiographies, car il est opaque aux rayons X et crée ainsi un contraste.

De façon encore plus générale, on peut décrire la constante du produit de solubilité par l'expression suivante.

Constante du produit de solubilité

$$K_{ps} = [X^+]^n \cdot [Y^-]^m$$

où

K_{ps} = Constante du produit de solubilité

$[X^+]$, $[Y^-]$ = Concentration des ions à l'équilibre, exprimée en moles par litre (mol/L)

n, m = Coefficients de chacun des ions dans l'équation balancée

---

La constante du produit de solubilité est une variante de la constante d'équilibre de concentration (K_c). C'est la raison pour laquelle la concentration du solide X_nY_m, qui est constante, n'y apparaît pas. Comme toutes les constantes d'équilibre, elle varie avec la température. Il faut donc procéder à de nombreuses expériences pour déterminer la valeur de la constante du produit de solubilité à diverses températures (*voir le tableau 8*).

Tableau 8 Quelques constantes du produit de solubilité à 25 °C pour quelques composés ioniques.

Composé	Constante du produit de solubilité
Sulfate de magnésium (MgSO$_4$)	$5,9 \times 10^{-3}$
Dichlorure de plomb (PbCl$_2$)	$1,7 \times 10^{-5}$
Difluorure de baryum (BaF$_2$)	$1,84 \times 10^{-7}$
Carbonate de cadmium (CdCO$_3$)	$1,8 \times 10^{-14}$
Dihydroxyde de cuivre (Cu(OH)$_2$)	$2,2 \times 10^{-20}$
Sulfure de diargent (Ag$_2$S)	$8,0 \times 10^{-48}$

La constante du produit de solubilité permet de classer les composés selon leur solubilité. Ainsi, lorsqu'on compare des composés qui comportent des ions dans les mêmes proportions, comme le sulfate de magnésium (MgSO$_4$) et le carbonate de cadmium (CdCO$_3$), on s'aperçoit que plus un composé est soluble dans l'eau, plus la valeur de la constante du produit de solubilité est grande.

Le tableau 8 énumère uniquement la valeur de la constante du produit de solubilité de certains composés ioniques de faible solubilité. Ainsi, des composés comme le chlorure de sodium (NaCl) et le nitrate de potassium (KNO$_3$), qui sont des électrolytes forts, n'y figurent pas, car leur constante prend une valeur relativement grande par rapport aux autres.

Pour obtenir la valeur de la constante du produit de solubilité dans une situation donnée, il faut connaître les concentrations des différentes substances de la réaction à l'équilibre. On peut aussi utiliser la constante du produit de solubilité d'un composé pour prédire la concentration de ses ions à l'équilibre dans une solution saturée ou encore pour connaître la solubilité molaire d'un composé ionique.

L'exemple suivant montre comment résoudre un problème en utilisant l'expression de la constante du produit de solubilité.

Exemple

La solubilité du carbonate de diargent (Ag_2CO_3) est de $3,6 \times 10^{-3}$ g/100 mL de solvant à 25 °C. Calculez la valeur de la constante du produit de solubilité pour le carbonate de diargent.

Données:

$Solubilité_{Ag_2CO_3} = 3,6 \times 10^{-3}$ g/100 mL

$K_{ps} = ?$

1. *Transformation en unités de solubilité molaire:*

$$M = \frac{m}{n}$$

$$n = \frac{m}{M} = \frac{3,6 \times 10^{-3} \text{ g}}{275,8 \text{ g/mol}} = 1,3 \times 10^{-5} \text{ mol pour 100 mL (ou 0,1 L)}$$

$$\text{Solubilité molaire} = \frac{1,3 \times 10^{-5} \text{ mol}}{0,1 \text{ L}} = 1,3 \times 10^{-4} \text{ mol/L}$$

2. *Calcul de la constante du produit de solubilité:*

$$Ag_2CO_{3 (s)} \rightleftharpoons 2 \, Ag^+_{(aq)} + CO_3^{2-}_{(aq)}$$

$$K_{ps} = [X^+]^n \cdot [Y^-]^m$$
$$= [Ag^+]^2 \cdot [CO_3^{2-}]$$

$$[Ag^+] = 2 \cdot [Ag_2CO_3] = 2 \cdot 1,3 \times 10^{-4} \text{ mol/L} = 2,6 \times 10^{-4} \text{ mol/L}$$
$$[CO_3^{2-}] = [Ag_2CO_3] = 1,3 \times 10^{-4} \text{ mol/L}$$

$$K_{ps} = [X^+]^n \cdot [Y^-]^m$$
$$= [Ag^+]^2 \cdot [CO_3^{2-}] = (2,6 \times 10^{-4} \text{ mol/L})^2 \cdot 1,3 \times 10^{-4} \text{ mol/L}$$
$$= 8,8 \times 10^{-12}$$

Réponse: La valeur de la constante du produit de solubilité du carbonate de diargent (Ag_2CO_3) à 25 °C est de $8,8 \times 10^{-12}$.

POUR FAIRE LE POINT

SECTION 12.2 | L'équilibre ionique dans les solutions

1. Nommez et écrivez la formule de la base conjuguée de chaque molécule ou ion suivant.
   a) HCl
   b) HCO_3^-
   c) H_2SO_4
   d) $N_2H_5^+$

2. Nommez et écrivez la formule de l'acide conjugué de chaque molécule ou ion suivant.
   a) NO_3^-
   b) OH^-
   c) H_2O
   d) HCO_3^-

3. Un échantillon d'ammoniaque (NH_4OH) domestique a un pH de 11,9. Quels sont le pOH et la concentration des ions hydroxyde (OH^-) de l'échantillon?

4. Calculez la concentration des ions hydronium (H_3O^+) dans chacune des solutions suivantes.
   a) 4,5 mol/L d'acide chlorhydrique (HCl) aqueux.
   b) 30,0 mL de bromure d'hydrogène (HBr) aqueux à 4,50 mol/L dilués à 100,0 mL.
   c) 18,6 mL d'acide perchlorique ($HClO_4$) aqueux à 2,60 mol/L ajoutés à 24,8 mL d'hydroxyde de sodium ($NaOH$) aqueux à 1,92 mol/L.
   d) 17,9 mL d'acide nitrique (HNO_3) aqueux à 0,175 mol/L ajoutés à 35,4 mL de dihydroxyde de calcium ($Ca(OH)_2$) aqueux à 0,016 0 mol/L.

5. Dans un échantillon de lait, on mesure la concentration des ions hydronium (H_3O^+). On obtient $3,98 \times 10^{-7}$ mol/L. Le lait est-il acide, neutre ou basique ? Calculez le pH et la concentration des ions hydroxyde (OH^-) de l'échantillon.

6. Identifiez les paires acide-base conjuguées dans chacune des réactions suivantes.
   a) $HS^-_{(aq)} + H_2O_{(l)} \rightleftharpoons H_2S_{(aq)} + OH^-_{(aq)}$
   b) $F^-_{(aq)} + H_2O_{(l)} \rightleftharpoons HF_{(aq)} + OH^-_{(aq)}$
   c) $H_2S_{(aq)} + NH_{3(aq)} \rightleftharpoons NH_4^+_{(aq)} + HS^-_{(aq)}$
   d) $H_2SO_{4(aq)} + H_2O_{(l)} \rightarrow H_3O^+_{(aq)} + HSO_4^-_{(aq)}$

7. On a mesuré le pH d'une solution aqueuse de phénol (C_6H_6O) et on a obtenu 4,72. Le phénol est-il acide, neutre ou basique ? Calculez la concentration des ions hydronium (H_3O^+), la concentration des ions hydroxyde (OH^-) et le pOH de la solution.

8. À la température normale du corps, soit 37 °C, la valeur de la constante d'équilibre de l'eau est de $2,5 \times 10^{-14}$. Calculez la concentration des ions hydronium (H_3O^+) et la concentration des ions hydroxyde (OH^-) à cette température. À 37 °C, l'eau pure est-elle acide, neutre ou basique ?

9. Un échantillon de bicarbonate de soude ($NaHCO_3$) a été dissous dans l'eau. Le pOH de la solution est de 5,81 à 25 °C. La solution est-elle acide, basique ou neutre ? Calculez le pH, la concentration des ions hydronium (H_3O^+) et la concentration des ions hydroxyde (OH^-) de la solution.

10. Calculez la concentration des ions hydroxyde (OH^-) dans chaque solution.
    a) 3,1 mol/L d'hydroxyde de potassium (KOH) aqueux.
    b) 21,0 mL d'hydroxyde de potassium (KOH) à 3,1 mol/L dilués à 75,0 mL.
    c) 23,2 mL d'acide chlorhydrique (HCl) aqueux à 1,58 mol/L ajoutés à 18,9 mL d'hydroxyde de sodium (NaOH) aqueux à 3,50 mol/L.
    d) 16,5 mL d'acide sulfurique (H_2SO_4) aqueux à 1,50 mol/L ajoutés à 12,7 mL d'hydroxyde de sodium (NaOH) à 5,50 mol/L.

11. Une chimiste dissout quelques comprimés d'aspirine dans l'eau. Elle mesure ensuite le pH de la solution et trouve une valeur de 2,73 à 25 °C. Quelles sont la concentration des ions hydronium (H_3O^+) et celle des ions hydroxyde (OH^-) dans la solution ?

12. Sachant que la concentration des ions hydronium (H_3O^+) est de $2,9 \times 10^{-4}$ mol/L dans un verre de jus d'orange, calculez le pH de ce jus. Cette solution est-elle acide ou basique ?

13. On ajoute 2,73 d'hydroxyde de sodium (NaOH) solide à 70 mL d'acide nitrique (HNO_3) aqueux à 2,40 mol/L. La solution obtenue à la suite de cette réaction est-elle acide ou basique ? Quelle est la concentration de l'ion qui détermine le caractère de la solution ?

14. Déterminez si la réaction de chacune des paires de réactifs donne une solution acide ou une solution basique. Calculez ensuite la concentration de l'ion qui rend la solution acide ou basique. (Supposez que les volumes en a sont additifs et que les volumes en b restent les mêmes).
    a) 31,9 mL d'acide chlorhydrique (HCl) aqueux à 2,75 mol/L ajoutés à 125 mL d'hydroxyde de potassium (KOH) aqueux à 0,050 0 mol/L.
    b) 4,87 g d'hydroxyde de sodium (NaOH) solide ajoutés à 80,0 mL de bromure d'hydrogène (HBr) aqueux à 3,50 mol/L.

15. Trouvez la concentration des ions hydronium (H_3O^+) et la concentration des ions hydroxyde (OH^-) dans chaque solution à 25 °C.
    a) De l'acide chlorhydrique (HCl) à 0,45 mol/L.
    b) De l'hydroxyde de sodium (NaOH) à 1,1 mol/L.

16. Trouvez la concentration des ions hydronium (H_3O^+) et la concentration des ions hydroxyde (OH^-) dans chaque solution à 25 °C.
    a) Du bromure d'hydrogène (HBr) à 0,95 mol/L.
    b) Du dihydroxyde de calcium ($Ca(OH)_2$) à 0,012 mol/L.

17. À bas dosages, les barbituriques agissent comme des sédatifs. Les barbituriques sont fabriqués à l'aide d'acide barbiturique ($C_4H_4N_2O_3$), un acide faible qui a été préparé la première fois par le chimiste allemand Adolph von Baeyer en 1864. Un chimiste prépare une solution d'acide barbiturique à 0,10 mol/L. Il trouve un pH de 2,50 pour la solution. Quelle est la constante d'acidité de l'acide barbiturique ? Quel pourcentage de ses molécules se dissocient ?

18. La concentration des ions hydroxyde (OH^-) dans une solution d'acide chlorhydrique (HCl) à 25 °C est de $5,6 \times 10^{-14}$ mol/L. Quelle est la concentration molaire de l'acide chlorhydrique ?

19. La concentration des ions hydronium (H_3O^+) dans une solution de dihydroxyde de calcium ($Ca(OH)_2$) à 25 °C est de $1,7 \times 10^{-14}$. Quelle est la concentration molaire du dihydroxyde de calcium ?

20. L'acide butanoïque ($C_4H_8O_2$), aussi appelé acide butyrique, donne au parmesan frais son odeur caractéristique. Calculez le pH d'une solution à $1,0 \times 10^{-2}$ mol/L d'acide butanoïque si la valeur de la constante d'acidité est de $1,51 \times 10^{-5}$.

21. Remplissez le tableau suivant en calculant les valeurs manquantes et en indiquant si les solutions sont acides ou basiques.

	$[H_3O^+]$ (mol/L)	pH	$[OH^-]$ (mol/L)	pOH	Acide ou basique
a)	$3,7 \times 10^{-5}$				
b)		10,41			
c)			$7,0 \times 10^{-2}$		
d)				8,90	

22. Calculez le pH d'un échantillon de vinaigre qui contient de l'acide acétique (CH_3COOH) à 0,83 mol/L. Quel est le pourcentage de dissociation du vinaigre ?

23. Une solution d'acide fluorhydrique (HF) a une concentration molaire de 0,010 0 mol/L. Quel est le pH de cette solution ?

24. L'acide hypochloreux (HClO) est utilisé comme agent de blanchiment et comme germicide. Une chimiste trouve que 0,027 % des molécules de l'acide hypochloreux sont dissociées dans une solution à 0,40 mol/L de cet acide. Quelle est la valeur de la constante d'acidité de l'acide hypochloreux ?

25. L'acide caproïque ($C_5H_{11}COOH$), est présent à l'état naturel dans les huiles de palme et de noix de coco. C'est un acide faible, avec une constante d'acidité de $1,3 \times 10^{-5}$. Une certaine solution aqueuse d'acide caproïque affiche un pH de 2,94. Quelle quantité d'acide a-t-on dissoute pour préparer 100 mL de cette solution ?

26. Calculez le pH des solutions suivantes.
a) La concentration des ions hydronium (H_3O^+) dans une solution diluée d'acide nitrique (HNO_3) est de $6,3 \times 10^{-3}$ mol/L.
b) La concentration des ions hydronium (H_3O^+) dans une solution d'hydroxyde de sodium (NaOH) est de $6,59 \times 10^{-10}$ mol/L.

27. Une solution à 0,10 mol/L d'un acide faible est dissociée à 5,0 %. Calculez la valeur de la constante d'acidité.

28. La morphine ($C_{17}H_{19}NO_3$) est une base d'origine naturelle employée pour contrôler la douleur. Une solution de $4,5 \times 10^{-3}$ mol/L a un pH de 9,93. Calculez la constante de basicité de la morphine.

29. Une solution aqueuse d'ammoniaque (NH_4OH) a un pH de 10,85. Quelle est la concentration de la solution ?

30. Que valent les concentrations des ions hydronium (H_3O^+) et des ions hydroxyde (OH^-) ainsi que le pH et le pOH d'une solution à 0,0480 mol/L d'acide benzoïque (C_6H_5COOH) ?

31. À 25 °C, le vinaigre (CH_3COOH) a une concentration d'ions hydronium (H_3O^+) de 1,30 mol/L. Calculez la concentration des ions hydroxyde (OH^-) dans cette substance.

32. À 25 °C, la concentration des ions hydroxyde (OH^-) du sang humain est normalement de $2,20 \times 10^{-7}$ mol/L. Calculez la concentration des ions hydronium (H_3O^+) et le pH de cette substance.

33. Une solution aqueuse d'ammoniaque (NH_4OH) domestique a une concentration molaire de 0,105 mol/L. Calculez le pH de la solution.

34. Pour chacune des bases faibles suivantes, écrivez l'équation de l'équilibre chimique et l'équation de la constante d'équilibre de basicité.
a) Cyanure (CN^-) aqueux
b) Sulfate (SO_4^{2-}) aqueux

35. La concentration des ions hydroxyde (OH^-) d'une solution de propionate de sodium (NaC_2H_5COO) aqueux à 0,157 mol/L est de $1,1 \times 10^{-5}$ mol/L. Calculez la constante de basicité de l'ion propionate.

36. Écrivez l'équation chimique équilibrée représentant la dissociation de chacun des composés suivants dans l'eau, puis l'expression du produit de solubilité correspondant.
a) Dichlorure de cuivre ($CuCl_2$)
b) Dichlorure de baryum ($BaCl_2$)
c) Sulfate de diargent (Ag_2SO_4)
d) Carbonate de diargent (Ag_2CO_3)

37. La solubilité maximale du cyanure d'argent (AgCN) est de $1,5 \times 10^{-8}$ mol/L à 25 °C. Calculez la valeur de la constante du produit de solubilité du cyanure d'argent.

38. Une solution saturée de difluorure de calcium (CaF_2) contient $1,2 \times 10^{20}$ molécules de difluorure de calcium par litre de solution. Calculez la valeur de la constante du produit de solubilité du difluorure de calcium.

39. En vous basant sur leur degré de dissociation, faites une distinction entre un acide fort et un acide faible, puis entre une base forte et une base faible.

Les piscines d'eau salée

L'action du soleil et des microbes apportés par le vent ainsi que le contact des animaux ou des êtres humains peuvent contribuer à détériorer la qualité de l'eau d'une piscine. Des algues et des moisissures potentiellement pathogènes peuvent apparaître dans l'eau de la piscine et risquent de compromettre l'hygiène et la santé des utilisateurs (*voir la figure 17*).

Figure 17 La pureté de l'eau d'une piscine est essentielle pour assurer l'hygiène et la santé de ses utilisateurs.

Il existe plusieurs façons de traiter et de désinfecter l'eau d'une piscine pour en assurer la qualité. D'abord, la filtration mécanique est essentielle. En éliminant la plupart des particules en suspension, elle permet de résoudre jusqu'à 80 % des problèmes de traitement de l'eau. Toutefois, puisque ce traitement physique ne permet pas de tuer les bactéries, l'eau doit être désinfectée soit par un traitement chimique, soit par un traitement électrolytique.

Le traitement le plus commun est la désinfection chimique. Les désinfectants chimiques les plus populaires pour l'eau de piscine, comme l'hypochlorite de sodium (NaClO) contenu dans l'eau de Javel, contiennent des composés à base de chlore (Cl). Lorsqu'ils sont dissous dans l'eau, ils se transforment en un ingrédient actif désinfectant, l'acide hypochloreux (HClO).

Toutefois, la manipulation de ces composés chlorés fortement concentrés comporte des risques, et les effets secondaires qu'ils entraînent, comme le rougissement des yeux, font en sorte que de plus en plus de gens se tournent vers la méthode de désinfection électrolytique.

L'électrolyse au sel (NaCl) est un traitement qui ne requiert aucun produit chimique nocif pour l'être humain ou l'environnement. Le simple ajout d'une petite quantité de sel, jumelé à l'utilisation d'un appareil appelé électrolyseur, peut suffire à désinfecter l'eau d'une piscine.

Étant donné que la molécule de sel contient du chlore, l'électrolyseur sépare les constituants de l'eau salée à l'aide d'un courant électrique et forme ainsi des ions aqueux (*voir la figure 18*). Puis, ces ions se recombinent pour former de l'hypochlorite de sodium (NaClO) qui se transforme ensuite en acide hypochloreux (HClO).

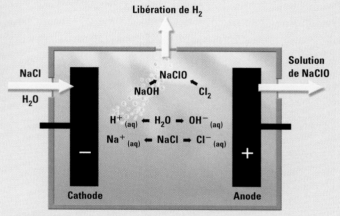

Figure 18 Le schéma d'un électrolyseur à l'eau salée.

Le processus débute par la production d'hydroxyde de sodium (NaOH), de dichlore (Cl_2) et de dihydrogène (H_2) selon la réaction chimique suivante, qui se produit aux électrodes de l'appareil :

$$2\ NaCl_{(aq)} + 2\ H_2O_{(l)} \rightleftharpoons 2\ NaOH_{(aq)} + Cl_{2\,(aq)} + H_{2\,(g)}$$

Puis, l'hydroxyde de sodium et le dichlore réagissent pour former de l'hypochlorite de sodium selon la réaction à l'équilibre suivante :

$$2\ NaOH_{(aq)} + Cl_{2\,(aq)} \rightleftharpoons NaCl_{(aq)} + NaClO_{(aq)} + H_2O_{(l)}$$

L'hypochlorite de sodium est ensuite converti en acide hypochloreux dans l'eau de la piscine selon la réaction à l'équilibre suivante :

$$NaClO_{(aq)} + H_2O_{(l)} \rightleftharpoons NaOH_{(aq)} + HClO_{(aq)}$$

Après avoir détruit les bactéries et les micro-organismes de l'eau, l'acide hypochloreux se reconvertit naturellement en sel sous l'action des rayons UV du soleil, de sorte qu'il ne faut pratiquement plus ajouter de sel. Ainsi, l'équilibre chimique entre ces réactions réversibles permet de désinfecter constamment l'eau de la piscine sans qu'on ait besoin d'ajouter d'agent chimique régulièrement.

*L*a petite histoire de...

Les lunettes de soleil

La rétine est une membrane de l'œil qui est sensible au rayonnement solaire invisible, surtout aux rayons ultraviolets de type A, particulièrement dangereux en cas de surexposition.

À partir de l'an 1300 environ, les juges chinois portent des lentilles faites de quartz coloré dans le but de cacher leurs expressions lorsqu'ils siègent à la cour. Les ancêtres des habitants du Nunavik confectionnaient des *iggaaks*, encore utilisées de nos jours, des lunettes de protection faites de bois de caribou ou d'os de baleine. Les longues fentes des *iggaaks* permettent de limiter efficacement l'entrée dans la rétine des rayons réfléchis par la neige ou la glace (*voir la figure 19*).

Figure 19 Un Inuit porte des *iggaaks* en bois.

En 1752, James Ayscough invente la première paire de lunettes de soleil par hasard en fabriquant des verres teintés dans le but de corriger certaines anomalies de l'œil. Toutefois, les lunettes de soleil ne deviennent pas populaires avant 1929, alors que Sam Foster ouvre un magasin de lunettes près des plages d'Atlantic City, aux États-Unis.

L'évolution des lunettes de soleil se poursuit dans les années 1930 quand les scientifiques de l'armée américaine mettent au point une teinte vert foncé spécialement conçue pour les pilotes d'avion souvent éblouis par les fortes intensités lumineuses régnant à plus haute altitude. Le perfectionnement du verre et l'ajout d'un filtre polarisant, mis au point par Edwins H. Land, conduisent à la conception et à la commercialisation de la lunette d'aviateur en 1937 (*voir la figure 20*).

Avec l'avènement des lentilles photochromiques dans les années 1960, les lunettes de soleil deviennent de plus en plus perfectionnées. Les lentilles photochromiques ont la particularité de s'obscurcir à la lumière du soleil, puis de s'éclaircir de façon graduelle à l'ombre ou sous une lumière tamisée. Ce type de lentille doit son efficacité à une réaction

Figure 20 Le général Douglas MacArthur, photographié en 1950, portait des lunettes d'aviateur.

chimique réversible qui se produit dans le verre et qui atteint un équilibre. Le principe de base repose sur le fait qu'au moment de sa fabrication, le verre fondu de la lentille contient une solution de chlorure d'argent (AgCl) ainsi que des traces de chlorure de cuivre (CuCl). À la suite de l'absorption de lumière UV, chaque ion de cuivre (Cu^+) donne un électron à un ion argent (Ag^+) (*voir la figure 21*).

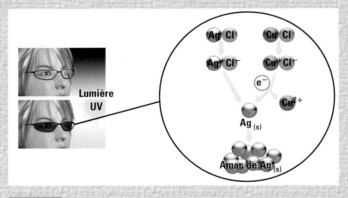

Figure 21 Le processus d'obscurcissement des verres. Lorsque l'intensité lumineuse diminue, le processus inverse s'amorce.

Ainsi, des atomes d'argent se forment et s'agglutinent pour constituer des amas d'atomes d'assez grosse taille pour bloquer la lumière et obscurcir les lentilles. Le chlorure de cuivre rend le processus réversible et permet le rétablissement de l'équilibre de départ, qui correspond au moment où la lentille est claire. Le verre de la lentille retrouve alors sa transparence et l'équilibre est maintenu jusqu'à ce que l'intensité lumineuse change.

SYNTHÈSE L'aspect quantitatif de l'équilibre chimique

12.1 La constante d'équilibre

- La constante d'équilibre (K_c), aussi appelée loi de l'équilibre, est une relation établissant qu'à une température donnée, dans toute réaction chimique élémentaire à l'équilibre, il y a un rapport constant entre les concentrations des produits (C, D) et celles des réactifs (A, B), chaque concentration étant élevée à une puissance correspondant au coefficient stœchiométrique.

$$K_c = \frac{[C]^c \cdot [D]^{d\,*}}{[A]^a \cdot [B]^b}$$

  * Pour une réaction élémentaire hypothétique de type $aA + bB \rightleftharpoons cC + dD$

- On effectue le calcul de la valeur de la constante d'équilibre en utilisant seulement les concentrations des substances gazeuses ou en solution.

- La valeur de la constante d'équilibre indique le degré de réalisation d'une réaction chimique. Une valeur de constante d'équilibre élevée signale que le système favorise la réaction directe. Une valeur de constante d'équilibre basse signale que le système favorise la réaction inverse.

- Pour un système donné à l'équilibre, seule la température peut faire varier la constante d'équilibre.

Type de réaction	Changement de température	Réaction favorisée	Variation de K_c
Exothermique ($\Delta H < 0$) Réactifs → produits + énergie	Hausse	Inverse ($\leftarrow$)	Diminution
	Baisse	Directe ($\rightarrow$)	Augmentation
Endothermique ($\Delta H > 0$) Réactifs + énergie → produits	Hausse	Directe ($\rightarrow$)	Augmentation
	Baisse	Inverse ($\leftarrow$)	Diminution

12.2 L'équilibre ionique dans les solutions

- Au fil des ans, on a élaboré diverses théories pour mieux définir les acides et les bases.

Comparaison des théories d'Arrhenius et de Brønsted-Lowry		
Théorie	Arrhenius	Brønsted-Lowry
Acide	Toute substance qui se dissocie dans l'eau pour produire des ions hydrogène (H^+)	Toute substance à laquelle on peut enlever un proton (ion hydrogène, H^+)
Base	Toute substance qui se dissocie dans l'eau pour produire des ions hydroxyde (OH^-)	Toute substance qui peut enlever un proton à un acide

- L'équilibre ionique dans les solutions est un état d'équilibre qui s'établit entre les concentrations des différents ions après la dissociation d'un composé chimique dans une solution.

- Le pH d'une solution est l'opposé du logarithme de la concentration de l'ion hydronium (H_3O^+) en mol/L. Le pH est exprimé sous forme de valeur numérique sans unité.

$$pH = -\log [H_3O^+]$$
$$[H_3O^+] = 10^{-pH}$$

- Le pOH d'une solution, c'est-à-dire le potentiel de la concentration des ions hydroxyde (OH^-), s'exprime de la façon suivante.

$$pOH = -\log [OH^-]$$
$$[OH^-] = 10^{-pOH}$$

- La constante d'équilibre (K_{eau}) pour l'ionisation de l'eau s'exprime de la façon suivante.

$$K_{eau} = [H_3O^+] \cdot [OH^-]$$

- La constante d'ionisation de l'eau permet de déduire les concentrations molaires des ions hydronium (H_3O^+) et hydroxyde (OH^-). La valeur numérique de cette constante est de 1×10^{-14} à 25 °C. Ainsi, pH + pOH = 14.

- On peut exprimer la force d'un acide faible grâce à la constante d'acidité (K_a). Plus la constante d'acidité est élevée, plus l'acide est fort. Pour un acide faible, la constante d'acidité s'exprime ainsi.

$$K_a = \frac{[H_3O^+] \cdot [A^-]^*}{[HA]}$$

* Pour la réaction suivante : $HA_{(aq)} + H_2O_{(l)} \leftrightharpoons H_3O^+_{(aq)} + A^-_{(aq)}$

- On peut exprimer la force d'une base faible grâce à la constante de basicité (K_b). Plus la constante de basicité est basse, plus la base est faible. Pour une base faible, la constante de basicité s'exprime ainsi.

$$K_b = \frac{[HB^+] \cdot [OH^-]^*}{[B]}$$

* Pour la réaction suivante : $B_{(aq)} + H_2O_{(l)} \leftrightharpoons HB^+_{(aq)} + OH^-_{(aq)}$

- La solubilité d'une substance correspond à la quantité maximale de substance qui se dissout dans un volume donné de solvant à une température donnée. Généralement, la solubilité est exprimée en grammes de soluté par 100 millilitres de solvant (g/100 mL). On peut aussi exprimer la solubilité en moles de soluté par litre de solvant (mol/L). Il s'agit dans ce cas de la solubilité molaire.

- L'équilibre de solubilité obtenu à la suite de la dissolution partielle d'un composé ionique est décrit par l'équation suivante.

$$X_nY_{m(s)} \leftrightharpoons nX^+_{(aq)} + mY^-_{(aq)}$$

La constante du produit de solubilité (K_{ps}) qui en découle est représentée par l'expression suivante.

$$K_{ps} = [X^+]^n \cdot [Y^-]^m$$

1. a) Qu'est-ce que l'acide conjugué d'une base ? Donnez un exemple.

   b) Qu'est-ce que la base conjuguée d'un acide ? Donnez un exemple.

2. Écrivez la formule de l'acide conjugué des substances suivantes.

   a) L'ion hydroxyde (OH^-)

   b) L'ion carbonate (CO_3^{2-})

3. Parmi les composés suivants, lesquels sont des acides d'après la théorie d'Arrhenius ?

   a) L'eau (H_2O)

   b) L'hydroxyde de calcium ($Ca(OH)_2$)

   c) L'acide phosphorique (H_3PO_4)

   d) Le fluorure d'hydrogène (HF)

4. Parmi les composés suivants, deux sont des bases d'Arrhenius. Lesquels ?

   a) L'hydroxyde de potassium (KOH)

   b) Le dihydroxyde de baryum ($Ba(OH)_2$)

   c) L'acide hypochloreux (HClO)

   d) L'acide phosphorique (H_3PO_4)

5. Quel est le pH d'un échantillon de 100 mL d'acide perchlorique ($HClO_4$) à 0,002 mol/L ?

6. Une solution de 1 L contient 1,04 g d'hydroxyde de potassium (KOH). Quel est le pH de cette solution ?

7. Écrivez l'expression de l'équilibre pour chacune des réactions homogènes suivantes.

   a) $SbCl_{5(g)} \rightleftharpoons SbCl_{3(g)} + Cl_{2(g)}$

   b) $2 H_{2(g)} + 2 NO_{(g)} \rightleftharpoons N_{2(g)} + 2 H_2O_{(g)}$

   c) $2 H_2S_{(g)} + CH_{4(g)} \rightleftharpoons 4 H_{2(g)} + CS_{2(g)}$

8. Lorsqu'on injecte 1 mol de gaz ammoniac (NH_3) dans un ballon de 0,50 L, la réaction suivante se produit jusqu'à l'équilibre :

$$2 NH_{3(g)} \rightleftharpoons N_{2(g)} + 3 H_{2(g)}$$

   À l'équilibre, on constate la présence de 0,30 mol/L de dihydrogène (H_2) gazeux.

   a) Calculez la concentration du diazote (N_2) gazeux et de l'ammoniac à l'équilibre.

   b) Quelle est la valeur de la constante d'équilibre de cette réaction ?

9. À une certaine température, la valeur de la constante d'équilibre de la réaction suivante entre le dioxyde de soufre (SO_2) et le dioxyde d'azote (NO_2) est de 4,8 :

$$SO_{2(g)} + NO_{2(g)} \rightleftharpoons NO_{(g)} + SO_{3(g)}$$

   Les réactifs ont la même concentration initiale, soit 0,36 mol/L. Quelle quantité de trioxyde de soufre (SO_3) gazeux est présente à l'équilibre dans un récipient de 5 L ?

10. Soit l'expression de la constante d'équilibre suivante :

$$K_c = \frac{[NO]^4 \cdot [H_2O]^6}{[NH_3]^4 \cdot [O_2]^5}$$

   a) Écrivez l'équation chimique de cette réaction réversible.

   b) Si, à une température donnée, les concentrations de monoxyde d'azote (NO) et d'ammoniac (NH_3) sont égales et que la concentration de la vapeur d'eau est de 2,0 mol/L et celle du dioxygène (O_2) de 3,0 mol/L, quelle est la valeur de la constante d'équilibre à cette température ?

11. Dans un contenant scellé, le dioxyde d'azote (NO_2) est en équilibre avec le tétraoxyde de diazote (N_2O_4), dont la valeur de la constante d'équilibre est de 1,15 à 55°C, selon l'équation suivante :

$$2 NO_{2(g)} \rightleftharpoons N_2O_{4(g)}$$

   a) Quelle est l'équation de la constante d'équilibre de ce système chimique ?

   b) Si la concentration à l'équilibre du dioxyde d'azote est de 0,05 mol/L, quelle est la concentration de tétraoxyde de diazote ?

   c) Quel déplacement de l'équilibre entraînera une augmentation de la concentration du dioxyde d'azote ?

12. Classez les réactifs des équations suivantes selon qu'il s'agit d'un acide ou d'une base d'après la théorie de Brønsted-Lowry.

   a) $HF_{(aq)} + SO_3^{2-}{}_{(aq)} \rightleftharpoons F^-{}_{(aq)} + HSO_3^-{}_{(aq)}$

   b) $CO_3^{2-}{}_{(aq)} + CH_3COOH_{(aq)} \rightleftharpoons CH_3COO^-{}_{(aq)} + HCO_3^-{}_{(aq)}$

   c) $H_3PO_{4(aq)} + ClO^-{}_{(aq)} \rightleftharpoons H_2PO_4{}_{(aq)} + HClO_{(aq)}$

   d) $HCO_3^-{}_{(aq)} + HSO_4^-{}_{(aq)} \rightleftharpoons SO_4^{2-}{}_{(aq)} + H_2CO_{3(aq)}$

13. Un proton hydraté est appelé :
a) un ion hydronium.
b) un ion hydroxyde.
c) un groupe hydroxyle.
d) une base de Brønsted-Lowry.

14. La concentration des ions hydroxyde (OH^-) dans une solution nettoie-vitre est de 2,1 mol/L. La concentration des ions hydronium (H_3O^+) dans cette solution est de :
a) $2,1 \times 10^{-15}$ mol/L
b) $4,8 \times 10^{-15}$ mol/L
c) $2,1 \times 10^{-12}$ mol/L
d) $4,8 \times 10^{-12}$ mol/L

15. Un pH-mètre indique que le pH d'une boisson gazeuse est de 3,46. Le pOH de la boisson gazeuse est de :
a) 10,46
c) 14,46
b) 10,54
d) 14,54

16. La recette permettant de préparer une solution de nettoyage demande de dissoudre 5 g d'hydroxyde de sodium (NaOH) dans 4 L d'eau. Le pH de la solution obtenue est de :
a) 1,51
c) 13,10
b) 12,49
d) 13,90

17. Une solution à 0,10 mol/L d'un acide faible est dissociée à 5 %. Calculez la constante d'acidité.

18. Classez les solutions aqueuses suivantes en ordre croissant de pH.
a) L'acide perchlorique ($HClO_4$) à 2,00 mol/L.
b) Le chlorure de sodium (NaCl) à 2,00 mol/L.
c) L'acide acétique (CH_3COOH) à 0,20 mol/L.
d) L'acide chlorhydrique (HCl) à 0,02 mol/L.

19. Soit l'équilibre suivant, dont la constante d'équilibre est de $4,8 \times 10^{-3}$:

$$N_2O_{4\,(g)} \rightleftharpoons 2\,NO_{2\,(g)}$$

Lequel des ensembles de concentrations suivants représente les conditions à l'équilibre ?

	Concentration de tétraoxyde de diazote (N_2O_4)	Concentration de dioxyde d'azote (NO_2)
a)	$4,8 \times 10^{-1}$	$1,0 \times 10^{-4}$
b)	$1,0 \times 10^{-1}$	$4,8 \times 10^{-4}$
c)	$1,0 \times 10^{-1}$	$2,2 \times 10^{-2}$
d)	$2,2 \times 10^{-2}$	$1,0 \times 10^{-1}$
e)	$5,0 \times 10^{-2}$	$1,1 \times 10^{-2}$

20. Dans laquelle des réactions suivantes l'eau agit-elle comme acide ?
a) $H_2O_{(l)} + NH_{3\,(aq)} \rightleftharpoons OH^-_{\,(aq)} + NH_4^+_{\,(aq)}$
b) $H_2O_{(l)} + H_3PO_{4\,(aq)} \rightleftharpoons H_3O^+_{\,(aq)} + H_2PO_4^-_{\,(aq)}$
c) $H_2O_{(l)} \rightleftharpoons H_{2\,(g)} + \frac{1}{2}O_{2\,(aq)}$
d) $2\,H_2O_{(l)} + BaCl_{2\,(s)} \rightleftharpoons BaCl_{2\,(aq)} + 2\,H_2O_{(l)}$
e) $2\,Na_2O_{2\,(s)} + 2\,H_2O_{(l)} \rightleftharpoons 4\,NaOH_{(aq)} + O_{2\,(aq)}$

21. Une solution saturée d'acétate d'argent (CH_3COOAg) contient 2×10^{-3} mol d'ions argent (Ag^+) par litre de solution. Quelle est la valeur de la constante du produit de solubilité pour l'acétate d'argent ?
a) 2×10^{-3}
d) 2×10^{-6}
b) 4×10^{-6}
e) 4×10^{-3}
c) 1×10^{-3}

22. Calculez le pH de chacune des solutions suivantes compte tenu de la concentration des ions hydronium (H_3O^+).
a) $[H_3O^+] = 0,002\,7$ mol/L
b) $[H_3O^+] = 7,28 \times 10^{-8}$ mol/L
c) $[H_3O^+] = 9,7 \times 10^{-5}$ mol/L
d) $[H_3O^+] = 8,27 \times 10^{-12}$ mol/L

23. Sachant que la concentration des ions hydronium (H_3O^+) est d'environ $5,0 \times 10^{-3}$ mol/L dans un cola, calculez le pH de cette boisson gazeuse. Cette solution est-elle acide ou basique ?

24. Classez les aliments suivants par ordre croissant d'acidité.
a) Les betteraves, pH = 5,0
b) Le camembert, pH = 7,4
c) Le blanc d'œuf, pH = 8,0
d) La choucroute, pH = 3,5
e) Le yogourt, pH = 4,5

25. Calculez le pH de chacun des fluides corporels suivants à partir de la concentration des ions hydronium (H_3O^+) dans chacun d'eux.
a) Les larmes, $[H_3O^+] = 4,0 \times 10^{-8}$ mol/L
b) L'acide gastrique, $[H_3O^+] = 4,0 \times 10^{-2}$ mol/L

26. L'équation suivante représente la dissociation de l'iodure d'hydrogène (HI) à l'état gazeux :

$$2\,HI_{(g)} \rightleftharpoons H_{2\,(g)} + I_{2\,(g)}$$

À 430 °C, la valeur de la constante d'équilibre est de 0,20. On place l'iodure d'hydrogène (HI) dans un récipient fermé à 430 °C. L'analyse à l'équilibre indique que la concentration de diiode (I_2) est de $5,6 \times 10^{-4}$ mol/L. Quelles sont les concentrations de dihydrogène (H_2) et d'iodure d'hydrogène (HI) à l'équilibre ?

27. Une solution saturée d'un composé ionique peu soluble ne contient pas de soluté sous forme solide. Ce système est-il à l'équilibre ? Expliquez brièvement votre réponse.

28. La codéine ($C_{18}H_{21}NO_3$), l'un des ingrédients des comprimés permettant de soulager la migraine, a une constante de basicité de $1,73 \times 10^{-6}$. Calculez le pH d'une solution de codéine à 0,020 mol/L.

29. Pour l'équilibre ci-dessous, la valeur de la constante d'équilibre est de $6,00 \times 10^{-2}$:

$$N_{2\,(g)} + 3\,H_{2\,(g)} \rightleftharpoons 2\,NH_{3\,(g)}$$

Expliquez pourquoi cette valeur de constante d'équilibre ne s'applique pas quand l'équation est écrite de la façon suivante :

$$\frac{1}{2}\,N_{2\,(g)} + \frac{3}{2}\,H_{2\,(g)} \rightleftharpoons NH_{3\,(g)}$$

30. Dans l'équilibre suivant, la valeur de la constante d'équilibre est de $1,0 \times 10^{-15}$ à 25 °C et de 0,05 à 2 200 °C.

$$N_{2\,(g)} + O_{2\,(g)} \rightleftharpoons 2\,NO_{(g)}$$

Sur la base de cette information, la réaction est-elle exothermique ou endothermique ? Expliquez brièvement votre réponse.

31. On dissout 8,50 g d'hydroxyde de sodium (NaOH) pour obtenir 500 mL d'une solution de nettoyage. Déterminez le pOH de cette solution.

32. L'acide acétique (CH_3COOH) est l'acide faible le plus couramment utilisé dans l'industrie. Déterminez le pH et le pOH de 1,25 kL d'une solution qu'on a préparée en dissolvant 60 kg de cet acide pur sous forme liquide.

33. Déterminez la masse d'hydroxyde de sodium (NaOH) qu'il faut dissoudre pour obtenir 2 L d'une solution ayant un pH de 10,35.

34. Examinez un équilibre dans lequel le dioxygène (O_2) réagit avec du chlorure d'hydrogène (HCl) gazeux pour former de la vapeur d'eau et du dichlore (Cl_2) gazeux. À l'équilibre, ces gaz ont les concentrations suivantes :
- $[O_2] = 8,6 \times 10^{-2}$ mol/L
- $[HCl] = 2,7 \times 10^{-2}$ mol/L
- $[H_2O] = 7,8 \times 10^{-3}$ mol/L
- $[Cl_2] = 3,6 \times 10^{-3}$ mol/L

a) Écrivez l'équation chimique équilibrée de cette réaction.

b) Calculez la valeur de la constante d'équilibre.

35. Le trioxyde de soufre (SO_3) gazeux réagit avec le fluorure d'hydrogène (HF) gazeux pour produire de l'hexafluorure de soufre (SF_6) gazeux et de la vapeur d'eau. La valeur de la constante d'équilibre est de $6,3 \times 10^{-3}$.

a) Écrivez l'équation chimique équilibrée de cette réaction.

b) On mélange 2,9 mol de trioxyde de soufre à 9,1 mol de fluorure d'hydrogène dans un ballon de 4,7 L. Écrivez une équation permettant de déterminer la concentration d'hexafluorure de soufre à l'équilibre.

c) Expliquez pourquoi vous serez sans doute incapable de résoudre cette équation.

36. Répondez aux questions suivantes.

a) Rédigez une définition d'un acide et d'une base d'après la théorie de Brønsted-Lowry.

b) Quels sont les points communs entre la théorie de Brønsted-Lowry et celle d'Arrhenius ? En quoi ces théories sont-elles différentes ?

37. Au cours de différentes réactions en solution aqueuse, l'ion bicarbonate (HCO_3^-) peut se comporter comme un acide ou comme une base.

a) Écrivez la formule chimique de l'acide conjugué et de la base conjuguée de cet ion.

b) Complétez les équations suivantes et indiquez si l'ion bicarbonate est un acide ou une base de Brønsted-Lowry.
- $HCO_3^-{}_{(aq)} + H_3O^+{}_{(aq)} \rightarrow ?$
- $HCO_3^-{}_{(aq)} + OH^-{}_{(aq)} \rightarrow ?$

38. La solubilité maximale du difluorure de baryum (BaF_2) à 25 °C est de 1,3 g/L.

a) Calculez la valeur de la constante du produit de solubilité pour le difluorure de baryum à 25 °C.

b) Calculez la solubilité du difluorure de baryum en molécules de fluorure de baryum par litre (L).

39. Pourquoi les tableaux de valeurs de constante du produit de solubilité des composés ne donnent-ils pas la valeur des composés solubles ?

40. Des valeurs de la constante du produit de solubilité sont données pour une certaine température. Comment la valeur de la constante du produit de solubilité pour la plupart des sels varie-t-elle si la température de la solution augmente ?

41. Pour qu'un système de solubilité atteigne l'équilibre, la présence d'une quantité de solide non dissous est nécessaire. Expliquez pourquoi.

42. Le diiodure de plomb (PbI_2) et le sulfate de baryum ($BaSO_4$) ont presque la même valeur de constante du produit de solubilité :
- Diiodure de plomb : $K_{ps} = 9,8 \times 10^{-9}$
- Sulfate de baryum : $K_{ps} = 1,1 \times 10^{-10}$

Quel est le rapport entre le nombre d'ions plomb (Pb^{2+}) et d'ions baryum (Ba^{2+}) dans des solutions saturées de ces sels ?

43. La concentration d'ions iodure (I^-) dans une solution saturée à 25 °C est de $1,5 \times 10^{-4}$ ppm.
a) Calculez la valeur de la constante du produit de solubilité pour le diiodure de dimercure. L'équilibre de la solubilité s'écrit comme suit :

$$Hg_2I_{2\,(s)} \rightleftharpoons Hg_2{}^{2+}{}_{(aq)} + 2\,I^-{}_{(aq)}$$

b) Énoncez les hypothèses que vous avez émises en convertissant les parties par million (ppm) en moles par litre (mol/L).

44. Un échantillon de 11,5 g de diiode (I_2) est scellé dans un flacon de 250 mL. À l'équilibre, il est établi que cette forme moléculaire de diiode se dissocie en atomes d'iode (I), comme le montre l'équation suivante :

$$I_{2\,(g)} \rightleftharpoons 2\,I_{(g)}$$

La valeur de la constante d'équilibre de cette réaction est de $3,80 \times 10^{-5}$. Calculez la concentration à l'équilibre des deux formes d'iode.

45. L'acide salicylique ($C_6H_4OHCOOH$) est l'un des ingrédients actifs des solutions nettoyantes qui servent à traiter l'acné. Comme sa valeur de constante d'acidité ne figure dans aucun ouvrage de référence, un élève décide de la déterminer expérimentalement. S'il trouve qu'une solution saturée de cet acide (1 g/460 mL) a un pH de 2,40 à 25 °C, calculez la constante d'acidité de l'acide salicylique.

46. Une valeur plus grande de la constante du produit de solubilité signifie-t-elle toujours une plus grande solubilité ? Pour illustrer votre réponse, calculez et comparez la solubilité molaire du chlorure d'argent (AgCl), dont la constante du produit de solubilité est de $1,8 \times 10^{-10}$, et celle du chromate de diargent (Ag_2CrO_4), dont la constante du produit de solubilité est de $2,6 \times 10^{-12}$.

47. Une solution saturée de diphosphate de tricuivre ($Cu_3(PO_4)_2$) a une concentration de $6,1 \times 10^{-7}$ g de diphosphate de tricuivre par $1,00 \times 10^2$ mL de solution à 25 °C. Que vaut la constante du produit de solubilité pour le diphosphate de tricuivre à 25 °C ?

48. Une élève dissout 5,0 g de vitamine C dans 250 mL d'eau. La valeur de la constante d'acidité de l'acide ascorbique ($C_6H_8O_6$) est de $8,0 \times 10^{-5}$. Calculez le pH de la solution.

49. Soit l'équilibre suivant :

$$CO_{2\,(g)} + H_{2\,(g)} \rightleftharpoons H_2O_{(g)} + CO_{(g)}$$

À 2 000 K, les concentrations des composants du système sont :
- Concentration de dioxyde de carbone (CO_2) gazeux : 0,30 mol/L
- Concentration de dihydrogène (H_2) gazeux : 0,20 mol/L
- Concentration de vapeur d'eau et de monoxyde de carbone (CO) gazeux : 0,55 mol/L
    a) Quelle est la valeur de la constante d'équilibre ?
    b) Quand la température est abaissée, 20 % du monoxyde de carbone est reconverti en dioxyde de carbone. Calculez la constante d'équilibre à une température plus basse.
    c) Récrivez l'équation de l'équilibre et indiquez de quel côté de cette équation il faut mettre le terme chaleur.

50. Les observations suggèrent que l'ion hydrogénosulfite ($HSO_3{}^-$) est une substance amphotère. Une solution d'hydrogénosulfite de sodium ($NaHSO_3$) peut neutraliser en partie un déversement d'hydroxyde de sodium (NaOH) ou d'acide chlorhydrique (HCl).
    a) Écrivez l'équation ionique nette de la réaction entre les ions hydrogénosulfite en solution aqueuse et les ions hydroxyde (OH^-) en solution. Indiquez si les réactifs sont des acides ou des bases.
    b) Écrivez l'équation ionique nette de la réaction des ions hydrogénosulfite avec les ions hydronium (H_3O^+) produits par une solution d'acide chlorhydrique. Indiquez si les réactifs sont des acides ou des bases.

L'OXYDORÉDUCTION

SOMMAIRE

1 **L'oxydation et la réduction** 350

   1.1 L'équation globale de l'oxydoréduction 351

2 **Le nombre d'oxydation** 353

   2.1 Le nombre d'oxydation des composés
ioniques 353

   2.2 Le nombre d'oxydation des composés
covalents 353

3 **Le pouvoir réducteur des métaux** 357

   3.1 La réaction spontanée 357

4 **La pile électrochimique** 358

5 **Le potentiel de réduction et d'oxydation** 360

   5.1 Le potentiel standard d'une électrode....... 360

   5.2 Le potentiel d'une pile 363

Rappels

Les formules chimiques et les ions........................... 4

Les représentations des atomes 5

La nature de la liaison chimique 28

1 L'oxydation et la réduction

Une réaction d'oxydoréduction implique deux demi-réactions simultanées : l'oxydation et la réduction. Une oxydation est une réaction chimique au cours de laquelle un atome perd des électrons. Une réduction consiste en une réaction où un atome gagne des électrons.

Une réaction d'oxydoréduction consiste en un échange d'électrons entre des réactifs. Malgré ce que son nom peut faire croire, la présence d'oxygène n'est pas une condition nécessaire à l'oxydation. Toute réaction chimique qui implique la perte d'électrons est une réaction d'oxydation, tandis que celle qui entraîne un gain d'électrons est une réaction de réduction. Puisqu'une oxydoréduction est composée à moitié d'une réaction d'oxydation et à moitié d'une réaction de réduction, on parle de demi-réaction d'oxydation et de demi-réaction de réduction.

De par leur position dans le tableau périodique, certains atomes acceptent parfois de gagner des électrons pour devenir des anions. La situation inverse est aussi possible : des atomes peuvent perdre des électrons pour devenir des cations plus stables. Lorsque des électrons quittent un atome, c'est nécessairement pour en rejoindre un autre. La présence d'électrons libres dans l'environnement est exceptionnelle. C'est ce qui explique que les réactions d'oxydation et de réduction soient toujours présentes simultanément dans une réaction d'oxydoréduction. De plus, les réactions d'oxydoréduction se déroulent la plupart du temps dans une solution aqueuse, laquelle permet aux électrons de se déplacer d'un atome à l'autre.

On peut représenter chaque demi-réaction par une équation, comme dans le cas de la demi-réaction d'oxydation du fer ci-dessous.

Figure 1 La rouille est le résultat d'une réaction d'oxydoréduction. Le fer oxydé devient de l'oxyde de fer (Fe_2O_3).

Demi-réaction d'oxydation

$$Fe_{(s)} \rightarrow Fe^{2+}_{(aq)} + 2\,e^-$$

Dans cet exemple, on observe qu'un atome de fer à l'état solide perd deux électrons ($2\,e^-$) pour former l'ion ferreux (Fe^{2+}) devenu aqueux. La charge de l'atome de fer est passée de 0 à 2+ puisqu'il lui manque maintenant deux électrons par rapport à son état fondamental✱. Comme le fer a perdu des électrons, on dira qu'il a été oxydé (*voir la figure 1*).

À l'inverse, une demi-réaction de réduction se produit lorsqu'un élément gagne un ou plusieurs électrons, comme dans l'équation suivante.

✱ **État fondamental** Un atome est dans l'état fondamental lorsqu'il est électriquement neutre. Il possède alors autant d'électrons que de protons.

Demi-réaction de réduction

$$Au^{3+}_{(aq)} + 3\,e^- \rightarrow Au_{(s)}$$

Dans cette réaction, l'ion or (Au^{3+}) est réduit en atome d'or solide en gagnant trois électrons. Après le transfert des électrons, la charge de l'ion diminue de trois pour revenir à zéro, soit la charge de l'atome à son état fondamental. Comme l'or a gagné des électrons, on dira qu'il a été réduit.

Ainsi, un réactif qui gagne des électrons au cours d'une réaction d'oxydo-réduction est un oxydant, car il cause l'oxydation d'une autre substance. Il est réduit pendant la demi-réaction de réduction. À l'inverse, un réactif qui perd des électrons est un réducteur, car il cause la réduction d'une autre substance. En cédant des électrons, le réducteur est oxydé pendant la demi-réaction d'oxydation (*voir le tableau 1*).

Tableau 1 Les caractéristiques d'un réducteur et d'un oxydant.

Agent	Échange d'électrons	Demi-réaction	L'atome est
Réducteur	Il perd des électrons.	Oxydation	Oxydé
Oxydant	Il gagne des électrons.	Réduction	Réduit

Il est important de noter que, dans une réaction d'oxydoréduction, l'oxydant et le réducteur forment un couple, car il s'agit toujours d'un échange d'électrons entre deux substances. Puisque l'oxydant gagne des électrons, c'est lui qui effectue l'oxydation du réducteur. En contrepartie, le réducteur cause la réduction de l'oxydant en lui cédant des électrons (*voir la figure 2*).

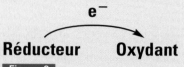

Figure 2 Dans une réaction d'oxydo-réduction, il y a un transfert d'électrons d'un réducteur à un oxydant.

1.1 L'équation globale de l'oxydoréduction

On obtient l'équation globale d'une oxydoréduction en additionnant directement les deux demi-réactions qui la composent si le nombre d'électrons en jeu est le même dans chaque demi-réaction. Par exemple, la réaction d'oxydoréduction entre du zinc solide et des ions de cuivre en solution aqueuse est représentée par l'équation suivante.

Demi-réaction d'oxydation	$Zn_{(s)} \rightarrow Zn^{2+}_{(aq)} + 2e^-$
Demi-réaction de réduction	$Cu^{2+}_{(aq)} + 2e^- \rightarrow Cu_{(s)}$
Réaction globale	$Zn_{(s)} + Cu^{2+}_{(aq)} \rightarrow Zn^{2+}_{(aq)} + Cu_{(s)}$

Zn — Réducteur   Cu²⁺ — Oxydant   Zn²⁺ — Oxydé   Cu — Réduit

On obtient la réaction globale en éliminant les termes identiques des deux côtés de la flèche, comme les deux électrons en jeu dans cet exemple. Ces deux électrons sont passés de l'atome de zinc à l'ion cuivre, qui est devenu un atome de cuivre à l'état fondamental. En même temps, l'atome de zinc est devenu un ion positif.

Toutefois, selon les substances en présence, il arrive que le nombre d'électrons en jeu dans une demi-réaction soit différent de celui de l'autre demi-réaction. Dans ce cas, pour équilibrer les équations, il faut multiplier l'une des demi-réactions, ou les deux, par un nombre entier, de sorte que le nombre d'électrons en jeu dans chaque demi-réaction soit le même.

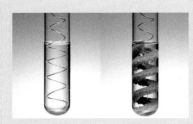

Figure 3 Un fil de cuivre est plongé dans une solution de nitrate d'argent (AgNO₃). Au cours de la réaction, la solution devient bleue, ce qui indique la présence d'ions Cu^{2+} aqueux. Le dépôt sur le fil de cuivre est constitué d'argent solide.

Par exemple, l'équation de la demi-réaction de réduction de l'argent doit être multipliée par deux pour que le nombre d'électrons échangés soit égal dans les deux demi-réactions.

Demi-réaction de réduction	$2\,Ag^+_{(aq)} + 2\,e^- \rightarrow 2\,Ag_{(s)}$
Demi-réaction d'oxydation	$Cu_{(s)} \rightarrow Cu^{2+}_{(aq)} + 2\,e^-$
Réaction globale	$2\,Ag^+_{(aq)} + Cu_{(s)} \rightarrow Cu^{2+}_{(aq)} + 2\,Ag_{(s)}$

Lors de cette réaction, un fil de cuivre (Cu), formé d'atomes de cuivre solide, est déposé dans une solution de nitrate d'argent (AgNO₃) qui contient des ions argent (Ag^+) aqueux (*voir la figure 3*). Lorsque deux ions argent entrent en contact avec la surface du cuivre, deux électrons sont échangés entre un atome de cuivre et deux ions argent aqueux. Ces derniers gagnent des électrons et se réduisent. Par le fait même, ils deviennent solides et se déposent à la surface du cuivre. Au même moment, le cuivre perd deux électrons, s'oxyde et passe en milieu aqueux sous la forme d'un ion cuivre (Cu^{2+}) aqueux. Le diamètre du fil de cuivre diminue au fur et à mesure que le cuivre solide se transforme en ions de cuivre aqueux. Avec le temps, la solution prend une coloration bleue, signe de l'apparition des ions cuivre en solution.

L'exemple suivant montre comment reconnaître les demi-réactions présentes dans une réaction d'oxydoréduction. Il permet aussi de déterminer l'oxydant et le réducteur.

Exemple

La réaction d'une pièce de magnésium (Mg) dans l'acide chlorhydrique (HCl) se traduit par la formation de dichlorure de magnésium ($MgCl_2$). On observe aussi un dégagement de dihydrogène (H_2). Au cours de cette réaction, le magnésium métallique est oxydé en ions Mg^{2+} aqueux tandis que les ions H^+ aqueux de la solution acide sont réduits en dihydrogène gazeux.

a) Quelles sont les demi-réactions en jeu dans cette réaction ?

b) Quelle est l'équation globale d'oxydoréduction ?

c) Déterminez l'oxydant et le réducteur.

Démarche

a) Puisque le magnésium est oxydé, il perd des électrons. L'ion Mg^{2+} aqueux indique que deux électrons ont été perdus pendant l'oxydation. On peut donc déduire que l'équation de la demi-réaction d'oxydation est la suivante.

Réponse : Équation d'oxydation : $\qquad Mg_{(s)} \rightarrow Mg^{2+}_{(aq)} + 2\,e^-$

Les ions H^+ ont été réduits. Chaque ion H^+ a donc gagné 1 électron pendant sa réduction, ce qui donne l'équation de réduction suivante.

Réponse : Équation de réduction : $\qquad H^+_{(aq)} + 1\,e^- \rightarrow \frac{1}{2}H_{2(g)}$

b) Pour faire la somme des demi-réactions, il faut multiplier par un entier l'équation de la réduction de sorte que le nombre d'électrons soit le même pour l'oxydation et la réduction.

Oxydation : $Mg_{(s)} \rightarrow Mg^{2+}_{(aq)} + 2\,e^- \quad\Longrightarrow\quad Mg_{(s)} \rightarrow Mg^{2+}_{(aq)} + 2\,e^-$

Réduction : $2\,(H^+_{(aq)} + 1\,e^- \rightarrow \frac{1}{2}H_{2(g)}) \quad\Longrightarrow\quad 2\,H^+_{(aq)} + 2\,e^- \rightarrow H_{2(g)}$

Réponse : Réaction globale : $\qquad 2\,H^+_{(aq)} + Mg_{(s)} \rightarrow Mg^{2+}_{(aq)} + H_{2(g)}$

c) *Réponse :* L'oxydant est l'ion hydrogène (H^+) aqueux puisqu'il gagne des électrons. Le réducteur est le magnésium (Mg) solide puisqu'il perd des électrons.

2 Le nombre d'oxydation

Le nombre d'oxydation, aussi appelé degré d'oxydation, indique le nombre d'électrons qu'un élément a perdus ou gagnés par rapport à son état fondamental au cours d'une réaction d'oxydoréduction.

Par convention, tous les éléments qui sont dans leur état fondamental ou dans une molécule d'élément ont un nombre d'oxydation de 0. Ces éléments sont considérés comme des atomes qui n'ont perdu ou gagné aucun électron.

Lorsque les atomes participent à des réactions chimiques, leur nombre d'oxydation varie. Le nombre d'oxydation augmente au moment d'une oxydation parce que l'atome perd des électrons. Inversement, le nombre d'oxydation diminue pendant une réduction parce que l'atome gagne des électrons.

La somme des nombres d'oxydation des atomes qui composent une molécule neutre est égale à zéro. Pour déterminer le nombre d'oxydation d'un atome, il faut d'abord vérifier s'il fait partie d'un composé ionique ou covalent.

2.1 Le nombre d'oxydation des composés ioniques

Dans les composés ioniques, les atomes sont ionisés puisqu'un transfert d'électrons a eu lieu entre le métal et le non-métal au moment de la formation du composé. Le métal forme alors un ion positif, et le non-métal, un ion négatif. Lorsqu'un élément est ionisé, son nombre d'oxydation est égal à sa charge. Le dichlorure de calcium ($CaCl_2$), par exemple, est un sel utilisé pour déglacer les routes dans des conditions hivernales difficiles (*voir la figure 5*). La molécule de $CaCl_2$ consiste en trois ions, soit un ion Ca^{2+} et deux ions Cl^-.

Pour distinguer la charge d'un ion et son nombre d'oxydation, on exprime de manière différente leur valeur négative ou positive. Par convention, la charge des ions Ca^{2+} et Cl^- est respectivement de 2+ et de 1−. En contrepartie, les nombres d'oxydation de ces deux ions seront de +2 et de −1. Le tableau 2 présente la charge et le nombre d'oxydation de diverses catégories de substances.

Figure 5 Le dichlorure de calcium ($CaCl_2$) est un composé ionique qu'on étend sur les routes glacées.

Tableau 2 La charge et le nombre d'oxydation de différentes substances.

Substances	Charge	Nombre d'oxydation
Éléments à l'état fondamental (Li, Mg, Al, Fe, etc.)	0	0
Molécules d'élément (H_2, O_2, Cl_2, N_2, S_8, etc.)	0	0
Ions de la famille des alcalins (Li^+, Na^+, K^+, etc.)	1+	+1
Ions de la famille des alcalino-terreux (Ca^{2+}, Mg^{2+}, Be^{2+}, etc.)	2+	+2

2.2 Le nombre d'oxydation des composés covalents

Lorsqu'un atome fait partie d'une molécule ou encore d'un ion polyatomique, on définit par convention son nombre d'oxydation en attribuant chaque doublet de la liaison à l'atome le plus électronégatif qui participe à la liaison, c'est-à-dire celui qui a tendance à attirer des électrons pour compléter sa couche périphérique. Pour être en mesure de déterminer facilement le nombre d'oxydation d'une molécule, on peut représenter cette molécule sous la forme d'un diagramme de Lewis.

Figure 6 Le diagramme de Lewis permet de déterminer le nombre d'oxydation de l'atome d'oxygène (−2) et des atomes d'hydrogène (+1) de la molécule d'eau.

Par exemple, dans la molécule d'eau, le doublet de chaque liaison covalente entre l'oxygène et l'hydrogène est attribué à l'oxygène puisqu'il est plus électronégatif (*voir la figure 6*). Comme l'oxygène possède normalement six électrons à l'état fondamental, il se retrouve avec deux électrons supplémentaires. Le nombre d'oxydation de l'oxygène est donc de −2. Comme chaque atome d'hydrogène a perdu un électron, le nombre d'oxydation de l'hydrogène sera de +1.

Toutefois, dans ce type de composé covalent, le nombre d'oxydation ne correspond pas à la charge d'un atome. Par exemple, la molécule d'eau ne contient aucun ion O^{2-} et H^+. L'attribution des électrons à l'atome d'oxygène sert seulement au calcul du nombre d'oxydation. En réalité, les électrons sont bel et bien partagés entre les atomes d'hydrogène et d'oxygène, ce qui crée un lien covalent entre eux.

L'exemple suivant montre comment calculer le nombre d'oxydation des atomes d'une molécule à l'aide du diagramme de Lewis.

Exemple A

Quels sont les nombres d'oxydation des atomes présents dans la molécule d'ammoniac (NH_3)?

Démarche

1. Représenter la molécule avec le diagramme de Lewis. Comme la molécule de NH_3 ne contient aucun atome métallique, elle est formée de liens covalents.

$$\ddot{H:N:H}$$
$$H$$

2. Déterminer quel atome est le plus électronégatif à partir du tableau périodique et établir son nombre d'oxydation. Il s'agit ici de l'azote. Les doublets participant aux liaisons doivent donc être attribués à l'azote, ce qui porte le nombre d'électrons de valence à 8, soit 3 de plus que dans l'état fondamental de l'azote. Le nombre d'oxydation de l'azote est donc de −3.

3. Établir le nombre d'oxydation des atomes d'hydrogène. Comme l'électron de chaque atome d'hydrogène a été attribué à l'azote, chaque atome d'hydrogène est en déficit d'un électron, ce qui lui donne un nombre d'oxydation de +1.

Réponse : Le nombre d'oxydation de l'azote (N) est de −3 alors que celui de l'hydrogène (H) est de +1.

Tableau 3 Le nombre d'oxydation de certains éléments présents dans des composés.

Substances	Nombre d'oxydation
Hydrogène lié à un non-métal	+1
Alcalins	+1
Alcalino-terreux	+2
Hydrogène lié à un métal	−1
Oxygène	−2

Certains atomes peuvent se retrouver dans un même état avec un nombre d'oxydation variable, c'est-à-dire qu'ils peuvent avoir un nombre d'oxydation différent selon le composé dont ils font partie. C'est le cas du chrome, qui peut exister dans des états d'oxydation variables. Il existe du chrome dans l'état Cr^{3+} présent dans le trioxyde de dichrome (Cr_2O_3), ou encore dans l'état Cr^{6+} présent dans le bichromate de potassium ($K_2Cr_2O_7$).

Pour déterminer le nombre d'oxydation d'un atome à l'intérieur d'un tel composé, on peut utiliser le diagramme de Lewis, mais on peut aussi déduire le nombre d'oxydation des autres atomes présents dans la molécule. En effet, certains éléments ont un nombre d'oxydation stable (*voir le tableau 3*). Parmi ceux-ci, on trouve tous les alcalins, qui, une fois dans un composé ionique, ont généralement un nombre d'oxydation de +1. Il en va de même pour les alcalino-terreux, qui ont toujours un nombre d'oxydation de +2 lorsqu'ils sont liés à d'autres atomes grâce à des liaisons ioniques.

En plus de ces métaux, il existe certains non-métaux qui ont généralement le même nombre d'oxydation. C'est le cas de l'oxygène, qui a le plus souvent un nombre d'oxydation de −2 sauf lorsqu'il fait partie des peroxydes, où il a un nombre d'oxydation de −1.

De même, l'hydrogène a presque toujours un nombre d'oxydation de +1, mais il peut parfois avoir un nombre d'oxydation de −1 lorsqu'il fait partie de composés métalliques comme l'hydrure de lithium (LiH), l'hydrure de sodium (NaH) ou le dihydrure de calcium (CaH_2). Dans ces composés, l'hydrogène est plus électronégatif que les atomes métalliques, et le doublet de la liaison lui est attribué.

Dans le cas d'ions complexes où le diagramme de Lewis peut être difficile à représenter, on peut déterminer le nombre d'oxydation d'un atome avec la démarche suivante.

Exemple B

Quel est le nombre d'oxydation de l'atome de manganèse présent dans l'ion permanganate (MnO_4^-), un oxydant très fort ? La charge négative de l'ion permanganate indique que la charge nette est de 1−. De plus, comme le nombre d'oxydation de l'oxygène est de −2 et qu'il y a quatre atomes d'oxygène dans cette molécule, il est possible de poser l'équation mathématique suivante.

$$Mn + 4\ O = -1$$
$$X + 4\ (-2) = -1$$
$$X + -8 = -1$$
$$X = 7$$

Réponse : Le nombre d'oxydation de l'atome de manganèse (Mn) est donc de +7.

Voici un exemple où il faut déterminer le nombre d'oxydation de chaque atome.

Exemple C

Quel est le nombre d'oxydation de tous les atomes présents dans la réaction d'oxydoréduction suivante ?

$$Fe_2O_{3\ (s)} + 2\ Al_{\ (s)} \longrightarrow Al_2O_{3\ (s)} + 2\ Fe_{\ (l)}$$

Démarche

1. Selon l'information donnée dans le tableau 3 (*voir la page précédente*), chaque atome d'oxygène de la molécule Fe_2O_3 possède un nombre d'oxydation de −2, pour une charge totale de 6−. Comme la charge globale de la molécule est de 0, chaque atome de fer a une charge de 3+.

2. Comme l'aluminium est à l'état fondamental, son nombre d'oxydation est de 0.

3. La molécule d'Al_2O_3 est semblable à l'oxyde de fer. Chaque atome d'oxygène de la molécule possède un nombre d'oxydation de −2, pour une charge totale de 6−. Comme la charge globale de la molécule est de 0, chaque atome d'aluminium a une charge de 3+.

4. Le fer a un nombre d'oxydation de 0 puisqu'il est également à l'état fondamental.

Fe gagne 3e⁻

$$Fe_2O_{3\ (s)} + 2\ Al_{\ (s)} \longrightarrow Al_2O_{3\ (s)} + 2\ Fe_{\ (l)}$$

Al perd 3e⁻

Nombre d'oxydation :   +3 −2   0   +3 −2   0

Réponse : Dans Fe_2O_3, le nombre d'oxydation du Fe est de +3 et celui de l'oxygène est de −2. Le nombre d'oxydation du Al atomique est de 0. Dans Al_2O_3, le nombre d'oxydation de l'aluminium est de +3 et celui de l'oxygène est de −2. Le nombre d'oxydation du Fe atomique est de 0.

L'oxydation et la réduction
Le nombre d'oxydation

1. Déterminez si les demi-réactions suivantes représentent une oxydation ou une réduction.

   a) $Na_{(s)} \rightarrow Na^+_{(aq)} + 1\ e^-$

   b) $\frac{1}{2} O_{2\,(aq)} + 2\ e^- \rightarrow O^{2-}_{(aq)}$

   c) $Pb^{2+}_{(aq)} + 2\ e^- \rightarrow Pb_{(s)}$

   d) $Zn_{(s)} \rightarrow Zn^{2+}_{(aq)} + 2\ e^-$

2. Pour chacune des réactions d'oxydoréduction suivantes, indiquez quelle substance perd des électrons et laquelle en gagne.

   a) $2\ H^+_{(aq)} + Pb_{(s)} \rightarrow Pb^{2+}_{(aq)} + H_{2\,(g)}$

   b) $Sn^{4+}_{(aq)} + Ni_{(s)} \rightarrow Ni^{2+}_{(aq)} + Sn^{2+}_{(aq)}$

3. Laquelle des définitions suivantes est fausse ?

   a) L'oxydation est le phénomène par lequel une substance perd un ou plusieurs électrons.

   b) Les termes oxydation et oxydant sont synonymes.

   c) Le réducteur est la substance où il y a oxydation.

   d) L'anion est un ion négatif.

4. Choisissez la bonne réponse. L'ion cuivre Cu^{2+} aqueux provient d'un :

   a) ion cuivre qui a perdu deux électrons ;

   b) atome de cuivre qui a gagné deux électrons ;

   c) atome de cuivre qui a perdu trois électrons ;

   d) atome de cuivre qui a perdu deux électrons.

5. Trouvez l'équation globale d'oxydoréduction à partir des demi-réactions suivantes :

   a) $Fe_{(s)} \rightarrow Fe^{3+}_{(aq)} + 3\ e^-$
      $Pb^{2+}_{(aq)} + 2\ e^- \rightarrow Pb_{(s)}$

   b) $In^{3+}_{(aq)} + 3\ e^- \rightarrow In_{(s)}$
      $Co_{(s)} \rightarrow Co^{2+}_{(aq)} + 2\ e^-$

6. Pour chacune des réactions suivantes, écrivez la paire de demi-réactions correspondante et déterminez le réducteur et l'oxydant.

   a) $Pb_{(s)} + Cu^{2+}_{(aq)} \rightarrow Pb^{2+}_{(aq)} + Cu_{(s)}$

   b) $Cl_{2\,(aq)} + 2\ Br^-_{(aq)} \rightarrow 2\ Cl^-_{(aq)} + Br_{2\,(l)}$

7. Déterminez l'oxydant et le réducteur dans les réactions suivantes :

   a) $PbO_{2\,(s)} + C_{(s)} \rightarrow Pb_{(s)} + CO_{2\,(g)}$

   b) $Sn_{(s)} + Br_{2\,(l)} \rightarrow SnBr_{2\,(s)}$

   c) $NiO_{(s)} + H_{2\,(g)} \rightarrow Ni_{(s)} + H_2O_{(l)}$

8. Déterminez le nombre d'oxydation des atomes qui composent les substances suivantes.

   a) $Cr_2O_7^{2-}$ f) CO_2

   b) MnO_4^- g) H_2O_2

   c) H_2O h) H_2SO_4

   d) $HClO_4$ i) HBr

   e) PbO_2 j) NO_2

9. Dans laquelle des substances suivantes le chlore possède-t-il le nombre d'oxydation le plus bas ?

   a) $HClO_4$

   b) $HClO_3$

   c) $HClO$

   d) HCl

   e) Cl_2

10. Pour chacune des situations suivantes, écrivez l'équation de la demi-réaction, déterminez s'il s'agit d'une oxydation ou d'une réduction et expliquez pourquoi.

    a) Sous l'action de certaines bactéries du sol, l'ammoniac (NH_3) se transforme en ions nitrite (NO_2^-) dans un milieu acide.

    b) Au cours du blanchiment de la pâte de papier, du peroxyde d'hydrogène (H_2O_2) se transforme en eau en milieu acide.

11. Parmi les réactions suivantes, déterminez laquelle ou lesquelles sont des réactions d'oxydoréduction.

    a) $Cu_{(s)} + Cl_{2\,(g)} \rightarrow CuCl_{2\,(s)}$

    b) $2\ C_2H_{6\,(g)} + 7\ O_{2\,(g)} \rightarrow 4\ CO_{2\,(g)} + 6\ H_2O_{(g)}$

    c) $S_2O_3^{2-}{}_{(aq)} + I_{2\,(aq)} \rightarrow S_4O_{6\,(aq)} + 2\ I^-_{(aq)}$

    d) $BF_{3\,(g)} + H_2O_{(l)} \rightarrow HF_{(aq)} + H_3BO_{3\,(l)}$

    e) $HCl_{(aq)} + NaOH_{(aq)} \rightarrow NaCl_{(aq)} + H_2O_{(l)}$

12. Dans les réactions suivantes, trouvez les substances oxydantes et les substances réductrices.

    a) $Zn_{(s)} + 2\ HCl_{(aq)} \rightarrow ZnCl_{2\,(aq)} + H_{2\,(g)}$

    b) $MnO_{2\,(s)} + 4\ HCl_{(aq)} \rightarrow MnCl_{2\,(aq)} + Cl_{2\,(aq)} + 2\ H_2O_{(l)}$

    c) $SiH_{4\,(g)} + 2\ O_{2\,(g)} \rightarrow SiO_{2\,(s)} + 2\ H_2O_{(l)}$

    d) $Fe_2O_{3\,(s)} + 3\ CO_{(g)} \rightarrow 2\ Fe_{(s)} + 3\ CO_{2\,(g)}$

    e) $3\ NO_{2\,(g)} + H_2O_{(l)} \rightarrow 2\ HNO_{3\,(aq)} + NO_{(g)}$

3 Le pouvoir réducteur des métaux

Lorsqu'on plonge une tige de métal dans une solution d'ions métalliques, on peut parfois voir un dépôt se former spontanément sur la tige. Ce dépôt provient des ions présents dans la solution qui sont réduits sur la tige métallique. Par contre, si on plonge par exemple une pièce d'argent dans une solution de cuivre, on n'observe aucun dépôt.

On peut expliquer ce phénomène en comparant le pouvoir réducteur des substances en présence. Le pouvoir réducteur d'un métal traduit sa tendance à vouloir donner ses électrons, c'est-à-dire à s'oxyder. Cette tendance à donner des électrons varie d'un métal à l'autre. En général, les alcalins et les alcalino-terreux sont considérés comme de bons donneurs (*voir la figure 7*). En donnant respectivement un ou deux électrons de valence, ces métaux acquièrent la configuration la plus stable, soit celle des gaz nobles. Il est possible de classer les métaux selon leur pouvoir réducteur (*voir la figure 8*).

Figure 7 Le lithium est un métal alcalin qui s'oxyde au contact de l'air. Il est un excellent réducteur, car il donne facilement ses électrons.

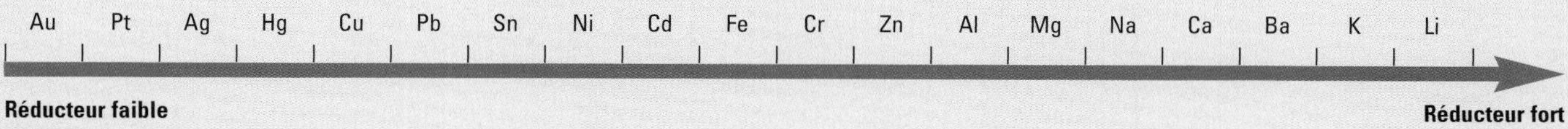

Au   Pt   Ag   Hg   Cu   Pb   Sn   Ni   Cd   Fe   Cr   Zn   Al   Mg   Na   Ca   Ba   K   Li

Réducteur faible   **Réducteur fort**

Figure 8 Le classement des métaux selon leur pouvoir réducteur.

3.1 La réaction spontanée

Pour qu'une réaction spontanée d'oxydoréduction survienne entre deux métaux, il faut que le réducteur le plus fort soit à l'état solide et que le réducteur le plus faible soit en milieu aqueux, sous forme d'ions (*voir le tableau 4*). En effet, pour que le métal le plus réducteur donne ses électrons, il est important que l'autre métal soit à l'état ionisé pour être en mesure de recevoir les électrons et ainsi être réduit.

Dans le cas où une tige d'aluminium (Al) est plongée dans une solution de Cu^{2+}, on peut observer qu'un dépôt de cuivre (Cu) se forme spontanément (*voir la figure 9*). Cela s'explique par le fait que l'aluminium est un réducteur plus fort que le cuivre. Comme les ions cuivre sont en mesure d'accepter des électrons, la réaction est spontanée.

À l'inverse, si on plonge de l'or (Au) dans une solution de Cu^{2+}, aucune réaction ne se produit. En effet, le cuivre étant un métal plus réducteur que l'or, il devrait donner ses électrons à l'or. Par contre, le cuivre a déjà perdu ses électrons puisqu'il est à l'état Cu^{2+} aqueux. De plus, l'or n'est pas en mesure d'accepter des électrons lorsqu'il est à l'état solide. En effet, il est impossible de former des ions d'or qui auraient un surplus d'électrons en milieu aqueux.

Figure 9 Un dépôt de cuivre sur une tige d'aluminium plongée dans une solution de Cu^{2+}.

Tableau 4 Les conditions requises pour qu'une réaction spontanée se produise.

Réaction	Réducteur le plus fort	Réducteur le plus faible
Spontanée	Solide	Solution aqueuse
Aucune	Solution aqueuse	Solide

▌4 La pile électrochimique

Une pile électrochimique consiste en un dispositif capable d'engendrer spontanément un courant électrique.

La pile électrochimique est composée de deux électrodes aussi appelées demi-piles, car il s'y déroule une demi-réaction de réduction ou une demi-réaction d'oxydation. Chaque électrode est constituée d'une pièce de métal plongée dans une solution ionique. Les deux électrodes sont reliées par un fil, et les deux solutions sont reliées par un pont salin qui consiste en un tube muni de membranes poreuses à chaque extrémité. Le tube est rempli d'une solution d'ions spectateurs, qui ne participent pas à la réaction. On utilise généralement une solution aqueuse de chlorure de potassium (KCl).

La pile zinc-cuivre est un exemple classique de pile électrochimique. Elle se compose d'une pièce de zinc (Zn) plongée dans une solution de sulfate de zinc ($ZnSO_4$) et d'une pièce de cuivre (Cu) plongée dans une solution de sulfate de cuivre ($CuSO_4$) (*voir la figure 10*). Comme le zinc est un meilleur réducteur que le cuivre (*voir la figure 8 à la page précédente*), c'est le zinc qui donnera ses électrons au cuivre ; le zinc est donc oxydé. Par convention, l'électrode où se déroule l'oxydation est l'anode et elle reçoit des anions ; elle est la borne positive de la pile. L'électrode où se déroule la réduction est la cathode et elle reçoit des cations ; elle est la borne négative de la pile.

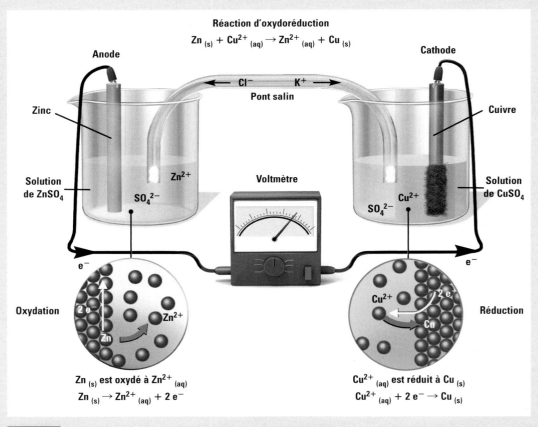

Figure 10 La pile zinc-cuivre. Une pièce de zinc et une pièce de cuivre sont plongées dans des solutions de leurs ions respectifs. Un pont salin contenant du chlorure de potassium (KCl) relie les deux récipients.

Lorsque la pile est en fonction, la concentration des ions de chaque demi-pile varie. Du côté de l'anode, la concentration en ions Zn^{2+} augmente tandis que, du côté de la cathode, la concentration des ions Cu^{2+} diminue. Comme les charges négatives et positives sont toujours en quantités égales dans une solution, le rôle du pont salin situé entre les deux demi-piles est d'équilibrer les ions présents dans les deux solutions. C'est ce qui explique pourquoi les ions K^+ du pont salin se déplacent du côté droit pour remplacer les ions de cuivre manquants et ainsi équilibrer les charges de la solution. Le même principe s'applique pour les ions Cl^- qui se déplacent vers la solution de zinc puisque celle-ci s'enrichit en cations Zn^{2+}.

Les ions Cu^{2+} présents dans la solution de la cathode attirent les électrons libérés des atomes de zinc de l'anode. Ainsi, les électrons perdus par les atomes de zinc ne passent pas dans la solution. Ils sont retenus dans la pièce métallique et se dirigent vers la cathode en passant par le fil électrique qui relie les deux électrodes. C'est ce déplacement d'électrons qui génère le courant électrique qui va de l'anode à la cathode.

Lorsqu'une pile électrochimique est en fonction, il est possible d'observer quelques phénomènes caractéristiques sur les électrodes. Au cours de la réaction d'oxydation, qui a lieu à l'anode, de plus en plus d'atomes de zinc sont oxydés et transformés en ions Zn^{2+}, puis dissous dans la solution. Ainsi, l'anode se désagrège et perd de plus en plus de masse au cours de la réaction. À l'inverse, les ions cuivre se réduisent en atomes de cuivre et se déposent sur la surface de la cathode. C'est pourquoi, au cours de ce processus d'oxydoréduction, la masse de la cathode augmente. Il en est de même pour toutes les piles électrochimiques : l'anode perd des atomes alors que la cathode en gagne, et ce, en quantité suffisante pour faire changer la masse des électrodes.

Pour aller + loin

La protection cathodique

Pour prévenir la corrosion du fer, on doit l'empêcher de s'oxyder. Lorsque le fer est impliqué dans une réaction d'oxydoréduction, à la suite d'un contact avec de l'air humide, par exemple, on peut éviter qu'il perde des électrons à l'anode en faisant en sorte qu'il devienne plutôt la cathode. Pour inverser le processus d'oxydoréduction, on peut utiliser une anode sacrificielle. Cette méthode consiste à mettre en contact la pièce de fer à protéger avec un métal qui s'oxyde plus facilement que lui. Le zinc et le magnésium sont les métaux généralement utilisés pour protéger de la corrosion les réservoirs d'essence des stations-service ou encore la coque des navires. Ainsi, le métal utilisé fournit des électrons au fer au fur et à mesure qu'il s'oxyde afin qu'il redevienne solide. Après un certain temps, la pièce de métal utilisée doit être remplacée puisqu'elle a été réduite.

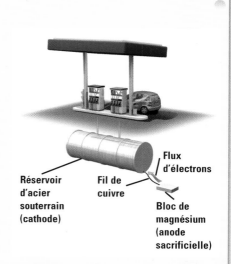

Réservoir d'acier souterrain (cathode)

Fil de cuivre

Flux d'électrons

Bloc de magnésium (anode sacrificielle)

Figure 11 Un système de protection cathodique empêchant la corrosion d'un réservoir d'essence.

REPÈRE

ALESSANDRO VOLTA

Physicien italien **(1745-1827)**

C'est l'électricité qui occupe la plus grande partie des travaux de Volta. Au cours de sa carrière, il conçoit plusieurs machines électriques et met en évidence l'électricité engendrée par le contact des métaux. En 1800, il publie un article sur une pile électrique de son invention, la première à voir le jour, qu'on nommera en son honneur la pile voltaïque. Cette pile est constituée de pièces de cuivre et de zinc superposées, séparées par du papier imbibé d'une solution saline. En reliant une pièce métallique du bas de la pile avec une pièce du haut de la pile, Volta observe la présence d'un courant électrique. C'est la différence de potentiel entre les pièces métalliques et les ions de la solution saline qui permet le déplacement des électrons et génère le courant.

5 Le potentiel de réduction et d'oxydation

Au cours d'une réaction d'oxydoréduction, l'un des métaux possède une énergie potentielle supérieure à l'autre parce qu'il a un pouvoir réducteur plus grand. Sans cette différence de potentiel entre deux métaux de nature différente, la réaction chimique ne se produit pas.

Il est possible de calculer la différence de potentiel entre les deux métaux utilisés dans une pile. Comme cette différence dépend de la nature des métaux employés dans chaque électrode, il est nécessaire d'avoir une électrode de référence pour répertorier les potentiels des différents métaux. L'électrode de référence constitue l'électrode étalon avec laquelle on compare toutes les autres.

L'électrode de référence généralement employée en électrochimie est l'électrode à hydrogène (*voir la figure 12*). Elle est constituée d'une petite grille de platine immergée dans une solution acide, généralement de l'acide chlorhydrique (HCl), où la concentration en ions hydronium (H_3O^+) est de 1 mol/L.

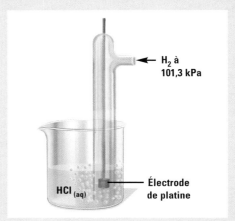

H$_2$ à 101,3 kPa

HCl $_{(aq)}$

Électrode de platine

Figure 12 L'électrode à hydrogène sert de référence pour établir le potentiel de différents métaux.

On introduit du dihydrogène gazeux sous une pression de 101,3 kPa dans la solution où baigne l'électrode de platine pour que la réaction suivante atteigne l'état d'équilibre.

$$2\,H^+{}_{(aq)} + 2\,e^- \rightleftharpoons H_{2\,(g)} \qquad E^0 = 0,00\ V$$

Pour être en mesure de comparer les électrodes entre elles, on a donné arbitrairement la valeur de 0,00 V au potentiel standard (E^0) de l'électrode de référence. En comparant des électrodes avec celle-ci, on obtient la valeur de leur potentiel et on peut faire le classement.

5.1 Le potentiel standard d'une électrode

Le potentiel standard (E^0) d'une électrode est la différence de potentiel entre cette électrode et une électrode de référence à TPN.

Pour obtenir le potentiel standard d'une électrode, il faut mesurer la différence de potentiel entre cette électrode et l'électrode à hydrogène. Pour ce faire, il suffit de fabriquer une pile et de brancher un voltmètre entre l'électrode à hydrogène et l'électrode dont on veut déterminer le potentiel standard.

Par exemple, on peut mesurer expérimentalement le potentiel standard de l'électrode de cuivre en immergeant une tige de cuivre dans une solution contenant des ions cuivre Cu^{2+} (*voir la figure 13*). On relie ensuite l'électrode de cuivre, à l'aide d'un pont salin, à une électrode à hydrogène. Cela permet de mesurer la différence de potentiel entre les deux électrodes.

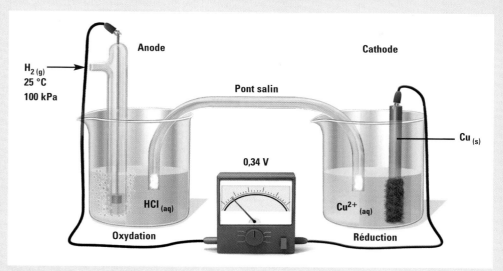

Figure 13 Une pile standard cuivre-hydrogène.

La réaction est spontanée et on observe un dépôt de cuivre sur l'électrode. Cela confirme qu'une réduction a lieu à la surface de l'électrode de cuivre et qu'une oxydation se produit à la surface de l'électrode de référence. Comme le potentiel standard de l'électrode à hydrogène est toujours nul, la valeur positive de 0,34 V lue sur le voltmètre indique que le potentiel de l'électrode de cuivre est de 0,34 V.

On peut exprimer le potentiel standard d'une demi-pile de la façon suivante.

$$E^0_{Cu^{2+}|Cu} = 0,34 \text{ V}$$

Le potentiel standard positif d'une électrode reliée à l'électrode à hydrogène indique que cette dernière joue le rôle de cathode et qu'elle est le siège de la demi-réaction de réduction. À l'inverse, un potentiel standard négatif indique que l'électrode reliée à l'électrode à hydrogène agit comme une anode et qu'elle est le siège de la demi-réaction d'oxydation. En calculant la différence de potentiel entre des électrodes et une électrode de référence, on peut obtenir la liste des potentiels standard de toutes les électrodes connues (*voir le tableau 5 à la page suivante*).

Les électrodes de ce tableau sont classées par ordre décroissant de potentiel standard. Ainsi, si deux électrodes de métaux différents figurant dans ce tableau sont utilisées pour former une pile, celle qui a le plus petit potentiel standard donnera lieu à la demi-réaction d'oxydation.

Ce classement permet de comparer le pouvoir oxydant ou réducteur des substances. Par exemple, le dichlore gazeux (Cl_2) est un meilleur oxydant que le dibrome (Br_2), tandis que le potassium (K) est un meilleur réducteur que l'argent (Ag).

Une feuille d'aluminium pour nettoyer l'argenterie

L'argent (Ag) est un métal qui peut s'oxyder en présence du soufre (S) contenu dans l'air, comme le fer forme de la rouille. Une cuillère d'argent très ternie est recouverte d'une couche de sulfure d'argent (Ag_2S). Pour déloger cette couche indésirable, on doit réduire l'ion argent Ag^+ présent dans la molécule de sulfure d'argent. Pour ce faire, on tapisse d'abord le fond d'un plat de pyrex d'une feuille d'aluminium puisque la réaction se déroulera entre l'aluminium et le sulfure d'argent. Puis on remplit le plat d'une solution aqueuse de sel de table (NaCl) et de bicarbonate de soude ($NaHCO_3$) en quantités équivalentes. Enfin, on plonge l'argenterie dans la solution. L'argent est alors réduit à sa forme métallique et le soufre forme sur la cuillère du sulfure d'aluminium qui sera éliminé au moment du rinçage. La réaction d'oxydo-réduction en jeu est la suivante.

$$3\ Ag_2S + 2\ Al \rightarrow 6\ Ag + Al_2S_3$$

Figure 15 On peut nettoyer l'argenterie à l'aide d'une feuille d'aluminium et d'une solution aqueuse de chlorure de sodium (NaCl) et de bicarbonate de soude ($NaHCO_3$).

Tableau 5 Les potentiels standard de réduction à 25 °C.

Demi-réaction de réduction	E^0 (V)
Meilleurs oxydants	
$F_{2\,(g)} + 2\ e^- \rightleftharpoons 2\ F^-_{\ (aq)}$	2,87
$Ag^{2+}_{\ (aq)} + e^- \rightleftharpoons Ag^+_{\ (aq)}$	1,99
$Co^{3+}_{\ (aq)} + e^- \rightleftharpoons Co^{2+}_{\ (aq)}$	1,92
$H_2O_{2\,(aq)} + 2\ H^+_{\ (aq)} + 2\ e^- \rightleftharpoons 2\ H_2O_{\ (l)}$	1,78
$MnO_4^-_{\ (aq)} + 4\ H^+_{\ (aq)} + 3\ e^- \rightleftharpoons MnO_{2\,(aq)} + 2\ H_2O_{\ (l)}$	1,68
$2\ H^+_{\ (aq)} + IO_4^-_{\ (aq)} + 2\ e^- \rightleftharpoons IO_3^-_{\ (aq)} + H_2O_{\ (l)}$	1,60
$MnO_4^-_{\ (aq)} + 8\ H^+_{\ (aq)} + 5\ e^- \rightleftharpoons Mn^{2+}_{\ (aq)} + 4\ H_2O_{\ (l)}$	1,51
$Au^{3+}_{\ (aq)} + 3\ e^- \rightleftharpoons Au_{\ (s)}$	1,50
$Cl_{2\,(g)} + 2\ e^- \rightleftharpoons 2\ Cl^-_{\ (aq)}$	1,36
$O_{2\,(g)} + 4\ H^+_{\ (aq)} + 4\ e^- \rightleftharpoons 2\ H_2O_{\ (l)}$	1,23
$MnO_{2\,(s)} + 4\ H^+_{\ (aq)} + 2\ e^- \rightleftharpoons Mn^{2+}_{\ (aq)} + 2\ H_2O_{\ (l)}$	1,22
$Br_{2\,(l)} + 2\ e^- \rightleftharpoons 2\ Br^-_{\ (aq)}$	1,07
$NO_3^-_{\ (aq)} + 4\ H^+_{\ (aq)} + 3\ e^- \rightleftharpoons NO_{\ (g)} + 2\ H_2O_{\ (l)}$	0,96
$ClO_{2\,(aq)} + e^- \rightleftharpoons ClO_2^-_{\ (aq)}$	0,95
$2\ Hg^{2+}_{\ (aq)} + 2\ e^- \rightleftharpoons Hg_2^{2+}_{\ (aq)}$	0,92
$Ag^+_{\ (aq)} + e^- \rightleftharpoons Ag_{\ (s)}$	0,80
$Hg_2^{2+}_{\ (aq)} + 2\ e^- \rightleftharpoons 2\ Hg_{\ (l)}$	0,80
$Fe^{3+}_{\ (aq)} + e^- \rightleftharpoons Fe^{2+}_{\ (aq)}$	0,77
$O_{2\,(g)} + 2\ H^+_{\ (aq)} + 2\ e^- \rightleftharpoons H_2O_{2\,(aq)}$	0,70
$MnO_4^-_{\ (aq)} + e^- \rightleftharpoons MnO_4^{2-}_{\ (aq)}$	0,56
$I_{2\,(s)} + 2\ e^- \rightleftharpoons 2\ I^-_{\ (aq)}$	0,54
$Cu^+_{\ (aq)} + e^- \rightleftharpoons Cu_{\ (s)}$	0,52
$O_{2\,(g)} + 2\ H_2O_{\ (l)} + 4\ e^- \rightleftharpoons 4\ OH^-_{\ (aq)}$	0,40
$Cu^{2+}_{\ (aq)} + 2\ e^- \rightleftharpoons Cu_{\ (s)}$	0,34
$AgCl_{\ (s)} + e^- \rightleftharpoons Ag_{\ (s)} + Cl^-_{\ (aq)}$	0,22
$Cu^{2+}_{\ (aq)} + e^- \rightleftharpoons Cu^+_{\ (aq)}$	0,15
$2\ H^+_{\ (aq)} + 2\ e^- \rightleftharpoons H_{2\,(g)}$	0,00
$Fe^{3+}_{\ (aq)} + 3\ e^- \rightleftharpoons Fe_{\ (s)}$	−0,04
$Pb^{2+}_{\ (aq)} + 2\ e^- \rightleftharpoons Pb_{\ (s)}$	−0,13
$Sn^{2+}_{\ (aq)} + 2\ e^- \rightleftharpoons Sn_{\ (s)}$	−0,13
$Ni^{2+}_{\ (aq)} + 2\ e^- \rightleftharpoons Ni_{\ (s)}$	−0,26
$Co^{2+}_{\ (aq)} + 2\ e^- \rightleftharpoons Co_{\ (s)}$	−0,28
$Cd^{2+}_{\ (aq)} + 2\ e^- \rightleftharpoons Cd_{\ (s)}$	−0,40
$Cr^{3+}_{\ (aq)} + e^- \rightleftharpoons Cr^{2+}_{\ (aq)}$	−0,41
$Fe^{2+}_{\ (aq)} + 2\ e^- \rightleftharpoons Fe_{\ (s)}$	−0,45
$Cr^{3+}_{\ (aq)} + 3\ e^- \rightleftharpoons Cr_{\ (s)}$	−0,74
$Zn^{2+}_{\ (aq)} + 2\ e^- \rightleftharpoons Zn_{\ (s)}$	−0,76
$2\ H_2O_{\ (l)} + 2\ e^- \rightleftharpoons H_{2\,(g)} + 2\ OH^-_{\ (aq)}$	−0,83
$Mn^{2+}_{\ (aq)} + 2\ e^- \rightleftharpoons Mn_{\ (s)}$	−1,18
$Al^{3+}_{\ (aq)} + 3\ e^- \rightleftharpoons Al_{\ (s)}$	−1,66
$Mg^{2+}_{\ (aq)} + 2\ e^- \rightleftharpoons Mg_{\ (s)}$	−2,37
$Na^+_{\ (aq)} + e^- \rightleftharpoons Na_{\ (s)}$	−2,71
$Ca^{2+}_{\ (aq)} + 2\ e^- \rightleftharpoons Ca_{\ (s)}$	−2,89
$Ba^{2+}_{\ (aq)} + 2\ e^- \rightleftharpoons Ba_{\ (s)}$	−2,91
$K^+_{\ (aq)} + e^- \rightleftharpoons K_{\ (s)}$	−2,93
$Li^+_{\ (aq)} + e^- \rightleftharpoons Li_{\ (s)}$	−3,04
Meilleurs réducteurs	

5.2 Le potentiel d'une pile

Le potentiel d'une pile (E^0_{pile}) correspond à la somme du potentiel d'oxydation et du potentiel de réduction de la pile.

Il est possible de calculer le potentiel d'une pile électrochimique composée de deux électrodes différentes sans avoir à utiliser une électrode de référence.

Prenons l'exemple d'une pile électrochimique composée d'une électrode d'argent (Ag) et d'une électrode de magnésium (Mg). Les équations de réduction de ces deux métaux sont les suivantes (*voir le tableau 5 à la page précédente*).

$$Ag^+_{(aq)} + e^- \rightarrow Ag_{(s)} \qquad E^0 = 0,80 \text{ V}$$
$$Mg^{2+}_{(aq)} + 2\,e^- \rightarrow Mg_{(s)} \qquad E^0 = -2,37 \text{ V}$$

La première étape consiste à déterminer le réducteur le plus fort. Dans cet exemple, le magnésium est le réducteur le plus fort puisqu'il est situé sous l'argent dans le tableau des potentiels standard (*voir le tableau 5*). C'est donc lui qui perdra ses électrons et subira l'oxydation. Pour connaître l'équation de la demi-réaction d'oxydation, il suffit d'inverser son équation de réduction. Par conséquent, le potentiel de cette électrode deviendra positif.

Réduction	$2\,Ag^+_{(aq)} + 2\,e^- \rightarrow 2\,Ag_{(s)}$	$E^0 = 0,80 \text{ V}$
Oxydation	$Mg_{(s)} \rightarrow Mg^{2+}_{(aq)} + 2\,e^-$	$E^0 = 2,37 \text{ V}$

Le fait de multiplier l'équation de réduction par deux n'a pas d'effet sur le potentiel standard. En effet, qu'il y ait un ou deux électrons en jeu, la différence de potentiel est la même.

Pour calculer le potentiel d'une pile, on additionne le potentiel de la demi-réaction d'oxydation et le potentiel de la demi-réaction de réduction selon l'équation suivante.

Potentiel d'une pile

$$E^0_{pile} = E^0_{oxydation} + E^0_{réduction}$$

où

E^0_{pile} = Différence de potentiel de la pile, exprimée en volts (V)

$E^0_{oxydation}$ = Potentiel d'oxydation, exprimé en volts (V)

$E^0_{réduction}$ = Potentiel de réduction, exprimé en volts (V)

Ainsi, la valeur du potentiel de la pile formée des électrodes d'argent et de magnésium est de 3,17 V, soit la somme de son potentiel d'oxydation (2,37 V) et de son potentiel de réduction (0,80 V). Cette valeur positive indique que cette réaction sera spontanée. En effet, lorsque la différence de potentiel d'une pile est plus grande que zéro, la réaction est spontanée. Au contraire, lorsque la différence de potentiel calculée est plus petite que zéro, la réaction n'est pas spontanée et n'engendre pas de courant électrique.

$$\text{Réaction spontanée si } E^0_{pile} > 0$$
$$\text{Réaction non spontanée si } E^0_{pile} < 0$$

On peut représenter de façon simplifiée une pile de la façon suivante.

Représentation simplifiée d'une pile

Oxydation Réduction

$Mg \mid Mg^{2+} \quad \parallel \quad Ag^+ \mid Ag$

Par convention, la réaction d'oxydation est placée à gauche et la réaction de réduction est à droite. Une électrode et sa solution sont séparées par un trait simple (|) tandis que le trait double (||) représente le pont salin.

Voici un exemple qui montre comment calculer le potentiel d'une pile.

Exemple

Une pile électrochimique est composée d'une électrode de cuivre plongée dans une solution de $Cu(NO_3)_2$ à 1,0 mol/L et d'une électrode de zinc dans une solution de $Zn(NO_3)_2$ à 1,0 mol/L. Calculer le potentiel de cette pile à 25 °C.

Solution :

1. Établir les demi-réactions en jeu et obtenir les potentiels de chaque électrode à partir du tableau 5.

$$Zn^{2+}_{(aq)} + 2\ e^- \rightarrow Zn_{(s)} \qquad E^0 = -0,76\ V$$
$$Cu^{2+}_{(aq)} + 2\ e^- \rightarrow Cu_{(s)} \qquad E^0 = 0,34\ V$$

2. Déterminer le réducteur le plus fort et inverser sa réaction de réduction pour la transformer en oxydation en changeant le signe de E^0. Puisque l'électrode de zinc possède un potentiel de réduction plus négatif que celle de cuivre, c'est donc le zinc qui donnera ses électrons. Il sera donc oxydé.

Oxydation $\qquad\qquad Zn_{(s)} \rightarrow Zn^{2+}_{(aq)} + 2\ e^- \qquad E^0 = 0,76\ V$

Réduction $\qquad Cu^{2+}_{(aq)} + 2\ e^- \rightarrow Cu_{(s)} \qquad E^0 = 0,34\ V$

3. Calculer le potentiel de la pile en additionnant $E^0_{oxydation}$ et $E^0_{réduction}$.

$$\Delta E^0_{pile} = E^0_{oxydation} + E^0_{réduction}$$
$$= 0,76\ V + 0,34\ V = 1,10\ V$$

Réponse : Le potentiel de la pile zinc-cuivre est de 1,10 V.

《INFO SCIENCE

Une réaction qui fait fondre le fer

La réaction d'oxydoréduction entre le trioxyde de difer (Fe_2O_3) et l'aluminium (Al) se produit selon l'équation suivante :

$$Fe_2O_{3\,(s)} + 2\ Al_{(s)} \rightarrow 2\ Fe_{(l)} + Al_2O_{3\,(s)} + énergie$$

Comme cette réaction est fortement exothermique, elle produit du fer liquide. En effet, cette réaction se produit à plus de 1 535 °C, soit le point de fusion du fer à TPN. On nomme cette réaction réaction thermite ou aluminothermie.

À l'époque où les chemins de fer ont été construits, on utilisait très souvent cette réaction pour souder les rails. Le faible coût des réactifs et le peu d'équipement nécessaire permettaient de souder les rails efficacement dans des endroits où il n'y avait pas encore d'électricité.

Figure 16 Un employé des chemins de fer effectue une soudure aluminothermique entre deux rails. On peut voir le fer liquide produit au cours de cette réaction.

POUR FAIRE LE POINT

SECTION 3
SECTION 4
SECTION 5

Le pouvoir réducteur des métaux
La pile électrochimique
Le potentiel de réduction et d'oxydation

1. On plonge une pièce de cuivre (Cu) dans une solution de nitrate d'argent ($AgNO_3$). On observe la formation de cristaux d'argent à la surface de la pièce de cuivre. Quelle est l'équation d'oxydation de cette réaction d'oxydoréduction?

2. Selon vous, si une solution d'ions plomb (Pb^{2+}) est mélangée à une solution d'ions argent (Ag^+), peut-il y avoir une réaction d'oxydoréduction entre les deux métaux? Expliquez votre réponse.

3. Choisissez la bonne réponse. Les substances qui ont un potentiel standard supérieur à celui de l'hydrogène sont considérées comme:
   a) des oxydants forts;
   b) des réducteurs forts;
   c) des réducteurs faibles.

4. Choisissez la bonne réponse. Les substances qui ont un potentiel standard inférieur à celui de l'hydrogène sont considérées comme:
   a) des oxydants forts;
   b) des réducteurs forts;
   c) des réducteurs faibles.

5. Parmi les solutions suivantes, laquelle réagira si on y plonge une lame de nickel?
   a) $Sn(NO_3)_2$
   b) $Zn(NO_3)_2$
   c) $Al(NO_3)_3$
   d) $Ni(NO_3)_2$

6. Classez les éléments suivants de l'oxydant le plus fort à l'oxydant le plus faible.

   $$Mg, Al, Br_2, Li \text{ et } Au$$

7. Considérez les deux réactions suivantes:
   $$Mg_{(s)} \rightarrow Mg^{2+}_{(aq)} + 2\,e^-$$
   $$Co_{(s)} \rightarrow Co^{2+}_{(aq)} + 2\,e^-$$

   À l'aide de ces réactions, dites laquelle des substances ci-dessous peut être réduite le plus facilement.
   a) $Co^{2+}_{(aq)}$ c) $Mg^{2+}_{(aq)}$
   b) $Co_{(s)}$ d) $Mg_{(s)}$

8. Entre le nickel et le mercure en solution, quel élément est l'oxydant le plus fort?

9. De quelle famille chimique plusieurs réducteurs forts font-ils partie? Expliquez votre réponse.

10. Selon vous, est-ce que le césium (Cs) aurait un potentiel standard négatif ou positif? Pourquoi?

11. Choisissez la bonne réponse. Dans une pile électrochimique, le phénomène de la réduction est la réaction partielle au cours de laquelle il y a:
    a) perte d'électrons;
    b) perte de masse;
    c) perte d'électrons et gain de masse;
    d) gain d'électrons.

12. Les procédés suivants ont lieu dans une pile électrochimique. Indiquez si chacun d'eux se déroule à l'anode ou à la cathode.
    a) Demi-réaction de réduction
    b) Demi-réaction d'oxydation
    c) Réaction de l'oxydant le plus fort
    d) Réaction du réducteur le plus fort

13. Soit la pile électrochimique suivante:

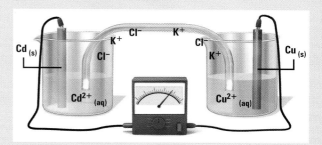

   a) Dans quel sens circulent les électrons?
   b) Vers quel contenant les ions Cl^- se dirigeront-ils?
   c) Quelle est l'anode de cette pile?
   d) À quelle électrode se déroule la réduction?

14. Calculez le potentiel des piles suivantes:
    a) $Zn_{(s)} \mid Zn(NO_3)_{2\,(aq)} \parallel Cu(NO_3)_{2\,(aq)} \mid Cu_{(s)}$
    b) $Pb_{(s)} \mid Pb^{2+}_{(aq)} \parallel Au^{3+}_{(aq)} \mid Au_{(s)}$
    c) $Cd_{(s)} \mid Cd^{2+}_{(aq)} \parallel Ag^+_{(aq)} \mid Ag_{(s)}$

15. Selon vous, quel couple de métaux devrait-on utiliser pour obtenir un potentiel maximal?

Les piles domestiques

Les piles sont des réservoirs portatifs d'énergie chimique qui se transforme en énergie électrique afin d'assurer le fonctionnement d'un appareil électrique portatif. Les principaux types de piles sont les piles primaires, les piles secondaires et les piles à combustible. La réaction d'oxydoréduction est à la base du fonctionnement de la plupart des piles utilisées de nos jours.

Il est impossible de recharger les piles primaires et il faut les jeter au bout d'un certain temps, lorsque les produits chimiques qu'elles renferment sont épuisés. La réaction d'oxydoréduction qui s'y déroule est irréversible, mais elles ont l'avantage d'être simples, fiables et relativement bon marché. C'est notamment le cas des piles zinc-carbone (Zn-C) et alcalines souvent employées dans les jouets, les horloges ou les lampes de poche.

Les électrodes des piles alcalines sont plongées dans un électrolyte alcalin d'hydroxyde de potassium (KOH), une pâte poreuse juste assez humide pour laisser circuler les ions (*voir la figure 17*).

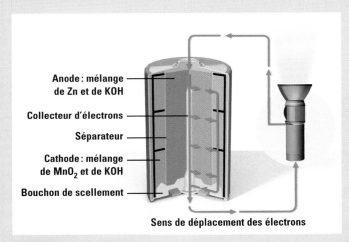

Anode : mélange de Zn et de KOH

Collecteur d'électrons

Séparateur

Cathode : mélange de MnO$_2$ et de KOH

Bouchon de scellement

Sens de déplacement des électrons

Figure 17 L'intérieur d'une pile alcaline.

Il y a également sur le marché des piles alcalines miniaturisées très robustes et possédant une longue durée de vie. Elles alimentent des appareils beaucoup plus compacts telles les montres ou les prothèses auditives.

Les piles secondaires sont aussi appelées piles rechargeables, ou accumulateurs. Une fois qu'elles sont vidées de leur énergie chimique, il suffit d'appliquer un courant électrique pour renverser la réaction d'oxydoréduction et reformer les réactifs initiaux tout en accumulant de l'énergie chimique. Le chargeur pompe les électrons du pôle positif vers le pôle négatif, un processus qui peut être répété plus de 1 000 fois dans certains cas.

Il existe une panoplie de piles de type secondaire, dont les piles nickel-métal hydride (Ni-MH) et nickel-cadmium (Ni-Cd), pratiques pour les appareils à recharge fréquente qui consomment beaucoup d'énergie en peu de temps : aspirateurs à main, outils électriques, téléphones sans fil. Les piles lithium-ion sont moins lourdes et stockent davantage d'énergie, mais elles coûtent plus cher. On les utilise couramment dans les téléphones cellulaires, les ordinateurs portables et les caméras. Les batteries au plomb, qui servent à fournir l'énergie lors du démarrage des moteurs conventionnels sont constituées de six piles secondaires (*voir la figure 18*).

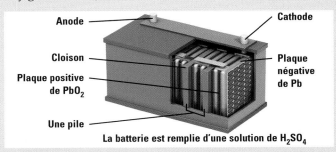

Anode

Cathode

Cloison

Plaque positive de PbO$_2$

Plaque négative de Pb

Une pile

La batterie est remplie d'une solution de H$_2$SO$_4$

Figure 18 Une batterie d'automobile est un accumulateur formé de six piles, en général de 2 V chacune, séparées par des cloisons.

La pile à combustible produit de l'électricité en faisant réagir un combustible comme le dihydrogène (H$_2$) avec un oxydant comme le dioxygène (O$_2$), dans le cas de la pile à combustible H$_2$-O$_2$, par exemple.

Dans cette pile, les deux gaz sont admis en continu vers des électrodes poreuses sur lesquelles la réaction d'oxydoréduction se produit entre les ions issus des gaz. Le produit de cette réaction est de l'eau, ce qui permet de produire de l'électricité sans émettre directement de gaz à effet de serre. Toutefois, pour que son impact environnemental soit réellement nul, le dihydrogène utilisé ne doit pas être fabriqué à partir de dérivés du pétrole, car sa fabrication produit des quantités considérables de gaz à effet de serre. À l'heure actuelle, les chercheurs travaillent à rendre l'utilisation de cette pile plus économique et écologique, notamment dans les véhicules.

SYNTHÈSE L'oxydoréduction

1 L'oxydation et la réduction

- Une réaction d'oxydoréduction est composée de deux demi-réactions, soit l'oxydation et la réduction, qui se déroulent simultanément.
- L'oxydation est une réaction au cours de laquelle un atome perd un ou plusieurs électrons. Cet atome réducteur est alors oxydé puisqu'il réduit l'oxydant.
- La réduction est une réaction au cours de laquelle un atome gagne un ou plusieurs électrons. Cet atome oxydant est alors réduit puisqu'il oxyde le réducteur.

2 Le nombre d'oxydation

- Le nombre d'oxydation d'un atome à l'état fondamental est de 0. Lorsqu'un élément est ionisé, son nombre d'oxydation est égal à sa charge.
- Le nombre d'oxydation d'une substance augmente au cours d'une oxydation et diminue au cours d'une réduction.

3 Le pouvoir réducteur des métaux

- Les métaux sont de bons donneurs d'électrons. Parmi l'ensemble des métaux, certains sont de meilleurs donneurs que d'autres.

4 La pile électrochimique

- Une pile électrochimique produit spontanément un courant électrique.
- Dans une pile électrochimique, l'oxydation se déroule à l'anode, et la réduction, à la cathode.

5 Le potentiel d'oxydation et de réduction

- On mesure le potentiel standard d'une électrode par rapport à l'électrode de référence à hydrogène qui a, par convention, un potentiel standard de 0,00 V.
- Le potentiel d'une pile correspond à la différence de potentiel mesurée entre les deux électrodes qui la composent. Elle se calcule de la façon suivante.

$$\Delta E^0{}_{\text{pile}} = E^0{}_{\text{oxydation}} + E^0{}_{\text{réduction}}$$

- La réaction est spontanée si $E^0{}_{\text{pile}} > 0$.
  La réaction n'est pas spontanée si $E^0{}_{\text{pile}} < 0$.

L'oxydoréduction

1. Déterminez la demi-réaction associée à chacune des électrodes suivantes.
   a) $Al^{3+} \mid Al$
   b) $MnO_4^- \mid Mn^{2+}$
   c) $NO \mid NO_3^-$

2. Laquelle des définitions suivantes relatives à l'oxydoréduction est vraie ?
   a) La substance qui accepte des électrons est l'agent réducteur du système.
   b) Un élément est réduit quand il gagne des électrons.
   c) L'oxydation est une réaction partielle dans laquelle le nombre d'oxydation diminue.
   d) L'oxydant est une substance oxydée au cours de la réaction.

3. Repérez l'oxydant et le réducteur dans les réactions d'oxydoréduction suivantes.
   a) $2\,Al^{3+} + 3\,Mg \rightarrow 2\,Al + 3\,Mg^{2+}$
   b) $Cu^{2+} + Na \rightarrow Na^+ + Cu^+$

4. Quelle est la réaction qui représente l'oxydation de l'ion chrome (Cr^{2+}) ?

5. Déterminez le nombre d'oxydation du soufre dans les composés suivants.
   a) HSO_3^-
   b) SF_6
   c) H_2S

6. Soit la pile électrochimique suivante.

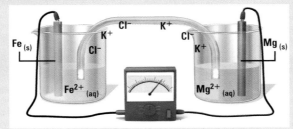

   a) Quelle est l'anode ?
   b) Vers quelle électrode les cations du pont salin se dirigent-ils ?
   c) Quelle électrode verra sa masse diminuer ?
   d) À quelle électrode a lieu l'oxydation ?

7. Parmi les piles suivantes, quelle est celle dont le potentiel est de $+0,50$ volt ?
   a) Zn-Pb
   b) Cu-Ag
   c) Zn-Ni
   d) Ni-Ag

8. Dans la réaction $Zn + H_2SO_4 \rightarrow ZnSO_4 + H_2$,
   a) quel est le réducteur ?
   b) quel est l'oxydant ?

9. On plonge une tige d'aluminium (Al) solide dans une solution de tétraoxosulfate de cuivre ($CuSO_4$). On observe la formation de cuivre solide sur la tige et l'analyse révèle la présence d'ions Al^{+3} aqueux dans la solution. Donnez l'équation globale d'oxydoréduction qui représente ce phénomène.

10. Les ions argent (Ag^+) aqueux réagissent avec le plomb (Pb) métallique pour donner un dépôt d'argent métallique et des ions plomb Pb^{2+}, selon la réaction suivante :

$$2\,Ag^+_{\;(aq)} + Pb_{\,(s)} \rightarrow 2\,Ag_{\,(s)} + Pb^{2+}_{\;(aq)}$$

   a) Quelles sont les transformations subies par les réactifs ?
   b) Identifiez l'oxydant et le réducteur qui réagissent.
   c) Quelles sont les demi-réactions en jeu ?

11. Soit une pile électrochimique formée d'une électrode de zinc (Zn) dans une solution de $Zn(NO_3)_2$ et d'une électrode d'argent (Ag) dans une solution d'$AgNO_3$. Lequel des énoncés suivants est faux ?
   a) L'oxydation a lieu à l'électrode de zinc.
   b) La masse de l'électrode d'argent augmente pendant que la pile fonctionne.
   c) Les électrons circulent de l'électrode d'argent vers celle de zinc.
   d) L'électrode de zinc joue le rôle d'anode.

12. Une pile électrochimique est composée des deux demi-piles suivantes : $Ag \mid Ag^+$ et $Ni \mid Ni^{2+}$.

Écrivez l'équation de la réaction qui se produit dans les conditions standard et calculez le potentiel de cette pile.

13. Au laboratoire, vous placez des lames de différents métaux dans des béchers contenant différentes solutions. Vous remarquez qu'il y a réaction dans les béchers 1 et 3.

Classez les ions Cu^{2+}, Pb^{2+}, Zn^{2+} et Mg^{2+} du réducteur le moins fort au réducteur le plus fort.

Bécher 1

Bécher 2

Bécher 3

Bécher 4

14. Pourquoi est-il nécessaire d'avoir un pont salin entre les deux électrodes d'une pile électrochimique ?

15. Les réactions suivantes se produiront-elles spontanément ? Expliquez votre réponse.
   a) Une barre de zinc (Zn) dans une solution de chlorure de lithium (LiCl).
   b) Du nickel (Ni) solide dans une solution de tétraoxosulfate de cuivre ($CuSO_4$).
   c) Une tige de cadmium (Cd) dans une solution de trioxonitrate d'argent ($AgNO_3$).
   d) Une solution de chlorure de sodium (NaCl) sur une plaque de chrome (Cr).

16. Les réactions suivantes se produiront-elles spontanément, sachant que les solutions sont toutes à une concentration initiale de 1 mol /L ?
   a) $Ba_{(s)} + Cd^{2+}_{(aq)} \rightarrow Ba^{2+}_{(aq)} + Cd_{(s)}$
   b) $2\,Ag_{(s)} + Co^{2+}_{(aq)} \rightarrow 2\,Ag^{+}_{(aq)} + Co_{(s)}$
   c) $Cu^{+}_{(aq)} + Fe^{3+}_{(aq)} \rightarrow Cu^{2+}_{(aq)} + Fe^{2+}_{(aq)}$

17. Soit une pile électrochimique formée d'une électrode de plomb (Pb) et d'une électrode de cuivre (Cu).
   a) Quels sels devraient être dissous dans chaque demi-pile ?
   b) Quel métal fournira les électrons ?
   c) Quel est le nom de cette électrode ?

18. On mélange du peroxyde d'hydrogène (H_2O_2) avec une solution acide d'iodure de potassium (KI). Le mélange initialement incolore prend peu à peu une teinte brunâtre. Les demi-réactions en jeu sont : $H_2O_2\,|\,H_2O$ et $I_2\,|\,I^-$.
   a) Déterminez les équations des deux demi-réactions.
   b) Écrivez l'équation globale de la réaction.
   c) Quelle substance est responsable de la coloration ?

19. Un conducteur soupçonné de conduire en état d'ébriété doit souffler dans un appareil qui mesure le taux d'alcool contenu dans son sang. La réaction sur laquelle est basé l'alcootest est la suivante :

$$3\,C_2H_6O + 2\,K_2Cr_2O_7 + 8\,H_2SO_4 \rightarrow$$
$$3\,C_2H_4O_2 + 2\,Cr_2(SO_4)_3 + 2\,K_2SO_4 + 11\,H_2O$$

Déterminez la substance réduite et la substance oxydée, ainsi que le réducteur et l'oxydant de cette réaction.

20. Une pile électrochimique est formée d'une électrode de cuivre (Cu) plongée dans une solution de trioxonitrate de cuivre ($CuNO_3$) et d'une électrode d'aluminium (Al) plongée dans une solution de trioxonitrate d'aluminium ($AlNO_3$). Toutes deux ont une concentration initiale de 1 mol/L.
   a) Quelle électrode sera l'anode et laquelle sera la cathode ?
   b) Quelles sont les deux demi-réactions en jeu dans cette pile ?
   c) Donnez l'équation de la réaction globale.
   d) Quel est le potentiel de cette pile ?

ANNEXES

SOMMAIRE

1 La sécurité au laboratoire 372

1.1 Les symboles de danger 372

1.2 Les symboles de sécurité utilisés dans la collection *Quantum* 375

1.3 Les règles de sécurité 375

2 Les démarches en chimie 377

2.1 Le tableau synthèse des démarches 377

2.2 Les quatre étapes de la résolution de problèmes 378

2.3 La méthode de résolution de problèmes par l'analyse des unités 379

2.4 La démarche expérimentale 381

2.5 La démarche d'analyse 382

3 Les instruments et les techniques de laboratoire 383

3.1 Comment préparer une solution 383

3.2 Comment réaliser une collecte d'échantillons 387

4 La présentation de résultats scientifiques 388

4.1 Le tableau 388

4.2 Le diagramme à ligne brisée 389

4.3 La courbe la mieux ajustée 389

4.4 La pente d'une tangente à la courbe 390

4.5 Le diagramme à bandes 390

4.6 L'histogramme 391

4.7 Le diagramme circulaire 391

4.8 Le rapport de laboratoire 392

5 L'interprétation des résultats de la mesure 394

5.1 L'incertitude 394

5.2 Les chiffres significatifs 395

5.3 Le cas des mesures dont l'incertitude est inconnue 396

5.4 Les chiffres significatifs dans les résultats d'opérations mathématiques 396

5.5 Comment arrondir un nombre 397

6 Les mathématiques en science 398

6.1 Un rappel de quelques équations mathématiques 398

6.2 La transformation d'expressions algébriques ... 404

6.3 La notation scientifique 406

7 Les unités de mesure en chimie 408

7.1 Les préfixes courants du SI 408

7.2 Les unités de mesure courantes 409

8 Les tableaux de référence 410

8.1 La liste alphabétique des éléments et de leur masse atomique 410

8.2 Les produits chimiques de la vie courante ... 412

8.3 Les propriétés thermodynamiques de certains éléments 417

8.4 Les enthalpies molaires standard de formation 418

8.5 Les énergies moyennes de liaison 419

8.6 Les chaleurs molaires de dissolution 420

8.7 Les constantes d'ionisation des acides 421

8.8 Les constantes d'ionisation des bases azotées 421

8.9 Les constantes du produit de solubilité dans l'eau à 25 °C pour divers composés 422

8.10 Quelques ions polyatomiques courants 422

8.11 La solubilité (dans l'eau) de quelques composés ioniques courants 423

8.12 La capacité thermique massique de diverses substances 423

1 La sécurité au laboratoire

Il est très important de prêter attention à la santé et à la sécurité au laboratoire. Par conséquent, il faut bien connaître la signification des symboles qui indiquent un danger potentiel. Il faut aussi avoir pris connaissance des règles de sécurité et les respecter afin de prévenir d'éventuels accidents.

1.1 Les symboles de danger

Différents symboles de danger et de sécurité sont utilisés couramment au laboratoire. La mention de l'un ou l'autre de ces symboles constitue toujours une mise en garde. Il faut donc prendre les précautions nécessaires pour manipuler les substances ou le matériel sur lesquels apparaît un de ces symboles. Toutes les personnes qui manipulent des produits dangereux doivent connaître la signification de ces symboles et les précautions à prendre lorsqu'elles utilisent ces substances.

Les symboles de danger sur les produits ménagers

À la maison, à l'école et au travail, de nombreux produits contiennent des substances dangereuses. Ces produits doivent être utilisés avec précaution. Les fabricants de ces produits mentionnent, à l'aide de symboles apposés sur les contenants, le danger qu'ils présentent. Chacun des symboles qui se trouvent sur les produits ménagers a une signification particulière (*voir le tableau 1*).

Figure 1 Le nettoyant pour le four est un produit corrosif.

Tableau 1 La signification des symboles de danger sur les produits ménagers.

Symbole	Signification
 Produit corrosif	Ce produit peut brûler la peau ou les yeux. S'il est avalé, il cause des blessures à la gorge et à l'estomac.
 Produit explosif	Ce produit peut exploser si son contenant est chauffé ou perforé.
 Produit inflammable	Ce produit ou les vapeurs qu'il dégage peuvent s'enflammer facilement s'ils sont près d'une source de chaleur, de flammes ou d'étincelles.
 Poison	Ce produit a des effets toxiques et peut entraîner de sérieuses complications ; il peut causer la mort s'il est avalé ou même, dans certains cas, s'il est respiré.

Les symboles de danger du SIMDUT

Le Système d'information sur les matières dangereuses utilisées au travail (SIMDUT) constitue la norme canadienne en matière d'information et de communication sur les matières dangereuses. Les symboles de danger du SIMDUT permettent de repérer les substances qui présentent un danger pour la santé. Ces substances sont, par exemple, des produits ménagers ou des solvants qu'on trouve à l'école et à la maison. Chacun des symboles du SIMDUT implique certaines précautions à prendre (*voir le tableau 2*).

Tableau 2 Les précautions à prendre en présence des symboles de danger du SIMDUT.

Symbole	Précautions à prendre
Gaz comprimé	Manipuler ce produit avec soin ; le tenir éloigné de la chaleur et des flammes.
Matière inflammable et combustible	Tenir ce produit loin de la chaleur, des flammes et des étincelles.
Matière comburante	Tenir ce produit loin de la chaleur, des flammes, des étincelles et de toute matière combustible.
Matière ayant des effets toxiques immédiats et graves	Éviter tout contact avec ce produit.
Matière ayant d'autres effets toxiques	Éviter tout contact avec ce produit.
Matière infectieuse	Éviter tout contact avec ce produit.
Matière corrosive	Éviter tout contact avec la peau et les yeux. Porter des lunettes de sécurité, des gants, un sarrau ou un tablier.
Matière dangereusement réactive	S'assurer d'être dans un endroit où il y a une bonne ventilation.

Les symboles de danger du SGH

En 2003, les pays membres de l'Organisation des Nations Unies (ONU) ont adopté le Système général harmonisé (SGH). Les symboles de danger du SGH remplacent progressivement ceux des différents systèmes nationaux, comme le SIMDUT. Le but de ce changement est d'accroître la sécurité des populations et de l'environnement. Chacun des symboles de danger du SGH a un sens particulier. Il indique aussi les précautions à prendre quand on manipule certains produits (*voir le tableau 3*).

Tableau 3 Les risques et les précautions à prendre en présence des symboles de danger du SGH.

Symbole	Risques	Précautions à prendre
Matière et objet explosif instables	Risque d'une explosion en masse, d'un effet de souffle, de projection ou d'incendie.	Manipuler le contenant avec précaution ; le tenir éloigné de la chaleur et des flammes ; ne pas le perforer.
Gaz, liquide ou solide inflammables	Risque d'incendie ou d'explosion.	Tenir le contenant et son contenu loin de la chaleur, des flammes et des étincelles.
Gaz, liquide ou solide comburants	Risque d'incendie, d'aggravation d'incendie ou d'explosion.	Tenir le contenant et son contenu loin de la chaleur, des flammes, des étincelles et de toute matière combustible, par exemple le bois, l'essence, les solvants.
Gaz sous pression	Risque d'explosion.	Manipuler le contenant avec précaution ; le tenir éloigné de la chaleur et des flammes ; ne pas le perforer.
Matière corrosive	Risque de brûlure, d'irritation de la peau ou des yeux, ou de lésions oculaires.	Éviter tout contact avec la peau et les yeux ; rincer abondamment à l'eau, si cela se produit. Porter des lunettes de sécurité, des gants, un sarrau ou un tablier pour manipuler ce produit.
Matière ayant une toxicité aiguë	Risque d'intoxication si elle est avalée, si elle entre en contact avec la peau ou si elle est respirée.	Éviter tout contact avec ce produit. Laisser une personne compétente le manipuler pour soi.
Matière nocive	Risque d'allergie cutanée, d'irritation de la peau, des yeux et des voies respiratoires, de vertiges et de somnolence.	Éviter tout contact avec ce produit. Laisser une personne compétente le manipuler pour soi.
Matière présentant divers dangers	Risque de réactions allergiques, d'asthme ou de difficultés respiratoires si elle est respirée. Risque d'anomalies génétiques, de cancer et de dommages aux organes. Risque de nuire à la fertilité ou au fœtus, et risque d'être nocive pour les bébés nourris au lait maternel.	Éviter tout contact avec ce produit. Laisser une personne compétente le manipuler pour soi.
Matière toxique pour le milieu aquatique	Risque d'effets néfastes à long terme.	Éviter tout contact avec ce produit. Laisser une personne compétente le manipuler pour soi.

1.2 Les symboles de sécurité utilisés dans la collection *Quantum*

Au laboratoire, il faut s'assurer de bien comprendre les symboles de sécurité. Chacun des symboles de sécurité qui se trouvent dans la collection *Quantum* a une signification particulière et indique certaines précautions à prendre (*voir le tableau 4*).

Tableau 4 Les symboles de sécurité dans la collection *Quantum*.

Symbole		Précautions à prendre
	Protection des yeux	Porter des lunettes de sécurité.
	Protection des cheveux	S'attacher les cheveux.
	Protection de la peau	Porter des gants.
	Protection des vêtements	Porter un sarrau ou un tablier.
	Attention aux brûlures	Manipuler avec prudence les substances et les objets chauds.
	Attention à la chaleur	Porter des mitaines isolantes.
	Attention aux vapeurs nocives	Travailler sous la hotte ou dans un local bien aéré.
	Attention aux objets tranchants ou pointus	Manipuler avec prudence les objets tranchants ou pointus.

1.3 Les règles de sécurité

La sécurité suppose un comportement et une attitude responsables, donc le respect de certaines règles. Il est important de bien connaître ces règles de sécurité et, surtout, de les observer en tout temps.

Les règles de sécurité au laboratoire

1 Informer la personne responsable de tout problème de santé qui pourrait interférer avec l'activité à faire, par exemple une allergie ou une maladie.

2 Repérer l'endroit le plus proche où se trouvent la trousse de premiers soins, l'extincteur, la couverture ininflammable, la douche de sécurité, le lave-yeux et l'alarme d'incendie. Apprendre à utiliser adéquatement chacun de ces objets.

3 Manipuler le matériel avec soin, agir avec calme et se concentrer sur son travail.

4 Porter des lunettes de sécurité. Porter des gants et un sarrau ou un tablier lorsqu'on utilise des produits salissants ou corrosifs.

5 Éviter de porter des bijoux, des vêtements pouvant gêner les mouvements et des chaussures non lacées. S'attacher les cheveux.

6 Ne jamais boire ou manger pendant une activité.

7 Garder la surface de travail propre et en ordre.

8 Suivre les recommandations concernant l'utilisation des produits dangereux.

9 Avant de commencer une expérimentation, s'assurer de bien connaître la marche à suivre et de comprendre tous ses aspects, tels que les manipulations à effectuer, l'élimination des déchets ou les symboles de sécurité (*voir le tableau 4, à la page 375*).

10 Obtenir l'approbation de la personne responsable avant de commencer les manipulations dont on a soi-même élaboré le protocole. Obtenir également son approbation si on a modifié une partie d'un protocole déjà approuvé.

11 Ne jamais laisser sans surveillance une expérimentation en cours.

12 Ne pas toucher ni goûter à une substance. Ne respirer aucune substance directement.

13 Se laver les mains après une expérience.

14 Avertir immédiatement la personne responsable de tout incident, même s'il semble sans gravité. Cet incident peut être une blessure, le déversement d'un produit ou un bris de matériel.

Figure 2 Au laboratoire, il faut s'attacher les cheveux et porter des lunettes de sécurité, des gants et un sarrau.

La manipulation des appareils électriques et des appareils chauffants

1 Avant d'utiliser un appareil électrique ou un appareil chauffant, s'assurer qu'il est en bon état. Signaler toute défectuosité ou anomalie à la personne responsable.

2 Ne jamais déranger une personne en train de travailler avec un appareil électrique ou un appareil chauffant.

3 Ne jamais chauffer une substance inflammable avec un brûleur ; utiliser plutôt une plaque chauffante.

4 Ne jamais laisser un appareil électrique ou un appareil chauffant fonctionner sans surveillance.

5 Ne jamais toucher à un appareil électrique ou à une prise de courant avec les mains mouillées.

6 Ne jamais toucher un fil électrique qui semble endommagé.

7 Ne laisser aucun fil électrique traîner par terre.

8 Après l'utilisation d'un appareil électrique, débrancher l'appareil en tirant sur la fiche (et non sur le fil), puis le ranger.

2 Les démarches en chimie

Une démarche est un moyen efficace de trouver une solution à un problème. Elle comprend une marche à suivre logique qui implique des essais et des erreurs.

2.1 Le tableau synthèse des démarches

Pour résoudre des problèmes en chimie, il est possible d'exploiter une démarche générale de résolution de problèmes ou encore des démarches particulières selon la nature des problèmes scientifiques à résoudre. Le choix d'une démarche particulière dépend du problème auquel on cherche une solution. On peut combiner deux ou plusieurs démarches pour parvenir à un résultat. Cinq démarches sont exploitées dans la 3e année du 2e cycle du secondaire (*voir le tableau 5*).

Tableau 5 Les démarches en chimie.

Démarche
La démarche de modélisation
Cette démarche permet de représenter concrètement un élément difficile à concevoir. Cette représentation peut prendre diverses formes, par exemple un texte, une illustration, une formule mathématique, une équation chimique. Au fur et à mesure que la démarche progresse, le modèle se raffine et se complexifie. Il peut même être modifié ou, éventuellement, rejeté. La démarche de modélisation doit tenir compte des caractéristiques de l'élément à modéliser. Elle doit aussi permettre de mieux comprendre la réalité, d'expliquer certaines propriétés et de prédire de nouveaux phénomènes observables.
La démarche d'observation
Cette démarche consiste à observer un phénomène et à interpréter des faits en tenant compte de divers critères. Cette observation permet d'apprendre de nouveaux faits qui entraînent une compréhension différente du phénomène.
La démarche d'analyse
Cette démarche consiste à analyser un objet ou un système dans le but de reconnaître les éléments qui le composent ainsi que les interactions entre ces éléments. Cette analyse permet de connaître la fonction de l'objet ou du système, de même que la façon dont il est construit et dont il fonctionne. Dans certains cas, cette démarche permet d'avoir une connaissance plus globale du système et de déterminer la fonction des parties et les relations qu'elles entretiennent entre elles (*voir la section 2.5, à la page 382*). Cet aspect de la démarche d'analyse sera particulièrement utile dans l'étude de phénomènes ou d'applications.
La démarche expérimentale
Cette démarche sert à chercher une réponse à un problème à l'aide d'une expérimentation. Elle permet d'amorcer une tentative de réponse et de définir le cadre dans lequel se fera l'expérimentation. La personne qui mène l'expérimentation doit ensuite élaborer un protocole dans lequel elle définira certaines variables en vue de les manipuler. Le but de ce protocole expérimental sera de faire émerger des éléments observables ou quantifiables, de les mettre en relation et de les confronter aux hypothèses émises au départ. À la fin de l'expérimentation, on procède à une analyse qui permet de soulever de nouveaux questionnements, de formuler de nouvelles hypothèses, d'apporter des ajustements à sa mise en œuvre et de prendre en compte les limites de l'expérimentation (*voir la section 2.4, à la page 381*).
La démarche empirique
Cette démarche est une recherche de terrain sans manipulation de variables qui permet d'explorer les éléments d'un problème ou d'en avoir une nouvelle représentation. Cette démarche s'élabore généralement à partir d'une intuition. Elle permet de trouver entre autres des hypothèses ou des pistes de recherche. Le sondage est un exemple de démarche empirique.

2.2 **Les quatre étapes de la résolution de problèmes**

Peu importe la ou les démarches choisies pour résoudre un problème, les étapes sont les mêmes. La figure 3 présente quatre étapes qui aident à chercher une solution à un problème scientifique. Il est toujours possible de revenir en arrière pour modifier l'hypothèse, le plan d'action ou le protocole. Dans ce cas, on reprend la démarche à partir de la modification. En effet, cette modification entraînera fort probablement des ajustements dans le reste de la démarche.

Cerner le problème

Il faut commencer par décrire le problème. Puis, on détermine le but qu'on veut atteindre en tenant compte du contexte. À l'aide des concepts scientifiques, on peut ensuite formuler l'hypothèse de travail.

Élaborer un plan d'action

Il faut explorer les démarches de résolution de problèmes pour déterminer laquelle sera la plus appropriée à la situation. Puis, il faut concevoir le plan d'action en respectant les contraintes et en utilisant les ressources disponibles. Il faut aussi planifier chaque étape du plan d'action.

Concrétiser le plan d'action

Il faut suivre les étapes du plan d'action. Il faut noter les informations qui pourront être utiles à la résolution du problème.

Analyser les résultats

Il faut mettre en relation les informations et les concepts scientifiques. On peut ainsi tirer des conclusions, donner des explications ou indiquer une solution.

Figure 3 Les quatre étapes de la résolution de problèmes.

Attention!

À n'importe quelle étape, il est possible de revenir à une étape antérieure pour apporter des modifications. Il faut alors reprendre la démarche à partir de cette étape. Le plus important est de conserver des traces de toutes les modifications.

2.3 La méthode de résolution de problèmes par l'analyse des unités

Pour résoudre des problèmes, il est essentiel d'utiliser une méthode qui comporte des étapes menant à la découverte de la réponse. La méthode de résolution de problèmes par l'analyse des unités est une façon d'y parvenir. Cette méthode consiste à analyser les unités et à établir des facteurs de conversion. Il s'agit de faire correspondre les unités et de les disposer de façon qu'elles s'éliminent les unes les autres par division pour qu'il ne reste que l'unité dont on a besoin dans la réponse. On multiplie et on divise ensuite les nombres correspondant à ces unités.

Les exemples qui suivent montrent comment appliquer cette méthode pour résoudre des problèmes numériques.

Exemple A

Quel est le volume final d'un ballon météorologique qui contient 200,0 L d'hélium (He) à TAPN lorsqu'il est soumis à une pression de 50,0 kPa et à une température de −20,0 °C au sommet de son ascension?

Étape 1

Inscrire les données sans arrondir les valeurs et déterminer ce qu'on cherche.

Données:

$V_1 = 200,0$ L $\qquad$ $V_2 = ?$

$T_1 = 25,0$ °C $\qquad$ $T_2 = -20,0$ °C

$P_1 = 101,3$ kPa $\qquad$ $P_2 = 50,0$ kPa

Étape 2

Choisir la formule appropriée aux données du problème et isoler la variable inconnue en éliminant les variables superflues si c'est nécessaire.

$$\frac{P_1 V_1}{n_1 T_1} = \frac{P_2 V_2}{n_2 T_2}$$

$$V_2 = \frac{P_1 V_1}{n_1 T_1} \cdot \frac{n_2 T_2}{P_2} = \frac{P_1 V_1 \cancel{n_2} T_2}{\cancel{n_1} T_1 P_2} = \frac{P_1 V_1 T_2}{T_1 P_2}$$

Étape 3

Au besoin, transformer les données pour qu'elles soient exprimées selon les unités de mesure appropriées, remplacer les variables par leurs valeurs et effectuer les calculs en reportant les unités de mesure. On peut ensuite annuler les unités et confirmer ainsi la justesse du calcul.

1. *Conversion de la température en kelvins*:

   $T_1 = 25,0$ °C $+ 273 = 298$ K

   $T_2 = -20,0$ °C $+ 273 = 253$ K

2. *Calcul du volume final*:

   $$V_2 = \frac{P_1 V_1 T_2}{T_1 P_2}$$

   $$= \frac{101,3 \cancel{kPa} \cdot 200,0 \text{ L} \cdot 253 \cancel{K}}{298 \cancel{K} \cdot 50,0 \cancel{kPa}} = 344,01 \text{ L}$$

Étape 4

Vérifier si la réponse est vraisemblable et l'exprimer de façon appropriée.

Réponse: Le volume final du ballon est de 344 L.

Exemple B

Autrefois, les pharmaciens se servaient d'une unité appelée grain (gr) pour mesurer les ingrédients actifs d'un grand nombre de médicaments. Un grain est égal à 64,8 mg. Si un comprimé d'analgésique contre les maux de tête renferme 5,0 gr d'acide acétylsalicylique actif (AAS), combien y a-t-il de grammes d'AAS dans deux comprimés ?

Étape 1

Inscrire les données sans arrondir les valeurs et déterminer ce que l'on cherche.

Données :

? g d'AAS dans 2 comprimés

1 comprimé = 5,0 gr

Étape 2

Trouver les facteurs de conversion à utiliser. Un facteur de conversion prend en général la forme d'une proportion entre deux nombres accompagnés d'unités, par exemple 1 000 g/1 kg. Il suffit de multiplier les données fournies par le facteur de conversion pour obtenir les unités appropriées dans la réponse.

64,8 mg / 1 gr

1 g / 1 000 mg

Étape 3

Disposer les données et les facteurs de conversion de façon à pouvoir éliminer les unités inutiles et effectuer les multiplications nécessaires.

Calcul :

$$? \, g = \frac{5,0 \, gr}{1 \, comprimé} \cdot \frac{64,8 \, mg}{1 \, gr} \cdot \frac{1 \, g}{1\,000 \, mg} \cdot 2 \, comprimés$$

$$= \frac{5,0 \, \cancel{gr} \cdot 64,8 \, \cancel{mg} \cdot 1 \, g \cdot 2}{1 \, \cancel{gr} \cdot 1\,000 \, \cancel{mg}}$$

$$= 0,648 \, g$$

Étape 4

Vérifier si la réponse est vraisemblable et l'exprimer de façon appropriée.

Réponse : Il y a 0,65 g d'AAS dans deux comprimés contre les maux de tête.

2.4 La démarche expérimentale

La résolution de problèmes appliquée à la démarche expérimentale comprend quatre étapes (*voir le tableau 6*).

Tableau 6 Les quatre étapes de la résolution de problèmes appliquée à la démarche expérimentale.

Étape	Exemple : Détermination du point de fusion de l'eau
Cerner le problème	
a) Décrire le problème à résoudre.	*a)* La glace commence à fondre à partir d'une certaine température. Je dois trouver précisément quelle est cette température.
b) Dégager le but à atteindre.	*b)* Déterminer le point de fusion de l'eau.
c) Utiliser les concepts scientifiques (formules, théorie) pertinents à la résolution du problème si c'est nécessaire.	*c)* Chaque substance pure possède son propre point de fusion.
d) Formuler une hypothèse.	*d)* Je pense que le point de fusion de l'eau est de 1 °C.
Élaborer un plan d'action	
a) Préciser les variables à observer et à mesurer.	*a)* Variables : état de l'eau selon la température et température de l'eau (en fonction du temps).
b) Dresser la liste du matériel nécessaire et illustrer le montage, au besoin.	*b)* Matériel : 250 mL de glace concassée, un bécher de 500 mL, un thermomètre, un chronomètre, etc.
c) Élaborer les étapes du protocole.	*c)* Protocole 1. Déposer la glace dans le bécher. 2. Mettre le thermomètre dans le bécher. Etc.
Concrétiser le plan d'action	
a) Réaliser l'expérimentation de façon sécuritaire.	*a)* Je réalise l'expérimentation en suivant les règles de sécurité.
b) Recueillir les données et noter les observations pouvant être utiles.	*b)* Je note la température toutes les 30 secondes ainsi que le moment où la glace commence à fondre.
c) Traiter les données (faire les diagrammes, les calculs, etc.) à partir des informations ou des observations recueillies.	*c)* J'inscris ces données dans un tableau. Je fais un diagramme à ligne brisée représentant la température de l'eau en fonction du temps. J'indique à l'aide d'un système de couleurs l'état de l'eau à chacune des températures.
Analyser les résultats	
a) Analyser les données et les observations recueillies.	*a)* J'observe que la glace a commencé à fondre à 0 °C et que cette température reste stable jusqu'à ce que toute la glace soit complètement fondue.
b) Tirer des conclusions confirmant ou non l'hypothèse de départ.	*b)* Je conclus que le point de fusion de l'eau est de 0 °C. Cette conclusion ne correspond pas à mon hypothèse de départ.
c) Formuler des explications, au besoin, et proposer de nouvelles hypothèses ou des améliorations à l'expérimentation.	*c)* La période pendant laquelle la température reste stable se nomme un plateau. On pourrait reprendre l'expérimentation pour voir si on observe un plateau lorsque l'eau se transforme en vapeur.

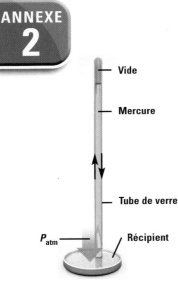

Figure 4 L'analyse d'un baromètre à mercure de Torricelli permet de comprendre son fonctionnement.

2.5 La démarche d'analyse

En chimie, on peut utiliser la démarche d'analyse pour reconnaître les inter-actions entre les différents éléments qui composent un système, un phénomène ou un objet. Par exemple, analyser un objet comme le baromètre à mercure de Torricelli (*voir la figure 4*) permet d'identifier ses composantes structurelles, le tube de verre rempli de mercure inversé dans un récipient contenant aussi du mercure, et de déterminer les liens d'interdépendance qui unissent ces composantes.

Déterminer la fonction de chaque partie et la relation que ces parties entre-tiennent entre elles permet de mettre en évidence la dynamique du système, qui, dans le cas de ce type de baromètre, sert à mesurer la pression atmosphérique.

On peut analyser un système de façon quantitative ou qualitative. L'étude du comportement d'un système à l'équilibre à l'aide du principe de Le Chatelier constitue un exemple d'analyse qualitative. Dans ce cas, étudier le système après avoir ajouté ou enlevé certaines de ses composantes permet de mettre en lumière la dynamique de l'équilibre qui y est établi (*voir la figure 5*).

Grâce à une telle analyse, on peut prévoir le comportement du système et l'utiliser ensuite dans diverses applications pouvant par exemple mener à la production industrielle de certaines substances utiles comme l'ammoniac, qui sert notamment à la fabrication d'engrais chimiques.

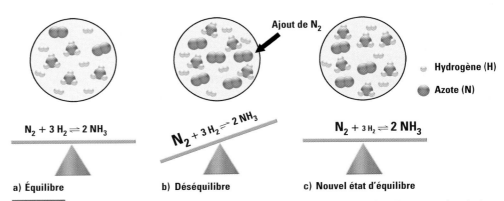

a) **Équilibre**   b) **Déséquilibre**   c) **Nouvel état d'équilibre**

Figure 5 L'analyse qualitative d'un système à l'équilibre à l'aide du principe de Le Chatelier permet de prévoir son comportement. Par exemple, l'augmentation de la concentration du diazote (N_2) en *b* entraîne une réaction du système qui favorise la formation d'ammoniac (NH_3) jusqu'à ce qu'un nouvel équilibre soit atteint en *c*.

3 Les instruments et les techniques de laboratoire

L'expérimentation au laboratoire est essentielle à la mise en pratique des concepts appris en classe. C'est au laboratoire qu'on peut utiliser des instruments d'observation, préparer diverses solutions ou encore mesurer le point de fusion ou d'ébullition d'une substance. Il est indispensable de travailler avec le matériel approprié selon des techniques précises et en gardant toujours à l'esprit les règles de sécurité.

3.1 Comment préparer une solution

Au laboratoire, on a souvent besoin de solutions chimiques dont la concentration est déterminée en fonction des besoins d'une expérience ou d'une analyse particulière. On prépare ces solutions à partir d'un composé solide ou d'un concentré liquide.

La dissolution

La dissolution d'un soluté solide permet de préparer une solution de concentration déterminée.

Voici la marche à suivre pour préparer une solution aqueuse.

1 Déterminer le volume de solution qu'on veut préparer et choisir une fiole jaugée de même volume.

2 Bien rincer la fiole jaugée avec de l'eau distillée.

3 Déterminer la masse de soluté nécessaire pour obtenir la concentration désirée en faisant le calcul approprié :

- Si la concentration à obtenir est donnée en grammes par litre (g/L), il faut faire les calculs à l'aide de l'équation suivante :

$$C_{(solution)} = \frac{m_{(soluté)}}{V_{(solution)}}$$

- Si la concentration à obtenir est donnée en moles par litre (mol/L), il faut faire les calculs à l'aide de l'équation suivante :

$$C = \frac{n}{V}$$

4 Placer une nacelle de pesée vide sur une balance et tarer la balance, c'est-à-dire l'ajuster pour que la masse de la nacelle de pesée ne soit plus prise en compte. Une balance tarée permet de soustraire la masse de la nacelle de pesée dès le début de l'expérimentation.

5 Mettre dans la nacelle de pesée la quantité requise de soluté sec en poudre.

6 Verser le soluté dans la fiole jaugée en utilisant un entonnoir.

7 Rincer la nacelle de pesée et l'entonnoir avec l'eau distillée d'un flacon laveur et verser l'eau de rinçage dans la fiole jaugée.

8 Remplir la fiole jaugée d'eau distillée environ jusqu'à la moitié.

9 Boucher la fiole jaugée, puis l'agiter doucement avec des mouvements circulaires jusqu'à ce que le soluté soit complètement dissous (*voir la figure 6*).

10 Ajouter suffisamment d'eau distillée dans la fiole jaugée afin que le ménisque formé par le liquide atteigne le trait de jauge.

11 Boucher la fiole jaugée et l'agiter doucement pour homogénéiser le mélange.

Si le protocole expérimental requiert un degré de précision moindre, on peut utiliser un erlenmeyer au lieu d'une fiole jaugée. Il faut alors mesurer le volume d'eau distillée à l'aide d'un cylindre gradué de volume approprié et, à l'étape 8, verser la moitié de l'eau distillée dans l'erlenmeyer. Puis, à l'étape 10, on ajoute le reste de l'eau distillée pour obtenir le volume total de solution.

La dilution

La dilution consiste à préparer, à partir d'une solution initiale concentrée, une solution de plus faible concentration.

Voici la marche à suivre pour diluer une solution aqueuse.

1 Déterminer le volume de solution qu'on veut préparer et choisir une fiole jaugée de même volume.

2 Bien rincer la fiole jaugée avec de l'eau distillée.

3 Déterminer le volume de solution initiale (V_1) nécessaire pour obtenir la concentration voulue à l'aide de l'équation suivante :

$$C_1 V_1 = C_2 V_2$$

4 Prélever le volume de solution initiale (V_1) en le mesurant précisément à l'aide d'un cylindre gradué, puis le verser dans la fiole jaugée (*voir la figure 7*).

5 Remplir la fiole jaugée d'eau distillée environ jusqu'à la moitié.

6 Boucher la fiole jaugée puis l'agiter doucement avec des mouvements circulaires pour homogénéiser le mélange (*voir la figure 6*).

7 Ajouter suffisamment d'eau distillée dans la fiole jaugée afin que le ménisque formé par le liquide atteigne le trait de jauge (*voir la figure 8*).

8 Boucher la fiole jaugée et l'agiter doucement pour homogénéiser le mélange.

Si le protocole expérimental requiert un degré de précision moindre, on peut utiliser un erlenmeyer au lieu d'une fiole jaugée. Il faut alors mesurer le volume d'eau distillée à l'aide d'un cylindre gradué de volume approprié et, à l'étape 5, verser la moitié de l'eau distillée dans l'erlenmeyer. Puis, à l'étape 7, on ajoute le reste de l'eau distillée pour obtenir le volume total de solution.

Figure 6 Agiter légèrement la solution accélère le mouvement des particules, ce qui favorise le processus de dissolution.

Figure 7 La solution initiale est une solution concentrée.

Figure 8 La solution finale est une solution diluée.

La détermination de la concentration

Le titrage permet de déterminer la concentration d'une solution en la faisant réagir avec une autre solution dont on connaît déjà la concentration. La solution dont la concentration est connue porte le nom de solution étalon. On utilise fréquemment le titrage pour connaître la concentration d'une base en la faisant réagir avec un acide au cours d'une neutralisation acidobasique, ou vice versa. Très souvent, cette technique requiert un indicateur pour permettre l'observation d'un changement de couleur de la solution basique, ce qui indique que la réaction de neutralisation est complète.

Le but du titrage acidobasique est de déterminer le volume exact de solution étalon ayant permis de produire une réaction de neutralisation complète des ions présents dans la solution de concentration inconnue. À ce moment, toutes les moles d'ions OH^- présentes dans le volume initial de la solution basique de concentration inconnue sont neutralisées. Puisqu'on connaît le volume initial de la solution de concentration inconnue, on peut alors calculer cette concentration.

Pour un titrage réussi, il faut :

- ajouter progressivement des quantités connues de la solution étalon ;
- être en mesure de déterminer le moment où la réaction chimique est complète.

La burette permet de verser progressivement une solution et de connaître le volume de solution versée. On détecte la plupart du temps que la réaction de neutralisation est complète grâce à un changement de couleur dû à l'ajout d'un indicateur.

Voici les étapes à suivre pour connaître la concentration d'une base par titrage acidobasique.

Le remplissage de la burette

1 Effectuer le montage de la figure 9 (*voir à la page suivante*).

2 Remplir la burette à ras bord de solution étalon acide.

3 Ouvrir légèrement le robinet pour remplir la partie sous le robinet et ajuster le zéro. Au besoin, recueillir la solution acide avec un bécher, puis la jeter.

La préparation de la solution de base à titrer

4 À l'aide du cylindre gradué et du compte-gouttes, mesurer précisément un volume connu de la solution de base à titrer (V_B) puis le verser dans un erlenmeyer propre.

5 Ajouter le nombre de gouttes d'indicateur requis à la solution de base à titrer (*voir la figure 9, à la page suivante*).

Le déroulement du titrage

6 Ouvrir le robinet de la burette et laisser couler lentement la solution étalon acide dans la solution de base à titrer en remuant doucement l'erlenmeyer pour bien mélanger (*voir la figure 10, à la page suivante*).

7 Lorsque la solution contenue dans l'erlenmeyer change de couleur de façon persistante à l'endroit où le jet d'acide touche à la base à titrer, fermer légèrement le robinet pour diminuer le débit de l'acide qui coule de la burette et le verser goutte à goutte en agitant constamment.

8 Continuer de verser goutte à goutte en agitant jusqu'à ce que la coloration soit permanente dans toute la solution à titrer. À ce moment, fermer le robinet. La neutralisation est complète.

9 Sur la burette, relever le volume total de solution étalon acide versée dans le bécher (V_A) et le noter dans un tableau.

10 Calculer le nombre de moles d'acide à l'aide de la formule suivante : $N_A = C_A \times V_A$.

11 Utiliser l'équation chimique de la réaction de neutralisation acidobasique effectuée pour déterminer, par stœchiométrie, le nombre de moles de base (N_B) ayant réagi et calculer la concentration de la base (C_B) en utilisant la formule $C_B = \dfrac{N_B}{V_B}$, où V_B est le volume initial de solution de base à titrer dans l'erlenmeyer.

Figure 9 Le montage à réaliser pour effectuer un titrage.

Figure 10 Lorsque l'indicateur change de couleur de façon permanente, il faut fermer le robinet.

Il est possible d'obtenir certaines concentrations approximativement par d'autres méthodes comme le papier pH pour l'ion H_3O^+.

3.2 Comment réaliser une collecte d'échantillons

La collecte d'échantillons est une activité qui sert entre autres à la surveillance de la qualité de l'eau, à l'étude et à la protection de l'environnement, de même qu'au contrôle de certains procédés industriels. Cette procédure demande beaucoup d'attention et de rigueur, car on se basera sur les échantillons recueillis pour analyser en laboratoire le monde réel.

Voici la marche à suivre pour collecter des échantillons.

1 Planifier la collecte. Par exemple, on peut se poser les questions suivantes : « À quoi serviront les échantillons recueillis ? », « En quoi constitueront les échantillons ? », « Où et quand la collecte aura-t-elle lieu ? », « Qui fera la collecte des échantillons ? »

2 Préparer suffisamment de récipients adaptés (flacons, bouteilles, sacs hermétiques, etc.).

3 Éviter toute contamination des échantillons : porter au besoin des gants et un masque. Si un outil comme une pelle ou une pipette est nécessaire pour prélever des échantillons, préparer un outil pour chaque échantillon ou prévoir du matériel de nettoyage. En effet, il ne faut pas, par exemple, utiliser la même pelle pour collecter divers échantillons de sol, car cela pourrait fausser les résultats par contamination.

4 Attribuer à chaque échantillon un numéro d'identification unique.

5 Pendant la collecte, noter dans un cahier tous les renseignements relatifs à chaque échantillon, par exemple le lieu de prélèvement, la méthode employée, les conditions, etc.

6 Pour collecter un liquide, il faut remplir le récipient à ras bord afin qu'il ne contienne pas d'air. Pour recueillir un gaz, il est préférable d'employer la méthode par déplacement d'eau (*voir la figure 11*).

Enfin, pour éviter que certaines caractéristiques des échantillons récoltés se modifient sous l'effet de facteurs ambiants, il est important de toujours procéder rapidement à l'analyse des échantillons.

Figure 11 La collecte d'un gaz par déplacement d'eau. Le gaz produit par la réaction chimique va progressivement prendre la place de l'eau dans l'éprouvette ; lorsque celle-ci sera pleine, il faudra la boucher hermétiquement avant de la sortir de l'eau.

4 La présentation de résultats scientifiques

En chimie, les données sont souvent présentées sous forme de tableau ou de diagramme. Cela aide à comprendre et à interpréter ces données. Le rapport de laboratoire constitue également un outil essentiel pour présenter les résultats d'une démarche expérimentale.

4.1 Le tableau

Le tableau sert à organiser des données (nombres ou mots) en colonnes et en rangées. Cette disposition facilite l'analyse de l'information. On utilise aussi un tableau pour consigner des données qu'on veut présenter plus tard sous forme de diagramme (*voir les sections 4.2 à 4.7*). Dans un tableau, on peut indiquer les unités de mesure entre parenthèses sous le titre de la colonne ; on évite ainsi d'avoir à les répéter sur chaque ligne. On peut consigner des données pour une variable indépendante et une seule variable dépendante.

Titre du tableau ·········· **Tableau 7** Les précipitations mensuelles moyennes à Montréal.

Variable indépendante ········

Mois	Précipitations (mm)
Janvier	87
Février	66
Mars	91
Avril	81
Mai	91
Juin	96
Juillet	97
Août	100
Septembre	97
Octobre	91
Novembre	98
Décembre	93

Variable dépendante

Unité de mesure

Valeur de la variable indépendante ········ Août — 100 ········ Valeur de la variable dépendante

On peut également consigner des données pour plusieurs variables indépendantes et dépendantes dans des tableaux à double entrée.

Tableau 8 La variation de température observée sous deux cartons après 30 minutes d'éclairage.

	Sous le carton blanc	Sous le carton noir
Température initiale (°C)	22	22
Température finale (°C)	27	33
Variation (°C)	+ 5	+ 11

Variables indépendantes ········

Variables dépendantes

Calculs

4.2 Le diagramme à ligne brisée

On emploie le diagramme à ligne brisée pour illustrer des données continues. Il permet de représenter graphiquement la relation entre la variable indépendante et la variable dépendante. Lorsqu'on fait un diagramme à ligne brisée, il faut commencer par tracer les axes. Ils doivent être assez longs pour qu'on puisse indiquer clairement toutes les valeurs des variables. Chaque valeur est représentée par un point. Un court segment de droite relie chaque point à un autre, ce qui forme une ligne brisée (*voir la figure 12 construite à partir du tableau 7 de la page 388*).

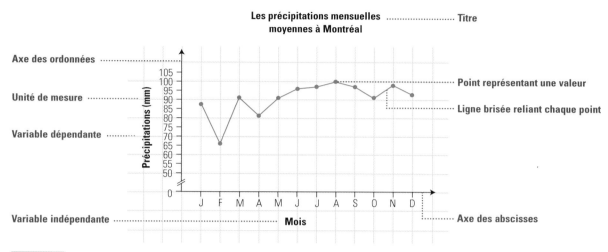

Figure 12 Un exemple de diagramme à ligne brisée.

4.3 La courbe la mieux ajustée

Dans un diagramme, selon le contexte, on peut choisir de faire une ligne brisée ou une courbe la mieux ajustée. Si la variation de la variable dépendante est discontinue, comme dans l'exemple précédent, on trace une ligne brisée. Par contre, si la variation de la variable dépendante est continue, on trace une courbe la mieux ajustée (*voir la figure 13*). Cette courbe est une ligne qui peut être droite ou non.

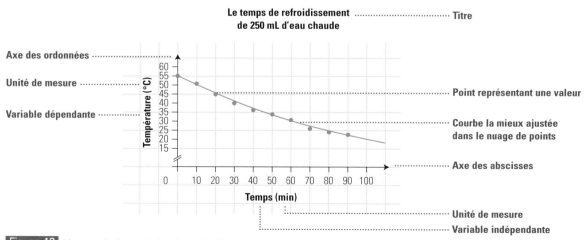

Figure 13 Un exemple de courbe la mieux ajustée.

4.4 La pente d'une tangente à la courbe

Dans un graphique illustrant la position en fonction du temps, on peut déterminer la vitesse instantanée en calculant la pente d'une tangente à la courbe tracée en un point précis. Pour tracer une tangente à une courbe en un point A, il faut tracer une droite :

- touchant à la courbe uniquement au point A ;
- ayant la même pente que la courbe en ce point.

La droite obtenue est une tangente à la courbe. La tangente est bien orientée si les points de la courbe s'écartent de la tangente de façon à peu près symétrique de part et d'autre du point A (*voir la figure 14*). Pour calculer la pente, on choisit deux points sur la tangente et on calcule $m = \dfrac{\Delta y}{\Delta x}$.

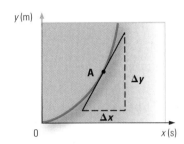

Figure 14 Le tracé d'une tangente à la courbe au point A.

4.5 Le diagramme à bandes

On se sert du diagramme à bandes pour illustrer des données discontinues. Il permet de représenter graphiquement la relation entre une variable indépendante et une variable dépendante. Une des variables est représentée par des nombres et l'autre, par des mots. Le diagramme à bandes permet de comparer rapidement le nombre d'éléments appartenant aux différentes catégories d'un ensemble. On peut tracer les bandes horizontalement ou verticalement (*voir la figure 15*).

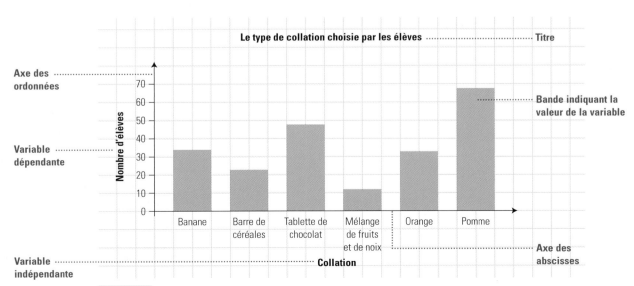

Figure 15 Un exemple de diagramme à bandes verticales.

4.6 L'histogramme

L'histogramme sert à illustrer des données continues regroupées par classes. Il permet de représenter graphiquement la distribution d'une variable continue sur un axe, ce qui donne un aperçu de la répartition des données. Après avoir choisi une unité sur un axe, on reporte sur cet axe les limites des classes dans lesquelles on a réparti les observations. On construit ensuite une série de bandes ayant pour base chaque intervalle de la classe et dont la hauteur est proportionnelle à la fréquence de la classe (*voir la figure 16*).

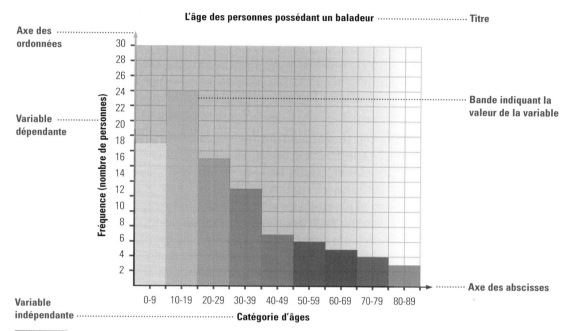

Figure 16 Un exemple d'histogramme.

4.7 Le diagramme circulaire

Le diagramme circulaire permet de représenter les pourcentages des catégories d'un ensemble en fonction d'un critère donné. Chaque pourcentage correspond à un secteur du diagramme. Il doit être proportionnel à l'angle du secteur qui le représente (*voir la figure 17*).

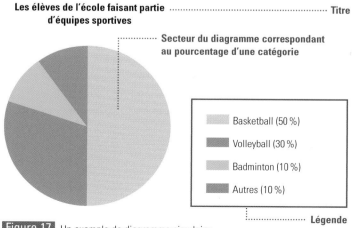

Figure 17 Un exemple de diagramme circulaire.

Pour tracer les secteurs d'un diagramme circulaire, il faut calculer l'angle qui correspond au pourcentage d'une catégorie.

$$\text{Angle} = \text{Pourcentage} \cdot 360°$$

Exemple de calcul de l'angle du secteur qui représente la catégorie Volleyball :

$$\text{Angle} = \frac{30}{100} \cdot 360° = 108°$$

Le secteur qui représente la catégorie Volleyball a un angle de 108°.

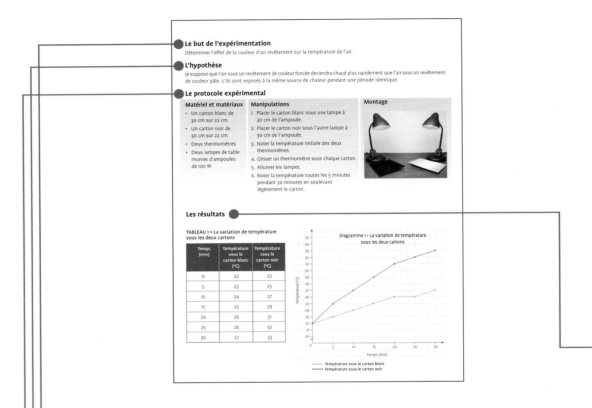

4.8 Le rapport de laboratoire

Le rapport de laboratoire présente un résumé de la démarche expérimentale. Il permet de rendre compte de chacune des étapes de cette démarche et d'en présenter les résultats. Un rapport de laboratoire doit toujours commencer par une page de titre. L'exemple suivant illustre les différentes parties d'un rapport de laboratoire.

Le but de l'expérimentation
Déterminer l'effet de la couleur d'un revêtement sur la température de l'air.

L'hypothèse
Je suppose que l'air sous un revêtement de couleur foncée deviendra chaud plus rapidement que l'air sous un revêtement de couleur pâle, s'ils sont exposés à la même source de chaleur pendant une période identique.

Le protocole expérimental

Matériel et matériaux	Manipulations	Montage
• Un carton blanc de 30 cm sur 22 cm • Un carton noir de 30 cm sur 22 cm • Deux thermomètres • Deux lampes de table munies d'ampoules de 100 W	1. Placer le carton blanc sous une lampe à 30 cm de l'ampoule. 2. Placer le carton noir sous l'autre lampe à 30 cm de l'ampoule. 3. Noter la température initiale des deux thermomètres. 4. Glisser un thermomètre sous chaque carton. 5. Allumer les lampes. 6. Noter la température toutes les 5 minutes pendant 30 minutes en soulevant légèrement le carton.	

Les résultats

TABLEAU 1 • La variation de température sous les deux cartons

Temps (min)	Température sous le carton blanc (°C)	Température sous le carton noir (°C)
0	22	22
5	23	25
10	24	27
15	25	29
20	26	31
25	26	32
30	27	33

Diagramme 1 • La variation de température sous les deux cartons

— Température sous le carton blanc
— Température sous le carton noir

Le but de l'expérimentation

Au début du rapport de laboratoire, on indique le but de l'expérimentation. Ce but est la réponse à une des questions qu'on se pose en observant un phénomène. Par exemple, on peut se demander : « Comment ce phénomène se produit-il ? » ou « Quelles sont les conditions nécessaires pour que ce phénomène se produise ? »

On formule le but sous la forme d'une affirmation en utilisant des mots ou des expressions scientifiques. Cette affirmation doit commencer par un verbe d'action à l'infinitif, par exemple mesurer, déterminer.

L'hypothèse

L'hypothèse est une proposition qu'on vérifie à l'aide de l'expérimentation. Cette hypothèse doit être justifiée par des connaissances ou par des observations. Les résultats de l'expérimentation vont permettre de confirmer ou non l'hypothèse.

L'hypothèse est un énoncé qui commence toujours par « Je suppose que... » ou « Je crois que... ». La formulation adoptée doit permettre, si possible, de reconnaître deux variables : la variable indépendante et la variable dépendante.

Le protocole expérimental

Le protocole expérimental correspond au plan de l'expérimentation à effectuer. Il décrit avec précision son déroulement et explique de façon claire et concise chaque manipulation. Le protocole doit être facile à comprendre pour une autre personne qui voudrait refaire la même expérimentation.

Le protocole expérimental renferme habituellement les éléments suivants :
- la liste du matériel et des matériaux ainsi que les quantités nécessaires ;
- le schéma du montage, par exemple un plan, un dessin, une photo ;
- les manipulations nécessaires pour réaliser l'expérimentation (celles-ci doivent être numérotées et décrites à l'aide de phrases courtes).

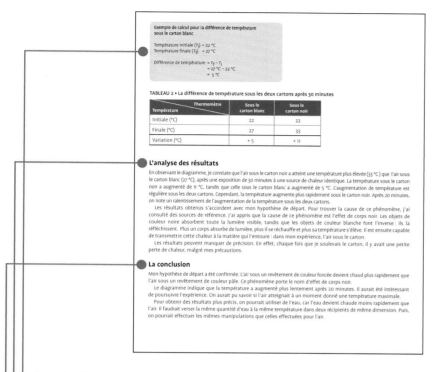

Exemple de calcul pour la différence de température sous le carton blanc

Température initiale (T_i) = 22 °C
Température finale (T_f) = 27 °C

Différence de température = $T_f - T_i$
= 27 °C − 22 °C
= 5 °C

TABLEAU 2 • La différence de température sous les deux cartons après 30 minutes

Température	Thermomètre	Sous le carton blanc	Sous le carton noir
Initiale (°C)		22	22
Finale (°C)		27	33
Variation (°C)		+ 5	+ 11

L'analyse des résultats

En observant le diagramme, je constate que l'air sous le carton noir a atteint une température plus élevée (33 °C) que l'air sous le carton blanc (27 °C), après une exposition de 30 minutes à une source de chaleur identique. La température sous le carton noir a augmenté de 11 °C, tandis que celle sous le carton blanc a augmenté de 5 °C. L'augmentation de température est régulière sous les deux cartons. Cependant, la température augmente plus rapidement sous le carton noir. Après 20 minutes, on note un ralentissement de l'augmentation de la température sous les deux cartons.

Les résultats obtenus s'accordent avec mon hypothèse de départ. Pour trouver la cause de ce phénomène, j'ai consulté des sources de référence. J'ai appris que la cause de ce phénomène est l'effet de corps noir. Les objets de couleur noire absorbent toute la lumière visible, tandis que les objets de couleur blanche font l'inverse : ils la réfléchissent. Plus un corps absorbe de lumière, plus il se réchauffe et plus sa température s'élève. Il est ensuite capable de transmettre cette chaleur à la matière qui l'entoure : dans mon expérience, l'air sous le carton.

Les résultats peuvent manquer de précision. En effet, chaque fois que je soulevais le carton, il y avait une petite perte de chaleur, malgré mes précautions.

La conclusion

Mon hypothèse de départ a été confirmée. L'air sous un revêtement de couleur foncée devient chaud plus rapidement que l'air sous un revêtement de couleur pâle. Ce phénomène porte le nom d'effet de corps noir.

Le diagramme indique que la température a augmenté plus lentement après 20 minutes. Il aurait été intéressant de poursuivre l'expérience. On aurait pu savoir si l'air atteignait à un moment donné une température maximale.

Pour obtenir des résultats plus précis, on pourrait utiliser de l'eau, car l'eau devient chaude moins rapidement que l'air. Il faudrait verser la même quantité d'eau à la même température dans deux récipients de même dimension. Puis, on pourrait effectuer les mêmes manipulations que celles effectuées pour l'air.

Les résultats

Les résultats de l'expérimentation constituent la partie essentielle du rapport de laboratoire. Les données, obtenues au cours de l'expérimentation, peuvent être présentées sous forme de tableau ou de diagramme (*voir les sections 4.1 à 4.7*). Quelle que soit la forme choisie, il est important d'indiquer les unités de mesure utilisées dans l'expérimentation.

Les observations qu'on a notées durant l'expérimentation doivent aussi être mentionnées dans cette partie du rapport.

Cependant, il est important de donner un exemple de chaque type de calcul qu'on a effectué pour traiter les données. Il faut, pour chaque exemple de calcul, indiquer les données, l'équation, le calcul et la réponse.

L'analyse des résultats

Dans cette partie du rapport, on discute des résultats qu'on a obtenus et de ce qu'ils signifient. On doit aussi répondre, s'il y a lieu, aux questions posées par l'enseignante ou l'enseignant au début de la démarche expérimentale.

Si l'on a obtenu des résultats qui s'éloignent beaucoup de ceux attendus, il faut indiquer les sources d'erreurs possibles. Par exemple, on peut se demander si les instruments de mesure étaient assez précis ou s'il y a eu des erreurs de manipulation ou de calcul.

La conclusion

Dans la dernière partie du rapport, on doit dire si l'hypothèse est confirmée ou non. On fait la synthèse de ce qu'on a observé en effectuant l'expérimentation. Par exemple, on explique, à l'aide des résultats, la relation entre la variable indépendante et la variable dépendante. On discute aussi des améliorations qu'on pourrait éventuellement apporter à l'expérimentation.

Finalement, on propose de nouvelles pistes pour d'autres expérimentations qui pourraient permettre de mieux comprendre le phénomène étudié. On peut aussi suggérer des expérimentations sur des phénomènes semblables à celui qu'on a observé.

5 L'interprétation des résultats de la mesure

5.1 L'incertitude

Toutes les mesures réalisées à l'aide d'un instrument ou d'un appareil comportent une incertitude. Une première source d'incertitude est l'appareil de mesure lui-même. Une autre source est l'habileté de la personne qui effectue la mesure à percevoir et à interpréter une lecture. En fait, aucune mesure ne peut être prise avec une certitude absolue.

Les erreurs liées aux instruments de mesure dépendent de trois facteurs : la fidélité, la sensibilité et la justesse.

L'incertitude absolue et l'incertitude relative

L'incertitude de lecture associée à un instrument de mesure correspond généralement à la moitié de la plus petite graduation de l'instrument. Dans le cas d'un appareil électronique, elle correspond à l'unité de la plus petite graduation affichée. En général, on inscrit cette incertitude dans le tableau des résultats à l'aide du symbole « $\pm$ » placé devant l'incertitude. Par exemple, dans le cas d'une mesure prise à l'aide d'un cylindre gradué de 50 mL dont la graduation la plus petite est 1 mL, l'incertitude absolue sera de 0,5 mL (*voir la figure 18*). Cela s'écrit de la façon suivante.

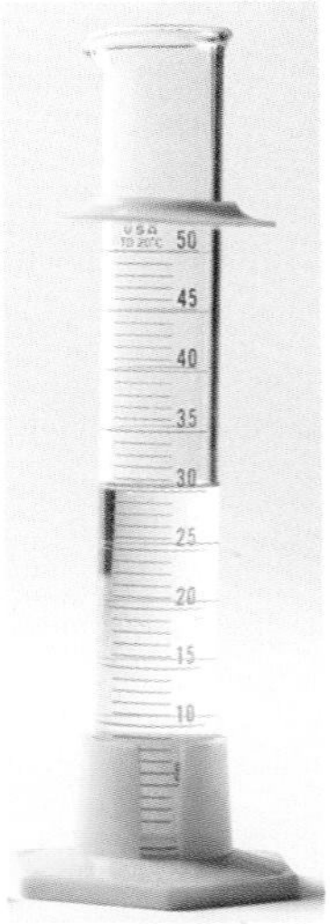

$$V = (30,0 \pm 0,5)\ mL$$

Cette notation signifie que le volume d'eau mesuré n'est pas exactement égal à 30,0 mL, mais qu'il est compris entre 29,5 et 30,5 mL. Le dernier chiffre (le plus à droite) est toujours une valeur estimée.

$$V = (30,0 \pm 0,5)\ mL \Leftrightarrow 29,5\ mL \leqslant V \leqslant 30,5\ mL$$

Si on veut connaître le niveau de précision d'une mesure, on peut exprimer l'incertitude sous forme de pourcentage. On parle alors d'incertitude relative. Elle correspond au rapport entre l'incertitude absolue et la valeur mesurée et se calcule de la façon suivante.

$$\text{Incertitude relative} = \frac{\text{Incertitude absolue}}{\text{Valeur de la mesure}} \cdot 100\ \%$$

L'exemple suivant illustre comment déterminer l'incertitude relative du volume d'un cylindre gradué.

Le volume initial : 30 mL.

Figure 18 Le volume d'eau mesuré est de 30,0 mL $\pm$ 0,5 mL.

Exemple

Quelle est l'incertitude relative du volume de solution dans le cylindre gradué de la figure 18 ?

Données :

$$V = 30,0\ mL$$

Incertitude absolue $= \pm 0,5\ mL$

Incertitude relative $= ?$

Calcul :

$$\text{Incertitude relative} = \frac{\text{Incertitude absolue}}{\text{Valeur de la mesure}} \cdot 100\ \%$$

$$= \frac{0,5\ mL}{30,0\ mL} \cdot 100\ \%$$

$$= 1,7\ \%$$

Réponse : Le volume d'eau mesuré est de 30,0 mL $\pm$ 2 %.

La fidélité, la sensibilité et la justesse

La fidélité d'un instrument de mesure correspond à sa capacité à reproduire le même résultat pour la même mesure prise dans les mêmes conditions. Pour vérifier si un instrument ou un appareil est fidèle, il faut prendre chaque mesure plus d'une fois.

La sensibilité d'un appareil correspond à sa capacité à détecter de petites variations dans la mesure. Lorsqu'on a le choix entre plusieurs instruments de mesure ou plusieurs calibres ou échelles dans le même instrument, il faut privilégier celui qui offre la plus grande sensibilité.

La justesse d'un instrument de mesure correspond à sa capacité à prendre des mesures avec très peu d'erreurs. Calibrer un appareil avant de l'utiliser améliore sa justesse. Par exemple, avant d'utiliser une balance, on ajuste l'aiguille sur le zéro à l'aide de la molette prévue à cette fin.

5.2 Les chiffres significatifs

Les chiffres enregistrés au cours d'une mesure sont appelés chiffres significatifs. Les chiffres significatifs comprennent les chiffres dont on est certain et un chiffre final et incertain qui est estimé au cours de la mesure. Le degré de certitude d'une mesure correspond au nombre de chiffres significatifs qu'elle contient.

Les règles suivantes sont utiles pour identifier le nombre de chiffres significatifs d'une mesure.

Règle 1
Tous les chiffres différents de zéro sont significatifs.
- 7,886 possède quatre chiffres significatifs.
- 19,4 possède trois chiffres significatifs.
- 527,266 992 possède neuf chiffres significatifs.

Règle 2
Tous les zéros situés entre des chiffres différents de zéro sont significatifs.
- 408 possède trois chiffres significatifs.
- 25 074 possède cinq chiffres significatifs.

Règle 3
Les zéros situés en tête du nombre ne sont pas significatifs.
- 0,092 7 possède trois chiffres significatifs : le 9, le 2 et le 7.

Règle 4
Les zéros situés à la fin d'un nombre sont significatifs.
- 22 700 possède cinq chiffres significatifs.
- 0,002 10 possède trois chiffres significatifs : le 2, le 1 et le 0 à droite du nombre.

Règle 5
Le décompte du nombre de chiffres significatifs ne tient pas compte de la présence d'une virgule, d'un multiple ou sous-multiple, ou d'une puissance de 10.
- $E_c = 45\,786$ J ; $E_c = 45{,}786$ kJ ; $E_c = 4{,}578\,6 \times 10^4$ J comportent tous cinq chiffres significatifs (les chiffres 4, 5, 7, 8, 6).

Note : En notation scientifique, on garde tous les chiffres significatifs.
Par exemple, les nombres de la règle 4 seront notés de la façon suivante.

- $22\,700 = 2{,}270\,0 \times 10^4$
- $0{,}002\,10 = 2{,}10 \times 10^{-3}$

5.3 Le cas des mesures dont l'incertitude est inconnue

Lorsqu'elle n'est pas explicitement indiquée, l'incertitude porte sur le dernier chiffre significatif. Par convention, on attribue une incertitude égale à une unité au chiffre le moins significatif.

- $P = 0,22$ W veut dire $P = (0,22 \pm 0,01)$ W
- $T = 1\ 000$ °C veut dire $T = (1000 \pm 1)$ °C
- $F = 100,2$ N veut dire $F = (100,2 \pm 0,1)$ N
- $V = 0,078$ mL veut dire $V = (0,078 \pm 0,001)$ mL

Il est important de conserver le même nombre de chiffres significatifs au moment de la conversion d'unités ou du passage d'unités à leurs multiples ou sous-multiples.

- $l = 22,4$ km $= 22,4 \times 10^3$ m (trois chiffres significatifs dans les deux notations) et non $l = 22\ 400$ m (cinq chiffres significatifs)
- $V = 5,75$ L $= 5,75 \times 10^3$ mL (trois chiffres significatifs dans les deux notations) et non $V = 5\ 750$ mL (quatre chiffres significatifs)

5.4 Les chiffres significatifs dans les résultats d'opérations mathématiques

Les chiffres significatifs servent d'abord à déterminer le degré de certitude d'un résultat obtenu par le calcul de plusieurs mesures. Par exemple, sur une calculatrice, le résultat du calcul suivant n'est pas seulement composé de chiffres significatifs.

$$0,024\ 89\ \cancel{mol} \cdot 6,94\ g/\cancel{mol} = 0,172\ 736\ 6\ g$$

Les règles suivantes permettent d'exprimer des résultats de calculs avec le nombre adéquat de chiffres significatifs.

Règle 1
L'addition et la soustraction
Dans un calcul, la valeur ayant le plus petit nombre de décimales détermine le nombre de décimales à reporter dans la réponse.
- $1,2$ g $+ 1,22$ g $+ 1,222$ g $= 3,6$ g, car la valeur $1,2$ n'a qu'une seule décimale.

Règle 2
La multiplication et la division
Dans un calcul, la valeur ayant le plus petit nombre de chiffres significatifs détermine le nombre de chiffres significatifs à reporter dans la réponse.
- $1,2$ m $\times 1,33$ m $= 1,6$ m^2, car la valeur $1,2$ n'a que deux chiffres significatifs.

Règle 3

Les calculs complexes

Lorsque les calculs comportent des additions (et des soustractions) ainsi que des multiplications (et des divisions), il faut effectuer ces opérations séparément.

Données :

$F = 23,55$ N

$\Delta s = 12,5$ m

$\Delta t = 0,021$ s

$P_1 = 5,23 \times 10^4$ W

Calcul :

$$P_2 = P_1 + \frac{(F \cdot \Delta s)}{\Delta t}$$

$$= 5,23 \times 10^4 \text{ W} + \frac{(23,55 \text{ N} \cdot 12,5 \text{ m})}{0,021 \text{ s}}$$

$$= 5,23 \times 10^4 \text{ W} + 1,4 \times 10^4 \text{ W, car } 0,021 \text{ n'a que deux chiffres significatifs}$$

$$= 6,6 \times 10^4 \text{ W, car } 1,4 \text{ n'a qu'une seule décimale}$$

Note : Lorsque des calculs successifs sont effectués, il est généralement conseillé de conserver le maximum de chiffres dans la calculatrice au cours des calculs intermédiaires. Seul le résultat final est arrondi selon les règles expliquées précédemment.

5.5 Comment arrondir un nombre

Il existe plusieurs méthodes pour arrondir un nombre afin de tenir compte des règles mentionnées auparavant. La méthode utilisée dans ce manuel est nommée arrondi au plus proche ou arrondi arithmétique. Elle est expliquée de la façon suivante.

Règle 1

Choisir le dernier chiffre à conserver ainsi celui qui le suit.

Soit le nombre 5,074 68. Arrondi au centième, ce nombre est tronqué à 5,074 (dernier chiffre à conserver = 7 ; celui qui suit = 4).

Règle 2

Si le chiffre qui suit le dernier chiffre à conserver vaut moins de 5, conserver le dernier chiffre tel quel (arrondissement par défaut).

Dans le nombre tronqué 5,074, le chiffre 4 qui suit le dernier chiffre à conserver (7) est inférieur à 5. Arrondi au centième, ce nombre est alors égal à 5,07.

Règle 3

Si le chiffre qui suit le dernier chiffre à conserver vaut 5 et plus, augmenter d'une unité le dernier chiffre à conserver (arrondissement par excès).

Soit le nombre 5,074 68. Arrondi au millième, ce nombre est d'abord tronqué à 5,074 6 (dernier chiffre à conserver = 4 ; celui qui suit = 6).

Dans le nombre tronqué 5,074 6, le chiffre 6 qui suit le dernier chiffre à conserver (4) est supérieur à 5. Arrondi au millième, ce nombre est alors égal à 5,075.

Note : Cette méthode consiste à séparer les 10 chiffres décimaux en deux groupes :
le premier groupe est 0, 1, 2, 3, 4 : arrondissement par défaut.
le second groupe est 5, 6, 7, 8, 9 : arrondissement par excès.

6 Les mathématiques en science

Les mathématiques fournissent à la chimie des outils pour mieux représenter et mieux comprendre l'univers. Elles permettent également de résoudre des problèmes scientifiques à l'aide d'expressions algébriques.

6.1 Un rappel de quelques équations mathématiques

L'annexe 6.1 regroupe la totalité des fomules utilisées dans le manuel *Quantum*.

Bilan énergétique

$$\Delta H = \Delta H_{\text{liaisons brisées}} + \Delta H_{\text{liaisons formées}}$$ où

ΔH = Variation d'enthalpie de la réaction, exprimée en kilojoules par mole (kJ/mol)

$\Delta H_{\text{liaisons brisées}}$ = Variation d'enthalpie du bris des liaisons des réactifs, exprimée en kilojoules par mole (kJ/mol)

$\Delta H_{\text{liaisons formées}}$ = Variation d'enthalpie de la formation des liaisons des produits, exprimée en kilojoules par mole (kJ/mol)

Concentration des solutions

$$C_1 V_1 = C_2 V_2$$ où

C_1 = Concentration de la solution initiale
V_1 = Volume de la solution initiale
C_2 = Concentration de la solution finale
V_2 = Volume de la solution finale

Concentration molaire

$$C = \frac{n}{V}$$ où

C = Concentration molaire, exprimée en moles par litre (mol/L)
n = Quantité de soluté, exprimée en moles (mol)
V = Volume de la solution, exprimé en litres (L)

Constante d'acidité

$$K_a = \frac{[H_3O^+] \cdot [A^-]}{[HA]}$$ où

K_a = Constante d'acidité
$[H_3O^+]$ = Concentration des ions hydronium à l'équilibre, exprimée en moles par litre (mol/L)
$[A^-]$ = Concentration de la base conjuguée à l'équilibre, exprimée en moles par litre (mol/L)
$[HA]$ = Concentration de l'acide non dissocié à l'équilibre, exprimée en moles par litre (mol/L)

Constante de basicité

$$K_b = \frac{[HB^+] \cdot [OH^-]}{[B]}$$ où

K_b = Constante de basicité
$[HB^+]$ = Concentration de l'acide conjugué à l'équilibre, exprimée en moles par litre (mol/L)
$[OH^-]$ = Concentration des ions hydroxyde à l'équilibre, exprimée en moles par litre (mol/L)
$[B]$ = Concentration de la base non dissociée à l'équilibre, exprimée en moles par litre (mol/L)

Constante d'équilibre

$$K_c = \frac{[C]^c \cdot [D]^d}{[A]^a \cdot [B]^b}$$ où

K_c = Constante d'équilibre en fonction des concentrations
$[C], [D]$ = Concentrations des produits à l'équilibre, exprimées en moles par litre (mol/L)
$[A], [B]$ = Concentrations des réactifs à l'équilibre, exprimées en moles par litre (mol/L)
c, d = Coefficients stœchiométriques entiers des produits de l'équation chimique balancée
a, b = Coefficients stœchiométriques entiers des réactifs de l'équation chimique balancée

Constante d'équilibre de la réaction inverse

$$K_{c_{inv}} = \frac{1}{K_{c_{dir}}}$$ où $K_{c_{inv}}$ = Constante d'équilibre de la réaction inverse
$K_{c_{dir}}$ = Constante d'équilibre de la réaction directe

Constante d'ionisation de l'eau

$$K_{eau} = [H_3O^+] \cdot [OH^-]$$ où K_{eau} = Constante d'ionisation de l'eau
$[H_3O^+]$ = Concentration des ions hydronium à l'équilibre, exprimée en moles par litre (mol/L)
$[OH^-]$ = Concentration des ions hydroxyde à l'équilibre, exprimée en moles par litre (mol/L)

Constante du produit de solubilité

$$K_{ps} = [X^+]^n \cdot [Y^-]^m$$ où K_{ps} = Constante du produit de solubilité
$[X^+], [Y^-]$ = Concentration des ions à l'équilibre, exprimée en moles par litre (mol/L)
n, m = Coefficients de chacun des ions dans l'équation

Énergie cinétique

$$E_c = \frac{1}{2}mv^2$$ où E_c = Énergie cinétique, exprimée en joules (J)
m = Masse de l'objet, exprimée en kilogrammes (kg)
v = Vitesse de l'objet, exprimée en mètres par seconde (m/s)

Énergie mécanique

$$E_m = E_p + E_c$$ où E_m = Énergie mécanique, exprimée en joules (J)
E_p = Énergie potentielle, exprimée en joules (J)
E_c = Énergie cinétique, exprimée en joules (J)

Énergie potentielle gravitationnelle

$$E_p = mgh$$ où E_p = Énergie potentielle gravitationnelle, exprimée en joules (J)
m = Masse de l'objet, exprimée en kilogrammes (kg)
g = Accélération gravitationnelle, dont la valeur est de 9,8 m/s^2 sur Terre
h = Hauteur de l'objet par rapport à un point de référence, exprimée en mètres (m)

Énergie thermique

$$Q = mc\Delta T$$ où Q = Quantité de chaleur, exprimée en joules (J)
m = Masse d'une substance, exprimée en grammes (g)
c = Capacité thermique massique d'une substance, exprimée en joules par gramme degré Celsius (J/(g·°C))
ΔT = Variation de la température ($T_f - T_i$), exprimée en degrés Celsius (°C)

État d'équilibre

$$v_{dir} = v_{inv}$$ où v_{dir} = Vitesse de la réaction directe
v_{inv} = Vitesse de la réaction inverse

Expression du pH

$$pH = -\log [H_3O^+]$$
$$[H_3O^+] = 10^{-pH}$$

où

pH = Valeur du pH

$[H_3O^+]$ = Concentration des ions hydronium à l'équilibre, exprimée en moles par litre (mol/L)

Expression du pOH

$$pOH = -\log [OH^-]$$
$$[OH^-] = 10^{-pOH}$$

où

pOH = Valeur du pOH

$[OH^-]$ = Concentration des ions hydroxyde à l'équilibre, exprimée en moles par litre (mol/L)

Loi d'Avogadro

$$\frac{V_1}{n_1} = \frac{V_2}{n_2}\,^*$$

où

V_1 = Volume initial, exprimé en millilitres (mL) ou en litres (L)

n_1 = Quantité initiale de gaz, exprimée en moles (mol)

V_2 = Volume final, exprimé en millilitres (mL) ou en litres (L)

n_2 = Quantité finale de gaz, exprimée en moles (mol)

* À condition que la température (T) et la pression (P) soient constantes.

Loi de Boyle-Mariotte

$$P_1 V_1 = P_2 V_2\,^*$$

où

P_1 = Pression initiale, exprimée en kilopascals (kPa) ou en millimètres de mercure (mm Hg)

V_1 = Volume initial, exprimé en millilitres (mL) ou en litres (L)

P_2 = Pression finale, exprimée en kilopascals (kPa) ou en millimètres de mercure (mm Hg)

V_2 = Volume final, exprimé en millilitres (mL) ou en litres (L)

* À condition que le nombre de moles (n) de gaz et la température (T) soient constants.

Loi de Charles

$$\frac{V_1}{T_1} = \frac{V_2}{T_2}\,^*$$

où

V_1 = Volume initial, exprimé en millilitres (mL) ou en litres (L)

T_1 = Température absolue initiale, exprimée en kelvins (K)

V_2 = Volume final, exprimé en millilitres (mL) ou en litres (L)

T_2 = Température absolue finale, exprimée en kelvins (K)

* À condition que le nombre de moles (n) de gaz et la pression (P) soient constants.

Loi de Dalton

$$P_T = P_A + P_B + P_C + \ldots$$

où

P_T = Pression totale du mélange, exprimée en kilopascals (kPa) ou en millimètres de mercure (mm Hg)

P_A = Pression partielle du gaz A, exprimée en kilopascals (kPa) ou en millimètres de mercure (mm Hg)

P_B = Pression partielle du gaz B, exprimée en kilopascals (kPa) ou en millimètres de mercure (mm Hg)

P_C = Pression partielle du gaz C, exprimée en kilopascals (kPa) ou en millimètres de mercure (mm Hg)

Loi de Gay-Lussac

$$\frac{P_1}{T_1} = \frac{P_2}{T_2}\,^*$$

où

P_1 = Pression initiale, exprimée en kilopascals (kPa) ou en millimètres de mercure (mm Hg)

T_1 = Température absolue initiale, exprimée en kelvins (K)

P_2 = Pression finale, exprimée en kilopascals (kPa) ou en millimètres de mercure (mm Hg)

T_2 = Température absolue finale, exprimée en kelvins (K)

* À condition que le nombre de moles (n) de gaz et le volume (V) soient constants.

Loi de Graham

$$\frac{v_1}{v_2} = \sqrt{\frac{M_2}{M_1}}$$

où

v_1 = Vitesse de diffusion ou d'effusion du gaz 1, exprimée en mètres par seconde (m/s)

v_2 = Vitesse de diffusion ou d'effusion du gaz 2, exprimée en mètres par seconde (m/s)

M_1 = Masse molaire du gaz 1, exprimée en grammes par mole (g/mol)

M_2 = Masse molaire du gaz 2, exprimée en grammes par mole (g/mol)

Loi de Hess

$$\Delta H = \Delta H_1 + \Delta H_2 + \Delta H_3 + \dots$$

où

ΔH = Variation d'enthalpie de la réaction globale, exprimée en kilojoules par mole (kJ/mol)

$\Delta H_1, \Delta H_2, \Delta H_3$ = Variation d'enthalpie de chacune des étapes intermédiaires ou réactions élémentaires de la réaction globale, exprimées en kilojoules par mole (kJ/mol)

Loi des gaz parfaits

$$PV = nRT$$

où

P = Pression du gaz, exprimée en kilopascals (kPa) ou en millimètres de mercure (mm Hg)

V = Volume du gaz, exprimé en litres (L)

n = Quantité de gaz, exprimée en moles (mol)

R = Constante des gaz, exprimée en (kPa·L)/(mol·K)

T = Température du gaz, exprimée en kelvins (K)

Loi des vitesses de réaction

$$v = k \cdot [A]^x \cdot [B]^y$$

où

v = Vitesse de réaction, exprimée en moles par litre-seconde (mol/(L·s))

k = Constante de vitesse

$[A], [B]$ = Concentration des réactifs, exprimée en mol/L

x, y = Coefficients des réactifs de l'équation équilibrée de la réaction élémentaire

Loi générale des gaz

$$\frac{P_1 V_1}{n_1 T_1} = \frac{P_2 V_2}{n_2 T_2}$$

où

P_1 = Pression initiale du gaz, exprimée en kilopascals (kPa) ou en millimètres de mercure (mm Hg)

V_1 = Volume initial du gaz, exprimé en millilitres (mL) ou en litres (L)

n_1 = Quantité initiale de gaz, exprimée en moles (mol)

T_1 = Température absolue initiale du gaz, exprimée en kelvins (K)

P_2 = Pression finale du gaz, exprimée en kilopascals (kPa) ou en millimètres de mercure (mm Hg)

V_2 = Volume final du gaz, exprimé en millilitres (mL) ou en litres (L)

n_2 = Quantité finale de gaz, exprimée en moles (mol)

T_2 = Température absolue finale du gaz, exprimée en kelvins (K)

Masse molaire d'un gaz

$$M = \frac{mRT}{PV}$$

où

M = Masse molaire du gaz, exprimée en grammes par mole (g/mol) ou en kilogrammes par mole (kg/mol)

m = Masse de l'échantillon de gaz, exprimée en grammes (g) ou en kilogrammes (kg)

R = Constante des gaz, exprimée en (kPa·L)/(mol·K)

T = Température absolue, exprimée en kelvins (K)

P = Pression du gaz, exprimée en kilopascals (kPa)

V = Volume du gaz, exprimé en litres (L)

Pourcentage d'ionisation

$$\text{Pourcentage d'ionisation} = \frac{[H_3O^+]}{[HA]_i} \cdot 100$$

où $[H_3O^+]$ = Concentration des ions hydronium à l'équilibre, exprimée en moles par litre (mol/L)

$[HA]_i$ = Concentration initiale d'un acide, exprimée en moles par litre (mol/L)

Pression

$$P = \frac{F}{A}$$

où P = Pression, exprimée en newtons par mètre carré (N/m²) ou en pascals (Pa)

F = Force, exprimée en newtons (N)

A = Aire où est appliquée la force, exprimée en mètres carrés (m²)

Pression partielle d'un gaz

$$P_A = \frac{n_A}{n_T} \cdot P_T$$

où P_A = Pression partielle du gaz A, exprimée en kilopascals (kPa) ou en millimètres de mercure (mm Hg)

n_A = Quantité de gaz A, exprimée en moles (mol)

n_T = Quantité totale de gaz, exprimée en moles (mol)

P_T = Pression totale du mélange, exprimée en kilopascals (kPa) ou en millimètres de mercure (mm Hg)

Pression réelle d'un gaz à l'aide d'un manomètre à bout fermé

$$P = h$$

où P_{gaz} = Pression du gaz dans le contenant, exprimée en millimètres de mercure (mm Hg)

h = Hauteur de la colonne de mercure, exprimée en millimètres de mercure (mm Hg)

Pression réelle d'un gaz à l'aide d'un manomètre à bout ouvert

Si $P_{gaz} > P_{atm}$

Alors $P_{gaz} = P_{atm} + h$

Si $P_{gaz} < P_{atm}$

Alors $P_{gaz} = P_{atm} - h$

où P_{gaz} = Pression du gaz dans le contenant, exprimée en millimètres de mercure (mm Hg)

P_{atm} = Pression atmosphérique, exprimée en millimètres de mercure (mm Hg)

h = Hauteur de la colonne de mercure, exprimée en millimètres de mercure (mm Hg)

Relation entre la pression et le nombre de moles

$$\frac{P_1}{n_1} = \frac{P_2}{n_2} *$$

où P_1 = Pression initiale, exprimée en kilopascals (kPa) ou en millimètres de mercure (mm Hg)

n_1 = Quantité initiale de gaz, exprimée en moles (mol)

P_2 = Pression finale, exprimée en kilopascals (kPa) ou en millimètres de mercure (mm Hg)

n_2 = Quantité finale de gaz, exprimée en moles (mol)

* À condition que la température (T) et le volume (V) soient constants.

Température de deux systèmes

$$T_f = \frac{m_2 c_2 T_{i2} + m_1 c_1 T_{i1}}{m_1 c_1 + m_2 c_2}$$

où T_f = Température finale des deux systèmes, exprimée en degrés Celsius (°C)

m_1 = Masse de la substance du système 1, exprimée en grammes (g)

c_1 = Capacité thermique massique de la substance du système 1, exprimée en joules par gramme degré Celsius (J/(g·°C))

T_{i1} = Température initiale du système 1, exprimée en degrés Celsius (°C)

m_2 = Masse de la substance du système 2, exprimée en grammes (g)

c_2 = Capacité thermique massique de la substance du système 2, exprimée en joules par gramme degré Celsius (J/(g·°C))

T_{i2} = Température initiale du système 2, exprimée en degrés Celsius (°C)

Transfert de chaleur entre deux systèmes

$-m_1 c_1 \Delta T_1 = m_2 c_2 \Delta T_2$

où m_1 = Masse de la substance du système 1, exprimée en grammes (g)

c_1 = Capacité thermique massique de la substance du système 1, exprimée en joules par gramme degré Celsius (J/(g·°C))

ΔT_1 = Variation de la température du système 1 ($T_f - T_i$), exprimée en degrés Celsius (°C)

m_2 = Masse de la substance du système 2, exprimée en grammes (g)

c_2 = Capacité thermique massique de la substance du système 2, exprimée en joules par gramme degré Celsius (J/(g·°C))

ΔT_2 = Variation de la température du système 2 ($T_f - T_i$), exprimée en degrés Celsius (°C)

Variation d'enthalpie

$\Delta H = H_p - H_r$

où ΔH = Variation d'enthalpie de la réaction, exprimée en kilojoules (kJ)

H_p = Enthalpie des produits, exprimée en kilojoules (kJ)

H_r = Enthalpie des réactifs, exprimée en kilojoules (kJ)

Vitesse de réaction

$v_{\text{réactif(s)}} = \dfrac{-\Delta \text{Quantité de réactifs}}{\Delta t}$

$v_{\text{produit(s)}} = \dfrac{\Delta \text{Quantité de produit(s)}}{\Delta t}$

où $v_{\text{réactif(s)}}$ = Vitesse de réaction du ou des réactifs

ΔQuantité de réactif(s) = Variation de la quantité de réactifs (Quantité$_f$ de réactif(s) − Quantité$_i$ de réactif(s))

$v_{\text{produit(s)}}$ = Vitesse de réaction du ou des produits

ΔQuantité de produit(s) = Variation de la quantité de produits (Quantité$_f$ de produit(s) − Quantité$_i$ de produit(s))

Δt = Variation du temps ($t_f - t_i$)

Vitesse générale de réaction

$v = \dfrac{1}{a} \dfrac{-\Delta[A]}{\Delta t} = \dfrac{1}{b} \dfrac{-\Delta[B]}{\Delta t} = \dfrac{1}{c} \dfrac{\Delta[C]}{\Delta t} = \dfrac{1}{d} \dfrac{\Delta[D]}{\Delta t}$ où

v = Vitesse générale de la réaction, exprimée en moles par litre-seconde (mol/(L·s))

a, b, c, d = Coefficients stœchiométriques entiers des substances impliquées dans l'équation chimique dans la réaction balancée

$\Delta[A], \Delta[B], \Delta[C], \Delta[D]$ = Variations de la concentration des substances impliquées dans la réaction, exprimées en moles par litre (mol/L)

Δt = Variation du temps ($t_f - t_i$), exprimée en secondes (s)

6.2 La transformation d'expressions algébriques

De nombreux phénomènes scientifiques sont décrits par des expressions algébriques. Ces expressions traduisent la relation entre les différentes variables physiques qui interviennent dans un phénomène.

Une expression algébrique n'est pas toujours directement utilisable pour résoudre un problème précis. Par exemple, l'expression $PV = nRT$ ne permet pas de déterminer immédiatement la température (T) d'un gaz quand sa pression (P), son volume (V), son nombre de moles (n) et la constante des gaz (R) sont connus. Il faut d'abord transformer cette expression sous la forme $T = \dfrac{PV}{nR}$.

L'objectif de la transformation d'une expression algébrique est d'exprimer une variable du problème en fonction des autres, c'est-à-dire de l'isoler. Pour ce faire, il faut :

- déterminer où, dans l'expression algébrique, apparaît la variable qu'on souhaite isoler ;
- isoler progressivement cette variable en utilisant au besoin les opérations mathématiques inverses dans chaque membre de l'égalité.

Exemple

Isolez T dans l'expression de la loi des gaz parfaits $PV = nRT$.

Solution :

1. On détermine que la variable T est dans le membre droit de l'égalité.

$PV = nRT$

2. On isole T en divisant les termes de chaque membre de l'égalité par nR.

$\dfrac{PV}{nR} = \dfrac{nRT}{nR}$

3. On exprime alors l'expression de façon conventionnelle en mettant la variable isolée dans le membre gauche de l'égalité.

$T = \dfrac{PV}{nR}$

Il arrive parfois que la variable à isoler fasse partie d'une équation du second degré de type $y = ax^2 + bx + c$. Dans ce cas, il faut suivre la procédure établie pour résoudre une équation du second degré et trouver les valeurs de x à l'aide de l'expression suivante.

$$x = \frac{-b \pm \sqrt{b^2 - 4ac}}{2a}$$

Exemple

Trouvez la valeur de x dans l'expression suivante :

$$6x^2 + 4 + 8x = 3x + 4x^2 + 7$$

Solution :

1. On regroupe tous les termes du même côté de l'égalité en faisant les opérations mathématiques appropriées entre les termes semblables et en les ordonnant de façon à obtenir la forme $ax^2 + bx + c = 0$.

$$6x^2 + 4 + 8x = 3x + 4x^2 + 7$$
$$6x^2 - 4x^2 + 4 - 7 + 8x - 3x = 0$$
$$2x^2 + 5x - 3 = 0$$

2. On détermine les valeurs de a, de b et de c.

$a = 2$

$b = 5$

$c = -3$

3. On calcule les valeurs possibles de x.

$$x = \frac{-b + \sqrt{b^2 - 4ac}}{2a}$$

$$= \frac{-5 + \sqrt{5^2 - 4(2 \cdot -3)}}{2(2)} = \frac{-5 + \sqrt{25 + 24}}{4} = \frac{-5 + \sqrt{49}}{4}$$

$$= 0,5$$

ou

$$x = \frac{-b - \sqrt{b^2 - 4ac}}{2a}$$

$$= \frac{-5 - \sqrt{5^2 - 4(2 \cdot -3)}}{2(2)} = \frac{-5 - \sqrt{25 + 24}}{4} = \frac{-5 - \sqrt{49}}{4}$$

$$= -3$$

4. On vérifie laquelle des valeurs de x est la plus plausible selon la nature du problème à résoudre et on ne retient que celle qui est pertinente. Par exemple, si la valeur recherchée est une concentration molaire, on rejette la deuxième valeur de x parce que les concentrations molaires négatives n'existent pas.

Réponse : La valeur de x est de 0,5 ou de -3.

6.3 La notation scientifique

En science, il est fréquent de rencontrer des nombres dont l'ordre de grandeur est très petit ou très grand. Toutefois, ce genre de nombre est très difficile à utiliser lorsqu'on effectue des calculs. Pour simplifier l'utilisation de ces nombres, on utilise la notation scientifique. Les deux exemples suivants montrent comment écrire des nombres à l'aide de la notation scientifique.

Cette notation est le produit d'un nombre appelé mantisse, dont la valeur absolue est comprise entre 1 et 10 (10 exclu), et d'une puissance de 10.

Exemple A

Le nombre de particules contenues dans une mole de substance (le nombre d'Avogadro) est habituellement arrondi à 602 000 000 000 000 000 000 000. Pour le simplifier, on l'exprime sous la forme d'un nombre compris entre 1 et 10 qu'on multiplie par une puissance de 10. Pour ce faire, on déplace la virgule jusqu'au chiffre non nul le plus à gauche et on compte le nombre de déplacements effectués par la virgule. Ce nombre devient alors l'exposant de la base 10 (*voir la figure 19*).

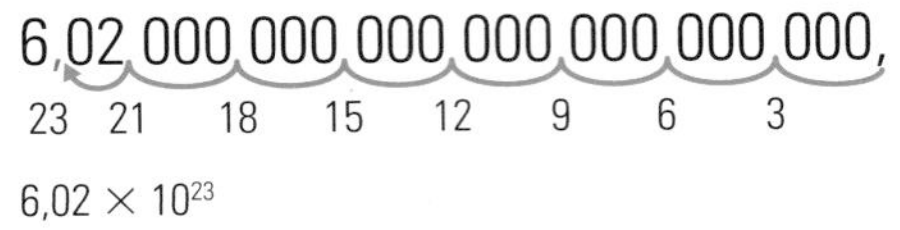

6,02 000 000 000 000 000 000 000,
23 21   18   15   12   9   6   3

$6,02 \times 10^{23}$

Figure 19 Pour exprimer un grand nombre à l'aide d'une puissance de 10, on déplace la virgule vers la gauche.

Exemple B

Le nombre qui représente la masse d'une molécule d'eau est 0,000 000 000 000 000 000 000 029 9 g. Pour exprimer ce nombre à l'aide de la notation scientifique, c'est-à-dire sous la forme d'un nombre compris entre 1 et 10 qu'on multiplie par une puissance de 10, il suffit de déplacer la virgule vers la droite jusqu'à la droite du premier chiffre non nul rencontré et de compter le nombre de déplacements effectués par la virgule. Ce nombre devient alors l'exposant négatif de la base 10 (*voir la figure 20*).

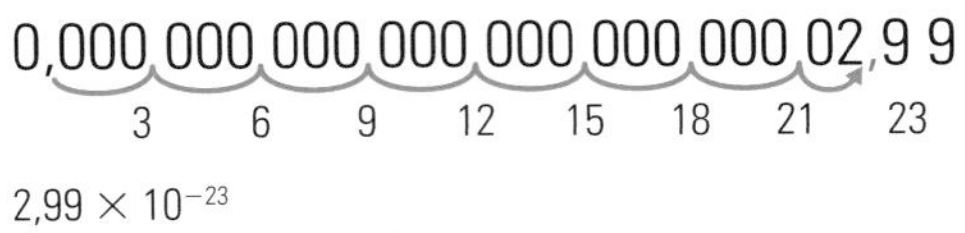

0,000 000 000 000 000 000 000 02,9 9
    3   6   9   12   15   18   21   23

$2,99 \times 10^{-23}$

Figure 20 Pour exprimer un petit nombre à l'aide d'une puissance de 10, on déplace la virgule vers la droite.

Les règles de calcul en notation scientifique

Chaque mesure de quantité notée doit comporter le bon nombre de chiffres significatifs. La notation scientifique permet d'indiquer ce nombre. Lorsque des calculs sont effectués avec des nombres donnés en notation scientifique, il faut observer les règles suivantes.

Règle 1

Pour multiplier deux nombres en notation scientifique, il faut multiplier les mantisses entre elles.

Le résultat est ensuite multiplié par une puissance de 10 à laquelle on affecte la somme des exposants des puissances de 10 initiales.

$$(a \times 10^m)(b \times 10^n) = (a \times b) \times 10^{(m + n)}$$

$$(7,32 \times 10^3) \times (8,91 \times 10^2) = (7,32 \times 8,91) \times 10^{(3 + 2)}$$
$$= 65,221\ 2 \times 10^5$$
$$= 6,52 \times 10^6$$

Règle 2

Pour diviser deux nombres en notation scientifique, il faut d'abord diviser les mantisses entre elles.

Le résultat est ensuite multiplié par une puissance de 10 à laquelle on affecte la différence des exposants des puissances de 10 initiales.

$$\frac{(a \times 10^m)}{(b \times 10^n)} = \frac{a}{b} \times 10^{(m - n)}$$

$$\frac{(1,842 \times 10^6)}{(1,078\ 7 \times 10^2)} = \frac{1,842}{1,078\ 7} \times 10^{(6 - 2)}$$
$$= 1,707\ 611 \times 10^4$$
$$= 1,708 \times 10^4$$

Règle 3

Pour additionner ou soustraire des nombres en notation scientifique, il faut d'abord convertir les nombres afin qu'ils aient les mêmes exposants.

Chaque nombre devrait avoir le même exposant que le nombre ayant le plus grand exposant de 10. Une fois que les nombres sont tous exprimés avec le même exposant de 10, les mantisses sont additionnées ou soustraites et l'exposant de 10 reste tel quel.

$$(3,42 \times 10^6) + (8,53 \times 10^3) = (3,42 \times 10^6) + (0,008\ 53 \times 10^6)$$
$$= (3,42 + 0,008\ 53) \times 10^6$$
$$= 3,428\ 53 \times 10^6$$
$$= 3,43 \times 10^6$$

$$(9,93 \times 10^1) - (7,86 \times 10^{-1}) = (9,93 \times 10^1) - (0,0786 \times 10^1)$$
$$= (9,93 - 0,078\ 6) \times 10^1$$
$$= 9,851\ 4 \times 10^1$$
$$= 9,85 \times 10^1$$

7 Les unités de mesure en chimie

Cette annexe présente les unités de mesure les plus couramment utilisées pour exprimer les grandeurs mesurées en chimie. Ces unités de mesure font partie du Système international d'unités (SI). Ce système est reconnu internationalement, car il facilite les échanges dans les domaines scientifiques, technologiques et pédagogiques.

7.1 Les préfixes courants du SI

En plus de définir les unités de mesure, le SI propose certains préfixes pour les multiples et sous-multiples des unités de mesure. Le préfixe du multiple et l'unité de mesure forment une nouvelle unité. Le symbole de cette nouvelle unité est composé de deux symboles : celui du multiple et celui de l'unité de mesure. Certains préfixes du SI sont utilisés couramment (*voir le tableau 9*).

Tableau 9 Les préfixes les plus courants du SI accompagnés d'un exemple.

Multiple	Préfixe	Symbole	Exemple
$10^9 = 1\ 000\ 000\ 000$	giga-	G	gigamètre (Gm)
$10^6 = 1\ 000\ 000$	méga-	M	mégamètre (Mm)
$10^3 = 1\ 000$	kilo-	k	kilomètre (km)
$10^2 = 100$	hecto-	h	hectomètre (hm)
$10^1 = 10$	déca-	da	décamètre (dam)
$10^{-1} = 0,1$	déci-	d	décimètre (dm)
$10^{-2} = 0,01$	centi-	c	centimètre (cm)
$10^{-3} = 0,001$	milli-	m	millimètre (mm)
$10^{-6} = 0,000\ 001$	micro-	µ	micromètre (µm)
$10^{-9} = 0,000\ 000\ 001$	nano-	n	nanomètre (nm)

7.2 Les unités de mesure courantes

En chimie, on se sert couramment de certaines unités de mesure (*voir le tableau 10*). Le tableau ci-dessous indique chaque grandeur mesurée et son symbole, ainsi que le nom de l'unité de mesure appropriée et son symbole.

Tableau 10 Les unités de mesure les plus utilisées en chimie*.

Nom et symbole de la grandeur mesurée	Nom et symbole de l'unité de mesure	
Aire (A)	• centimètre carré (cm^2) • kilomètre carré (km^2)	• mètre carré (m^2)
Capacité thermique massique (c)	• joule par gramme degré Celsius ($J/(g \cdot °C)$) • kilojoule par kilogramme degré Celsius ($kJ/kg \cdot °C$)	
Concentration d'une solution (C)	• milligramme par litre (mg/L) • gramme par millilitre (g/mL) • mole par litre (mol/L) • pourcentage volume/volume (% V/V) • pourcentage masse/volume (% m/V) • pourcentage masse/masse (% m/m)	• gramme par litre (g/L) • gramme par 100 mL (g/100 mL) • partie par million (ppm)
Énergie (E) Énergie cinétique (E_c) Énergie mécanique (E_m) Énergie potentielle (E_p)	• joule (J) • kilojoule (kJ) • kilowattheure (kWh) (1 kWh = 3 600 000 J) • mégawattheure (MWh) (1 MWh = 3 600 000 000 J)	
Enthalpie (H)	• joule (J)	• kilojoule (kJ)
Force (F)	• newton (N)	
Masse (m)	• gramme (g) • tonne (t)* (1 t = 1 000 kg)	• kilogramme (kg) • mégatonne (Mt)*
Masse molaire (M)	• gramme par mole (g/mol)	
Masse volumique (ρ)	• gramme par centimètre cube (g/cm^3)	• gramme par millilitre (g/mL)
Poids (F_g)	• newton (N)	
Pression (P)	• kilopascal (kPa) • newton par mètre carré (N/m^2)	• pascal (Pa)
Quantité de chaleur (Q)	• joule (J)	
Quantité de matière (n)	• mole (mol)	
Solubilité d'une substance	• gramme par litre (g/L)	• gramme par 100 millilitres (g/100 mL)
Température (T)	• degré Celsius (°C)	• kelvin (K) (0 K = −273 °C)
Temps (t)	• seconde (s) • heure (h) • année (a)	• minute (min) • jour (d)
Vitesse (v)	• mètre par seconde (m/s) • kilomètre par seconde (km/s)	• kilomètre-heure (km/h)
Volume (V)	• centimètre cube (cm^3) • mètre cube (m^3)	• millilitre (mL) (1 mL = $1 cm^3$) • litre (L) (1 L = $1 dm^3$)

* Certaines unités de mesure ne font pas partie du SI, même si elles sont couramment utilisées par les scientifiques.

8 Les tableaux de référence

8.1 La liste alphabétique des éléments et de leur masse atomique

Nom de l'élément	Symbole	N° atomique	Masse atomique*	Nom de l'élément	Symbole	N° atomique	Masse atomique*
Actinium	Ac	89	[227]	Dysprosium	Dy	66	162,500(1)
Aluminium	Al	13	26,981 538 6(8)	Einsteinium	Es	99	[252]
Américium	Am	95	[243]	Erbium	Er	68	167,259(3)
Antimoine	Sb	51	121,760(1)	Étain	Sn	50	118,710(7)
Argent	Ag	47	107,868 2(2)	Europium	Eu	63	151,964(1)
Argon	Ar	18	39,948(1)	Fer	Fe	26	55,845(2)
Arsenic	As	33	74,921 60(2)	Fermium	Fm	100	[257]
Astate	At	85	[210]	Fluore	F	9	18,998 403 2(5)
Azote	N	7	14,006 7(2)	Francium	Fr	87	[223]
Baryum	Ba	56	137,327(7)	Gadolinium	Gd	64	157,25(3)
Berkélium	Bk	97	[247]	Gallium	Ga	31	69,723(1)
Béryllium	Be	4	9,012 182(3)	Germanium	Ge	32	72,64(1)
Bismuth	Bi	83	208,980 40(1)	Hafnium	Hf	72	178,49(2)
Bohrium	Bh	107	[272]	Hassium	Hs	108	[270]
Bore	B	5	10,811(7)	Hélium	He	2	4,002 602(2)
Brome	Br	35	79,904(1)	Holmium	Ho	67	164,930 32(2)
Cadmium	Cd	48	112,411(8)	Hydrogène	H	1	1,007 94(7)
Calcium	Ca	20	40,078(4)	Indium	In	49	114,818(3)
Californium	Cf	98	[251]	Iode	I	53	126,904 47(3)
Carbone	C	6	12,010 7(8)	Iridium	Ir	77	192,217(3)
Cérium	Ce	58	140,116(1)	Krypton	Kr	36	83,798(2)
Césium	Cs	55	132,905 451 9(2)	Lanthane	La	57	138,905 47(7)
Chlore	Cl	17	35,453(2)	Lawrencium	Lr	103	[262]
Chrome	Cr	24	51,996 1(6)	Lithium	Li	3	[6,941(2)]
Cobalt	Co	27	58,933 195(5)	Lutétium	Lu	71	174,966 8(1)
Copernicium	Cn	112	[285]	Magnésium	Mg	12	24,305 0(6)
Cuivre	Cu	29	63,546(3)	Manganèse	Mn	25	54,938 045(5)
Curium	Cm	96	[247]	Meitnérium	Mt	109	[276]
Darmstadtium	Ds	110	[281]	Mendélévium	Md	101	[258]
Dubnium	Db	105	[268]	Mercure	Hg	80	200,59(2)

* Le chiffre entre parenthèses indique une incertitude dans le dernier chiffre de la masse atomique.
  Les nombres entre crochets indiquent le nombre de masse de l'isotope dont la durée de vie est la plus longue.

8.1 La liste alphabétique des éléments et de leur masse atomique (*suite*)

Nom de l'élément	Symbole	N° atomique	Masse atomique*	Nom de l'élément	Symbole	N° atomique	Masse atomique*
Molybdène	Mo	42	95,96(2)	Scandium	Sc	21	44,955 912(6)
Néodyme	Nd	60	144,242(3)	Seaborgium	Sg	106	[271]
Néon	Ne	10	20,179 7(6)	Sélénium	Se	34	78,96(3)
Neptunium	Np	93	[237]	Silicium	Si	14	28,085 5(3)
Nickel	Ni	28	58,693 4(4)	Sodium	Na	11	22,989 769 28(2)
Niobium	Nb	41	92,906 38(2)	Soufre	S	16	32,065(5)
Nobélium	No	102	[259]	Strontium	Sr	38	87,62(1)
Or	Au	79	196,966 569(4)	Tantale	Ta	73	180,947 88(2)
Osmium	Os	76	190,23(3)	Technétium	Tc	43	[98]
Oxygène	O	8	15,999 4(3)	Tellure	Te	52	127,60(3)
Palladium	Pd	46	106,42(1)	Terbium	Tb	65	158,925 35(2)
Phosphore	P	15	30,973 762(2)	Thallium	Tl	81	204,383 3(2)
Platine	Pt	78	195,084(9)	Thorium	Th	90	232,038 06(2)
Plomb	Pb	82	207,2(1)	Thulium	Tm	69	168,934 21(2)
Plutonium	Pu	94	[244]	Titane	Ti	22	47,867(1)
Polonium	Po	84	[209]	Tungstène	W	74	183,84(1)
Potassium	K	19	39,098 3(1)	Ununhexium	Uuh	116	[293]
Praséodyme	Pr	59	140,907 65(2)	Ununoctium	Uuo	118	[294]
Prométhéum	Pm	61	[145]	Ununpentium	Uup	115	[288]
Protactinium	Pa	91	231,035 88(2)	Ununquadium	Uuq	114	[289]
Radium	Ra	88	[226]	Ununtrium	Uut	113	[284]
Radon	Rn	86	[222]	Uranium	U	92	238,028 91(3)
Rhénium	Re	75	186,207(1)	Vanadium	V	23	50,941 5(1)
Rhodium	Rh	45	102,905 50(2)	Xénon	Xe	54	131,293(6)
Roentgenium	Rg	111	[280]	Ytterbium	Yb	70	173,054(5)
Rubidium	Rb	37	85,467 8(3)	Yttrium	Y	39	88,905 85(2)
Ruthénium	Ru	44	101,07(2)	Zinc	Zn	30	65,38(2)
Rutherfordium	Rf	104	[265]	Zirconium	Zr	40	91,224(2)
Samarium	Sm	62	150,36(2)				

* Le chiffre entre parenthèses indique une incertitude dans le dernier chiffre de la masse atomique.
Les nombres entre crochets indiquent le nombre de masse de l'isotope dont la durée de vie est la plus longue.

Source : Union internationale de chimie pure et appliquée (UICPA), 2010.

8.2 Les produits chimiques de la vie courante

Nom courant	Formule chimique et nom (autres noms)	Propriétés physiques	Dangers potentiels	Commentaires
Acétone	$(CH_3)_2CO$ 2-propanone	Clair, s'évapore facilement	Inflammable, toxique par ingestion et par inhalation	Solvant, présent dans certains dissolvants (vernis à ongles)
Acétylène	C_2H_2 Éthyne	Odeur suave	Fortement explosif	Brûle au contact de l'oxygène en dégageant beaucoup de chaleur dans les chalumeaux oxyacétiléniques de soudeurs ; sert à produire une vaste gamme de produits synthétiques
AAS (aspirine)	Acétate de l'acide o-hydroxybenzoïque (acide acétylsalicylique) $C_9H_8O_4$	Cristaux blancs d'un goût légèrement amer	Une utilisation excessive peut entraîner la perte de l'ouïe ou le syndrome de Reye, en particulier chez les jeunes gens	Utilisé dans certains médicaments pour soulager la douleur, la fièvre ou l'inflammation
Bicarbonate de soude	$NaHCO_3$ Bicarbonate de sodium	Minuscules cristaux blancs	Aucun	Utilisé pour la cuisson et le nettoyage, comme antiacide et comme rince-bouche ainsi que dans les extincteurs d'incendie
Acide d'accumulateur	H_2SO_4 Acide sulfurique	Clair et inodore	Corrosif	Utilisé dans les accumulateurs au plomb (batteries d'automobiles)
Eau de Javel	$NaClO_{(aq)}$ Hypochlorite de sodium en solution	Solution jaunâtre et odeur de chlore	Toxique, agent d'oxydation puissant	Utilisée pour blanchir les vêtements et pour le nettoyage
Vitriol bleu	$CuSO_4 \cdot 5H_2O$ Sulfate de cuivre (II) pentahydraté (sulfate cuivrique pentahydraté)	Cristaux bleus ou granules d'un bleu cristallin	Toxique par ingestion ; fortement irritant	Utilisé en agriculture et dans certaines industries comme germicide et pour protéger le bois
Borax	$Na_2B_4O_7 \cdot 10H_2O$	Cristaux blancs	Aucun	Principalement de source minière ; employé dans les industries du verre et de la céramique ; utilisé dans la fabrication de savons et d'engrais
Carborundum	SiC Carbure de silicium	Solide noir et dur	Aucun	Utilisé comme abrasif
Acide citrique	$(HOOCCH_2)_2C(OH)(COOH)$ Acide 2-hydroxypropan-1,2,3-trioïque	Cristaux translucides au goût fortement acide	Aucun	Utilisé dans les aliments et les boissons gazeuses comme agent acidifiant et comme antioxydant
CFC	CCl_2F_2, CCl_3F, $CClF_3$ Chlorofluorocarbones (fréons, fréon 12)	Gaz incolores et inodores	Interdits par le Protocole de Montréal	Utilisés autrefois comme agents réfrigérants et dans les aérosols
Charbon de bois/graphite	$C_{(s)}$ Carbone pur sous une forme moins structurée que le diamant	Solide mou gris ou noir qui marque facilement d'autres substances	Aucun	Utilisé sous forme de crayons à mine et de fusains, comme agent de décoloration et de filtration, dans la poudre à fusil et les briquettes pour BBQ

8.2 Les produits chimiques de la vie courante (*suite*)

Nom courant	Formule chimique et nom (autres noms)	Propriétés physiques	Dangers potentiels	Commentaires
Crème de tartre	$C_4H_5KO_6$ Bitartrate de potassium	Solide blanc cristallin	Aucun	Sert de levain dans la levure chimique
Glace carbonique ou glace sèche	CO_2 Dioxyde de carbone solide	Solide blanc et froid capable de se sublimer	Endommage la peau et les tissus à la longue	Utilisée comme substance réfrigérante dans les laboratoires pour obtenir des températures froides (jusqu'à $-79\ °C$)
Sels d'Epsom	$MgSO_4 \cdot 7H_2O$ Sulfate de magnésium heptahydraté	Cristaux incolores	Peuvent causer des crampes abdominales et des diarrhées	Utilisés comme sels de bain, dans les produits de beauté et les suppléments alimentaires ainsi que dans l'industrie
Éthylène	C_2H_4 Éthène	Gaz incolore à l'odeur et au goût suaves	Inflammable	Utilisé pour accélérer le mûrissement des fruits et pour synthétiser les polymères tels que le polystyrène; naturellement présent dans les plantes
Éthylène-glycol	CH_2OHCH_2OH Glycol	Liquide clair, incolore et sirupeux	Toxique par ingestion ou par inhalation	Utilisé dans l'antigel, dans les produits de beauté ainsi que comme fluide déglaçant sur les pistes d'aéroport
Glucose	$C_6H_{12}O_6$ Dextrose, sucre de raisin, sucre de maïs	Cristaux blancs de saveur sucrée	Aucun	Sert de source d'énergie à la plupart des organismes
Alcool de grain	C_2H_5OH Éthanol (alcool éthylique)	Liquide clair, volatil et d'une odeur distinctive	Inflammable	Utilisé comme boisson alcoolisée, antiseptique, solvant en laboratoire et en industrie; produit par la fermentation de céréales ou de fruits
Pierre à plâtre	$CaSO_4 \cdot 2H_2O$ Gypse	Minéral dur et beige	Aucun	Utilisée dans le plâtre de moulage et comme partie centrale de murs en cloisons sèches
Peroxyde d'hydrogène	H_2O_2	Liquide clair et incolore	En fortes concentrations, abîme la peau	Vendu en solution à 3 % dans les pharmacies; les agents de blanchiment non chlorés contiennent souvent 6 % de peroxyde d'hydrogène
Ibuprofène	$C_{13}H_{18}O_2$ Acide p-isobutyl-hydratropique	Cristaux blancs	Incompatibilité avec d'autres médicaments	Utilisé comme ingrédient dans les analgésiques vendus sans ordonnance
Gaz hilarant	N_2O Oxyde nitreux, oxyde de diazote	Gaz soluble, incolore et essentiellement inodore	Peut causer des lésions cérébrales et entraîner l'infertilité en cas d'exposition prolongée	Utilisé comme anesthésique dentaire, comme agent de propulsion dans les aérosols et pour augmenter le rendement du carburant dans les voitures de course

8.2 Les produits chimiques de la vie courante (*suite*)

Nom courant	Formule chimique et nom (autres noms)	Propriétés physiques	Dangers potentiels	Commentaires
Chaux	CaO Oxyde de calcium (chaux hydratée, chaux hydraulique, chaux vive)	Poudre blanche	Réagit avec l'eau pour former de l'hydroxyde de calcium caustique, $Ca(OH)_2$, en libérant de la chaleur	Utilisée pour fabriquer du ciment et pour nettoyer et neutraliser les odeurs dans les étables
Pierre à chaux (calcaire)	$CaCO_3$ Carbonate de calcium	Minéral blanc mou	Aucun	Utilisée pour fabriquer la chaux ainsi que dans la construction et dans l'industrie
Lessive	NaOH Hydroxyde de sodium (soude caustique)	Solide blanc, généralement observable sous forme de perles ou de pastilles ; absorbe rapidement l'eau et le CO_2 présents dans l'air	Corrosive et fortement irritante	Produite par l'électrolyse de l'eau salée ou par la réaction entre l'hydroxyde de calcium et le carbonate de sodium ; sert à de nombreux usages en laboratoire et dans différentes industries ; utilisée dans la fabrication de produits chimiques et de savon
Malachite	$CuCO_3 \cdot Cu(OH)_2$ Carbonate basique de cuivre (II)	Minéral clair et dur d'un vert brillant	Aucun	Pierre fine et ornementale ; cuivre qu'on trouve dans le minerai
Lait de magnésie	$Mg(OH)_2$ Hydroxyde de magnésium (magma de magnésium)	Poudre blanche	Sans danger en petites quantités	Utilisé comme antiacide et comme laxatif
Boules de naphtalène	$C_{10}H_8$ Naphtalène	Solide blanc volatil d'une odeur désagréable	Toxiques par ingestion et par inhalation	Utilisées pour chasser les insectes dans les maisons et les jardins ainsi que pour fabriquer des résines synthétiques ; proviennent du pétrole brut
Glutamate de sodium	$COOH(CH_2)_2CH(NH_2)$-COONa Glutamate monosodique	Poudre blanche cristalline	Peut causer des maux de tête chez certaines personnes	Sert à rehausser la saveur des aliments dans des concentrations d'environ 0,3 %
Acide muriatique	$HCl_{(aq)}$ Acide chlorhydrique	Solution aqueuse incolore ou légèrement jaunâtre	Toxique par ingestion et par inhalation ; très irritant	Sert à de nombreux usages en laboratoire et dans certaines industries ; utilisé dans la transformation des aliments, le nettoyage et le marinage
Gaz naturel	Composé d'environ 85 % de méthane, CH_4, de 10 % d'éthane, C_2H_6, ainsi que de propane, C_3H_8, de butane, C_4H_{10}, et de pentane, C_5H_{12}	Gaz inodore et incolore	Inflammable et explosif ; on ajoute une odeur distinctive au gaz d'usage domestique par mesure de précaution	Utilisé pour le chauffage, pour la cuisson et comme source d'énergie ; environ 3 % sert de produit de base à l'industrie chimique

8.2 Les produits chimiques de la vie courante (*suite*)

Nom courant	Formule chimique et nom (autres noms)	Propriétés physiques	Dangers potentiels	Commentaires
Acide oxalique	HO_2CCO_2H Acide éthanedioïque	Acide à saveur forte ; cristaux blancs	Toxique par inhalation et par ingestion ; très irritant en fortes concentrations	Naturellement présent dans la rhubarbe, l'oxalide de montagne et les épinards ; utilisé comme agent de blanchiment du bois et des textiles, pour enlever la rouille et nettoyer les plates-formes ; sert à de nombreux usages en laboratoire et dans certaines industries
BPC	Biphényles polychlorés : famille de composés formés de deux anneaux de benzène et de deux atomes ou plus de chlore substitués	Liquides incolores	Fortement toxiques, non réactifs et persistants ; causent des dommages à l'environnement	Utilisés autrefois comme agents de refroidissement dans les transformateurs électriques
Potasse	K_2CO_3 Carbonate de potassium	Poudre blanche granuleuse et translucide	Solution irritante pour les tissus	Sert à différents usages en laboratoire et dans certaines industries ; utilisée dans la fabrication de certains verres, de savons et comme agent de déshydratation
PVC	$(CH_2CHCl)_n$ Dichlorure de polyvinyle, polychloroéthène	Solide dur et blanc non réactif	Aucun	Abondamment utilisé comme matériau de construction
Sel de voirie	$CaCl_2$ Chlorure de calcium	Composé blanc cristallin	Aucun	Sous-produit du procédé Solvay
Sulfure d'hydrogène	H_2S	Gaz incolore à l'odeur déplaisante (odeur d'œufs pourris)	Très inflammable, augmente donc les risques d'incendie ; explosif ; toxique à respirer, très irritant pour les yeux et les muqueuses	Obtenu à partir du gaz sulfureux au cours de la production de gaz naturel
Alcool à friction	$(CH_3)_2CHOH$ Alcool isopropylique	Liquide incolore à l'odeur agréable	Inflammable, augmente donc beaucoup les risques d'incendie ; explosif, toxique par inhalation et par ingestion	Utilisé à des fins industrielles et médicales
Acide salicylique	HOC_6H_4COOH Acide 2-hydroxybenzoïque	Solide blanc cristallin	En fortes concentrations, abîme la peau	Utilisé en différentes quantités dans les aliments et les teintures ainsi que dans le traitement des verrues

8.2 Les produits chimiques de la vie courante (*suite*)

Nom courant	Formule chimique et nom (autres noms)	Propriétés physiques	Dangers potentiels	Commentaires
Sable	SiO_2 Silice	Gros cristaux cubiques semblables au verre	Toxique par inhalation ; une exposition chronique à la poussière de silice peut causer la silicose	Présent un peu partout dans la nature sous forme de sable, de quartz, de silex et de diatomite
Chaux éteinte	$Ca(OH)_2$ Dihydroxyde de calcium	Poudre blanche insoluble dans l'eau	Aucun	Utilisée pour neutraliser l'acidité dans les sols et pour fabriquer du blanc de chaux, du décolorant et du verre
Cristaux de soude	Na_2CO_3 Carbonate de disodium	Cristaux blancs poudreux	Aucun	Utilisés pour fabriquer du verre, des savons et des détersifs
Sucre	$C_{12}H_{22}O_{11}$ Saccharose (sucre de canne ou de betterave)	Cristaux blancs cubiques	Aucun	Utilisé dans les aliments comme édulcorant ; source d'énergie métabolique
Sel de cuisine	$NaCl$ Chlorure de sodium (sel gemme, halite)	Cristaux blancs cubiques	Aucun	Produit par l'évaporation de l'eau naturellement salée et par l'évaporation solaire de l'eau de mer ou extrait de mines souterraines ; utilisé dans les aliments et pour déglacer les routes
PTS	Na_3PO_4 Phosphate trisodique (phosphate de disodium)	Cristaux blancs	Toxique par ingestion ; irritant pour les tissus	Utilisé pour adoucir l'eau et pour nettoyer (par exemple les métaux et les murs avant de les peindre) ; sert à de nombreuses fins industrielles
Vinaigre	Acide acétique à 5 %, CH_3COOH, dans l'eau	Solution claire à l'odeur distinctive	Aucun	Utilisé en cuisine et pour les tâches ménagères de nettoyage
Vitamine C	$C_6H_8O_6$ Acide ascorbique	Cristaux blancs ou poudre au goût âpre et acide	Aucun	Nécessaire dans l'alimentation pour prévenir le scorbut ; présente dans les agrumes, les tomates, les pommes de terre et les légumes verts
Cristaux de soude	$Na_2CO_3 \cdot H_2O$ Carbonate de disodium monohydraté (cristaux de soude)	Cristaux blancs en poudre	Peuvent être irritants pour la peau	Utilisés pour le nettoyage et en photographie ainsi que comme additif alimentaire ; servent à de nombreux usages industriels et en laboratoire
Alcool de bois	CH_3OH Méthanol (alcool méthylique)	Liquide clair et incolore ayant une vague odeur d'alcool	Inflammable, toxique par ingestion, inhalation et absorption par la peau ; entraîne la cécité et la mort	Sert à un grand nombre d'usages industriels et ménagers ; utilisé dans l'antigel de l'essence et comme diluant pour la laque et la peinture ; en le mélangeant à de l'huile végétale et à de la lessive, on obtient du diesel

8.3 Les propriétés thermodynamiques de certains éléments*

Nom	Formule	ΔH_{fus} (kJ/mol)	ΔH_{vap} (kJ/mol)	c (J/(g·°C))
Aluminium	Al	10,79	294	0,897
Argent	Ag	11,28	258	0,235
Argon	Ar	1,18	6,43	0,520
Béryllium	Be	7,90	297	1,825
Bore	B	50,2	480	1,026
Carbone (graphite)	C	117	—	0,709
Chrome	Cr	21,0	339,5	0,449
Cobalt	Co	16,06	377	0,421
Cuivre	Cu	12,93	300,4	0,385
Diazote	N_2	0,71	5,57	1,040
Dibrome	Br_2	10,57	29,96	0,474
Dichlore	Cl_2	6,40	20,41	0,479
Difluor	F_2	0,51	6,62	0,824
Dihydrogène	H_2	0,12	0,90	14,304
Diiode	I_2	15,52	41,57	0,214
Dioxygène	O_2	0,44	6,82	0,918
Étain	Sn	7,17	296,1	0,228
Fer	Fe	13,81	340	0,444
Gallium	Ga	5,58	254	0,371
Germanium	Ge	36,94	334	0,320
Hélium	He	0,014	0,08	5,193
Krypton	Kr	1,64	9,08	0,248
Magnésium	Mg	8,48	128	1,023
Manganèse	Mn	12,91	221	0,479
Mercure	Hg	2,29	59,1	0,140
Néon	Ne	0,33	1,71	1,030
Nickel	Ni	17,04	377,5	0,444
Octosoufre	S_8	1,72	45	0,710
Or	Au	12,72	324	0,129
Platine	Pt	22,17	469	0,133
Plomb	Pb	4,78	179,5	0,129
Radon	Rn	3,25	18,10	0,094
Scandium	Sc	14,1	332,7	0,568
Sélénium	Se	6,69	95,48	0,321
Silicium	Si	50,21	359	0,705
Tetraphosphore	P_4	0,66	12,4	0,769
Titane	Ti	14,15	425	0,523
Tungstène	W	52,31	806,7	0,132
Uranium	U	9,14	417,1	0,116
Vanadium	V	21,5	459	0,489
Xénon	Xe	2,27	12,57	0,158
Zinc	Zn	7,07	123,6	0,388

* Enthalpies molaires à 101,325 kPa (1 atm) et capacités thermiques massiques sous des conditions standard à TAPN.

8.4 Les enthalpies molaires standard de formation

Nom chimique	Formule	ΔH_f° (kJ/mol)
Acétone	$(CH_3)_2CO_{(l)}$	−248,1
Acide éthanoïque (acétique)	$CH_3COOH_{(l)}$	−432,8
Acide méthanoïque (formique)	$HCOOH_{(l)}$	−425,1
Acide nitrique	$HNO_{3(l)}$	−174,1
Acide sulfurique	$H_2SO_{4(l)}$	−814,0
Ammoniac	$NH_{3(g)}$	−45,9
Benzène	$C_6H_{6(l)}$	+49,0
Bromure d'argent	$AgBr_{(s)}$	−100,4
Bromure d'hydrogène	$HBr_{(g)}$	−36,3
Bromure de sodium	$NaBr_{(s)}$	−361,1
Butane	$C_4H_{10(g)}$	−125,6
Carbonate de baryum	$BaCO_{3(s)}$	−1 216,3
Carbonate de calcium	$CaCO_{3(s)}$	−1 206,9
Carbonate de magnésium	$MgCO_{3(s)}$	−1 095,8
Chlorate de potassium	$KClO_{3(s)}$	−397,7
Chloroéthène	$C_2H_3Cl_{(g)}$	+37,3
Chlorure d'ammonium	$NH_4Cl_{(s)}$	−314,4
Chlorure d'argent	$AgCl_{(s)}$	−127,0
Chlorure d'hydrogène	$HCl_{(g)}$	−92,3
Chlorure de potassium	$KCl_{(s)}$	−436,7
Chlorure de sodium	$NaCl_{(s)}$	−411,2
Dibrome (vapeur)	$Br_{2(g)}$	+30,9
Dichloro-1,2 éthane	$C_2H_4Cl_{2(l)}$	−126,9
Dichlorure de magnésium	$MgCl_{2(s)}$	−641,3
Dihydroxyde de baryum	$Ba(OH)_{2(s)}$	−944,7
Dihydroxyde de calcium	$Ca(OH)_{2(s)}$	−986,1
Dihydroxyde de magnésium	$Mg(OH)_{2(s)}$	−924,5
Diiode (vapeur)	$I_{2(g)}$	+62,4
Dioxyde d'azote	$NO_{2(g)}$	+33,2

Nom chimique	Formule	ΔH_f° (kJ/mol)
Dioxyde de carbone	$CO_{2(g)}$	−393,5
Dioxyde d'étain	$SnO_{2(s)}$	−577,6
Dioxyde de manganèse	$MnO_{2(s)}$	−520,0
Dioxyde de plomb	$PbO_{2(s)}$	−277,4
Dioxyde de silicium	$SiO_{2(s)}$	−910,7
Dioxyde de soufre	$SO_{2(g)}$	−296,8
Disulfure de carbone	$CS_{2(l)}$	+89,0
Eau (liquide)	$H_2O_{(l)}$	−285,8
Eau (vapeur)	$H_2O_{(g)}$	−241,8
Éthane	$C_2H_{6(g)}$	−83,8
Éthanediol-1,2	$C_2H_4(OH)_{2(l)}$	−454,8
Éthanol	$C_2H_5OH_{(l)}$	−235,2
Éthène (éthylène)	$C_2H_{4(g)}$	+52,5
Éthyne (acétylène)	$C_2H_{2(g)}$	+226,8
Fluorure d'hydrogène	$HF_{(g)}$	−273,3
Glucose	$C_6H_{12}O_{6(s)}$	−1 273,1
Hexane	$C_6H_{14(l)}$	−198,7
Hydroxyde de potassium	$KOH_{(s)}$	−424,8
Hydroxyde de sodium	$NaOH_{(s)}$	−425,6
Iodure d'argent	$AgI_{(s)}$	−61,8
Iodure de sodium	$NaI_{(s)}$	−287,8
Iodure d'hydrogène	$HI_{(g)}$	+26,5
Méthanal (formaldéhyde)	$CH_2O_{(g)}$	−108,6
Méthane	$CH_{4(g)}$	−74,4
Méthanol	$CH_3OH_{(l)}$	−239,1
Méthylpropane	$C_4H_{10(g)}$	−134,2
Monoxyde d'azote	$NO_{(g)}$	+90,2
Monoxyde de carbone	$CO_{(g)}$	−110,5
Nitrate d'ammonium	$NH_4NO_{3(s)}$	−365,6
Nitrométhane	$CH_3NO_{2(l)}$	−113,1
Octane	$C_8H_{18(l)}$	−250,1
Oxyde d'étain	$SnO_{(s)}$	−280,7
Oxyde de baryum	$BaO_{(s)}$	−553,5
Oxyde de calcium	$CaO_{(s)}$	−634,9

Nom chimique	Formule	ΔH_f° (kJ/mol)
Oxyde de cuivre	$CuO_{(s)}$	−157,3
Oxyde de dicuivre	$Cu_2O_{(s)}$	−168,6
Oxyde de magnésium	$MgO_{(s)}$	−601,6
Oxyde de manganèse	$MnO_{(s)}$	−385,2
Oxyde de mercure	$HgO_{(s)}$	−90,8
Oxyde de nickel	$NiO_{(s)}$	−239,7
Oxyde de plomb	$PbO_{(s)}$	−219,0
Oxyde de zinc	$ZnO_{(s)}$	−350,5
Ozone	$O_{3(g)}$	+142,7
Pentachlorure de phosphore	$PCl_{5(g)}$	−443,5
Pentane	$C_5H_{12(l)}$	−173,5
Peroxyde d'hydrogène	$H_2O_{2(l)}$	−187,8
Phényléthène (styrène)	$C_6H_5CHCH_{2(l)}$	+103,8
Propane	$C_3H_{8(g)}$	−104,7
Saccharose	$C_{12}H_{22}O_{11(s)}$	−2 225,5
Sulfate de baryum	$BaSO_{4(s)}$	−1 473,2
Sulfure de cuivre	$CuS_{(s)}$	−53,1
Sulfure de dicuivre	$Cu_2S_{(s)}$	−79,5
Sulfure de dihydrogène	$H_2S_{(g)}$	−20,6
Sulfure de mercure	$HgS_{(s)}$	−58,2
Sulfure de zinc	$ZnS_{(s)}$	−206,0
Tetraoxyde de trifer	$Fe_3O_{4(s)}$	−1 118,4
Trichlorure de phosphore (liquide)	$PCl_{3(l)}$	−319,7
Trichlorure de phosphore (vapeur)	$PCl_{3(g)}$	−287,0
Triméthyl-2,2,4 pentane	$C_8H_{18(l)}$	−259,2
Trioxyde d'aluminium	$Al_2O_{3(s)}$	−1 675,7
Trioxyde de dichrome	$Cr_2O_{3(s)}$	−1 139,7
Trioxyde de difer	$Fe_2O_{3(s)}$	−824,2
Trioxyde de soufre (liquide)	$SO_{3(l)}$	−441,0
Trioxyde de soufre (vapeur)	$SO_{3(g)}$	−395,7
Urée	$CO(NH_2)_{2(s)}$	−333,5

Enthalpies molaires standard de formation mesurées à TAPN (25 °C et 101,3 kPa).

Par définition, l'enthalpie molaire des éléments à l'état standard est nulle.

8.5 Les énergies moyennes de liaison

Liaison	Énergie (kJ/mol)	Liaison	Énergie (kJ/mol)	Liaison	Énergie (kJ/mol)	Liaison	Énergie (kJ/mol)
Hydrogène		**Carbone**		**Azote**		**Phosphore et soufre**	
H—H	436	C—C	347	N—N	160	P—P	210
H—N	339	C—N	305	N—O	201	P—S	444
H—O	460	C—O	358	N—F	272	P—F	490
H—F	570	C—F	552	N—Si	330	P—Cl	331
H—Si	299	C—Si	305	N—P	209	P—Br	272
H—P	297	C—P	264	N—S	464	P—I	184
H—S	344	C—S	259	N—Cl	200	S—S	266
H—Cl	432	C—Cl	397	N—Br	276	S—F	343
H—Br	366	C—Br	280	N—I	159	S—Cl	277
H—I	298	C—I	209			S—Br	218
H—Mg	126	C—H	413			S—I	170
Oxygène		**Silicium**		**Halogènes**		**Liaisons multiples**	
O—O	204	Si—Si	226	F—Cl	256	C═C	607
O—F	222	Si—P	364	F—Br	280	C═N	615
O—Si	368	Si—S	226	F—I	272	C═O	745
O—P	351	Si—F	553	Cl—Br	217	N═N	418
O—S	265	Si—Cl	381	Cl—I	211	N═O	631
O—Cl	269	Si—Br	368	Br—I	179	O═O	498
O—Br	235	Si—I	293	F—F	159	C≡C	839
O—I	249	Si═O	640	Cl—Cl	243	C≡N	891
				Br—Br	193	C≡O	1 077
				I—I	151	N≡N	945

Les valeurs de ce tableau représentent des valeurs moyennes de dissociation des liaisons entre les paires d'atomes énumérées. Les valeurs réelles peuvent varier pour différentes molécules.

8.6 Les chaleurs molaires de dissolution

Substance	ΔH_d (kJ/mol)	
	absorbée	dégagée
$AgNO_3$ (s)	23,0	
CO_2 (g)		20,0
$CuSO_4$ (s)		68,0
$CuSO_4 \cdot 5\,H_2O$ (s)	12,0	
HCl (g)		74,0
HI (g)		30,0
H_2SO_4 (l)		74,0
$HClO_3$ (s)		42,0
$KClO_3$ (s)	42,0	
KI (s)	21,0	
KNO_3 (s)	36,0	
KOH (s)		55,0
$LiCl$ (s)		35,0
Li_2CO_3 (s)		13,0
$MgSO_4 \cdot 7\,H_2O$ (s)	16,0	
$NaCl$ (s)	4,3	
$NaNO_3$ (s)	21,0	
$NaOH$ (s)		42,0
$Na_2SO_4 \cdot 10\,H_2O$ (s)	79,0	
NH_3 (g)		35,0
NH_4Cl (s)	16,0	
NH_4NO_3 (s)	26,0	

8.7 Les constantes d'ionisation des acides

Acide	Formule	Base conjuguée	K_a
Acide acétique	CH_3COOH	CH_3COO^-	$1,8 \times 10^{-5}$
Acide benzoïque	C_6H_5COOH	$C_6H_5COO^-$	$6,3 \times 10^{-5}$
Acide chloreux	$HClO_2$	ClO_2^-	$1,1 \times 10^{-2}$
Acide cyanique	$HOCN$	OCN^-	$3,5 \times 10^{-4}$
Acide formique	$HCOOH$	$HCOO^-$	$1,8 \times 10^{-4}$
Acide bromhydrique	HBr	Br^-	très grande
Acide chlorhydrique	HCl	Cl^-	très grande
Acide cyanhydrique	HCN	CN^-	$6,2 \times 10^{-10}$
Acide fluorhydrique	HF	F^-	$6,3 \times 10^{-4}$
Acide hypobromeux	$HBrO$	BrO^-	$2,8 \times 10^{-9}$

Constantes d'ionisation mesurées à TAPN (25 °C et 101,3 kPa).

8.8 Les constantes d'ionisation des bases azotées

Base	Formule	Acide conjugué	K_b
1,2-diaminoéthane (éthylènediamine)	$NH_2CH_2CH_2NH_2$	$NH_2CH_2CH_2NH_3^+$	$8,4 \times 10^{-5}$
Diméthylamine (N-méthylméthanamine)	$(CH_3)_2NH$	$(CH_3)_2NH_2^+$	$5,4 \times 10^{-4}$
Éthanamine	$C_2H_5NH_2$	$C_2H_5NH_3^+$	$4,5 \times 10^{-4}$
Méthanamine	CH_3NH_2	$CH_3NH_3^+$	$4,6 \times 10^{-4}$
Triméthylamine (N-N-diméthylméthanamine)	$(CH_3)_3N$	$(CH_3)_3NH^+$	$6,4 \times 10^{-5}$
Ammoniac	NH_3	NH_4^+	$1,8 \times 10^{-5}$
Hydrazine	N_2H_4	$N_2H_5^+$	$1,3 \times 10^{-6}$
Hydroxylamine	NH_2OH	NH_3OH^+	$8,8 \times 10^{-9}$
Pyridine	C_5H_5N	$C_5H_5NH^+$	$1,7 \times 10^{-9}$
Aniline	$C_6H_5NH_2$	$C_6H_5NH_3^+$	$7,5 \times 10^{-10}$
Urée	NH_2CONH_2	$NH_2CONH_3^+$	$1,3 \times 10^{-14}$

8.9 Les constantes du produit de solubilité dans l'eau à 25 °C pour divers composés

Bromates	AgBrO$_3$	$5{,}38 \times 10^{-5}$
	TlBrO$_3$	$1{,}10 \times 10^{-4}$
Bromures	AgBr	$5{,}35 \times 10^{-13}$
	CuBr	$6{,}27 \times 10^{-9}$
	PbBr$_2$	$6{,}60 \times 10^{-6}$
Carbonates	Ag$_2$CO$_3$	$8{,}46 \times 10^{-12}$
	BaCO$_3$	$2{,}58 \times 10^{-9}$
	CaCO$_3$	$3{,}36 \times 10^{-9}$
	MgCO$_3$	$6{,}82 \times 10^{-6}$
	PbCO$_3$	$7{,}40 \times 10^{-14}$
Chlorures	AgCl	$1{,}77 \times 10^{-10}$
	CuCl	$1{,}72 \times 10^{-9}$
Chromates	Ag$_2$CrO$_4$	$1{,}12 \times 10^{-12}$
	BaCrO$_4$	$1{,}12 \times 10^{-10}$
	PbCrO$_4$	$2{,}3 \times 10^{-13}$
Cyanures	AgCN	$5{,}97 \times 10^{-17}$
	CuCN	$3{,}47 \times 10^{-20}$
Fluorures	BaF$_2$	$1{,}84 \times 10^{-7}$
	CdF$_2$	$6{,}44 \times 10^{-3}$
	CaF$_2$	$3{,}45 \times 10^{-11}$
	FeF$_2$	$2{,}36 \times 10^{-6}$

Hydroxydes	Be(OH)$_2$	$6{,}92 \times 10^{-22}$
	Cd(OH)$_2$	$7{,}2 \times 10^{-15}$
	Ca(OH)$_2$	$5{,}02 \times 10^{-6}$
	Co(OH)$_2$	$5{,}92 \times 10^{-15}$
	Eu(OH)$_3$	$9{,}38 \times 10^{-27}$
	Fe(OH)$_2$	$4{,}87 \times 10^{-17}$
	Fe(OH)$_3$	$2{,}79 \times 10^{-39}$
	Pb(OH)$_2$	$1{,}43 \times 10^{-20}$
	Mg(OH)$_2$	$5{,}61 \times 10^{-12}$
	Ni(OH)$_2$	$5{,}48 \times 10^{-16}$
	Sn(OH)$_2$	$5{,}45 \times 10^{-27}$
	Zn(OH)$_2$	3×10^{-17}
Iodates	Ba(IO$_3$)$_2$	$4{,}01 \times 10^{-9}$
	Ca(IO$_3$)$_2$	$6{,}47 \times 10^{-6}$
	Sr(IO$_3$)$_2$	$1{,}14 \times 10^{-7}$
	Y(IO$_3$)$_3$	$1{,}12 \times 10^{-10}$
Iodures	CuI	$1{,}27 \times 10^{-12}$
	PbI$_2$	$9{,}8 \times 10^{-9}$
	AgI	$8{,}52 \times 10^{-17}$
Phosphates	AlPO$_4$	$9{,}84 \times 10^{-21}$
	Ca$_3$(PO$_4$)$_2$	$2{,}07 \times 10^{-33}$
	Co$_3$(PO$_4$)$_2$	$2{,}05 \times 10^{-35}$
	Cu$_3$(PO$_4$)$_2$	$1{,}40 \times 10^{-37}$
	Ni$_3$(PO$_4$)$_2$	$4{,}74 \times 10^{-32}$
Sulfates	BaSO$_4$	$1{,}08 \times 10^{-10}$
	CaSO$_4$	$4{,}93 \times 10^{-5}$
	Hg$_2$SO$_4$	$6{,}5 \times 10^{-7}$
Thiocyanates	CuSCN	$1{,}08 \times 10^{-13}$
	Pd(SCN)$_2$	$4{,}39 \times 10^{-23}$

8.10 Quelques ions polyatomiques courants

Formule	Nom	Formule	Nom	Formule	Nom
PO$_4$$^{3-}$	Phosphate	ClO$_2$$^-$	Chlorite	SiO$_3$$^{2-}$	Silicate
PO$_3$$^{3-}$	Phosphite	ClO$^-$	Hypochlorite	NH$_4$$^+$	Ammonium
SO$_4$$^{2-}$	Sulfate	CrO$_4$$^{2-}$	Chromate	HPO$_4$$^{2-}$	Hydrogénophosphate ou biphosphate
SO$_3$$^{2-}$	Sulfite	Cr$_2$O$_7$$^{2-}$	Bichromate	H$_2$PO$_4$$^-$	Dihydrogénophosphate
CO$_3$$^{2-}$	Carbonate	C$_2$H$_3$O$_2$$^-$	Acétate ou éthanoate	HPO$_3$$^{2-}$	Hydrogénophosphite
NO$_3$$^-$	Nitrate	CN$^-$	Cyanure	H$_2$PO$_3$$^-$	Dihydrogénophosphite
NO$_2$$^-$	Nitrite	OH$^-$	Hydroxyde	HSO$_4$$^-$	Hydrogénosulfate ou bisulfate
ClO$_4$$^-$	Perchlorate	MnO$_4$$^-$	Permanganate	HSO$_3$$^-$	Hydrogénosulfite ou bisulfite
ClO$_3$$^-$	Chlorate	C$_2$O$_4$$^{2-}$	Oxalate	HCO$_3$$^-$	Hydrogénocarbonate ou bicarbonate

8.11 La solubilité (dans l'eau) de quelques composés ioniques courants

ANNEXE 8

Ions négatifs (anions)	Li⁺ Na⁺ K⁺ Rb⁺ Cs⁺ Fr⁺ H⁺ NH_4^+	Be^{2+} Mg^{2+}	Ca^{2+}	Sr^{2+}	Ba^{2+}	Ra^{2+}	Éléments de transition et Ga^{3+} Ge^+ Bi^{3+} As^{3+} As^{5+} In^{3+} Sn^{2+} Sn^{4+} Al^{3+}	Tl^+	Pb^{2+}	Ag^+ Cu^+ Hg_2^{2+}
CH_3COO^- NO_3^- ClO_4^-										
SO_4^{2-}			■	■	■				■	■
SO_3^{2-} PO_4^{3-} CO_3^{2-}		■	■	■	■		■	■	■	■
S^{2-}							■	■	■	■
OH^-		■					■	■	■	■
Cl^- Br^- I^-									■	■
CrO_4^{2-}				■	■	■			■	Ag⁺ ■

■ Peu soluble à 25 °C : formation d'un précipité.

8.12 La capacité thermique massique de diverses substances

Substance	Chaleur massique (J/(g·°C)) à 25 °C
Élément	
Aluminium	0,897
Carbone (graphite)	0,709
Cuivre	0,385
Or	0,129
Dihydrogène	14,304
Fer	0,444
Composé	
Ammoniaque (liquide)	4,70
Éthanol	2,46
Eau (solide)	2,05
Eau (liquide)	4,184
Eau (gaz)	1,41
Autres substances	
Air	1,02
Ciment	0,88
Verre	0,84
Granit	0,79
Bois	1,76

ANNEXE 8 Les tableaux de référence 423

GLOSSAIRE

A

Acide d'Arrhenius
Substance qui se dissocie dans l'eau pour produire des ions hydrogène (H^+).

Acide de Brønsted-Lowry
Substance dont on peut retirer un proton (ion hydrogène, H^+). Un acide est considéré comme un donneur de proton.

B

Base d'Arrhenius
Substance qui se dissocie dans l'eau pour produire des ions hydroxyde (OH^-).

Base de Brønsted-Lowry
Substance qui peut céder un proton (ion hydrogène, H^+) à un acide. Une base est considérée comme un accepteur de proton.

Bilan énergétique
Somme de l'énergie requise pour briser les liaisons chimiques des réactifs et de l'énergie dégagée au moment de la formation des liaisons des produits.

C

Calorimétrie
Méthode expérimentale qui permet de déterminer des quantités de chaleur impliquées au cours de certaines transformations.

Catalyseur
Substance qui augmente la vitesse de réaction sans modifier le résultat de la transformation et sans être consommée par la réaction. Le catalyseur diminue l'énergie d'activation en permettant à un plus grand nombre de particules d'avoir l'énergie cinétique suffisante pour réagir.

Chaleur
Transfert d'énergie thermique qui se produit entre deux systèmes de températures différentes en contact l'un avec l'autre.

Chaleur de réaction (ΔH)
Quantité d'énergie absorbée ou libérée au cours d'une réaction chimique.

Chaleur molaire de dissolution (ΔH_d)
Quantité d'énergie absorbée ou libérée au cours de la dissolution d'une mole de soluté dans un solvant.

Chaleur molaire de neutralisation (ΔH_n)
Quantité d'énergie absorbée ou libérée au cours de la neutralisation d'une mole d'acide ou de base.

Collision efficace
Collision au cours de laquelle les particules de réactif se heurtent, entraînant une réaction qui les transforme en particules de produit.

Collision élastique
Collision au cours de laquelle les particules de réactif se heurtent sans entraîner de réaction. Dans une collision élastique, la somme des énergies cinétiques des particules reste inchangée.

Complexe activé
Regroupement instable d'atomes des réactifs en collision qui se produit au cours de la transformation partielle des réactifs en produits.

Comportement des gaz
Façon de réagir des gaz lorsque certaines de leurs propriétés physiques subissent des variations. Ce comportement peut être décrit qualitativement, par des observations, ou quantitativement, par des lois.

Concentration
Rapport entre la quantité de soluté dissous et la quantité totale de solution.

Concentration des réactifs
Facteur qui influence la vitesse de réaction : généralement, plus la concentration des réactifs est élevée, plus la vitesse de réaction est grande.

Conditions nécessaires à l'obtention de l'équilibre
Conditions, au nombre de trois, nécessaires pour parvenir à une réaction chimique à l'équilibre, soit une *transformation réversible* se déroulant dans un *système fermé* dont les *propriétés macroscopiques* demeurent constantes.

Constante d'acidité (K_a)
Constante d'équilibre qui permet de caractériser la force relative des acides partiellement ionisés en solution aqueuse. Plus l'acide est fort, plus son ionisation est élevée et plus la valeur de K_a est grande.

Constante de basicité (K_b)
Constante d'équilibre qui permet de caractériser la force relative des bases partiellement ionisées en solution aqueuse. Plus la base est forte, plus son ionisation est élevée et plus la valeur de K_b est grande.

Constante d'équilibre (K_c)
Relation qui établit qu'à une température donnée, le rapport entre la concentration des produits et celle des réactifs est constant dans toute réaction chimique élémentaire à l'équilibre. Aussi appelée loi de l'équilibre.

Constante d'ionisation de l'eau (K_{eau})
Constante d'équilibre qui permet de comprendre l'interdépendance entre les concentrations molaires des ions hydronium (H_3O^+) et hydroxyde (OH^-).

Constante du produit de solubilité (K_{ps})
Constante d'équilibre qui permet de caractériser la solubilité d'un soluté partiellement ionisé en solution aqueuse. Dans les composés qui comptent les mêmes proportions d'ions, plus le solide est soluble, plus son ionisation est élevée et plus la valeur de K_{ps} est grande.

D

Diagramme énergétique
Graphique qui permet de visualiser la variation d'énergie des substances en jeu au cours d'une réaction.

E

Énergie cinétique
Forme d'énergie liée au mouvement des particules.

Énergie d'activation
Quantité d'énergie minimale requise pour qu'il y ait une réaction chimique endothermique ou exothermique.

Énergie potentielle
Forme d'énergie emmagasinée dans une substance et qui dépend de la position relative de ses particules.

Enthalpie (*H*)
Énergie totale d'un système, soit la somme de toutes les énergies potentielles et cinétiques d'un système à pression constante.

Équation thermochimique
Équation chimique qui renferme des renseignements sur la quantité d'énergie mise en jeu dans la réaction.

Équilibre chimique
Équilibre dynamique qui résulte de deux réactions chimiques opposées s'effectuant à la même vitesse, laissant ainsi la composition du système réactionnel inchangée.

Équilibre de solubilité
État dans lequel un soluté est dissous dans un solvant ou une solution, et où un excès de ce soluté est en contact avec la solution saturée.

Équilibre des phases
État de l'équilibre dynamique lorsqu'une seule substance se trouve dans plusieurs phases à l'intérieur d'un système à la suite d'une transformation physique.

Équilibre dynamique
Résultat de deux processus opposés qui s'effectuent à la même vitesse de sorte qu'aucun changement visible n'a lieu dans le système réactionnel. Il existe trois types d'équilibre dynamique : l'équilibre des phases ou équilibre physique, l'équilibre de solubilité et l'équilibre chimique.

Équilibre ionique dans les solutions
État d'équilibre qui s'établit entre les concentrations des différents ions après la dissociation d'un composé chimique dans une solution.

Équilibre statique
État de ce qui reste au même point ou est maintenu immobile.

F

Facteurs qui influencent la vitesse de réaction
Facteurs, au nombre de cinq, qui influencent la vitesse de réaction, soit la nature des réactifs, la surface de contact des réactifs, la concentration des réactifs, la température du milieu réactionnel et les catalyseurs.

Facteurs qui influencent l'état d'équilibre
Facteurs, au nombre de trois, qui influencent l'état d'équilibre chimique d'un système, soit la concentration des réactifs ou des produits, la température et la pression.

G

Gaz
Substance formée de particules espacées les unes des autres, compressible, qui occupe tout le volume d'un contenant, dont la forme est indéterminée et qui se diffuse rapidement.

H

Hypothèse d'Avogadro
Hypothèse selon laquelle, aux mêmes conditions de température et de pression, des volumes égaux de gaz différents contiennent le même nombre de particules.

I

Ion hydrogène (H⁺)
Ion qui, par sa composition en particule élémentaire, est l'équivalent d'un proton.

Ion hydronium (H₃O⁺)
Proton hydraté, c'est-à-dire un proton lié à une molécule d'eau. Sa formule chimique est H_3O^+.

Ion hydroxyde (OH⁻)
Ion polyatomique simple de charge négative formé d'oxygène (O) et d'hydrogène (H).

L

Loi d'Avogadro
Loi qui stipule qu'aux mêmes conditions de température et de pression, le volume d'un gaz est directement proportionnel à sa quantité exprimée en nombre de moles. L'expression mathématique qui décrit cette loi est la suivante :
$$\frac{V_1}{n_1} = \frac{V_2}{n_2}.$$

Loi de Boyle-Mariotte
Loi qui stipule qu'à température constante, le volume occupé par une quantité donnée de gaz est inversement proportionnel à la pression de ce gaz. L'expression mathématique qui décrit cette loi est la suivante :
$$P_1 V_1 = P_2 V_2.$$

Loi de Charles

Loi qui stipule qu'à pression constante, le volume occupé par une quantité donnée de gaz est directement proportionnel à la température absolue de ce gaz. L'expression mathématique qui décrit cette loi est la suivante :

$$\frac{V_1}{T_1} = \frac{V_2}{T_2}.$$

Loi de Dalton

Loi qui stipule qu'à une température donnée, la pression totale d'un mélange de gaz est égale à la somme des pressions partielles de tous les gaz du mélange. Aussi appelée loi des pressions partielles.

Loi de Gay-Lussac

Loi qui stipule qu'à volume constant, la pression d'une quantité donnée de gaz est directement proportionnelle à la température absolue de ce gaz. L'expression mathématique qui décrit cette loi est la suivante :

$$\frac{P_1}{T_1} = \frac{P_2}{T_2}.$$

Loi de Hess

Loi qui stipule que si une réaction peut être décomposée en plusieurs réactions élémentaires, sa variation d'enthalpie est égale à la somme algébrique des variations d'enthalpie de chacune des réactions élémentaires. Aussi appelée loi d'additivité des enthalpies.

Loi de la conservation de l'énergie

Loi qui stipule que l'énergie peut être transférée ou transformée, mais qu'il est impossible de la créer ou de la détruire.

Loi des gaz parfaits

Loi mettant en relation les quatre variables qui caractérisent un échantillon de gaz à un moment donné, soit la pression (P), le volume (V), la température (T) absolue et la quantité de gaz (n) exprimée en moles, ainsi que la constante des gaz.

Loi des vitesses de réaction

Loi qui décrit la relation mathématique entre la vitesse de réaction et la concentration des réactifs. Dans le cas d'une réaction élémentaire, cette loi dépend des coefficients stœchiométriques des réactifs présents dans l'équation balancée.

Loi générale des gaz

Loi qui met en relation les quatre variables qui caractérisent les gaz, soit la pression (P), le volume (V), la température (T) absolue et la quantité de gaz (n) exprimée en moles. Cette loi permet de prévoir les conditions finales d'un gaz une fois ses conditions initiales modifiées.

Lois simples des gaz

Lois qui permettent de résoudre des problèmes mettant en relation deux des quatre variables qui décrivent les gaz, soit la pression (P), le volume (V), la température (T) absolue et la quantité de gaz (n) exprimée en nombre de moles, pendant que les deux autres variables sont maintenues constantes.

M

Mécanisme réactionnel

Suite de réactions élémentaires qui conduisent des réactifs aux produits au cours d'une réaction complexe.

N

Nature des réactifs

Phase dans laquelle se trouvent les réactifs. La nature des réactifs ainsi que le nombre et la force des liaisons qu'ils contiennent influencent la vitesse de réaction.

P

Pression

Mesure d'une force exercée sur une surface.

Principe de Le Chatelier

Principe qui permet de prédire qualitativement le sens de la direction (directe ou inverse) qui sera favorisée lorsque les conditions d'un système à l'équilibre sont modifiées.

Produit

Substance qui se forme au cours d'une réaction chimique. Sa formule chimique figure du côté droit de la flèche de l'équation chimique de la réaction.

R

Réactif

Substance qui se décompose ou qui se combine avec une ou plusieurs autres substances au cours d'une réaction chimique. Sa formule chimique figure du côté gauche de la flèche de l'équation chimique de la réaction.

Réaction directe

Réaction qui survient lorsque les réactifs deviennent des produits.

Réaction inverse

Réaction qui survient lorsque les produits redeviennent des réactifs.

Réaction irréversible

Réaction qui ne peut se produire que dans un sens, soit des réactifs vers les produits.

Réaction réversible
Réaction qui peut se produire dans les deux sens, soit des réactifs vers les produits ou des produits vers les réactifs.

Réactivité chimique
Tendance d'un gaz à subir une transformation chimique sous l'effet de divers facteurs comme la chaleur, la lumière ou le contact avec d'autres substances.

Standard
État dans lequel se trouve une substance à TAPN, température ambiante et pression normale.

Stœchiométrie des gaz
Méthode de calcul basée sur les rapports entre les quantités de gaz impliquées dans une réaction chimique. Cette méthode permet de prévoir la quantité de réactif ou de produit impliquée dans une réaction chimique dans laquelle au moins un des constituants est gazeux.

Surface de contact du réactif
Facteur qui influence la vitesse de réaction : en général, une augmentation de la surface de contact du réactif augmente la vitesse de réaction.

Système
Endroit particulier où se trouve un groupe de substances qui subissent une transformation quelconque.

Système fermé
Système qui permet les échanges d'énergie mais non de matière avec le milieu extérieur.

Système isolé
Système qui ne permet ni les échanges de matière ni les échanges d'énergie avec le milieu extérieur.

Système ouvert
Système qui permet les échanges de matière et les échanges d'énergie avec le milieu extérieur.

Température
Mesure de l'agitation des atomes et des particules dans un système.

Température du milieu réactionnel
Facteur qui influence la vitesse de réaction : en général, une hausse de la température du milieu réactionnel augmente la vitesse de réaction.

Théorie cinétique des gaz
Théorie qui vise à expliquer les similitudes observées dans le comportement des gaz à partir du mouvement des particules qui les composent.

Théorie des collisions
Théorie qui permet de connaître précisément les interactions entre les particules de réactif et l'énergie présente à chaque stade de l'évolution d'une réaction illustrée par le mécanisme réactionnel.

Transformation endothermique
Transformation qui absorbe la chaleur provenant de l'environnement.

Transformation exothermique
Transformation qui dégage de la chaleur dans l'environnement.

Variation d'enthalpie (ΔH)
Énergie échangée entre un système et son environnement au cours d'une transformation physique ou d'une réaction chimique à pression constante. Aussi appelée chaleur de réaction ou chaleur de transformation.

Vitesse de réaction
Quantité positive qui correspond à la variation de la quantité d'un réactif ou d'un produit en fonction du temps au cours d'une transformation chimique. La vitesse d'une réaction est proportionnelle au coefficient, du réactif ou du produit, de l'équation chimique balancée choisi pour l'exprimer.

Vitesse instantanée d'une réaction
Vitesse de la réaction à un temps déterminé de la réaction. On la détermine en calculant la pente de la tangente qui passe par un point correspondant au moment précis considéré.

Vitesse moyenne d'une réaction
Variation de la quantité d'un réactif ou d'un produit en fonction d'un intervalle de temps donné. On la détermine en calculant la pente de la sécante passant par les points qui délimitent l'intervalle de temps.

Volume molaire gazeux
Volume occupé par une mole de gaz à des conditions de température et de pression établies, soit TPN, température et pression normales (0 °C et 101,3 kPa), et TAPN, température ambiante et pression normale (25 °C et 101,3 kPa). Le volume molaire à TPN = 22,4 L ; le volume molaire à TAPN = 24,5 L.

INDEX

A

Acide(s), 9, 19-**20**, 25
    aminé, 241, **325**, 326
    conjugué, 324-325, 334
    constantes d'ionisation des, **421**
    d'Arrhenius, 192, **320-323**, 328
    de Brønsted-Lowry, **323-325**
    détermination de la concentration d'un, **385-386**
    faible, **330-331**, 334
    force des, **329-331**
    fort, 192, **329-330**, 331, 334
    gras, 268
    pluies, 199
Acidité
    caractériser l'acidité d'une solution à l'aide de l'échelle pH, **20**, **325-326**
    constante d', 329, **331-333**, 398, **421**
Acidobasique
    indicateur, 44, 192, 323, 385-386
    neutralisation, 20, **25**, 153, 192-193, 321-322, 324-325, 385-386,
Aérosol, 43
Additivité des chaleurs de réaction, **201-206**
Agitation thermique, 31, 32, 58, 61, 82, **128-130**, 132-133, 135, 150, 176
Air comprimé, 33, 42, **43**, 45, 63, 91, 94, 373
Alcalin, 9, 177, 353-354, 357
Alcalino-terreux, 9, 353-354, 357
Amphotère, 323, 324-325
Anesthésie (histoire de l'), **49**
Anion, **4**, 11, 28, 350, 353, 358, 423
Anode, 341, 358-359, 361, 366
    sacrificielle, 359
Appertisation, 229
Arrhenius
    Svante, 320, **321**, 323, 325
    théorie d', 192, **320-323**, 327-328
Arrondissement, 397
Aspect énergétique des transformations, **127-209**
Atmosphère, 27, **38-41**, 42, 47, 48, 70, 71, 111, 150, 152, 199, 299
Atome(s), 4, 21
    collisions des, 236-240, 246, 248-249, 251
    dénombrement des, **13-14**
    interactions entre plusieurs, 28-29, 45-46, 135, 152, 156-157, 172-175, 186, 189, 321-322
    mouvements des, 54-58, 129, 148
    représentation des, **5-7**
Autocuiseur, 87
Avogadro
    Amedeo, 88, **89**, 108
    constante d', **13**, 92, 406
    hypothèse d', **88-90**, 92, 100-101
    loi d', **89-91**, 92, 100-101, 400
    nombre d', **13**, 92, 406

B

Balancement d'une équation chimique, **22**, 23-24
Ballon dirigeable, **115**
Baromètre, 70-71, 382
Base(s), 19-**20**, 25
    conjuguée, 324-325, 331
    d'Arrhenius, 192, **320-323**, 328
    de Brønsted-Lowry, **323-325**
    détermination de la concentration d'une, **385-386**
    faible, **334**

    force des, 329, **334**
    forte, 192, **334**
Basicité
    caractériser la basicité d'une solution à l'aide de l'échelle pH, 20, **325-326**
    constante de, 320, 329, **334-335**, 398, **421**
Berzélius, Jöns Jacob, 269
Bilan énergétique, 46, **156-160**, 174-175, 188, 398
    dresser un, **156-159**
    graphique d'un, 157
Biogaz, 39
Bombe calorimétrique, 132-133
Brønsted, Johannes Nicolaus, 323
Brønsted-Lowry (théorie de), **323-325**
Boyle, Robert, **76**
Boyle-Mariotte (loi de), **76-79**, 100-101, 400

C

Calcul
    de l'énergie transférée, **138-140**
    de la variation d'enthalpie par stœchiométrie, **161-162**
    des concentrations à l'équilibre, **314-317**
    du nombre d'oxydation, **354-355**
Calorimètre, **132-133**, 149, 190, 192, 201
    bombe calorimétrique, 132-133
    maison, 133
Calorimétrie, **132-133**, 201, 203
Capacité thermique massique, **32**, **134-136**, 138, 139, 140, 189, 192, 409
    de diverses substances, **423**
Caramélisation, 241
Catalyse (histoire de la), **269**
Catalyseur(s), **262-266**, 268, 269
    ajout d'un, 289, **297**
    biologiques, **265-266**
    fonctionnement d'un, **262-263**
    hétérogènes, 262, **266**
    homogènes, 262, **264-266**
Cathode, 341, 358-359, 361, 363, 366
Cation, **4**, 11, 28, 350, 351, 353, 358-359, 423
Chaleur, **128-130**
    de combustion, 46, 108, 114
    de réaction, **147-165**, 172, 175, 176, 178, 180-181, 186, 188, 201-203, 205
    latente, 150, 151
    massique, **32**, **134-136**, 138, 139, 140, 189, 192
    mesure de la, **132-133**
    molaire de combustion, 149, 186, 205-206
    molaire de dissolution, **186-191**, 201
    molaire de formation, 153
    molaire de fusion, 186
    molaire de neutralisation, **192-193**, 201
    molaire de réaction, 149, **186-193**, 205
    transferts de, 128-130, 131, 132, 134-135, **138-140**, 149, 150-151, 153, 172-173, 176-177, 187-188-189, 192, 203, 293, 313-314
Charles,
    Jacques, **80**-81, 85
    loi de, **82-84**, 85, 100-101, 105, 115, 400
Chiffres significatifs
    dans les résultats d'opérations mathématiques, **396**
    règles pour identifier le nombre de chiffres significatifs d'une mesure, **395**
Chimie organique, 249
Clapeyron, Benoît Paul Émile, 151

Classification périodique, **8-10**
    Tableau périodique, **C1-C2**
Claude, Georges, 41
Climat, 41, 135
    réchauffement du, 39, 299
Coefficient
    fractionnaire, 204
    stœchiométrique, 23, 108, 198, 216-217, 253, 256, 257, 296, 308-310, 315
Collision(s), 57, 59, 64-65, 69-70, 79, 84, 87, 91, 96, 111-112, 172-173, 176, 181
    efficace, **236-238**, 240, 246, 253, 260-261, 262, 290
    élastique, **236-238**, 239, 240
    géométrie de, **237**
    parfaitement élastique, 61
    théorie des, **236-241**, 246, 247-248, 251-252, 253, 260-261, 262, 290
    types de, **236-238**
Comburant(s), 27, **39**, 46, 252, 373, 374
    gaz, 42, **48**
Combustible(s), 39, 48, 149, 252, 373
    fossiles, 199, 299
    gaz, 42, 44, **46-47**
    propre, 47
    pile à, 366
Combustion, 27, 39, 42, 46-48, 108, 114, 131, 149, 153, 174, 186, 199, 201, 204-205, 251-252, 280-281, 299
Comment arrondir un nombre, **397**
Comment préparer une solution, **383-386**
Comment réaliser une collecte d'échantillons, **387**
Complexe activé, **172-173**, 174-175, 176-177, 200, 240-241, 247, 248, 253, 265
Comportement des gaz, **63**
Comportement particulier
    des gaz, **57-58**
    des liquides, **56-57**, 58
    des solides, **56**, 58
Composé(s)
    azotés, 38, 280, 289
    carbonés, 299
    chlorés, 48, 314
    constantes du produits de solubilité dans l'eau à 25 °C pour divers, **422**
    covalent, 29, 353-355
    halogénés, 49
    ionique, **28**, 187, 320, 336-337, 353, 354
    moléculaire, 187
    organiques, 46
Compressibilité, 33, 43, 58, **63**, 76, 78, 114
Concentration, **16-18**
    à l'équilibre, 286, 288, 289-292, 308-311, **313-317**, 330-331, 334, 337
    des réactifs, 238, **253**, 254-258, 309-312
    des solutions, 18, 397
    détermination de la, **385**
    exposants des, 257, 308-309
    facteurs qui influencent l'équilibre de la, 289-297
    loi des vitesses de réaction, **254-257**
    molaire, **17**
    prédiction des concentrations finales, 18, 314-317
    relation entre le pH et la concentration des ions hydronium et hydroxyde, 325-326, **328-329**
    variation de la, 217, 220, 222, 254, **289-292**, 294-297, 313
Conditions d'équilibre, 256, **283-286**
Conductibilité
    électrique, 8-9, 82, 300, 327
    thermique, 8-9, 135, 140

Configuration
    électronique, 4-6, 45, 357
    trans, 268
Conservation
    de l'énergie, **31-32**, 128, **131-133**, 157, 239
    de la masse, **21-22**
    des aliments, **229**, 261
Constante(s)
    d'acidité, 320, 329, **331-333**
    d'équilibre, **308-317**, 320, 328, 331, 337
    d'ionisation de l'eau, 320, 325, **327-329**
    d'ionisation des acides, **421**
    d'ionisation des bases azotées, **421**
    de basicité, 320, 329, **334-335**
    des gaz, 100-**102**
    de vitesse de la réaction directe, 255-256, 309, 310-311
    de vitesse de la réaction inverse, 309, **311**
    du produit de solubilité, 320, **336-338**, **422**
Corrosion, 27, 224, 352, 359
Couche électronique, 5-6, 10
    périphérique, 5, 45, 353
Courant électrique, 19, 31, 47-48, 128, 341, 358-359, 366
Cuisson
    ou réaction, 241
    sous pression, 87

D

Dalton
    John, **111**-112
    loi de, **111-113**, 400
Décomposition, **25-26**, 152, 216-217, 269, 280, 281, 291, 299
Degré d'oxydation, **353-355**
Démarche(s)
    d'analyse, 377, **382**
    d'observation, 377
    de modélisation, 377
    empirique, 377
    expérimentale, 377, **381**
    tableau synthèse des, **377**
Dénombrement de la matière, **13-14**
Déséquilibre vital, **286**
Désinfection des piscines, **341**
Diagramme
    à bandes, **390**
    à ligne brisée, **389**
    circulaire, **391**
    d'enthalpie, 153-154
    de Lewis, 5, **7**, 29, 156, 353-355
    du bilan énergétique, 157-159, 174-175
    énergétique, 172-173, **174-181**, 200, 239, 263-264
    observation du déroulement d'une réaction à l'aide d'un diagramme énergétique, **176-181**
Diffusion, **64-67**
Dilution, 16, **18**
    marche à suivre pour effectuer une, **384**
Dipôle, 322
Dissociation électrolytique, **19-20**, 188, 248, 320, 321-322, 325, 329, 330-331, 334
Dissolution, **15**, 19, 153, 188-190, 201, 252, 279, 283, 284, 320, 330, 336
    chaleur molaire de, **186-187**, 189, 190
    ionique (électrolytique), **19-20**, 188, 248, 320, 321-322, 325, 329, 330-331, 334
    marche à suivre pour préparer une, **383-384**
    molaire, 189

E

Eau
  comme régulateur de température, 135
  constante d'ionisation de l', 320, 325, **327-329**
Échelle pH, 20, 325-326, 328-329, 385-386
Effusion, 64-**65**, 66-67
Électricité, 128, 359-366
  conduction de l', 8-9, 82, 300, 327
Électrode, 19, 358-361, 363-364, 366
  à hydrogène, 360-361
  de référence, **360**-361, 363
Électrolyse, 47, 341
Électrolyte, **19**-20, 321, 329, 337, 366
Électron(s), 4-6, 9, 12, 28, 40, 148, 300, 322, 350-352, 353-355, 357, 358-359, 363
  célibataires, **7**
  de valence, **5**, 7, 9, 28, 45, 354, 357
  doublets d', **7**, 353-354
  libre, 350
  partage d', 29, 156, 354
  transfert d', 28, 342 350-351, 353
Électronégativité, 8, **28**-29, 353-354
Électrophorèse, 325
Éléments
  et leur masse atomique, **410-411**
  liste alphabétique des, **410-411**
  propriétés thermodynamiques de certains, **417**
Endothermique
  réaction, **26**, **152-153**, 154, 156-157, 172, 174, 176-177, 178-181, 188-189, 292-294, 314
  transformation, **150-151**
Énergétique
  diagramme, 172-173, **174-181**, **200**, 239, 263-264
Énergie(s)
  chimique, 27, 31, 114, 131-132, 152, 189, 366
  cinétique, **30**-32, 54, **58-60**, 61, 66, 69, 81, 128, 148, 172, 176, 236, 238-240, 260-261, 297, 399, 409
  conservation de l', **31-32**, **131-133**, 128, 157, 239
  d'activation, 172, **173-175**, 176-177, 178- 181, 200, **237-238**, 240-241, 248, 260-261, 262-264, 297, 313, 321
  de collision, 236-238, 240-241, 247, 249, 260
  de liaison, 31, 46, 148, 154, **156-157**, 248
  échanges d', 46, 128, 148, 151, 161, 186
  élastique, 31
  électrique, 31, 131, 366
  éolienne, 31, 47
  formes d', **30-32**
  loi de la conservation de l', **31-32**, 128, **131-133**, 157, 239
  lumineuse, 131, 152
  mécanique, **32**, 114, 131, 399, 409
  moyennes de liaison, 156, **419**
  nucléaire, 31
  pneumatique, **43**
  potentielle, **30-32**, 131, 148, 154, 172-174, 176-177, 200, 203, 239, 360, 409
  potentielle élastique, 31
  potentielle électrique, 31
  potentielle gravitationnelle, **30**, 31, 399
  rayonnante, 31, 39, 206
  renouvelable, 47, 299
  thermique, 31-32, 128-130, 131, 132-133, 134-136, 138, 189, 286, 293, 399
  transférée, **127-143**
  transfert d', **127-143**, 284
  variation d', 21, 26, 186, 239
Enseignes lumineuses, 41, 42
Enthalpie(s), **148**, 248, 409
  additivité des, **201-206**
  dans les réactions chimiques, 248
  de formation, 149, 156, **203-205**, **418**
  diagramme d', **153-154**
  molaires standard de formation, 149, 156, **203-205**, **418**
  variation d', **147-165**, 172-181, 186, 188, 200-205, 263, 264, 403
Entropie, 82, 129, 148
Enzymes, 229, 262, 263, **265-266**, 286, 326
Équation(s)
  balancement d'une, **22**,
  chimique, 21, 22, 27, 153, 204, 216, 310, 386
  globale de l'oxydoréduction, **351-352**
  mathématiques, **398-403**
  rappel de quelques équations mathématiques, **398-403**
  squelette, **22**
  thermochimique, 152-153, 161, 202-204
Équilibre
  aspect qualitatif de l', **277-301**
  aspect quantitatif de l', **307-342**
  calcul des concentrations à l', **314-317**
  chimique, **277-342**
  conditions d', 256, **283-286**
  constante d', **308-317**, 320, 328, 331, 337
  de solubilité, **279**, 280, 282-284, 286, 320, 336-338
  des phases, **278-279**, 280, 282, 283, 285, 286
  dynamique, **278-279**, 280-282, 299, 308
  état d', 278-**282**, 283-286, 288-297, 300, 313, 320, 399
  ionique dans les solutions, **320-338**
  physique, **278-279**, 280, 282, 283, 285, 286
  statique, **278**
État
  d'équilibre, 278-286, 288-297, 300, 313, 320, 360, 399
  fondamental, 350-351, 353-355
  stationnaire, **286**
Eutrophisation, 299
Exothermique
  réaction, **26**, 150, **152-154**, 156-157, 172-173, 176-177, 178-180, 188, 292-294, 300, 313-314, 364
  transformation, **150-151**
Expansion, **63**-64, 128, 132

F

Fabrication du pain, 263
Façons de mesurer la vitesse de réaction, **220-223**
Facteurs
  qui influencent l'état d'équilibre, **289-297**
  qui influencent la vitesse de réaction, **246-269**
Famille, 8, **9**, 12
Femtochimie, 181
Fermentation, 39, 149
Feu
  marcher sur le, 140
  triangle du, 46
Fidélité d'un instrument de mesure, 394, **395**
Flottabilité
  de la glace, **57**
  du poisson, **41**
Fluides
  compressibles, **33**
  incompressibles, **33**
Force
  des acides, **329-331**
  des bases, **334**
  de van der Waals, 189
  gravitationnelle, 57, 70-71
Formule(s) chimique(s), **4**, 11-12, 17, 20, 22-23, 198, 216, 323, 329, 334
  de produits chimiques de la vie courante, **412-416**
  développée, 160
  semi-développée, 160
Four à micro-ondes, **84**

G

Galvanisation, **224**
Gay-Lussac
    loi de, **85-87**, 100-101, 114, 400
    Louis Joseph, 80, **85**, 88, 108
Gaz
    à effet de serre, 39, 46-47, 114, 199, 299, 366
    anesthésiant, 49
    applications technologiques des, 38, **41-43**
    azoté, 199
    comburant, **48**
    combustibles, 42, **46-47**
    comportement des, 54, **63-67**
    comprimés, 42, **43**, 45, 63, 91, 94, 373
    constante des, 100-**102**, 105
    et phénomènes naturels, **38-41**
    inerte, 9, 12, 39, 42, 41, 44-45, 54, 300, 357
    loi générale des, 75, **105-106**
    lois simples des, **75-96**, 100-102
    noble, 9, 12, 39, 41, 42, 44-45, 54, 300, 357
    parfait, 54, **61**, 63, 75, 81, 93, 100-101, 103-104
    pression d'un, **69-73**, 77, 82, 85, 94-95, 100
    propriétés chimiques des, **38-49**
    propriétés physiques des, **53-115**
    rare, 9, 12, 39, 41, 42, 44-45, 54, 300, 357
    réactivité chimique des, **44-48**
    réels, 61, 63, 75, 81, 93, 100
    théorie cinétique des, **54-61**, 63, 66, 69, **79**, **84**, **87**, **91**, **92**, **96**, 100, **111**
    utilisation quotidienne des, **38-43**
Gibbs, Josiah Willard, 148
Gilet de sauvetage, 91
Guldberg, Cato Maximilian, 256

H

Haber
    Fritz, 289, 301
    procédé de, **266**, 289, 301
Halogène, 9, 45, 48, 419
    ampoules, 48, **300**
Hess
    Germain Henri, **201**
    loi de, **201-206**, 401
Hexagone de l'explosion, **252**
Hydrocarbures, 46, 174, 269
Hydrogénation, **268**, 269
Hydronium, 220-221, 322, 324-326, 327-328, 329-331, 360
Hypothèse
    d'Avogadro, **89-91**, 92, 100-101
    de la théorie cinétique des gaz, 54, **61**, 63, 66, 69, 79, 84, 87, 91, 92, 96, 100, 111

I

Incertitude
    absolue, **394**
    inconnue, **396**
    relative, **394**
Indicateur acidobasique, 44, 192, 323, 385-386
Inhibiteur, **263**
Interaction
    soluté-soluté, 186, **187-188**
    solvant-soluté, 186, **188**
    solvant-solvant, **186-187**, 188
Intermédiaire de réaction, 199-**200**, 206, 241, 264-265
Interprétation des résultats de la mesure
    chiffres significatifs, **395**
    incertitude, **394**

Instruments et techniques de laboratoire, **383-387**
Ion(s), **4**, 19
    formules chimiques et les, **4**
    hydrogène, 320-324
    hydronium, 220-221, 322, 324-326, 327-328, 329-331, 360, 386
    hydroxyde, 192, 220, 239-240, 321-322, 324-326, 327-328, 334
    négatif, **4**, 11, 28, 350, 353, 358, 423
    polyatomiques, **4**, 11, 353, **422**
    positif, **4**, 11, 28, 350, 351, 353, 358-359, 423
    spectateur, 192, 322, 358
Ionisation
    constante d'ionisation de l'eau, 320, 325, **327-329**
    pourcentage d', **330**-333
Isotope, **6-7**

J

Jauge à pression, 71, 106
Joule, James Prescott, **128**, 132

K

Kelvin (lord), 81-**82**, 128

L

Lampes halogènes, 48, **300**
Lavoisier, Antoine Laurent de, 75, 131
Le Chatelier,
    Henry, **288**
    principe de, **288**, 289-297, 299, 313-314
Liaison
    chimique, 4, 5, **28-29**, 129, 135, 152-154, 249, 281
    covalente, **29**, 46, 266, 353-354
    double, 156, 159, 160, 249, 268
    énergie de, 31, 46, 148, 154, **156-157**, 172, 248, **419**
    enthalpie de, 156-157, 172, 175, 237, 248
    force d'une, 46, 58, 156, 246-247, **248-249**
    hydrogène, **186-188**, 189
    intermoléculaire, 56, 135, 150
    ionique, 12, **28-29**, 187, 354
    simple, 158, 160, 268
    triple, 46, 156, 160
Liste alphabétique des éléments et de leur masse atomique, **410-411**
Loi(s)
    d'action des masses, 256
    d'additivité des enthalpies, 201, **202-206**
    d'Avogadro, **89-91**, 92, 100-101, 400
    de Boyle-Mariotte, **76-79**, 100-101, 400
    de Charles, **82-84**, 85, 100-101, 105, 115, 400
    de Dalton, **111-113**, 400
    de Gay-Lussac, **85-87**, 100-101, 114, 400
    de Graham, **66-67**, 401
    de Hess, **201-206**, 401
    de Joule, 128
    de l'équilibre, **308-317**, 320, 328, 331, 337
    de la conservation de l'énergie, **31-32**, 128, **131-133**, 157, 239
    de la conservation de la masse, **21-22**
    de la dilatation des gaz, 80
    des combinaisons gazeuses, 85, 88, 108
    des gaz parfaits, 75, **100-104**, 105, 401
    des pressions partielles, **111-113**
    des vitesses de réaction, **253-258**, 309, 401
    générale des gaz, 75, **105-106**
    simples des gaz, **75-96**, 100-102
Lowry, Thomas Martin, 323
Lunettes de soleil (histoire des), **342**

M

Manomètre, **71-73**, 112, 285
    à cadran, 71
    à tube en U, **71-73**
Masse
    atomique, 8, 13, 409, **410-411**
    d'une électrode, 359
    molaire, 8, **13-14**, 66, 70, 92, **103-104**, 220, 401, 409
    nombre de, **6-7**
    volumique, 8, 47, 57, 72, 80, 91, 93, 115, 192-193, 409
Mariotte, Edme, **76**
Mathématiques en science, **398-407**
    notation scientifique, **406-407**
    rappel de quelques formules mathématiques, **398-403**
    transformation d'expressions algébriques, **404-405**
Matière
    dénombrement de la, **13-14**
    organisation de la, **4**
    phases de la, 15, **54-58**, 148, **150-151**, 246, **247-248**, 264, 266, **278-279**
Maxwell
    courbe de distribution de, 59-60, **238**, 260
    James Clerk, **59**-60
Mécanisme réactionnel, **198-200**, 202, 206, **239-241**, 264
    représentation graphique d'un, **200**
Menten, Maud Leonora, **266**
Métal, **8-9**, 20, 28, 39, 135, 177, 224, 266, 269, 353-354, 359, 360, 361, 363
    pouvoir réducteur d'un, **357**
Métalloïde, 8-**9**
Modèle
    atomique de Dalton, 111
    atomique de Rutherford-Bohr, **5**
    atomique simplifié et le neutron, **5-7**
    de l'ajustement induit, 266
    de la clé et de la serrure, 265
    particulaire de la matière, **54-58**, 247
Mole, **13-14**, 17, 23, 75, 88-91, 92-93, 94-96, 103, 112, 149, 161, 186, 216, 295, 336
Molécule(s), **4**, 55-58, 88-89, 135, 152, 157, 172-173, 175, 181, 236-238, 248-249, 265-266, 282, 286, 295-296, 329-330, 334, 353-355
    agitation des, 128-130, 132, 148, 150, 176
    façons de représenter les, 160
    polaire, 132, 186-187, 189, 248, 322
Montgolfière, 80, 115
Moteur
    à essence, 42, **114**, 366
    diesel, **114**, 366
Multimètre, 327

N

Nature des réactifs, 238, **246-249**, 360
Neutralisation acidobasique, 20, **25**, 153, 192-193, 321-322, 324-325, 385-386
Neutron, **5-7**
Nobel
    Alfred, 301
    prix, 175, 289, **301**, 321
Nombre
    d'Avogadro, **13**, 92, 406
    d'oxydation, **353-355**
    de masse, **6-7**, 411
Non-métal, 8-**9**, 20, 28-29, 353, 354

Notation

Notation
    de Lewis, 5, **7**, 29, 156, 353-355
    scientifique, 325, 396, **406-407**
Noyau atomique, 5-6, 28, 31, 45, 148
Numéro atomique, 5-7, 8, 10

O

Observation du déroulement d'une réaction à l'aide d'un diagramme énergétique, **176-181**
Oxydant, 44, **351-352**, 361-362
Oxydation, **27**, 39, 46, 201, 221, 224, 313-314, **350-352**, 358-359, 360-361, 363-364
    d'une pomme, 352
    nombre d', **353-355**
Oxydoréduction, **350-366**
    équation globale de l', **351-352**

P

Paire acide-base conjuguée, **324**-325
Pascal, Blaise, 71
Pasteurisation, 229
Période, 5, 8, **10**
Perméation gazeuse, **67**
pH
    calcul du, **325-326**
    échelle de, 20, 325-326, 328-329, 385-386
    expression du, **326**, 400
    papier pH (papier tournesol), 20, 44, 386
Phase(s), **54**-58
    changements de, **15**, 54, **150-151**
    des réactifs et vitesse de réaction, 246, **247-248**
    propriétés macroscopiques des différentes, **58**
Photosynthèse, **27**, 38, 39, 132, **152**, 299
Pile(s)
    à combustible, 366
    à hydrogène, 361
    domestiques, 366
    électrochimique, **358-359**, 361, 363-364
    représentation simplifiée d'une, **363-364**
    voltaïque, 359
Plasma, 54
pOH, 325-**326**, 328, 400
Point
    d'ébullition, 8, 81, 129, 151, 241
    d'éclair, 174
    d'ignition, 27, 46, 114
    de fusion, 8, 151, 300, 364
Polanyi, John Charles, **175**
Potentiel
    différence de, 359, 360, **361**, 363-364
    hydrogène (pH), **20**, 25, 325-**326**, 328-329, 331, 385-386
    hydroxyde (pOH), 325-**326**, 328
    standard d'une électrode, **360-362**, 363
Pourcentage d'ionisation, **330-331**, 401
Précipitation, 25-**26**, 252
Précipité, 21, 26, 247-248, 283
Présentation de résultats scientifiques
    courbe la mieux ajustée, **389**
    diagramme à bandes, **390**
    diagramme à ligne brisée, **389**
    diagramme circulaire, **391**
    histogramme, **391**
    pente d'une tangente à la courbe, **390**

rapport de laboratoire, **392-393**
tableau, **388**
Pression, **33**
atmosphérique, 33, 63, **70-71**, 72, 73, 76, 111, 129, 149
des gaz, **69-73**
des pneus, 71, 106
et quantité de gaz, **94-96**
et température, **85-87**
et volume, **76-79**
mesure de la, **71-73**
partielle, 111-113
variation de, **294-297**
Principe de Le Chatelier, **288**, 289-297, 299, 313-314
Produit(s)
chimiques de la vie courante, **412-416**
Proportion molaire, 112
Propriété(s)
chimique caractéristique, 44
chimiques des gaz, **38-49**
intraparticulaires des réactifs, 247
macroscopiques, 58, **285-286**
microscopiques, **286**
physique caractéristique de la matière, 32
physiques des gaz, **53-115**
thermodynamiques de certains éléments, **417**
Proton(s), 5-6, 28, 322, 350
accepteur de, 323-325
donneur de, 323-325
hydraté, 322, 324-326, 327-328, 329-331, 360, 386
transfert de, 324-325

Q

Quantité
de chaleur, 32, 130, 134, 138-139, 150-151, 153
de gaz, 41, 75-76, 82, 85, 88-91, 93, 94-96, 100, 105

R

Rappel de quelques formules mathématiques, **398-403**
Rapport
molaire, **23**, 108
Réactif(s), **46**
concentration des, **253**, 254-258
nature des, **246-249**, 264
nombre et force des liaisons à briser dans les, **248-249**
orientation des, **237**
phase des, **247-248**
surface de contact du, **251-252**
Réaction
complète, 313
complexe, **198-206**, 240-241, 256-257
de Maillard, 241
demi-, 350-352, 358, 361, 363
déroulement d'une, **176-181**, 199-200, 214
des métaux alcalins dans l'eau, **177**
directe, 176, **178-181**, 263, 281-282, 288, 290-291, 293, 296, 297, 300, 308- 311, 312-314, 336
élémentaire, **198-202**, 214, 240-241, 253, 256-257, 310
en chimie organique, **249**
endothermique, **26**, **152-153**, 154, 156-157, 172, 174, 176-177, 178-181, 188-189, 292-294, 314
exothermique, **26**, 150, **152-154**, 156-157, 172-173, 176-177, 178-180, 188, 292-294, 300, 313-314, 364
hétérogène, 246

homogène, 246, 252
inverse, 25, 47, 151, 176, **178-181**, 263, 280-282, 288, 290, 293, 296, 300, 308-309, 311-314, 336, 342
irréversible, 176, **178-181**, **280-281**, 283
loi des vitesses de, **253-258**, 309, 401
réversible, 176, **178-181**, **280-282**, 283-284, 291, 293, 297, 300, 310, 341, 342
simple, **198-202**, 214, 240-241, 253, 256-257, 310
spontanée, **176-177**, **357**, 361, 363
thermite, 364
types de, **25-27**
vitesse de, 176, **214-227**, 236-238, 278-279, **282**-284, 288, 290-291, 297, 301, 308, 309, 313, 403
Réactivité
causes de la réactivité chimique des gaz, **45-46**
chimique des gaz, **44-48**
Réducteur, **351-352**, 357, 362, 363
Réduction, **27**, **350-352**, 353, 358, 360, 363-364
Règles
d'écriture, 11-**12**
de calcul en notation scientifique, **407**
de nomenclature, **11**
de sécurité, 372-375, **375-376**
pour identifier le nombre de chiffres significatifs d'une mesure, **395**
Relation entre le pH et la concentration molaire des ions hydronium et hydroxyde, **328-329**
Représentation graphique
d'un diagramme énergétique, **174-175**
d'un mécanisme réactionnel, **200**
Résolution de problèmes
méthode de résolution de problèmes par l'analyse des unités, **379**-380
quatre étapes de la, **378**
Respiration, 27, 38, **79**
cellulaire, 48

S

Sécante, 226-227
Sécurité au laboratoire, **372-376**
Sel, 19-**20**, 25, 192, 321-322
dans la désinfection des piscines, 341
Sensibilité d'un instrument de mesure, 394, **395**
Solubilité, **15**
constante du produit de, 320, **336-338**, **422**
de quelques composés ioniques courants, **423**
équilibre de, **279**
molaire, 336-337
paramètres influençant la, 15
Soluté, 15-17, 19, 186-189, 279, 336
Solution, 15-16, 18
comment préparer une, **383-386**
dans une pile électrochimique, 358-359
équilibre ionique dans les, **320-338**
étalon, 385
saturée, 15, 279, 283, 336-337
Solvant, 15, 19, 186, 188-189, 252, 279, 283, 336
polaire, 325
Sørensen, Søren Peter Lauritz, **326**
Spectroscopie, 206
Standard, **149**, 151-152
Stœchiométrie, **23-24**, 216
calcul de la variation d'enthalpie par la, **161-162**
des gaz, **108-109**
Substance
amphotère, 234

Surface de contact, 238, **251-252**
Symboles
de danger, **372-374**
de sécurité, **375**
Synthèse, 25, 27, 153
de l'ammoniac, 256, **266**
Système(s)
à l'équilibre, 283-286, 288-297, 309-310, 336
fermé, 131-**132**, 133, 181, 284-285
isolé, 32, 131-**132**
ouvert, **131**, 181, 284-285
types de, **131-133**
Système international (SI)
préfixes courants du, **408**

T

Tableau(x)
périodique, **C1-C2**, 5, **8-10**, 44, 350
de référence, **410-423**
familles du, 8, **9**, 12
périodes du, 5, 8, **10**
Tangente, 226-227, 254-255, 390
TAPN, **75**, 93, 100, 149, 236, 246
Techniques de laboratoire, **383-387**
Température, **128-130**, 132-133, 149, 189-190, 238, 241, 313-314, 328, 364
absolue, 61, 75, **80-82**, 85, 86, 100, 105
différence entre chaleur et, **128-130**
du milieu réactionnel, **260-261**
échelle de, 81, 129
et énergie cinétique, 54, **58-60**, 65-66
et pression, 70, **85-87**
et volume, **80-84**
de deux systèmes, 138-140, 403
influence sur l'état d'équilibre, **292-294**
influence sur la vitesse de réaction, 255, **260-261**
variation de, 32, 134-136, 138-141, 150-151, **292-294**
Théorie(s)
cinétique des gaz, **54-61**, 63, 66, 69, **79**, **84**, **87**, **91**, **92**, **96**, 100, **111**
d'Arrhenius sur les acides et les bases, 192, **320-323**, 327-328
de Brønsted-Lowry sur les acides et les bases, **323-325**
des collisions, **236-241**, 246, 247-248, 251-252, 253, 260-261, 262, 290
sur les acides et les bases, **320-325**
Thermochimie, 201
Thermodynamique, 82, 131-132
première loi de la, **31-32**, 128, **131-133**, 157, 239
propriétés thermodynamiques de certains éléments, **417**
Thermomètre, 133, 285
criquet, **261**
Thermopompe, **142**
Thomson, William, 81-**82**, 128
Titrage, **385**
étapes pour réaliser un, **385-386**
Torricelli, Evangelista, 70-**71**
TPN, **75**, 92-93, 100, 360

Transfert
d'énergie, **127-143**, 284
de chaleur, 128-130, 131, 132, 134-135, **138-140**, 149, 150-151, 153, 172-173, 176-177, 187-188-189, 192, 203, 293, 313-314, 403
Transformation(s)
aspect énergétique des, **127-209**
bilan énergétique d'une, 46, **156-160**, 174-175, 188, 398
chimique, **21-27**
d'expressions algébriques, **404-405**
endothermique, **150-151**
exothermique, **150-151**
physique, **15-20**, 54, 148, 150-151, 278-279, 300
Travail, 128, 132, 148, 239
Triangle du feu, 46

U

Unités
de mesure courantes, **409**
de mesure en chimie, **408-409**

V

Variation
d'énergie, 26, 186, 239
d'enthalpie, **147-165**, 172-181, 186, 188, 200-205, 263, 264, 403
de concentration, 217, 220, 222, 254, **289-292**, 294-297, 313
de pression, **294-297**
de température, 32, 134-136, 138-141, 150-151, **292-294**
Vent solaire, **40**
Vitesse de réaction, 176, **214-227**, 236-238, 278-279, **282-284**, 288, 290-291, 297, 301, 308, 309, 313, 403
étape déterminante de la, 241
façons de mesurer la, **220-223**
facteurs qui influencent la, **245-269**
générale, **217-218**, 403
instantanée, **226-227**, 254
loi des, **253-258**, 309, 401
mesure de la, **213-229**
moyenne, **226-227**, 254, 261
Volta, Alessandro, **359**
Volume, **75**
et pression, **76-79**
et quantité de gaz, **88-91**
et température, **80-84**
molaire gazeux, **92-93**
Von Mayer, Julius Robert, **132**

W

Waage, Peter, 256

Z

Zeppelin, 115
Zéro absolu, **81**, 128-**129**

SOURCES

Légende h : haut b : bas c : centre g : gauche d : droite

PHOTOS

COUVERTURE

R.T. Wohlstadter/Shutterstock (fractale), Curtis Kautzer/Shutterstock (voiture), Ramunas Bruzas/Shutterstock (stalactites), Artmann Witte/Shutterstock (gaz naturel), Rich Carey/Shutterstock (coraux), Oneo/Shutterstock (goutte d'eau sur une feuille)

RAPPELS

p. 2bd : Pedro Salaverría/Shutterstock • p. 2hd : Tischenko Irina /Shutterstock • p. 2bg : DAVID TAYLOR / SCIENCE PHOTO LIBRARY •p. 2hg : Pawel Gaul /Istockphoto • p. 2c : Sebastian Kaulitzki /Istockphoto • p. 2cd : Dirk Rietschel / Istockphoto • p. 24 : © NASA • p. 26 : DAVID TAYLOR / SCIENCE PHOTO LIBRARY • p. 31 de haut en bas : Dariusz Gora /Istockphoto, Ian Poole /Istockphoto, Fesus Robert /Istockphoto, Photos.com, PATRICK LANDMANN/SCIENCE PHOTO LIBRARY, sint /Shutterstock, Paul Seheult ; Eye Ubiquitous/CORBIS, David Arky/Corbis

MODULE 1

p. 34-35 : Bertrand Rieger/Hemis/Corbis

CHAPITRE 1
LES PROPRIÉTÉS CHIMIQUES DES GAZ

p. 37 : Pakhnyushcha /Shutterstock • p. 38h : Jakub Cejpek / Shutterstock • p. 38b : Scimat / Photo Researchers, Inc • p. 39 : AP Photo/Rick Bowmer • p. 40h : HEALTH PROTECTION AGENCY/SCIENCE PHOTO LIBRARY • p. 40 c : © Pablo Corral Vega/CORBIS • p. 40b : Alex0001 / Shutterstock • p. 41cd : Getty Images • p. 41c : Roger Viollet/Getty Images • p. 42 de haut en bas : HomeStudio / Shutterstock, wando studios / iStockphoto, DJ Mattaar / Shutterstock, Charles D. Winters / Photo Researchers, Inc, iStock, Andrew Lambert

Photography / Science Photo Library • p. 43b : webphotographeer / iStockphot • p. 43h : Christina Richards / Shutterstock • p. 44h : Dudarev Mikhail / Shutterstock • p. 44b : Danny E Hooks / Shutterstock • p. 45h : Stefan Klein / iStockphoto, Shane White / Shutterstock • p. 46b : Arthur Jan Fijałkowski / Wikipedia Commons • p. 48c : © Wu Hong/epa/ Corbis • p. 48b : STEVE HORRELL/ SCIENCE PHOTO LIBRARY • p. 49 SSPL via Getty Images • p. 49bd : beerkoff / Shutterstock • p. 50h : HomeStudio / Shutterstock • p. 50b : Dudarev Mikhail / Shutterstock • p. 51 : Istockphoto • p. 52g : Dane Wirtzfeld /Istockphoto • p. 52hd : Wikipedia Commons • p. 52bd : Maciej Korzekwa /Istockphoto

CHAPITRE 2
LES PROPRIÉTÉS PHYSIQUES DES GAZ

p. 53 : Simon Askham /Istockphoto • p. 54 : Sinisa Botas / Shutterstock • p. 56 : Cezar Serbanescu / iStockphoto • p. 57 : Charles D. Winters / Photo Researchers, Inc • p. 59 : SEGRE COLLECTION / AMERICAN INSTITUTE OF PHYSICS / SCIENCE PHOTO LIBRARY • p. 63 : Ocean Image Photography / Shutterstock • p. 64hg : © Mike Smith • p. 64hd : © Mike Smith • p. 64b : Charles D. Winters / Photo Researchers, Inc • p. 65b : nito /Shutterstock • p. 67 : DR JEREMY BURGESS/SCIENCE PHOTO LIBRARY • p. 68 : Sergiy Zavgorodny /Shutterstock • p. 69 : Mikael Damkier / Shutterstock • p. 71bg : Brad Killer / iStockphoto• p. 71bd : Janicke Morrissette / Le Bureau Officiel • p. 71h : © Bettmann/CORBIS • p. 75 : © Deutsche Museum • p. 76h : Wikipedia Commons • p. 76c : Roger-Viollet / The Image Works • p. 78 : Émilie Carrier • p. 80g : LIBRARY OF CONGRESS/SCIENCE PHOTO LIBRARY • p. 80h : Daniel Williams/Istockphoto • p. 82 : ROYAL ASTRONOMICAL SOCIETY/SCIENCE PHOTO LIBRARY •p. 84 : Photo Antoine Couture • p. 85 : SHEILA TERRY/SCIENCE PHOTO LIBRARY • p. 87 : MARTYN F. CHILLMAID / SCIENCE

/Shutterstock • p. 221b : Photo Diane Grenier
• p. 224bg : Luis Pedrosa /Istockphoto • p. 224h :
Gracieuseté de American Galvanizers Association
• p. 224bd : Istockphoto • p. 226 : Pete Niesen
/Shutterstock • p. 229hg : Ekaterina Starshaya
/Istockphoto • p. 229bg : Maurice van der Velden
/Istockphoto • p. 229hd : Serguei Kovalev
/Istockphoto • p. 229bd : Tom Hahn /Istockphoto

CHAPITRE 9
LA THÉORIE DES COLLISIONS

p. 235 : Herbert Kratky /Shutterstock • p. 236 : Andrew
Parkinson/Corbis • p. 238bg : Richard Thornton
/Shutterstock • p. 238bd : © The McGraw-Hill Com-
panies, Inc./Photo by Stephen Frisch • p. 239 : AFP/
Getty Images • p. 240 : Ricardo Azoury/ Istockphoto
• p. 241 : Ryerson Clark /Istockphoto • p. 244 :
ROBERT BROOK/SCIENCE PHOTO LIBRARY

CHAPITRE 10
LES FACTEURS QUI INFLUENCENT
LA VITESSE DE RÉACTION

p. 245 : Ramunas Bruzas /Shutterstock • p. 246 : Joel
Blit /Istockphoto • p. 247 : Ian Crysler Photographer
• p. 249 : Ules Barnwell /Istockphoto, Leslie Banks
/Istockphoto • p. 251 : Sergey Kashkin/Istockphoto
• p. 254g : AP Photo/Bob Edme • p. 252d : Greenfire
/Shutterstock • p. 256 : Wikipedia Commons
• p. 261h : Istockphoto • p. 261b : Thomas J. Walker
• p. 262 : Chai Kian Shin /Shutterstock • p. 263cd :
CPimages.ca/Phototake • p. 263bd : Istockphoto
•p. 265 : Tiré de Chimie 12 © 2003 Les Éditions
de la Chenelière • p. 266 : University Archives,
University of Pittsburgh • p. 268cg : Steve Lovegrove
/Shutterstock • p. 268cd : CC STUDIO/SCIENCE
PHOTO LIBRARY • p. 268bd : Valeriy Velikov
/Istockphoto • p. 269g : Melissa King /Shutterstock
• p. 269d : DOCUMENT GENERAL MOTORS/
REUTER R/CORBIS SYGMA • p. 273g : istockphoto
• p. 273d : Richard Walters /Istockphoto, Stefan
Klein /Istockphoto

MODULE 4

p. 274-275 : Yoshio Shinkai /Getty Images

CHAPITRE 11
L'ASPECT QUALITATIF DE L'ÉQUILIBRE CHIMIQUE

p. 277 : Yoshio Shinkai /Getty Images • p. 278h :
Leigh Prather /Shutterstock • p. 278b : Roman
Sigaev /Shutterstock • p. 279d : Olga Sapegina
/Shutterstock • p. 279b : © 1999 Richard Megna,
FUNDAMENTAL PHOTOGRAPHS, NEW YORK •
280h : Péter Gudella /Shutterstock • p. 280b : Colour
/Shutterstock • p. 283 : © 2001 Richard Megna,
Fundamental Photographs, NYC • p. 285 : © 2001
Richard Megna, Fundamental Photographs, NYC •
p. 287 : Nikola Bilic/Shutterstock p. 288 : Academie
des Sciences, Paris, France / Archives Charmet /
The Bridgeman Art Library • p. 289 : SSPL via Getty
Images • p. 291 : Ewan Chesser /Shutterstock •
p. 297 : NASA •p. 299g : DR JEREMY BURGESS/
SCIENCE PHOTO LIBRARY • p. 299bd : GEORGETTE
DOUWMA/SCIENCE PHOTO LIBRARY • p. 300g :
Kuzma /Shutterstock • p. 300d : Duncan Walker
/Istockphoto • p. 301g : Gösta Florman (1831–1900)
/ The Royal Library • p. 301c : Hulton-Deutsch
Collection/CORBIS • p. 301d : Bettmann/CORBIS

CHAPITRE 12
L'ASPECT QUANTITATIF
DE L'ÉQUILIBRE CHIMIQUE

p. 307 : John Anderson/Istockphoto • p. 313 :
Jacques Nadeau • 320 : Pierre Holtz/epa/Corbis
• p. 321 : SCIENCE PHOTO LIBRARY • p. 323c :
sciencephotos / Alamy • p. 323d : Bibliotheque
Nationale, Paris, France/ Archives Charmet/ The
Bridgeman Art Library • p. 326 : SCIENCE PHOTO
LIBRARY • p. 327 : Gracieuseté de Techne USA
• p. 336h : Charles D. Winters / Photo Researchers,
Inc. • p. 336b : MEDIMAGE/SCIENCE PHOTO
LIBRARY • p. 341 : Wolfgang Steiner/Istockphoto
• p. 342g : Getty Images p. 342d : epa/Corbis

EN COMPLÉMENT – L'OXYDORÉDUCTION

p. 349 : Copestello /Shutterstock • p. 350 : MARTYN F. CHILLMAID / SCIENCE PHOTO LIBRARY •p. 352h : © 1986 Peticolas/Megna, Fundamental Photographs, NYC • p. 352b : Photo Antoine Fafard-Couture • p. 353 : Y.DEROME/PUBLIPHOTO DIFFUSION/SCIENCE PHOTO LIBRARY • p. 357h : Theodore Gray/Visuals Unlimited, Inc. • p. 357b : © 2001 Richard Megna, Fundamental Photographs, NYC • p. 359 : SCIENCE PHOTO LIBRARY • p. 361 : NASA/Reuters/Corbis • p. 362 : Dave Starrett Photographer • p. 364 : Gracieuseté du gouvernement du Territoire du Nord, Australie

ANNEXES

p. 370hg : Olivier Le Queinec /Shutterstock • p. 370hc : Sebastian Duda /Shutterstock • p. 370hd : Alexey Stiop /Shutterstock • p. 370bg : oriontrail /Shutterstock • p. 370bd : Ariadna de Raadt /Istockphoto •p. 342g : Jason Smith / Shutterstock • p. 376 : Image source /Corbis • p. 384 : Janicke Morrissette/Le bureau officiel • p. 386 : Janicke Morrissette/Le bureau officiel • p. 387 : Janicke Morrissette/Le bureau officiel • p. 392 : Janicke Morrissette/Le bureau officiel • p. 394 : Janicke Morrissette/Le bureau officiel

ILLUSTRATIONS

Toutes les illustrations ont été faites par Michel Rouleau, sauf :
p. 372, 373, 374, 375 (Arto Dokouzian) ;
p. 5, 10, 13, 19, 20, 21, 28, 29 (Late Night Studio).